AUSTRIAN SCHOOL OF ECONOMICS

MUNICH 2019

SANTO TOMÁS DE AQUINO

SUMA DE TEOLOGÍA

I

PARTE I

COLABORADORES

José Martorell • Gregorio Celada • Alberto Escallada • Sebastián Fuster • José María Artola • Armando Bandera • Eliseo Rodríguez • Fernando Soria

CUARTA EDICIÓN
(Reimpresión)

BIBLIOTECA DE AUTORES CRISTIANOS
MADRID • MMI

ÍNDICE GENERAL

1

3

4

LA TRINIDAD DE PERSONAS

6

TRATADO DE LA CREACIÓN O PRODUCCIÓN DE TODOS LOS SERES POR DIOS

TRATADO DE LOS ÁNGELES

9

10

13

15

LA CONSERVACIÓN Y GOBIERNO DE LAS COSAS POR DIOS

18

19

CUESTIÓN 2

Sobre la existencia de Dios

Así, pues, como quiera que el objetivo principal de esta doctrina sagrada es llevar al conocimiento de Dios, y no sólo como ser, sino también como principio y fin de las cosas, especialmente de las criaturas racionales según ha quedado demostrado (q.1 a.7), en nuestro intento de exponer dicha doctrina trataremos lo siguiente: primero, de Dios; segundo, de la marcha del hombre hacia Dios; tercero, de Cristo, el cual, como hombre, es el camino en nuestra marcha hacia Dios.

La reflexión sobre Dios abarcará tres partes. En la primera trataremos lo que es propio de la esencia divina; en la segunda, lo que pertenece a la distinción de personas; en la tercera, lo que se refiere a las criaturas en cuanto que proceden de Él.

Con respecto a la esencia divina, sin duda habrá que tratar lo siguiente: primero, la existencia de Dios; segundo, cómo es, o mejor, cómo no es; tercero, de su obrar, o sea, su ciencia, su voluntad, su poder.

Lo primero plantea y exige respuesta a tres problemas:

1. ¿Es o no es evidente Dios por sí mismo?—2. ¿Es o no es demostrable?—3. ¿Existe o no existe Dios?

[10] La introducción al prólogo de la cuestión 27 debería leerse como continuación de la presente.

ARTÍCULO 1

Dios, ¿es o no es evidente por sí mismo?

q.3 a.4 ad 2; *In Sent.* l.1 d.3 q.1 a.2; *De verit.* q.10 a.12; *De pot.* q.7 a.2 ad 11; *Cont. Gentes* 1 11.12; *In Metaphys.* 4 lect. 5; *In Post. Analyt.* 1 lect. 43.

Objeciones por las que parece que Dios es evidente por sí mismo:

1. Se dice que son evidentes por sí mismas aquellas cosas cuyo conocimiento nos es connatural, por ejemplo, los primeros principios. Pero, como dice el Damasceno al inicio de su libro[1], *el conocimiento de que Dios existe está impreso en todos por naturaleza.* Por lo tanto, Dios es evidente por sí mismo.

2. Más aún. Se dice que son evidentes por sí mismas aquellas cosas que, al decir su nombre, inmediatamente son identificadas. Esto, el Filosofo en I *Poster.*[2] lo atribuye a los primeros principios de demostración. Por ejemplo, una vez sabido lo que es todo y lo que es parte, inmediatamente se sabe que el todo es mayor que su parte. Por eso, una vez comprendido lo que significa este nombre, *Dios,* inmediatamente se concluye que Dios existe. Si con este nombre se da a entender lo más inmenso que se puede comprender, más inmenso es lo que se da en la realidad y en el entendimiento que lo que se da sólo en el entendimiento. Como quiera que comprendido lo que significa este nombre, *Dios,* inmediatamente está en el entendimiento, habrá que concluir que también está en la realidad. Por lo tanto, Dios es evidente por sí mismo [a].

3. Todavía más. Que existe la verdad es evidente por sí mismo, puesto que quien niega que la verdad existe está diciendo que la verdad existe; pues si la verdad no existe, es verdadero que la verdad no existe. Pero para que algo sea verdadero, es necesario que exista la verdad. Dios es la misma verdad. Jn 14,6: *Yo soy el camino, la verdad y la vida.* Por lo tanto, que Dios existe es evidente por sí mismo.

En cambio, nadie puede pensar lo contrario de lo que es evidente por sí mismo, tal como consta en el Filósofo, IV *Metaphys.*[3] y I *Poster.*[4] cuando trata los primeros principios de la demostración. Sin embargo, pensar lo contrario de que Dios existe, sí puede hacerse, según aquello del Sal 52,1: *Dice el necio en su interior: Dios no existe.* Por lo tanto, que Dios existe no es evidente por sí mismo.

Solución. *Hay que decir:* La evidencia de algo puede ser de dos modos. Uno, en sí misma y no para nosotros; otro, en sí misma y para nosotros. Así, una proposición es evidente por sí misma cuando el predicado está incluido en el concepto del sujeto, como *el hombre es animal,* ya que el predicado *animal* está incluido en el concepto de hombre. De este modo, si todos conocieran en qué consiste el predicado y en qué el sujeto, la proposición sería evidente para todos. Esto es lo que sucede con los primeros principios de la demostración, pues sus términos como ser-no ser, todo-parte, y otros parecidos, son tan comunes que nadie los ignora.

Por el contrario, si algunos no conocen en qué consiste el predicado y en qué el sujeto, la proposición será evidente en sí misma, pero no lo será para los que desconocen en qué consiste el predicado y en qué el sujeto de la proposición. Así ocurre, como dice Boecio[5], que hay conceptos del espíritu comunes para todos y evidentes por sí mismos que sólo comprenden los sabios, por ejemplo, *lo incorpóreo no ocupa lugar.*

Por consiguiente, digo: La proposición *Dios existe,* en cuanto tal, es evidente por sí misma, ya que en Dios sujeto y predicado son lo mismo, pues Dios es su mismo ser, como veremos (q.3 a.4). Pero, puesto que no sabemos en qué

1. S. JUAN DAMASCENO, *De Fide Orthodoxa* l.1 c.1: MG 94,789.   2. ARISTÓTELES, c.3 n.4 (BK 72b18): S. Th. lect.7 n.58.   3. ARISTÓTELES, c.3 n.7 (BK 1005b11): S. Th. lect.6 n.59.   4. ARISTÓTELES, c.10 n.7 (BK 76b23): S. Th. lect.19 n.2.

a. He ahí el famoso «argumento ontológico» propuesto por San Anselmo en el *Proslogio* cc.2-3: ML 158, 227-228; BAC (Madrid 1952) p.367-369 y en *Contra Gaunilonem:* ML 158,247-260. Más tarde lo expondrán también Descartes († 1650) y Leibniz († 1716). Santo Tomás le achaca un paso indebido del orden ideal al real.

consiste Dios, para nosotros no es evidente [b], sino que necesitamos demostrarlo a través de aquello que es más evidente para nosotros y menos por su naturaleza, esto es, por los efectos.

Respuesta a las objeciones: 1. *A la primera hay que decir:* Conocer de un modo general y no sin confusión que Dios existe, está impreso en nuestra naturaleza en el sentido de que Dios es la felicidad del hombre; puesto que el hombre por naturaleza quiere ser feliz, por naturaleza conoce [c] lo que por naturaleza desea. Pero a esto no se le puede llamar exactamente conocer que Dios existe; como, por ejemplo, saber que alguien viene no es saber que Pedro viene aunque sea Pedro el que viene. De hecho, muchos piensan que el bien perfecto del hombre, que es la bienaventuranza, consiste en la riqueza; otros, lo colocan en el placer; otros, en cualquier otra cosa.

2. *A la segunda hay que decir:* Es probable que quien oiga la palabra *Dios* no entienda que con ella se expresa lo más inmenso que se pueda pensar, pues de hecho algunos creyeron que Dios era cuerpo. No obstante, aun suponiendo que alguien entienda el significado de lo que con la palabra *Dios* se dice, sin embargo no se sigue que entienda que lo que significa este nombre se dé en la realidad, sino tan sólo en la comprensión del entendimiento. Tampoco se puede deducir que exista en la realidad, a no ser que se presuponga que en la realidad hay algo mayor que lo que puede pensarse. Y esto no es aceptado por los que sostienen que Dios no existe.

3. *A la tercera hay que decir:* Que la verdad en general existe, es evidente por sí mismo; pero que exista la verdad absoluta, esto no es evidente para nosotros.

ARTÍCULO 2

La existencia de Dios, ¿es o no es demostrable?

1-2 q.74 a.10 ad 3; *In Sent.* 1.3 d.24 q.1 a.2 q.[a] 2; *In Boet. De Trin.* q.1 lect.2; *Cont. Gentes* 1,12; *De Pot.* q.7 a.3.

Objeciones por las que parece que Dios no es demostrable:

1. La existencia de Dios es artículo de fe. Pero los contenidos de fe no son demostrables, puesto que la demostración convierte algo en evidente, en cambio la fe trata lo no evidente, como dice el Apóstol en Heb 2,1. Por lo tanto, la existencia de Dios no es demostrable.

2. Más aún. La base de la demostración está en *lo que es.* Pero de Dios no podemos saber *qué es,* sino sólo *qué no es,* como dice el Damasceno[6]. Por lo tanto, no podemos demostrar la existencia de Dios.

3. Todavía más. Si se demostrase la existencia de Dios, no sería más que a partir de sus efectos. Pero sus efectos no son proporcionales a Él, en cuanto que los efectos son finitos y Él es infinito; y lo finito no es proporcional a lo infinito. Como quiera, pues, que la causa no puede demostrarse a partir de los efectos que no le son proporcionales, parece que la existencia de Dios no puede ser demostrada.

En cambio está lo que dice el Apóstol en Rom 1,20: *Lo invisible de Dios se hace comprensible y visible por lo creado.* Pero esto no sería posible a no ser que por lo creado pudiera ser demostrada la existencia de Dios, ya que lo primero que hay que saber de una cosa es si existe.

5. ML 64,1311.   6. S. JUAN DAMASCENO, l.1 c.4: MG 94,800.

b. La respuesta es paradójica. En el plano ontológico, los efectos son posteriores a la causa y dependen de ella; en el orden del conocimiento sucede al revés: sólo partiendo de los efectos se asciende a la causa. Esto explica que, siendo la existencia de Dios evidente con evidencia ontológica (pues la existencia se contiene en su esencia) no lo sea noéticamente.

c. Es doctrina corriente en tiempos de Santo Tomás afirmar que la existencia de Dios es algo evidente, en el sentido de «naturalmente espontáneo». Siquiera en la confusión, todo hombre acepta que Dios existe. Es como una vaga idea esculpida en el corazón. En realidad, todo hombre le está buscando desde el momento que persigue su felicidad; y hay, muy arraigado en la interioridad, un deseo innato de dicha (cf. 1 q.12 a.1; 1-2 q.3 a.8).

Solución. *Hay que decir:* Toda demostración es doble. Una, por la causa, que es absolutamente previa a cualquier cosa. Se la llama: *a causa de.* Otra, por el efecto, que es lo primero con lo que nos encontramos; pues el efecto se nos presenta como más evidente que la causa, y por el efecto llegamos a conocer la causa. Se la llama: *porque.* Por cualquier efecto puede ser demostrada su causa (siempre que los efectos de la causa se nos presenten como más evidentes): porque, como quiera que los efectos dependen de la causa, dado el efecto, necesariamente antes se ha dado la causa. De donde se deduce que la existencia de Dios, aun cuando en sí misma no se nos presenta como evidente, en cambio sí es demostrable por los efectos con que nos encontramos.

Respuesta a las objeciones: 1. *A la primera hay que decir:* La existencia de Dios y otras verdades que de Él pueden ser conocidas por la sola razón natural, tal como dice Rom 1,19, no son artículos de fe, sino preámbulos a tales artículos. Pues la fe presupone el conocimiento natural, como la gracia presupone la naturaleza y la perfección lo perfectible. Sin embargo, nada impide que lo que en sí mismo es demostrable y comprensible, sea tenido como creíble por quien no llega a comprender la demostración.

2. *A la segunda hay que decir:* Cuando se demuestra la causa por el efecto, es necesario usar el efecto como definición de la causa para probar la existencia de la causa. Esto es así sobre todo por lo que respecta a Dios. Porque para probar que algo existe, es necesario tomar como base *lo que significa* el nombre, no *lo que es;* ya que la pregunta *qué es* presupone otra: *si existe.* Los nombres dados a Dios se fundamentan en los efectos, como probaremos más adelante (q.13 a.1). De ahí que, demostrando por el efecto la existencia de Dios, podamos tomar como base lo que significa este nombre *Dios*[d].

3. *A la tercera hay que decir:* Por efectos no proporcionales a la causa no se puede tener un conocimiento exacto de la causa. Sin embargo, por cualquier efecto puede ser demostrada claramente que la causa existe, como se dijo (sol.). Así, por efectos divinos puede ser demostrada la existencia de Dios, aun cuando por los efectos no podamos llegar a tener un conocimiento exacto de cómo es Él en sí mismo.

ARTÍCULO 3

¿Existe o no existe Dios?[e]

q.11,a.3; q.19 a.4; q.44 a.1; q.47 a.3 ad 1; q.65 a.1; q.103 a.1 ad 3; *In Sent.* 1.1 d.3; 12 d.1 q.1 a.1; d.25 q.1 a.1; d.28 q.1 a.3 ad 2; *De Verit.* q.2 a.3; q.5 a.2; *Cont. Gentes* 1, 13 15.16.42; 2, 15.24; 3, 1.22.64; *Compend. Theol.* c.3; *De Pot.* q.2 a.3 ad 5; q.3 a.5; a.6; a.5; q.5 a.3; *In Physic.* 2 lect. 12 a.1; 7 lect. 9; *In Io* Prol. 3-6; *In Metaphys.* 12 lect.5.

Objeciones por las que parece que Dios no existe:

1. Si uno de los contrarios es infinito, el otro queda totalmente anulado. Esto es lo que sucede con el nombre *Dios* al darle el significado de bien absoluto. Pues si existiese Dios, no existiría ningún mal. Pero el mal se da en el mundo. Por lo tanto, Dios no existe.

2. Más aún. Lo que encuentra su razón de ser en pocos principios, no se busca en muchos. Parece que todo lo que existe en el mundo, y supuesto que Dios no existe, encuentra su razón de ser en otros principios; pues lo que es natural encuentra su principio en la naturaleza; lo que es intencionado lo encuentra en la razón y voluntad humanas. Así, pues, no hay necesidad alguna de acudir a la existencia de Dios.

En cambio está lo que se dice en *Éxodo* 3,14 de la persona de Dios: *Yo existo.*

Solución. *Hay que decir:* La existencia de Dios puede ser probada de cinco ma-

---

d. Cf. R. POIRSON, *Réflexions sur les six premières questions de la «Somme théologique», particulièrement* 1 q.2 a.2 ad 2: RvScRel 36 (1962) 185-195.

e. El teólogo empieza por *creer* que existe Dios. No necesita pruebas que se lo certifiquen. Si acude a la filosofía no es para probar lo que ya cree, sino para justificar racionalmente la fe.
Santo Tomás acepta el valor *metafísico* de unas «vías» para llegar a descubrir la realidad de un Primer-Ser trascendente, Motor, Causa, Ejemplar y Fin del mundo. Sin embargo, la afirmación vivencial de la divinidad no es para él un problema racional, sino un misterio de gracia. «Dios mora como en una especie de tinieblas impenetrables» *(In Sent.* 1 d.13 a.1 sol.4) y,

neras distintas *f*. 1) La primera y más clara es la que se deduce del movimiento. Pues es cierto, y lo perciben los sentidos, que en este mundo hay movimiento. Y todo lo que se mueve es movido por otro. De hecho nada se mueve a no ser que en, cuanto potencia, esté orientado a aquello por lo que se mueve. Por su parte, quien mueve está en acto. Pues mover no es más que pasar de la potencia al acto. La potencia no puede pasar a acto más que por quien está en acto.

Ejemplo: el fuego, en acto caliente, hace que la madera, en potencia caliente, pase a caliente en acto. De este modo la mueve y cambia. Pero no es posible que una cosa sea lo mismo simultáneamente en potencia y en acto; sólo lo puede ser respecto a algo distinto. Ejemplo: Lo que es caliente en acto, no puede ser al mismo tiempo caliente en potencia, pero sí puede ser en potencia frío. Igualmente, es imposible que algo mueva y sea movido al mismo tiempo, o que se mue-

---

aunque partiendo de las cosas visibles se puede alcanzar algún conocimiento de Él —porque es causa y causa eminente— la verdad es que cuanto más se progresa en su descubrimiento más consciente se es de su lejanía *(In Boet. de Trin,* proem. q.1 a.2). En una ocasión escribe: «Y esto es lo máximo y más perfecto de nuestro conocimiento en la tierra: unirse a Dios como al gran Desconocido» *(Cont. Gent.* 3,49). Tanto que pretender demostrar al Dios-trinitario es fomentar el ateísmo y ridiculizar la religión (1 q.32 a.1). Dios es Aquél de quien nada se hubiera llegado a saber si no se hubiera Él mismo auto-comunicado en una donación previa y gratuita (1 q.1 a.6).

Analizadas desde una óptica puramente filosófica, las *vías* son argumentos *metafísicos* que lógicamente convergen en un Primer-Ser. Supuesto el principio de causalidad, tienen ciertamente un valor probativo (1 q.44 a.1). Sin embargo:

a) de su argumentación racional, el Angélico no concluye taxativamente «luego Dios existe», sino: «y a esto llamamos Dios». Es decir, como creyente, identifica la conclusión filosófica («luego hay un Primer Ser») con lo que la Revelación manifiesta acerca del Dios salvador. Lo cual ya no es un paso filosófico, sino de fe. Su argumentación termina en los preámbulos de la fe *(In Boet. de Trin.* q.2 a.3).

b) se trata de un análisis filosófico sólo accesible «a pocos, después de mucho tiempo y con mezcla de errores» (1 q.1 a.1). Unas vías metafísicas pueden convencer a una mente «metafísica», pero difícilmente conmoverán al hombre existencial, en su realidad física, amasijo de pasiones y sentimientos, incapacitado normalmente de captar la verdad de una forma objetiva (1-2 q.9 a.2).

c) en resumen, lo que pretende es justificar, desde un prisma racional, al Dios que se revela, en quien ya cree y de quien sabe se ha presentado a Moisés como *El que es.* Es iluminador, a este respecto, comprobar cómo se apoya en Ex.3,14 en el *sed contra* del artículo y cómo, más adelante, le dedica un artículo completo (1 q.13 a.11). Se trata, pues, de una teología del Éxodo.

F. LAFONT, o.c. 31; E. SCHILLEBEECKX, *Interpretación de la fe* (Salamanca 1973) p.122; S. FUSTER, *Planteamiento del problema de Dios en la Escolástica y en la Nueva Teología:* Esc Ved 3 (1973) 596; *Planteamiento del problema de Dios y ateísmo contemporáneo:* Atti Congr. Internaz. (Napoli-Roma 1976) III 293-298; M. GELABERT, *Experiencia humana y comunicación de la fe* (Madrid 1983) p.91; E. GOSSMANN, *Fe y conocimiento de Dios en la edad media* (Madrid 1975) p.94-97; A. MOTTE, *Théodicée et théologie chez S. Th.:* RvScPhTh 26 (1938) 5-26.

f. La estructura de las vías es firme. Se distinguen por sus puntos de partida, que son cinco visiones distintas del mundo, pero todas ellas tienen idéntico desarrollo, a saber: punto de partida, constatación de un *hecho de experiencia;* primer grado, este hecho ha sido necesariamente *causado;* segundo grado, en una subordinación esencial de causas, es preciso llegar a una *primera;* término, luego se da una primera causa. Y a eso llamamos Dios. Luego Dios existe. «Toda interpretación que rompa este marco está evidentemente fuera de la ruta señalada por el Angélico Doctor y, por consiguiente, fuera de su pensamiento» (F. MUÑIZ, *Introducción a la q.2:* Suma Teológica (Madrid 1947) I p.114). «Son una obra maestra de argumentación precisa, trabada y clara. Aunque utiliza precedentes, entre ellos incluso Moisés Maimónides, al lado de Aristóteles y San Agustín, sin embargo la construcción del pensamiento está concebida de un modo enteramente personal. La expresión ceñida, contundente, y el resumen límpido son justamente clásicos» (M. GRABMANN, *Santo Tomás de Aquino* (Barcelona 1930 p.88).—Pueden verse también A. MOTTE, *A propos des cinq voies:* RvScPhTh 27 (1938) 577-582; A. GONZÁLEZ ALVÁREZ, *Teología natural* (Madrid 1949) p.239-315; R. GARRIGOU LAGRANGE, *Dieu, son Existence et sa Nature* (París [11]1950) p.226-342; PÍO XII, *Las pruebas de la existencia de Dios a la luz de la ciencia moderna:* Ecclesia 542 (1951) 5-8; H. PAISSAC, *Iniciación teológica* (Barcelona 1957) I p.345-350; E. GILSON, *Le Thomisme* (Paris 1942) p.58.78.81; etc.

va a sí mismo. Todo lo que se mueve necesita ser movido por otro. Pero si lo que es movido por otro se mueve, necesita ser movido por otro, y éste por otro. Este proceder no se puede llevar indefinidamente, porque no se llegaría al primero que mueve, y así no habría motor alguno pues los motores intermedios no mueven más que por ser movidos por el primer motor. Ejemplo: Un bastón no mueve nada si no es movido por la mano. Por lo tanto, es necesario llegar a aquel primer motor al que nadie mueve. En éste, todos reconocen a Dios.

2) La segunda es la que se deduce de la causa eficiente. Pues nos encontramos que en el mundo sensible hay un orden de causas eficientes. Sin embargo, no encontramos, ni es posible, que algo sea causa eficiente de sí mismo, pues sería anterior a sí mismo, cosa imposible. En las causas eficientes no es posible proceder indefinidamente porque en todas las causas eficientes hay orden: la primera es causa de la intermedia; y ésta, sea una o múltiple, lo es de la última. Puesto que, si se quita la causa, desaparece el efecto, si en el orden de las causas eficientes no existiera la primera, no se daría tampoco ni la última ni la intermedia. Si en las causas eficientes llevásemos hasta el infinito este proceder, no existiría la primera causa eficiente; en consecuencia no habría efecto último ni causa intermedia; y esto es absolutamente falso. Por lo tanto, es necesario admitir una causa eficiente primera. Todos la llaman Dios.

3) La tercera es la que se deduce a partir de lo posible y de lo necesario. Y dice: Encontramos que las cosas pueden existir o no existir, pues pueden ser producidas o destruidas, y consecuentemente es posible que existan o que no existan. Es imposible que las cosas sometidas a tal posibilidad existan siempre, pues lo que lleva en sí mismo la posibilidad de no existir, en un tiempo no existió. Si, pues, todas las cosas llevan en sí mismas la posibilidad de no existir, hubo un tiempo en que nada existió. Pero si esto es verdad, tampoco ahora existiría nada, puesto que lo que no existe no empieza a existir más que por algo que ya existe. Si, pues, nada existía, es

imposible que algo empezara a existir; en consecuencia, nada existiría; y esto es absolutamente falso. Luego no todos los seres son sólo posibilidad; sino que es preciso algún ser necesario. Todo ser necesario encuentra su necesidad en otro, o no la tiene. Por otra parte, no es posible que en los seres necesarios se busque la causa de su necesidad llevando este proceder indefinidamente, como quedó probado al tratar las causas eficientes (núm. 2). Por lo tanto, es preciso admitir algo que sea absolutamente necesario, cuya causa de su necesidad no esté en otro, sino que él sea causa de la necesidad de los demás. Todos le dicen Dios.

4) La cuarta se deduce de la jerarquía de valores que encontramos en las cosas. Pues nos encontramos que la bondad, la veracidad, la nobleza y otros valores se dan en las cosas. En unas más y en otras menos. Pero este *más* y este *menos* se dice de las cosas en cuanto que se aproximan *más* o *menos* a lo máximo. Así, caliente se dice de aquello que se aproxima más al máximo calor. Hay algo, por tanto, que es muy veraz, muy bueno, muy noble; y, en consecuencia, es el máximo ser; pues las cosas que son sumamente verdaderas, son seres máximos, como se dice en II *Metaphys.*[7] Como quiera que en cualquier género, lo máximo se convierte en causa de lo que pertenece a tal género —así el fuego, que es el máximo calor, es causa de todos los calores, como se explica en el mismo libro[8]—, del mismo modo hay algo que en todos los seres es causa de su existir, de su bondad, de cualquier otra perfección. Le llamamos Dios.

5) La quinta se deduce a partir del ordenamiento de las cosas. Pues vemos que hay cosas que no tienen conocimiento, como son los cuerpos naturales, y que obran por un fin. Esto se puede comprobar observando cómo siempre o a menudo obran igual para conseguir lo mejor. De donde se deduce que, para alcanzar su objetivo, no obran al azar, sino intencionadamente. Las cosas que no tienen conocimiento no tienden al fin sin ser dirigidas por alguien con conocimiento e inteligencia, como la flecha por

---

7. ARISTÓTELES, Iα c.1 n.5 (BK 993b30): S. Th. lect.2 n.298.   8. ARISTÓTELES, Iα c.1 n.5 (BK 993b25): S. Th. lect. n.298.

el arquero. Por lo tanto, hay alguien inteligente por el que todas las cosas son dirigidas al fin. Le llamamos Dios.

Respuesta a las objeciones: 1. *A la primera hay que decir:* Escribe Agustín en el *Enchiridio*[9]: *Dios, por ser el bien sumo, de ninguna manera permitiría que hubiera algún tipo de mal en sus obras, a no ser que, por ser omnipotente y bueno, del mal sacara un bien.* Esto pertenece a la infinita bondad de Dios, que puede permitir el mal para sacar de él un bien.

2. *A la segunda hay que decir:* Como la naturaleza obra por un determinado fin a partir de la dirección de alguien superior, es necesario que las obras de la naturaleza también se reduzcan a Dios como a su primera causa. De la misma manera también, lo hecho a propósito es necesario reducirlo a alguna causa superior que no sea la razón y voluntad humanas; puesto que éstas son mudables y perfectibles. Es preciso que todo lo sometido a cambio y posibilidad sea reducido a algún primer principio inmutable y absolutamente necesario, tal como ha sido demostrado (sol.).

---

a. Las cuestiones 3-26 corresponden a lo que en la Escolástica solía denominarse «Naturaleza y Atributos de Dios». Sólo que al situarlo en el tratado «De-Deo-Uno» como independiente del «De-Deo-trino», sin apenas diferenciarlo de la Teodicea, era más bien una visión filosófica que teológica. Hoy suele descartarse la terminología anterior y se prefiere hablar de «formas de actuación» del Dios que se revela (cf. K. RAHNER, *Theos en el Nuevo Testamento:* Escritos Teología t.I [Madrid 1967] p.129; M. LOHRER, *Propiedades y formas de actuación de Dios:* Mysterium Salutis II/1 [Madrid 1969] p.258). Tampoco Santo Tomás usa el término «atributos»; él los llama «títulos» o «condiciones» (cf. *Cont. Gent.* 1,14). Se trata, como ya hemos venido diciendo, de una función sapiencial de la teología y se presenta como un desdoblamiento y aplicación de las cinco vías. En éstas se halla como en germen toda la «teodicea» tomista. El Angélico continúa así una larga tradición, desde Agustín, pasando por el Pseudo-Dionisio, Boecio y Juan Damasceno, hasta escolásticos casi contemporáneos como Guillermo de Auxerre y Alejandro de Hales. Tomás adopta una línea intermedia entre una visión antropomórfica de Dios y una concepción que hace de Dios algo inaccesible, entre un Dios lejano (1 q.8 a.3) y un Dios mundano (1 q.3 a.8).

b. Las tres primeras cuestiones: simplicidad-perfección-bondad son fundamentales para captar a Santo Tomás. De forma precisa y sistemática explota en ellas toda la virtualidad de las cinco vías. Partiendo de que Dios es *acto puro,* es decir, ser en plenitud, ser sin mezcla de no-ser, sin negatividad o deficiencia alguna, como quien devana una madeja va deduciendo los restantes «títulos». Por ser simple, Dios será distinto de todas las criaturas. Por ser perfecto, abarcará las perfecciones de todas ellas. Por ser la bondad, será la fuente y el origen de todo bien. «A nuestro juicio, no tiene equivalente en la tradición escolástica y proporciona una visión profundamente teológica de Dios. En Alejandro de Hales, a quien sigue San Alberto Magno, el tríptico fundamental parece ser Unidad-Verdad-Bondad» (G. LAFONT, o.c., 37).

CUESTIÓN 5

Sobre el bien en general

A continuación hay que tratar del bien. Primero, del bien en general; segundo, de la bondad de Dios. Lo primero plantea y exige respuestas a seis problemas:
1. El bien y el ser, ¿son o no son en realidad lo mismo?—2. Supuesto que se diferencian sólo con distinción de razón, en el orden del entendimiento, ¿cuál es primero, el bien o el ser?—3. Supuesto que primero sea el ser, ¿es o no es bueno todo ser?—4. ¿A qué causa se reduce la razón de bien?—5. ¿Consiste o no consiste la razón de bien en modo, especie y orden?—6. División del bien en honesto, útil y deleitable.

ARTÍCULO 1

El bien y el ser, ¿se distinguen o no se distinguen realmente?

In Sent. 1 d.1; d.8, q.1 a.3; d.19 q.5 a.1 ad 3; *De Verit.* q.1 a.1; q.21 a.1; *De Pot.* q.9 a.7 ad 6.

Objeciones por las que parece que el bien se distingue realmente del ser:

1. Dice Boecio en el libro *De hebdom.*[1]: *Observo que en las cosas aquello por lo que son buenas y aquello por lo que existen, no es lo mismo.* Por lo tanto, el bien y el ser se diferencian realmente.

2. Más aún. Nada está informado por sí mismo. Pero el bien es entendido como forma del ser, tal como se lee en el comentario al libro *De Causis*[2]. Por lo tanto, el bien se distingue realmente del ser.

3. Todavía más. El bien está sometido al más y al menos. No así el ser. Por lo tanto, el bien se distingue realmente del ser.

En cambio está lo que dice Agustín en el libro *De Doctrina Christiana*[3]: *En la medida que existimos somos buenos.*

Solución. *Hay que decir:* El bien y el ser realmente son lo mismo. Sólo se diferencian con distinción de razón. Esto se demuestra de la siguiente manera. La razón de bien consiste en que algo sea apetecible[a]. El Filósofo dice en el I *Ethic.*[4] que el bien es *lo que todos apetecen.* Es evidente que lo apetecible lo es en cuanto que es perfecto, pues todos apetecen su perfección. Como quiera que algo es perfecto en tanto en cuanto está en acto, es evidente que algo es bueno en cuanto es ser; pues ser es la actualidad de toda cosa, como se desprende de lo dicho anteriormente (q.3 a.4; q.4 a.1 ad 3). Así resulta evidente que el bien y el ser son realmente lo mismo; pero del bien se puede decir que es apetecible, cosa que no se dice del ser.

Respuesta a las objeciones: 1. *A la primera hay que decir:* Aunque el bien y el ser en realidad sean lo mismo, sin embargo se diferencian conceptualmente, pues no se dice en el mismo sentido *ser en abstracto* y *bien en absoluto.* Pues se llama ser propiamente a algo que está en acto; y el acto propiamente tiene relación con la potencia. Por eso, propiamente se dice de algo que es ser en cuanto que primariamente se distingue de lo que sólo está en potencia. Y es ser

---

1. ML 64,1312: S. Th. lect.3.   2. § 19 (BA 181).   3. L.1 c.32: ML 34,32.   4. ARISTÓTELES, c.1 n.1 (BK 1094a3): S. Th. lect.1 n.9-11.

---

a. Santo Tomás define el bien a veces en razón de su *apetibilidad,* como aquí ahora —e.d. por ese algo misterioso que hace que una cosa sea deseable, apetecible— a veces en razón de su *perfección,* como en el a 1, según que se fije en su vertiente sicológica o en su plano ontológico. En todo caso siempre aclarado que si es deseable lo es en razón de ser perfecto. Es un modo de decir que en toda bondad se da un misterio de relación e intercomunicación entre dos seres: uno que, por ser objetivamente perfecto, atrae hacia sí (es apetecible); otro que, porque busca su perfección, tiende hacia él. En definitiva, bueno es aquel ser que, por ser perfecto, es capaz de atraer, contagiar, comunicarse.

sustancial de todas las cosas, y por su ser sustancial llamamos a una cosa plenamente ser. Si por el acto se le añaden cosas, a algo se le llama ser *de algún modo.* Ejemplo: Ser blanco significa ser de algún modo, pues el ser blanco no se extrae de la simple potencia, sino que proviene de algo ya existente en acto. Pero el bien se dice por razón de lo perfecto, que es apetecible; y, consecuentemente, por razón de lo completo. De ahí que lo que es completamente perfecto sea llamado puro bien. En cambio, lo que no tiene toda la perfección que debe tener, aun cuando por estar en acto tenga alguna perfección, no es llamado completamente perfecto o puro bien, sino *de algún modo.* Luego, si por el primer ser, que es sustancial, se dice de algo ser en sentido absoluto y bueno de algún modo, es decir, en cuanto que es ser; así también, por el último acto, se dice de algo que es ser de algún modo y bueno en sentido absoluto. De ahí que, lo dicho por Boecio[5]: *en las cosas aquello por lo que son buenas y aquello por lo que existen no es lo mismo,* haya que referirlo al ser bueno y al ser en absoluto, pues por el primer acto algo es ser absolutamente, y por el último es bueno absolutamente. Y, sin embargo, atendiendo al primer acto, es de algún modo bien; y, atendiendo al último acto, es de algún modo ser.

2. *A la segunda hay que decir:* El bien es informante cuando se toma el bien en absoluto, según el último acto.

3. *A la tercera hay que decir:* Del mismo modo que hay que considerar el bien sometido al más y al menos, según lo que se le pueda añadir; por ejemplo, la ciencia o la virtud.

ARTÍCULO 2

El bien, ¿es o no es conceptualmente anterior al ser? [b]

In Sent. 1 d.8 q.1 a.3; *De Verit.* q.21 a.2 ad 5; a.3; *De Malo* q.1 a.2; *Cont. Gentes* 3 20.

Objeciones por las que parece que, conceptualmente, el bien es anterior al ser:

1. El orden de los nombres, se establece según el orden significado por los nombres. Pero Dionisio, en el c.3 *De Div. Nom.*[6], entre otros nombres de Dios pone antes el bien que el ser. Por lo tanto, conceptualmente el bien es anterior al ser.

2. Más aún. Conceptualmente es anterior lo que es aplicable a muchos. Pero el bien se aplica a más cosas que el ser; porque, como dice Dionisio en el c.5 *De Div. Nom.*[7]: *El bien es aplicable a lo existente y a lo no existente; el ser, en cambio, sólo a lo existente.* Por lo tanto, conceptualmente el bien es anterior al ser.

3. Todavía más. Conceptualmente es anterior lo que es universal. Pero parece que el bien es más universal que el ser, porque el bien es apetecible; y para algunos resulta apetecible incluso el no ser, según aquello que de Judas dice Mt 26,24: *Para él habría sido un bien no haber nacido.* Por lo tanto, conceptualmente el bien es anterior al ser.

4. Por último. No sólo el ser es apetecible, sino también la vida y la sabiduría, y muchas cosas parecidas. Así parece que el ser es apetecible de un modo particular, y el bien de un modo universal. Por lo tanto, conceptualmente y de forma absoluta, el bien es anterior al ser.

En cambio está lo que se dice en el libro *De Causis*[8]: *El ser es la primera de las cosas creadas.*

5. BOECIO, *De Hebdom.:* ML 64,1312: S. Th. lect.3.   6. § 1: MG 3,680: S. Th. lect.1.   7. § 1: MG 3,816: S. Th. lect.1.   8. § 4 (BA 166,19): S. Th. lect.4.

b. Según Platón la idea de Bien sobresale entre todas por su perfección. También Plotino considera que la primera hipóstasis es el Uno-Bien. Santo Tomás analiza aquí su doctrina. Opina que en el orden intelectual el *Ser* es anterior al *Bien,* ya que «lo primero que el entendimiento capta en las cosas es el ser» (cuerpo), aunque en cierto sentido los platónicos tienen razón ya que «en el orden de la causalidad el Bien es anterior al Ser» (ad 1). El bien es lo primero que alguien se propone, aunque lo último que se consigue. Es, pues, lo primero en razón de causa final (ad 1). Presupone, sin embargo, la causalidad eficiente y la formal (cf. a.4).

Solución. *Hay que decir:* Conceptualmente el ser es anterior al bien. Pues lo significado por el nombre es lo que el entendimiento capta de una cosa y lo expresa por la palabra; luego conceptualmente aquello es anterior porque primero entra en la concepción del entendimiento. Lo primero que entra en la concepción del entendimiento es el ser, porque algo es cognoscible en cuanto que está en acto, como se dice en el IX *Metaphys.*[9] Por eso el ser es el objeto propio del entendimiento y así es lo primero inteligible, como el sonido es lo primero audible. Así, pues, conceptualmente el ser es anterior al bien.

Respuesta a las objeciones: 1. *A la primera hay que decir:* Dionisio determina los nombres divinos en cuanto los refiere a Dios según el criterio de la causa. Pues, como dice él mismo[10], damos nombres a Dios a partir de las criaturas, como a la causa a partir de los efectos. Al bien, y por razón de lo apetecible, se le aplica el criterio de la causa final, que es la primera de todas, pues ningún agente actúa si no es por el fin; y por el agente la materia se orienta a la forma. Por eso se dice que el fin es *la causa de las causas.* Así, causando, el bien es anterior al ser, como el fin lo es a la forma. Por este motivo, entre todos los nombres cuyo significado va referido a la causalidad divina, antes que el ser se pone el bien. Y también porque los Platónicos, que no distinguían la materia de la privación[11], decían que la materia no era ser[12], y así la participación del bien era más aplicable a muchos que la participación del ser. Pues la materia prima comparte el bien puesto que lo apetece (y nada apetece lo que no es su semejante); y no comparte el ser puesto que la consideraban no ser. Por eso dice Dionisio que *el bien es aplicable a lo no existente*[13].

2. *A la segunda hay que decir:* Está dada ya. Aunque puede decirse también: El bien es aplicable a lo existente y a lo no existente, no como predicado, sino como causalidad; si por lo existente entendemos no lo absolutamente inexisten-

te, sino lo que está en potencia y no en acto, porque el bien tiene razón de fin en el que descansa no sólo lo que está en acto, sino que es aquello a lo que se inclina lo que no está en acto, sino sólo en potencia. Al ser, por su parte, no se le aplica más que el sentido de causa formal, inherente o ejemplar, y esta causalidad no es aplicable más que a lo que está en acto.

3. *A la tercera hay que decir:* El no ser en cuanto tal no es apetecible, sino sólo accidentalmente. Ejemplo: La desaparición de algún mal es apetecible porque el mal desaparece al no existir. Y la desaparición de un mal no es apetecible si no es en cuanto que por el mal se priva de algo. Así, pues, aquello que en cuanto tal es apetecible, es el ser. El no ser, en cambio, sólo lo es accidentalmente. Y esto debido a que el hombre apetece un determinado ser del que no soporta verse privado. Así también y accidentalmente, se llama bien al no ser.

4. *A la cuarta hay que decir:* La vida, la ciencia y similares son apetecibles en cuanto que están en acto; por tanto, en todos se apetece algún ser. Así, nada es apetecible sino el ser. Y, consecuentemente, nada es bueno sino el ser.

ARTÍCULO 3

¿Es o no es bueno todo ser?

In Sent. 1 d.8 q.1 a.3; *De Verit.* q.8 a.4 ad 5; q.21 a.2.3; *In De Hebdom.* lect.3; *Cont. Gentes* 2 41; 3 20.

Objeciones por las que parece que no todo ser es bueno:

1. El bien añade algo al ser, como quedó demostrado (a.1). Lo que se añade al ser le quita universalidad: así la sustancia, la cantidad, la cualidad. Por lo tanto, el bien quita universalidad al ser. Así, pues, no todo ser es bueno.

2. Más aún. Ningún mal es bien. Dice Is 5,20: *¡Ay de vosotros que llamáis mal al bien y bien al mal!* Pero algún ser es llamado mal. Por lo tanto, no todo ser es bueno.

3. Todavía más. El bien tiene razón de apetecible. Pero la materia prima sólo

---

9. ARISTÓTELES, 8, c.9 n.6 (BK 1051a31).   10. DIONISIO, *De Div. Nom.* c.1 § 7: MG 3,596.   11. Cf. ARISTÓTELES, *Phys.* 1 c.9 n.1 (BK 192a2).   12. Ib. cf. ALBERTO MAGNO, *Phys.* 1,3 c.16 (BOIII,856).   13. DIONISIO, *De Div. Nom.* c.4 § 1: MG 3,816: S. Th. lect.3.

tiene razón de apetecible. Luego la materia prima no tiene razón de bien. Así, pues, no todo ser es bueno.

4. Por último. El Filósofo en III *Metaphys.*[14] dice que en las matemáticas no hay bien. Pero las matemáticas son en cierto modo seres. De no serlo, no serían ciencia. Por lo tanto, no todo ser es bueno.

En cambio, todo ser que no es Dios es criatura de Dios. Pero como dice 1 Tim 4,4: *Toda criatura de Dios es buena.* Y Dios es el sumo bien. Luego todo ser es bueno.

Solución. *Hay que decir:* Todo ser, en cuanto ser, es bueno. Pues todo ser, en cuanto ser, está en acto, y de algún modo es perfecto porque todo acto es alguna perfección. Lo perfecto tiene razón de apetecible y de bien, como quedó demostrado (q.5 a.1). Consecuentemente, todo ser, en cuanto tal, es bueno[c].

Respuesta a las objeciones: 1. *A la primera hay que decir:* La sustancia, la cantidad, la cualidad, y lo que en ellas se contiene, quitan universalidad al ser adaptándolo a una naturaleza determinada. Pero el bien no añade algo al ser, sino tan sólo la razón de apetecible y de perfección, lo cual le corresponde al ser en cualquiera de sus estados. Consecuentemente, el bien no quita universalidad al ser.

2. *A la segunda hay que decir:* Ningún ser en cuanto ser es malo, sino en cuanto que está privado de algo. Ejemplo: Se llama malo al hombre que está privado de virtud; o se llama malo al ojo que está privado de la capacidad de visión.

3. *A la tercera hay que decir:* La materia prima, como quiera que no es ser más que en potencia, así también no es bien más que en potencia. Aunque, según los Platónicos, puede decirse que la materia prima es no-ser porque la falta algo de lo que está privado de por sí, sin embargo, participa algo del bien, esto es, por su ordenación y aptitud para el bien. Por eso no es apetecible, sino que tiende a apetecer.

4. *A la cuarta hay que decir:* Las matemáticas no existen como realidades independientes, pues, de ser así, tendrían en ellas mismas algún fin que sería su mismo existir. Las matemáticas son independientes según el entendimiento, pues son abstraídas del movimiento y de la materia; de este modo también son abstraídas de la razón de fin, que tiene sentido de motor. No hay inconveniente, pues, para que en algún ser en el orden del entendimiento no esté el bien o la razón de bien. Ya se ha dicho (q.5 a.2) que, conceptualmente, el ser es anterior al bien.

ARTÍCULO 4

¿Tiene o no tiene el bien razón de causa final?[d]

In Sent. 1 d.34 q.2 a.u. ad 4; *De Verit.* q.21 a.1.2; *Cont. Gentes* 1 40; *In De Div. Nom.* c.1 lect.3; *In Phys.* lect.5.

Objeciones por las que parece que el bien no tiene razón de causa final, sino más bien de las otras:

1. Dice Dionisio en el c.4 *De Div. Nom.*[15]: *Se canta al bien por bello.* Pero lo

14. ARISTÓTELES, 2 c.2 n.2 (BK 996b1): S. Th. lect.4 n.375.   15. § 7: MG 3,701.

c. Queda así afirmada la bondad radical de todo ser. No hay nada ni nadie que sea totalmente malo. Ni nada o nadie tan malo que en el fondo no sea bueno. No hay mal sin bien. El mal necesita siempre un bien como soporte. Afirmación directamente contraria al dualismo maniqueo. Y un principio de optimismo.

d. Artículo clave de la cuestión. El concepto de bien implica un análisis de la causalidad. Y la respuesta es precisa: «El bien tiene razón de causa final, pero presupone la razón de causa eficiente y de causa formal». Tiene razón de causa final porque su influjo es de atracción, no de empuje. Presupone la causalidad eficiente porque, atrayendo, mueve al agente a ponerse en camino hacia la consecución de lo que se apetece. Presupone la causa formal porque, una vez conseguido, el agente se posesiona de tal forma del bien que llega a identificarse con él. De esta manera, el bien implica un triple dinamismo: *atracción* o apetibilidad, ser deseado (c. final); *dirección hacia,* camino hacia (c. eficiente); *identificación* o posesión *(*c. formal). De estos tres, lo que primero y principalmente se llama bien es la razón de «ser apetecible» (a.1) y, por tanto, en la línea de una causalidad final. Subrayar esto equivale a decir que el bien (fin) determina la *acción* y explica la *transformación* o adquisición de una nueva forma.

bello tiene razón de causa formal. Por lo tanto, el bien tiene razón de causa formal.

2. Más aun. El bien tiende a expandirse, por lo que se deduce de Dionisio cuando dice[16]: *El bien es aquello en lo que todo es y subsiste.* Pero la tendencia a expandirse tiene razón de causa eficiente. Por lo tanto, el bien tiene razón de causa eficiente.

3. Más todavía. Dice Agustín en I *De Doctr. Christ.*[17]: *Porque Dios es bueno, existimos.* Pero nosotros venimos de Dios como de la causa eficiente. Por lo tanto, el bien tiene razón de causa eficiente.

En cambio está lo que dice el Filósofo en el II *Physic.*[18]: *Aquello por lo que algo existe es como su fin y su bien.* Por lo tanto, el bien tiene razón de causa final.

Solución. *Hay que decir:* Como quiera que el bien es lo que todos apetecen, y esto tiene razón de fin, resulta evidente que el bien tiene razón de fin. Sin embargo, la razón de fin presupone la razón de causa eficiente y de causa formal. Pues observamos que lo primero que se da en el causante es lo último que se da en lo causado. Ejemplo: El fuego calienta los cuerpos antes de infundirles la forma de fuego; sin embargo, el calor se deriva de la forma sustancial del fuego. Así, pues, en la causalidad encontramos *primero* el fin y el bien que impulsan la causa eficiente; *segundo,* la acción que impulsa la consecución de la forma; *tercero,* la llegada de la forma. Por su parte, en lo causado hay que invertir el orden. *Primero,* la forma por la que es ser; *segundo,* la fuerza efectiva por la que se convierte en ser perfecto (como dice el Filósofo en IV *Meteor.*[19], nada hay perfecto si no puede hacer algo semejante a sí mismo); *tercero,* la razón de bien por la que en el ser se fundamenta la perfección.

Respuesta a las objeciones: 1. *A la primera hay que decir:* Lo bello y el bien son lo mismo porque se fundamentan en lo mismo, la forma. Por eso *se canta al bien por bello.* Pero difieren en la razón. Pues el bien va referido al apetito, ya que es bien lo que todos apetecen. Y así, tiene razón de bien, pues el apetito es como una tendencia a algo. Lo bello, por su parte, va referido al entendimiento, ya que se llama bello a lo que agrada a la vista. De ahí que lo bello consista en una adecuada proporción, porque el sentido se deleita en las cosas bien proporcionadas como semejantes a sí, ya que el sentido, como facultad cognoscitiva, es un cierto entendimiento. Y como quiera que el conocimiento se hace por asimilación, y la semejanza va referida a la forma, lo bello pertenece propiamente a la razón de causa formal.

2. *A la segunda hay que decir:* El bien tiende a expandirse del mismo modo que el fin a impulsar[e].

3. *A la tercera hay que decir:* Todo lo que tiene voluntad se dice que es bueno en cuanto tiene buena voluntad; pues por la voluntad disponemos de todo lo que hay en nosotros. Por eso no se llama hombre bueno al inteligente, sino al que tiene buena voluntad. Por su parte, la voluntad va referida al bien como a su fin y objeto propio. Así, al decir *porque Dios es bueno existimos*[20], hay que referirlo a la causa final.

ARTÍCULO 5

El concepto de bien, ¿consiste o no consiste en el modo, la especie y el orden?

1-2 q.85 a.4; *De Verit.* q.21 a.6.

Objeciones por las que parece que el concepto de bien no consiste en el modo, la especie y el orden:

16. DIONISIO, *De Div. Nom.* c.4 § 4: MG 3,700.   17. C.32: ML 34,32.   18. ARISTÓTELES, c.3 n.5 (BK 195a23): S. Th, lect.5 n.11.   19. ARISTÓTELES, c.3 n.1 (BK 380a12): S. Th. lect.9 n.347.   20. S. AGUSTÍN, *De Doct. Christ.* 1 c.32: ML 34,32.

e. Santo Tomás asume repetidas veces el principio neo-platónico de que «el bien es de suyo difusivo». Aquí aclara que, si lo es, lo es por ser causa final (cf. 1-2 q.1 a.4 ad 1). La diferencia entre la c. eficiente y la final está en que aquélla mueve *empujando* (físicamente) y ésta mueve *atrayendo* (moralmente). Esto último es lo que pasa con el bien. Una persona buena no necesita imponerse: testifica por sí misma, atrae y contagia, se expande y multiplica, no a fuerza de palabras sino por la fuerza de su propia bondad. Cf. no obstante la nota a 1 q.19 a.2.

1. Como se ha dicho (a.1), el bien y el ser difieren conceptualmente. Pero parece que el modo, la especie y el orden pertenecen al concepto de ser, porque, como dice Sab 2,21: *todo lo dispusiste en su número, peso y medida;* y estas tres cosas se reducen al modo, la especie y el orden. Dice Agustín en IV *Super Gen. ad litteram*[21]: *La medida establece el modo de todo; el número le proporciona la especie, y el peso le transmite reposo y estabilidad.* Por lo tanto, el concepto de bien no consiste en el modo, la especie y el orden.

2. Más aún. El modo, la especie y el orden son ciertos bienes. Si el concepto de bien consiste en el modo, la especie y el orden, el modo tendría modo, especie y orden; lo mismo sucedería con la especie y el orden. Consecuentemente, entraríamos en un proceso indefinido.

3. Todavía más. El mal es privación de modo, especie y orden. Pero el mal no aniquila totalmente el bien. Por lo tanto, el concepto de bien no consiste en el modo, especie y orden.

4. Aún más. Aquello en que consiste el bien no puede ser llamado malo. Pero se dice mal modo, mala especie, mal orden. Por lo tanto, el concepto de bien no consiste en modo, especie y orden.

5. Por último. El modo, la especie y el orden son causados por el peso, el número y la medida, tal como nos consta por la autoridad de Agustín en lo dicho[22]. No obstante, no todos los bienes tienen peso, medida y número, pues dice Ambrosio en *Hexaemeron*[23]: *La naturaleza de la luz ha sido creada sin número, sin peso, sin medida.* Por lo tanto, el concepto de bien no consiste en modo, especie y orden.

En cambio está lo que dice Agustín en el libro *De Natura Boni*[24]: *El modo, la especie y el orden, estos tres, se encuentran en las cosas hechas por Dios como bienes generales. Así, donde están los tres grandes, grandes son los bienes; donde pequeños, pequeños bienes. Donde ni grandes ni pequeños, ningún bien.* Esto no sería así si en ellos no consistiera el concepto de bien. Por lo tanto, el concepto de bien consiste en modo, especie y orden.

Solución. *Hay que decir:* Algo es bien en cuanto es perfecto, por esto es apetecible como se dijo (a.1 ad 3). Y se dice perfecto a aquello que en lo correspondiente a su perfección no le falta nada. Como quiera que todo es lo que es por su forma, hay cosas que presuponen la forma, y otras que se siguen de ella. Así, para que algo sea perfecto y bueno requiere tener, además de la forma, lo que ésta presupone y lo que de ella se sigue. La forma presupone la adaptación de los principios tanto materiales como eficientes. A esto le llamamos *modo;* por eso se dice[25] que la *medida establece el modo.* Y la misma forma es llamada *especie,* porque por la forma algo queda constituido en especie. Por esto se dice que el *número proporciona la especie.* Porque las definiciones determinantes de la especie son como los números, según dice el Filósofo en VII *Metaphys.*[26] porque, así como la suma o la resta de una unidad hace variar la especie del número, así también, si se añade o se quita una diferencia, varía la definición. De la forma se deriva la tendencia al fin, a la acción y a otras cosas, porque lo que está en acto obra y tiende a lo que le resulta beneficioso respecto a la forma. Esto es lo que corresponde *al peso y al orden.* De ahí que el concepto de bien, atendiendo a la perfección, consista también en el modo, la especie y el orden.

Respuesta a las objeciones: 1. *A la primera hay que decir:* El modo, la especie y el orden no acompañan al ser sino en cuanto que es perfecto. Por eso es bueno.

2. *A la segunda hay que decir:* El modo, la especie y el orden son llamados buenos y seres de la misma manera. No porque sean como subsistentes, sino porque por ellos otros son seres y buenos. Por eso no es necesario que tengan otras cosas por las que son buenos. Pues no se les llama buenas porque formalmente sean buenas por otras cosas, sino porque otras cosas son formalmente buenas por ellas. Ejemplo: La blancura es llamada *ser* no porque lo sea por algo, sino porque hay cosas que por ella adquieren su accidentalidad: el blanco.

3. *A la tercera hay que decir:* Cada

---

21. C.3:ML 34,299.   22. Ib.   23. 1 c.9: ML 14,154.   24. C.3: ML 42,553.   25. S. AGUSTÍN, *De Gen. ad Litt.* 4 c.3: ML 34,299.   26. 7 c.3 n.8 (BK 1043b34): S. Th. lect.3 n.1722-172.

manera de ser tiene su forma; por eso, todo ser tiene su modo, especie y orden. Así, el hombre, en cuanto hombre, tiene modo, especie y orden. Igualmente lo tiene por cuanto es blanco, sabio, virtuoso o cualquier otra cosa. En cambio, el mal priva de algún ser, como la ceguera priva de la vista; pero no por eso aniquila del todo el modo, la especie y el orden, sino sólo el modo, la especie y el orden que le corresponde al ser de la vista.

4. *A la cuarta hay que decir:* Como escribe Agustín en el libro *De Natura Boni*[27]: *Todo modo, en cuanto modo, es bueno* (lo mismo puede decirse de la especie y del orden); *pero el mal modo, la mala especie y el mal orden o se llaman así porque no alcanzan el grado que deberían tener, o porque se aplican a cosas a las que no se los puede aplicar. Y así se llaman malos porque son extraños o ajenos.*

5. *A la quinta hay que decir:* Que la naturaleza de la luz no tenga número, peso ni medida, no se dice en sentido absoluto, sino por comparación a lo corporal, porque la fuerza de la luz llega a todo lo corporal en cuanto es cualidad activa del primer cuerpo que puede alterar, esto es, del firmamento.

ARTÍCULO 6

¿Es o no es adecuado dividir el bien en honesto, útil y deleitable?[f]

2-2 q.145 a.3; *In Sent.* 2 d.21 q.1 a.3; *In Ethic.* 1 lect.5; 8 lect. 2.3.

Objeciones por las que parece que no es adecuado dividir el bien en honesto, útil y deleitable:
1. Como dice el Filósofo en I *Ethic.*[28], el bien se encuentra en los diez predicamentos. Pero lo honesto, útil y deleita-

ble puede ser encontrado en uno sólo. Por lo tanto, no es adecuado dividir el bien en éstos.

2. Más aún. Toda división se hace por opuestos. Pero estos tres no parecen ser opuestos, pues lo honesto es deleitable y nada deshonesto es útil (sin embargo, debería serlo, si la división se hiciera por opuestos para que se opusiera lo honesto a lo útil). Esto mismo dijo Tulio en el libro *De officiis*[29]. Por lo tanto, tal división no es adecuada.

3. Todavía más. Donde hay uno porque hay otro, sólo hay uno. Pero lo útil no es bueno a no ser porque también es deleitable y honesto. Por lo tanto, lo útil no debe dividirse por opuesto a lo deleitable y honesto.

En cambio está el hecho que Ambrosio en el libro *De officiis*[30] utiliza esta división de bien.

Solución. *Hay que decir:* Parece que esta división propiamente es la del bien humano. Sin embargo, si se considera la razón de bien de forma más elevada y universal, encontramos que esta división propiamente corresponde al bien en cuanto bien. Pues el bien es algo en cuanto es apetecible y es fin de la tendencia del apetito. El fin de la tendencia del apetito puede ser considerado en su comparación al movimiento del cuerpo físico. El movimiento del cuerpo físico termina definitivamente en lo último; y en su marcha a lo último, también termina de alguna manera en los puntos intermedios, y éstos son llamados *términos* en cuanto que en ellos termina una parte del movimiento. El último término tiene que ser entendido bajo dos aspectos: 1) *Uno,* como aquello a lo que uno se dirige, como puede ser un lugar a una forma; 2) *otro,* como reposo en aquello. Así, lo que es apetecido como medio para conseguir el fin último de la ten-

---

27. C.22: ML 42,558.   28. C.6 n.2 (BK 1096a19): S. Th. lect.6 n.79.   29. CICERÓN, *De Officiis,* l.2 c.3 (DD 4,463).   30. L.1 c.9: ML 16,35.

---

f. Se ofrece aquí una división que alcanza gran importancia a la hora de valorar la moralidad de los actos humanos. Si se considera el bien en su condición de *ser,* se divide en diez predicamentos, como todas las cosas; pero si se atiende formalmente a su cualidad de *bien,* se divide en *honesto, útil y deleitable* (ad 1). No es una división unívoca, sino proporcionalmente análoga, de suerte que el contenido del bien se predica primera y principalmente del *honesto* (ad 3). *Honesto* no hay que entenderlo como la condición de ser conforme a las reglas morales (cf. 1-2 q.18), e.d. como contrapuesto a *des-honesto* (cf. ad 2). *Honesto* se dice aquí del bien que «se desea por sí mismo y por ello es meta y límite último del movimiento apetitivo» (cuerpo).

dencia del apetito, se llama *útil;* y lo que es apetecido como fin último de la tendencia del apetito, se llama *honesto,* porque se llama honesto a aquello que es apetecido por lo que es. Aquello en lo que termina la tendencia del apetito, es decir, la consecución de lo buscado, es el *deleite.*

Respuesta a las objeciones: 1. *A la primera hay que decir:* El bien en cuanto es uno con el ser se encuentra en los diez predicamentos. Pero, atendiendo a su concepto propio, le corresponde esta división.

2. *A la segunda hay que decir:* Esta división no se hace por realidades opuestas, sino por conceptos opuestos. Sin embargo se llama deleitable a lo que no tiene más razón de ser apetecido que el placer, aunque a veces sea perjudicial y deshonesto. Se llama útil a lo que no tiene por qué ser apetecido, pero que conduce a otra cosa, por ejemplo una medicina amarga. Se llama honesto a lo que en sí mismo contiene el porqué del deseo.

3. *A la tercera hay que decir:* El bien no se divide en estos tres de forma unívoca, sino análoga con proporcionalidad. Pues primero se dice de lo honesto; segundo, de lo deleitable; tercero, de lo útil.

CUESTIÓN 15

Sobre las ideas

Después de haber estudiado la ciencia de Dios, queda por analizar lo referente a las ideas. Esta cuestión plantea y exige respuesta a tres problemas: 1. ¿Hay o no hay ideas?—2. ¿Son muchas o una sola?—3. Las cosas que Dios conoce de todo, ¿son o no son ideas?

ARTÍCULO 1

¿Hay o no hay ideas?

q.44 a.3; *In Sent.* 1 d.36 q.2 a.1; *De Verit.* q.3 a.1; *In Metaphys.* l.1 lect. 15.

Objeciones por las que parece que no hay ideas:
1. En el c.7 *De Div. Nom.*[1], Dionisio dice que Dios no conoce las cosas por las ideas. Pero las ideas no tienen más objetivo que el de que, por ellas, sean conocidas las cosas. Luego no hay ideas.
2. Más aún. Como ya se dijo (q.14 a.5), Dios lo conoce todo en sí mismo. Pero a sí mismo no se conoce por ideas. Luego tampoco así conoce lo demás.
3. Todavía más. La idea es considerada como principio para conocer y actuar. Pero la esencia divina es suficiente principio para conocerlo todo y para hacerlo todo. Luego no hay necesidad de ideas.

En cambio está lo que dice Agustín en el libro *Octoginta trium quaest.*[2]: *Es tanta la fuerza existente en las ideas que, sin entenderlas, nadie puede ser sabio.*

Solución. *Hay que decir:* Es necesario que haya ideas en la mente divina. Pues *idea,* palabra griega, en latín se dice *for-* ma; de ahí que por las ideas se entiendan las formas de otras cosas existentes fuera de estas mismas cosas. La forma de una cosa existente fuera de esta misma cosa puede tener dos funciones: *una,* que sea ejemplar de aquello que se llama forma; *otra,* que sea principio de conocimiento de sí misma, en cuanto que las formas de lo cognoscible están en quien conoce. En los dos casos es necesario que haya ideas. Se demuestra de la siguiente manera.

En todas aquellas cosas que no son engendradas por casualidad, es necesario que la forma sea el fin del engendrarse de cada una. Además el que actúa no lo hace por la forma a no ser que la imagen de la forma esté en él. Y esto puede suceder de dos maneras. Pues en algunos agentes preexiste la forma de actuar como ser natural, como en los que actúan por naturaleza. Ejemplo: el hombre engendra al hombre; el fuego, al fuego. Pero en algunos, la forma preexiste como ser inteligible, como en los que actúan por conocimiento. Ejemplo: la imagen de la casa preexiste en la mente del constructor. Y esto puede ser llamado idea de la casa, porque el constructor intenta asemejar la casa a la forma que concibió en la mente.

1. § 2: MG 3,868.   2. Q.46: ML 40,29.

Así, pues, como el mundo no existe por casualidad, sino que ha sido hecho por Dios por conocimiento, como se verá más adelante (q.19 a.4; q.44 a.3), es necesario que en la mente divina esté la forma a cuya semejanza se hizo el mundo. Y en esto consiste la idea.

Respuesta a las objeciones: 1. *A la primera hay que decir:* Dios no conoce las cosas por alguna idea que exista fuera de Él. Y así, también Aristóteles [3] desaprueba la opinión que Platón tenía de las ideas, pues éste las ponía como existentes por sí mismas, no en el entendimiento.

2. *A la segunda hay que decir:* Aun cuando Dios conoce y conoce lo demás por su esencia, sin embargo, su esencia es principio operativo de lo demás, no de sí mismo; por eso tiene sentido de idea si se la compara a otras cosas, no si se la compara al mismo Dios.

3. *A la tercera hay que decir:* Dios por su esencia es semejanza de todo. Por eso en Dios la idea no es más que la misma esencia divina.

ARTÍCULO 2
¿Hay o no hay muchas ideas?

q.34 a.3 ad 4; q.44 a.3; q.47 a.1 ad 2; *In Sent.* 1 d.36 q.2 a.2; 2 d.14 a.2 q.ª2; *De Verit.* q.3 a.2; *Cont. Gentes* 1,54; *De Pot.* q.3 a.16 ad 13.14; *Quodl.* q.1.

Objeciones por las que parece que no hay muchas ideas:

1. En Dios la idea es su esencia. Pero la esencia de Dios no es más que una. Luego no hay más que una idea.

2. Más aún. Como la idea es principio para conocer y actuar, así también lo es el arte y la sabiduría. Pero en Dios no hay muchas artes y sabidurías. Luego tampoco hay muchas ideas.

3. Todavía más. Si se dice que las ideas se multiplican con respecto a la diversidad de criaturas, se replica: la pluralidad de ideas existe desde la eternidad. Luego, si las ideas son muchas y las criaturas son temporales, lo temporal será causa de lo eterno.

4. Por último. Estas relaciones o son reales sólo en las criaturas, o también lo son en Dios. Si lo son sólo en las criaturas, como las criaturas no son eternas, tampoco lo será la pluralidad de ideas, si es que se multiplican sólo por estas relaciones. Por otra parte, si existen realmente en Dios, se sigue que en Dios hay otra pluralidad además de las Personas. Y esto va contra el Damasceno [4] cuando dice que en Dios todo es uno menos *la ingeneración, la generación y la procesión.* Así pues, no hay muchas ideas.

En cambio está lo que dice Agustín en el libro *Octoginta trium quaest.*[5]: *Las ideas son ciertas formas principales o razones de las cosas, estables e inmutables porque no han sido formadas, siendo por ello eternas e inmodificables, contenidas en la inteligencia divina. Pero aun cuando ni nacen ni mueren, sin embargo, se dice que por ellas se forma todo lo que puede nacer y morir, todo lo que nace y muere.*

Solución. *Hay que decir:* Es necesario que haya muchas ideas. Para demostrarlo, hay que tener presente que, en cualquier efecto, aquello que es el último fin, propiamente es lo intentado por el agente principal; como la disciplina del ejército por el jefe. Por el Filósofo en XII *Metaphys.*[6] nos consta que lo mejor que hay en las cosas es el bien del orden en el universo. Así pues, el orden en el universo es propiamente lo intentado por Dios, y no algo fortuito cuyo origen estaría en sucesivos agentes. Pues algunos han dicho que Dios creó sólo la primera criatura, y que ésta creó la segunda, y así sucesivamente hasta llegar a la multitud existente. Según esta opinión, Dios no tendría más idea que la de la primera criatura. Pero si el mismo orden del universo ha sido creado en sí mismo por Él, y por Él intentado, es necesario que tenga la idea de dicho orden del universo. Pues no se puede tener idea de un todo si no se tiene de los distintos elementos que constituyen dicho todo. Ejemplo: el constructor no puede concebir la idea de una casa si no hubiera concebido la idea de cada una de las partes. Por lo tanto, es necesario que en la mente divina esté la razón de ser de todo. Por eso dice Agustín en el libro *Octoginta trium quaest.*[7]: *Cada cosa ha sido creada con su propia razón de ser por Dios.* Así, pues, hay en la mente divina muchas ideas.

3. ARISTÓTELES, *Metaphys.* 2, c.2 n.16 (BK 997b6): S., Th. lect.15 n.231-234.   4. *De Fide Orth.* 1 c.10: MG 94,837.   5. Q.46: ML 40,30.   6. ARISTÓTELES, 11, c.10 n.1 (BK 1075a13): S. Th. lect.12 n.2627-2631.   7. Q.46: ML 40,30.

Que esto no es contrario a la simplicidad divina es fácil de ver si se tiene presente que la idea de lo hecho está en la mente del que lo hace como algo que se conoce; pero no como la especie por la que se conoce, pues esto último es la forma que da acto al entendimiento. Ejemplo: en la mente del constructor, la forma de la casa es algo que ha sido concebido y a tal semejanza construye la casa materialmente.

Y no es contrario a la simplicidad divina que conozca muchas cosas. Sí lo sería si su entendimiento estuviera formado por muchas ideas. Por eso, en la mente divina hay muchas ideas que están como conocidas. Esto se puede ver de la siguiente manera. Él mismo conoce perfectamente su esencia; por lo tanto, la conoce de cualquier modo como pueda ser conocida. Puede ser conocida no sólo como es en sí misma, sino en cuanto que es participable según algún modo de semejanza por las criaturas. Cada criatura tiene su propia especie por la que de algún modo participa de la semejanza de la esencia divina. Así, pues, como Dios conoce su esencia como imitable por tal criatura, la conoce como idea y razón de tal criatura. Y lo mismo hay que decir de todo lo demás. De este modo resulta evidente que Dios conoce muchas razones propias de muchas cosas, es decir, en Él hay muchas ideas.

Respuesta a las objeciones: 1. *A la primera hay que decir:* La idea no indica la esencia divina en cuanto esencia, sino en cuanto semejanza o razón de ser de esta o aquella cosa. Por eso, que haya muchas razones conocidas desde una sola esencia es lo mismo que decir que hay muchas ideas.

2. *A la segunda hay que decir:* La sabiduría y el arte en Dios indican aquello por lo que Él conoce; pero la idea indica aquello que conoce. Dios en uno conoce a muchos; y no sólo según lo que son en sí mismos, sino también en cuanto conocidos; lo cual significa conocer muchas razones de las cosas. Ejemplo: el arquitecto, cuando conoce la forma de una casa construida, se dice que conoce la casa; cuando conoce la forma de la casa en cuanto algo especulado, porque

8. § 8: MG 94,824.

sabe que la conoce, se dice que conoce la idea o razón de la casa.

Dios no sólo conoce muchas cosas por su esencia, sino que también sabe que las conoce. Y esto es conocer muchas razones de las cosas; o que en su entendimiento hay muchas ideas conocidas.

3. *A la tercera hay que decir:* Todas estas relaciones, por las que se multiplican las ideas, no son causadas por las cosas, sino por el entendimiento divino cuando da la semejanza de su esencia a las cosas.

4. *A la cuarta hay que decir:* Las relaciones que multiplican las ideas no están en las cosas creadas, sino en Dios. Sin embargo, no son relaciones reales como aquellas por las que se distinguen las Personas, sino relaciones conocidas por Dios.

ARTÍCULO 3

Las cosas que Dios conoce de todo, ¿son o no son en Él ideas?

In Sent. 1 d.36 q.2 a.3; *De Verit.* q.3 a.3.4.5.6.7.8; *In De Div. Nom.* c.5 lect.3; *De Pot.* q.1 a.5 ad 10.11; q.3 a.1 ad 13.

Objeciones por las que parece que no todo lo que Dios conoce es idea en Él:

1. La idea de mal no está en Dios; de lo contrario el mal estaría en Dios. Pero los males son conocidos por Dios. Luego las cosas que Dios conoce de todo no son ideas.

2. Más aún. Como ya se dijo (q.14 a.9), Dios conoce lo que no existe, lo que no fue y lo que nunca será. Pero de todo esto no hay ideas, porque Dionisio dice en el c.5 *De Div. Nom.*[8]: *Los ejemplares son las voluntades divinas determinantes y efectivas de las cosas.* Luego no todas las cosas que Dios conoce de todo son ideas en Él.

3. Todavía más. Dios conoce la materia prima a la que no le puede corresponder ninguna idea, pues no tiene ninguna forma. Luego lo mismo que antes.

4. Por último. Consta que Dios conoce no sólo la especie, sino también los géneros, las particularidades y los accidentes. Pero de todo esto no hay ideas, según la postura de Platón, el primero

que introdujo las ideas, como dice Agustín[9]. Luego no de todo lo conocido por Dios hay ideas en Él.

En cambio, como nos consta por Agustín[10], las ideas son razones existentes en la mente divina. Pero Dios tiene razones propias de todo lo que conoce. Luego tiene idea de todo lo que conoce.

Solución. *Hay que decir:* El doble carácter de las ideas establecido por Platón[11], esto es, como principio de conocimiento y generación de las cosas, hay que situarlo en la mente divina. En cuanto principio efectivo, puede ser llamado *ejemplar;* y pertenece al conocimiento práctico. En cuanto principio cognoscitivo, propiamente se llama *razón;* y también puede pertenecer al conocimiento especulativo. En cuanto ejemplar, está relacionado con todo lo que Dios hace en cualquier tiempo. En cuanto principio cognoscitivo está relacionado con todo lo conocido por Dios, incluso aunque nunca fuera hecho; y relacionado también con todo lo que es conocido por Dios según su propia razón y por especulación.

Respuesta a las objeciones: 1. *A la primera hay que decir:* El mal es conocido por Dios no por su razón propia, sino por razón del bien. Por eso en Dios no hay idea del mal, ni como ejemplar ni como razón.

2. *A la segunda hay que decir:* De todo lo que no existe, ni fue, ni será, Dios no tiene un conocimiento práctico, sino sólo virtual. Y de todo esto en Dios no

hay idea como ejemplar, sino sólo como razón.

3. *A la tercera hay que decir:* Según algunos[12], Platón estableció la materia no creada; así, no estableció una idea de materia, sino una concausa. Pero como nosotros admitimos que la materia ha sido creada por Dios, aunque nunca sin la forma, en Dios hay cierta idea de la materia, pero no distinta de la idea del compuesto, ya que la materia en sí misma ni existe ni es cognoscible.

4. *A la cuarta hay que decir:* Los géneros no pueden tener una idea distinta de la idea de especie, si se toma la idea como ejemplar, porque el género nunca se da sin la especie. Lo mismo puede decirse de los accidentes, que son inseparables del sujeto. A los accidentes ya hechos simultáneos con el sujeto, les corresponde una idea especial. Ejemplo: el constructor, por la forma que tiene de la casa, hace todos los accidentes que desde el principio le corresponden a la casa. Todos aquellos accidentes que se le dan posteriormente a la casa ya hecha, como la pintura o algún otro, los da respondiendo a alguna otra forma. En cambio, según Platón, los individuos no tenían más idea que la idea de especie, bien porque los singulares se individualizan por la materia, para él increada y concausa de la idea, como son interpretados algunos, bien porque lo que la naturaleza se propone son las especies, y si produce individuos es para que por ellos se salven las especies. Pero la providencia divina no sólo llega a las especies, sino también a los individuos, como se dirá más adelante (q.22 a.2).

CUESTIÓN 16

Sobre la verdad

Puesto que la ciencia lo es de lo verdadero, después de haber analizado lo referente a la ciencia de Dios, hay que investigar ahora lo concerniente a la verdad. Esta cuestión plantea y exige respuesta a ocho problemas:

1. La verdad, ¿está en las cosas o sólo en el entendimiento?—2. ¿Está o no está sólo en el entendimiento que compone y divide?—3. Relación en-

9. *Octog. Trium Quaest.* q.46: ML 40,29.   10. Ib.   11. Cf. ARISTÓTELES, *Metaphys.* la c.9 n.11 (BK 991b3); ALBERTO MAGNO, *In Eth.* 1 tr.5 c.12 (BO 7,72).   12. Cf. PEDRO LOMBARDO, *Sent. 2* d.1 c.1 (QR 1,307).

tre verdadero y ser.—4. Relación entre verdadero y bien.—5. Dios, ¿es o no es la verdad?—6. ¿Todo es verdadero con una sola verdad o con muchas?—7. Sobre la eternidad de la verdad.—8. Sobre su inmutabilidad.

ARTÍCULO 1

La verdad, ¿está o no está sólo en el entendimiento?

1-2 q.64 a.3; *In Sent.* 1 d.19 q.5 a.1; *De Verit.* q.1 a.2; *Cont. Gentes* 1,60; *In Periher.* 1 lect.3; *In Metaphys.* 6 lect.4.

Objeciones por las que parece que la verdad no está sólo en el entendimiento, sino más bien en las cosas.

1. Agustín, en el libro *Soliloq.*[1] rechaza la siguiente definición de verdadero: *Verdadero es lo que se ve;* porque, de ser así, las piedras que están en lo más profundo de la tierra, porque no se ven, no serían verdaderas piedras. También rechaza la siguiente: *Verdadero es aquello que es tal como le parece al que lo conoce, si quiere y puede conocerlo;* porque, de ser así, si nada pudiera ser conocido, nada sería verdadero. Y define lo verdadero de la siguiente manera: *Verdadero es lo que existe.* Por lo que parece que la verdad está en las cosas y no en el entendimiento.

2. Más aún. Lo que es verdadero, lo es por la verdad. Así, pues, si la verdad está sólo en el entendimiento, nada será verdadero más que cuando es conocido; y éste es uno de los errores de los antiguos filósofos[2] cuando decían: *Es verdadero todo lo que lo parece.* De ser así, cosas contradictorias serían simultáneamente verdaderas si a diversos pensadores simultáneamente les pareciera que cosas contradictorias son verdaderas.

3. Todavía más. Como consta en I *Poster.*[3]: *Aquello de lo que depende una cosa es más que ella.* Pero, tal como dice el Filósofo en *Praedicamentis*[4]: *De que una cosa sea o no sea depende que una opinión u oración gramatical sea verdadera o falsa.* Luego la verdad está más en las cosas que en el entendimiento.

En cambio está lo que el Filósofo dice en VI *Metaphys.*[5]: *Lo verdadero y lo falso no están en las cosas, sino en el entendimiento.*

Solución. *Hay que decir:* Así como se llama bien aquello a lo que tiende el apetito, se llama verdadero aquello a lo que tiende el entendimiento. La diferencia entre el apetito, el entendimiento o cualquier otro tipo de facultad, está en que el conocimiento es tal según está lo conocido en quien lo conoce; y el apetito es tal según el que apetece tiende hacia lo apetecido. De este modo, el fin del apetito, que es el bien, está en lo apetecido; pero el fin del conocimiento, que es lo verdadero, está en el mismo entendimiento. Como el bien está en la cosa, en cuanto que está relacionada con el apetito; y por eso la razón de bondad deriva de la cosa apetecida al apetito, por lo cual, si es apetito del bien se llama apetito bueno; así también, como lo verdadero está en el entendimiento en cuanto que hay conformidad entre éste y lo conocido, es necesario que la razón de verdadero derive del entendimiento a lo conocido, como también se llama verdadera aquella cosa conocida en cuanto que tiene alguna relación con el entendimiento.

La relación que lo conocido tiene con el entendimiento puede ser esencial o accidental. Es esencial cuando su propio existir depende del entendimiento; y accidental en cuanto que es cognoscible por el entendimiento. Ejemplo: Una casa tiene relación esencial con el entendimiento de su constructor; y accidental con cualquier otro entendimiento del que no dependa.

Pues bien, el juicio sobre una cosa se fundamenta en lo que es esencial en ella, no en lo que en ella es accidental. Por eso, cualquier cosa se dice que es absolutamente verdadera según la relación que tiene con el entendimiento del que depende. Por eso también, se dice que las cosas artificiales son llamadas verdaderas por su relación con nuestro entendimiento. Así, se dice que una casa es

1. 2 c.5: ML 32,888.   2. Cf. las referencias dadas por ARISTÓTELES, *Metaphys.* 3 c.5 n.1 (BK 1009a8): S. Th. lect.9-5 nn.661-719.   3. ARISTÓTELES, c.2 n.15 (BK 72a29): S. Th. lect.6 n.3.   4. ARISTÓTELES, c.3 n.22 (BK 4b8).   5. ARISTÓTELES, 5 c.4 n.1 (BK 1027b25): S. Th. lect.4 n.1230-1240.

verdadera cuando se asemeja a la imagen que hay en la mente del constructor; y que una frase es verdadera cuando expresa un pensamiento verdadero.

Asimismo, se dice que las cosas son verdaderas por asemejarse a la imagen de las especies que hay en la mente divina. Ejemplo: se dice que una piedra es verdadera piedra cuando posee la naturaleza propia de la piedra, según la concepción previa existente en el entendimiento divino. Por lo tanto, la verdad principalmente está en el entendimiento; secundariamente está en las cosas en cuanto que se relacionan con el entendimiento como principio.

Según todo esto, la verdad puede ser definida de varias maneras. Pues Agustín, en el libro *De Vera Relig.*[6], dice: *La verdad es aquello con lo que se pone al descubierto lo que algo es.* E Hilario[7] dice: *Verdadero es el ser que desvela, que deja en evidencia.* Todo eso se refiere a la verdad en cuanto que está en el entendimiento. A la verdad de algo en cuanto relacionado con el entendimiento pertenece la definición que Agustín da en el libro *De Vera Relig.*[8]: *La verdad es la semejanza total con el principio; en ella no hay ninguna disimilitud.* Y aquella definición que da Anselmo[9]: *Verdad es la coherencia sólo perceptible por la mente;* pues coherencia es lo que concuerda con el principio. También la definición que da Avicena[10]: *La verdad de una cosa es la propiedad del ser que está afincado en ella.* Cuando se dice: *Verdad es la adecuación entre objeto y entendimiento,* esto incluye los dos aspectos indicados.

Respuesta a las objeciones. 1. *A la primera hay que decir:* Agustín habla de la verdad del objeto, excluyendo, del concepto de este tipo de verdad, su relación con nuestro entendimiento. Pues todo lo accidental queda excluido de cualquier definición.

2. *A la segunda hay que decir:* Los antiguos no sostenían que las especies naturales provenían de algún entendimiento, sino de la casualidad. Y porque consideraban que lo verdadero conlleva relación con el entendimiento, se vieron

obligados a construir la verdad de las cosas en relación con nuestro entendimiento. De todo lo cual se seguían una serie de inconvenientes que el Filósofo menciona en IV *Metaphys.*[11] Estos inconvenientes no se dan si la verdad de las cosas la constituimos en relación con el entendimiento divino.

3. *A la tercera hay que decir:* Aun cuando la verdad de nuestro entendimiento está causada por el objeto, sin embargo, no es necesario que la razón de verdad se encuentre primero en el objeto. Ejemplo: la razón de salud no se encuentra antes en la medicina que en el animal; pues el poder de la medicina, no su salud, causa salud, ya que no es agente unívoco. Igualmente, el ser del objeto, no su verdad, causa la verdad del entendimiento. Por eso, el Filósofo dice[12] que una opinión y una oración son verdaderas *porque las cosas son, no porque sean verdaderas.*

ARTÍCULO 2

La verdad, ¿está o no está en el entendimiento que compone y divide?

In Sent. 1 d.19 q.5 ad 7; *De Verit.* q.1 a.3.9; *Cont. Gentes* 1,59; *In De Anima* 3, lect.11; *In Metaphys.* 6 lect.4; *In Periherm.* 1 lect.3.

Objeciones por las que parece que la verdad no está sólo en el entendimiento que compone y divide:

1. El Filósofo, en el III *De Anima*[13] dice que, así como los sentidos que captan sus sensibles propios siempre son verdaderos, así también lo es el entendimiento, que conoce *lo que es.* Pero la composición y división no están ni en el sentido ni en el entendimiento que conoce *lo que es.* Luego la verdad no está sólo en el entendimiento que compone y divide.

2. Más aún. En el libro *De definitionibus*[14], Isaac dice que la verdad es la adecuación entre el objeto y el entendimiento. Pero así como el entendimiento de lo complejo puede adecuarse a las cosas, también lo podrá hacer el entendi-

6. C.36: ML 34,151.   7. *De Trin.* 5 n.14: ML 10,131.   8. C.36: ML 34,152. 9. *De Verit.* c.11: ML 158,480.   10. *Metaphys.* tr.8 c.6   (100r).   11. ARISTÓTELES, 3 c.5 (BK 1009a6); c.6 (BK 1011a3).   12. ARISTÓTELES, *Cat.* c.3 n.22 (BK 4b8).   13. ARISTÓTELES, c.6 n.7 (BK 430b27): S. Th. lect.11 n.762.   14. AVICENA, *Metaphys.* tr.1 c.9 (74r). Cf. ALEJANDRO DE HALES, *Summa Theol.* p.1, n.89 (QR 1,142, nota 2).

miento de lo no complejo, y también el sentido que siente una cosa como es. Luego la verdad no está sólo en el entendimiento que compone y divide.

En cambio está lo que dice el Filósofo en VI *Metaphys.*[13]: *Sobre lo simple y sobre lo que algo es* no hay verdad ni en el entendimiento ni en las cosas.

Solución. *Hay que decir:* Como ya se dijo (a.1), lo verdadero, en cuanto a su primera razón, está en el entendimiento. Como toda cosa es verdadera en cuanto que tiene la forma propia de su naturaleza, es necesario que el entendimiento, en cuanto que conoce, sea verdadero en cuanto tiene la imagen de lo conocido, que es la forma del entendimiento en cuanto que conoce. Y por eso, la verdad se define como la adecuación entre el entendimiento y el objeto. De ahí que conocer tal adecuación sea conocer la verdad. Esto no lo conocen de ninguna manera los sentidos; pues aunque la vista tenga la imagen de lo visible, sin embargo, no conoce la adecuación existente entre lo visto y lo que aprehende de ello. No obstante, el entendimiento puede conocer la adecuación existente entre él y lo conocido; pero no la aprehende por conocer de algo *aquello que es,* sino cuando juzga que hay adecuación entre la realidad y la forma que de tal realidad aprehende. Entonces, en primer lugar conoce y dice lo verdadero. Y esto lo hace componiendo y dividiendo; pues en toda proposición, la forma indicada por el predicado o la aplica a alguna cosa concretada en el sujeto, o la separa de ella. Así, parece bien que sea verdadero el sentido al sentir algo, o que lo sea el entendimiento conociendo de algo *lo que es;* pero no porque conozca o diga lo verdadero. Lo mismo cabe decir de frases complejas o incomplejas.

Así, pues, la verdad puede estar en el sentido, o en el entendimiento que conoce de algo lo que es, o en una cosa verdadera. Pero no como lo conocido en el que lo conoce, que es lo que conlleva el nombre de *verdadero;* ya que la perfección del entendimiento es lo verdadero como conocido. Por lo tanto, hablando con propiedad, la verdad está en el en-

tendimiento que compone y divide; no en el sentido o en el entendimiento que conoce de algo *lo que es.*

Respuesta a las objeciones: Está incluida en lo dicho.

ARTÍCULO 3

¿Se identifican o no se identifican lo verdadero y el ser?

In Sent. 1 d.8 q.1 a.3; d.19 q.5 ad 3.7; *De Verit.* q.1 a.1; a.2 ad 1; q.21 a.1.

Objeciones por las que parece que lo verdadero y el ser no se identifican:

1. Propiamente, lo verdadero está en el entendimiento, como se dijo (a.1). Y propiamente, el ser está en las cosas. Luego no se identifican.

2. Más aún. Lo que es aplicable al ser y al no ser no se identifican con el ser. Pero lo verdadero es aplicable al ser y al no ser, ya que verdadero es lo que el ser es; y lo que no es el no ser. Luego lo verdadero y el no ser no se identifican.

3. Todavía más. Las cosas que entre sí unas son anteriores y otras posteriores, no parece que se identifiquen. Pero lo verdadero parece ser anterior al ser, pues el ser no es conocido más que bajo la razón de lo verdadero. Luego no parece que sean convertibles.

En cambio está lo que dice el Filósofo en II *Metaphys.*[16]: *La posición de las cosas es la misma en el ser y en la verdad.*

Solución. *Hay que decir:* Como lo bueno está relacionado con el apetito, lo verdadero lo está con el conocimiento. Algo tiene ser en tanto en cuanto es cognoscible. Por eso, en el III *De Anima*[17] se dice que, en cuanto al sentido y al entendimiento, *el alma en cierto modo lo es todo.* Así, como el bien se identifica con el ser, también lo verdadero. Sin embargo, así como lo bueno añade al ser la razón de apetecible, también lo verdadero añade algo por su relación con el entendimiento.

Respuesta a las objeciones: 1. *A la primera hay que decir:* Como se dijo (a.1), lo verdadero está en las cosas y en el en-

15. ARISTÓTELES, 5 c.4 n.1 (BK 1027b27): S. Th. lect.4 n.130-140. 16. ARISTÓTELES, la c.1 n.5 (BK 993b30): S. Th. lect.2 n.298. 17. ARISTÓTELES, c.8 n.1 (BK 431b21): S. Th. lect.13 n.787.

tendimiento. Lo verdadero que hay en las cosas se identifica con el ser sustancialmente. Pero lo verdadero que hay en el entendimiento se identifica con el ser como lo que pone en evidencia con lo puesto en evidencia. Ya que esto entra en la razón de verdadero, como se dijo (a.1).

Asimismo, puede decirse que, como lo verdadero, también el ser está en las cosas y en el entendimiento; si bien principalmente lo verdadero está en el entendimiento y el ser lo está en las cosas. Esto es así porque lo verdadero y el ser son conceptos distintos.

2. *A la segunda hay que decir:* El no ser no tiene en sí mismo nada por lo que se le pueda conocer, sino que es conocido porque el entendimiento lo hace cognoscible. De ahí que lo verdadero se fundamente en el ser, puesto que el no ser es un determinado ente de razón, es decir, aprehendido por la razón.

3. *A la tercera hay que decir:* Cuando se dice que el ser no puede ser aprehendido sin la razón de lo verdadero, esto puede entenderse de dos maneras. Una, que el ser no es aprehendido más que cuando la razón de lo verdadero es consecuencia de la aprehensión del ser. En este sentido, la frase contiene verdad. Otra, que el ser no puede ser aprehendido más que cuando se aprehende la razón de lo verdadero. En este sentido, la frase expresa algo falso; porque el ser entra en la razón de lo verdadero. Lo mismo sucedería si comparáramos lo inteligible al ser. Pues, de no ser inteligible, el ser no sería entendido; sin embargo, puede ser entendido a pesar de no entenderse su inteligibilidad. Por lo mismo, es verdadero el ser conocido; sin embargo, conociendo al ser no se conoce lo verdadero.

ARTÍCULO 4

Conceptualmente, ¿es o no es anterior el bien a lo verdadero?

Supra q.5 a.3 ad 4; *De Verit.* q.21 a.3; *In Hebr.* 11 lect.1.

Objeciones por las que parece que, conceptualmente, el bien es anterior a lo verdadero:

1. Como consta en I *Physic.*[18], lo que es universal, conceptualmente es lo primero. Pero el bien es más universal que lo verdadero, ya que lo verdadero es un determinado bien, es decir, un bien del entendimiento. Luego conceptualmente el bien es anterior a lo verdadero.

2. Más aún. Como se dijo (a.2), el bien está en las cosas; lo verdadero está en la composición y división que hace el entendimiento. Pero lo que está en las cosas es anterior a lo que está en el entendimiento. Luego conceptualmente el bien es anterior a lo verdadero.

3. Todavía más. Como consta en IV *Ethic.*[19], la verdad es una especie de virtud. Pero la virtud se encuentra dentro del bien, ya que, como dice Agustín[20], es una buena cualidad de la mente. Luego el bien es anterior a lo verdadero.

En cambio, lo que está en muchos, conceptualmente es lo primero. Pero lo verdadero está en cosas en las que no se encuentra lo bueno, por ejemplo en las matemáticas. Luego lo verdadero es anterior al bien.

Solución. *Hay que decir:* Aun cuando en la realidad el bien y lo verdadero se identifiquen con el ser, sin embargo, se diferencian conceptualmente. Por eso, hablando en sentido absoluto, lo verdadero es anterior al bien. Esto es así por dos motivos: 1) *Primero,* porque lo verdadero está más cerca que el bien del ser, que es anterior. Pues lo verdadero contempla al mismo ser de forma total e inmediata; pero el concepto de bien sigue al ser, en cuanto que de algún modo es perfecto; lo cual lo convierte en apetecible. 2) *Segundo,* porque el conocimiento por naturaleza precede al apetito. Por eso, como lo verdadero está vinculado con el conocimiento, y el bien con el apetito, conceptualmente lo verdadero es anterior al bien.

Respuesta a las objeciones: 1. *A la primera hay que decir:* La voluntad y el entendimiento se incluyen mutuamente; pues el entendimiento conoce la voluntad y la voluntad quiere conocer al entendimiento. Así, entre las cosas que son orientadas hacia el objeto de la voluntad, también están incluidas las del en-

18. ARISTÓTELES, c.5 n.9 (BK 189a5): S. Th. lect.10 n.6-10.   19. ARISTÓTELES, c.7 n.6 (BK 1127a29): S. Th. lect.15 n.835.   20. S. AGUSTÍN, *De Libero Arbitrio,* 2 c.19: ML 32,1267.

tendimiento, y viceversa. De ahí que, en el orden de lo apetecible, el bien es tenido como universal, y lo verdadero como particular. En el orden de lo inteligible es al revés. Y en cuanto que lo verdadero es un determinado bien, se sigue que el bien es anterior en el orden de lo apetecible, pero no porque sea anterior en sentido absoluto.

2. *A la segunda hay que decir:* Conceptualmente es anterior lo que primero concibe el entendimiento. Lo primero que aprehende el entendimiento es el mismo ser; lo segundo, que conoce el ser; lo tercero, que apetece el ser. Luego *primero* se da el concepto de ser; *después,* el de lo verdadero; *por último,* el de bien aun cuando éste se dé en las cosas.

3. *A la tercera hay que decir:* La virtud llamada *verdad* no es una verdad común, sino una determinada verdad según la cual el hombre, en dichos y hechos, se manifiesta como es. Y particularmente, se llama *verdad de la vida,* en cuanto que el hombre cumple aquello a lo que está ordenado por el entendimiento divino. Como se dijo (a.1), la verdad está en ciertas cosas. Y la *verdad de la justicia* lo es en cuanto que el hombre cumple lo que la ley ordena con respecto a la relación entre los hombres. De todas estas verdades particulares no se puede pasar a la verdad en general.

ARTÍCULO 5

Dios, ¿es o no es la verdad?

1-2 q.3 a.7; *In Sent.* 1 d.19 q.5 a.1; *De Verit.* q.1 a.7; *Cont. Gentes* 1,60.61.62; 3,51.

Objeciones por las que parece que Dios no es la verdad:

1. La verdad consiste en la composición y división que hace el entendimiento. Pero en Dios no hay ni composición ni división. Luego en Él no está la verdad.

2. Más aún. Según Agustín en el libro *De Vera Religione* [21]: *La verdad es la imagen del principio.* Pero en Dios no hay imagen de ningún principio. Luego en Dios no está la verdad.

3. Todavía más. Lo que se dice de Dios se dice en cuanto que Él es la primera causa de todo. Como el ser de Dios causa todo ser, y su bondad todo

bien, si en Dios está la verdad, todo lo verdadero lo será por Él. Que se peca es algo verdadero. Luego también lo será por Él. Esto es evidentemente falso.

En cambio está lo que dice el Señor en Jn 14,6: *Yo soy el camino, la verdad y la vida.*

Solución. *Hay que decir:* Como ya se dijo (a.1), la verdad se encuentra en el entendimiento en cuanto que aprehende las cosas como son; y en las cosas en cuanto que son adecuables al entendimiento. Todo esto es así en Dios en grado sumo. Pues su ser no sólo se conforma a su entendimiento, sino que también es su mismo entendimiento. Y su conocer es la medida y causa de cualquier otro ser y entendimiento. Y Él mismo es su ser y su conocer. Por lo tanto, en Él no sólo está la verdad, sino que Él mismo es la primera y suma verdad.

Respuesta a las objeciones: 1. *A la primera hay que decir:* Aun cuando en el entendimiento divino no hay composición ni división, sin embargo, por su inteligencia simple todo lo juzga y todo lo complejo lo conoce. Así, en su entendimiento está la verdad.

2. *A la segunda hay que decir:* Lo verdadero de nuestro entendimiento se da cuando se conforma a su principio, esto es, a las cosas, de las cuales toma el conocer. La verdad de las cosas se da cuando se conforman a su principio, esto es, al entendimiento divino. Por esto, propiamente no se puede decir de la verdad divina, a no ser, tal vez, si se le aplica al Hijo, que tiene principio. Pero si hablamos de la verdad esencialmente, no es admisible, a no ser que la convirtamos en una proposición afirmativa o negativa. Ejemplo: *El Padre existe por sí mismo porque no existe por otro.* Igualmente puede decirse: La verdad divina es *imagen del principio,* en cuanto que su ser no es distinto de su entendimiento.

3. *A la tercera hay que decir:* El no ser y las privaciones por sí mismas no contienen verdad, sólo la tienen por la aprehensión del entendimiento. Toda aprehensión del entendimiento proviene de Dios. Por eso, lo que de verdad tiene la frase: *Este acto de fornicar es verdadero,*

21. C.36: ML 34,152.

proviene de Dios totalmente. Pero si se argumenta: *Luego este acto de fornicar proviene de Dios,* la frase no es más que el llamado sofisma de accidente.

ARTÍCULO 6

¿Hay o no hay una sola verdad como criterio de todo lo verdadero?

In Sent. 1 d.19 q.5 a.2; *De Verit.* q.1 a.4; q.21 a.4 ad 5; q.27 a.1 ad 7; *Cont. Gentes* 3,47; *Quodl.* 10, q.4 a.1; *De Carit.* a.9 ad 1.

Objeciones por las que parece que sólo hay una verdad, criterio de todo lo verdadero:

1. Según Agustín[22], superior a la mente humana sólo lo es Dios. Pero la verdad es superior a la mente humana; pues aun cuando la mente juzga sobre la verdad, sin embargo, lo hace no según propios principios, sino según los de la verdad. Luego sólo Dios es la verdad. Por lo tanto, no hay más verdad que Dios.

2. Más aún. Dice Anselmo en el libro *De veritate*[23]: Así como el tiempo está relacionado con lo temporal, la verdad lo está con lo verdadero. Pero sólo hay un tiempo para todo lo temporal. Luego sólo hay una verdad para todo lo verdadero.

En cambio está lo que se dice en el Sal 11,2: *¡Cuán pocas son las verdades entre los hombres!*

Solución. *Hay que decir:* En cierto modo una es la verdad por la que todo es verdadero, y en cierto modo no lo es. Para probarlo hay que tener presente que, cuando algo se atribuye a muchos unívocamente, aquello mismo se encuentra en cada uno propiamente, como *animal* se encuentra en cualquier especie de animal. Pero cuando algo se dice de muchos análogamente, aquello mismo se encuentra en uno solo de ellos propiamente, por el que son denominados todos los demás. Como *sano* se dice del animal, de la orina y de la medicina, no porque la salud esté en el animal sólo, sino porque por la salud del animal se

llama medicina sana porque la produce, y orina sana porque la manifiesta. Y cuando la salud no está ni en la medicina ni en la orina, sin embargo, en ambas hay algo por lo que una la produce y otra la manifiesta.

Se ha dicho (a.1) que la verdad está primero en el entendimiento y después en las cosas, en cuanto que están orientadas hacia el entendimiento divino. Por lo tanto, si hablamos de la verdad en cuanto que está en el entendimiento, según su propia razón, en muchos entendimientos creados hay muchas verdades; lo mismo que en un solo entendimiento si conoce muchas cosas. Por eso, la Glosa[24] al Sal. 11,2: *¡Cuán pocas son las verdades entre los hombres!,* dice que así como por una sola cara humana resultan muchas imágenes en un espejo, así para una sola verdad divina resultan muchas verdades. Y si hablamos de la verdad según está en las cosas, todas serían verdaderas con una sola verdad, a la que cada una se asemeja según su propia entidad. De este modo, aun cuando sean muchas las esencias o formas de las cosas, sin embargo, una sola es la verdad del entendimiento divino, según la cual todas las cosas son llamadas verdaderas.

Respuesta a las objeciones: 1. *A la primera hay que decir:* El alma no juzga todas las cosas según la verdad de cada una, sino según la verdad primera reflejada en ella como en un espejo según los primeros principios. De ahí se sigue que la verdad primera es mayor que el alma. Y, sin embargo, también la verdad creada, presente en nuestro entendimiento, es mayor que el alma, no absolutamente, sino en cierto modo, esto es, en cuanto que la perfecciona. Así, también puede decirse que la ciencia es superior al alma. Pero es verdad que ningún ser subsistente es superior al alma. Sólo Dios.

2. *A la segunda hay que decir:* Lo dicho por Anselmo contiene verdad por cuanto que las cosas son llamadas verdaderas por relación con el entendimiento divino.

22. S. AGUSTÍN, *De Trin.* 1.15 c.1: ML 42,1057.   23. C.14: ML 158,484.   24. *Glossa* de PEDRO LOMBARDO (ML 191,155); cf. *Glossa interl.* (3,102r).

ARTÍCULO 7

La verdad creada, ¿es o no es eterna?

Supra q.10 a.3 ad 3; *In Sent.* 1 d.19 q.5 a.3; *De Verit.* q.1 a.5; *Cont. Gentes* 2,36.83.84; *De Pot.* q.3 a.17 ad 27.

Objeciones por las que parece que la verdad creada es eterna:

1. Agustín, en el libro *De libero arbitrio* [25], dice que nada hay más eterno que la razón de círculo y que dos y tres son cinco. Pero se trata de una verdad creada. Luego la verdad creada es eterna.

2. Más aún. Todo lo que existe siempre es eterno. Pero los universales están en todas partes y siempre. Luego son eternos. Por lo tanto, también lo verdadero que es universal en grado sumo.

3. Todavía más. Todo lo que es absolutamente verdadero, siempre fue verdadero y siempre lo será. Pero como la verdad de la proposición referida al presente es una verdad creada, también lo es la del futuro. Luego alguna verdad creada es eterna.

4. Por último. Todo lo que carece de principio y de fin es eterno. Pero la verdad de lo enunciable carece de principio y de fin. Porque si la verdad comenzó antes de que existiese, verdadero será que la verdad no existía; y como era verdadero por alguna verdad, verdadero será que había verdad antes que comenzara a existir. Igualmente, si se dice que la verdad tiene final, se sigue que es después de dejar de existir; pues verdadero será que la verdad no existe. Luego la verdad es eterna.

En cambio, como se ha establecido anteriormente (q.10 a.3), sólo Dios es eterno.

Solución. *Hay que decir:* La verdad de lo enunciable no es más que una verdad del entendimiento. Pues lo enunciable está en el entendimiento y en la palabra. En cuanto que está en el entendimiento, en sí mismo contiene verdad. En cuanto que está en la palabra, es un enunciable verdadero si expresa la verdad del entendimiento; no por alguna verdad existente en el enunciable como en su sujeto. Ejemplo: se dice que la orina es sana, no por la salud que contiene, sino porque indica la salud existente en el animal. Igualmente, como se dijo (a.1), las cosas son llamadas verdaderas por la verdad del entendimiento. Por eso, si ningún entendimiento fuera eterno, ninguna verdad lo sería. Pero, porque el único entendimiento eterno es el divino, sólo en Él la verdad es eterna. Tampoco por eso se sigue que algo sea eterno como Dios, pues la verdad del entendimiento divino es el mismo Dios, como ya se demostró (a.5).

Respuesta a las objeciones: 1. *A la primera hay que decir:* La razón de círculo y que dos y tres son cinco contienen eternidad en la mente divina.

2. *A la segunda hay que decir:* Que algo exista siempre y en todas partes, puede ser entendido de dos maneras. 1) *Una*, en cuanto que tiene la capacidad de extenderse a todo tiempo y lugar, como Dios a quien le corresponde estar en todas partes y siempre. 2) *Otra*, cuando no contiene nada que esté determinado por algún lugar o tiempo; como la materia prima, de la que se dice que es una, no porque tenga una forma, como el hombre es uno por la unidad de una forma, sino porque no tiene ninguna forma que produzca distinciones. Es en este sentido en el que se dice que cualquier universal está en todas partes y siempre, es decir, en cuanto que los universales prescinden del aquí y ahora. Pero no se sigue que sean eternos a no ser en el entendimiento si éste es el entendimiento eterno.

3. *A la tercera hay que decir:* Aquello que ahora es, el que fuera antes de ser responde a que en su causa estaba el poder ser. Por eso, anulada la causa, hubiera sido anulado su poder ser. Sólo la causa primera es eterna. Pero de ahí no se sigue que lo que ahora es, en aquella causa siempre hubiera sido real el llegar a ser, a no ser en cuanto que en la causa eterna siempre fue real que llegara a ser. Esta causa sólo lo es Dios.

4. *A la cuarta hay que decir:* Porque nuestro entendimiento no es eterno, tampoco lo es la verdad de los enunciables formados por nosotros, sino que empezó. Y antes de que existiera la verdad, no era verdadero decir que tal verdad no existiese, a no ser por el entendimiento divino, el único en el que la ver-

25. L.2c.8: ML 32,1251.

dad es eterna. Pero ahora es verdadero decir que entonces la verdad no existía. Y que algo no es verdadero, no lo es más que por la verdad que ahora hay en nuestro entendimiento; no por alguna verdad que provenga de la cosa. Porque ésta es la verdad del no ser, pues el no ser nada tiene en sí que sea verdadero, sino sólo por parte de nuestro entendimiento cuando lo concibe. Por eso, decir que la verdad no existía sería verdadero en tanto en cuanto concibamos el mismo no ser como previo a su ser.

ARTÍCULO 8

La verdad, ¿es o no es inmutable?

In Sent. 1 d.19 q.5 a.3; *De Verit.* q.1 a.6.

Objeciones por las que parece que la verdad es inmutable:

1. Agustín, en el libro II *De libero arbitrio*[26], dice que la verdad no es igual a la mente porque sería mutable como lo es la mente.

2. Más aún. Es inmutable lo que permanece después de todo cambio, como la materia prima, que es ingénita e incorruptible porque permanece después de toda generación y corrupción. Pero la verdad permanece después de todo cambio, porque después de todo cambio es verdadero decir ser o no ser. Luego la verdad es inmutable.

3. Todavía más. Si cambia la verdad de un enunciado, en grado sumo cambiaría si cambiase lo enunciado. Pero ni así cambia. Pues, según Anselmo[27], la verdad es una determinada rectitud por la que algo cumple lo que de él hay en la mente divina. La proposición *Sócrates está sentado,* de la mente divina recibe el significado de estar sentado Sócrates; y también el mismo significado cuando no está sentado. Luego la verdad de la proposición en nada cambia.

4. Por último. Donde hay una misma causa, hay un mismo efecto. Pero una misma cosa es causa de estas tres proposiciones: *Sócrates está sentado, estará sentado, estuvo sentado.* Luego la misma verdad hay en las tres. Por lo tanto, la verdad de tales proposiciones permanece inmutable. Lo mismo que la verdad de cualquier otra proposición.

En cambio está lo que se dice en el Sal 11,2: *¡Cuán pocas son las verdades entre los hombres!*

Solución. *Hay que decir:* Como ya se dijo (a.1), propiamente la verdad está en el entendimiento, y las cosas son llamadas verdaderas por la verdad que hay en algún entendimiento. Por lo tanto, la mutabilidad de la verdad hay que analizarla con respecto al entendimiento, cuya verdad consiste en que tenga conformidad con las cosas conocidas. Y dicha conformidad puede cambiar de dos maneras, lo mismo que cualquier otra semejanza, según el cambio de uno de los términos de la comparación. Una manera, por parte del entendimiento, que se tenga una u otra opinión de una misma cosa. La otra manera, si, manteniendo la misma opinión de una cosa, esa cosa no cambia.

Por lo tanto, si hay algún entendimiento en el que no pueda darse un cambio de opinión, o al que no se le escape nada, en él la verdad es inmutable. Como se demostró (q.14 a.15), un entendimiento así lo es el divino. Por eso, la verdad del entendimiento divino es inmutable. En cambio, la verdad de nuestro entendimiento es cambiable. No porque ella esté sometida a mutación, sino porque nuestro entendimiento pasa de la verdad a la falsedad. Así, puede decirse que las formas son cambiables. Pero la verdad del entendimiento divino, criterio de que todo lo demás sea o no sea verdadero, es completamente inmutable.

Respuesta a las objeciones: 1. *A la primera hay que decir:* Agustín está hablando de la verdad divina.

2. *A la segunda hay que decir:* Lo verdadero y el ser son convertibles. Por eso, así como el ser no se genera ni se corrompe en cuanto tal, sino sólo accidentalmente, esto es, en cuanto que se genera o se corrompe esto o aquello, como se dice en I *Physic.*[28], así también la verdad cambia no porque en ella no permanezca ninguna verdad, sino porque no permanece la verdad que era antes.

3. *A la tercera hay que decir:* La proposición no sólo contiene verdad como otras cosas de las que se dice que la contienen, en cuanto que cumplen lo que

26. C.12: ML 32,1259.	27. *De Verit.* c.7: ML 158, 475; c.10: ML 158,478.	28. ARISTÓTELES, c.8 n.6 (BK 191b17): S. Th. lect.14 n.4-7.

está ordenado por el entendimiento divino, sino que se dice que contiene verdad de un modo especial, en cuanto que expresan la verdad del entendimiento, la cual consiste en la conformidad entre el entendimiento y la cosa. Anulada dicha conformidad, cambia la verdad de la opinión y, consecuentemente, la verdad de la proposición. Así, pues, la proposición *Sócrates está sentado*, al estar sentado la proposición será verdadera por la verdad del hecho, en cuanto que lo indica; y también por la verdad del significado, en cuanto que expresa una opinión verdadera. Pero al levantarse Sócrates, la primera verdad permanece y cambia la segunda.

4. *A la cuarta hay que decir:* La acción de estar sentado de Sócrates, que es la causa de la verdad de la proposición *Sócrates está sentado*, no es tenida por igual mientras Sócrates está sentado que después o antes de estar sentado. De ahí que la verdad causada por el hecho sea tenida de diversas maneras; y de diversas maneras se expresa con proposiciones en presente, en pretérito o en futuro. De ahí no se sigue que, aun cuando una de las tres proposiciones sea verdadera, la misma verdad permanezca invariable.

CUESTIÓN 17

Sobre la falsedad

Ahora hay que tratar sobre la falsedad. Esta cuestión plantea y exige respuesta a cuatro problemas: 1. La falsedad, ¿está o no está en las cosas?—2. ¿Está o no está en el sentido?—3. ¿Está o no está en el entendimiento?—4. Oposición entre verdadero y falso.

ARTÍCULO 1

La falsedad, ¿está o no está en las cosas?

In Sent. 1 d.19 q.5 a.1; *De verit.* q.1 a.10; *In Metaphys.* 5, lect.22; 6, lect.4.

Objeciones por las que parece que la falsedad no está en las cosas: 1. Agustín, en el libro *Soliloq.*[1] dice: *Si lo verdadero es lo que es, habrá que concluir, aun cuando todos se opusieran, que lo falso no está en ninguna parte.*

2. Más aún. Falso viene de falsear[2]. Pero las cosas no falsean, como dice Agustín en el libro *De Vera Relig.*[3], *porque no muestran más que su especie.* Luego lo falso no se encuentra en las cosas.

3. Todavía más. Se dice que lo verdadero está en las cosas por relación con el entendimiento divino, como ya se indicó (q.16 a.1). Pero cualquier cosa por existir ya imita a Dios. Luego cualquier cosa es verdadera, sin falsedad. Por lo tanto, ninguna cosa es falsa.

En cambio está lo que dice Agustín en el libro *De Vera Relig.*[4]: *Todo cuerpo es verdadero cuerpo y es falsa unidad.* Porque imita a la unidad y no es unidad. Pero cualquier cosa imita la bondad divina, y no la iguala. Luego la falsedad está en todas las cosas.

Solución. *Hay que decir:* Como lo verdadero y lo falso se oponen, y los opuestos lo son sobre lo mismo, es necesario que la falsedad se busque antes

---

1. L.2 c.8: ML 32,892.   2. El original latino dice: *Falsum est a fallendo.* El sentido exacto es el de *engañar.* Hemos traducido *falsear* porque queda más evidente la raíz verbal. No obstante, *falsear* implica el *engañar*, ya que se quiere dar a conocer lo distinto a lo que algo es realmente. La siguiente frase de Agustín: *quia non ostendunt aliud quam suam speciem*, y que hemos traducido literalmente, puede traducirse: *porque no manifiestan más que lo que son.* Es decir, no falsean; y, por lo tanto, no engañan. *(N. del T.)*   3. C.36: ML 34,152.   4. C.34: ML 34,150. Aquí se incluye una nueva objeción a la que responde en su ad 4. De ahí que las objeciones sean 4 y no 3. Cf. q.13 a.10 ad 4.5. *(N. del T.)*

allí donde primero se encuentra la verdad; esto es, en el entendimiento. Pero en las cosas no hay ni verdad ni falsedad más que en relación con el entendimiento. Como quiera que a cualquier cosa, por lo que le corresponde esencialmente, se le aplica el sentido absoluto, y por lo que le corresponde accidentalmente, se le aplica el sentido de en cierto modo, una cosa cualquiera puede ser llamada absolutamente falsa al compararla con el entendimiento del que depende si se la compara esencialmente; y con respecto a otro entendimiento, si se la compara accidentalmente, no podrá ser llamada falsa más que en cierto modo.

Las cosas naturales dependen del entendimiento divino como del entendimiento humano dependen las artificiales. Así, pues, son llamadas cosas artificiales falsas absoluta y esencialmente en cuanto que les falta el contenido del arte; por eso se dice que un artista hace una obra falsa cuando no la realiza según los patrones del arte.

Así, en las cosas dependientes de Dios no se puede encontrar la falsedad por su comparación con el entendimiento divino, ya que lo que hay en las cosas procede del dictamen del entendimiento divino; a no ser, quizás, que se encuentre sólo en los agentes con voluntad, en los cuales está la capacidad de no seguir lo ordenado por el entendimiento divino; pues en esto consiste el mal de culpa; de ahí que en las Escrituras esos pecados sean llamados *falsedad* y *mentira*, tal como se dice en el Sal. 4,3: *¿Por qué amáis la vanidad; por qué buscáis el engaño?* De la misma forma que, por oposición, se llama *verdad de vida* aquella obra virtuosa que sigue lo ordenado por el entendimiento divino, tal como se dice en Jn 3,21: *Quien practica la verdad, encuentra la luz.* Pero por relación a nuestro entendimiento, al que se comparan las cosas naturales accidentalmente, pueden ser llamadas falsas no en sentido absoluto, sino en cierto modo. Y esto de doble manera. 1) *Una,* por razón del significado; llamando falso en las cosas a aquello que, verbal o conceptualmente, se indica o se define en sentido falso. Así, cual-

quier cosa puede ser llamada falsa en cuanto se refiera a lo que no le corresponde. Como si dijéramos: el diámetro es un falso medible, tal como señala el Filósofo en V *Metaphys.*[5]; o *el actor es un falso Héctor,* tal como señala Agustín en el libro *Soliloq.*[6] Y, por el contrario, cualquier cosa puede ser llamada verdadera por lo que le corresponde.

2) *Otra,* por razón de la causa. Así, se dice que es falsa una cosa que está hecha de tal forma que de ella se tiene una falsa opinión. Y porque llevamos innato el juzgar por apariencias, puesto que el origen de nuestro conocimiento está en los sentidos, los cuales lo primero e inmediato que captan es lo externo, llamamos falsas a las cosas que por sus apariencias tienen cierta semejanza con otras, por las que aquéllas son llamadas falsas. Ejemplo: la hiel es falsa miel; el estaño es falsa plata.[7] Según esto, en el libro *Soliloq.*[7] Agustín dice: *Llamamos falsas a aquellas cosas que concebimos como similares.* Y el Filósofo, en el V *Metaphys.*[8] dice: *Son llamadas falsas aquellas cosas que están hechas para parecer lo que no son o como no son.* Por lo mismo, se llama falso al hombre con inclinación a pensar y decir falsedades. Pero no ocurre así cuando el hombre puede caer en errores; porque, de lo contrario, también los sabios y los eruditos serían llamados falsos, como se dice en V *Metaphys.*[9]

Respuesta a las objeciones. 1. *A la primera hay que decir:* Lo comparado al entendimiento, según lo que es, es llamado verdadero; según lo que no es, es llamado falso. Por eso, *un verdadero actor es un falso Héctor,* como se dice en II *Soliloq.*[10]. Por lo tanto, así como en lo que es se encuentra algo de no ser, así también en lo que es se encuentra alguna razón de falsedad.

2. *A la segunda hay que decir:* Las cosas no engañan por sí mismas, sino accidentalmente. Pues dan pie para las falsedades, por tener semejanza con aquello que no son.

3. *A la tercera hay que decir:* No se llaman falsas las cosas por su relación al entendimiento divino; de ser así, serían falsas absolutamente. Sino por su rela-

5. ARISTÓTELES, 4 c.29 n.l (BK 1024b19): S. Th. lect.22.   6. L.2 c.10: ML 32,893. 7. L.2 c.6: ML 32,889.   8. ARISTÓTELES, 4 c.29 n.l (BK 1024b21).   9. ARISTÓTELES, 4 c.29 n.5 (BK 1025a2).   10. S. AGUSTÍN, c.10: ML 32,893.

ción a nuestro entendimiento, por lo cual se las llama falsas en cierto modo.

4. *A la cuarta hay que decir:* La imagen o semejanza defectuosa no reviste carácter de falsedad a no ser en cuanto que da pie para una falsa opinión. Por lo tanto, no se dice que sea falso aquello donde se encuentra la semejanza; sino allí donde hay una semejanza tal que induce a que haya una falsa opinión no en algunos, sino en muchos.

ARTÍCULO 2

La falsedad, ¿está o no está en el sentido?

q.54 a.5; q.85 a.6; *In Sent.* 2 d.7 q.2 a.1 ad 1; d.39 q.1 a.1 ad 5; *De Verit.* q.1 a.2.11; *In De anima* 3, lect.6; *In Metaphys.* 4 lect.12; *De Malo* q.7 a.5 ad 6.

Objeciones por las que parece que la falsedad no está en el sentido:

1. Dice Agustín en el libro *De Vera Religione*[11]: *Si todos los sentidos del cuerpo, lo que reciben lo comunican tal cual, desconozco qué más se les puede exigir.* Si es así, parece que los sentidos no nos engañan. Por lo tanto, la falsedad no está en el sentido.

2. Más aún. Dice el Filósofo en IV *Metaphys.*[12]: *La falsedad no es algo propio de los sentidos, sino de la fantasía.*

3. Todavía más. Lo verdadero y lo falso no está en lo simple, sino en lo compuesto. Pero al sentido no le corresponde ni componer ni dividir. Luego la falsedad no está en el sentido.

En cambio está lo que dice Agustín en el libro *Soliloq.*[13]: *Es claro que somos engañados por la seducción de lo parecido que captan los sentidos.*

Solución. *Hay que decir:* En el sentido no hay que buscar la falsedad a no ser en cuanto que allí está la verdad. Pero la verdad no está en el sentido de tal forma que el sentido conozca la verdad, sino en cuanto que el sentido capta verdaderamente lo sensible, como se dijo (q.16 a.2). Esto sucede cuando capta las cosas tal como son. De ahí que la falsedad esté en el sentido en cuanto que los sentidos captan o juzgan las cosas como distintas a lo que son. El sentido puede conocer las cosas en cuanto que en él hay imagen

de las cosas. Y la imagen de alguna cosa está en el sentido de tres maneras. 1) *Una,* primaria y directamente: como en la vista está la imagen de los colores y de otras cosas propias de lo sensible. 2) *Otra,* directa pero no primariamente: como en la vista está la imagen de la figura o del tamaño y otras cosas comunes de lo sensible. 3) *La última,* ni primaria ni directamente, sino de forma accidental: como en la vista está la imagen del hombre, no en cuanto hombre, sino porque este o aquel color se da en el hombre.

Con respecto a las propiedades de lo sensible, el sentido no tiene un falso conocimiento a no ser accidentalmente, y pocas veces. Esto sucede por la indisposición del órgano sensitivo que no capta en toda su dimensión la forma sensible. Como sucede con las facultades pasivas que, por indisposición, reciben deficientemente la sensación. Ejemplo: a un enfermo que tenga mal el paladar, lo dulce le parecerá amargo. En cambio, de lo que es común y accidental en lo sensible, incluso un sentido perfecto puede formarse un juicio falso, ya que el sentido no lo capta de manera directa, sino accidental; o, partiendo de los derivados, en cuanto que su punto de referencia está en otras cosas.

Respuesta a las objeciones. 1. *A la primera hay que decir:* Afectar un sentido es su mismo sentir. Y puesto que los sentidos comunican tal como reciben, se sigue que no nos equivocamos al decir que sentimos algo. Pero, debido a que el sentido puede recibir algo distinto a lo que la cosa es realmente, se sigue que nos puede comunicar algo distinto a lo que la cosa es realmente. Por eso nos engañamos por el sentido con respecto a la cosa, no con respecto al sentir en sí mismo.

2. *A la segunda hay que decir:* Se dice que la falsedad no es algo propio de los sentidos porque no se equivocan con respecto a su propio objeto. Por eso, otra versión mucho más clara, dice: *El sentido de lo que es su objeto sensible no es falso.* Por lo demás, la falsedad se atribuye a la fantasía, porque representa la imagen incluso de lo que no está presente. Por eso,

11. C.33: ML 34,149.   12. ARISTÓTELES,3 c.5 n.7 (BK 1010b2): S. Th. lect.14 n.692. Cf.AVERROES, *In Metaphys.* l.4 comm.24 (8, 91H).   13. L.2 c.6: ML 32,890.

cuando alguien toma la imagen por la realidad, incurre en falsedad. De ahí que el Filósofo, en V *Metaphys.* [14], diga que las sombras, las pinturas y los sueños son llamados falsos porque no incluyen aquello de lo que sólo se han hecho una imagen.

3. *A la tercera hay que decir:* Aquel argumento es válido por lo que implica: la falsedad no está en lo sensible como lo verdadero y lo falso en quien conoce.

ARTÍCULO 3

La falsedad, ¿está o no está en el entendimiento?

q.58 a.5; q.85 a.6; *In Sent.* 1 d.19 q.5 a.1 ad 7; *De Verit* q.1 a.12; *Cont. Gentes* 1,59; 3,108; *In De anima* 3, lect.11; *In Metaphys.* 6, lect.4; 9 lect.11; *In Periherm.* 1, lect.3.

Objeciones por las que parece que la falsedad no está en el entendimiento:

1. Dice Agustín en el libro *Octoginta trium quaest.*[15]: *Todo el que engaña no conoce aquello en que se engaña.* Pero se dice que lo falso está en algo conocido por lo que nos engañamos. Luego la falsedad no está en el entendimiento.

2. Más aún. Dice el Filósofo en el III *De Anima*[16]: *El entendimiento es siempre correcto.* Luego la falsedad no está en el entendimiento.

En cambio está lo que se dice en el III *De Anima*[17]: *Donde se forman los conceptos, allí está lo verdadero y lo falso.* Pero los conceptos se forman en el entendimiento. Luego lo verdadero y lo falso están en el entendimiento.

Solución. *Hay que decir:* Así como una cosa tiene el ser por su propia forma, así también la facultad cognoscitiva conoce la imagen de lo conocido. Por eso, así como a una cosa natural no le falta el ser que le corresponde por su forma, si bien le pueden faltar accidentes o derivados; o así como a un hombre le pueden faltar los dos pies, pero no el ser hombre, así también la facultad cognoscitiva conociendo no puede fallar con respecto a alguna cosa cuya imagen la informa, pero sí puede fallar con respecto a algún derivado o accidente de aque-

lla misma cosa. Como ya se dijo (a.2), la vista no falla con respecto a lo que es su objeto propio sensible, aunque sí con respecto a sus derivados y accidentes.

Además, así como lo sensible está informado directamente por la imagen de su propio objeto, así también el entendimiento está informado por la imagen de la esencia del objeto. Por eso, con respecto a *lo que algo es*, el entendimiento no falla; como tampoco lo hace el sentido con respecto a su objeto propio. Pero puede fallar al componer y dividir, ya que, mientras conoce la esencia de su objeto, puede atribuirle algo que no le corresponde o algo que se le opone. Pues, para juzgar, el entendimiento se encuentra con el sentido a la hora de juzgar lo sensible común o accidental.

Sin embargo, hay que establecer la misma diferencia que se expuso al hablar de la verdad (q.16 a.2): que la falsedad puede estar en el entendimiento, no sólo porque el entendimiento tenga un conocimiento falso, sino porque el entendimiento la conoce como conoce la verdad; por otra parte, como ya se dijo (a.2), la falsedad no está en el sentido como algo conocido. Porque la falsedad del entendimiento se da directamente sólo con respecto a la composición del entendimiento, accidentalmente puede estar también en la operación por la que el entendimiento conoce *lo que algo es,* en cuanto que allí se mezcla con la composición que hace el entendimiento. Y esto puede suceder de dos maneras. 1) *Una,* porque el entendimiento atribuye a una cosa la definición de otra. Ejemplo: aplicar al hombre la definición de círculo. Así, la definición de una cosa es falsa en otra. 2) *Otra,* porque se mezclan partes de definición que no pueden ir juntas a un tiempo. Así, la definición no es falsa sólo con respecto a algo, sino que lo es en sí misma. Ejemplo: si se construye la definición de *animal racional cuadrúpedo,* el entendimiento que lo haga es falso, pues falsa es la construcción *algún animal racional es cuadrúpedo.* Por eso, conociendo las esencias simples, un entendimiento no puede ser falso; sino que o es verdadero o no entiende absolutamente nada.

14. ARISTÓTELES, 4, c.29 n.1 (BK 1024b23); S. Th. lect.22 n.1128.   15. Q.32: ML 40,22.   16. ARISTÓTELES, c.10 n.4 (BK 433a26): S. Th. lect.15 n.826.   17. ARISTÓTELES, c.6 n.1 (BK 430a27): S. Th. lect.11 n.747.

Respuesta a las objeciones: 1. *A la primera hay que decir:* El objeto propio del entendimiento es la esencia de una cosa. Propiamente, decimos que entendemos algo cuando, al haberlo reducido a *lo que es,* lo juzgamos. Así sucede con las demostraciones en las que no hay falsedad. Y así hay que entender lo que dice Agustín:[18] *Todo el que se engaña no conoce aquello en que se engaña.* Pero no hay que entenderlo como si no nos engañáramos en ninguna operación del entendimiento.

2. *A la segunda hay que decir:* El entendimiento es siempre correcto con respecto a los principios. Y con respecto a ellos no falla, lo mismo que tampoco lo hace con respecto a *lo que algo es.* Pues principios directamente evidentes son aquellos que se entienden una vez entendidos sus términos, pues el predicado entra en la definición de sujeto.

ARTÍCULO 4

Lo verdadero y lo falso, ¿son o no son contrarios?

q.58 a.4 ad 2; 1-2 q.8 a.1 ad 3; q.35 a.5 ad 2; q.36 a.1; q.64 a.3 ad 3; *Cont. Gentes* 2,50.55; *In Metaphys.* 7, lect.6.

Objeciones por las que parece que lo verdadero y lo falso no son contrarios:

1. Lo verdadero y lo falso se oponen como lo que es y lo que no es; pues *verdadero es lo que es,* como dice Agustín[19]. Pero lo que es y lo que no es no se oponen como contrarios. Luego lo verdadero y lo falso no son contrarios.

2. Más aún. Uno de los contrarios nunca está en el otro. Pero lo falso está en lo verdadero. Porque, como dice Agustín en el libro *Soliloq.*[20]: *El actor no sería un falso Héctor si no fuera un verdadero actor.* Luego lo verdadero y lo falso no son contrarios.

3. Todavía más. En Dios no hay ninguna contradicción; pues nada de la sustancia divina es contrario, como dice Agustín en el XII *De Civ. Dei*[21]. Pero la falsedad se opone a Dios; pues en la Es-

critura el ídolo es llamado *mentira.* Dice Jer. 8,5; *Abrazaron la mentira.* Glosa[22]: *Esto es, los ídolos.* Luego lo verdadero y lo falso no son contrarios.

En cambio está lo que dice el Filósofo en II *Periherm.*[23]: La falsa opinión es contraria a la verdadera.

Solución. *Hay que decir:* Lo verdadero y lo falso se oponen como los contrarios y no como la afirmación a la negación, como sostuvieron algunos[24]. Para probarlo, hay que tener presente que la negación ni añade algo al sujeto ni tampoco lo determina. Por eso es aplicable tanto al ser como al no ser; como *el que no ve, el que no está sentado.* La privación, por su parte, no añade nada al sujeto, pero lo determina; ya que se trata de una negación en el sujeto, como se dice en IV *Metaphys.*[25]. Ejemplo: *ciego* no se dice más que del nacido para poder ver.

En cambio, lo contrario pone algo y determina al sujeto. Ejemplo: *negro* es una especie de color. Y lo falso pone algo. Ya que, como dice el Filósofo en IV *Metaphys.*[26], falso se dice de aquello que parece ser lo que no es, o no ser lo que es. Pues así como lo verdadero añade algo adecuado al objeto, lo falso añade lo inadecuado. Por lo tanto, es evidente que lo verdadero y lo falso son contrarios.

Respuesta a las objeciones: 1. *A la primera hay que decir:* En las cosas, lo que en ellas es, es su verdad; pero lo que es aprehendido, es lo verdadero del entendimiento, en el que, como lo primero, está la verdad. Por eso, lo aprehendido como lo que no es, es lo falso. Aprehender el ser y el no ser implica contradicción, como prueba el Filósofo en II *Periherm.*[27], según el cual, el contenido de la expresión *lo bueno es bueno,* es contraria al de *lo bueno no es bueno.*

2. *A la segunda hay que decir:* Lo falso no se fundamenta en lo verdadero como algo que le es contrario, como tampoco lo malo se fundamenta en lo bueno como algo que le es contrario, sino que se fundamenta en lo que lo soporta. Y

18. *Octoginta trium quaest.* q.32: ML 40,22. c.10: ML 32,893.   21. C.2: ML 41,350.   22. *Glossa interl,* a Ier. 8,5 (4,123v); cf. S. JERÓNIMO, *In Ierem.* 1.2: ML 24,765.   23. ARISTÓTELES, c.14 n.10 (BK 23b35).   24. Cf. ALEJANDRO DE HALES, *Summa theol.* p.1 n.101 (QR 1,159).   25. ARISTÓTELES, 3 c.2 n.8 (BK 1004a15); S. Th. lect.3 n.564-566.   26. ARISTÓTELES, 3 c.7 n.1 (BK 1011b26); S. Th. lect.16 n.720. 27. ARISTÓTELES, c.14 n.10 (BK 23b35).   19. *Soliloq.* 1.2 c.5: ML 32,889.   20. L,2

esto es así porque tanto lo verdadero como el bien son generales y se identifican con el ser. Por eso, así como toda privación se fundamenta en el sujeto que es el no ser, así también todo mal se fundamenta en algún bien, y todo lo falso en algo verdadero.

3. *A la tercera hay que decir:* Porque los contrarios y los opuestos están hechos como realidades privativas acerca de lo mismo, así también en Dios nada hay que se le oponga a sí mismo, ni con respecto a su bondad, ni a su verdad, puesto que en su entendimiento no puede haber falsedad alguna. Pero en nuestra aprehensión algo hay de contradicción: pues la verdadera opinión de algo se opone a la falsa contradicción de lo mismo. Por eso, los ídolos son llamados mentiras con respecto a la verdad divina, en cuanto que la falsa opinión sobre los ídolos contradice la verdadera opinión sobre la unidad de Dios.

1. ARISTÓTELES, c.1 n.1 (BK 250b14): S. Th. lect.1 n.2.   2. ARISTÓTELES, c.7 n.2 (BK 260a28): S. Th. lect.14 n.3-6.   3. § 1: MG 3,856.   4. ARISTÓTELES, *De Plantis* 1 c.1 (BK 815a10).

CUESTIÓN 39

Sobre las relación Personas-Esencia

Después de haber estudiado lo referente a las personas divinas en absoluto, hay que introducirse ahora en la relación personas-esencia, personas-propiedades, personas-actos nocionales y personas entre sí.

La cuestión sobre la relación Personas-Esencia, plantea y exige respuesta a ocho problemas:

1. En Dios, ¿esencia y persona son o no son lo mismo?—2. ¿Hay o no hay que decir que las tres personas son de una esencia?—3. Los nombres esenciales, ¿hay que atribuirlos a las personas en plural o en singular?—

7. C.20: ML 42,908.   8. ARISTÓTELES, *Top.* 4 c.4 n.12 (BK   125a18).   9. C.19: ML 42,1084.

4. Los adjetivos nocionales, verbos y participios, ¿pueden o no pueden atribuirse a los nombres esenciales concretos?—5. ¿Y en abstracto?—6. Los nombres de las personas, ¿pueden o no pueden atribuirse a los nombres esenciales concretos?—7. Los atributos esenciales, ¿son o no son atribuibles a las personas?—8. ¿Qué atributo debe atribuirse a cada Persona?

ARTÍCULO 1

En Dios, ¿esencia y persona son o no son lo mismo?

Supra q.3 a.3; *In Sent.*, 1 d.34 q.1 a.1; 3 d.6 q.2 a.2.

Objeciones por las que parece que en Dios esencia no es lo mismo que Persona:

1. En aquellos seres en los que la esencia es lo mismo que persona o supuesto, es necesario que haya sólo un supuesto de una naturaleza, como resulta claro en todas las sustancias separadas; pues aquellas cosas que son idénticas, una no se multiplica sin que se multiplique el resto. Pero en Dios, según se dijo (q.28 a.3; q.30 a.2), hay una esencia y tres Personas. Luego esencia y persona no son lo mismo.

2. Más aún. La afirmación y la negación no pueden sostenerse sobre lo mismo al mismo tiempo y bajo el mismo aspecto. Pero la afirmación y la negación pueden sostenerse con respecto a la esencia y a la persona; pues la persona es distinta, y la esencia, en cambio, no lo es. Luego persona y esencia no son lo mismo.

3. Todavía más. Nada está sometido a sí mismo. Pero la persona está sometida a la esencia. Por eso se la denomina *supuesto* o *hipóstasis*. Luego esencia y persona no son lo mismo.

En cambio está lo que dice Agustín en el VII *De Trin.*[1]: *Cuando decimos persona del Padre, no estamos diciendo más que sustancia del Padre.*

Solución. *Hay que decir:* Para quienes contemplan la simplicidad divina, esta cuestión no entraña dificultad. Pues ya se demostró (q.3 a.3) que la simplicidad divina requiere que en Dios esencia y supuesto sean lo mismo; que en las sustancias intelectuales no es más que la persona.

La dificultad surge porque la multiplicidad de personas divinas conserva la unidad de la esencia. Como dice Boecio[2]: *Porque la relación multiplica la trinidad de personas,* algunos sostuvieron que ahí residía la diferencia entre esencia y persona, estimando que las relaciones eran tangenciales, viendo en ellas sólo lo que dice referencia a otro, pero no lo que son realmente.

Pero, como se demostró anteriormente (q.28 a.2), así como en las cosas creadas las relaciones son accidentales, en Dios son la misma esencia divina. De esto se deduce que en Dios no son distintas realmente la esencia y la persona; y, sin embargo, las personas se distinguen entre sí realmente. Pues la persona, como se dijo (q.29 a.4), indica la relación en cuanto que subsiste en la naturaleza divina. Así, la relación, con respecto a la esencia, no se distingue realmente, sino que mantiene sólo distinción de razón; pero con respecto a la relación opuesta y en virtud de la misma oposición, mantiene distinción real. Por lo tanto, permanece una esencia y tres personas.

Respuesta a las objeciones: 1. *A la primera hay que decir:* En las criaturas no puede haber distinción de supuestos por las relaciones, pero sí es necesario que la haya por los principios esenciales, porque en las criaturas las relaciones no son subsistentes. Pero en Dios las relaciones son subsistentes; de este modo, por haber oposición entre ellos, los supuestos pueden distinguirse. Sin embargo, no se distingue la esencia, porque las mismas relaciones no se distinguen entre sí en cuanto se identifican realmente con la esencia.

2. *A la segunda hay que decir:* En cuanto que la esencia y la persona en Dios se distinguen por razón conceptual, se sigue que lo afirmado de uno puede ser negado de otro, y, consecuentemente, lo afirmado de uno, puede no serlo del otro.

1. C.6: ML 42,943. 2. *De Trin.* c.6: ML 64,1255: S. Th. lect.3.

3. *A la tercera hay que decir:* Como se dijo anteriormente (q.13 a.1 ad 2; a.3), a las cosas divinas les damos nombres partiendo de las criaturas. Y porque las naturalezas de las cosas criadas se individualizan por la materia, sometida a la especie, los individuos son llamados *sujetos, o supuestos, o hipóstasis.* Por eso también las personas divinas son llamadas supuestos o hipóstasis; no porque en ellas haya alguna suposición o dependencia real.

ARTÍCULO 2

¿Hay o no hay que decir que las tres personas son de una esencia?

In Sent., 1 d.3 Expos. Text.; d.34 q.1.2.

Objeciones por las que parece que no hay que decir que las tres Personas son de una esencia:

1. Hilario, en el libro *De Synod.*[3], dice: *El Padre, el Hijo y el Espíritu Santo, por la sustancia son tres, pero por la consonancia son uno.* Pero la sustancia de Dios es su esencia. Luego las tres personas no son de una esencia.

2. Más aún. Como nos consta por Dionisio, en el c.1 *De Div. Nom.*[4], de Dios no hay que afirmar algo que no haya sido expresado por la autoridad de la Sagrada Escritura. Pero nunca se dice en la Sagrada Escritura que el Padre, el Hijo y el Espíritu Santo sean de una esencia. Luego no hay que sostenerlo.

3. Todavía más. La naturaleza divina es lo mismo que la esencia. Por lo tanto, sería suficiente decir que las tres personas son *de una naturaleza.*

4. Aún más. No se acostumbra decir que la persona sea de la esencia; sino, más bien, que la esencia es de la persona. Luego tampoco parece conveniente decir que las tres personas son *de una esencia.*

5. Y también. Agustín dice[5] que no afirmamos que las tres personas sean *a*

partir de una esencia, no sea que se entienda que en Dios esencia y persona sean distintas. Pero así como las preposiciones son transitivas, también lo son los genitivos. Luego, por la misma razón, no hay que decir que las tres personas son *de una esencia*[6].

6. Por último. Lo que puede inducir a error no hay que aplicarlo a Dios. Pero decir tres personas de una esencia o sustancia, es dar pie al error. Porque, como dice Hilario en el libro *De Synod.*[7]: *Afirmar una sustancia del Padre y del Hijo, o significa algo subsistente que tiene dos nombres o una sustancia que, dividiéndose, produce dos sustancias imperfectas, o una tercera y anterior sustancia que ha sido usurpada y asumida por dos.* Por lo tanto, no hay que decir que las tres personas son de una sustancia.

En cambio está lo que dice Agustín en el libro II *Contra Maximinum*[8]: El nombre *homousion,* confirmado en el concilio de Nicea contra los arrianos, significa que las tres personas son de una esencia.

Solución. *Hay que decir:* Como ya se afirmó anteriormente (q.13 a.1 ad.2; a.3), nuestro entendimiento da nombre a las cosas divinas, no tal como son en sí mismas, pues no puede conocerlas, sino tal como las encuentra en las cosas creadas. Y porque en las cosas sensibles, de las cuales nuestro entendimiento toma su ciencia, la naturaleza de alguna especie se individualiza por la materia, y, así, la naturaleza se considera como forma y el individuo como supuesto de la forma; por esto mismo también en Dios, y para indicarlo, la esencia se considera como la forma de las tres personas.

Nosotros decimos que, en las cosas creadas, la forma de un ser es de aquel ser en el que está. Ejemplo: la salud o la belleza de un ser humano. Pero no decimos que la realidad que tiene forma sea de la forma, a no ser cuando le aña-

---

3. §29: ML 10,503.   4. §1: MG 3,588: S. Th. lect.1.   5. *De Trin.* 1.7 c.6: ML 42,945.   6. Las dos expresiones latinas son: *ex una essentia* y *unius essentiae.* La primera está construida con una preposición *(ex)* que rige ablativo. Generalmente indica punto de partida o de procedencia con sentido causal material, no formal. Al mismo tiempo indica distinción. El genitivo, esto es, la segunda expresión, generalmente indica complemento nominal, sin distinción. La objeción se fundamenta en el ablativo. La traducción admite en los dos casos: *de una esencia.* Pero es preferible introducir dos partículas que, por sí mismas, marcan las diferencias de sentido en el texto. *(N. del T.)*   7. § 68: ML 10,526.   8. C.14: ML 42,772; *Contra Serm. Arian.* C.36: ML 42,707.

dimos algún adjetivo que indique aquella forma. Ejemplo: *esta mujer es de gran belleza; este hombre es de probada virtud.* Así, porque en Dios al multiplicar las personas no se multiplica la esencia, decimos que una es la esencia de las tres personas; y decimos también tres personas de una esencia para que se entienda que con estos genitivos se está indicando la forma.

Respuesta a las objeciones: 1. *A la primera hay que decir:* Sustancia se toma por *hipóstasis,* no por *esencia.*

2. *A la segunda hay que decir:* Aun cuando en la Sagrada Escritura no se encuentre textualmente que las tres personas sean de una esencia, sí se encuentra, sin embargo, su sentido. Como en Jn 10,30: *Yo y el Padre somos uno;* o en el v.38: *Yo estoy en el Padre y el Padre está en mí.* Lo mismo puede decirse de otros muchos textos.

3. *A la tercera hay que decir:* Porque naturaleza indica principio de operación, en cambio esencia viene de ser, algunas cosas que coinciden en alguna operación pueden ser llamadas de una naturaleza, como, por ejemplo, todo lo que produce calor; pero no pueden ser llamadas de una esencia, a no ser que tengan un solo ser. Por eso, la unidad divina queda mucho más expresada diciendo que las tres personas son *de una esencia* que diciendo *de una naturaleza.*

4. *A la cuarta hay que decir:* La forma, en sentido absoluto, suele ser indicada como de aquel de quien es. Ejemplo: *la fuerza de Pedro.* Y, al revés, aquello que tiene alguna forma no suele indicarse como suya, a no ser cuando queremos indicar o designar la forma. Si es así, entonces se precisan dos genitivos: uno, para indicar la forma, y otro, para determinar la forma. Ejemplo: *Pedro es de una gran fuerza.* O también se requiere un genitivo que tenga el valor de dos. Ejemplo: *hombre de sangre es éste,* es decir, *derramador de mucha sangre.* Así, pues, porque la esencia divina es indicada como la forma respecto de la persona, es conveniente que se diga la esencia de la persona. Pero no al revés, a no ser que se añada algo a la designación de la esencia. Como si se dice que el Padre es

persona *de la esencia divina* o que las tres personas son *de una esencia.*

5. *A la quinta hay que decir:* La preposición *a partir de* o *de* no indica relación de causa formal, sino más bien de causa eficiente o material. En todos los seres estas causas se distinguen de aquello de lo que son causa, pues nada es su materia, ni algo es su principio activo. Sin embargo, algo es su forma, como resulta evidente en todos los seres inmateriales. Por eso, al decir tres personas de una esencia, indicando la esencia en relación a la forma, no se está demostrando que la esencia sea distinta a la persona; en cambio, sí quedaría demostrado si dijéramos tres personas *a partir de la misma esencia.*

6. *A la sexta hay que decir:* Dice Hilario en el libro *De Synod.*[9]: *Se perjudicaría inmensamente a las cosas santas si, porque algunos no las admiten, ya no deberían existir. Así, si se comprende mal homousion, en qué me afecta si yo lo entiendo bien. Por lo tanto*[10]*, hay una sustancia a partir de la propiedad de la naturaleza engendrada, no a partir de una división, o unión o comunión.*

ARTÍCULO 3

Los nombres esenciales, ¿hay que atribuirlos a las tres Personas en singular o en plural?

In Sent., 1 d.9 q.1 a.2.

Objeciones por las que parece que los nombres esenciales, como el de *Dios,* no hay que atribuirlos a las tres Personas en singular sino en plural:

1. Como *hombre* indica el que tiene *humanidad,* así *Dios* indica el que tiene *divinidad.* Pero las tres personas son tres que tienen divinidad. Luego las tres personas son tres dioses.

2. Más aún. En Gen 1,1, donde se dice: *En el principio creó Dios el cielo y la tierra,* el texto hebreo pone *Elohim,* que puede ser interpretado como *dioses o jueces.* Y esto se dice por la pluralidad de personas. Luego las tres personas son *varios dioses* y no *un solo Dios.*

3. Todavía más. La palabra *cosa,* en sentido absoluto parece referirse a la sustancia. Pero dicha palabra se dice en plural de las tres personas; pues dice

Agustín en el libro *De Doctr. Christ.*[11]: *Las cosas de las que se disfrutará son el Padre, el Hijo y el Espíritu Santo.* Luego otros nombres esenciales pueden ser atribuidos en plural a las tres personas.

4. Por último. Así como la palabra *Dios* indica el que tiene *divinidad,* así la palabra *persona* el que subsiste en alguna naturaleza intelectual. Pero decimos *tres personas.* Por lo tanto, y por la misma razón, podemos decir *tres dioses.*

En cambio está lo que se dice en Dt 6,4: *Escucha, Israel, el Señor tu Dios es un solo Dios.*

Solución. *Hay que decir:* Los nombres esenciales indican la esencia, unos sustantivamente, y otros adjetivamente. Los que la indican sustantivamente son atribuidos a las tres personas sólo en singular, no en plural; los que la indican adjetivamente, son atribuidos a las tres personas en plural. El porqué de esto se encuentra en que los sustantivos indican algo sustancial, mientras que los adjetivos indican algo accidental presente en el sujeto. Y la sustancia, así como en cuanto tal tiene ser, así también en cuanto tal tiene unidad o pluralidad. Por eso, la singularidad o pluralidad de los sustantivos responde a la forma indicada con el nombre. Por su parte, los accidentes, así como tienen su ser en el sujeto, así también de él toman la unidad o la pluralidad. Por eso, la singularidad o pluralidad de los adjetivos responde a los supuestos.

En las criaturas no se encuentra una forma en muchos supuestos a no ser en unidad de orden, que es la forma de una organizada pluralidad. Por eso, los nombres que indican dicha forma, si son sustantivos, se atribuyen a muchos en singular; pero no si son adjetivos. Pues decimos que muchos hombres son un colegio, o un ejército, o un pueblo; y sin embargo, decimos que muchos hombres están colegiados.

En cambio, en Dios, como ya se dijo (a.2), la esencia divina se indica por la forma, la cual, como quedó demostrado (q.3 a.7; q.11 a.4), es una y simple en grado sumo. Por eso, los nombres que indican la esencia divina sustantivamen-

te, se atribuyen a las tres personas en singular y no en plural. Así, pues, por lo que decimos que Sócrates, Platón y Cicerón son tres hombres; mientras que decimos que el Padre, el Hijo y el Espíritu Santo no son tres dioses, sino uno solo, es por lo siguiente: porque en los tres supuestos de la naturaleza humana hay tres humanidades, mientras que en las tres Personas hay una única esencia divina.

Por otra parte, aquellos nombres que indican la esencia adjetivadamente, se atribuyen a las tres en plural por la pluralidad de supuestos. Pues decimos tres vivientes, o tres sabios, o tres eternos, increados e inmensos si se toman adjetivadamente. Pero si estos nombres se toman sustantivamente, decimos un *increado, inmenso y eterno,* como hace Atanasio[12].

Respuesta a las objeciones: 1. *A la primera hay que decir:* Aun cuando *Dios* indique *el que tiene divinidad,* sin embargo, tiene otra significación: pues *Dios* se dice sustantivamente; *que tiene divinidad,* adjetivamente. Por eso, aun cuando sean tres los que tienen divinidad, no se concluye, sin embargo, que sean *tres dioses.*

2. A la segunda hay que decir: Distintas lenguas, distintos modos de hablar. De ahí que, así como los griegos para indicar la pluralidad de supuestos dicen *tres hipóstasis,* así también en hebreo se usa el plural *Elohim.* Y nosotros no decimos en plural ni *dioses* ni *sustancias* para que la pluralidad no se atribuya a la sustancia.

3. A la tercera hay que decir: La palabra *cosa* pertenece a los transcendentales. Por eso, si pertenece a la relación, se atribuye a Dios en plural; si pertenece a la sustancia, en singular. Por eso Agustín allí mismo[13] dice: *La misma Trinidad es cierta cosa suprema.*

4. A la cuarta hay que decir: La forma indicada con la palabra *persona* no es la esencia o la naturaleza, sino la *personalidad.* De ahí que, al haber en el Padre, el Hijo y el Espíritu Santo tres personalidades, esto es, tres propiedades personales, no se atribuyan en singular, sino en plural.

---

11. L.1 c.5: ML 34,21.   12. Cf. *Symbolo Quicumque* (DZ 39).   13. L.c. nota 11.

ARTÍCULO 4

Los nombres esenciales concretos, ¿pueden o no pueden sustituir al de persona?

In Sent., 1 d.4 q.1 a.2; d.5 q.1 a.2.

Objeciones por las que parece que los nombres esenciales concretos no pueden sustituir al de persona, de modo que sea verdadera la expresión *Dios engendró a Dios:*

1. Como dicen los sofistas[14], *el término singular significa lo mismo que el término sustituido.* Pero la palabra Dios parece que es término singular, puesto que no puede ser aplicado en plural, como dijimos (a.3). Por lo tanto, cuando significa la esencia, parece que sustituye a esencia y no a persona.

2. Más aún. El término puesto en un sujeto no se restringe, en cuanto al significado, por el término puesto en el predicado; sino únicamente se restringe en cuanto al tiempo que indica. Pero cuando digo *Dios crea,* la palabra *Dios* sustituye a la esencia. Por lo tanto, al decir *Dios engendró,* el término *Dios* no puede, como predicado nocional, sustituir al de persona.

3. Todavía más. Si la expresión *Dios engendró* es verdadera porque el Padre en-

gendra, por la misma razón será verdadera la de *Dios no engendra* porque el Hijo no engendra. Por lo tanto, está el Dios que engendra y el Dios que no engendra. De este modo parece que hay que concluir que estamos ante *dos dioses.*

4. Y también. Si *Dios engendró a Dios,* o se engendró a sí mismo o a otro Dios. Pero no se engendró a sí mismo, porque como dice Agustín en I *De Trin.*[15]: *Nada se engendra a sí mismo.* Y tampoco engendró a otro Dios, porque no hay más que un Dios. Por lo tanto, la expresión *Dios engendró a Dios* es falsa.

5. Por último. Si *Dios engendró a Dios,* o engendró al Dios que es Dios Padre o al Dios que no es Dios Padre. Si engendró al Dios que es Dios Padre, Dios Padre es engendrado. Si engendró al Dios que no es Dios Padre, Dios es el que no es Dios Padre. Esto es falso. Por lo tanto, no se puede decir que Dios engendró a Dios.

En cambio está lo que se dice en el símbolo[16] (Niceno): *Dios de Dios.*

Solución. *Hay que decir:* Algunos[17] dijeron que la palabra *Dios,* y similares, por su propia naturaleza, sustituyen a la palabra esencia[a]. Pero cuando llevan adjunto un término nocional, pasan a sus-

14. Cf. PEDRO HISPANO, *Summulae Logicae,* 7,3. Sobre el particular, cf. PRANTL, *Geschichte der Logik* c.17, nota 229 (VIII.57).   15. C.1: ML 42,820.   16. DZ 54.   17. Cf. GILBERTO PORRETA, *In De Praedicat. trium Pers.* § Quod si: ML 64,1310.

---

a. El artículo descansa sobre la distinción de la lógica aristotélica entre la «significación» de una palabra y la función que ejerce en una proposición. En efecto, el contenido de un término es amplio, pero en una frase se utiliza para designar una cosa determinada. Se escoge en razón de su significación, pero al usarlo se le restringe a una de las posibilidades que ofrece el diccionario. Sólo el contexto clarifica lo que se quiere expresar. Si la palabra utilizada no es apta para cumplir la misión que se le atribuye se dice que es empleada impropiamente.

Pues bien, el término *Dios,* siendo concreto, significa la forma (la divinidad) en el sujeto que la tiene (el que tiene la divinidad, el Ser-Dios). Ahora bien, *Dios* puede ser tanto cada una de las Personas como la Naturaleza divina que subsiste en ellas y que subsiste por sí misma. De ahí que pueda designar: bien una de las Personas (Dios = el Padre. En el NT, *Theos* supone casi siempre por el Padre); bien dos conjuntamente (como cuando se dice: «Dios espira a Dios» que equivale a decir: el Padre y el Hijo espiran a Espíritu Santo); bien las tres a la vez («Gloria a Dios en el cielo...»).

Ahora bien, ¿es necesario distinguir la Esencia, en cuanto subsistente, de las tres Personas a la vez, siendo así que subsiste en las tres? En la realidad divina, evidentemente no. En nuestro conocimiento, sí, ya que yo puedo conocer que Dios es el Ser subsistente, atribuirle el ser creador, Bien supremo, etc., e ignorar que es trino. O también, sabiéndolo, hacer abstracción de ello. En el sentido de este apunte de Santo Tomás que sorprende a primera vista: «La esencia crea». Quien crea es el Padre y el Hijo y el Espíritu, Dios subsistente en tres Personas distintas. Mas cuando yo le atribuyo la creación, o lo ignoro o no me paro a pensarlo, de suerte que «Dios» en esta proposición designa el Ser puro subsistente, la esencia identificada con el ser (J. H.NICOLAS, *Les trois qui sont le Dieu unique:* Introduc. a I q.39 a.4 nota 7: Somme Théologique I [París 1984] p.424).

tituir al de persona. Esta opinión parece fundamentarse en aquella consideración sobre la divina simplicidad que precisa que en Dios sea lo mismo el que tiene y lo que se tiene. Así, *tener deidad,* que es lo que significa la palabra *Dios,* es lo mismo que *deidad.*

Pero en las características de las expresiones, no sólo hay que tener presente el significado, sino también el modo de significar. Y así, porque la palabra *Dios* significa la divina esencia que se tiene a sí misma, como la palabra *hombre* indica la presencia de humanidad en el supuesto, otros [18] dijeron, mejor, que la palabra *Dios,* en cuanto al modo de significar, tiene la propiedad de poder sustituir al de persona, como ocurre con la palabra *hombre.*

Por lo tanto, algunas veces la palabra Dios sustituye a la esencia, como cuando se dice *Dios crea;* porque este predicado le corresponde al sujeto en razón de la forma significada, que es la deidad. En cambio, otras veces sustituye a la persona; bien sólo a una, como cuando se dice *Dios engendra,* bien a dos, como cuando se dice *Dios espira,* bien a tres, como cuando se dice: *Al Rey de los siglos, inmortal, invisible, único Dios,* etc. (1 Tim 1,17).

Respuesta a las objeciones: 1. *A la primera hay que decir:* La palabra *Dios,* aun cuando coincide con los términos singulares en el hecho de que la forma significada no se multiplica, sin embargo, coincide con los términos comunes en el hecho que la forma significada se encuentra en muchos supuestos. Por eso, no es necesario que sustituya a la esencia significada.

2. *A la segunda hay que decir:* Aquella objeción es válida contra aquellos que sostenían que la palabra *Dios,* por propia naturaleza, no puede sustituir a la de persona.

3. *A la tercera hay que decir:* Es distinta la razón por la cual la palabra *Dios* sustituye al de persona, de la razón por la que se utiliza la palabra *hombre.* Porque la forma significada por la palabra

hombre, esto es, humanidad, realmente está dividida en diversos supuestos, y, en cuanto tal, sustituye a la persona. Incluso aunque no se añada nada que determine a la persona, que es un supuesto distinto. No obstante la unidad o la comunidad de la naturaleza humana no es real, sino sólo conceptual. Por eso, la palabra *hombre* no sustituye la naturaleza común, a no ser por la exigencia de algún añadido, como cuando se dice: *El hombre es especie.* Pero la forma significada por la palabra *Dios,* es decir, la esencia divina, es una y común realmente. Por eso, en cuanto tal sustituye la naturaleza común. Pero, en virtud de algo que se le añade, puede sustituir a la persona. Por eso, cuando se dice *Dios engendra,* por razón del acto nocional la palabra *Dios* sustituye a la persona del Padre. Pero cuando se dice, *Dios no engendra,* nada se añade que determine este nombre como sustitutivo de la persona del Hijo, pues, más bien, se da a entender que la generación va contra la misma naturaleza divina. Pero si se añade algo que corresponda a la persona del Hijo, entonces la expresión será verdadera; como si se dice: *El Dios engendrado no engendra.* Por eso, no se puede concluir *está el Dios que engendra y el Dios que no engendra,* a no ser que se añada algo relativo a las personas; como si se dice, por ejemplo, *el Padre es el Dios que engendra, y el Hijo es el Dios que no engendra.* De este modo no se sigue que haya *varios dioses,* porque el Padre y el Hijo son *un solo Dios,* como dijimos (a.4).

4. *A la cuarta hay que decir:* La expresión *el Padre se engendra a sí Dios* es falsa. Porque el *se,* por ser recíproco, repercute sobre el mismo sujeto. Y esto no contradice lo que Agustín escribe *Ad Maximum* [19]: *Dios Padre engendró otro Él.* Porque aquí este *Él* o es acusativo, y, de ser así, significaría que *engendró otro distinto a Él;* o significa simple relación, y, así, iría referido a la identidad de naturaleza; pero se trata de una expresión impropia o enfática, cuyo sentido sería: *Engendró otro muy semejante a sí mismo.* Igualmente, la expresión *engendró otro Dios,* es falsa.

---

18. Cf. ALANO DE INSULIS, *Theol. Reg.* reg.24: ML 210,632; reg.32: ML 210,636; cf. GUILLERMO ALTISIODORO, *Summa Aurea,* p.2.ª tr.4 c.4 (fol.6a). 19. *Epist.* 170: ML 33,749.

Porque, aun cuando el Hijo sea *distinto* del Padre, como dijimos anteriormente (q.31 a.2), sin embargo, no hay que decir que sea *otro Dios.* Porque se entendería que el adjetivo *otro* pondría algo sustancial a *Dios.* De ser así, significaría distinción de deidad. Algunos[20], sin embargo, admiten la expresión: *Engendró otro Dios,* siempre que el *otro* sea sustantivo, y que *Dios* entre en la expresión como aposición. Pero éste es un modo impropio de hablar y que hay que evitar a fin de no inducir a error.

5. *A la quinta hay que decir:* La expresión *Dios engendró a Dios que es Dios Padre,* es falsa. Porque cuando *Padre* se utiliza en aposición con *Dios,* lo restringe a la simple sustitución de persona del Padre. De este modo, el sentido de la frase sería *engendró a Dios que es el mismo Padre.* De ser así, el Padre sería engendrado. Y esto es falso. Por eso, la expresión *engendró a Dios que no es Dios Padre,* se trata de una expresión negativa que es verdadera. Sin embargo, si se entiende que en dicha expresión no hay una simple aposición, sino que entre las dos hay que poner algo, entonces sucedería al revés, es decir, que la expresión afirmativa sería verdadera y la negativa falsa. Su sentido sería: *Engendró a Dios que es el Dios que es Padre.* Pero es ésta una explicación muy forzada. Por lo tanto, es mucho mejor que se niegue totalmente la expresión afirmativa y que se use la negativa.

No obstante, Prepositino[21] dijo que tanto la negativa como la afirmativa son falsas. Porque el relativo *que,* en la expresión afirmativa, puede referirse al supuesto, pero en la expresión negativa se refiere al significado y al supuesto. Por eso, el sentido de la expresión afirmativa sería: *El ser Dios Padre le corresponde a la persona del Hijo.* El sentido de la expresión negativa, por su parte, sería: *Ser Dios Padre no sólo se niega de la persona del Hijo, sino también de su divinidad.* Pero esto parece poco razonable, pues, según el Filósofo[22], de quien se afirma algo también se puede negar algo.

ARTÍCULO 5

Los nombres esenciales abstractos, ¿pueden o no pueden sustituir al de persona?

In Sent. 1 d.5 q.1 a.1.2; *Cont. Errores Graec.* c.4; *De Un. Verbi,* a.1 ad 12.

Objeciones por las que parece que los nombres esenciales abstractos pueden sustituir al de persona, de modo que sea verdadera la expresión *la esencia engendra la esencia:*

1. Dice Agustín en VII *De Trin.*[23]: *El Padre y el Hijo son una sabiduría porque son una esencia; y de modo especial, sabiduría de sabiduría, esencia de esencia.*

2. Más aún. Cuando nosotros somos engendrados o destruidos, en nosotros se engendra o destruye lo que hay. Pero el Hijo es engendrado. Por lo tanto, como la esencia divina está en el Hijo, parece que la esencia divina es engendrada.

3. Todavía más. Como se demostró anteriormente (q.3 a.3), Dios y la esencia divina es lo mismo. Pero, como dijimos también (a.4), la expresión *Dios engendra a Dios,* es verdadera. Por lo tanto, la expresión *la esencia engendra la esencia,* es verdadera.

4. Aún más. Lo que se atribuye propiamente a alguien, puede sustituirlo. Pero la esencia divina es Padre. Por lo tanto, la esencia puede sustituir la persona del Padre. Así, la esencia engendra.

5. Y también. La esencia es algo que engendra, porque es Padre, que es el que engendra. Así, pues, si la esencia no es la que engendra, la esencia será algo que engendra y que no engendra. Esto es imposible.

6. Por último. Dice Agustín en IV *De Trin.*[24]: *El Padre es el principio de toda la deidad.* Pero no es principio más que en cuanto que engendra o espira. Por lo tanto, el Padre engendra o espira la deidad.

En cambio está lo que dice Agustín en I *De Trin.*[25]: *Nada se engendra a sí mismo.* Pero si la esencia engendra la esen-

20. Cf. GUILLERMO ALTISIODORO, *Summa Aurea* p.1.ª tr.4 c.4 (fol.5a). 21. *Summa* (fol.55vb). 22. ARISTÓTELES, *Periherm.* c.6 n.3 (BK 17a30); S. Th. 1.1 lect.10. 23. C.2: ML 42,936. 24. C.20: ML 42,908. 25. C.1: ML 42,820.

cia, no se engendra más que a sí misma, puesto que en Dios no hay nada distinto a la divina esencia. Por lo tanto, la esencia no engendra la esencia.

Solución. *Hay que decir:* Sobre este problema, se equivocó el abad Joaquín[26] al sostener que, así como se dice *Dios engendró a Dios,* así también puede decirse que *la esencia engendró la esencia.* Su fundamento era: La simplicidad divina hace que Dios no sea distinto de la divina esencia. Pero se equivocaba. Porque para que una expresión sea verdadera, no sólo hay que tener presente lo significado, sino también el modo de significar, como ya dijimos (a.4). Pues, aun cuando realmente *Dios* y *deidad* sean lo mismo, sin embargo, el modo de significarlo no es el mismo. Pues la palabra *Dios,* por significar la esencia divina en cuanto que está en el sujeto, en su modo de significar exige, por naturaleza, que pueda sustituir a la persona. Por eso, lo que es propio de las personas, puede decirse de la palabra *Dios.* Ejemplo: *Dios es engendrado* o *engendra,* como dijimos anteriormente (a.4). Pero la palabra *esencia,* por su mismo modo de significar, no precisa que sustituya a la persona, puesto que significa la esencia como forma abstracta. De este modo, lo que es propio de las personas, por lo que las personas se distinguen entre sí, no puede ser atribuido a la esencia, pues significaría que en la esencia divina hay distinción como hay distinción en los supuestos.

Respuesta a las objeciones: 1. *A la primera hay que decir:* Para resaltar más la unidad de la esencia y de la persona, los Santos Doctores algunas veces usaron expresiones más rotundas de lo que admite el mismo lenguaje empleado. Por eso, este tipo de expresiones no hay que propagarlas, sino explicarlas. Esto es, los nombres abstractos tienen que ser explicados con nombres concretos, o también con nombres personales. Ejemplo: Al decir *esencia de esencia,* o *sabiduría de sabiduría,* el sentido es: *El Hijo, que es esencia y sabiduría, es del Padre, que es esencia y sabiduría.* Sin embargo, en los términos abstractos hay que conservar un cierto orden, porque lo que se refiere al acto es

lo que está más cercano a las personas, porque los actos pertenecen a los supuestos. Por eso, las expresiones: *Naturaleza de naturaleza, sabiduría de sabiduría,* son menos impropias que la expresión: *Esencia de esencia.*

2. *A la segunda hay que decir:* En las criaturas lo engendrado no recibe una naturaleza numéricamente idéntica a la que tiene el que genera, sino otra distinta en número que nuevamente empieza a existir en él por generación, y deja de existir por destrucción. De este modo se engendra y se destruye por accidente. Pero el Dios engendrado recibe la naturaleza numéricamente idéntica a la del que engendra. De este modo, en el Hijo la naturaleza divina no es engendrada, ni directa ni accidentalmente.

3. *A la tercera hay que decir:* Aun cuando Dios y la divina esencia sean realmente lo mismo, sin embargo, y atendiendo al modo de significar, es necesario que se hable de distinta manera de cada uno.

4. *A la cuarta hay que decir:* La esencia divina se atribuye al Padre por modo de identidad, en razón de la simplicidad divina. Pero, en razón del diverso modo de significar, no puede sustituir al Padre. Aquella objeción sería válida siempre que se tratase de seres en los cuales algo de uno es atribuible a otro, como lo universal de lo particular.

5. *A la quinta hay que decir:* La diferencia entre los sustantivos y los adjetivos, es la siguiente: Los sustantivos indican sujeto; en cambio, los adjetivos no, sino que ponen un significado al sustantivo. Por eso, los sofistas[27] dicen que *los nombres sustantivos sustituyen; por contra, los adjetivos no sustituyen, sino que unen.* Así, pues, los nombres sustantivos personales, por la identidad real, pueden ser dichos de la esencia. Sin embargo, no se sigue que la propiedad personal determine una esencia distinta, puesto que lo que hace es aplicarla al supuesto indicado con el sustantivo. Pero los adjetivos nocionales y personales no pueden ser atribuidos a la esencia si no van unidos a algún sustantivo. Por eso no podemos decir: *La esencia es la que engendra.* Sin embargo, podemos decir que *la esencia es algo que engendra,* o *Dios que en-*

---

26. Cf. Decretal. Gregor. 9 l.1 tit.1 c.2: *Damnamus* (RF 2,6).   27. Cf. l.c. nota 14.

gendra, si *algo* y *Dios* sustituyen a persona; pero no si sustituyen a esencia. De ahí que no haya contradicción en las frases: *La esencia es algo que engendra, y algo que no engendra;* porque en el primer caso *algo* sustituye a persona; en el segundo, a esencia.

6. *A la sexta hay que decir:* La *deidad,* en cuanto que es idéntica en varios supuestos, tiene cierto parecido con la forma del nombre colectivo. Por eso, cuando se dice: *El Padre es principio de toda deidad,* puede ser tomado en el sentido de la totalidad de las personas; esto es, en cuanto que en todas las personas divinas el principio es el mismo. Tampoco es necesario que sea principio de sí mismo. Como cuando se dice que alguien del pueblo es rector *de todo el pueblo,* y, sin embargo, no lo es de sí mismo. Puede decirse también que es principio de toda la deidad, no porque la engendre o espire, sino porque, al generarla y espirarla, la comunica.

ARTÍCULO 6

Persona, ¿puede o no puede aplicarse a los nombres esenciales?

In Sent. 1 d.4 q.2 a.2 ad 4.5.

Objeciones por las que parece que *persona* no puede aplicarse a los nombres esenciales, de modo que pueda decirse: *Dios es tres personas,* o es *Trinidad.*

1. La expresión: *El hombre es todo hombre,* es falsa. Puesto que no puede verificarse de ningún supuesto, pues ni Sócrates es todo hombre, como tampoco lo es Platón, ni ningún otro. Pero también es falsa la siguiente: *Dios es Trinidad,* puesto que no puede verificarse de ninguno de los supuestos de la naturaleza divina, puesto que ni el Padre es Trinidad, ni tampoco el Hijo, ni el Espíritu Santo. Por lo tanto, la expresión: *Dios es Trinidad,* es falsa.

2. Más aún. Lo inferior no se atribuye a lo superior más que con una atribución accidental. Ejemplo: cuando digo *el animal es hombre,* en el animal, ser hombre es accidental. Pero la palabra *Dios,* es, con respecto a las tres personas, lo que lo común a lo particular, según dice el Damasceno [28]. Por lo tanto, parece que los nombres de las personas no pueden ser atribuidos a la palabra *Dios* más que accidentalmente.

En cambio está lo que dice Agustín en el sermón *De Fide* [29]: *Creemos que un solo Dios es una sola Trinidad de nombre divino.*

Solución. *Hay que decir:* Como dijimos anteriormente (a.6 ad 5), aun cuando los nombres personales o los adjetivos nocionales no puedan ser atribuidos a la esencia, sin embargo, sí pueden serlo los sustantivos, debido a la identidad real entre esencia y persona. Pues la esencia divina no sólo es realmente idéntica a una persona, sino a las tres. Por eso, una persona, dos, tres, puede ser dicho de la esencia. Ejemplo: *La esencia es el Padre, el Hijo y el Espíritu Santo.* Y porque la palabra *Dios,* en cuanto tal, puede sustituir a la esencia, como dijimos (a.4 ad 3), del mismo modo, así como la expresión: *La esencia es tres personas,* es verdadera, así también lo es la expresión: *Dios es tres personas.*

Respuesta a las objeciones: 1. *A la primera hay que decir:* Como dijimos anteriormente (a.4 ad 3), la palabra *hombre,* en cuanto tal, puede sustituir a persona; pero, por algún añadido, expresa la naturaleza común. De este modo, la expresión: *El hombre es todo hombre,* es falsa, porque no puede verificarse en ningún supuesto. Pero la palabra *Dios,* en cuanto tal, puede sustituir a esencia. Por eso, aun cuando la expresión: *Dios es Trinidad,* no pueda sustituir a ninguno de los supuestos de la divina naturaleza, sin embargo, sí puede sustituir a la esencia. Por no tenerlo en cuenta, el Porretano [30] lo negó.

2. *A la segunda hay que decir:* Cuando se dice *Dios* o *la divina esencia es Padre,* hay una atribución por identidad, no una atribución de inferior a superior. Porque en las personas divinas no se da el universal y el singular. Por eso, así como la expresión: *El Padre es Dios,* por naturaleza es correcta, así también la expresión: *Dios es Padre,* por naturaleza es también correcta. Y de ningún modo accidentalmente.

28. *De Fide Orth.* l.3 c.4: MG 94,997.   29. Cf. FULGENCIO, c.1: ML 65,673.   30. Cf. GILBERTO PORRETA, *In de Trin.* § Postulas: ML 64,1311.

ARTÍCULO 7

Los nombres esenciales, ¿son o no son atribuibles a las Personas?

In Sent. 1 d.31 q.1 a.2; *De Verit.* q.7 a.3.

Objeciones por las que parece que los nombres esenciales no son atribuibles a las Personas:

1. Todo lo que puede inducir a error en la fe, al hablar de Dios, debe ser evitado, porque, como dice Jerónimo [31], *partiendo de palabras mal entendidas se cae en la herejía.* Pero atribuir a una persona lo que es común a las demás, puede inducir a error en la fe, porque puede entenderse que o sólo corresponde a la persona a quien se le atribuye, o corresponde a una más que a las otras. Por lo tanto, los atributos esenciales no son atribuibles a las personas.

2. Más aún. Los atributos esenciales, en abstracto, tienen significado por modo de forma. Pero una persona no se relaciona con la otra como forma; puesto que la forma en el sujeto no se distingue de aquello de lo que es forma. Por lo tanto, los atributos esenciales, de modo especial en abstracto, no deben atribuirse a las personas.

3. Todavía más. Lo propio es anterior a lo apropiado; pues lo *propio* entra en el concepto de lo apropiado. Pero los atributos esenciales son, a nuestro modo de ver, anteriores a las personas, como lo común es anterior a lo propio. Por lo

tanto, los atributos esenciales no deben ser atribuidos.

En cambio está lo que dice el Apóstol en 1 Cor 1,24: *A Cristo, poder de Dios y sabiduría de Dios.*

Solución. *Hay que decir:* Para expresar mejor la fe, fue conveniente que los atributos esenciales fueran atribuidos a las personas. Pues, aun cuando no sea posible demostrar la trinidad de las personas, como dijimos anteriormente (q.33 a.1), sin embargo, fue conveniente darla a entender mediante cosas para nosotros más evidentes. Los atributos esenciales nos resultan a nosotros más evidentes racionalmente que las propiedades de las personas. Porque, partiendo de las criaturas, de las cuales tomamos nuestros conocimientos, podemos elevarnos con certeza hasta el conocimiento de los atributos esenciales, no, en cambio, hasta el conocimiento de las propiedades de las personas, como dijimos anteriormente (q.32 a.1 ad 1). Así, pues, así como nos servimos de la semejanza del vestigio o de la imagen que encontramos en las criaturas para dar a entender a las personas divinas, así también nos servimos de los atributos esenciales. La manifestación de las personas por medio de los atributos esenciales es llamada *apropiación* [b]. Las personas divinas pueden manifestarse por medio de los atributos esenciales, de una doble manera [c]. 1) *Una,* por se-

31. Cf. PEDRO LOMBARDO, *Sent.* l.4 d.13 c.2 (QR 2,818).

b. La apropiación es un modo de hablar por el que se atribuye a una Persona divina más que a otra —no sin fundamento real— ciertos atributos esenciales o ciertas operaciones *ad extra,* y ello con el intento de conocer mejor lo propio de cada Persona. Es como «un acercar lo común a lo propio» dice el Santo en el *De Verit.* q.7 a.3.

Esta ley de las apropiaciones, bastante anquilosada ya en tiempos de Santo Tomás, se hizo con el tiempo tan rígida que no sólo se llegó a conclusiones paradójicas —Cristo es hijo adoptivo de toda la Trinidad, decía Durando en el s. XIV, volviendo con ello a los antiguos errores adopcionistas— sino que se abrió un foso infranqueable entre teología y vida espiritual. Contribuyó sin duda a una visión trinitaria abstracta y desencarnada.

Tomás acepta ciertamente la doctrina tradicional, pero la usa con la suficiente flexibilidad como para integrar en su explicación elementos de un sabor claramente personalista. El subraya la unicidad divina. Según esta perspectiva, las Personas divinas se distinguen tan sólo en sus relaciones recíprocas, lo que sólo se da en el interior de la divinidad. De cara a las criaturas obran al unísono, conjuntamente, por una misma sabiduría, una misma voluntad, un mismo poder. *Ad extra,* todo les es común. Sin embargo, cada Persona actúa según su característica propia, por lo que deja en las criaturas su impronta. De ahí que el hombre pueda llegar a tener contacto directo y personal con cada una de las Personas trinitarias (cf. notas a I q.33 a.1; I q.43 a.3; S. FUSTER, *¿Hijos de la Trinidad o hijos del Padre?:* EscVed XVI (1986) 97-105.

c. En realidad, Santo Tomás señala cuatro fundamentos reales de la apropiación:

1. El primero es el uso que de ella hacen tanto la Sda. Escritura *(sed contra),* como los Doctores y Padres de la Iglesia (a.8).

mejanza. Es así como lo que pertenece al entendimiento se apropia al Hijo, que procede intelectualmente como Palabra. 2) *Otra,* por desemejanza. Es así como el poder se apropia al Padre, como dice Agustín[32], porque entre nosotros, los padres, por la vejez, suelen ser débiles; pero no pensemos lo mismo de Dios.

Respuesta a las objeciones: 1. *A la primera hay que decir:* Los atributos esen-

cíales no hay que atribuirlos a las personas de modo que se diga que son suyos propios, sino para dar a conocer a las personas por semejanza o desemejanza, como acabamos de decir (sol.). Por eso, no se sigue ningún error de fe, sino, más bien, una manifestación de la verdad[d].

2. *A la segunda hay que decir:* Si los atributos esenciales se apropiaran a las

---

32. Cf. HUGO DE SAN VÍCTOR, *De Sacram.* l.1 p.2.ª c.8: ML 176,209.

---

2. El segundo es un argumento *a fortiori:* «Si podemos intentar el conocimiento de Dios partiendo de las criaturas, porque éstas proporcionan una base objetiva para el conocimiento de los atributos esenciales; si nos es posible llegar a un cierto conocimiento de las Personas en sí mismas considerando las criaturas en cuanto vestigio o imagen de la Trinidad: *a fortiori* podremos abrigar la esperanza de llegar a un cierto conocimiento de las Personas partiendo de la esencia divina» (LAFONT 88-90).

3. El tercero es la *semejanza* existente entre un atributo esencial y lo que es propiedad de una Persona. Puede darse, en efecto, una afinidad o similitud particular entre un determinado atributo esencial, la Sabiduría por ejemplo, y una propiedad personal (la Palabra del Padre). Atribuir a una Persona una cualidad de la esencia no equivale a decir que dicha Persona la posea en propiedad. Pero tampoco se trata de un puro formulismo, sin contenido alguno, carente de significado. No es un verbalismo hueco. Si fuera así, cualquier atributo esencial podría afirmarse indistintamente de cualquier Persona. Es un camino legítimo para aspirar a conocer lo propio de cada Persona. La apropiación no ofrece un conocimiento exclusivo, pero sí avala el pensamiento en una dirección auténtica y fundada, de suerte que de alguna forma alcanza lo propio de la Persona. *Amor,* por ejemplo, se dice de la naturaleza divina y, bajo este aspecto, el Padre es amor, el Hijo es amor y el Espíritu Santo es amor. Amor es un nombre esencial. Y, sin embargo, *Amor* se apropia al Espíritu Santo de tal modo que llega a ser *nombre propio* (I q.37 a.1).

4. El cuarto es la razón de *desemejanza.* Siempre se había hablado de la atribución de nombres esenciales a las Personas en virtud de la semejanza entre lo significado por el nombre y la peculiaridad característica de la Persona. Alejandro de Hales *(Summa* I, Inq.II, tract.II, Sec.II q.3 m.1: ed. KLUMPER 646), Alberto Magno (I q.1 membr.1: Lyon 1651 t.17 p.289), San Buenaventura *(In I Sent.* d.XXXIV q.3: Quaracchi t.I p.592) y Santo Tomás completaron la noción con la teoría de la desemejanza. Por ejemplo, al Padre se le atribuye el poder para evitar la idea de vejez aneja tantas veces al concepto humano de paternidad. Y al Hijo se le aplica la sabiduría para rechazar la impresión de inexperiencia e ignorancia que se tiene a veces con respecto a los hijos jóvenes. Y al Espíritu Santo se le asigna la bondad por contraste al espíritu terreno que con frecuencia anda envuelto en violencias y malicia.

d. Si la apropiación se funda realmente en lo privativo de cada sujeto trinitario es un modo de hablar apto para conocerlos mejor. Es una «vía persuasiva para la manifestación de las personas» *(In Sent.* 1 d.31 q.1 a.2). Santo Tomás llega a decir que las apropiaciones se darían en Dios «aun cuando nosotros no existiéramos» (l.c.), es decir: hay una base objetiva que hace de nuestro hablar algo más que una palabrería insulsa. Se puede llegar a conectar con las personas, algo paralelo a como partiendo de lo sensible se puede ascender hasta una primera causa. Es decir, si partiendo de lo *creado* es factible elevarse hasta la *causa creadora,* tomando como punto de partida la causa creadora —aceptada esta vez por una opción de fe— se posibilita llegar a cierto conocimiento de las Personas. No se trata, por tanto, de afirmar que lo *común* a toda la Trinidad sea más *propio* de una Persona con respecto a otra, pero sí de decir que «esto que es común tiene mayor semejanza con lo que es propio de una Persona que con lo que es propio de otra» *(De Verit.* q.7 a.3). Si es preciso evitar la exclusión de las otras, es válido admitir una *preferencia* con respecto a una. Se abre, pues, un camino correcto. La esencia no existe si no es realizada en un individuo. No existe un *dios* al margen del Padre y del Hijo y del Espíritu. Para Santo Tomás, «los actos corresponden a los sujetos» (I q.36 a.4 ad 7). Quien engendra, no es la esencia divina, sino el Padre (1 q.33 a.1). Quien ama, no es la esencia, sino el Padre y el Hijo abrazados en un solo amor (1 q.37 a.1 ad 3). Por lo mismo, «la fuerza creadora, a pesar de ser común a las tres personas, les corresponde con un cierto orden» (1 q.45 a.6 ad 2). «Dios Padre ha llevado a cabo la creación por su Palabra, que es el Hijo, y por su Amor, que es el Espíritu Santo» (1 q.45 a.6).

personas de modo que fueran propios suyos, se seguiría que una se relacionaría con la otra con relación de forma. Lo cual lo rechaza Agustín en VII *De Trin.*[33], mostrando que el Padre no es sabio por la sabiduría que engendra, como si sólo el Hijo fuera sabiduría, y únicamente pudiera ser llamado *sabio* el Padre junto con el Hijo, y no el Padre sin el Hijo. Pero el Hijo es llamado sabiduría del Padre, porque es la sabiduría que procede de la sabiduría del Padre, pues ambos por naturaleza son sabiduría, y en ambos simultáneamente hay una sola sabiduría. Por eso, el Padre no es sabio por la sabiduría que engendra, sino por la sabiduría que es su misma esencia.

3. *A la tercera hay que decir:* El atributo esencial, aun cuando por su propia razón sea anterior a la persona, según el modo de entender, sin embargo, en cuanto que tiene razón de apropiado, nada impide que lo propio de la persona sea anterior a lo apropiado. Como el color es posterior a un cuerpo en cuanto que es cuerpo; sin embargo, es anterior por naturaleza a un *cuerpo blanco* en cuanto que es blanco.

ARTÍCULO 8

Los Santos Doctores, ¿han o no han atribuido correctamente los atributos esenciales a las personas?

In Sent. 1 d.14; d.31 q.2 a.1; q.3 a.1; d.34 q.2; d.36 q.1 a.3 ad 5; *De Verit.* q.1 a.7; q.7 a.3; *In 2 Cor.* c.13 lect.3; *In Rom.* c.11 lect.5.

Objeciones por las que parece que los Santos Doctores no han atribuido correctamente los atributos esenciales a las personas:

1. Dice Hilario en II *De Trin.*[34]: *La eternidad está en el Padre, la especie en la Imagen, el uso en el Don.* En estas palabras hay tres nombres propios de las personas: Padre, Imagen, que es el nombre propio del Hijo, como dijimos anteriormente (q.35 a.2), y Don o Aval, que es el nombre propio del Espíritu Santo, como quedó establecido (q.38 a.2). Además hay también tres realidades apropia-

das: La eternidad, al Padre; la especie, al Hijo; el uso, al Espíritu Santo. Y parece que lo hace de un modo poco razonable. Pues la *eternidad* implica duración de ser; la *especie,* en cambio, es principio de ser; el *uso,* por su parte, parece que pertenece a la operación. Pero la esencia y la operación no se apropian a ninguna persona. Por lo tanto, parece que estas apropiaciones a las personas no las han atribuido correctamente.

2. Más aún. Dice Agustín en I *De Doctr. Christ.*[35]: *En el Padre está la unidad, en el Hijo la igualdad, en el Espíritu Santo la concordia de la unidad y de la igualdad.* Esto parece también que es dicho incorrectamente. Porque una persona formalmente no es denominada por lo que se apropia a otra. Pues el Padre no es sabio por la sabiduría engendrada, como dijimos (a.7 ad 2; q.37 a.2 obi.1). Pero en el mismo contexto dice: *Estas tres realidades son una por el Padre, iguales por el Hijo y conexas por el Espíritu Santo.* Por lo tanto, no se apropian de forma correcta a las personas.

3. Todavía más. Según Agustín[36], al Padre se le atribuye el *poder,* al Hijo la *sabiduría* y al Espíritu Santo la *bondad.* Y parece que esto no es correcto. Pues la *energía* pertenece al poder. El poder es apropiado al Hijo según aquello de 1 Cor 1,24: *A Cristo, poder de Dios.* Y también al Espíritu Santo, según aquello de Lc 6,19: *El poder salía de Él, y sanaba a todos.* Por lo tanto, el poder no hay por qué atribuirlo al Padre.

4. Y también. Agustín, en el libro *De Trin.*[37], dice: *No hay que tomar confusamente lo que dice el Apóstol: De Él, por Él y en Él. De Él, lo dice por el Padre; por Él, por el Hijo; en Él, por el Espíritu Santo.* Pero parece que esto no es correcto. Porque la expresión *en Él,* parece que implica relación de causa final, que es la primera de las causas. Por lo tanto, esta relación de causa debería ser apropiada al Padre, que es el principio sin principio.

5. Por último. Encontramos que la *verdad* es apropiada al Hijo, según aquello de Jn 16,6: *Yo soy el camino, la verdad y la vida.* Lo mismo el *Libro de la Vida,*

33. C.1: ML 42,933.   34. § 1: ML 10,51.   35. C.5: ML 34,21.   36. Cf. HUGO DE SAN VÍCTOR, *De Sacram.* 1.1 p.2.ª c.6: ML 176,208.   37. 1.6 c.10: ML 42,932; cf. *Contra Maximin.* 1.2 c.23: ML 42,800.

según aquello del Sal 39,8: *En el encabezamiento del libro está escrito de Mí:* Glosa[38]: *Esto es, en el Padre, que es mi cabeza.* Lo mismo, la expresión *El que es;* porque en torno a aquel texto de Is 65,1: *Heme aquí, voy a los pueblos,* dice la Glosa[39]: *Habla el Hijo que dijo a Moisés: Yo soy el que soy.* Pero parece que todo esto es algo propio del Hijo y no algo apropiado. Pues *verdad,* según Agustín en el libro *De Vera Religione*[40], es *la semejanza suma con el principio, sin ningún tipo de desemejanza.* De este modo, parece que propiamente corresponda al Hijo, que tiene principio. También *Libro de la Vida* parece ser algo propio, porque significa que es algo por alguien, pues todo libro es escrito por alguien. También la expresión *El que es,* parece ser propia del Hijo. Porque si, cuando se dice a Moisés: *Yo soy el que soy,* es la Trinidad la que habla, Moisés había podido decir: *Aquel que es el Padre, el Hijo y el Espíritu Santo, me envió a vosotros.* Y más adelante había podido decir: *Aquel que es el Padre, el Hijo y el Espíritu Santo, me envió a vosotros,* dando a entender una persona determinada. Esto es falso. Porque ninguna persona es el Padre, el Hijo y el Espíritu Santo. Por lo tanto, este nombre no puede ser común a la Trinidad, sino propio del Hijo.

Solución. *Hay que decir:* Nuestro entendimiento, que llega al conocimiento de Dios partiendo de las criaturas, es necesario que considere a Dios según el modo que tiene a partir de las criaturas. A la hora de estudiar una criatura, aparecen cuatro elementos en el siguiente orden. *Primero,* se analiza el mismo objeto absolutamente, en cuanto que es un determinado ser. *Segundo,* se le analiza en cuanto que es uno. *Tercero,* en cuanto que en él hay capacidad para obrar o para causar. *Cuarto,* la relación que tiene con lo causado. Por lo tanto, al tratar lo referente a Dios nosotros debemos tener también en cuenta esta cuádruple consideración.

1) Según la primera consideración, es decir, tratar lo referente a Dios en cuanto a su propio ser, encontramos la fórmula de Hilario[41], según la cual la eternidad es apropiada al Padre, la especie al Hijo, el uso al Espíritu Santo (cf. obi.1). Pues la *eternidad,* en cuanto que significa ser sin principio, tiene semejanza con el Padre, que es principio sin principio. La *especie* o la *belleza* tienen semejanza con lo propio del Hijo, pues para la belleza se requiere lo siguiente: primero, integridad o perfección, pues lo inacabado, por ser inacabado, es feo. También se requiere la debida proporción o armonía. Por último, se precisa la claridad, de ahí que lo que tiene nitidez de color sea llamado bello. Así, pues, en cuanto a lo primero, tiene semejanza con lo propio del Hijo, en cuanto que el Hijo tiene en sí mismo, de forma real y perfecta, la naturaleza del Padre. Para indicar esto, Agustín[42] en su explicación dice: *En donde, esto es, en el Hijo, está la suprema y primera vida,* etc. Por lo que se refiere a lo segundo, también se adecua con lo propio del Hijo en cuanto que es Imagen expresa del Padre. Por eso, decimos que alguna imagen es bella si representa perfectamente al objeto, aun cuando sea feo. Y esto es a lo que alude Agustín cuando dice[43]: *En donde hay tanta conveniencia y la primera igualdad,* etc. En cuanto a lo tercero, se adecua con lo propio del Hijo, en cuanto que es Palabra, que es lo mismo que decir *Luz, esplendor del entendimiento,* como dice el Damasceno[44]. Esto mismo lo sugiere Agustín cuando dice[45]: *Como palabra perfecta a la que no le falta nada, especie de arte del Dios omnipotente.*

El *uso* tiene cierta semejanza con lo propio del Espíritu Santo, si tomamos la palabra *uso* en sentido amplio, pues *usar* implica *disfrutar,* ya que usar es *disponer de algo, según la propia voluntad,* y disfrutar es *usar con gozo,* como dice Agustín en X *De Trin.*[46] Por lo tanto, el uso por el que el Padre y el Hijo se disfrutan mutuamente, se adecua con lo propio del Espíritu Santo, en cuanto que es Amor. Y esto es lo que dice Agustín[47]: *Aquel amor, deleite, felicidad o dicha, es lo que él llama uso.* El uso con que nosotros disfrutamos de Dios tiene cierta semejanza

---

38. *Glossa ordin.* al salmo 39,8 (3,1438); *Glossa* de PEDRO LOMBARDO: ML 191,403. 39. *Glossa interl.* (4,104r).   40. C.36: ML 34,152.   41. L.c. nota 34.   42. *De Trin.* 1.6 c.10: ML 42,931.   43. Ib.   44. *De Fide Orth.* 1.1 c.13: MG 94,857.   45. L.c. nota 42.43.   46. C.11: ML 42,982.   47. *De Trin.* 1.6 c.10: ML 42,932.

con lo propio del Espíritu Santo en cuanto que es Don. Y esto es lo que resalta Agustín cuando dice[48]: *En la Trinidad está el Espíritu Santo, la suavidad del que Engendra y del Engendrado, que nos inunda de forma inmensa y generosa.*

De este modo, se comprende por qué la *eternidad*, la *especie* y el *uso*, se atribuyen o se apropian a las personas, y no se les atribuyen la *esencia* o la *operación*. Porque en su propio concepto, y puesto que son comunes, no se encuentra algo que sea semejante a lo propio de las personas.

2) Según la segunda consideración, es decir, tratar lo referente a Dios en cuanto que es uno, Agustín apropia la *unidad* al Padre, la *igualdad* al Hijo, la *concordia* o la *conexión* al Espíritu Santo[49] (cf. obi.2). Es evidente que estas tres características denotan unidad, pero de manera diferente. Pues la *unidad* se dice en sentido absoluto, y no presupone nada más. De este modo se apropia al Padre, que no presupone otra persona, por ser principio sin principio. La *igualdad* conlleva unidad con respecto a otro; pues igual es lo que tiene la misma cantidad que otro. De este modo la igualdad se apropia al Hijo que es el principio del principio. Por su parte, la *conexión* implica unidad de dos. Por eso se apropia al Espíritu Santo, en cuanto que procede de los dos.

A partir de ahí, puede entenderse lo que dice Agustín[50]: *Los tres son uno por el Padre, iguales por el Hijo, conexos por el Espíritu Santo.* Pues es evidente que cada característica se atribuye a aquel en quien se encuentra primero, así como a todos los seres inferiores se dice que *viven* por su alma vegetal, por ser la primera en la que se manifiesta la vida de estos seres. La *unidad* se encuentra inmediatamente en la persona del Padre, incluso si, aunque imposible, desaparecieran las otras personas. De este modo, las otras personas tienen la unidad por el Padre. No obstante, desaparecidas las otras personas, en el Padre no se encuentra la *igualdad*. Pero, existente el Hijo, inmediatamente aparecerá la igualdad. De este modo, se dice que todos son iguales por el Hijo, no porque el Hijo sea principio de la igualdad del Padre, sino porque, si el Hijo no fuese

igual al Padre, el Padre no podría ser llamado igual, pues su igualdad en primer lugar es considerada en relación al Hijo. Lo mismo cabe decir de la igualdad que tiene el Espíritu Santo con el Padre, es decir, la tiene por el Hijo. Asimismo, excluido el Espíritu Santo, que es el nexo de los dos, no podría entenderse la unidad de *conexión* entre el Padre y el Hijo. De este modo, se dice que todos están conexos por el Espíritu Santo, porque, existente el Espíritu Santo, se encuentra Él donde el Padre y el Hijo pueden llamarse conexos.

3) Según la tercera consideración, es decir, tratar lo referente a Dios en cuanto que en Él hay capacidad suficiente para causar, hay que analizar la tercera apropiación, esto es, el *poder*, la *sabiduría* y la *bondad*[51] (cf. obi.3). Esta apropiación se hace por semejanza, si se considera lo que hay en las personas divinas; y por desemejanza, si se considera lo que hay en las criaturas. Pues el *poder* tiene razón de principio. Por eso, tiene semejanza con el Padre del cielo, que es principio de toda la divinidad. A veces falta en el padre terreno, debido a la vejez. La *sabiduría*, en cambio, tiene semejanza con el Hijo celeste, en cuanto que es Palabra, que no es otra cosa que el concepto de sabiduría. A veces falta en el hijo terreno, debido a la poca edad. La *bondad*, por ser razón y objeto del amor, tiene semejanza con el Espíritu divino, que es Amor. Pero parece que contradice al espíritu terreno, en cuanto que éste implica cierto impulso violento, por lo que dice Is 25,4: *El espíritu de los fuertes es como el huracán que empuja la pared.* El *poder* se apropia al Hijo y al Espíritu Santo, pero no en el sentido en que se llama energía al poder de algo; sino porque a veces también se llama energía a la que surge del poder, como cuando decimos que algo poderoso ha sido hecho *por la virtud o poder* de un agente.

4) Según la cuarta consideración, es decir, tratar lo referente a Dios en cuanto que está relacionado con sus efectos, hay que analizar aquella apropiación *a partir de Él, por Él y en Él* (cf. obi.4). La preposición *a partir de*, a veces, implica relación de causa material, que no se da en las personas divinas. Otras veces, implica relación de causa eficiente. Esta es

48. Ib.   49. *De Doct. Christ.* l,1 c.5: ML 34,21.   50. Ib.   51. Cf. l.c. nota 36.

la que corresponde a Dios en razón de su potencia activa. Por eso se apropia al Padre, como potencia. La preposición *por*, indica, a veces, causa intermedia, como cuando decimos que el obrero trabaja por el martillo. Este *por*, a veces no es apropiado, sino propio del Hijo, según aquello de Jn 1,3: *Todo ha sido hecho por Él*, no porque el Hijo sea instrumento, sino porque Él mismo es principio del principio. Otras veces, indica la relación de forma por la que obra el agente, como cuando decimos que el artista obra *por el arte.* Por eso, así como la sabiduría y el arte se apropia al Hijo, así también lo indicado con *por Él.* La preposición *en*, indica propiamente relación de continente. Y Dios contiene las cosas de doble manera. Una, según sus semejanzas. Y, así, se dice que las cosas están en Dios en cuanto que están en su ciencia. De este modo, la expresión *en Él,* debería apropiarse al Hijo. Otra manera de cómo están contenidas las cosas en Dios, es en cuanto que Dios, por su bondad, las conserva, las gobierna y las conduce al fin más conveniente. De este modo, *en Él,* es apropiado al Espíritu Santo, como se le apropia la bondad.

Tampoco es necesario que la relación de causa final, aun cuando sea la primera de las causas, se apropie al Padre, que es principio sin principio, porque las personas divinas, de las cuales el principio es el Padre, no proceden para orientarse al fin, puesto que cada una de ellas es fin último, sino por procesión natural, que más bien parece pertenecer al concepto de potencia natural.

Con respecto a las otras apropiaciones (cf. obi.5) hay que decir: La verdad, por pertenecer al entendimiento, como se dijo anteriormente (q.16 a.1), se apropia al Hijo. Sin embargo, no es algo propio suyo. Porque, como dijimos (ib.), la verdad puede ser considerada en cuanto que está en el entendimiento, o en cuanto que está en la realidad. Así, pues, así

como el entendimiento y el objeto son tomados esencialmente, siendo esenciales y no personales, así también la verdad. La definición dada por Agustín corresponde a la verdad, que se apropia al Hijo.

El *Libro de la Vida* directamente implica conocimiento; indirectamente, vida. Pues, como dijimos anteriormente (q.24 a.1), se trata del conocimiento que Dios tiene de los que alcanzarán la vida eterna. Por eso se apropia al Hijo, aun cuando la vida se apropie al Espíritu Santo, en cuanto que implica cierto movimiento interior, y de este modo se adecua con lo propio del Espíritu Santo, en cuanto que es amor. Lo de ser escrito por alguien, no pertenece al concepto del libro en cuanto libro, sino en cuanto obra hecha. Por lo tanto, no implica relación de origen, ni tampoco es personal, sino apropiado a la Persona.

La expresión *El que es,* se apropia a la persona del Hijo, pero no por sí misma, sino por el añadido, esto es, en cuanto que en la expresión de Dios a Moisés estaba prefigurada la liberación del género humano, que ha sido hecha por el Hijo. Sin embargo, si *El que* se toma como relativo, puede referirse a la persona del Hijo. De este modo, se tomaría personalmente, como si se dijera: *El Hijo es engendrado El que es;* lo mismo que *Dios engendrado* tiene sentido personal. Y aun cuando el pronombre *éste,* desde un punto de vista gramatical, parezca que pertenece a una determinada persona, sin embargo, cualquier cosa demostrable, también en sentido gramatical, puede llamarse persona, aun cuando realmente no lo sea, y así decimos esta piedra o este asno. Por eso, desde el punto de vista gramatical, la esencia divina, tal como está indicada por la Palabra Dios, puede ser designada con el pronombre *éste,* según aquello del Ex 15,2: *Este es mi Dios y le glorificaré.*

CUESTIÓN   40

Sobre la relación personas-propiedades

Hay que tratar ahora lo referente a la relación personas-propiedades. Esta cuestión plantea y exige respuesta a cuatro problemas: 1. Relación, ¿es o no es lo mismo que persona?—2. Las relaciones, ¿distinguen y constituyen las personas?—3. Abstraídas mentalmente las relaciones de las Personas, ¿permanecen o no permanecen las hypóstasis?—4. Según nuestro entender, ¿las relaciones presuponen los actos de las personas o los actos de las personas presuponen las relaciones?

ARTÍCULO 1

Relación, ¿es o no es lo mismo que persona?

In Sent., 1 d.26 q.2 a.1; d.33 a.2; *In Io,* c.16 lect.4; *Compend. Theol.,* c.67.

Objeciones por las que parece que en Dios relación y persona no son lo mismo:

1. Cuando dos cosas son iguales, multiplicada una se multiplica la otra. Pero sucede que en una misma persona hay varias relaciones. Ejemplo: En el Padre está la paternidad y la común espiración. También una misma relación está en dos personas: La común espiración en el Padre y en el Hijo. Por lo tanto, relación no es lo mismo que persona.

2. Más aún. Según el Filósofo en IV *Physic.*[1], nada está en sí mismo. Pero la relación está en la persona. Tampoco puede decirse que por razón de identidad, pues, de ser así, estaría en la esencia. Por lo tanto, la relación o la propiedad y la persona en Dios no son lo mismo,

3. Todavía más. Cuando dos cosas son iguales, están relacionadas de tal forma que, lo que se dice de una, se dice de la otra. Pero no todo lo que se dice de la persona, se dice de la propiedad. Pues decimos que el *Padre engendra,* pero no decimos que *la paternidad sea engendrante.* Por lo tanto, en Dios la propiedad no es lo mismo que la persona.

En cambio, como dice Boecio en el libro *De hebdom.*[2]: *En Dios no hay diferencia entre lo que es y aquello por lo que es.* Pero el Padre es padre por la paternidad. Por lo tanto el Padre es lo mismo que la paternidad. La misma razón hay que aplicar a las otras propiedades.

Solución. *Hay que decir:* Sobre este problema hay opiniones diversas. Pues

algunos[3] dijeron que las propiedades ni *son personas* ni están *en las personas.* A decir esto les impulsó el modo de entender las relaciones, que no indican algo *en un sujeto,* sino más bien algo *en orden a otro.* Por eso dijeron, como hemos indicado anteriormente (q.28 a.2), que las relaciones eran concomitantes. Pero porque la relación en cuanto que es algo en Dios es la misma esencia, y la esencia es lo mismo que persona, como ya se dijo (q.39 a.1), es necesario que la relación sea lo mismo que la persona.

Otros[4], teniendo presente esta identidad, dijeron que las propiedades eran personas, pero que no estaban *en las personas,* porque no ponían propiedades en Dios más que en cuanto al modo de hablar, tal como se ha dicho anteriormente (q.32 a.2). Es necesario poner propiedades en Dios, como demostramos ya (ib.). Estas propiedades están indicadas en abstracto, como si se tratase de ciertas formas de la persona. Por lo tanto, como a la razón de forma pertenece el estar en aquello de lo que es forma, es necesario afirmar que las propiedades *están en las personas,* e incluso que *son las personas,* de la misma manera que decimos que la esencia *está en Dios* y, sin embargo, es el mismo Dios.

Respuesta a las objeciones: 1. *A la primera hay que decir:* Persona y propiedad son realmente lo mismo, si bien con diferencia conceptual. De ahí que no sea necesario que multiplicando una se multiplique la otra. Sin embargo, hay que tener presente que, debido a la simplicidad divina, en Dios hay una doble identidad real por la que difieren de las criaturas. Pues, porque la simplicidad divina excluye la composición de la forma y de la materia, se sigue que en Dios es lo mismo lo abstracto y lo concreto, como *deidad* y *Dios.* Porque la simplicidad divina excluye la composición de sujeto y

1. ARISTÓTELES c.3 n.2 (BK 210a25): S. Th. lect.4 n.7   2. Prop.7: ML 64,1311: S. Th. lect.1.   3. Cf. STO. TOMÁS, *De Pot.* q.8 a.2 (y las referencias que allí da). Cf. supra q.28 a.2.   4. Cf. PREPOSITINO, *Summa* (fol.67rb).

accidente, se sigue que lo que se atribuye a Dios, pertenece a su esencia. Por eso, *sabiduría* y *virtud* son lo mismo en Dios, porque ambas están en la esencia divina. Pues las propiedades personales son las mismas personas, por la misma razón por la que lo abstracto es lo mismo que lo concreto. Y son personas subsistentes, como la paternidad es el mismo Padre, la filiación el Hijo y la procesión el Espíritu Santo. Por su parte, las propiedades no personales son lo mismo que las personas en cuanto a otra razón de identidad: porque todo lo que se atribuye a Dios, se atribuye a su esencia. Así, pues, la común espiración se identifica con la persona del Padre y con la persona del Hijo, no porque sea una persona subsistente por sí misma, sino porque, así como una esencia está en dos personas, así también una misma propiedad, como dijimos anteriormente (q.30 a.2).

2. *A la segunda hay que decir:* Las propiedades están en la esencia sólo por modo de identidad. Y se dice que están en las personas por modo de identidad no sólo real, sino también en cuanto a su significación, como la forma está en el supuesto. De este modo, las propiedades determinan y distinguen a las personas, pero no a la esencia.

3. *A la tercera hay que decir:* Los participios y los verbos nocionales indican actos nocionales. Los actos pertenecen a los supuestos. Por su parte, las propiedades no son indicadas como supuesto, sino como formas de los supuestos. De este modo, el modo de significar se opone a que los participios y los verbos nocionales se apliquen a las propiedades (cf. q.32 a.2 ad 2).

ARTÍCULO 2

Las personas, ¿se distinguen o no se distinguen por las relaciones?

In Sent., 1 d.26 q.2 a.2; *Cont. Gentes* 4,24; *De Pot.,* q.8 a.3; q.9 a.4 ad 15; *Quodl.* 4 q.4 a.2.

Objeciones por las que parece que las personas no se distinguen por las relaciones:

1. Las cosas simples se distinguen por sí mismas. Pero las personas divinas son simples en grado sumo. Por lo tan-

to, se distinguen por sí mismas, no por las relaciones.

2. Más aún. Ninguna forma se distingue más que en su género. Ejemplo: Lo blanco no se distingue de lo negro más que en la cualidad. Pero *hipóstasis* significa individuo en el género de la sustancia. Por lo tanto, las hypóstasis no se distinguen por las relaciones.

3. Todavía más. Lo absoluto es anterior a lo relativo. Pero la primera distinción es la distinción de las personas divinas. Por lo tanto, las personas divinas no se distinguen por las relaciones.

4. Por último. Lo que presupone distinción no puede ser primer principio de distinción. Pero relación presupone distinción, pues está incluida en su definición, ya que ser relativo *es estar relacionado con otro* [5]. Por lo tanto, en Dios el primer principio de distinción no puede ser la relación.

En cambio está lo que dice Boecio en el libro *De Trin.*[6]: *Sólo la relación multiplica la trinidad* de las personas divinas.

Solución al problema. *Hay que decir:* Al encontrar algo común en varias cosas, es necesario buscar algo distintivo. Por eso, como las tres personas tienen unidad de esencia, es necesario buscar algo por lo que se distingan y que hace que sean varias. En las personas divinas encontramos dos realidades por las que se distinguen: El origen y la relación. Pues si bien tanto el origen como la relación no se distinguen realmente, sin embargo, se diferencian en cuanto al modo de significar. Pues el origen se indica como acto: *Generación.* Y la relación, por su parte, como forma: *Paternidad.*

Algunos [7] teniendo presente que la relación sigue al acto, dijeron que en Dios las hypóstasis se distinguen por el origen. Ejemplo: El Padre se distingue del Hijo en cuanto que aquél engendra y éste es engendrado. En la misma línea, las relaciones o las propiedades manifiestan la distinción de las hypóstasis o de las personas, como en las criaturas las propiedades ponen al descubierto las distinciones de los individuos que están causadas por los principios materiales.

Pero esto no puede sostenerse por dos motivos. 1) *El primero,* porque para

5. ARISTÓTELES, *Categor.* c.5 n.24 (BK 8a39).   6. C.6: ML 64,1255.   7. Cf. STO. TOMÁS, *De pot.* q.8 a.3 arg.13 (y las referencias que allí da).

que dos cosas sean entendidas como distintas, es necesario que se comprenda que su distinción está causada por algo intrínseco en ambas. En las cosas creadas, por la materia o por la forma. Pero el origen de una cosa no expresa algo intrínseco, sino, más bien, un camino que va de una realidad a otra, como la generación es expresada como un camino que va a lo engendrado o que parte del que engendra. Por eso, no es posible que lo engendrado y el que engendra se distingan sólo por la generación. Sino que es necesario presuponer tanto en el que engendra como en el engendrado aquello por lo que se distinguen entre sí. Pero en la persona divina, esto no puede ser más que la esencia, la relación o la propiedad. Por lo tanto, como quiera que convienen en la esencia, es necesario que las personas se distingan entre sí por las relaciones. 2) *Segundo,* porque no hay que entender la distinción en las personas divinas como si se dividiese algo común, puesto que la esencia que les es común, permanece indivisa. Sino que es necesario que lo mismo que constituye la distinción, constituya las realidades distintas. Así es como las relaciones o las propiedades constituyen las hypóstasis o las personas, esto es, en cuanto que son las mismas personas subsistentes, como la paternidad es el Padre y la filiación es el Hijo, ya que en Dios lo abstracto no se diferencia de lo concreto. Pero al concepto de origen se opone el que constituya una hypóstasis o persona, porque el origen, considerado en sentido activo, expresa algo que surge de la persona subsistente, y, por lo tanto, la presupone. Y el origen, en sentido pasivo, como *natividad,* expresa el camino que va a la persona subsistente, pero todavía no la constituye.

Por lo tanto, es mucho mejor decir que las personas o las hypóstasis se distinguen por las relaciones más que por el origen. Pues, aun cuando se distinguen por ambos modos, sin embargo, el primero y principal es por las relaciones, según nuestro modo de entender. Por lo tanto, el nombre *Padre* no sólo expresa propiedad, sino también hypóstasis. Pero el nombre *Genitor* o *Generante* indica sólo propiedad. Porque el nombre *Padre* expresa relación, que es distintiva y constitutiva de la hypóstasis. El nom-

bre *Genitor* o *Generante,* expresa origen, que no es distintivo y constitutivo de la hypóstasis.

Respuesta a las objeciones: 1. *A la primera hay que decir:* Las personas son las mismas relaciones subsistentes. Por eso, no contradice la simplicidad de las personas divinas el que se distingan por las relaciones.

2. **A la segunda hay que decir:** Las personas divinas no se distinguen en el ser en el que subsisten, ni en algo absoluto, sino sólo por el hecho de que se refieren *a algo.* Por eso, para su distinción es suficiente la relación.

3. *A la tercera hay que decir:* Cuanto más anterior es una distinción, tanto más cerca está de la unidad. De este modo, debe ser mínima. Por eso la distinción de las personas no debe darse más que por aquello que es mínimo en su distinción, y esto es la relación.

4. *A la cuarta hay que decir:* La relación presupone la distinción de los supuestos cuando es accidente. Pero si la relación es subsistente, no la presupone, sino que la conlleva. Pues cuando se dice que ser relativo es estar referido a otro, por este *otro* se entiende el correlativo, que no es anterior, sino simultáneo en el orden de la naturaleza.

ARTÍCULO 3

Abstraídas mentalmente las relaciones de las personas, ¿permanecen o no permanecen las hipóstasis?

In Sent., 1 d.26 q.1 a.2; *Compend. Theol.,* c.61; *De Pot.,* q.8 a.4.

Objeciones por las que parece que, abstraídas mentalmente las relaciones o propiedades de las personas, las hipóstasis permanecen:

1. Lo que está relacionado con otro porque se le añade algo, puede ser concebido mentalmente después de quitarle lo añadido. Ejemplo: *Hombre* está relacionado con *animal* por un añadido, y sin embargo, *animal* puede ser concebido mentalmente anulado *racional.* Pero la persona es algo añadido a la hipóstasis, ya que *persona es la hipóstasis que se distingue por una propiedad referida a la dignidad* (q.29 a.3 ad 2). Por lo tanto, alejada de persona la propiedad personal, la hipóstasis es todavía concebible.

2. Más aún. Aquello por lo que el Padre es padre y por lo que es *alguien,* no es lo mismo. Pues como el padre lo es por la paternidad, si por la paternidad fuese alguien, se seguiría que el Hijo, en el que no hay paternidad, no sería alguien. Por lo tanto, si mentalmente se despoja al Padre de la paternidad, todavía permanece siendo alguien, que es ser hipóstasis. Por lo tanto, alejada la propiedad de la persona, permanece la hipóstasis.

3. Todavía más. Dice Agustín en V *De Trin.*[8]: *No es lo mismo decir ingénito que decir Padre, porque aunque no hubiese engendrado al Hijo, nada impediría llamarle ingénito.* Pero si no hubiese engendrado al Hijo, no poseería la paternidad. Por lo tanto, suprimida la paternidad, todavía permanece la hipóstasis del Padre como ingénita.

En cambio está lo que Hilario dice en el IV *De Trin.*[9]: *El Hijo nada tiene, a no ser haber nacido.* El Hijo lo es por el nacimiento. Por lo tanto, suprimida la filiación, no permanece la hipóstasis del Hijo. Lo mismo cabe decir de las otras personas.

Solución. *Hay que decir:* Por el entendimiento se hace una doble abstracción. 1) *Una,* por la que lo universal se abstrae de lo particular. Ejemplo: *Animal* de *hombre.* 2) *Otra,* abstrayendo la forma de la materia. Ejemplo: El entendimiento abstrae la forma de círculo de toda materia sensible. La diferencia entre ambas abstracciones consiste en que, al abstraer lo universal de lo particular, desaparece aquello de que se hizo la abstracción. Ejemplo: Si del hombre se abstrae la diferencia de racional, en el entendimiento no permanece el *hombre,* sino solamente *animal.* En cambio, cuando se abstrae la forma de la materia, ambas quedan en el entendimiento. Ejemplo: Si de una lámina abstraemos la forma circular, en el entendimiento quedan por separado los conceptos de círculo y de lámina.

Aunque en Dios no hay universal ni particular, ni forma ni materia realmente, sin embargo, según el modo de significarlo, de estas cosas encontramos alguna semejanza en Dios. Así dice el Damasceno[10] que *lo común es la sustancia, y lo particular la hipóstasis.* Así, pues, si hablamos de la abstracción referida a lo universal y a lo particular, suprimidas las propiedades, en el entendimiento permanece la esencia común, pero no la hipóstasis del Padre, que es como lo particular. Y si hablamos de la abstracción referida a la forma y a la materia, suprimidas las propiedades no personales, permanece el concepto de hipóstasis y de personas. De este modo, aunque el entendimiento prescindiese del Padre como ingénito o espirador, permanece la hipóstasis o la persona del Padre. Pero si intelectualmente se suprime la propiedad personal, se suprime el concepto de hipóstasis. Pues no hay que entender que las propiedades personales se unan a las hipóstasis divinas como la forma al sujeto preexistente, sino que indican sus supuestos, en cuanto que las propiedades son las mismas personas subsistentes, como la paternidad es el mismo Padre. Pues la hipóstasis significa en Dios algo distinto, ya que hipóstasis es sustancia individual. Así, pues, como la relación es lo que distingue y constituye las hipóstasis, como dijimos (a.2), hay que concluir que, suprimidas mentalmente las relaciones personales, las hipóstasis no permanecen.

Pero, como dijimos (a.2), algunos dicen que en Dios las hipóstasis no se distinguen por las relaciones, sino sólo por el origen. Así, el Padre sería una hipóstasis porque no procede de otro, y el Hijo no sería porque procede de otro por generación. Pero las relaciones que se les añaden como propiedades referentes a la dignidad, constituyen la razón de persona. Por eso son llamadas también personalidades. De ahí concluyen que, suprimidas mentalmente tales relaciones, permanecen las hipóstasis, pero no las personas.

Pero esto no puede ser así por dos motivos. 1) *Primero,* porque las relaciones distinguen y constituyen las hipóstasis, como se demostró (a.2). 2) *Segundo,* porque toda hipóstasis de naturaleza racional es persona, como queda claro por la definición de Boecio[11] cuando dice que *la persona es la sustancia individual de naturaleza racional.* Por lo tanto, para que

---

8. C.6: ML 42,914.   9. § 10: ML 10,103.   10. *De Fide Orth.* 1.3 c.6: MG 94,1001.
11. *De Duabus Nat.* c.3: ML 64,1343.

fuese hipóstasis y no persona, habría que abstraer por parte de la naturaleza la racionalidad, y no por parte de la persona la propiedad.

Respuesta a las objeciones: 1. *A la primera hay que decir:* Persona no añade a hipóstasis una propiedad que la distinga absolutamente, sino *una propiedad que la distingue con respecto a la dignidad.* Todo esto ha de ser tomado como una sola diferencia. La propiedad que distingue pertenece a la dignidad, en cuanto que es entendida como subsistente en la naturaleza racional. Por eso, suprimida de la persona la propiedad que la distingue, no permanece la hipóstasis, permanecería si se suprimiera la racionalidad de la naturaleza. Pues tanto la persona como la hipóstasis es sustancia individual. Por eso en Dios la relación como distintivo entra tanto en el concepto de una como de otra.

2. *A la segunda hay que decir:* Por la paternidad, el Padre no sólo es padre sino que también es persona y es *alguien* o hipóstasis. Sin embargo, no se sigue que el Hijo no sea alguien o hipóstasis, como tampoco no se sigue que no sea persona.

3. *A la tercera hay que decir:* No estaba en el pensamiento de Agustín decir que la hipóstasis del Padre permanece como ingénita si se suprimiera la paternidad, como si la innatibilidad distinguiera y constituyera la hipóstasis del Padre. Pues esto no es posible, ya que, como él mismo dice [12], *ingénito* no añade nada, sino que lo excluye. Pero si se habla un lenguaje común, no todo ingénito es padre; por lo tanto, suprimida la paternidad, en Dios no permanece la hipóstasis del Padre como distintivo de las demás personas, sino sólo en cuanto distinto de las criaturas, tal como lo comprenden los judíos.

ARTÍCULO 4

Los actos nocionales, ¿son o no son previos a las propiedades?

In Sent. 1 d.27 q.1 a.2; *Compend. Theol.,* c.63; *De Pot.,* q.8 a.3 ad 7.

Objeciones por las que parece que los actos nocionales son previos a las propiedades:

1. Dice el Maestro en I *Sent.* d.27 [13]: *El Padre es siempre Padre porque siempre engendró al Hijo.* De este modo parece que, intelectualmente, la generación es anterior a la paternidad.

2. Más aún. Intelectualmente, toda relación presupone aquello sobre lo que se fundamenta, como la igualdad la cantidad. Pero la paternidad es la relación fundamentada en una acción: La generación. Por lo tanto, la paternidad presupone la generación.

3. Todavía más. La relación entre generación activa y paternidad es como la existente entre natividad y filiación. Pero la filiación presupone la natividad. Pues el Hijo es Hijo en cuanto que ha nacido. Por lo tanto, la paternidad presupone la generación.

En, cambio, la generación es una operación de la persona del Padre. Pero la paternidad constituye la persona del Padre. Por lo tanto, intelectualmente, la paternidad precede a la generación.

Solución. *Hay que decir:* Según aquellos [14] que sostienen que las propiedades no distinguen y constituyen las hipóstasis, sino que ponen al descubierto las ya constituidas y diferenciadas, hay que afirmar rotundamente que las relaciones, intelectualmente, siguen a los actos nocionales. Así puede decirse sin más: *Porque engendra es padre.*

Pero suponiendo que las relaciones constituyen y distinguen las hipóstasis en Dios, es necesario hacer uso de una distinción. Porque el origen es expresado en Dios en sentido activo y pasivo. En sentido activo, como cuando decimos que la generación se atribuye al Padre, y la espiración, tomada como acto nocional, se atribuye al Padre y al Hijo. En sentido pasivo, como cuando decimos que el nacimiento se atribuye al Hijo y la procesión al Espíritu Santo. Los orígenes en sentido pasivo, intelectualmente preceden absolutamente a las propiedades de las personas de las que proceden, incluso las personales, puesto que el origen en sentido pasivo se indica como camino que lleva a la persona constituida por la propiedad. El origen

12. S. AGUSTÍN, *De Trin.* l.5 c.6: ML 42,915.   13. PEDRO LOMBARDO, c.1 (QR 1,171).
14. Cf. RICARDO DE SAN VÍCTOR, *De Trin.* l.4 c.15: ML 196,939.

en sentido activo, intelectualmente, precede también a la relación de la persona que origina, como el acto nocional de la espiración intelectualmente precede a la propiedad relativa y sin nombre, común al Padre y al Hijo. Pero la propiedad personal del Padre puede ser considerada de dos maneras. 1) *Una,* en cuanto relación, y de este modo intelectualmente presupone el acto nocional, porque la relación, en cuanto tal, se fundamenta en un acto. 2) *Otra,* en cuanto constitutiva de la persona, y así la relación se concibe como algo anterior al acto nocional, tal como nosotros concebimos a la persona que actúa como anterior a su acción.

Respuesta a las objeciones: 1. *A la primera hay que decir:* Cuando el Maestro

dice [15]: *Porque engendra es Padre,* el nombre padre lo toma con el único sentido de relación, no en cuanto persona subsistente. Pues tomado en este sentido, sería necesario decir: *Porque es Padre engendra.*

2. *A la segunda hay que decir:* Aquella objeción se refiere a la paternidad en cuanto relación, y no en cuanto que es constitutiva de la persona,

3. *A la tercera hay que decir:* La natividad es el camino hacia la persona del Hijo. De este modo, intelectualmente, precede a la filiación, incluso en cuanto constitutiva de la persona del Hijo. Pero la generación activa se expresa como surgiendo de la persona del Padre. De este modo presupone la propiedad personal del Padre.

CUESTIÓN 41

Sobre la relación personas-actos nocionales

Hay que tratar ahora lo referente a la relación personas-actos nocionales. Esta cuestión plantea y exige respuesta a seis problemas:

1. Los actos nocionales, ¿son o no son atribuibles a las personas?— 2. Dichos actos, ¿son necesarios o voluntarios?—3. Según dichos actos, ¿la persona procede de nada o de algo?—4. En Dios, ¿hay o no hay potencia con respecto al acto nocional?—5. ¿Cuál es el significado de dicha potencia?—6. Los actos nocionales, ¿pueden o no pueden terminar en muchas personas?

ARTÍCULO 1

Los actos nocionales, ¿son o no son atribuibles a las personas?

Objeciones por las que parece que los actos nocionales no son atribuibles a las personas:

1. Dice Boecio en el libro *De Trin.*[1]: *Todos los géneros, cuando se atribuyen a Dios, se convierten en la sustancia divina a excepción de los que indican relación.* Pero la *acción* es uno de los diez géneros. Así, pues, si se atribuye a Dios alguna acción, pertenecerá a su esencia y no a la noción.

2. Más aún. Agustín, en el V *De*

Trin.[2], dice que todo lo que se atribuye a Dios, o se hace por razón de la sustancia o de la relación. Pero lo que pertenece a la sustancia se expresa por medio de los atributos esenciales. Lo que pertenece a la relación se expresa por los nombres de las personas y por los de las propiedades. Por lo tanto, excepto éstos, no hay que atribuir a las personas actos nocionales.

3. Todavía más. Es propio de la acción en cuanto tal imprimir una pasión. Pero en Dios no hay pasiones. Por lo tanto, tampoco hay que atribuirle actos nocionales.

En cambio está lo que dice Agustín

15. PEDRO LOMBARDO, *Sent.* l.1 d.27 c.1 (QR 1,171).

1. C.4: ML 64,1252.   2. C.4.5: ML 42,913,914.

en el libro *De fide ad Petrum*[3]: *Es propio del Padre el hecho que engendra al Hijo.* Pero engendrar es un determinado acto. Por lo tanto, hay que atribuir a Dios actos nocionales.

Solución. *Hay que decir:* En las personas divinas la distinción responde al origen. El origen no se puede designar correctamente a no ser por algunos actos. Así, pues, para designar el orden de origen en las personas divinas fue necesario atribuirles actos nocionales a las personas.

Respuesta a las objeciones: 1. *A la primera hay que decir:* Todo origen está designado por algún acto. A Dios se le puede atribuir un doble orden de origen. 1) *Uno,* en cuanto que la criatura procede de Él. Esto es común a las tres personas. De este modo las acciones que se atribuyen a Dios para designar el proceso de las criaturas en cuanto provenientes de Él, pertenecen a la esencia. 2) *El otro* orden de origen en Dios responde a la procesión personal. Por eso, los actos que designan este orden de origen son llamados nocionales, porque las nociones de las personas son las relaciones que guardan entre sí, como ya quedó demostrado (q.32 a.2.3).

2. *A la segunda hay que decir:* Los actos nocionales se distinguen de las relaciones sólo por su modo de significación. Pero en realidad son idénticas totalmente. Por eso, el Maestro, en I *Sent.* d.26[4], dice que la generación y el nacimiento, *entre otros nombres, se llaman paternidad y filiación.* Para demostrarlo, hay que tener presente que lo primero por lo que se puede aventurar que una cosa procede de otra, es el movimiento, pues desde el momento en que la disposición de un ser se cambia por el movimiento, es evidente que se da alguna causa. De este modo la acción, en su acepción primitiva, implica *origen del movimiento.* Por eso, así como el movimiento, en cuanto recibido por virtud de alguien, se llama *pasión,* así también el origen del movimiento, en cuanto que empieza en algo y termina en aquello que se mueve, se llama *acción.* Así, pues, si prescindimos del movimiento, la acción no expresa

más que el orden o relación de origen en cuanto que de una causa o principio proviene algo. Puesto que en Dios no hay movimiento, la acción personal del que produce una persona, no es más que la relación del principio con la persona que procede del principio. Esto es exactamente lo que expresan las relaciones o nociones. Pero como quiera que de Dios y de los seres inteligibles no podemos hablar más que según lo hacemos de lo sensible, pues de lo sensible tomamos nuestros conocimientos, y en las acciones y pasiones, que implican movimiento, son distintas en las relaciones que surgen de ellas, fue necesario expresar las relaciones de modo independiente al de las personas. Por una parte, como actos. Por otra, como relaciones. Y así resulta evidente que realmente son idénticas y que sólo se diferencian por el modo de expresarlas.

3. *A la tercera hay que decir:* La acción en cuanto que implica origen del movimiento, imprime, en cuanto tal, pasión. En este sentido no hay que entender la acción en las personas divinas. Por eso en Dios no hay pasiones a no ser sólo en sentido gramatical y en cuanto al modo de significar. Es así como al Padre le atribuimos el engendrar, y al Hijo el ser engendrado.

ARTÍCULO 2

Los actos nocionales, ¿son o no son voluntarios?

In Sent., 1 d.6 a.1-3; *Cont. Gentes* 4,11; *De Pot.,* q.2 a.3; q.10 a.2 ad 4.5.

Objeciones por las que parece que los actos nocionales son voluntarios:
1. Dice Hilario en el libro *De Synod.*[5]: *El Padre no engendró al Hijo llevado por una necesidad natural.*
2. Más aún. Dice el Apóstol en Col 1,18: *Nos trasladó al reino de su Hijo amado.* Pero el amor pertenece a la voluntad. Por lo tanto, el Hijo ha sido engendrado por el Padre por voluntad.
3. Todavía más. Nada hay más voluntario que el amor. Pero el Espíritu Santo procede del Padre y del Hijo

3. Cf. FULGENCIO, c.2: ML 65,675.   4. PEDRO LOMBARDO, c.2 (QR 1,165).   5. Al canon 25: ML 10,512.

como Amor. Por lo tanto, procede voluntariamente.

4. Y también. El Hijo procede intelectualmente como Palabra. Pero toda palabra procede del que la dice voluntariamente. Por lo tanto, el Hijo procede del Padre por voluntad, no por naturaleza.

5. Por último. Lo que no es voluntario, es necesario. Así, pues, si el Padre no engendró al Hijo por voluntad, parece deducirse que lo engendró por necesidad. Esto va contra lo expresado por Agustín en el libro *Ad Orosium*.[6]

En cambio está lo que dice Agustín en el mismo libro[7]: *El Padre no engendró al Hijo por voluntad ni por necesidad.*

Solución. *Hay que decir:* Al decir que algo es o se hace voluntariamente, puede ser entendido de dos maneras. 1) *Una,* si el ablativo tiene sentido de simple concomitancia sólo. Ejemplo: Yo puedo decir que *soy hombre por mi voluntad,* porque quiero ser hombre. En este sentido puede decirse que el Padre engendró al Hijo por voluntad, del mismo modo que es Dios por su voluntad, porque quiere ser Dios y quiere engendrar al Hijo. 2) *Otra* manera es cuando el ablativo implica relación de principio. Ejemplo: El artista *obra por la voluntad,* porque la voluntad es el principio de la obra. En este sentido, hay que decir que Dios Padre no engendró al Hijo por voluntad, sino que por voluntad creó a la criatura. Por eso, en el libro *De Synod.*[8] se dice: *Si alguien dice que el Hijo fue hecho por la voluntad de Dios como cualquiera de las criaturas, sea anatema.*

La razón de todo esto está en que la voluntad se distingue de la naturaleza en su modo de causar, pues la naturaleza está determinada hacia una sola cosa, y la voluntad no. Esto es así porque el efecto se asemeja a la forma del que actúa. Es evidente que algo no puede tener más que una sola forma natural, por la que algo tiene ser, y, de este modo, tal como es así actúa. Pero la forma por la que actúa la voluntad no es sólo una, sino que hay varias, según el número de conceptos. De este modo, lo hecho por la voluntad no es tal como es el agente, sino como el agente quiere y comprende que algo sea. Así, pues, la voluntad es el principio de aquello que puede ser de una o de otra manera. El principio por el que algo no puede ser más que de una sola manera es la naturaleza.

Lo que puede ser de una o de otra manera está muy alejado de la naturaleza divina, y esto entra en el concepto de criatura. Porque Dios necesariamente existe por sí mismo, mientras que la criatura fue hecha a partir de la nada. De este modo, los arrianos, empeñados en deducir que el Hijo es una criatura, dijeron que el Padre engendró al Hijo por la voluntad, tomando la voluntad como principio. Nosotros estamos obligados a decir que el Padre engendró al Hijo no por la voluntad, sino por naturaleza. Por eso Hilario en el libro *De Synod.*[9] dice: *La voluntad de Dios dio la sustancia a todas las criaturas, pero el nacimiento perfecto de la sustancia impasible e ingénita, dio al Hijo la naturaleza. Todas las cosas fueron creadas por Dios tal como Él quiso que fueran. Pero el Hijo, nacido de Dios, subsiste tal como Dios es.*

Respuesta a las objeciones: 1. *A la primera hay que decir:* Aquella autoridad mencionada va contra los que excluyen de la generación del Hijo incluso la concomitancia de la voluntad paterna, diciendo que de tal manera le engendró naturalmente, que incluso le faltó la voluntad de engendrar. Sucede algo parecido a lo que nos pasa a nosotros, que, por necesidad natural, padecemos muchas cosas que van contra nuestra voluntad, como la muerte, la vejez y otro tipo de debilidades. Esto es lo que se deduce del contexto. Pues se dice[10]: *El Padre no engendró al Hijo contra su voluntad, ni obligado ni forzado por una necesidad natural, cuando no quería.*

2. *A la segunda hay que decir:* El Apóstol llama a Cristo *Hijo amado de Dios* en cuanto que es amado por Dios inmensamente, no porque el amor sea el principio de la generación del Hijo.

3. *A la tercera hay que decir:* Incluso la voluntad, en cuanto que es una cierta naturaleza, quiere naturalmente algo. Como la voluntad del hombre tiende naturalmente a la felicidad. De modo pare-

6. Cf. S. AGUSTÍN, *Dial. Quaest. sexag. quinq.* q.7: ML 40,736.   7. Ib.   8. HILARIO, *De Synod.* ML 10,520.   9. Ib.   10. Ib.

cido Dios quiere y se ama a sí mismo naturalmente. Pero en lo que no es Él mismo, la voluntad de Dios puede quererlo o no, como ya dijimos (q.19 a.3). Así, el Espíritu Santo procede como Amor en cuanto que Dios se ama a sí mismo. Por eso procede naturalmente aun cuando proceda por modo de voluntad.

4. *A la cuarta hay que decir:* También en las concepciones intelectuales hay una reducción a los primeros principios que son conocidos naturalmente. Dios se conoce a sí mismo naturalmente. De este modo, la concepción de la Palabra divina es natural.

5. *A la quinta hay que decir:* Se dice que algo es necesario *por sí mismo* o *por otro.* Y es necesario *por otro* de dos maneras. 1) *Una,* por una causa agente y coaccionante. En este sentido se dice que es violento. 2) *Otra,* por la causa final. En este sentido se dice que es necesario lo que hace de mediación para el fin, sin lo cual no se podría dar el fin o el bien. Ninguna de estas dos maneras es aplicable a la divina generación, porque Dios ni está ordenado a un fin ni tampoco sometido a coacción. Se llama necesario *por sí mismo* aquello cuya no existencia es imposible. En este sentido se dice que es necesario que Dios exista. De este modo es necesario también que el Padre engendre al Hijo.

ARTÍCULO 3

Los actos nocionales, ¿provienen o no provienen de algo?

In Sent. 1 d.5 q.2 a.1.2; 2 d.11 a.1.

Objeciones por las que parece que los actos nocionales no provienen de algo:

1. Si el Padre engendra al Hijo a partir de algo, este algo o es Él mismo o es otra cosa. Si se trata de otra cosa, como quiera que aquello de lo que un ser se engendra permanece en dicho ser, habría que concluir que en el Hijo hay algo ajeno al Padre. Esto va contra lo que Hilario dice en el VII *De Trin.*[11]: *En ellos nada hay ni diverso ni ajeno.* En cambio, si el Padre engendra al Hijo de

sí mismo, como aquello de lo cual se engendra algo, si es permanente, recibirá los atributos propios. Esto es lo que sucede cuando decimos que *el hombre es blanco,* pues el hombre permanece cuando de no blanco se hace blanco. De ser así, hay que concluir o que el Padre después de engendrar al Hijo desaparece, o que el Padre es el Hijo. Esto es falso. Por lo tanto, el Padre no engendra al Hijo de algo, sino a partir de la nada.

2. Más aún. Aquello de lo que se engendra algo, es principio de aquello que se engendra. Por lo tanto, si el Padre engendra al Hijo de su esencia o de su naturaleza, hay que concluir que la esencia o la naturaleza del Padre es principio del Hijo. Pero no principio material, porque la materia no se da en Dios. Por lo tanto, se trata de un principio cuasi activo, como el que engendra lo es del engendrado. Así, se concluye que la esencia engendra. Esto fue rechazado (q.39 a.5).

3. Todavía más. Agustín dice[12] que las tres personas no son a partir de la misma esencia, porque la esencia no es algo distinto de la persona. Pero la persona del Hijo no es distinta de la esencia del Padre. Por lo tanto, el Hijo no es de la esencia del Padre.

4. Por último. Toda criatura existe a partir de la nada. Pero en la Escritura el Hijo es llamado criatura. Así, en Ecl 24,5 por boca de la sabiduría engendrada se dice: *Yo salí de la boca del Altísimo, primogénita antes de toda criatura.* Y más adelante (v.14) por boca de la misma sabiduría se dice: *Desde el principio, y antes de los siglos, fui creada.* Por lo tanto, el Hijo no es engendrado a partir de algo, sino a partir de la nada. De forma parecida puede objetarse con respecto al Espíritu Santo. Así, se dice en Zac 12,1: *Dijo el Señor, el que alarga los cielos y fundamenta la tierra, el que crea el espíritu del hombre dentro de él.* Y en Am 4,13: *Yo soy el que forma los montes y crea el espíritu.*

En cambio está lo que dice Agustín en el libro *De fide ad Petrum*[13]: *El Padre Dios engendró un Hijo igual a Él de su naturaleza sin principio.*

Solución. *Hay que decir:* El Hijo no es engendrado a partir de la nada, sino de

11. §39: ML 10,232. 12. *De Trin.* 1.7 c.6: ML 42,945. 13. Cf. FULGENCIO c 2: ML 65,676.

la sustancia del Padre. Ya quedó demostrado anteriormente (q.27 a.2; q.33 a.2 ad 3.4; a.3) que la paternidad, la filiación y el nacimiento son algo verdadero y propio en Dios. La diferencia entre la verdadera generación por la que alguien procede como Hijo, y la fabricación, consiste en que el artista hace algo a partir de una materia exterior, como el carpintero hace un banco de madera; en cambio, el hombre engendra al hijo de sí mismo. Así como el artista hace algo a partir de la materia, Dios lo hace a partir de la nada, como se demostrará más adelante (q.45 a.2).

No porque la nada sea elemento constitutivo de la sustancia de las cosas, sino porque Dios produce toda la sustancia de algo sin presuponer cosa alguna. Así, pues, si el Hijo procediese del Padre como algo surgido de la nada, su relación con el Padre sería idéntica a la relación existente entre el artista y su obra. Es evidente que no se le podría aplicar propiamente la filiación, a no ser por una muy tenue semejanza. Por todo lo cual se deduce que, si el Hijo procediese del Padre como algo que surge a partir de la nada, no sería Hijo verdadero y propio. Esto va contra lo que se dice en 1 Jn 3,20: *Para que existamos en su verdadero Hijo Jesucristo.* Así, pues, el verdadero Hijo de Dios no existe a partir de la nada, ni ha sido hecho, sino sólo engendrado.

Por otra parte, si las cosas hechas por Dios a partir de la nada son llamadas hijos de Dios, hay que entenderlo en sentido metafórico y en cuanto que tienen alguna semejanza con el Hijo verdadero. Por lo tanto, en cuanto que sólo Él es el Hijo verdadero y natural de Dios, es llamado Unigénito, tal como se dice en Jn 1,18: *El Unigénito, que está en el seno del Padre, Él mismo nos lo ha contado.* En cambio, por lo que respecta a los hijos adoptivos, llamados así por asemejarse a Él, metafóricamente es llamado *Primogénito,* según aquello de Rom 8,29: *A los que conoció y predestinó a ser conformes con la imagen de su Hijo, para que Este sea el Primogénito de muchos hermanos.*

Por lo tanto, hay que concluir que el Hijo de Dios ha sido engendrado de la sustancia del Padre. Sin embargo, hay que decir también que de forma distinta a como lo es el hombre. Pues parte de la sustancia del hombre que engendra pasa a. la sustancia del engendrado. Pero la naturaleza divina es indivisible. Por eso es necesario que el Padre, engendrando al Hijo, no le transmita parte de su naturaleza, sino que le comunique toda su naturaleza, permaneciendo tan sólo la distinción de origen, como ya se dijo anteriormente (q.40 a.2).

Respuesta a las objeciones: 1. *A la primera hay que decir:* Cuando se dice que el Hijo ha nacido del Padre, la preposición *de* expresa principio generador consustancial, no principio material. Lo que se produce de la materia, pasa al ser por transmutación de aquello de lo que se produce, pues adquiere una nueva forma. En cambio, la esencia divina no es transmutable, ni puede adquirir ninguna forma nueva.

2. *A la segunda hay que decir:* Cuando el Maestro en I *Sent.* d. 5[14] dice que el Hijo es engendrado *de la esencia del Padre,* se está designando una relación de principio cuasi activo. Lo explica así: *El Hijo es engendrado de la esencia del Padre, esto es, del Padre, que es la esencia.* Por lo cual, Agustín en el XV *De Trin.*[15] dice: *Cuando digo del Padre, que es la esencia, es lo mismo que si dijera, más claramente, la esencia del Padre.* Pero esto no parece suficiente para aclarar el sentido de aquella frase. Pues también podemos decir que la criatura es *de Dios, en esencia,* y, sin embargo, no podemos decir que sea *de la esencia de Dios.* Por todo lo cual, hay que decir, para una mejor explicación, que la preposición *de* implica siempre consustancialidad. Por eso, no decimos que un edificio sea *del constructor,* porque éste no es causa consustancial. En cambio sí podemos decir que una cosa es de otra siempre que un modo, sea el que sea, signifique principio consustancial. Bien principio activo, y así se dice que el hijo es *del padre.* Bien principio material, y así se dice que el cuchillo es *de hierro.* Bien principio formal, aunque esto solamente se puede aplicar a cosas cuyas formas sean subsistentes y no informen a otro, y así se puede decir de un ángel que es *de naturaleza intelectual.*

14. PEDRO LOMBARDO, c.2 (QR 1,49).   15. C.13: ML 42,1076.

Este último es precisamente el modo en el que decimos que el Hijo es engendrado de la esencia del Padre, en cuanto que la esencia del Padre, comunicada por generación al Hijo, subsiste en Él.

3. *A la tercera hay que decir:* Cuando se dice: *El Hijo es engendrado de la esencia del Padre,* se añade algo respecto a lo cual se puede salvar la distinción. Pero cuando se dice: *Las tres personas son de la esencia divina,* nada hay que permita encontrar la distinción que supone tal expresión. Por lo tanto, no hay paridad.

4. *A la cuarta hay que decir:* Cuando se dice: *La sabiduría es creada,* puede ser entendido no de la sabiduría que es el Hijo de Dios, sino de la sabiduría creada que Dios concedió a las criaturas. Pues se dice en Ecl 1,9-10: *Él mismo la creó* (a la sabiduría) *por el Espíritu Santo y la derramó sobre todas sus obras.* Por otra parte, tampoco hay inconveniente en que un mismo texto de la Escritura hable de la sabiduría engendrada y de la creada, porque la sabiduría creada es una determinada participación de la sabiduría increada. También el texto puede referirse a la naturaleza creada asumida por el Hijo, con el siguiente sentido: *Desde el principio y antes de los siglos fui creada,* es decir, *se previó que me uniría a la criatura.* También puede entenderse que se llame a la sabiduría *engendrada* y *creada* para darnos a entender el modo de la divina generación. Pues en la generación lo que es engendrado recibe la naturaleza del que engendra, que es una perfección. En cambio, en la creación el creador no se transforma, pero la criatura tampoco recibe la naturaleza del creador. Por lo tanto, si al Hijo se le llama, a un mismo tiempo, creado y engendrado, es para que la *creación* sea entendida como la inmutabilidad del Padre, y en *generación,* la unidad de naturaleza del Padre y del Hijo. Así es como interpreta el texto de la Escritura Hilario en el libro *De Synod.*[16] Las autoridades que hemos mencionado no hablan del Espíritu Santo, sino del espíritu creado, que unas veces es llamado viento, otras aire, otras aliento del hombre, otras también alma o alguna otra sustancia invisible.

ARTÍCULO 4

En Dios, ¿hay o no hay potencia con respecto al acto nocional?

In Sent. 1 d.7 q.1 a.1; *De Pot.* q.2 a.1.

Objeciones por las que parece que en Dios no hay potencia con respecto al acto nocional:
1. Toda potencia es activa o pasiva. Pero ninguna de las dos es aplicable aquí, pues en Dios no hay potencia pasiva, como quedó demostrado anteriormente (q.25 a.1). Y la potencia activa no compete a una persona con respecto a otra, puesto que las personas divinas no han sido hechas, como ya se demostró (a.3). Por lo tanto, en Dios no hay potencia con respecto al acto nocional.
2. Más aún. La potencia está referida a lo posible. Pero las personas divinas no entran en el número de lo posible, sino en el de lo necesario. Por lo tanto, con respecto a los actos nocionales, por los que proceden las divinas personas, no hay que admitir en Dios la potencia.
3. Todavía más. El Hijo procede como Palabra, que es concepción intelectual. El Espíritu Santo procede como Amor, que pertenece a la voluntad. Pero tal como quedó establecido anteriormente (q.25 2.1 ad 3.4), en Dios la potencia se refiere a sus efectos, no a su saber ni a su querer. Por lo tanto, en Dios no debe hablarse de potencia con respecto al acto nocional.

En cambio está lo que dice Agustín en *Contra Maximinum haereticum*[17]: *Si el Padre no pudo engendrar un Hijo igual a Él, ¿dónde está la omnipotencia de Dios Padre?* Por lo tanto, en Dios hay potencia con respecto a los actos nocionales.

Solución. *Hay que decir:* Por lo mismo que en Dios ponemos actos nocionales, es necesario que se ponga también la potencia con respecto a dichos actos, pues la potencia no significa más que principio de algún acto. Por lo tanto, si entendemos al Padre como principio de generación, y al Padre y al Hijo como principio de espiración, es necesario que atribuyamos al Padre la potencia para engendrar, y al Padre y al Hijo la poten-

16. Al canon 5: ML 10,494.   17. L.2 c.7: ML 42,762.

cia para espirar. Porque la potencia para engendrar indica que el que engendra engendra. Pues todo el que engendra, engendra algo. Por lo tanto es necesario que se ponga en todo el que engendra la potencia para engendrar, así como en el que espira la potencia para espirar.

Respuesta a las objeciones: 1. *A la primera hay que decir:* Así como, atendiendo a los actos nocionales, ninguna persona procede como algo hecho, así tampoco la potencia con respecto a los actos nocionales es atribuida a Dios en cuanto referida a alguna persona hecha, sino sólo en cuanto referida a la persona que procede.

2. *A la segunda hay que decir:* Lo posible, en cuanto opuesto a lo necesario, se fundamenta en la potencia pasiva, que no se da en Dios. Por lo tanto, tampoco hay en Él ninguno de estos tipos de posible, sino sólo lo posible en cuanto que está contenido en lo necesario. En este sentido puede decirse que, por lo mismo que es posible que Dios exista, es posible que el Hijo sea engendrado.

3. *A la tercera hay que decir:* Potencia significa principio. El principio implica distinción de aquello de que es principio. Y en las cosas que se dicen de Dios hay que tener presente una doble distinción: una real y otra de razón. Dios se distingue con distinción real, por su esencia, de las cosas, de las que es principio por creación. Así como con distinción real se distingue una persona de otra cuyo principio es por vía de acto nocional. Pero en Dios la acción no se distingue del agente más que con distinción de razón, pues, de no ser así, la acción sería un accidente en Dios. Por lo tanto, con respecto a aquellas acciones por las que las cosas proceden de Dios siendo esencial o personalmente distintas, a Dios podemos atribuirle la potencia en el sentido propio de principio. Así, atribuimos a Dios la potencia para crear, y también le podemos atribuir la de engendrar y la de espirar. Pero entender y querer no son actos que indiquen procesión de algo personal o esencialmente distinto de Dios. Por lo tanto, con respecto a dichos actos, en Dios no se salva la razón de potencia, a no ser

sólo según nuestro modo de entender y hablar, pues en Dios concebimos entendimiento y entender, y, sin embargo, el entender de Dios es su misma esencia, que no tiene principio.

ARTÍCULO 5

La potencia para engendrar, ¿indica relación y no esencia?

In Sent. 1 d.7 q.1 a.2; *De Pot.* q.2 a.2.

Objeciones por las que parece que la potencia para engendrar o espirar indica relación y no esencia:

1. Por definición, potencia significa principio, pues se dice que la potencia activa es el principio de acción, como consta en V *Metaphys.*[18] Pero en Dios, el principio con respecto a la persona tiene sentido nocional. Por lo tanto, en Dios potencia no indica esencia, sino relación.

2. Más aún. En Dios no hay diferencia entre poder y hacer. Pero en Dios generación indica relación. Por lo tanto, esto mismo indica la potencia para engendrar.

3. Todavía más. Lo que en Dios significa la esencia, es común a las tres personas. Pero la potencia para engendrar no es común a las tres personas, sino propia del Padre. Por lo tanto, no significa esencia.

En cambio, así como Dios puede engendrar al Hijo, así también quiere hacerlo. Pero la voluntad de engendrar indica la esencia. Por lo tanto, esto mismo significa la potencia para engendrar.

Solución. *Hay que decir:* Algunos[19] dijeron que la potencia para engendrar en Dios significaba relación. Pero esto no es posible, pues en un agente cualquiera se llama potencia a aquello por lo cual obra. Todo el que produce algo por su acción, produce algo semejante a él en cuanto a la forma por la que actúa. Ejemplo: El hombre engendrado es semejante en la naturaleza humana al que engendra, pues en virtud de esta misma naturaleza el padre puede engendrar un hombre. Por lo tanto, la potencia para engendrar, en quien engendra, es aquello en lo que el engendrado se asemeja al

18. ARISTÓTELES, 4 c.12 n.1 (BK 1019a15): S. Th. lect.14 n.955.   19. Opinión atribuida a S. BUENAVENTURA, *In Sent.* l.1 d.7 a.u. q.1 concl. (QR 1,136).

que engendra. El Hijo de Dios se asemeja al Padre que le engendra en la naturaleza divina. Por eso, la naturaleza divina en el Padre es la potencia para engendrar. De ahí lo que dice Hilario en V *De Trin.*[20]: *El nacimiento de Dios no puede por menos de tener la naturaleza de donde surgió, y esta naturaleza no es otra que el Dios subsistente, que, además, subsiste sólo en Dios mismo.*

Así, pues, hay que decir que la potencia para engendrar significa, sobre todo, la esencia divina, como dice el Maestro en I *Sent.* d.7[21], y no sólo relación. Y tampoco significa sólo la naturaleza de tal manera que signifique por igual tanto la esencia como la relación, porque, aun cuando la paternidad se significa como forma del Padre, sin embargo, es una propiedad personal con respecto al Padre, como la forma individual lo es con respecto a cualquier individuo creado. En lo creado, la forma individual constituye la persona que engendra, pero no aquello por lo que el que engendra engendra; en caso contrario, Sócrates engendraría a Sócrates. Por lo tanto, por paternidad no puede ser entendido aquello por lo cual el padre engendra, pues, de lo contrario, el padre engendraría al padre. Sino que, aquello por lo cual el Padre engendra es la naturaleza divina, en la cual se asemeja al Hijo. Es así como el Damasceno[22] dice que *la generación es obra de la naturaleza,* no porque sea ella la que engendra, sino porque es aquello por lo que el que engendra engendra. De este modo, la potencia para engendrar significa directamente la naturaleza divina. Indirectamente, la relación.

Respuesta a las objeciones: 1. *A la primera hay que decir:* La potencia no significa la misma relación de principio, pues, de ser así, sería del género de la relación. Sino que indica lo que es principio, y no en el sentido en que el agente es llamado principio, sino en el sentido en el que es principio aquello por lo que el agente actúa. Ahora bien, el agente se distingue de lo que hace, y el que engendra se distingue de lo engendrado. Pero aquello por lo que engendra el que engendra, es común tanto al que engendra como al engendrado, y será tanto o más común cuanto más perfecta sea la generación. Por lo tanto, como quiera que la generación divina es absolutamente perfecta, aquello por lo que el que engendra engendra es común tanto al que engendra como al engendrado. Además, es idéntico en número y no solamente en especie, como sucede en las criaturas. Por lo tanto, diciendo que la esencia divina es *el principio por el que engendra el que engendra,* no se sigue que la esencia divina sea distinta del engendrado. Sí se seguiría si dijéramos que la esencia divina *engendra.*

2. *A la segunda hay que decir:* En Dios, la potencia para engendrar y la generación son idénticas como la esencia divina es realmente lo mismo que la generación y la paternidad, si bien no lo son conceptualmente.

3. *A la tercera hay que decir:* Cuando decimos *potencia para engendrar,* directamente expresamos la potencia. Indirectamente, la generación. Lo mismo sucede al decir la *esencia del Padre.* Por lo tanto, en cuanto a la esencia expresada, la potencia para engendrar es común a las tres personas. En cuanto a su implicación nocional, es propia de la persona del Padre.

ARTÍCULO 6

El acto nocional, ¿puede o no puede terminar en muchas personas?

In Sent., 1 d.7 q.2 a.2 q.ª1.2; *De Pot.,* q.2 a.4; q.9 a.9 ad 1-3.

Objeciones por las que parece que el acto nocional puede terminar en muchas personas, de modo que en Dios pueden ser muchas las personas engendradas o espiradas:

1. Todo el que tiene potencia para engendrar, puede engendrar. Pero el Hijo tiene potencia para engendrar. Por lo tanto, puede engendrar. Pero no a sí mismo; por lo tanto, a otro hijo. Consecuentemente, puede haber varios hijos en Dios.

2. Más aún. Agustín, en *Contra Maximum*[23], dice: *El Hijo no engendró al creador. No porque no pudiera, sino porque no hacía falta.*

20. § 37: ML 10,155.   21. PEDRO LOMBARDO, c.2 (QR 1,56).   22. *De Fide Orth.* l.1 c.8: MG 94,812.   23. l.2 c.12: ML 42,768.

3. Todavía más. Dios Padre es más poderoso para engendrar que el padre creado. Pero un mismo hombre puede engendrar varios hijos. Por lo tanto, también Dios; de modo especial si se tiene presente que, habiendo engendrado un Hijo, el poder del Padre para engendrar no queda disminuido.

En cambio, en Dios no hay diferencia entre ser y poder. Así, pues, si en Dios pudiera haber varios hijos, habría varios hijos. Consecuentemente, habría más personas que las tres existentes. Esto es herético.

Solución. *Hay que decir:* Creo, dice Atanasio[24], que en Dios *sólo hay un Padre, un Hijo, un Espíritu Santo.* Cuatro argumentos prueban eso. 1) *Primero,* partiendo de las relaciones, que es lo único que distingue las personas. Pues, como quiera que las personas divinas son las mismas relaciones subsistentes, en Dios no puede haber muchos padres o muchos hijos, a no ser que hubiera muchas paternidades y muchas filiaciones. Pero esto sólo sería posible en los seres que se distinguieran por la materia, pues las formas de una especie no se multiplican más que por la materia. Y en Dios no hay materia. Por lo tanto, en Dios no puede haber más que una sola filiación subsistente, como la blancura subsistente no puede ser más que una. 2) *Segundo,* por las procesiones. Pues Dios todo lo entiende y lo quiere con un solo y simple acto. Por lo tanto, no puede haber más que una sola persona que proceda a modo de palabra, que es el Hijo. Y sólo otra que proceda a modo de amor, y es el Espíritu Santo. 3) *Tercero,* por el modo de proceder. Pues las mismas personas proceden naturalmente, como dijimos (a.2). Y la naturaleza está determinada a una sola cosa. 4) *Cuarto,* por la perfección de las personas divinas. Pues el Hijo es perfecto porque en Él está contenida toda la filiación divina y porque no hay más que un solo Hijo. Lo mismo cabe decir de las otras personas.

Respuesta a las objeciones: 1. *A la primera hay que decir:* Aunque esencialmente puede admitirse que la potencia del Padre la tiene también el Hijo, sin embargo, no puede admitirse que el Hijo tenga potencia para engendrar, si con la expresión *para engendrar* se está haciendo uso de un gerundio activo con el sentido de que el Hijo tiene potencia para engendrar. Pues, aun cuando el Padre y el Hijo sean lo mismo, sin embargo, al Hijo no le corresponde ser Padre debido a la diferencia nocional. Sin embargo, si con la expresión *para engendrar* se está haciendo uso de un gerundio pasivo, el Hijo tendría potencia para ser engendrado. Lo mismo cabría decir si con tal expresión se hiciera uso de un gerundio impersonal, pues el sentido sería: *potencia para poder ser engendrado,* esto es, potencia por la que es engendrado por otra persona.

2. *A la segunda hay que decir:* Con aquella frase, Agustín no intenta decir que el Hijo pueda engendrar un hijo, sino que el no engendrarlo no se debe a incapacidad del Hijo, como se demostrará más adelante (q.42 a.6 ad 3).

3. *A la tercera hay que decir:* La inmaterialidad y perfección divinas exigen que no pueda haber muchos hijos en Dios, como dijimos (sol.). Por lo tanto, el que no haya varios hijos no es debido a la incapacidad del Padre para engendrar.

---

24. *Symbolo Quicumque:* DZ 39.

CUESTIÓN 45

Sobre [el modo] cómo proceden las cosas del primer principio

Ahora hay que tratar sobre cómo proceden las cosas del primer principio. Modo de proceder que llamamos creación[a]. Esta cuestión plantea y exige respuesta a ocho problemas:

I. «Communicatio» es un término que tiene un sentido técnico en la medida en que sirve para especificar una finalidad, no indigente, sino difusora del bien. La difusión del bien es principio de unificación y comunicación. La creación no es sólo producción en el ser, sino comunión entre creador y criatura.
II. Tras la consideración analítica de las cuatro causas últimas, Sto. Tomás habla aquí de un principio último único. Con ello supera el horizonte aristotélico, que no unifica claramente las causas en un solo principio. Es una corrección de raíz cristiana con una formulación de matiz neoplatónico.
a. La creación, según Sto. Tomás, es el modo de la emanación de los seres por participación respecto del ser por esencia. De ahí que aparezca tras la consideración del origen radical de todas las cosas.
A su vez «emanado» es utilizado por Sto. Tomás en esta cuestión (cf. a.1) para explicar qué sea la creación. «Creación» subraya la inexistencia de causa material en la producción del mundo; «emanación», la procedencia divina de la criatura. Cf. MAY, G., *Schöpfung aus dem Nichts* (Berlín 1978).

1. ¿Qué es la creación?—2. Dios, ¿puede o no puede crear algo?—3. La creación, ¿es o no es algún ser en las cosas?—4. ¿A quién le corresponde ser creado?—5. Crear, ¿le corresponde o no le corresponde sólo a Dios?—6. ¿Es algo común a toda la Trinidad e sólo a alguna de las personas divinas?—7. En las cosas, ¿hay o no hay algún vestigio trinitario?—8. La obra de la creación, ¿está o no está mezclada con las obras de naturaleza y de voluntad?

ARTÍCULO 1

Crear, ¿es o no es hacer algo de la nada?

In Sent. 2 d.1 q.1 a.2.

Objeciones por las que parece que crear no es hacer algo de la nada:

1. Dice Agustín en *Contra Adversarium Legis et Prophetarum* [1]: *Hacer es producir lo que en absoluto no existía. En cambio, crear es establecer algún orden en algo sacándolo de lo que ya existía.*

2. Más aún. La categoría de la acción y del movimiento se analiza a partir de los términos. Es de más categoría la acción que procede del bien para el bien y del ser para el ser que lo que procede de la nada para algo. Pero parece que la creación es la acción de más categoría y la primera entre todas las acciones. Por lo tanto, no es proceder de la nada a algo, sino del ser al ser.

3. Todavía más. La preposición *a partir de* implica una relación causal sobre todo en lo referido a lo material, como cuando decimos que la estatua está hecha de bronce. Pero *nada* no puede ser materia del ser ni de ningún modo su causa. Por lo tanto, crear no es hacer algo a partir de la nada.

En cambio está lo que sobre aquello del Gen 1,1: *En el principio creó Dios el cielo,* etc., dice la Glosa [2]: *Crear es hacer algo a partir de la nada.*

Solución. *Hay que decir:* Como se dijo anteriormente (q.44 a.2), no sólo hay que analizar el origen de un ser particular de otro particular, sino también el origen de todo ser de la causa universal, que es Dios. Este origen lo llamamos creación. Lo que se origina por emanación particular no se presupone en tal emanación; como al engendrarse un

hombre, antes no era tal hombre, sino que de no hombre se hace hombre, y blanco de no blanco. Por eso, si se considera la emanación de todo el ser universal en relación con su primer principio, es imposible presuponer algún ser en tal emanación. Pero la *nada* es igual a la negación de todo ser. Por lo tanto, como la generación del hombre se hace a partir del no ser que es no hombre, así también la creación, que es emanación de todo el ser, se hace a partir del *no ser* que es la *nada*.

Respuesta a las objeciones: 1. *A la primera hay que decir:* Agustín utiliza equívocamente el término creación, como se dice que son creadas aquellas cosas que se transforman en algo mejor, como cuando se dice que alguien es creado obispo. Aquí no hablamos de la creación en este sentido, sino en el sentido que hemos dado (sol.).

2. *A la segunda hay que decir:* Los cambios se especifican y dignifican no por su punto de partida, sino por el de llegada. Por lo tanto, tanto más perfecta y principal será la mutación cuanto más lo sea su punto de llegada, aunque el punto de partida sea más imperfecto. Así como la generación en sentido absoluto es de más categoría y principal que la alteración, puesto que la forma sustancial es de más categoría que la forma accidental, sin embargo, la privación de la forma sustancial, que es el punto de partida en la generación, es más imperfecta que su contrario, que es el punto de partida de la alteración. De forma parecida, la creación es más perfecta y principal que la generación y la alteración, porque el punto de llegada es toda su sustancia. Lo que se entiende como punto de partida es, sin más, el no ser.

3. *A la tercera hay que decir:* Cuando

1. L.1 c.23: ML 42,633.   2. *Glossa ordin.* a Gen 1,1 (1.23F); cf. BEDA, *In Pentat.* a Gen 1,1 (ML 91,191); PEDRO LOMBARDO, *Sent.* l.2 d.1 c.2 (QR 1,307).

se dice que algo es hecho a partir de la nada [b], la preposición *a partir de* no indica causa material, sino tan sólo orden; como cuando decimos que el mediodía se hace de la mañana, que no indica más que después de la mañana viene el mediodía. Pero hay que tener presente que la preposición *a partir de* puede incluir negación cuando digo nada, o también puede estar incluida en ella. Si se toma incluyendo la negación, entonces permanece el orden, y se indicará el orden de sucesión entre lo que es y el no ser. En cambio, si la negación incluye la preposición, entonces se niega el orden, y su sentido sería: se hace de la nada, esto es, no está hecho de algo; es como cuando se dice que uno habla de nada porque no habla de algo. Ambos sentidos son aplicables cuando se dice que algo se hace a partir de la nada. En el primer sentido, la preposición *a partir de* indica orden; en el segundo, implica relación de causa material, la cual es negada.

ARTÍCULO 2

Dios, ¿puede o no puede crear algo?

In Sent. 2 d.1 q.1 a.2; *Cont. Gentes* 2,16; *Compend. Theol.* c.69; *De Pot.,* q.3 a.1; *In Phys.* 8 lect.2.

Objeciones por las que parece que Dios no puede crear algo:

1. Según el Filósofo en I *Physic.* [3], los antiguos filósofos admitieron como una verdad de sentido común [c] que de nada nada se hace. Pero el poder de Dios no llega hasta lo que es contrario a los primeros principios; por ejemplo a hacer que el todo no sea mayor que la parte o que la afirmación y la negación sean las dos verdaderas a la vez. Por lo

tanto, Dios no puede hacer algo a partir de la nada, esto es, no puede crear.

2. Más aún. Si crear es hacer algo a partir de la nada, ser creado es ser hecho algo. Pero todo ser hecho es ser cambiado. Por lo tanto, la creación es un cambio. Pero todo cambio exige un sujeto como se deduce de la definición de movimiento, ya que el movimiento es *el acto de lo que existe en potencia* [4]. Por lo tanto, es imposible que algo sea hecho por Dios a partir de la nada.

3. Todavía más. Lo que es hecho es necesario que en algún tiempo fuera hecho. Pero no puede decirse que lo que es creado se esté haciendo y sea hecho al mismo tiempo, porque en los seres permanentes lo que se hace no está hecho y lo que está hecho ya existe. Por lo tanto, a un mismo tiempo sería y no sería. Luego, si se hace algo, el hacerlo debe preceder al estar hecho. Pero esto no es posible a no ser que preexista el sujeto en el cual se dé el mismo hacer. Por lo tanto, es imposible hacer algo a partir de la nada.

4. Por último. No se puede rebasar una distancia infinita. Pero entre el ser y la nada hay una distancia infinita. Por lo tanto, no es posible hacer algo a partir de la nada.

En cambio está lo que se dice en Gen 1,1: *En el principio creó Dios el cielo y la tierra.*

Solución. *Hay que decir:* No sólo no es imposible que algo sea creado por Dios, sino que es necesario decir que todo lo creado ha sido hecho por Dios, como se deduce de lo establecido (q.44 a.1). Pues todo el que hace algo de algo, aquello de que lo hace se presupone a su acción y no es producido por la misma

---

3. ARISTÓTELES, c.4 n.2 (BK 187a28): S. Th. lect.9 n.2.   4. Cf. ARISTÓTELES, *Phys.* 3 c.1 n.6 (BK 201a10): S. Th. lect.2 n.2.

b. Sto. Tomás da aquí una doble interpretación de la fórmula «creado ex nihilo»: la sucesión tras la nada o la negativa a toda causa material. En q.104 a.3 ad 1 utiliza la expresión «de nihilo» emparentada con la fórmula «ex nihilo». Allí el *de* tiene un cierto sentido quasi-material. La criatura tiende «ex seipsa» o «de suyo» o «por sí misma» a la nada por ser «de nihilo», esto es, por existir partiendo de la nada. Esto último querría decir que la nada es algo que ha entrado dentro del constitutivo del ser creado. Pero no es éste el modo usual de enfocar la cuestión por parte de Sto. Tomás. La potencia intrínseca para no-ser es la materia, no la potencialidad de la esencia respecto del «esse».

c. Esta expresión designa la «κοινή ἔννοια» y el «ἀξίωμα» (STO. TOMÁS, cf. *De verit.* q.10 a.12; *Summa Theol.* 1 q.2 a.1; 1-2 q.94 a.4; *De pot.* q.5 a.3 ad 7) y se refiere a aquella proposición cuyo opuesto implica contradicción. Se distingue la «communis conceptio» conocida como tal sólo por los sabios de aquella que lo es para todos.

acción. Así es como actúa el artista con las cosas naturales, la madera y el bronce que no son producidas por la acción artística, sino por la naturaleza. Incluso la misma naturaleza produce las cosas naturales en lo que se refiere a la forma, pero presupone la materia. Por lo tanto, si Dios no obrase más que presuponiendo alguna materia, dicha materia no sería producida por Él. Quedó demostrado anteriormente (q.44 a.1.2), que nada puede haber en los seres que no proceda de Dios, que es la causa universal de todo ser. Por lo tanto, es necesario afirmar que Dios produce las cosas en su ser a partir de la nada.

Respuesta a las objeciones: 1. *A la primera hay que decir:* Como hemos dicho anteriormente (q.44 a.2), los antiguos filósofos sólo se fijaron en la producción de efectos particulares por causas particulares, las cuales necesariamente presuponen algo anterior a su acción. En este sentido, era opinión común entre ellos que nada se hace a partir de la nada. Sin embargo, esto no se da en el origen de las cosas procedentes del principio universal.

2. *A la segunda hay que decir:* La creación no es un cambio más que en nuestro modo de entender [d]. Pues propio del cambio es que un mismo sujeto tenga un modo distinto de ser antes y después del cambio. A veces dicho sujeto es un mismo ser en acto que cambia accidentalmente, esto es lo que ocurre en los cambios cuantitativos cuyo objeto es la materia. Pero en la creación, por la cual todo el ser de la cosa creada toma realidad, no se puede suponer algo permanente en distintos estados antes y después a no ser sólo según nuestro modo de entender, es decir, en cuanto que nos representamos primero la cosa creada como no existiendo y después como ya existente. Pero, como a la acción y a la pasión le es común el mismo ser del movimiento y se diferencian sólo en cuanto a las distintas relaciones, tal como se dice en III *Physic.*[5], es necesario que, si anulamos el movimiento, no queden más que esas diversas relaciones entre el creador y lo creado. No obstante, puesto que el modo que tenemos de expresarnos sigue al modo de entender, expresamos la creación refiriéndonos al cambio, y por eso decimos que crear es hacer algo a partir de la nada; si bien las palabras hacer y ser hecho son más adecuadas que cambiar y ser cambiado, porque hacer y ser hecho indican la relación causa-efecto y efecto-causa implicando el cambio sólo como una consecuencia.

3. *A la tercera hay que decir:* En aquellas cosas que son hechas sin movimiento, estar haciendo y ser hecho es algo simultáneo, ya sea la acción final de un movimiento como en la iluminación (pues a un tiempo algo está iluminándose y es iluminado), o bien no sea la acción final de ningún movimiento, como lo es el pensamiento, que a la vez se está formando y está formado. En tales casos, lo que se está haciendo ya es. Pero al decir que está hecho, se indica que lo es por otro y que antes no era. Por lo tanto, como la creación se da sin movimiento, a un tiempo se está creando y está ya creado [e].

4. *A la cuarta hay que decir:* Aquella

5. ARISTÓTELES, c.3 n.5 (BK 202b20): S. Th. lect.5 n.7.

---

d. Respecto a la distinción entre «modi essendi», «modi intelligendi» y «modi significandi» cf. PINBORG J., art. «Modus significandi», en Historisches Wörterbuch der Philosophie (HWP) (Basel, 1984) VI, cols.68-72; CHENU, M. D., *Grammaire et théologie aux XIIe et XIIIe siècles: AHD* 10 (1935-6) p.5-28; S. Thomas en *Summa Theol.*, al tratar de los nombres divinos, establece las diferencias que a su entender existen entre estos diversos modos. En este caso concreto ocurre que la creación no es un movimiento, puesto que no hay un sujeto que pasa de un estado a otro. Sin embargo, nuestro entendimiento, vinculado a lo sensible, concibe la creación como un movimiento, si bien corrige esa imperfecta consideración. Ahora bien, el modo de significar, esto es, el modo de hablar para aludir a la creación sigue al modo de entender, y por eso expone la creación como si fuera un tránsito del no-ser al ser.

e. Las comparaciones ilustrativas aplicadas por Sto. Tomás se refieren a la teoría de la luz según la cual la propagación de la luz se produce «in instanti»; tan pronto como el diáfano recibe la luz queda iluminado (cf. 1 q.53 a.3; 1 q.67 a.2). El segundo ejemplo pertenece a la psicología del acto de entender (cf. *Cont. Gentes*, 4, c.11; RABEAU, G., *Species Verbum*, París 1938, p.70 y ss.).

objeción se debe a que equivocadamente se imagina que entre la nada y el ser hay algún medio infinito. Esto es evidentemente falso. El origen de esta falsa afirmación consiste en concebir la creación como un cierto cambio entre dos extremos existentes.

ARTÍCULO 3

La creación, ¿es o no es algo en la criatura?

In Sent. 1 d.40 q.1 ad 1; 2 d.1 q.1 a.2 ad 4.5; *Cont. Gentes* 2,18; *De Pot.,* q.3 a.3.

Objeciones por las que parece que la creación no es algo en la criatura:

1. Así como la creación pasiva se atribuye a la criatura, así también la creación activa se atribuye al creador. Pero la creación activa no es algo en el creador porque, de ser así, se seguiría que en Dios habría algo temporal. Por lo tanto, la creación pasiva no es algo en la criatura.

2. Más aún. Nada es medio entre el creador y la criatura. Pero la creación es designada como un medio entre ambos, pues no es el creador, ya que no es eterna y tampoco es la criatura, porque exigiría otra creación por la que tal criatura fuera creada; y así indefinidamente. Por lo tanto, la creación no es algo en la criatura.

3. Todavía más. Si la creación es algo distinto de la sustancia creada, es necesario que sea un accidente suyo. Todo accidente está en el sujeto. Por lo tanto, lo creado serían el sujeto de la creación. De este modo, el sujeto y el término de la creación serían lo mismo. Lo cual es imposible, porque el sujeto es anterior al accidente y conserva el accidente. El término es posterior a la acción y a la pasión de la que es término. Además, una vez que existe el término,

desaparecen la acción y la pasión. Así, pues, la misma creación no es algo.

En cambio, ser hecho sustancialmente es más que ser hecho sólo en cuanto a la forma sustancial o accidental. Pero la generación absoluta o relativa, es decir, según la forma sustancial o accidental, es algo en lo generado. Por lo tanto, con mayor razón la creación, con la cual se produce algo en cuanto a todo su ser, es algo en lo creado.

Solución. *Hay que decir:* La creación es algo en lo creado sólo en cuanto a la relación[f]. Porque lo que es creado no es hecho por movimiento o por cambio. Pues lo que es hecho por movimiento o por cambio se hace a partir de algo preexistente; lo cual se da en las producciones particulares de algunos seres, pero esto no se da en la producción de todo ser por la causa universal de todos los seres, que es Dios. Por lo tanto, Dios produce las cosas sin movimiento cuando las crea. Ahora bien, anulado el movimiento en la acción y en la pasión en ellas, no queda más que la relación, tal como acabamos de decir (a.2 ad 2). Por lo tanto, la creación en la criatura no es más que una relación real con el creador como principio de su ser; del mismo modo que en la pasión que se da con movimiento está incluida la relación con el principio de dicho movimiento.

Respuesta a las objeciones: 1. *A la primera hay que decir:* La creación activa indica la acción divina, que es la misma esencia de Dios relacionada con la criatura. Pero esta relación de Dios con la criatura no es real, sino sólo de razón. En cambio, la relación de la criatura con Dios es real, tal como dijimos anteriormente al tratar sobre los nombres divinos (q.13 a.7).

2. *A la segunda hay que decir:* Al expresar la creación como cambio, tal

---

f. El artículo tiene como objeto determinar qué entidad tiene el ser-creado en la realidad creada, toda vez que en q.44 a.1 ad 1, se ha dicho que el ser-creado no forma parte de la definición de las cosas creadas. Además en el artículo 2 se ha negado que la creación sea un movimiento. Para entender el sentido del contenido del artículo 3 hay que tener en cuenta que para Sto. Tomás la acción y la pasión, en las operaciones que se llevan a cabo con movimiento, no son en realidad más que la entidad misma del movimiento afectada por una relación «a quo», acción, y por otra «in quo», pasión *(In Physic.* 3, lect.5, ed. Maggiolo, n.° 322). Como en la creación no hay movimiento, Sto. Tomás deduce que no hay sino relaciones, que ya no se refieren al movimiento, sino a todo el ser de la criatura. De ahí que se pase de lo que técnicamente se llama relación predicamental a la relación transcendental. Cf. ARTOLA, J. M., o.c., p.95-7. Como puede verse es una ampliación notoria del concepto aristotélico de causa, de suerte que quepa en ella la causalidad creadora.

como se dijo (a.2 ad 2), por mediar de algún modo el cambio entre el que mueve y lo movido, concebimos la creación como algo intermedio entre el creador y la criatura. Sin embargo, la creación pasiva está en la criatura y es criatura. Luego no es necesario que sea creada por otra creación distinta, porque las relaciones, al incluir en su misma esencia orden con otro, no van referidas a él más que por sí mismas, tal como dijimos anteriormente al tratar sobre la igualdad de las personas (q.42 a.2 ad 4).

3. *A la tercera hay que decir:* La creación indicada como cambio, por término tiene a la criatura; entendida como relación, tal como es en realidad, tiene por sujeto a la criatura, que es anterior a ella, como el sujeto es anterior al accidente. Sin embargo, la relación tiene cierta razón de prioridad respecto de lo creado en lo que se refiere al objeto que es el principio de la criatura. Sin embargo, no es necesario que, aun cuando la criatura exista, se diga que ha sido creada, porque la creación implica relación de la criatura con el creador con novedad o comienzo en su existir[g].

ARTÍCULO 4

Ser creado, ¿es o no es propio de los seres compuestos y subsistentes?

De Verit., q.27 a.3 ad 9; *De Pot.*, q.3 a.1 ad 12; a.3 ad 2; a.8 ad 3.

Objeciones por las que parece que ser creado no es propio de los seres compuestos y subsistentes:

1. En el libro *De Causis*[6], se dice: *La primera de las cosas creadas es el ser.* Pero el ser de las cosas creadas no es subsistente. Por lo tanto, la creación no

es algo propio sobre lo subsistente y compuesto.

2. Más aún. Lo creado lo es a partir de la nada. Pero los seres compuestos no provienen de la nada, sino de sus componentes. Por lo tanto, a los seres compuestos no les corresponde el ser creados.

3. Todavía más. Por la primera emanación se produce lo que se supone en la segunda, como por la generación natural se produce el ser natural que se supone en la obra artística. Pero lo que se supone en la generación natural es la materia. Por lo tanto, la materia es propiamente lo que se crea, no el compuesto.

En cambio está lo que se dice en Gen 1,1: *En el principio creó Dios el cielo y la tierra.* Pero el cielo y la tierra son cosas compuestas subsistentes. Por lo tanto, a éstos les corresponde propiamente la creación.

Solución. *Hay que decir:* Como se ha dicho (a.2 ad 2), ser creado es un modo de ser hecho. Pero el hacerse está ordenado al ser de la cosa. Por lo tanto, ser hechos y ser creados les corresponde propiamente a aquellos seres a los que les corresponde el ser. Estos son propiamente los seres subsistentes, bien sean simples, como las sustancias separadas, bien sean compuestos, como las sustancias materiales. Pues el ser le corresponde propiamente al que tiene ser propio y que subsiste en él. Pero las formas y los accidentes y cosas parecidas no se dice que sean seres en sí mismos, sino en cuanto que otra cosa es tal cosa por ellos, como se dice que la blancura existe en cuanto que algún sujeto es blanco por ella. Por eso, según el Filósofo[7], el accidente más que ser en sí mismo es lla-

---

6. § 4 (BA 166): S. Th. lect.4.   7. ARISTÓTELES, *Metaphys.* 6 c.1 n.3 (BK 1028a18): S. Th. lect.1 n.1248.

---

g. La creación como relación se asentaría en el sujeto. Es la perspectiva propia de las categorías aristotélicas. Pero la relación a la causa no es algo añadido, sino que es el propio ser de la criatura. O, visto desde otro lado, la realidad creada no es sino una relación al Creador. Esta forma de exponer la cuestión disolvería la sustancialidad de la cosa creada en una mera fulguración del Creador, de suerte que la criatura, mientras existiera, estaría creándose perpetuamente. La llamada «metafísica de la luz» viene a ser la expresión metafórica de una concepción que ve en la criatura únicamente una manifestación disminuida de la luz divina (cf. BEIERWALTES, W.: art. «Licht», en HWP, 5, col.282-6). En cuanto a la importancia de la posición de Sto. Tomás para establecer la justa independencia de las criaturas cf. CHENU, M. D., *La condition de créature:* AHD 37 (1970) 9-16.

mado ser de otro ser. Por lo tanto, así como los accidentes y las formas que no subsisten son más bien coexistentes que seres, así, propiamente deben ser llamados concreados que creados. Así, pues, propiamente, creados lo son los seres subsistentes.

Respuesta a las objeciones: 1. *A la primera hay que decir:* Cuando se dice que la primera de las cosas creadas es el ser, la palabra *ser* no indica la sustancia creada, sino el aspecto bajo el cual se considera el objeto creado [h]. Se dice que algo es creado en cuanto que es ser, no en cuanto que es tal ser. Puesto que como se dijo anteriormente (a.1.), la creación es producción de todo el ser por el ser universal. Esta manera de hablar es parecida a la que usamos al decir que el color es el primer objeto visible, aun cuando lo que propiamente se ve es lo *coloreado*.

2. *A la segunda hay que decir:* La creación del ser compuesto no consiste en formarlo a partir de sus principios pre-existentes, sino en crear a un tiempo el compuesto y sus componentes sacándolos de la nada.

3. *A la tercera hay que decir:* Aquel argumento no prueba que la materia haya sido creada aisladamente, sino que la materia no existe sin ser creada. Pues la creación es la producción de todo el ser y no sólo de la materia.

ARTÍCULO 5

Crear, ¿es o no es propio sólo de Dios?

q.65 a.3; q.90 a.3; *In Sent.* 2 d.1 q.1 a.3; 4 d.5 q.1 a.3 q.ª3; *De Verit.*, q.5 a.9; *Cont. Gentes* 2,20.21; *De Pot.* q.3 a.4; *Quodl.* 3 q.3 a.1; *De Subst. Sep.*, c.10.

Objeciones por las que parece que crear no es algo propio sólo de Dios:

1. Según el Filósofo [8], *perfecto* es aquello capaz de producir algo semejante a sí mismo. Pero las criaturas materiales son más perfectas que las materiales, y éstas producen semejantes suyos, como el fuego produce fuego y el hombre engendra al hombre. Por lo tanto, la sustancia inmaterial puede producir otra sustancia semejante a sí misma. Ahora bien, la sustancia inmaterial no puede ser producida más que por creación, porque no tiene materia a partir de la cual sea hecha. Por lo tanto, alguna criatura puede crear.

2. Más aún. Cuanta más resistencia hay por parte de lo hecho, tanto mayor poder se necesita en el agente. Pero más resiste el contrario que la nada. Por lo tanto, se requiere mayor poder para hacer algo a partir de su contrario, lo cual lo hacen las criaturas, que para hacer algo a partir de la nada. Luego con mayor razón pueden hacer esto las criaturas.

3. Todavía más. El poder de un agente se puede valorar por la medida de lo que hace. Pero el ser creado es finito, como se dijo anteriormente al tratar sobre la infinitud de Dios (q.5). Por lo tanto, para producir algo por creación no se requiere más que un poder finito. Pero tener poder finito no va contra la naturaleza de la criatura. Luego no es imposible que la criatura cree.

En cambio está lo que dice Agustín en III *De Trin.* [9]: *Ni los ángeles buenos ni los ángeles malos pueden ser creadores.* Por lo tanto, mucho menos las otras criaturas.

Solución. *Hay que decir:* Partiendo de lo dicho (a.1; q.44 a.1), a primera vista parece bastante evidente que crear no es más que una acción que sólo le corresponde a Dios. Pues es necesario que los efectos más universales sean reducidos a causas más universales y principales. Entre todos los efectos, el más universal es

---

8. ARISTÓTELES, *Meteor.* 4 c.3 n.1 (BK 380a14); *De Anima 2* c.4 n.2 (BK 415a26): S. Th. lect.7.   9. C.8: ML 42,876.

---

h. Sto. Tomás distingue entre «subjectum creatum» y «propria ratio objecti creationis». Lo primero indica aquello que es creado; lo segundo, el aspecto formal bajo el que la acción creadora afecta a lo creado. La proposición del *Liber de Causis*, «Prima rerum creaturam est esse» (Ed. PATTIN: Tijdschrift voor Filosofie 28, 1966, p.142), es la IV del *Liber* y corresponde a la 138ª de la *Elementatio* de Proclo (ed. DODDS, Oxford, 164, p.122). Sto. Tomás transforma el «esse» de la fórmula de Proclo y del «Liber» en una «ratio formalis», pero en Proclo era más bien un «subjectum».

el mismo ser[i]. Por lo tanto, es necesario que sea efecto propio de la causa primera y universal, que es Dios. Por eso también se dice en el libro *De Causis*[10] que ni la inteligencia o el alma dan el ser a no ser en cuanto que actúan por acción divina. Ahora bien, producir el ser absolutamente, no en cuanto éste o tal ser, es lo que constituye la creación en cuanto tal. Por lo tanto es evidente que la creación es acción propia del mismo Dios.

Sin embargo, se da el caso de que un ser pueda participar de la acción exclusiva de otro, no por su propio poder, sino como instrumento, en cuanto que obra por poder ajeno, como el aire puede calentar y encender por el poder del fuego. Así algunos opinaron que, aun cuando la creación sea acción propia de la causa universal, sin embargo, alguna de las causas inferiores puede crear en cuanto que obra por poder de la causa primera. Así, Avicena[11] sostuvo que la primera sustancia separada, creada por Dios, crea después otra y la sustancia del orbe y su alma, y que la sustancia del orbe crea la materia de los cuerpos inferiores. Asimismo, el Maestro en 5 d. IV *Sent.*[12] dice que Dios puede comunicar a alguna criatura poder creador, de forma que pueda crear por función, no por propio poder.

Pero esto es imposible. Porque la causa segunda instrumental no participa en la acción de la causa superior a no ser en cuanto que aquella, por alguna virtud suya, lo dispone[j]. Pues si no contribuyese nada con su propio poder, la causa principal haría un uso inútil de ella y no sería necesario elegir determinados instrumentos para determinadas acciones. Podemos observar que la sierra, al cor-

tar la madera, cosa que hace por su forma dentada, produce la forma del banco, que es el efecto propio del carpintero como causa principal. Ahora bien, al crear, el efecto propio de Dios es algo que se supone anterior a toda otra acción, es decir, al ser en absoluto. Por lo tanto, ninguna causa puede obrar dispositiva e instrumentalmente en la producción de este efecto, ya que en la creación no se presupone ninguna materia que pueda disponerse por el agente instrumental. Así, pues, es imposible que el crear corresponda a alguna criatura ni por virtud propia ni instrumentalmente o por función.

De modo especial, es incongruente afirmar que un cuerpo pueda crear, puesto que si un cuerpo no obra más que por contacto y movimiento, todo cuerpo exige para su acción algo preexistente que se pueda tocar y mover, lo cual va contra el concepto mismo de creación.

Respuesta a las objeciones: 1. *A la primera hay que decir:* Algunos seres perfectos que participan de una naturaleza, producen otros seres semejantes a sí mismos. Pero al hacer esto no producen de forma absoluta y total dicha naturaleza, sino que la comunican a otro ser. Ejemplo: no es posible que un hombre en concreto produzca absolutamente la naturaleza humana, porque, de hacerlo, sería causa de sí mismo. Sólo hace que la naturaleza humana se reproduzca en otro hombre concreto engendrado, y para esto supone con anterioridad lo que hace una materia determinada a partir de la cual se hace un hombre concreto. Ahora bien, así como el hombre par-

10. § 3 (BA 165).   11. *Metaphys.* tr.9 c.4 (104vb); cf. ALBERTO MAGNO, *Summa de Creatur.* p.2.ª q.61 a.2 (BO 35,524).   12. PEDRO LOMBARDO, c.3 (QR 2,575).

i. Conforme a lo indicado en la nota anterior, Sto. Tomás considera al «esse» como la formalidad bajo la que actúa la causa creadora, aunque en el lenguaje aquí usado parezca que el «esse» es aquello que es creado. Efectivamente, el «Liber de Causis» cabe ser leído en otro sentido. Por lo demás, el mismo «Liber» prop. 3 (ed. c. 140) habla de la creación del «esse animae» por mediación de la inteligencia.

j. Sto. Tomás defiende que la causa primera actúa mediante las causas segundas (cf. *Summa Theol.* 1 q.103 a.6), pero la instrumentalidad tiene un matiz diferente. La acción mediante instrumento exige que el instrumento posea una actividad propia a la que adviene la influencia de la causa principal. Esa actividad instrumental debe guardar una cierta correspondencia con el influjo que va a producir la causa principal. Tal correspondencia es la que se expresa en el término «dispositive». Huelga decir que en el caso de la creación no cabe disposición previa alguna, pues su influjo es total y absoluto, de suerte que no hay lugar para una correspondencia.

ticipa de la naturaleza humana, así también todo ser creado participa de la naturaleza del ser, porque sólo Dios es su ser, como dijimos anteriormente (q.7 a.1 ad 3). Por lo tanto, ningún ser creado puede producir absolutamente otro ser, sino sólo en cuanto que causa el ser en tal sujeto. Para esto es necesario que lo que hace que tal sujeto sea este ser concreto, sea anterior a la acción con la cual el agente hace algo semejante a sí mismo. Ahora bien, en las sustancias inmateriales, no es posible presuponer algo por lo que sean tales individualmente, porque, al ser formas subsistentes, se individualizan por la misma forma que les da el ser. Por lo tanto, la sustancia inmaterial no puede producir otra sustancia inmaterial idéntica en cuanto al ser sustancial, si bien puede hacer un semejante suyo en cuanto a alguna perfección accidental. Los ángeles superiores iluminan a los inferiores, como dice Dionisio [13]. Igualmente, a los seres celestes se les atribuye cierta paternidad por lo que se deduce de las palabras del Apóstol en Ef 3,15: *Dios Padre, de quien recibe su nombre toda paternidad en el cielo y en la tierra.* De todo esto resulta evidente también que ningún ser creado puede producir otro sin presuponer algo. Esto va contra el concepto mismo de creación.

2. *A la segunda hay que decir:* Como se dice en I *Physic.*[14], de lo contrario se hace algo por accidente. Directamente algo se hace de otra cosa que ya es tal en potencia. El contrario resiste efectivamente al agente en cuanto que impide que lo que está en potencia pase a acto, que es lo que intenta el agente. Ejemplo: el fuego intenta hacer el agua a como es él, caliente, pero encuentra resistencia en la forma y disposiciones contrarias del agua. Por dicha forma y disposiciones, la potencia del agua para ser caliente en acto está obstaculizada. Cuanto más atada esté dicha potencia, tanto mayor deberá ser el poder del agente para pasarla a acto. De ahí que se necesite mayor poder por parte del agente cuando no hay potencia alguna. Por lo tanto, se requiere mayor poder para hacer una cosa a

partir de la nada que para hacerla a partir de su contraria.

3. *A la tercera hay que decir:* El poder del agente no se ha de medir sólo a partir de la sustancia de lo que se hace, sino también del modo como se hace. Ejemplo: un calor muy intenso, no sólo calienta más, sino también más pronto. De ahí que, aun cuando producir un efecto finito no indique poder infinito, sin embargo producirlo a partir de la nada demuestra un poder infinito. Esto resulta evidente por todo lo dicho (ad 2). Pues si se requiere tanto mayor poder en el agente cuanto más lejos está del acto la potencia pasiva, es necesario que el poder del agente creador, que no supone ninguna potencia positiva, sea infinito. Porque así como no hay ninguna, proporción entre el no ser y el ser, así tampoco la hay entre la negación de toda potencia y la potencia. Así, pues, como quiera que ninguna criatura tiene una potencia infinita, como se demostró anteriormente (q.7 a.2), es evidente que ninguna criatura puede crear.

ARTÍCULO 6

Crear, ¿es o no es algo propio de alguna persona divina?[k]

In Sent. 2 Prol.; De Pot. q.9 a.5 ad 20.

Objeciones por las que parece que crear es algo propio de alguna persona:

1. Lo que es antes es causa de lo que viene después. Lo perfecto, de lo imperfecto. Pero la procesión de la persona divina es anterior a la de la criatura, y es también más perfecta, pues la persona divina procede en perfecta semejanza de su principio, mientras que la criatura lo hace de forma imperfecta. Por lo tanto, las procesiones de las divinas personas son causa de la procesión de las cosas. Y, así, crear es propio de la persona.

2. Más aún. Las personas divinas no se diferencian entre sí más que por sus procesiones y relaciones. Así, pues, lo que se atribuye como diferencia a las divinas personas, les corresponde en cuan-

---

13. *De Cael. Hier.* c.8 § 2: MG 3,240. lect.13 n.3.   14. ARISTÓTELES, c.7 n.13 (BK 190b27): S. Th.

---

k. Sobre la apropiación cf. q.39 a.8.

to a sus procesiones y relaciones. Pero la causalidad de las criaturas se atribuye de forma distinta a cada una de las personas. Pues en el *Símbolo de la fe*[15], al Padre se atribuye el ser Creador de todo lo visible y de lo invisible; al Hijo se le atribuye que todas las cosas han sido hechas por Él; al Espíritu Santo se le atribuye el ser Señor y Vivificador. Por lo tanto, la causalidad de las criaturas les corresponde a las personas en cuanto a las procesiones y relaciones.

3. Todavía más. Si se dice que la causalidad de la criatura responde a algún atributo esencial que se apropia a alguna persona, esto no parece suficiente. Porque cualquiera de los efectos divinos es causado por cualquier atributo esencial, esto es, el poder, la bondad y la sabiduría; de modo que no pertenece más a uno que a otro. Por lo tanto, no debería atribuirse algún modo concreto de causalidad a una persona más que a las otras, a no ser que se distinguiera en la creación por las relaciones y las procesiones.

En cambio está lo que dice Dionisio en el c.2 *De Div. Nom.*[16]: *Todo lo referente a lo que puede ser causado, es común a toda la Trinidad.*

Solución. *Hay que decir:* Crear es propiamente causar o producir el ser de las cosas. Como todo agente hace algo semejante a sí mismo, el principio de la acción puede ser observado a partir del efecto de la acción. Ejemplo: el fuego produce fuego. De este modo crear le corresponde a Dios por su mismo ser, que es su esencia, y que es común a las tres Personas. Por lo tanto, crear no es propio de alguna persona, sino común a toda la Trinidad.

Sin embargo, las personas divinas en cuanto a la creación de las cosas tienen una causalidad según el modo de su procedencia. Pues, como se ha demostrado anteriormente (q.14 a.8; q.19 a.4), al tratar sobre la ciencia y la voluntad de Dios, Dios es causa de las cosas por su entendimiento y voluntad, como el artista lo es de sus obras. El artista obra según lo concebido en su entendimiento y por el amor de su voluntad hacia algo con lo que se relaciona. Asimismo el Padre Dios ha producido las criaturas por

su Palabra, que es el Hijo, y por su Amor, que es el Espíritu Santo. De este modo, las procesiones de las personas son las razones de la producción de las criaturas, en cuanto que incluyen los atributos esenciales, que son la ciencia y la voluntad.

Respuesta a las objeciones: 1. *A la primera hay que decir:* Las procesiones de las personas divinas son causa de la creación tal como hemos dicho (sol.).

2. *A la segunda hay que decir:* Así como la naturaleza divina, aun cuando sea común a las tres personas, sin embargo, hay en ellas un determinado orden, en cuanto que el Hijo la recibe del Padre, y el Espíritu Santo la recibe del Padre y del Hijo, así también el poder crear, aunque sea común a las tres personas, les corresponde con un determinado orden. Pues el Hijo lo tiene del Padre, y el Espíritu Santo del Padre y del Hijo. Por eso, ser Creador, se atribuye el Padre como a quien no tiene el poder por otro. Del Hijo se dice que por Él han sido hechas todas las cosas, en cuanto tiene el mismo poder, pero por otro; pues la preposición *por* indica una mediación, o sea, un principio que tiene principio. Pero al Espíritu Santo, que tiene el mismo poder por los otros dos, se le atribuye el que gobierne y vivifique lo que ha sido creado por el Padre a través del Hijo. También puede tomarse esta atribución en relación con los atributos esenciales. Pues, como dijimos anteriormente (q.39 a.8), al Padre se le apropia el poder, que se manifiesta sobre todo en la creación, atribuyéndole por tal motivo al Padre el ser Creador. Al Hijo se le apropia la sabiduría, por la que actúa el agente por medio del entendimiento, y por eso se dice del Hijo que es por quien todo ha sido hecho. Al Espíritu Santo se le apropia la bondad, a la que pertenece el gobierno de las cosas orientándolas a sus debidos fines y la vivificación. Pues la vida consiste en un cierto movimiento interior, y el primer motor es el fin y la bondad.

3. *A la tercera hay que decir:* Aun cuando cada uno de los efectos de Dios proceda de cualquiera de sus atributos, sin embargo, cada uno de los efectos se reduce a aquel atributo con el que tiene

15. Símbolo Niceno (DZ 54).   16. § 3: MG 3,637: S. Th. lect.1.

93

mayor conveniencia. De este modo, el orden de las cosas, a la sabiduría. La justificación del pecador, a la misericordia y a la bondad, que se difunde sobreabundantemente. Por su parte, la creación, que es la producción de la misma sustancia de la cosa, al poder.

ARTÍCULO 7

¿Es o no es necesario encontrar en las criaturas algún vestigio trinitario?[l]

q.93 a.1.2.6; *Cont. Gentes* 4, 26; *De Pot.* q.9 a.9.

Objeciones por las que parece que no es necesario encontrar en las criaturas algún vestigio trinitario:

1. Cada ser puede ser investigado por sus propios vestigios. Pero la Trinidad de las personas no puede ser investigada a partir de las criaturas, tal como hemos sostenido anteriormente (q.32 a.1). Por lo tanto, en las criaturas no hay vestigios de la Trinidad.

2. Más aún. Todo lo que hay en las criaturas ha sido creado. Así pues, si el vestigio de la Trinidad se encuentra en las criaturas según algunas de sus propiedades, y todo lo creado tiene algún vestigio de la Trinidad, es necesario que en cada una de ellas se encuentre también el vestigio de la Trinidad. Y así indefinidamente.

3. Todavía más. El efecto no representa más que a su causa. Pero la causalidad de las criaturas corresponde a la naturaleza común y no a las relaciones con las cuales las personas se distinguen y enumeran. Por lo tanto, en las criaturas no se encuentra el vestigio de la Trinidad, sino solamente el de la unidad de la esencia.

En cambio está lo que dice Agustín en VI *De Trin.*[17]: *El vestigio de la Trinidad aparece en las criaturas.*

Solución. *Hay que decir:* Todo efecto representa algo de su causa, aunque de

diversa manera. Pues algún efecto representa sólo la causalidad de la causa y no su forma. Ejemplo: el humo al fuego. Tal representación se llama representación del *vestigio;* pues el vestigio evoca el paso de algo transeúnte, sin especificar cuál es. Por otra parte, otro efecto representa a la causa en cuanto a la semejanza de su forma. Ejemplo: un fuego a otro fuego; a Mercurio, su estatua. Esta es la representación de la *imagen.*

Las procesiones de las personas divinas se conciben como actos del entendimiento, tal como hemos dicho anteriormente (q.27). Pues el Hijo procede como Palabra del entendimiento, y el Espíritu Santo como Amor de la voluntad. Así, pues, en las criaturas racionales, con entendimiento y voluntad, se encuentra la representación de la Trinidad a modo de imagen, en cuanto que se encuentra en ellas la palabra concebida y el amor.

Pero en todas las criaturas se encuentra la representación de la Trinidad a modo de vestigio, en cuanto que en cada una de ellas hay algo que es necesario reducir a las personas divinas como a su causa. Pues cada criatura subsiste en su ser y tiene la forma con la que está determinada en una especie y tiene alguna relación con algo. Así, pues, cada una de ellas es una sustancia creada que representa a su causa y su principio y, de este modo, evoca la persona del Padre, que es principio sin principio. En cuanto que tiene una forma y pertenece a una especie determinada, representa a la Palabra, tal como la forma de la obra artística procede de la concepción del artista. Y en cuanto que está ordenada, representa al Espíritu Santo, en cuanto es Amor; porque la ordenación del efecto a algo procede de la voluntad del creador.

Por esto, Agustín en VI *De Trin.*[18] dice que el vestigio de la Trinidad se encuentra en cada criatura en cuanto que *cada una es algo,* y en cuanto *está formada*

---

17. C.10: ML 42,932.   18. Ib.

---

l. El artículo viene determinado por la autoridad de San Agustín, que, como recoge Sto. Tomás, ha expuesto en *De Trinitate* la doctrina de los vestigios de la Trinidad en la criatura *(De Trin.* 10,10; ed. BAC, p.452-4). Sobre la distinción entre imagen y vestigio cf. *In Sent.* 1 d.3 q.2 a.1; q.3 a.1; *Summa Theol.* 1 q.93 a.2. Contemporáneo de Sto. Tomás, el obispo R. KILWARDBY redactó un *Tractatus de vestigio et imagine Trinitatis,* editado por FR. STEGMÜLLER en AHD 10 (1936) p.324-407.

en alguna especie y en cuanto que *tiene un cierto orden.* A esto mismo se reducen aquellos tres términos que menciona Sab 11,21: *Número, peso, medida.* Pues la medida se refiere al ser de la cosa limitada por sus principios. El número, a la especie. El peso al orden. También se reducen a esto los tres términos mencionados por Agustín [19]: *El modo, la especie, el orden.* También lo que él dice en el libro *Octoginta trium quaest.* [20]: *Aquello por lo que subsiste, por lo que se distingue, por lo que se relaciona.* Pues algo subsiste por su sustancia, se distingue por su forma y se relaciona por el orden. Resulta fácil reducir a esto mismo todo aquello que se dice en este sentido.

Respuesta a las objeciones: 1. *A la primera hay que decir:* La representación a modo de vestigio responde a la relación con la apropiación. Así, tal como hemos dicho (sol.; q.32 a.1 ad 1), por las criaturas se puede acceder al conocimiento de la Trinidad de las divinas personas.

2. *A la segunda hay que decir:* La criatura es propiamente algo subsistente en la que se pueden encontrar las tres características dichas anteriormente. No es necesario que en cada una de las propiedades de la criatura se encuentren aquellas tres características. Pero por ellas se atribuye el vestigio al ser subsistente.

3. *A la tercera hay que decir:* Como acabamos de decir (a.6), las procesiones de las personas son causa y razón de la creación de algún modo.

ARTÍCULO 8

La creación, ¿está o no está mezclada con las obras de naturaleza y voluntad?

q.65 a.4; *In Sent.* 2 d.1 q.1 a.3 ad 5; a.4 ad 4; *Cont. Gentes* 3, 69; *Quodl.* 9, q.5 a.1; *De Pot.* q.3 a.8; *In Metaphys.* 7 lect.7.

Objeciones por las que parece que la creación está mezclada con las obras de naturaleza y voluntad:

1. En cualquier operación de la naturaleza y del arte [II], se produce alguna forma. Pero no se produce a partir de algo porque no tiene la materia como parte propia. Por lo tanto, se produce a partir de la nada. De este modo, en cualquier operación de la naturaleza y del arte hay creación.

2. Más aún. El efecto no es superior a su causa. Pero en las cosas naturales no se encuentra algún agente a no ser la forma accidental, activa o pasiva. Por lo tanto, por la operación de la naturaleza no se produce la forma sustancial. Así, pues, debe ser por creación.

3. Todavía más. La naturaleza hace algo semejante a sí misma. Pero en la naturaleza se encuentran seres que no son semejantes a quienes los engendran, como resulta evidente en los animales originados por la putrefacción. Por lo tanto, su forma les viene no por la naturaleza, sino por la creación. Lo mismo puede decirse de otras cosas.

4. Por último. Lo que no es creado no es criatura. Así, pues, si la creación no interviene en aquello que se origina por la naturaleza, se sigue que lo que es por naturaleza no es criatura. Esto es herético.

En cambio está lo que Agustín establece en *Super Gen. ad. litt.* [21]: Hay que distinguir la obra de la propagación, que es obra de la naturaleza, de la obra de la creación.

Solución al problema. *Hay que decir:* Esta duda aparece debido a las formas. Pues algunos [22] establecieron que las formas no empiezan por acción de la naturaleza, sino que existían anteriormente en la materia como algo latente. Esto lo encontramos en aquellos que, al desconocer la materia, no llegaban a distinguir entre potencia y acto. Pues, porque las formas preexisten potencialmente

---

19. *De Nat. Boni* c.3: ML 42,553.   20. Q.18: ML 40,15.   21. L.5 c.11: ML 34,330; c.20: ML 34,335.   22. Cf. *De Pot.* q.3 a.8.

---

ll. En la enumeración de los artículos que va en cabeza de la cuestión, en vez de «artis» se lee «voluntatis». El artículo habla solamente de las obras de la naturaleza. En *De pot.* q.3 a.8 se habla también de las obras de la naturaleza. Sto. Tomás quiere en este artículo mostrar la distinción de la creación respecto de las actividades naturales, en general, poniendo de relieve la peculiar originación de las formas naturales conforme a la doctrina de la potencia y el acto.

en la materia, sostuvieron que las formas preexisten absolutamente.

Por su parte, otros [23] sostuvieron que las formas eran causadas, a modo de creación, por un agente separado. Al suponer esto, la creación se mezclaba con cualquier acción de la naturaleza. Esto se encuentra en aquellos que desconocían las formas. Pues no tenían presente que la forma natural del cuerpo no es subsistente, sino aquello por lo que algo es. De este modo, como ser hecho y ser creado propiamente no le corresponde más que a la realidad subsistente, como hemos dicho anteriormente (a.4), a las formas no les corresponde ni ser hechas ni ser creadas, sino ser concreadas.

Propiamente lo que es producido por el agente natural es el compuesto, que está hecho a partir de la materia. De ahí que en las obras de la naturaleza no se mezcla la creación, sino que se presupone.

Respuesta a las objeciones: 1. *A la primera hay que decir:* Las formas empiezan a existir en acto al hacerse los compuestos, no porque ellas mismas sean hechas de forma directa, sino de forma accidental sólo.

2. *A la segunda hay que decir:* Las cualidades activas obran en la naturaleza por el poder de las formas sustanciales. De este modo, el agente natural no sólo produce algo semejante a sí mismo en la cualidad, sino también en la especie.

3. *A la tercera hay que decir:* Para la generación de los animales imperfectos es suficiente el agente universal, que es poder celeste, al cual se asemejan no en la especie, sino por una cierta analogía [m]. Tampoco es necesario decir que sus formas sean creadas por un agente separado. Para la generación de los animales perfectos, en cambio, no es suficiente el agente universal, sino que se necesita un agente propio, que es un generante unívoco.

4. *A la cuarta hay que decir:* La operación de la naturaleza presupone los principios creados. Por eso, todo lo producido por la naturaleza es llamado criatura.

CUESTIÓN 46

Sobre el principio de duración de las cosas creadas

Siguiendo el plan trazado, ahora hay que tratar lo referente al principio de duración de las cosas creadas. Esta cuestión plantea y exige respuesta a tres problemas:

1. Las criaturas, ¿existieron o no existieron siempre?—2. El comienzo de las criaturas, ¿es o no es artículo de fe?—3. ¿En qué sentido se dice que Dios creó al principio el cielo y la tierra?

23. Cf. ib.

m. La necesidad de explicar las causas de lo que se ha llamado «generación espontánea» obligaba a introducir la causalidad equívoca o «secundum analogiam» (cf. ARTOLA, J. M., o.c., p.91 nota 36). Esta causalidad, ejercida por agentes celestes, era capaz de educir formas superiores a las de los agentes inmediatos sublunares. En todo caso esa acción de los agentes superiores no es una creación, sino una causalidad no creadora, pero sí dotada de la capacidad de producir efectos que no guardan identidad específica con ninguno de los agentes que intervienen en la generación. De ahí la expresión causalidad equívoca o analógica. Cf. ARISTÓTELES, *Phys.* B, 2, 194 b 13 y en comentario de Sto. Tomás. Cf. asimismo *Summa Theol.* 1 q.115 a.3 ad 2.

ARTÍCULO 1

La totalidad de las criaturas, ¿existió o no existió siempre?

In Sent. 2 d.1 q.1 a.5; *Cont. Gentes* 2,31-38; *Compend. Theol.* c.98; *De Pot.*, q.3 a.17; *In Phys.*, 8 lect.2; *In Metaphys.* 12 lect.5; *De Caelo*, 1 lect.6.29.

Objeciones por las que parece que la totalidad de las criaturas, que llamamos *mundo,* no empezó a existir, sino que existió desde la eternidad:

1. Todo lo que ha comenzado a existir, antes de existir tenía la posibilidad de existir, porque, de lo contrario, sería imposible que existiera. Por lo tanto, si el mundo comenzó a existir es posible que existiera antes de existir. Ahora bien, lo que tiene posibilidad de existir es la materia, que está en potencia para existir por la forma y para no existir por la privación de la forma. Por lo tanto, si el mundo comenzó a existir, antes de él había materia. Pero no puede haber materia sin forma. La materia del mundo junto con la forma es lo que constituye el mundo. Consecuentemente, habría mundo antes de que comenzara a existir. Esto es imposible[1].

2. Más aún. Nada que tiene capacidad para existir siempre, puede a veces existir y a veces no existir, porque, por naturaleza, cada ser existe en tanto en cuanto que puede. Pero todo lo incorruptible tiene capacidad para existir siempre, pues no está determinado por la duración. Por lo tanto, nada incorruptible a veces existe y a veces no existe. Pero todo lo que empieza a existir a veces existe y a veces no existe. Por consiguiente nada incorruptible empieza a existir. Pero hay muchas cosas incorruptibles en el mundo, como los cuerpos celestes y todas las sustancias intelectuales. Por lo tanto el mundo no empezó a existir[2].

3. Todavía más. Nada ingénito empieza a existir. Pero el Filósofo en I *Physic.*[3] demuestra que la materia es ingénita. Y en I *De caelo et mundo*[4], que el cielo es ingénito. Por lo tanto, la totalidad de las cosas no empezó a existir.

4. Aún más. El vacío es un lugar donde no hay cuerpo, pero puede haberlo. Si el mundo comenzó a existir donde ahora está la masa del mundo, antes no hubo ninguna masa, de lo contrario tampoco la habría ahora. Por lo tanto, antes del mundo había vacío. Esto es imposible[5].

5. Más todavía. Nada empieza a moverse nuevamente sin que se dé un nuevo cambio en el motor. Pero lo que se cambia se mueve. Por lo tanto, antes de que todo movimiento empiece a ser nuevo, había algún movimiento y, consecuentemente, siempre hubo algún movimiento. También hubo siempre algún motor, porque no es posible el movimiento sin motor[6].

6. Y también. Todo motor es natural o voluntario. Ninguno empieza a mover sin algún movimiento previo. Pues la naturaleza siempre obra del mismo modo. Por lo tanto, el agente natural no empieza a mover con un movimiento nuevo sin que haya algún cambio anteriormente en el motor. Del mismo modo, la voluntad puede cambiar la realización de lo que se propone sin que haya cambio por su parte. Pero no puede posponer dicha ejecución sin imaginar algún cambio, al menos temporal. Ejemplo: el que quiere hacer una cosa mañana y no hoy, espera que mañana se dé alguna circunstancia que no se da hoy. O, por lo menos, espera que pase el hoy y llegue mañana. Esto no se da sin que se produzca algún cambio, porque el tiempo es la medida del movimiento. Por lo tanto, hay que concluir que, antes de todo movimiento que se realiza de nuevo, hay otro movimiento que lo precede. Así resulta lo mismo que antes[7].

7. Una más. Lo que está siempre en el principio y siempre en el fin, no puede ni empezar ni acabar, porque lo que empieza no está en su final y lo que acaba no está en su comienzo. Pero el tiempo está siempre en su principio y en su final, porque no hay más tiempo que el *ahora,* que es el final del pasado y el co-

---

1. Este es el argumento de los Peripatéticos aducida por MAIMÓNIDES, *Doct. Perplex.* p.2.ª c.14 (FR 174); cf. AVERROES, *Destruct. Destruct.* disp.1 (9,34H); *In Phys.* l.8 comm.4 (4,340k). 2. Cf. ARISTÓTELES, *De Caelo*, 1, c.12 n.3 (BK 281b18). 3. ARISTÓTELES, c.9 n.4 (BK 192a28): S. Th. lect.15 n.11. 4. ARISTÓTELES, c.3 n.4 (BK 270a13): S. Th. lect.6 n.1. 5. Cf. AVERROES, *In De Caelo* l.3 comm.29 (5,199H). 6. Cf. AVERROES, *In Phys.* l.8 Comm.7 (4,342 M). 7. Cf. AVICENA, *Metaphys.* tr.9 c.1 (102ra).

mienzo del futuro. Por lo tanto, el tiempo no puede ni empezar ni acabar, y, por ello, tampoco lo puede hacer el movimiento, que es medido por el tiempo[8].

8. Digamos también. Dios es anterior al mundo sólo por naturaleza o por duración. Si lo es sólo por naturaleza, por ser Dios eterno, también el mundo existirá desde la eternidad. Si lo es por duración, tanto el antes como el después constituyen el tiempo. Por lo tanto, hubo tiempo antes de existir el mundo. Esto es imposible[9].

9. Otra más. Establecida una causa suficiente, se desprende el efecto. Pues la causa a la que no sigue el efecto es una causa imperfecta que necesita de algo para que se desprenda de ella un efecto. Pero Dios es causa suficiente del mundo. Causa final debido a su bondad. Causa ejemplar, debido a su sabiduría. Causa efectiva, debido a su poder, tal como se demostró anteriormente (q.44 a.1.3.4). Por lo tanto, al existir Dios desde la eternidad, también desde la eternidad ha existido el mundo[10].

10. Por último. A una acción eterna, efecto eterno. Pero la acción de Dios es su misma sustancia, que es eterna. Por lo tanto, el mundo es eterno[11].

En cambio está lo que se dice en Jn 17,5: *Glorifícame, Padre, junto a ti mismo, con la misma gloria que tuve antes de que existiera el mundo.* Y en Prov 8,22: *El Señor me colocó al comienzo de sus caminos antes de que existiera cualquier cosa.*

Solución. *Hay que decir:* Fuera de Dios nada existe desde la eternidad. Sostener esto no es contradictorio. Pues

quedó demostrado anteriormente (q.19 a.4) que la voluntad de Dios es causa de las cosas. Por lo tanto, en la medida en que alguna cosa es necesaria, lo es en cuanto que Dios lo quiere, puesto que la necesidad de un efecto depende de la necesidad de la causa, tal como se dice en V *Metaphys.*[12] También se demostró anteriormente (q.19 a.3), que, en términos absolutos, no es necesario que Dios quiera algo fuera de sí mismo. Por lo tanto, no es necesario que Dios quiera que el mundo existiera siempre. Pues el mundo existe en tanto en cuanto que Dios quiera que exista, porque la existencia del mundo depende de la voluntad de Dios como causa. Por consiguiente, no es necesario que el mundo haya existido siempre. De ahí que tampoco se pueda demostrar su existencia eterna.

Los argumentos que ofrece Aristóteles no son absolutos, sino relativos, esto es, para rebatir los argumentos de los antiguos, que sostenían ciertos modos, del todo inadmisibles, del comienzo del mundo. Esto es así por tres razones[13]: 1) *Primera,* porque tanto en VIII *Physic.*[14] como en I *De caelo*[15], ya anticipa ciertas opiniones como la de Anaxágoras, Empédocles y Platón contra las que aduce argumentos contradictorios. 2) *Segunda,* porque siempre que se habla de este asunto trae a colación testimonios de los antiguos. Esto no es propio del que demuestra algo, sino del que persuade con probabilidades. 3) *Tercera,* porque, como dice expresamente en I *Topic.*[16], hay ciertos problemas dialécticos[a] para los que no tenemos argumen-

---

8. Cf. ARISTÓTELES, *Phys.* 8 c.1 n.1] (BK 251b19). 9. Cf. AVICENA, l.c. nota 7. 10. Cf. ib. 11. Cf. ib. 12. ARISTÓTELES, 4 c.5 n.5 (BK 1015b9): S. Th. lect.6. 13. Cf. MAIMÓNIDES, *Doct. Perplex.* p.2.ª c.15 (FR 176). 14. ARISTÓTELES, c.1 n.2.10 (BK 250b24; 251b17): S. Th. lect. n.5. 15. ARISTÓTELES, c.10 n.1.10 (BK 279b4; 280a30): S. Th. lect.23 n.4. 16. ARISTÓTELES, c.9 n.3 (BK 104b16).

---

a. Sto. Tomás interpreta a Aristóteles en el sentido de que el filósofo griego no se planteó la cuestión de la eternidad del mundo de modo rigurosamente demostrativo, sino tan sólo desde el punto de vista de la probabilidad. La diferencia entre ambos enfoques, en su sentido general, puede estudiarse en el mismo Aristóteles: cf. *Anal. pr.* A, 1; BK 24 a 22-b 12; *Anal. post.* A, 21; 82 b 35; ibid. A, 22; 84 a 7; *Top.* A, 1; 100 b 21; cf. AUBENQUE, P., *La dialectique chez Aristote,* en L'attualità della problematica aristotelica: Atti del Convegno franco-italiano su Aristotele (Padova-Antenore 1970) p.9-31; BERTI, *La dialettica in Aristotele:* ibid., p.33-80; WIELAND, W., *Die aristotelische Physik* (Göttingen 1970) p.216 y ss.
Sto. Tomás, en el prólogo del *Comentario a los Analíticos Posteriores* de Aristóteles, ha expuesto los diversos modos del proceder discursivo. El dialéctico es un método de la probabilidad. No se apoya en la verdad irrefragable de los principios, sino en la probabilidad que nace

tos demostrativos, como, por ejemplo, *si el mundo es eterno.*

Respuesta a las objeciones: 1. *A la primera hay que decir:* Antes que el mundo existiera es posible [b] que existiera, pero no por alguna potencia pasiva, la materia, sino por la potencia activa de Dios. También se dice que algo es absolutamente posible no por alguna potencia, sino por la exclusiva relación de términos que no implican contradicción. Así, posible se opone a imposible como nos consta por el Filósofo en V *Metaphys.*[17]

2. *A la segunda hay que decir:* Lo que tiene capacidad para existir siempre, no es posible que a veces exista y a veces no exista. Sin embargo, antes de tener tal capacidad, no existía. Este argumento sostenido por Aristóteles en I *De caelo*[18], no lleva a la conclusión absoluta de que lo incorruptible no haya empezado a existir, sino que no empezó a existir según el modo natural como comienza a existir lo generable y corruptible.

3. *A la tercera hay que decir:* Aristóteles en I *Physic.*[19] demuestra que la materia es ingénita porque no tiene un sujeto del cual sea hecha. En I *De caelo et mundo*[20], demuestra que el cielo es ingénito porque no tiene un contrario del que se origine. De todo eso sólo se concluye que la materia y el cielo no empezaron por generación, como sostenían algunos, en especial sobre el cielo. Nosotros, en cambio, sostenemos que la materia y el

cielo han sido hechos por creación, tal como dijimos (q.45 a.2)[c].

4. *A la cuarta hay que decir:* Para el concepto de vacío no es suficiente *que no haya nada,* sino que se requiere la existencia de algún espacio con capacidad, en el que no haya nada, como nos consta por Aristóteles en IV *Physic.*[21] Nosotros sostenemos que antes que el mundo existiera, no había ni lugar ni espacio.

5. *A la quinta hay que decir:* El primer motor permaneció siempre inmóvil. Pero no el primer móvil que empezó a existir después de no haber existido. Sin embargo, esto no se dio por un cambio, sino por creación, que no es cambio, como dijimos anteriormente (q.45 a.2 ad 2). De donde se deduce que el argumento que ofrece Aristóteles en VIII *Physic.*[22] va contra aquellos que sostenían la existencia de seres móviles eternos, pero no el movimiento eterno. Así pensaban Anaxágoras y Empédocles. Nosotros sostenemos que desde que empezó a haber seres móviles, siempre hubo movimiento.

6. *A la sexta hay que decir:* El primer agente es agente voluntario. Y aunque eternamente haya tenido la voluntad de producir algún efecto, no por eso ha producido algún efecto eterno. Tampoco es necesario que se presuponga algún cambio ni siquiera con respecto a la representación del tiempo. Pues es necesario concebir de un modo distinto el agente particular, que presupone algo y

---

17. ARISTÓTELES, 4 c.12 n.7 (BK 1019b19): S. Th. lect.14 n.971.   18. ARISTÓTELES, c.12 n.3 (BK 281b18): S. Th. lect.26.   19. ARISTÓTELES, c.9 n.4 (BK 192a28).   20. ARISTÓTELES, c.3 n.4 (BK 270a13).   21. ARISTÓTELES, c.1 n.6 (BK 208b26): S. Th. lect.1 n.8.   22. ARISTÓTELES, c.1 n.7 (BK 251a25): S. Th. lect.2 n.6.

---

ya sea de la opinión basada en la autoridad, ya sea del valor de principios universales, genéricos, pero no propios de la materia en discusión. Estos principios universales, comunes, no nos ofrecen la esencia a partir de la cual puedan deducirse conclusiones rigurosas. Las opiniones comunes y los principios genéricos sólo nos sirven como criterios orientadores, de suerte que no resuelven de modo apodíctico la cuestión propuesta. Cabe, por tanto, aducir autoridades opuestas y argumentos probables tomados de otras instancias.

En esta cuestión Sto. Tomás confirma su propia postura respecto a la indemostrabilidad del origen temporal del mundo, mostrando que, incluso para Aristóteles, se hallaba en el terreno de la dialéctica, no en el de la demostración apodíctica.

b. Sto. Tomás distingue tres tipos de posibilidad. Los dos primeros pertenecen a la posibilidad real, uno es el de la posibilidad según la potencia pasiva, otro el de la potencia activa. El tercero se refiere a la posibilidad lógica basada en la no-contradicción de los términos y que se opone, por ello, al imposible tal como lo define Aristóteles en el lugar aludido por Sto. Tomás. Sobre la lógica modal de Aristóteles cf. KNEALE, W. Y M., o.c., p.78-91.

c. Las citas de Aristóteles corresponden a *Phys.* A, 9; BK 192a28 y *De coelo* A, 10ss; 279b4 y ss.

causa algo, y el agente universal, que lo produce todo. Pues así como el agente particular produce la forma, presupone la materia. De ahí que sea necesario que la forma mantenga cierta proporción con la materia. Por lo cual, se supone razonablemente que aplica la forma a tal materia y no a otra, en virtud de la diferencia que hay entre una materia y otra. Pero esto no es aplicable razonablemente a Dios, que produce a la vez la forma y la materia, sino que es aplicable en cuanto que produce la materia adaptada a la forma y al fin. El agente particular supone el tiempo como también la materia. De ahí que haya que tener presente que el agente obra en un tiempo posterior y no en el anterior, debido a que concebimos el tiempo a partir de la sucesión. Pero con respecto al agente universal, que produce el ser y el tiempo, no hay que suponer que obre ahora y no antes a partir de la concepción del tiempo, como si necesitara el tiempo, pues actuó cuando quiso y cuando lo creyó conveniente para demostrar su poder. Con más evidencia se llega al conocimiento del poder divino creador si se piensa que el mundo no ha existido siempre a que haya existido siempre. Pues es evidente que todo aquello que no ha existido siempre ha tenido causa. Pero no resulta ya tan evidente en aquello que siempre existió.

7. *A la séptima hay que decir:* Tal como se dice en IV *Physic.*[23], el antes y el después se dan en el tiempo como lo anterior y lo posterior se dan en el movimiento. Por lo tanto, el principio y el final hay que concebirlos en el tiempo y en el movimiento. Supuesta la eternidad del movimiento, es necesario que cualquier momento en el movimiento sea tomado como principio y como final; lo cual no sucedería si el movimiento tuviera comienzo. Lo mismo hay que decir del *ahora* del tiempo. De este modo resulta evidente que aquel argumento que habla del *ahora* que siempre es principio y final del tiempo, presupone la eternidad del tiempo y del movimiento. De ahí que Aristóteles presente este argumento en VIII *Physic.*[24] contra aquellos que sostenían la eternidad del tiempo,

pero negaban la eternidad del movimiento.

8. *A la octava hay que decir:* Dios es anterior al mundo en duración. Pero ahí este *antes* no indica anterioridad temporal, sino que se refiere a la eternidad. También puede decirse que indica la eternidad del tiempo pensado, pero no realmente existente. Así, como cuando se dice que sobre el cielo no hay nada, este *sobre* indica sólo un lugar imaginado, en cuanto que es posible imaginar que a las dimensiones de los cuerpos celestes se le añadan otras.

9. *A la novena hay que decir:* Así como el efecto sigue a la causa por naturaleza en cuanto al modo de su forma, así también el efecto de la causa que actúa voluntariamente, se desprende de ella en conformidad con la forma preconcebida y determinada, como se deduce de lo dicho anteriormente (q.19 a.4; q.41 a.2). Así pues, aun cuando Dios desde la eternidad haya sido causa suficiente del mundo, sin embargo, no es necesario que se suponga que el mundo ha sido producido por Dios a no ser en cuanto que ha sido predeterminado por su voluntad. Esto es, que el mundo haya empezado a existir después de que no existiera para que así proclamara de forma más clara a su Autor.

10. *A la décima hay que decir:* Establecida una acción, se sigue el efecto en conformidad con la exigencia de la forma que es principio de la acción. En los agentes voluntarios, lo que ha sido preconcebido y determinado se toma como forma que es principio de la acción. Así, pues, de la acción eterna de Dios no se deduce un efecto eterno, sino tal como Dios lo quiso, es decir, que empezara a existir después de no existir.

ARTÍCULO 2

El inicio del mundo, ¿es o no es artículo de fe?

In Sent., 2 d.1 q.1 a.5; Cont. Gentes 2,38; De Pot., q.3 a.14; Quodl. 12 q.6 a.1; Quodl. 3 q.14 a.2; De aeternit. mundi, op.27.

Objeciones por las que parece que el inicio del mundo no es un artículo de fe, sino una conclusión demostrable:

23. ARISTÓTELES, c.11 n.3 (BK 219a17): S. Th. lect.17 n.9.   24. ARISTÓTELES, c.1 n.11 (BK 251b29): S. Th. lect.2 n.12.

1. Todo lo hecho tiene principio de su duración. Pero se puede demostrar con rigor que Dios es la causa efectiva del mundo. Esto también lo sostuvieron los filósofos más acreditados. Por lo tanto, puede demostrarse con rigor que el mundo ha comenzado a existir.

2. Más aún. Si es necesario afirmar que el mundo ha sido hecho por Dios, o lo hizo a partir de la nada, o lo hizo a partir de algo. Pero no puede ser a partir de algo, porque entonces la materia del mundo sería anterior al mundo. Contra esto argumentó Aristóteles sosteniendo que el cielo es ingénito (a.1). Por lo tanto, es necesario decir que el mundo ha sido hecho a partir de la nada. Y, así, tiene existencia después de no tenerla. Por ende, es necesario afirmar que empezó a existir[25].

3. Todavía más. Todo lo que opera por el entendimiento, opera partiendo de algún principio, como resulta claro en las obras artísticas. Pero Dios obra por el entendimiento. Por consiguiente, obra partiendo de algún principio. Así, pues, el mundo, que es efecto suyo, no existió siempre[26].

4. Aún más. Es evidente que hay algunas artes y regiones habitadas que han empezado en un tiempo determinado. Pero esto no sería así si el mundo hubiera existido siempre. Por lo tanto, es evidente que el mundo no ha existido siempre.

5. Más todavía. Es cierto que nada puede igualarse a Dios. Pero si el mundo hubiese existido siempre, se igualaría a Dios en la duración. Por ello, es cierto que el mundo no ha existido siempre[27].

6. Una más. Si el mundo existió siempre, una infinidad de días ha precedido al de hoy. Pero no se puede ir más allá del infinito. Por lo mismo, hubiera sido imposible llegar al día de hoy. Esto es evidentemente falso[28].

7. Y también. Si el mundo fue eterno, también la generación fue desde la eternidad. Por lo tanto, ha habido una serie infinita en la generación humana. Pero tal como se dice en II *Physic.*[29], el padre es la causa eficiente del hijo. Por ende, en las causas eficientes hay que proceder hasta el infinito. Esto no es admitido en II *Metaphys.*[30]

8. Por último. Si siempre existió el mundo y la generación, infinitos hombres nos han precedido. Pero el alma del hombre es inmortal. Por lo tanto, ahora existirían realmente infinitas almas humanas. Esto es imposible. Por eso, puede demostrarse que el mundo ha empezado en algún momento y, por lo tanto, no es sólo materia de fe.

En cambio, los artículos de fe no pueden ser demostrados con rigor porque la fe trata de lo que no se ve, como se dice en Heb 11,1. Pero es artículo de fe que Dios es el creador del mundo, así como que el mundo ha empezado a existir. Decimos[31]: *Creo en un solo Dios,* etc. Y también Gregorio en la homilía I.ª *In Ez.*[32] dice que Moisés habló proféticamente del pasado cuando dijo: *En el principio creó Dios el cielo y la tierra,* ahí esta incluida la novedad del mundo. Por lo tanto, la novedad del mundo se conoce sólo por revelación y no puede demostrarse con rigor.

Solución. *Hay que decir:* Que el mundo no ha existido siempre lo sabemos sólo por la fe y no puede ser demostrado con rigor, siguiendo lo que sobre el misterio de la Trinidad hemos dicho anteriormente (q.32 a.1). Esto es así porque la novedad del mundo no puede ser demostrada a partir del mismo mundo. Pues el principio de la demostración es *aquello que es*[d]. Ahora bien, cada cosa considerada en cuanto a su especie, abstrae del aquí y ahora, por lo cual se dice que *lo universal está en todas partes y siempre*[33]. De ahí que no pueda ser demostrado que el hombre, el cielo o la tierra no hayan existido siempre. Lo mismo

25. Cf. ALEJANDRO DE HALES, *Summa Theol.* p.1.ª n.64 (QR 1,93). 26. Cf. ALBERTO MAGNO, *In Phys.* l.8 tr.1 c.12 (BO 3,548). 27. Cf. nota 25. 28. Cf. los autores citados por AVERROES, *Destruct. Destruct.* disp.1 (9,18c). 29. ARISTÓTELES, c.3 n.3 (BK 194b30): S. Th. lect.5 n.5. 30. ARISTÓTELES, lα c.2 n.1 (BK 994a5): S. Th. lect.3 n.301. 31. Símbolo Niceno (DZ 54). 32. L.1: ML 76,786. 33. Cf. ARISTÓTELES, *Post. Analyt.* 1, c.31 n.1 (BK 87b33): S. Th. lect.42 n.5.

d. Cf. ARISTÓTELES, *Metaphys.* M,4; 1078b24; STO. TOMÁS, *Cont. Gentes* 3,96.

puede decirse por parte de la causa agente que obra voluntariamente. Pues no puede investigarse con la razón la voluntad de Dios a no ser sobre aquello que es absolutamente necesario que Dios quiera. Ahí no está incluido, tal como hemos dicho (q.19 a.3), lo que Dios quiere de las criaturas.

Sin embargo, la voluntad divina puede manifestarse por revelación al hombre, y ahí se fundamenta nuestra fe. Por lo tanto, que el mundo empezara a existir es creíble, pero no demostrable o cognoscible. Es útil que se tenga esto presente a fin de que, presumiendo de poder demostrar las cosas que son de fe, alguien presente argumentos no necesarios y que provoquen risa en los no creyentes, pues podrían pensar que son razones por las que nosotros aceptamos las cosas que son de fe.

Respuesta a las objeciones: 1. *A la primera hay que decir:* Tal como dice Agustín en XI *De civ. Dei* [34]: Entre los filósofos que sostenían la eternidad del mundo, hubo una doble opinión. Pues algunos sostuvieron que la sustancia del mundo no existe por Dios. Esto es un error intolerable y necesariamente hay que rechazarlo. Otros sostuvieron que el mundo era eterno, pero afirmando al mismo tiempo que había sido hecho por Dios. *Estos no querían admitir principio de duración para el mundo, pero admitían principio de creación, de modo que se está haciendo siempre de una manera apenas comprensible.* En X *De civ. Dei* [35], se nos relata cómo entendían esto. De la siguiente manera. *Decían que así como si el pie estuviera desde la eternidad siempre sobre el polvo, siempre habría tenido debajo de él una huella, la cual nadie dudaría que había sido marcada por el que pisaba aquello; así también el mundo ha existido siempre porque existe siempre el que lo ha hecho.* Para entender este razonamiento hay que tener presente que la causa eficiente que obra por el movimiento, precede a su efecto en el tiempo, porque el efecto no se da más que al final de la acción y es necesario que todo agente sea el principio de la acción. Pero si la acción es instantánea y no sucesiva, no es necesario que el agente

preceda en duración a lo que hace. Es lo que ocurre con la luz. De ahí que digan que no es necesario que Dios preceda al mundo en duración aun cuando sea la causa activa del mundo, porque la creación por la que se produjo el mundo no es un cambio sucesivo, tal como se dijo (q.45 a.2 ad 3).

2. *A la segunda hay que decir:* Los que admitieran que el mundo es eterno, dirían que el mundo ha sido hecho por Dios a partir de la nada, no en el sentido que ha sido hecho después de la nada, tal como nosotros entendemos la palabra *creación;* sino porque no ha sido hecho de algo. Algunos, tal como nos consta por Avicena en su *Metafísica* [36], no rechazan este sentido de creación.

3. *A la tercera hay que decir:* Aquel es el argumento de Anaxágoras que figura en III *Physic.*[37], pero no concluye necesariamente a no ser que se trate del entendimiento que, por un proceso discursivo, averigua lo que hay que hacer, y esto es parecido al movimiento. Así es como actúa el entendimiento humano, pero no el divino, como quedó demostrado (q.14 a.7).

4. *A la cuarta hay que decir:* Los que sostienen la eternidad del mundo, sostienen también que ha habido alguna región que haya pasado indefinidamente de inhabitable a habitable, y viceversa. También sostienen que las artes han sido inventadas y que han desaparecido por infinitos procesos accidentales. Por eso Aristóteles en el libro *Meteor.*[38], dice que es ridículo intentar fundamentar alguna opinión sobre la novedad del mundo en su totalidad a partir de estos cambios.

5. *A la quinta hay que decir:* Aun cuando el mundo hubiera existido siempre, sin embargo, no se igualaría a Dios en la eternidad, tal como dice Boecio al final del *De Consol.*[39] Porque la existencia divina es una existencia total y simultánea sin sucesión. Esto no se da en el mundo.

6. *A la sexta hay que decir:* Todo tránsito se entiende como el paso de un término a otro. Pero cualquier día pasado que se tome desde él hasta el día de hoy hay un número limitado de días que

34. C.14: ML 41,319.   35. C.31: ML 41,311.   36. Tr.9 c.4 (104va).   37. Cf. ARISTÓTELES, c.4 n.5 (BK 203a31): S. Th. lect.6 n.8.   38. ARISTÓTELES, 1 c.24 n.19 (BK 352a26): S. Th. lect.17 n.4.   39. L.5 prosa 6: ML 63,859.

pudieron ser vividos. Aquella objeción sería válida si entre ambos términos hubiera medios infinitos.

7. *A la séptima hay que decir:* En las causas eficientes, es imposible proceder hasta el infinito *e*, pues se multiplicarían indefinidamente las causas requeridas para la producción de algún efecto. Ejemplo: que la piedra sea movida por el bastón, éste por la mano, y así indefinidamente. Pero no es imposible que accidentalmente unas causas dependan de otras indefinidamente, de modo que todas las causas que se multiplican indefinidamente equivalen a una sola cosa. Ejemplo: el carpintero utiliza accidentalmente muchos martillos porque se van rompiendo uno tras otro. En este caso, resulta claro que es sólo accidental usar un martillo después de otro. Lo mismo sucede cuando un hombre engendra a otro después de que él ha sido engendrado, ya que engendra en cuanto que es hombre y no en cuanto que es hijo de otro hombre. Todos los hombres que engendran tienen un mismo rango en la escala de las causas eficientes. Esto es, son agentes particulares. Por lo tanto, no es imposible que el hombre engendre al hombre indefinidamente. Esto sería imposible si la generación de tal hombre dependiera de otro hombre, y de uno de los elementos, y del sol, y así hasta el infinito.

8. *A la octava hay que decir:* Los que sostienen la eternidad del mundo, rechazan de múltiples formas este argumento. Pues algunos no creen imposible que existan almas infinitas en acto. Esto es lo que sostiene Algazel en *Metaphys.* [40] al

decir que esto sería algo accidental. Pero esto ya ha sido rechazado anteriormente (q.7 a.4). Otros, en cambio, sostienen que el alma se corrompe juntamente con el cuerpo. Otros, que de todas las almas sólo permanece una. Otros, como nos dice Agustín [41], que existe una especie de circunvolución de las almas, de modo que, separadas de los cuerpos, después de un cierto tiempo vuelven nuevamente a los cuerpos. De todo esto trataremos más adelante (q.75 a.6; q.76 a.2; q.118 a.6). Sin embargo, hay que tener presente que este argumento tiene un sentido especial. Pues se puede pensar que el mundo, o al menos algunas criaturas, como los ángeles, son eternos. Aunque no lo sea el hombre. Nosotros estamos estudiando el problema en sentido global, intentando responder si alguna criatura ha existido desde la eternidad *f*.

ARTÍCULO 3

La creación de las cosas, ¿fue o no fue al principio del tiempo?

In Sent. 2 d.1 q.1 a.6.

Objeciones por las que parece que la creación de las cosas no fue al principio del tiempo:

1. Lo que no existe en el tiempo no existe en algún tiempo concreto. Pero la creación no se dio en el tiempo, pues por la creación se produjo la sustancia de las cosas; y el tiempo no mide la sustancia de las cosas, en especial de las incorporales. Por lo tanto, la creación no fue al principio del tiempo.

2. Más aún. El Filósofo [42] prueba

---

40. P.1.ᵃ tr.1 div.6 (MK 40); cf. AVERROES, *Destruct. Destruct.* disp.1 (9,20A).   41. *Serm. ad Popul.* serm.241, c.4: ML 38,1135; *De Civ. Dei* l.12 c.13: ML 41,361.   42. ARISTÓTELES, *Phys.* 6 c.6 n.10 (BK 237b10): S. Th. lect.8 n.13.

---

e. Sobre la distinción entre el proceso «in infinitum per se» y el «per accidens» cf. Quodl. 9.a.1; *Summa Theol.* 1-2 q.1 a.4. Respecto de la autenticidad y coherencia del Quodlibeto 9 cf. los artículos de GLORIEUX, *Le plus beau de Saint Thomas est à lui?:* Mélanges de science religieuse 3 (1946) 235-68; *Les Quodlibets VII-XI de S. Thomas d'Aquin:* Recherches de Théologie ancienne et médiévale 13 (1946) 282-303; *Où en est la question du Quodlibet:* Revue du moyen âge latin 2 (1946) 405-14. A favor de la autenticidad cf. ISAAC, J., *Le Quodlibet 9 est bien de St. Thomas:* AHD 16 (1948) 145-85.

f. Sobre la imposibilidad de una multitud infinita «in actu» cf. *Summa Theol.* 1 q.7 a.4; *Quodl.* 12 q.2 a.2; *De aeternitate mundi.* En el texto que comentamos dice cautamente que no entra en la cuestión de qué seres particulares podían darse en tal mundo eterno. En cuanto a la posibilidad de una infinitud numérica «in actu», su pensamiento distingue entre la posibilidad absoluta de tal infinitud y su inconveniencia en relación al modo con que actúa Dios, causa primera y ordenadora.

que todo lo que se hizo estuvo haciéndose. De este modo, todo lo que se hace tiene un antes y un después. Pero al principio del tiempo, por ser indivisible, no hay antes ni después. Por lo tanto, como quiera que ser creado es un modo de ser hecho, parece que las cosas no fueron creadas al principio del tiempo.

3. Todavía más. También el mismo tiempo ha sido creado. Pero el tiempo no puede ser creado al principio del tiempo, puesto que el tiempo es divisible y el principio del tiempo indivisible. Por lo tanto, la creación no fue al principio del tiempo.

En cambio está lo que se dice en Gen 1,1: *Al principio creó Dios el cielo y la tierra.*

Solución. *Hay que decir:* El texto de Gen 1: *Al principio creó Dios el cielo y la tierra,* hay que exponerlo de tres modos a fin de excluir tres errores. Pues algunos sostuvieron que el mundo existió siempre y que el tiempo no tuvo principio. Para rechazar esto se dice[43]: *Al principio,* esto es, del tiempo. Otros sostuvieron dos principios de creación, uno para las cosas buenas, otro para las malas. Para rechazar esto, se dice: *Al principio,* esto es, en el Hijo. Pues así como el ser principio efectivo se apropia al Padre por el poder, así también el principio ejemplar se apropia al Hijo por la sabiduría. Tal como se dice en el Sal 103,24: *Todo lo hiciste en sabiduría.* Y así se comprende que Dios ha hecho todas las cosas en el principio, es decir, en el Hijo, siguiendo aquello del Apóstol en Col 1,16: *En Él mismo,* esto es, en el Hijo[g], *fueron creadas todas las cosas.* Otros[44] sostuvieron que las cosas corporales fueron creadas por Dios a través de criaturas espirituales. Para rechazar esto, se dice: *En el principio creó Dios el cielo y la tierra,* esto es, antes de cualquier cosa. Se dice que son cuatro las cosas creadas por Dios simultáneamente: El cielo empíreo, la materia corporal (conocida con el nombre de *tierra),* el tiempo y la naturaleza angélica.

Respuesta a las objeciones: 1. *A la primera hay que decir:* No se dice que las cosas hayan sido creadas al principio del tiempo en el sentido de que dicho principio del tiempo sea la medida de la creación, sino porque simultáneamente con el tiempo fueron creados el cielo y la tierra.

2. *A la segunda hay que decir:* El texto del Filósofo está referido al ser hecho, que se lleva a cabo por el movimiento o que es final del movimiento. Porque, como quiera que en todo movimiento puede indicarse un antes y un después, previo a cualquier momento en un movimiento concreto, esto es, mientras está moviendo o haciendo algo, puede entenderse un antes y un después previo a lo que está en el principio del movimiento o en su final. Pero la creación no es movimiento ni final de ningún movimiento, como se dijo anteriormente (q.45 a.2 ad 3). Por lo tanto, lo que se crea no se estaba creando.

3. *A la tercera hay que decir:* Nada se hace más que en cuanto que existe. Nada es temporal más que el *ahora.* Por lo tanto, nada puede ser hecho a no ser en un *ahora* concreto. No porque en el mismo primer *ahora* haya tiempo, sino porque por él empieza el tiempo.

CUESTIÓN 47

Sobre la diversificación de las cosas en general

Después de haber tratado lo referente a la producción de las cosas en lo que se refiere a su ser, ahora hay que analizar lo referente a su diversificación. Dicho estudio abarca: Primero, diversificación de las cosas en general;

43. *Glossa interl,* a *Gén.* 1,1 (1,23v).   44. Cf. supra q.45 a.5; infra q.65 a.4.

g. Así lo expusieron TEÓFILO DE ALEJANDRÍA, *Ad Autolicum* II,10; CLEMENTE DE ALEJANDRÍA, *Stromata* VI,7; SAN AMBROSIO, *Hexaemeron* 1,4,15 y SAN AGUSTÍN, *Confessiones* XI,8.

segundo, diversificación entre bien y mal; tercero, diversificación entre criaturas espirituales y corporales.

La cuestión referente a la diversificación de las cosas en general plantea y exige respuesta a tres problemas: 1. Multitud o diversificación de las cosas.—2. Desigualdad de las cosas.—3. Unidad del mundo.

ARTÍCULO 1

La multitud y diversificación de las cosas, ¿proviene o no proviene de Dios?

Cont. Gentes 2,39-45; 3,97; *Compend. Theol.,* c.71.72.102; *De Pot.,* q.3 a.1 ad 9; a.16; *De causis* lect.24.

Objeciones por las que parece que la multitud o diversificación de las cosas no proviene de Dios:

1. Lo uno siempre produce uno. Pero Dios es uno en grado sumo, tal como se demostró anteriormente (q.11 a.4). Por lo tanto no produce más que un efecto.

2. Más aún. Lo imitado se parece a su ejemplar. Pero Dios es la causa ejemplar de su efecto, tal como se dijo anteriormente (q.44 a.3). Por lo tanto, como quiera que Dios es uno, su efecto será sólo uno y no distinto.

3. Todavía más. Lo que se ordena al fin es proporcionado al fin. Pero el fin de la criatura es uno, esto es, la bondad divina, como se demostró anteriormente (q.44 a.4). Por lo tanto, el efecto de Dios no es más que uno.

En cambio está lo que se dice en Gen 1,4-7: *Dios distinguió la luz de las tinieblas y dividió aguas de aguas.* Por lo tanto, la distinción y diversificación de las cosas proviene de Dios.

Solución. *Hay que decir:* La causa de diversificación de las cosas, algunos la determinaron de forma múltiple. Pues algunos la atribuyeron a la materia, bien aislada, bien en unión con el agente. Demócrito y todos los antiguos naturalistas[1], la atribuyeron a la materia, no admitiendo más causa que la material. La diversificación de las cosas era debida al azar, según el movimiento de la materia. Anaxágoras[2] la atribuyó a la materia juntamente con el agente, e introdujo el entendimiento como agente de la diversificación, separando lo que estaba unido con la materia.

Pero esto no es sostenible por dos motivos: 1) *Primero,* porque, como se ha demostrado anteriormente (q.44 a.2), la misma materia ha sido creada por Dios. Por lo tanto, es necesario que la diversificación que se da a partir de la materia se reduzca a una causa superior. 2) *Segundo,* porque la materia tiene su razón de ser en la forma, no al revés. Así, la diversificación de las cosas es debida a las formas propias. Por lo tanto, la diversificación en las cosas no se da por la materia, sino, más bien, al contrario, en la materia creada está la deformidad para que pudiera ser adaptada a diversas formas.

Otros, en cambio, atribuyeron la diversificación de las cosas a agentes secundarios. Así Avicena[3], el cual dijo que Dios, conociéndose, produce la inteligencia primera, en la cual, por no ser su propio ser, necesariamente entra la composición de potencia y acto, como quedará claro más adelante (q.50 a.2 ad 3). Así, pues, la primera inteligencia, en cuanto que conoce la causa primera, produce la inteligencia segunda. En cuanto que se conoce estando en potencia, produjo el cuerpo del cielo al que mueve. En cuanto que se conoce estando en acto, produjo el alma del cielo.

Pero esto no es sostenible por dos motivos: 1) *Primero,* porque como quedó demostrado anteriormente (q.15 a.5), crear sólo le corresponde a Dios. Por lo tanto, aquellas cosas que no pueden existir más que por creación, no pueden ser producidas más que por Dios. Estas cosas son todas aquellas que no están sometidas a generación y corrupción. 2) *Segundo,* porque según esta opinión,

---

1. Cf. ARISTÓTELES, *Phys. 2* c.2 n.7 (BK 194a20); 2 c.4 n.6 (BK 196a24).   2. Cf. 3 c.4 n.5 (BK 203a23).   3. *Metaphys.* tr.9 c.4 (104va); cf. tr.1, c.7 (73rb).

la totalidad de las cosas no provendría de la intención del primer agente, sino de la convergencia de muchas causas agentes. Esto es lo que decimos que proviene por casualidad. Así, pues, la perfección del universo, que consiste en la diversidad de las cosas, se debería a la casualidad. Esto es imposible.

Por lo tanto, hay que decir: La diversificación y la multitud de las cosas proviene de la intención del primer agente, que es Dios. Pues produjo las cosas en su ser por su bondad, que comunicó a las criaturas, y para representarla en ellas[a]. Y como quiera que esta bondad no podía ser representada correctamente por una sola criatura, produjo muchas y diversas a fin de que lo que faltaba a cada una para representar la bondad divina fuera suplido por las otras. Pues la bondad que en Dios se da de forma total y uniforme, en las criaturas se da de forma múltiple y dividida. Por lo tanto, el que más perfectamente participa de la bondad divina y la representa, es todo el universo más que cualquier otra criatura. Y porque la causa de la diversificación de las cosas se debe a la sabiduría divina, Moisés dice que las cosas han sido hechas distintas en la Palabra de Dios, que es la concepción de la sabiduría. Esto es lo que se dice en Gen 1,3-4: *Dijo Dios: Hágase la luz. Y separó la luz de las tinieblas.*

Respuesta a las objeciones: 1. *A la primera hay que decir:* El agente natural obra por la misma forma por la que existe y que no es más que una sola. Por eso no produce más que un efecto. Pero el agente voluntario, como es Dios, tal como se demostró anteriormente (q.19 a.4), obra por una forma concebida. Así, pues, como quiera que conocer muchas cosas no contradice la unidad y simplicidad de Dios, tal como dijimos anterior-

mente (q.15 a.2), Dios, aun cuando sea uno, puede hacer muchas cosas.

2. *A la segunda hay que decir:* Aquella objeción sería válida si se tratara de algo imitado que representara perfectamente el ejemplar. De ser así, lo imitado no podría multiplicarse más que materialmente. Por eso, la imagen increada, que es perfecta, sólo es una. Pero ninguna criatura representa perfectamente el prototipo, que es la esencia divina. De este modo puede ser representada por muchos. Sin embargo, y en cuanto que las ideas son llamadas ejemplares, a la pluralidad de cosas le corresponde en la mente divina una pluralidad de ideas[b].

3. *A la tercera hay que decir:* En las ciencias especulativas, el medio de demostración que prueba perfectamente la conclusión es uno sólo. Pero los medios probables son muchos. Igualmente, en las ciencias operativas, cuando aquello que se ordena a un fin se adecua perfectamente, no necesita otro. Pero la criatura no está relacionada de esta forma con su fin, que es Dios. Por lo tanto, fue necesario multiplicar las criaturas.

ARTÍCULO 2

La desigualdad de las cosas, ¿se debe o no se debe a Dios?

q.65 a.2; *Cont. Gentes* 2,44.45; 3,97; *Compend. Theol.,* c.73.102; *In De Div. Nom.,* c.4 lect.16; *De Pot.,* q.3 a.16; *De Anima* a.7.

Objeciones por las que parece que la desigualdad de las cosas no se debe a Dios:

1. A lo óptimo hay que atribuirle cosas óptimas. Pero entre las cosas óptimas, una no es mayor que otra. Por lo tanto, a Dios, que es lo óptimo, le corresponde hacer todas las cosas igual.

2. Más aún. Como se dice en V *Metaphys.*[4], la igualdad es efecto de la uni-

---

4. ARISTÓTELES, 4 c.15 n.4 (BK 1021a12).

---

a. Sto. Tomás expone la finalidad de Dios al crear el mundo bajo los dos aspectos de comunicación y representación del bien. Pero en el desarrollo de esta idea subraya repetidamente el aspecto representativo. Como es obvio este segundo aspecto va a referirse de modo preferente a la esfera del conocimiento creado que va a captar la diversidad de formas de la perfección divina. Se reúnen así dos aspectos de la filosofía creacionista: la producción en el ser como participación de la perfección y como manifestación de la verdad. Esta manifestación de la verdad lleva consigo un matiz estético, como puede verse en el lugar paralelo: *De causis* lect.24, ed. Pera, n.° 400.

b. Sobre la doble relación de las criaturas a la esencia divina o a las ideas divinas, cf. ARTOLA, J. M., o.c., 108 y ss.

dad. Pero Dios es uno. Por lo tanto, hizo todas las cosas iguales.

3. Todavía más. Es de justicia distribuir desigualmente entre seres desiguales. Pero Dios es justo en todas sus obras. Por lo tanto, como quiera que en su operación por la que comunica el ser a las cosas no se presupone ninguna desigualdad, parece que hizo todas las cosas iguales.

En cambio está lo que se dice en Ecl 33,7-8: *¿Por qué un día difiere de otro, una luz de otra luz, un año de otro año, un sol de otro sol? La ciencia del Señor los ha diferenciado.*

Solución. *Hay que decir:* Orígenes[5], queriendo rechazar la opinión de aquellos que atribuían la distinción de las cosas a partir de la contrariedad de los principios del bien y del mal, sostuvo que todas las cosas habían sido creadas por Dios iguales en el principio. Pues dijo que Dios primero creó las criaturas racionales solamente, y las hizo todas iguales. En dichas cosas surgió la desigualdad por el libre albedrío, pues unas se orientaron hacia Dios de forma más o menos perfecta, mientras que otras se alejaron de Él también más o menos. Así, pues, aquellas criaturas que por su libre albedrío se orientaron a Dios, fueron promovidas a los diversos órdenes de los ángeles según la diversidad de méritos. Pero aquellas que se alejaron de Dios, fueron condenadas a vivir en diversos cuerpos según la diversidad del pecado. Dijo que ésta es la causa de la creación y de la diversidad de los cuerpos.

Pero según esto, la totalidad de las criaturas corporales no se debería a la bondad de Dios, que se comunica a las criaturas, sino que sería el castigo del pecado. Esto va contra lo que dice Gen. 1,31: *Vio Dios todo lo que había hecho, y era bueno.* Y como dice Agustín en XI *De civ. Dei*[6]: *¿Quién puede decir torpemente que este sol que nosotros vemos y que en este mundo es único no se deba a la armonía de la belleza o a la conservación de las cosas corporales que Dios como creador quiso poner, sino que, más bien, se debe a que un alma había pecado?* De ser así, si cien almas hubieran pecado, en este mundo habría cien soles.

De este modo hay que decir: Así como la sabiduría de Dios es la causa de la diversificación de las cosas, también lo es de su desigualdad. Esto se demuestra de la siguiente manera. Hay una doble diversificación en las cosas: 1) *Una,* formal, que es la que se da en aquellas cosas que se diferencian en la especie. 2) *Otra,* material, que se da en aquellas cosas que se diferencian solamente en el número. Como quiera que la materia se debe a la forma, la diversificación material se debe a la formal. De ahí que nosotros podamos observar que en las cosas incorruptibles no hay más que un individuo de una especie, porque la especie se conserva de modo suficiente en uno solo. No obstante, en los seres sometidos a generación y corrupción, hay muchos individuos en una especie para conservar la especie. De lo cual se deduce que, principalmente, hay una diversificación formal más que material. La diversificación formal requiere siempre desigualdad porque, como se dice en VIII *Metaphys.*[7], las formas de las cosas son como los números, en los cuales las especies varían según el aumento o disminución de la unidad. Por eso, en las cosas naturales, parece que las especies están ordenadas escalonadamente[c]. Así, los compuestos son más perfectos que sus elementos, y las plantas más que los

---

5. *Peri Archon,* l.1 c.6: MG 11,166. 6. C.23: ML 41,337. 7. ARISTÓTELES, 7 c.3 n.8 (BK 1043b34).

---

c. La consideración de las esencias como formando una gradación entre ellas puede basarse en el principio aducido aquí por Sto. Tomás, el de las formas tomadas como números, que procede de Aristóteles *(Metaphys.* H,3; BK 1043b33-4). Para un más exacto conocimiento del sentido del pasaje aristotélico cf. Ross, *Aristotle's Metaphysics* (Oxford 1953) II 233. Este principio, a su vez, se basa en la aceptación de un cierto grado de contrariedad entre las especies *(De causis* lect.4, ed. cit. n.114-5; *In de sens. et sens* lect.10,137). Pero esta fundamentación no es del todo rigurosa. La comparación de las esencias con los números es de carácter lógico y no de valor real absoluto. Así lo dice Sto. Tomás en *Q. de anima* 7 ad 18. En este último lugar niega que haya contrariedad entre los números. Lo cual se traduce en que no hay más perfección en un número por ser mayor. Cf. ARTOLA, J. M., o.c., p.177 y ss.

minerales, y los animales más que las plantas, y los hombres más que los otros animales. Así, en cada uno de ellos se encuentra una especie más perfecta que la de los otros. Por lo tanto, así como la sabiduría divina es causa de la diversificación de las cosas por la perfección del universo, así también es causa de la desigualdad. Pues el universo no sería perfecto si en las cosas no hubiera más que un grado de bondad.

Respuesta a las objeciones: 1. *A la primera hay que decir:* A un agente óptimo le corresponde producir todo su efecto de forma óptima *d*. Sin embargo, no en el sentido de que cada una de las partes del todo que hace sea absolutamente óptima, sino que es óptima en cuanto proporcionada al todo. Ejemplo: si toda la perfección del animal estuviera en el ojo, que es una parte, se anularía la bondad que tiene todo el animal. Así pues, Dios hizo todo el universo óptimo, atendiendo al modo de ser de las criaturas, no a cada una en particular, sino en cuanto una es mejor que otra. Así, de cada una de las criaturas se dice en Gen 1,4: *Vio Dios que la luz era buena.* Lo mismo se dice de las demás cosas. Pero de todas en conjunto se dice (v.31): *Vio Dios todo lo que había hecho, y era bueno.*
2. *A la segunda hay que decir:* Lo primero que surge de la unidad es la igualdad. Después, la multiplicidad. Así, del Padre, a quien se le apropia la unidad, tal como dice Agustín [8], procede el Hijo, a quien se le apropia la igualdad. Después, la criatura a la que le corresponde la desigualdad. Sin embargo, también las criaturas participan de cierta igualdad, esto es, la igualdad de proporción *e*.
3. *A la tercera hay que decir:* Aquel

argumento es el que movió a Orígenes [9], pero no es válido más que en la retribución de los premios, pues la desigualdad de premios se deberá a la desigualdad de méritos. Pero en la constitución de las cosas no hay desigualdad de las partes provocada por una desigualdad previa tanto de los méritos como de la disposición de la materia. Sino que es debida a la perfección del todo. Esto es observable en las obras artísticas. Ejemplo: el techo no es distinto de los fundamentos porque esté hecho de materia distinta, sino porque la perfección de la casa se debe a las diversas partes para las cuales el arquitecto necesita un material diverso, e incluso el arquitecto la haría si fuera posible.

ARTÍCULO 3
¿Hay o no hay un solo mundo?

De Pot., q.3 a.16 ad 1; *In Metaphys.* 12 lect. 10; *De Caelo* 1, c. 16-20.

Objeciones por las que parece que no hay un solo mundo, sino muchos:
1. Como dice Agustín en el libro *Octoginta trium quaest.*[10], no es correcto decir que Dios creó las cosas sin un motivo. Pues por lo mismo que creó un solo mundo, pudo crear muchos. Pues su poder no está limitado para hacer un solo mundo, sino que es infinito su poder, como quedó demostrado anteriormente (q.25 a.2). Por lo tanto, Dios hizo muchos mundos.
2. Más aún. La naturaleza hace siempre lo que es mejor. Con mucha más razón lo hace Dios. Pero hubiera sido mejor la existencia de muchos mundos a la de uno sólo, porque muchas cosas buenas son mejores que pocas bue-

---

8. *De Doct. Christ.* l.1 c.5: ML 34,21. 9. L.c. nota 5. 10. Q.46: ML 40,30.

---

d. Es un principio platónico que aparece con frecuencia en Sto. Tomás (cf. q.103 a.1). Está tomado de *Timaios* 30 A.
e. La «aequalitas», igualdad, es la propiedad de los que son uno en la cantidad *(In Metaphys. 4,* lect.3, ed. Cathala-Spiazzi, n.° 561). En *Summa Theol.* 1, q.42 a.1 explica Sto. Tomás cómo es posible aplicar a las personas divinas el concepto de igualdad. La cantidad no es la cualidad masiva, sino la virtual o cualitativa. Obviamente, las criaturas no son iguales a Dios en ese estricto sentido. Pero su desigualdad respecto de Dios no excluye una forma participada de unidad cualitativa, por así decirlo. Es la llamada de proporción. Es una semejanza; por tanto no es igualdad cuantitativa, sino cualitativa, con una referencia *(habitudo)* que no puede medirse estrictamente (cf. *Summa Theol.* 1, q.12 a.1 ad 1). Sto. Tomás afirma, por un lado, que la multiplicidad y, en este caso concreto, la desigualdad, proviene de Dios. Esta desigualdad no excluye, por otro lado, la referencia a la unidad de donde procede.

nas. Por lo tanto, Dios hizo muchos mundos.

3. Todavía más. Todo lo que tiene forma en la materia puede multiplicarse según el número, permaneciendo en la misma especie, porque la multiplicación numérica se hace a partir de la materia. Pero el mundo tiene forma en la materia. Pues así como cuando digo hombre indico la forma, cuando digo este hombre indico la forma en la materia; así también, cuando digo *mundo* se indica la forma, y cuando se dice *este mundo,* se indica la forma en la materia. Por lo tanto, nada impide que haya muchos mundos.

En cambio está lo que se dice en Jn 1,10: *El mundo ha sido hecho por Él.* Ahí *mundo* está en singular, indicando la existencia de un solo mundo.

Solución. *Hay que decir:* La armonía existente en las cosas creadas por Dios manifiesta la unidad del mundo. Pues se dice que en este mundo hay unidad y armonía en cuanto que unas cosas están ordenadas a otras. Todas las cosas que provienen de Dios, están ordenadas entre sí y también al mismo Dios, como se dijo anteriormente (q.11 a.3; q.21 a.1 ad 3). Por lo tanto, es necesario que todas las cosas converjan hacia un solo mundo. El hecho de que algunos sostuvieran la existencia de muchos mundos se debe a que establecieron que la causa del mundo no se debía a una sabiduría que todo lo ordenaba, sino a la casualidad. Es el caso de Demócrito, que dijo que este mundo y otros muchos han sido hechos a partir de la concurrencia de los átomos[f].

Respuesta a las objeciones: 1. *A la primera hay que decir:* Esta es la razón por la cual el mundo es uno: porque todas las cosas se deben armonizar en un solo orden y orientarse a un mismo fin. Por lo cual, Aristóteles, en XII *Metaphys.*[11], partiendo de la armonía que se da en las cosas, llegó a la conclusión de la unidad del Dios que las gobierna. Y Platón, a partir de la unidad ejemplar, prueba la unidad del mundo como algo imitado.

2. *A la segunda hay que decir:* Ningún agente busca la pluralidad material como fin, porque la multitud material no tiene un final concreto, sino que, en cuanto tal, tiende hacia lo indefinido. Y lo indefinido contradice el mismo concepto de fin. Cuando se dice que la existencia de muchos mundos es mejor que la existencia de uno solo, se está haciendo referencia a la multitud material. Pero esto que se considera como lo mejor no está en la intención de Dios. Porque, por lo mismo que se dice que podía haber hecho dos mundos, sería mejor que se dijera que podía haber hecho tres. Y así indefinidamente.

3. *A la tercera hay que decir:* El mundo está constituido por toda su materia. Pues no es posible que haya otra tierra más que ésta, porque cualquier otra tierra, donde quiera que estuviera, por naturaleza sería atraída hacia este centro. Lo mismo se puede decir de todos los otros cuerpos que son partes del mundo.

CUESTIÓN   48

Sobre la diversificación de las cosas en especial

Ahora hay que tratar lo referente a la diversificación de las cosas en especial. En primer lugar, la diversificación entre lo bueno y lo malo; des-

11. 11 c.10 n.14 (BK 1076 a 4).

───────────

f. Sto. Tomás proporciona en realidad una doble argumentación. Una se basa en la percepción del orden del mundo. La segunda justifica ese orden apoyándose en la unidad de Dios, que al crear hace que todas las criaturas guarden orden con Él y entre sí. Aun cuando ambas argumentaciones vengan encadenadas, en realidad son dos aspectos distintos: el físico y el metafísico. Más tarde se disociaron completamente y tal separación liberó a la metafísica de ciertas concepciones cosmológicas. Entre otras, la posibilidad de varios mundos es una de las doctrinas condenadas por el obispo de París, Tempier, en 1277. Cf. KOYRÉ, A., *La vie et l'espace infini au XIVe siècle:* AHD 17 (1949) 45-91. En las respuestas se observa que, mientras la primera prueba la unidad del mundo como unidad metafísica de toda criatura con el creador, la tercera es estrictamente física y no metafísica.

pues, entre la criatura espiritual y la corporal. Al analizar lo primero hay que estudiar el mal y la causa del mal. La cuestión referente al mal plantea y exige respuesta a seis problemas:
1. El mal, ¿es o no es alguna naturaleza?—2. El mal, ¿se encuentra o no se encuentra en las cosas?—3. El bien, ¿es o no es sujeto del mal?—4. El mal, ¿corrompe o no corrompe totalmente al bien?—5. División del mal entre pena y culpa.—6. ¿Dónde hay más razón de mal: en la culpa o en la pena?

ARTÍCULO 1

El mal, ¿es o no es alguna naturaleza determinada?

In Sent. 2 d.34 a.2; *De Ente et Ess.* c.1; *Cont. Gentes* 3, 7.8.9; *Compend. Theol.* c.1 15; *De Pot.* q.3 a.16 ad 3; *De Malo* q.1 a.1

Objeciones por las que parece que el mal es alguna naturaleza determinada:
1. Todo género es una naturaleza determinada. Pero el mal es un género. Pues en *Praedicamentis*[1] se dice: *El bien y el mal no están en un género, sino que son géneros de otras cosas.* Por lo tanto, el mal es una determinada naturaleza.
2. Más aún. Toda diferencia constitutiva de alguna especie, es una determinada naturaleza. El mal es la diferencia constitutiva en la moral. El hábito malo se diferencia del bueno en la especie, como la liberalidad de la tacañería. Por lo tanto, el mal indica una naturaleza determinada.
3. Todavía más. Cada uno de los contrarios es una naturaleza determinada. Pero el mal y el bien no se oponen como privación y posesión, sino como contrarios. Esto lo demuestra el Filósofo en *Praedicamentis*[2] porque entre el bien y el mal hay un término medio, y porque es posible salir del mal y volver al bien. Por lo tanto, el mal indica alguna naturaleza determinada.
4. Aún más. Lo que no existe, no actúa. Pero el mal actúa, porque co-

rrompe al bien. Por lo tanto, el mal es un determinado ser, una naturaleza determinada.
5. Por último. A la perfección de la totalidad de las cosas no pertenece más que lo que es ser y naturaleza. Pero el mal pertenece a la perfección de la totalidad de las cosas, pues Agustín, en *Enchirid.*[3], dice que *la admirable belleza existe a partir de la totalidad.* En dicha belleza, el llamado mal, si está bien ordenado y en su sitio, hace resaltar aún más lo bueno. Por lo tanto, el mal es una naturaleza determinada.

En cambio está lo que dice Dionisio en c.4 *De Div. Nom.*[4]: *El mal ni existe ni es bueno.*

Solución. *Hay que decir:* Cada uno de los opuestos [a] es conocido por el otro. Ejemplo: las tinieblas por la luz. De ahí que es necesario que a partir del concepto de bien se conozca lo que es el mal. Hemos dicho anteriormente (q.5 a.1), que el bien es todo aquello que es apetecible. Así, como quiera que toda naturaleza desea su propia existencia y perfección, es necesario afirmar que la existencia y la perfección de cualquier naturaleza tiene razón de bondad. Por lo tanto, no es posible que el mal indique algún ser o una determinada forma o naturaleza. Por lo tanto, no nos queda más que decir que con el nombre de mal se indica una determinada ausencia de bien [b]. Por eso se dice que el mal *ni exis-*

1. ARISTÓTELES, c.8 n.27 (BK 14a23).   2. ARISTÓTELES, c.8 n.7.16 (BK 12a22; 12B26).   3. C.10: ML 40,236.   4. § 20: MG 3,717: S. Th. lect.16.

---

a. La teoría de las oposiciones en Sto. Tomás puede estudiarse principalmente en el *Comentario a la Metafísica* de Aristóteles (l.V, lect.12; l.X, lect.6) y en el opúsculo *De quatuor oppos.* (en *Opuscula philosophica* ed. Spiazzi, Taurini, p.207-217). Cf. MELENDO, T., *Ontología de los opuestos* (Pamplona 1982) p.67 y ss.
b. Obsérvese la cautela de Sto. Tomás al introducir el término «quaedam». El mal no es, sin más, la ausencia del bien, sino una determinada ausencia; si bien cabría entender el «quaedam» como un paliativo de la simple falta de ser.

te ni es bueno, porque como quiera que todo ser, en cuanto tal, es bueno, no existir y no ser bueno es lo mismo.

Respuesta a las objeciones: 1. *A la primera hay que decir:* En aquel texto Aristóteles está siguiendo la opinión de los pitagóricos, los cuales sostenían que el mal era una naturaleza determinada. Por eso concebían el bien y el mal como géneros. Aristóteles acostumbra, de modo especial en los libros dialécticos, traer a colación ejemplos que en su tiempo eran probables según la opinión de algunos filósofos. También hay que decir: Como dice el Filósofo en X *Metaphys.*[5], *la primera contrariedad es la de la privación y la posesión;* es decir, que cada una de éstas se da en su contrario, puesto que cada uno de los contrarios es imperfecto con respecto al otro. Ejemplo: lo negro y lo blanco, lo amargo y lo dulce. Por lo cual, el bien y el mal son llamados géneros, no en sentido absoluto, sino como realidades contrarias [c], porque, así como toda forma tiene razón de bien, así también toda privación, en cuanto tal, tiene razón de mal.

2. *A la segunda hay que decir:* El bien y el mal no son diferencias constitutivas más que en la moral, la cual se especifica por el fin, que es el objeto de la voluntad, de la cual depende toda la moral. Y porque el bien tiene razón de fin, del mismo modo el bien y el mal son diferencias específicas en la moral: el bien, en cuanto tal; el mal, en cuanto privación del debido fin. Sin embargo, tampoco la privación del debido fin constituye algo específico en la moral a no ser que esté unido a un fin indebido. Del mismo modo que tampoco en las cosas naturales se encuentra la privación de la forma sustancial a no ser que esté unida a otra forma. Así, pues, del mismo modo que el mal es la diferencia constitutiva en la moral, es algún bien junto con la privación de otro bien: como el fin del hombre sin templanza, no es carecer del bien de la razón, sino la delectación sin lo ordenado por la razón. Por lo tanto, el mal, en cuanto tal, no es diferencia constitutiva, a no ser por razón del bien al que está unido[d].

3. *A la tercera hay que decir:* Ahí mismo se da la respuesta. Pues el Filósofo habla del bien y del mal en cuanto que se encuentran en la moral. Pues entre el bien y el mal se encuentra el medio; por cuanto que se llama bueno a lo que está ordenado, y malo, no solamente a lo que está desordenado, sino a lo que también es perjudicial para otro. Por eso, el Filósofo en IV *Ethic.*[6] dice que el pródigo es un inútil, pero no malo. Es cierto también que del mal moral se pueda volver al bien. Pero no de cualquier mal. Ejemplo: por naturaleza no se pasa de la ceguera a la vista, aunque, sin embargo, la ceguera es un mal.

4. *A la cuarta hay que decir:* Hacer algo tiene tres sentidos: 1) *Uno,* formal. Ejemplo: la blancura hace que el sujeto sea blanco. Así, el mal, incluso como privación, se dice que corrompe el bien, puesto que formalmente es la misma corrupción o privación del bien. 2) *Dos,* material, que es hacer algo efectivamente. Ejemplo: el pintor hace blanca la pared. 3) *Tres,* con sentido final. Es como obra el fin moviendo al que actúa. De los dos últimos sentidos, el mal, en cuanto tal, no hace nada, es decir, en

---

5. ARISTÓTELES, 9 c.4 n.6 (BK 1055a33): S. Th. lect.6 n.2030.   6. ARISTÓTELES, c.1 n.31 (BK 1121a25): S. Th. lect.4 n.688.

---

c. Sto. Tomás adopta como solución las propuestas por Simplicio en su comentario al libro de las *Categorías* de Aristóteles (cf. *De malo* q.1 a.1 ad 11[um]; *Simplicii in Aristotelis categorias commentarium.* Ed. Kalbfleisch, Berlin 1907, super 14a23). Una consiste en leer el texto aristotélico como una argumentación probable; la otra en negar que el bien y el mal sean dos géneros en sentido estricto, esto es, que ambos contengan un elemento esencial de la definición, sino que lo son únicamente como contrarios. Los contrarios son de tal manera, que uno de ellos es, en alguna medida, privación de una perfección que posee el otro. En este peculiar sentido cabe entender que bien y mal sean géneros.

d. En esta respuesta Sto. Tomás habla del mal moral. El mal moral puede especificar un acto, no en cuanto mal, sino en cuanto que el mal moral lleva consigo aparejado un bien. Si en la respuesta ad 1[um] Sto. Tomás quiere evitar que se conciba el mal como una realidad, en esta respuesta y en la ad 3[um] quiere explicar la peculiar condición del mal moral.

cuanto que es una privación. Siempre que obra en este sentido, es porque está unido a algún bien. Toda acción se debe a alguna forma, y todo lo que se desea como fin ya es alguna perfección. Por eso, como dice Dionisio, c.4 *De Div. Nom.*[7]: *El mal no obra ni es deseado más que en virtud de algún bien que lleva unido. En cuanto tal, no es un fin, y está fuera de toda voluntad e intención.*

5. *A la quinta hay que decir:* Como se dijo anteriormente (q.2 a.3; q.19 a.5 ad 2; q.21 a.1 ad 3; q.44 a.9), las partes del universo están relacionadas entre sí en cuanto que unas obran sobre otras y una es fin y ejemplo de la otra. Como acabamos de decir (ad 4), estas cosas no convergen en el mal a no ser por el bien que lleva unido. Por eso, el mal no pertenece a la perfección del universo ni está incluido en el orden del bien más que accidentalmente, esto es, en razón del bien que lleva unido.

ARTÍCULO 2

El mal, ¿se encuentra o no se encuentra en las cosas?

Supra q.22 a.2 ad 2; *In Sent.* 1 d.46 a.3; 2 d.34 a.1; *Cont. Gentes* 3, 71; *In de Div. Nom.* c.4 lect.16; *Compend. Theol.* c.142; *De Pot.* q.3 a.6 ad 4.

Objeciones por las que parece que el mal no se encuentra en las cosas:

1. Todo lo que se encuentra en las cosas, o es algún ser, o la privación de algún ser, que es el no ser. Pero Dionisio, en c.4 *De Div. Nom.*[8], dice: *El mal está lejos de lo que existe y todavía mucho más de lo que no existe.* Por lo tanto, el mal no se encuentra en absoluto en las cosas.

2. Más aún. Ente y cosa equivalen. Por lo tanto, si el mal es un ente en las cosas, se deduce que el mal es una cosa determinada. Esto va contra lo dicho anteriormente (a.1).

3. Todavía más. Como dice Aristóteles en III *Topic.*[9], *lo más blanco es lo que está menos mezclado con lo negro.* Por lo tanto, lo mejor es lo que está menos mezclado con lo malo. Pero Dios hace siempre lo que es mejor, mucho más que la naturaleza. Por lo tanto, en las cosas creadas por Dios no se encuentra ningún mal.

En cambio está el hecho de que desaparecerían todas las prohibiciones y las penas que no existen más que por lo malo.

Solución. *Hay que decir:* Como se indicó anteriormente (q.47 a.2), la perfección del universo requiere que haya desigualdad en las cosas a fin de que se cumplan todos los grados de bondad. Un grado de bondad consiste en que algo sea bueno, de modo que lo bueno nunca falte. Otro grado de bondad consiste en que haya algo bueno, de modo que lo bueno puede faltar. Ambos grados se dan en la realidad. De hecho hay cosas que no pueden perder su ser. Ejemplo: lo incorruptible. Otras, en cambio, sí pueden perderlo. Ejemplo: lo corruptible. Por lo tanto, como quiera que la perfección del universo exige que en él haya no sólo seres incorruptibles, sino también corruptibles, igualmente precisa que haya seres en los cuales puede faltar la bondad. Por eso, en algunas cosas la bondad falta de hecho. En esto consiste precisamente la razón de mal, esto es, en que algo sea privado del bien. Por lo tanto, es evidente que en las cosas se encuentra el mal, como puede ser la corrupción, pues la misma corrupción es un determinado mal[e].

Respuesta a las objeciones: 1. *A la primera hay que decir:* El mal está lejos absolutamente del ser y del no ser; porque no es ni posesión ni simple negación, sino privación[f].

7. § 20: MG 3,720: S. Th. lect.16.   8. § 19: MG 3,716: S. Th. lect.14.   9. ARISTÓTE-LES, c.5 n.10 (BK 119a27).

---

e. Fiel al planteamiento ontológico, Sto. Tomás considera el mal como una deficiencia del ser. Pero no es la simple finitud, sino el paso del ser al no-ser: la corrupción. El mal es corrupción del ser, del bien; y la corrupción es también, viceversa, un mal. Pero también aquí Sto. Tomás añade el término restrictivo «quoddam».

f. Aristóteles introdujo, frente a la oposición absoluta entre ser y no-ser, otros términos medios. Así la materia y la privación. De esta manera eludía la oposición más abstracta entre el ser y el no-ser. A su vez, Aristóteles distinguía entre materia y privación, no así los platóni-

2. *A la segunda hay que decir:* Como se dice en V *Metaphys.*[10], *ente* tiene dos sentidos. 1) *Uno,* en cuanto que indica la entidad de una cosa, por lo que está dividido en diez predicamentos. En este sentido, *ente* y cosa son lo mismo. Y también en este sentido ninguna privación es *ente,* por lo tanto, tampoco es mal. 2) En *otro* sentido, se dice *ente* para indicar la verdad de la proposición [g], que consiste en la composición, cuyo signo es el término *es.* Este es el *ente* por el que se responde a la pregunta: *¿Es o no es?* En este sentido decimos que la ceguera está en el ojo. Lo mismo se dice de cualquier otra privación. Es en este sentido en el que se dice que el mal es *ente.* Debido al desconocimiento de dicha distinción, algunos, teniendo presente que algunas cosas son llamadas malas o que el mal se dice que está en las cosas, creyeron que el mal era una cosa determinada.

3. *A la tercera hay que decir:* Dios, la naturaleza y cualquier agente hace lo que es mejor para el todo, pero no lo que es mejor para cada una de sus partes, a no ser en cuanto que cada una está ordenada al todo, como se dijo anteriormente (q.47 a.2 ad 1). El mismo todo que constituye la totalidad de las criaturas, es lo mejor y lo más perfecto si en dicho todo hay algunas partes a las que les puede faltar el bien, y que de hecho les falta, si Dios no lo impide. Porque a la Providencia no le corresponde el destruir la naturaleza, sino salvarla, como dice Dionisio en c.4 *De Div. Nom.*[11] La misma naturaleza de las cosas lleva consigo el que puedan fallar y, de hecho, a veces, fallan. También porque, como dice Agustín en *Enchirid.*[12]: *Dios es tan poderoso que del mal puede sacar bien.* De hecho, muchos bienes no existirían si Dios no permitiera la existencia de ningún mal. Ejemplo: no habría fuego si no se descompusiera el aire. No se conservaría la vida del león si no matara al asno. No se alabarían la justicia vindicativa y la paciencia resignada, si no existiera la iniquidad [h].

ARTÍCULO 3

El mal, ¿está o no está en el bien como en su sujeto?

Supra q.5 a.3 ad 1; q.17 a.4 ad 2; infra q.103 a.7 ad 1; q.109 a.1 ad 1; *In Sent.* 2 d.34 a.4; *Cont. Gentes* 3, 11; *Compend. Theol.* c.118; *De Malo* q.1 a.1.2.

Objeciones por las que parece que el mal no está en el bien como en su sujeto:

1. Todos los bienes son cosas existentes. Pero Dionisio, en c.4 *De Div. Nom.*[13], dice que el mal no existe ni está en lo existente. Por lo tanto, el mal no está en el bien como en su sujeto.

2. Más aún. El mal no es ser; en cambio, el bien sí lo es. Pero lo que no

---

10. ARISTÓTELES, 4 c.7 n.4 (BK 1017a22): S. Th. lect.9n.889.   11. §33: MG 3,733: S. Th. lect.23.   12. C.11: ML 40,236.   13. L.c. nota 11.

---

cos. Cf. *Metaphys.* A, 6: 987b20-1; *Phys.* A, 8: 192a26. La privación es ausencia de ser, de bien por tanto, pero no como puro no-ser, ni como potencia, sino como la falta de ser que padece un sujeto y que no sólo podría poseer ese ser que le falta, sino que lo exige. Por eso Aristóteles considera que la privación tiene algo de contradicción(ἀντίφασις, *Metaphys.* I, 4: 1055b3-4).

g. El doble sentido del «ens» permite distinguir entre el «ens» como entidad real y el «ens» que fundamenta una proposición, aun cuando el sujeto no sea una realidad. En este segundo caso, sin embargo, no se trata de que el sujeto sea un simple ente de razón, sino de que es verdadera la afirmación contenida en la proposición. Para ello no hace falta que exista una determinada naturaleza, sino que se dé la real privación de algo, como corrupción del ser. Pero esta real privación se significa como ser. De ahí que es verdad que *hay* males, pero no que el mal *sea* una naturaleza. En latín y en griego, los valores esencial y existencial del «ens» y del «óv» no están tan separados como en castellano —y análogamente en otros idiomas modernos— mediante el verbo ser y el verbo estar, haber, etc.

h. El modo tomista y aristotélico de contemplar la relación entre todos y partes no nace de una homogeneidad entre la totalidad y sus compuestos. La unidad del todo encierra dentro de sí una pluralidad de partes que guardan entre sí una oposición, lo que da lugar, fuera del todo, a los movimientos de generación y corrupción. Este es uno de los aspectos reales de la negativa aristotélica a la univocidad del ser universal. De ahí el carácter dramático que muestra el orden universal en muchas de sus facetas, ya que tal orden no excluye la corrupción de los seres materiales. Esta corruptibilidad hace posible el mal.

existe no necesita un ser en el que se encuentre como en su sujeto. Por lo tanto, tampoco el mal precisa el bien en el que exista como en su sujeto.

3. Todavía más. Uno de los contrarios no es sujeto del otro. Pero el bien y el mal son contrarios. Por lo tanto, el mal no está en el bien como en su sujeto.

4. Por último. Se llama blanco a aquello en lo que está la blancura como en su sujeto. Por lo tanto, es malo aquello en lo que está el mal como en su sujeto. Por lo tanto, si el mal está en el bien como en su sujeto, hay que concluir que el bien es malo. Contra esto se dice en Is 5,20: *¡Ay de los que llamáis mal al bien y bien al mal!*

En cambio está lo que dice Agustín en *Enchirid.*[14]: *El mal no está más que en el bien.*

Solución. *Hay que decir:* Como dijimos (a.1), el mal implica ausencia de bien. No obstante, no toda ausencia de bien es llamada mal. Pues la ausencia de bien puede ser tomada como privación y como negación. Así, pues, la ausencia de bien tomada como negación, no contiene razón de mal. En caso contrario se seguiría que aquellas cosas que no existen serían malas. También se diría que cualquier cosa es mala al no tener todo el bien que tienen las demás. Ejemplo: el hombre sería malo por no tener la velocidad de la cabra o la fortaleza del león. Pero la ausencia de bien tomada como privación es llamada mal, como se llama ceguera a la privación de la vis-

ta. El sujeto de la privación y de la forma es uno y el mismo, esto es, el ser en potencia, tanto si es ser en potencia absolutamente, como la materia prima, que es sujeto de la forma sustancial y de la privación de su opuesto, bien sea ser en potencia en cierto modo, y en acto absolutamente, como el cuerpo transparente, que es sujeto de las tinieblas y de la luz. Es evidente que la forma por la que algo está en acto es una cierta perfección y un determinado bien. Así, todo ser en acto es un determinado bien. De forma parecida, todo ser en potencia, en cuanto tal, es un determinado bien [i], en cuanto que está ordenado al bien. Es un ser en potencia como es un bien en potencia. Hay que concluir, por tanto, que el bien es el sujeto del mal.

Respuesta a las objeciones: 1. *A la primera hay que decir:* Dionisio quiere decir que el mal no se da en lo existente como si fuera una parte, o como una propiedad natural de algo existente.

2. *A la segunda hay que decir:* El no ser, tomado en sentido negativo, no precisa sujeto. Pero la privación [j] es negación en el sujeto, como se dice en IV *Metaphys.*[15] Dicho no ser es mal.

3. *A la tercera hay que decir:* El mal no está como en su sujeto en un bien que se le opone, sino en algún otro bien. Pues el sujeto de la ceguera no es la vista, sino el animal. Sin embargo, parece que, como dice Agustín [16], aquí estamos ante la excepción de aquella regla de los dialécticos [k], según la cual, *realida-*

14. C.14: ML 40,238. 15. ARISTÓTELES, 3 c.2 n.8 (BK 1004a15); S. Th. lect.3 n.564-566. 16. L.c. nota 14.

---

i. Los platónicos (cf. *De malo* q.1 a.2) identificaban la materia con la privación, con lo que llegan a la conclusión de que el bien se extendía a más cosas que el ser. Sto. Tomás reconoce la parte de verdad que corresponde a esta conclusión, que aparece, por lo demás, en el pseudo-Dionisio *(De div. nom.* c.4; ed. Pera, n.° 248), pero no identifica materia y privación. La privación se da en un sujeto. Este sujeto como tal es un ser, y de ahí que el mal reside en un ser, esto es, en un bien.

j. La posición de Sto. Tomás, que sigue a Aristóteles, consiste en que el mal, en cuanto privación, no es que resida en el ser a quien priva de algo que le pertenecía. De ahí su carácter contradictorio en cierto sentido. Así Aristóteles va exponiendo los diversos modos de ser y de no-ser huyendo del univocismo que el mismo Platón evitó en sus últimos diálogos. De ahí la distinción entre «ens negative» y «privado».

k. Ya Aristóteles en *Top.* B, 7: 113a22 dice que es imposible que «los contrarios se encuentren juntos en lo mismo». Sto. Tomás llama a este principio «regla de los dialécticos» con una cierta intención, puesto que tal principio es utilizado aquí dialécticamente, esto es, conforme al uso meramente lógico del mismo, que coincide con el «secundum communem acceptionem». Frente a este uso y acepción se halla el uso real y la acepción no común, sino especial, con discernimiento de una especie concreta. El bien y el mal son susceptibles de ambas consideraciones, como también cabe un uso lógico y otro metafísico de los primeros principios.

des contrarias no pueden coexistir simultáneamente. Sin embargo, esto debe entenderse según la aceptación general del bien y del mal, no según una aceptación especial de este bien y este mal. Ejemplo: lo blanco y lo negro, lo dulce y lo amargo y otras cosas contrarias similares, se toman siempre en sentido especial, porque se encuentran ciertos géneros concretos. Pero el bien envuelve todos los géneros. Por eso, un bien puede coexistir simultáneamente con la privación de otro bien.

4. *A la cuarta hay que decir:* El Profeta dirige aquel *¡Ay!* a aquellos que dicen: lo que es bueno, en cuanto que es bueno, es malo. Pero esto no se sigue de lo que se ha establecido y que resulta claro por todo lo que acabamos de decir (sol.).

ARTÍCULO 4

El mal, ¿corrompe o no corrompe totalmente al bien?

Infra q.103 a.7 ad 1; 1-2 q.20 a.2; q.85 a.2; *In Sent.* 2 d.34 a.5; *De Verit.* q.24 a.10 ad 11; *Cont. Gentes* 3, 12; *De Malo* q.2 a.12.

Objeciones por las que parece que el mal corrompe totalmente el bien:

1. Uno de los contrarios se corrompe totalmente por el otro. Pero el bien y el mal son contrarios. Por lo tanto, el mal puede corromper todo el bien.

2. Más aún. Agustín, en *Enchirid.*[17], dice que el mal es nocivo en cuanto que aniquila el bien. Pero el bien es semejante y uniforme a sí mismo. Por lo tanto, es destruido totalmente por el mal.

3. Todavía más. El mal, mientras existe, perjudica y aleja el bien. Pero aquello de lo cual siempre se está quitando algo, llega un momento en que se consume, a no ser que sea infinito, lo cual no puede decirse de ningún bien

creado. Por lo tanto, el mal consume totalmente el bien.

En cambio está lo que dice Agustín en *Enchirid.*[18]: *El mal no puede consumir totalmente al bien.*

Solución. *Hay que decir:* El mal no puede consumir totalmente el bien[1]. Para demostrar esto, hay que tener presente que hay un triple bien. 1) *Uno,* que se suprime totalmente por el mal. Éste es el bien opuesto directamente al mal. Ejemplo: la luz desaparece totalmente por las tinieblas; la vista, por la ceguera. Hay 2) *otro* bien que no es suprimido totalmente por el mal, ni tampoco disminuido. Este es el bien, sujeto del mal. Ejemplo: la sustancia del aire no disminuye por la presencia de las tinieblas. Hay un 3) *tercer* bien que, ciertamente, disminuye por el mal, pero no se suprime totalmente. Este bien es la capacidad del sujeto para actuar.

La disminución de este bien no tiene que ser tomada en el sentido de sustracción, como lo puede ser la disminución de la cantidad, sino en el sentido de atenuación, como lo puede ser la disminución en las cualidades y en las formas. La atenuación de esta capacidad hay que tomarla en el sentido contrario al de la intensificación de la misma capacidad. La capacidad se intensifica con las disposiciones con las que se prepara la materia para el acto, las cuales, cuantas más son en el sujeto, tanto más lo capacitan para recibir la perfección y la forma. Lo contrario sucede si se dan disposiciones opuestas, las cuales, cuantas más son en la materia y cuanto mayor es su intensidad, tanto más se disminuye la capacidad de la potencia para el acto.

Así, pues, si las disposiciones contrarias no se pueden multiplicar ni intensificar indefinidamente, sino hasta cierto

---

17. C.12: ML 40,237.   18. Ib.

---

l. Obsérvese que la argumentación que esgrime Sto. Tomás es una aplicación analógica del proceso de la corrupción física. Obviamente, la elección del ejemplo físico obedece a un designio previo conforme al cual el mal no es capaz de aniquilar totalmente el bien. La razón fundamental es metafísica, como ya aparece en el texto citado de San Agustín *(Enquiridion* c.12, ed. BAC, IV, 476-8). Sto. Tomás, por su parte, en la respuesta ad 3 añade los matices propios de la acción moral, de suerte que no cabe achacarle un fisicismo. Es simplemente una analogía explicativa, no probativa. El matiz peculiar de lo moral consiste en que, como se advierte en la respuesta citada, la disminución del bien no se realiza, al modo de la disminución del continuo, guardando una proporción. La acción moral, buena o mala, no es una operación sometida a esa restricción.

punto, tampoco la mencionada capacidad puede disminuir o atenuarse indefinidamente. Esto es lo que sucede en las cualidades activas y pasivas de los elementos. Ejemplo: el frío y la humedad, por las que disminuye o se atenúa la capacidad de la materia para recibir la forma del fuego, no pueden multiplicarse indefinidamente. En cambio, si las disposiciones opuestas pueden multiplicarse indefinidamente, la capacidad puede disminuir o atenuarse indefinidamente. Sin embargo, no se suprime totalmente, porque siempre permanece en su raíz, que es la sustancia del sujeto. Si se interponen indefinidamente cuerpos opacos entre el sol y el aire, indefinidamente se disminuye la capacidad del aire para recibir la luz. Sin embargo, nunca se suprimirá totalmente mientras permanezca el aire, el cual, por su propia naturaleza, es diáfano. De manera parecida, a unos pecados pueden añadirse otros indefinidamente, y con esto se disminuye siempre más y más la capacidad del alma para recibir la gracia. Estos pecados son como obstáculos interpuestos entre nosotros y Dios, según aquello de Is 59,2: *Nuestros pecados pusieron una barrera entre nosotros y Dios.* Sin embargo, no se suprime totalmente la capacidad del alma, porque dicha capacidad le es connatural.

Respuesta a las objeciones: 1. *A la primera hay que decir:* El bien que se opone al mal es suprimido totalmente; pero los otros bienes, como hemos dicho (sol.), no son suprimidos totalmente.

2. *A la segunda hay que decir:* La capacidad que hemos mencionado es algo intermedio entre el sujeto y el acto. Por eso, en lo que se refiere al acto, es disminuida por el mal; pero en lo que se refiere al sujeto, permanece. Por lo tanto, aun cuando el bien en cuanto tal es semejante, sin embargo, en cuanto se relaciona con cosas diversas, no es suprimido totalmente, sino sólo en parte.

3. *A la tercera hay que decir:* Algunos [19], relacionando la disminución del bien con la disminución que se produce en la cantidad, dijeron que, así como lo continuo se divide indefinidamente, siempre que se haga proporcionalmente (tomando la mitad de la mitad o el tercio del tercio), dicen que lo mismo sucede en el asunto que estamos tratando. Pero este argumento aquí no es válido. Porque en la división, en la que siempre se guarda la misma proporción, constantemente se sustrae cada vez menor cantidad, pues la mitad de la mitad es mucho menos que la mitad del todo. Pero un segundo pecado no siempre disminuye la capacidad del alma para recibir la gracia menos de lo que lo hace el pecado anterior; al contrario, tal vez la disminuye por igual o más. Por lo tanto, hay que decir: Aun cuando esta capacidad sea algo finito, sin embargo disminuye indefinidamente, no en cuanto tal, sino accidentalmente, es decir, según que aumenten también indefinidamente las disposiciones contrarias, como ya se dijo (sol.).

ARTÍCULO 5

El mal, ¿está o no está suficientemente dividido entre pena y culpa?

In Sent., 2 d.35 a.1; *De Malo,* q.1 a.4.

Objeciones por las que parece que el mal está insuficientemente dividido entre pena y culpa:

1. Todo defecto parece ser un determinado mal. Pero en todas las criaturas hay algún defecto, porque no pueden conservarse en sí mismas, y, sin embargo, este defecto no es ni pena ni culpa. Por lo tanto, no está correctamente dividido el mal entre pena y culpa.

2. Más aún. En los seres irracionales no se encuentra ni la culpa ni la pena. Sin embargo, están sometidos a la corrupción y al defecto, que son algo que pertenece al mal. Por lo tanto, no todo mal es culpa o pena.

3. Todavía más. La tentación es un determinado mal. Sin embargo, no es culpa, porque la tentación no consentida no es pecado, sino materia para ejercer la virtud, como se dice en la Glosa [20] a 2 Cor 12,7. Tampoco es pena, porque la tentación precede a la culpa y la pena es una consecuencia. Por lo tanto, no está correctamente dividido el bien entre pena y culpa.

19. Cf. GUILLERMO ALTISIODORO, *Summa Aurea,* p.2.ª tr.26 q.5 (fol.87a).   20. *Glossa ordin.* (6.76E); *Glossa* de PEDRO LOMBARDO: ML 192,84.

En cambio parece que la división es superflua. Pues Agustín en *Enchirid.*[21] dice que el mal es llamado así *porque perjudica.* Lo que perjudica es penal. Por lo tanto, todo mal está contenido en la pena.

Solución. *Hay que decir:* Como se indicó (a.3), el mal es privación del bien, que, principalmente y en cuanto tal, consiste en la perfección y en el acto. El acto es doble: primero y segundo. 1) El acto primero es la forma y la integridad del ser. 2) El acto segundo es la operación. Por lo tanto, el mal también es doble: 1) *Uno,* por la sustracción de la forma o de alguna parte que es necesaria para la integridad del ser. Ejemplo: la ceguera es un mal, carecer de algún miembro también lo es. 2) *Dos,* por la sustracción de la debida operación o porque no se da en absoluto, o porque no conserva el debido modo y orden. Por su parte, como el bien es absolutamente el objeto de la voluntad, el mal, que es privación del bien, por una especial razón se encuentra en las criaturas racionales, que poseen voluntad. Así pues, el mal que se da por la sustracción de la forma o de la integridad del ser, tiene **razón de pena.** Sobre todo, en el supuesto de que todas las cosas están subordinadas a la providencia y justicia divinas, como se demostró anteriormente (q.22 a.2). En el concepto de pena está incluido el que sea contraria a la voluntad. El mal, en cuanto sustracción de la debida operación en las cosas provistas de voluntad, tiene razón de culpa. Pues se imputa a uno como culpa el que falle al actuar, pues en la acción el dominio lo ejerce la voluntad. Así, pues, todo mal en las cosas provistas de voluntad es pena o culpa.[ll]

Respuesta a las objeciones: 1. *A la primera hay que decir:* Porque el mal es

privación del bien y no simple negación, como se dijo anteriormente (a.3), no toda ausencia de bien es mal, sino la ausencia del bien que se puede y se debe tener. Pues la ausencia de la visión no es un mal en la piedra, pero sí lo es en el animal, porque contra el concepto de piedra va el que tenga vista. Igualmente, contra el concepto de criatura va el que se conserve en su existencia por sí misma, porque dar el ser y conservarlo es algo que le corresponde al mismo. Por lo tanto, este defecto no es un mal de la criatura.

2. *A la segunda hay que decir:* La pena y la culpa no dividen el mal en general, sino el mal presente en las cosas provistas de voluntad.

3. *A la tercera hay que decir:* La tentación, en cuanto que implica provocación para el mal, siempre es mal de culpa en el tentador. Pero en quien es tentado, no es propiamente mal, a no ser que en el tentado se produzca algún cambio[m], pues la acción del que actúa pasa a tener su defecto en el que la recibe. En cuanto que el tentado es inclinado al mal por el tentador, cae en la culpa.

4. *A la cuarta hay que decir:* Al concepto de pena pertenece el que perjudique al agente en sí mismo. Pero al concepto de culpa pertenece el que perjudique al agente en su acción, y, así, ambos están contenidos bajo la razón de mal, en cuanto que tiene carácter de perjuicio.

ARTÍCULO 6

¿Qué tiene más razón de mal: la pena o la culpa?

Supra q.19 a.9; 2-2 q.19 a.1; *In Sent.,* 2 d.37 q.3 a.2; *De Malo* q.1 a.5

Objeciones por las que parece que tiene más razón de mal la pena que la culpa:

21. L.c. nota 17.

ll. La teoría metafísica del acto primero o forma y del acto segundo u operación es la base de la distinción entre pena y culpa. Pero aquí se restringe su alcance al ser racional y a su actividad voluntaria. La pérdida —contra la voluntad— de un bien que pertenece al ser racional es una pena. La voluntad refleja el cuidado que la criatura racional tiene de sí. El mal de culpa, en cambio, es el mal de la acción que la voluntad comete por sí misma.

m. El tentado es culpable cuando de alguna manera es atraído hacia el mal. Quiérese decir que, en tal caso, hay una cierta complicidad con el mal que viene de un agente externo tentador. El tema es tratado más ampliamente en las cuestiones referentes a la noción de pecado. *Summa Theol.* 1-2 q.74 a.3 ad 2. Un aspecto debatido de la cuestión es el llamado pecado de sensualidad. Cf. DEMAN, Th., art. «Péché»: DTC 12,1.° col.140 y ss.

1. La relación entre culpa y pena es igual a la existente entre mérito y premio. Pero el premio tiene más razón de bien que el mérito, ya que es su fin. Por lo tanto, la pena tiene más razón de mal que la culpa.

2. Más aún. Es mayor mal aquel que se opone a un mayor bien. Pero la pena, como se dijo (a.5), se opone al bien del agente, y la culpa al bien de la acción. Por lo tanto, como es mejor el agente que la acción, parece que sea peor la pena que la culpa.

3. Todavía más. La misma privación de fin es una determinada pena llamada ausencia de visión divina. El mal de culpa se da por la privación de ordenación al fin. Por lo tanto, la pena es un mal mayor que la culpa.

En cambio, un artífice sabio permite el mal menor para evitar el mayor. Ejemplo: el médico amputa un miembro para que no se corrompa todo el cuerpo. Pero la sabiduría de Dios impone la pena para evitar la culpa. Por lo tanto, la culpa es un mal mayor que la pena.

Solución. *Hay que decir:* La culpa tiene más razón de mal que la pena. Y no sólo que la pena sensible, que consiste en la privación de bienes corporales, tal como entienden muchos las penas, sino también más que la pena tomada en toda su extensión, esto es, en cuanto que las penas son una determinada privación de la gracia y de la gloria. Esto es así por dos motivos: 1) *Primero,* porque a partir del mal de culpa se hace alguien malo, no a partir del mal de pena. Así, Dionisio en c.4 *De Div. Nom.*[22] dice: *Castigar no es malo, sino el hacerse acreedor a la pena*[n]. Esto es así porque, como quiera que el bien en sentido absoluto consiste

en el acto y no en la potencia, el último acto es la operación o el uso de cualquiera de las cosas que se posee. El bien del hombre se considera, en sentido absoluto, que está en la correcta operación o en el buen uso de las cosas que se poseen. Utilizamos todas las cosas según la voluntad. Si es por buena voluntad, con la que el hombre utiliza bien lo que posee, se dice que es un hombre bueno. Si es por mala, es llamado malo. Pues quien tiene mala voluntad puede utilizar mal incluso el bien que tiene. Ejemplo: un lingüista puede hablar, si quiere, incorrectamente. Por lo tanto, porque la culpa consiste en el desordenado acto de la voluntad y la pena en la privación de alguna de aquellas cosas que utiliza la voluntad, la culpa contiene una mayor razón de mal que la pena.

2) *Segundo,* porque Dios, que es el autor de la pena, no es el autor del mal de culpa. Esto es así porque el mal de pena priva de bien a la criatura, ya se tome el bien de la criatura como algo creado (la ceguera priva la vista), ya se tome el bien como algo increado (la ausencia de la visión divina priva a la criatura de un bien increado). En cambio, el mal de culpa se opone propiamente al mismo bien increado, porque va contra el cumplimiento de la voluntad divina y del amor divino con el que el bien divino se ama en sí mismo; y no sólo en cuanto que es participado por la criatura. Así, pues, resulta evidente que la culpa contiene mayor razón de mal que la pena.

Respuesta a las objeciones: 1. *A la primera hay que decir:* Aun cuando la culpa culmine en la pena, como el mérito en el premio, sin embargo, no se busca la culpa por la pena, como el mérito por

22. § 22: MG 3,724: S. Th. lect.18.

---

n. No sólo el pseudo Dionisio, aquí citado, sino también la ética aristotélica pone un especial énfasis en la calidad moral de «hacerse digno de la pena o del premio». Cf. *Ethic Nic:* Δ, 3: 1123a34ss, en la cuestión de la magnanimidad.
El hacerse digno de premio o castigo supone una referencia al que premia o castiga y, por ello, una relación interpersonal. No es una operación física cuyas referencias se reducen a las causas que la producen, sino una exigencia moral ante un ser inteligente y bueno que establece la justicia. Queda así suprimido el automatismo físico de acción y reacción. Es preciso que haya una relación a otro ser cuya causalidad no es puramente física. Pero el «hacerse digno» no es tampoco mera imputación extrínseca; nace de la inserción del agente voluntario en el orden universal, no como hecho cósmico o social, sino en cuanto a su estructura metafísica previa.

el premio, sino más bien al revés, es decir, se aplica la pena para evitar la culpa[n]. Es así como la culpa es peor que la pena.

2.   *A la segunda hay que decir:* El orden de la acción, anulado por la culpa, es un bien más perfecto en el agente, por ser una perfección segunda, que el bien anulado por la pena, que es la perfección primera.

3.   *A la tercera hay que decir:* La relación entre culpa y pena no es la misma que la existente entre fin y orden al fin, porque de ambos puede estarse privado de algún modo, tanto por la culpa como por la pena. Por la pena, en cuanto que el mismo hombre es alejado del fin y del orden hacia el fin. Por la culpa, en cuanto que dicha privación pertenece a la acción que no está ordenada al debido fin.

CUESTIÓN 49

Sobre la causa del mal

Siguiendo el plan trazado, ahora hay que tratar lo referente a la causa del mal. Esta cuestión plantea y exige respuesta a tres problemas:

1. El bien, ¿puede o no puede ser causa del mal?—2. El sumo bien, Dios, ¿es o no es causa del mal?—3. ¿Hay o no hay algún sumo mal que sea la primera causa de todos los males?

ARTÍCULO 1

El bien, ¿puede o no puede ser causa, del mal?

1-2 q.75 a.1; *In Sent., 2* a.1 q.1 a.1 ad 2; d.34 a.3; *Cont. Gentes* 2,41; 3,10.13; *In De Div. Nom.* c.4 lect.22; *De Pot.,* q.3 a.6 ad 1.3.4; *De Malo* q.1 a.3; q.12 a.1 ad 10.

Objeciones por las que parece que el bien no puede ser causa del mal:

1.   Se dice en Mt 7,18: *El árbol bueno no puede producir frutos malos.*

2.   Más aún. Uno de los contrarios no puede ser causa del otro. El mal es contrario al bien. Por lo tanto, el bien no puede ser causa del mal.

3.   Todavía más. Un efecto defectuoso no puede provenir más que de una causa deficiente. Pero el mal, si tiene causa, es un efecto defectuoso. Por lo tanto, tiene una causa deficiente. Pero

todo lo deficiente es malo. Por lo tanto, la causa del mal no puede ser otra más que el mal.

4.   Por último. Dionisio, en c.4 *De Div. Nom.*[1] dice que el mal no tiene causa. Por lo tanto, el bien no es causa del mal.

En cambio está lo que dice Agustín *contra Julianum*[2]: *No hubo nada en absoluto de donde pudiera salir el mal más que del bien.*

Solución. *Hay que decir:* Es necesario afirmar que todo mal tiene alguna causa. Pues el mal es la ausencia del bien que debe poseerse. El que a algo le falte su natural y debida disposición[a] no puede tener su causa más que en algo que le aparte de su disposición, como no se mueve, por ejemplo, un cuerpo pesado sin que alguien lo empuje hacia arriba,

1. § 30: MG 3,732: S. Th. lect.22.   2. L.1 c.9: ML 44,670.

ñ. La pena no es el fin de la culpa, especialmente si nos atenemos a las penas medicinales, cuya finalidad es precisamente la de evitar la maldad moral propia de la culpa; cf. *Summa Theol.* 1-2, q.87 a.7.

a. Uno de los sentidos de «dispositio» es el aquí empleado, y consiste en la ordenación de una realidad que consta de partes. Cf. *Summa Theol.* 1-2, q.49, a.1 ad 3, en donde se cita, a su vez, a Aristóteles, *Metaphys.* Δ, 19; 1022b1ss. El orden de las partes constituye una forma para la diversidad de las mismas; además, la forma ordena las partes del sujeto al que informa. Su pérdida es la privación de un bien del sujeto que la padece.

como tampoco falla un agente en su acción a no ser por la presencia de algún obstáculo. El ser causa no le puede corresponder más que al bien, porque nada puede ser causa más que en cuanto que es ser, y todo lo que es ser, en cuanto tal, es bueno. Si nos detenemos en los cuatro géneros de causas, comprobamos que el agente, la forma y el fin, implican alguna perfección que pertenece a la razón de bien. Pero la materia, en cuanto que es potencia para el bien, tiene razón de bien.

El hecho de que el bien es causa del mal, y causa material, resulta evidente de lo dicho anteriormente. Pues ya quedó demostrado (q.48 a.3) que el bien es el sujeto del mal. El mal, por otra parte, no tiene causa formal, sino que, más bien, es privación de la forma. Lo mismo cabe decir con respecto a la causa final, pues, más bien, lo que tiene es privación del orden a su debido fin. Pues no sólo el fin tiene razón de bien, sino también de utilidad, porque está ordenado al fin. El mal tiene causa por lo que se refiere al agente, y no en cuanto tal, sino accidentalmente [b].

Para demostrar esto hay que tener presente que el mal es causado de forma distinta en la acción y en el efecto. En la acción es causado por la ausencia de alguno de los principios de la acción, o del agente principal, o del instrumental. Ejemplo: la ausencia de movimiento en el animal puede deberse a la debilidad de su fuerza motora, como sucede en los niños; o por la incapacidad instrumental, como sucede en los lisiados. Por otra parte, el mal en alguna cosa, pero no en el propio efecto del agente, a veces es causado por el agente, otras veces porque el agente es defectuoso, o porque lo es la materia. El mal causado por la capacidad o perfección del agente se da cuando, a la forma que el agente persigue, le acompaña necesariamente la privación de alguna otra forma. Ejemplo: a la forma del fuego le acompaña la pri-

vación de la forma del aire o del agua. Pues cuanto más potente es la fuerza del fuego, tanto más fuertemente imprime su forma y así corrompe también las formas contrarias. Por eso, el mal y la corrupción del aire y del agua es debida a la perfección del fuego. Pero esto sucede accidentalmente, porque el fuego no pretende anular la forma del agua, sino imprimir su forma propia. Pero haciendo esto causa aquello accidentalmente. Pero si hay defecto en el efecto propio del fuego, por ejemplo, que no llega a calentar, esto se debe al defecto de la acción que, a su vez, es debido al defecto de algún principio, o a la indisposición de la materia, que no recibe adecuadamente la acción del fuego. Pero esto mismo, que es ser deficiente, le sucede al bien, al que le compete, en cuanto tal, actuar. Por eso es verdad que el mal de ningún modo tiene una causa, a no ser de manera accidental. Es así como el bien es causa del mal.

Respuesta a las objeciones: 1. *A la primera hay que decir:* Agustín, en *Contra Julianum* [3], comenta: *El Señor llama árbol malo a la mala voluntad, y árbol bueno a la voluntad buena. De la voluntad buena no surge un acto moralmente malo, de la misma forma que de la voluntad buena se sigue un acto moralmente bueno. Sin embargo, el mismo movimiento de la mala voluntad es causado por la criatura racional, que es buena. Así es la causa del mal.*

2. *A la segunda hay que decir:* El bien no causa aquel mal que le es contrario, sino otro. Como la bondad del fuego causa el mal del agua, y el hombre, bueno por naturaleza, causa el acto moralmente malo. Esto mismo sucede accidentalmente, como acabamos de decir (sol.). Encontramos también que uno de los contrarios causa el otro accidentalmente, como el frío del ambiente exterior calienta en cuanto que el calor se concentra en el interior.

3. *A la tercera hay que decir:* En las cosas provistas de voluntad, la causa de-

3. Ib.

b. El mal no es el objeto directo de un agente. Surge accidentalmente; esto no quiere decir que su causa agente sea un accidente, en el sentido técnico, como una de las categorías del ser, sino que el mal surge por la conexión, no esencial, de un principio agente bueno con un defecto. En el artículo Sto. Tomás expone los diversos modos en que se produce esa conexión accidental.

ficiente del mal es distinta de la que se da en las cosas naturales. Pues el agente natural produce su efecto tal cual es él mismo, a no ser que se lo impida algo externo a él. Esto mismo es ya defecto suyo. Por eso nunca se sigue en el efecto un mal a no ser que preexista algún otro mal en el agente o en la materia, como hemos dicho (sol.). Pero en las cosas provistas de voluntad, el defecto de la acción procede de la voluntad deficiente en acto, en cuanto que al actuar no se somete a las reglas. Sin embargo, este defecto no es culpa, sino que la culpa se debe al hecho de que se actúa con tal defecto[c].

4. *A la cuarta hay que decir:* Como acabamos de afirmar (sol.), el mal no tiene una causa directa, sino sólo indirecta.

ARTÍCULO 2

El sumo bien, Dios, ¿es o no es causa del mal?

Supra q.19 a.9; q.22 a.2 ad 2; q.23 a.5 ad 3; q.48 a.2 ad 3; a.6; *In Sent.* 2 d.32 q.2 a.1; d.34 a.3; d.37 q.3 a.1; *Cont. Gentes* 2,41; 3,71; *Compend. Theol.* c.141.142; *De Subst. sep.,* op.15 c.15; *De Malo* q.1 a.5; *In Rom.* c.1 lect.7; *In Io.,* c.9 lect.1.

Objeciones por las que parece que el sumo bien, Dios, es causa del mal:

1. Se dice en Is 45,6-7: *Yo, el Señor, y no otro Dios, hago la luz y creo las tinieblas, hago la paz y creo el mal.* Y Am 3,6: *¿Habrá algún mal en la ciudad que no haya hecho el Señor?*

2. Más aún. El efecto de la causa segunda se reduce a la causa primera. Como se dijo (a.1), el bien es causa del mal. Así, pues, como Dios es la causa de todo bien, como se demostró anteriormente (q.2 a.3; q.6 a.1.4), se sigue que también el mal es causado por Dios.

3. Todavía más. Como se dice en II *Physic.*[4], una misma es la causa de la salvación de la nave y la de su riesgo. Pero Dios es la causa de la salvación de todas las cosas. Por lo tanto, Él mismo es la causa de toda perdición y de todo mal.

En cambio está lo que dice Agustín en el libro *Octoginta trium quaest.*[5]: *Dios no es el autor del mal, porque no es causa de la tendencia a no ser.*

Solución. *Hay que decir:* Como resulta claro de lo dicho (a.1), el mal que consiste en el defecto de la acción, siempre es causado por el defecto del agente. Pero en Dios no hay ningún defecto, sino que es la perfección suma, como quedó demostrado anteriormente (q.4 a.1). Por eso, el mal que consiste en el defecto de la acción, o que es causado por defecto del agente, no se reduce a Dios como a su causa.

Pero el mal que consiste en la corrupción de algunas cosas, sí se reduce a Dios como a su causa. Y esto es así tanto en las cosas naturales como en las voluntarias. Pues ya se ha dicho (a.1) que algún agente, en cuanto que con su capacidad produce alguna forma a la que se sigue corrupción y defecto, con su poder causa la corrupción y tal defecto. Es evidente que la forma que de modo primordial Dios pretende en las cosas creadas es el bien de la armonía del universo. La armonía del universo requiere, como dijimos anteriormente (q.22 a.2 ad 2; q.48 a.2), que algunas cosas puedan fallar y que, de hecho, fallan. De este modo, Dios, al causar en las cosas el bien de la armonía del universo, como consecuencia y forma accidental, también causa la corrupción de las cosas, según aquello que se dice en 1 Re 2,6: *El Señor da la muerte y la vida.* Pero aquello que se dice en Sab 1,13, *Dios no hizo la muerte,* hay que entenderlo en el sentido de que no quería la muerte en sí misma. Al orden del universo pertenece también el orden de la justicia, que exige que los delincuentes sean castigados. Según esto, Dios es autor del mal que es la pena. Pero del mal que es la culpa por el motivo que antes hemos aducido (sol.)[d].

4. ARISTÓTELES, c.3 n.4 (BK 195a3): S. Th. lect.5 n.7.   5. Q.21: ML 40,16.

---

c. En esta respuesta se especifica la peculiar forma en que actúa la causa agente del mal voluntario. Como se explica en *De malo,* q.1 a.3, la voluntad decide libremente pasar a la acción sin tener en cuenta la regla de la razón o de la ley divina. No tener conciencia de la regla no es un defecto culpable. La culpa está en la acción que se lleva a cabo cuando no se tiene en cuenta la norma.

d. Como se indica en la nota anterior, el orden tiene razón de forma para el conjunto de partes ordenadas. El orden universal es el objetivo principal de la actividad divina externa.

Respuesta a las objeciones: 1. *A la primera hay que decir:* Aquellas autoridades están hablando del mal de pena, no del mal de culpa.

2. *A la segunda hay que decir:* El efecto de la causa segunda deficiente se reduce[e] a la causa primera no deficiente, por lo que tiene de entidad y de perfección, no en lo que tiene de defecto. Ejemplo: todo lo que hay de movimiento en la cojera es causado por la fuerza motriz, pero lo que hay de defecto en ella no proviene de dicha fuerza, sino por estar contrahecha la pierna. De forma parecida, todo cuanto hay de entidad y de acción en la acción mala se reduce a Dios como a su causa. Pero lo que hay allí de defecto no es causado por Dios, sino que proviene de la causa segunda deficiente.

3. *A la tercera hay que decir:* El hundimiento de la nave se atribuye como causa al piloto por no hacer lo necesario para salvar la nave. Pero Dios nunca falla a la hora de hacer lo que es necesario para la salvación. Por eso no hay comparación posible.

ARTÍCULO 3

¿Hay o no hay un sumo mal causa de todo mal?

Infra q.63 a.4; *In Sent.*, 2 d.1 q.1 a.1 ad 1; d.34 a.1 ad 4; *De Verit.* q.16 a.2 Sed Cont.; *Cont. Gentes* 2,41; 3,15; *De Pot.*, q.3 a.6.

Objeciones por las que parece que hay un sumo mal causa de todo mal:

1. A causas contrarias, efectos contrarios. Pero en las cosas se da la contrariedad, según aquello de Ecl 33,15: *Contra el mal está el bien; contra la vida, la muerte; contra el justo, el pecador*. Por lo tanto, hay dos principios contrarios, uno del bien y otro del mal.

2. Más aún. Como se dice en II *De caelo et mundo*[6], si uno de los contrarios se da realmente, también se da el otro. Pero el sumo bien se da realmente, y es causa de todo bien, como quedó demostrado anteriormente (q.2 a.3; q.6 a.2.4). Por lo tanto, hay un sumo mal que se le opone y que es causa de todo mal.

3. Todavía más. Así como en las cosas se encuentra lo bueno y lo mejor, también se encuentra lo malo y lo peor. Pero tanto lo bueno como lo mejor se dicen por relación a lo óptimo. Por lo tanto, lo malo y lo peor son llamados así por su relación a algún sumo mal.

4. Aún más. Todo lo que es por participación, está reducido a aquello que es por esencia. Pero las cosas que son malas para nosotros, no son malas en esencia, sino por participación. Por lo tanto, hay algún sumo mal en esencia que es causa de todo mal.

5. Y también. Todo lo que es accidentalmente está reducido a aquello que es esencial. Pero el bien es causa del mal accidentalmente. Por lo tanto, es necesario suponer algún sumo mal que sea causa de los males esencialmente. Tampoco puede decirse que el mal no tiene causa esencial, sino sólo accidentalmen-

6. ARISTÓTELES, c.3 n.2 (BK 286a23): S. Th. lect.4 n.7.

Pero, dada la contrariedad de las diversas formas sustanciales, el orden universal no excluye la destrucción de muchas de ellas. Más aún, resulta conforme a la condición material de la realidad en que se da esa oposición entre las formas. Al negar Sto. Tomás el ocasionalismo, que niega la causalidad finita atribuyendo a Dios toda causalidad, afirma la consecuencia realista de la actividad propia de los seres creados, con la inevitable corrupción que acompaña a toda generación contraria.

e. «Reductio» es la operación lógica por la que algo se coloca en un género, pero no de modo propio y absoluto, sino en virtud de otra cosa que sí está en ese género o categoría. Es el caso de los principios y privaciones pertenecientes a una especie. Cf. *Summa Theol.* 1 q.3 a.5. A veces «reductio» se aplica a ambos modos y entonces se distingue la «reductio per se» y la «reductio per accidens». Cf. *In Sent.* 2 d.40 q.1. Pero generalmente «reductio» y el adverbio «reductive» se refieren únicamente al segundo modo. En sentido real, la «reductio» viene a significar la dependencia de lo fundamentado respecto de su fundamento. El ser del efecto es referido a su causa; lo que es «per accidens» a lo que es por sí; cf. *In Periherm.* (ed. Spiazzi, Taurini, 1955) n. 188-189. La reducción, en este caso, atribuye, en última instancia, todo efecto a la causa primera, que es Dios. Los dos aspectos, lógico y real, vienen a confluir cuando el género no se entiende como pura abstracción, sino como un principio real que une las especies no son concreciones sino participaciones. La distinción que Sto. Tomás establece aquí evita que se atribuya a Dios el efecto malo, que, además de finito, es un mal.

te, porque se seguiría que el mal no se daría en muchos, sino en pocos.

6. Por último. El mal del efecto se reduce al mal de la causa, porque el efecto defectuoso se debe a la causa deficiente, como se dijo anteriormente (a.1 y 2). Pero este proceder no se puede seguir indefinidamente. Por lo tanto, es necesario suponer un primer mal que sea causa de todo mal.

En cambio está el hecho de que el sumo bien es causa de todo ser, como se demostró (q.2 a.3; q.6 a.4). Por lo tanto, no puede haber algún principio opuesto a él que sea causa de los males.

Solución. *Hay que decir:* De todo lo establecido resulta claro que no hay un primer principio de los males, como hay un primer principio de los bienes. 1) *En primer lugar,* porque el primer principio de los bienes es esencialmente bueno, como quedó demostrado (q.6 a.3 y 4). Nada puede ser esencialmente malo, pues se demostró también (q.5 a.3; q.48 a.3), que todo ser, en cuanto tal, es bueno, y que el mal no se da más que en el bien como en su sujeto. 2) *En segundo lugar,* porque el primer principio de los bienes es el bien sumo y perfecto, que contiene en sí toda su bondad, como quedó demostrado (q.6 a.2). Por otra parte, el sumo mal no puede existir, porque, ya lo dijimos (q.48 a.4), aunque el mal siempre disminuya el bien, sin embargo, nunca lo puede consumir totalmente, y, así, permaneciendo siempre el bien, no puede haber algo que sea íntegra y completamente malo. Por lo cual, el Filósofo en IV *Ethic.*[7] dice que, *si el mal fuera completo, se destruiría a sí mismo,* porque una vez destruido todo bien (que se requiere para la integridad del mal), se suprimiría también el mismo

mal, pues su sujeto es el bien. 3) *En tercer lugar,* porque la razón de mal contradice la razón del primer principio. Porque todo mal es causado a partir del bien, como se demostró anteriormente (a.1), bien porque el mal no puede ser causa más que accidentalmente. De este modo no puede ser primera causa, porque la causa accidental es posterior a la esencial, como resulta evidente en II *Physic.*[8]

Quienes[9] sostuvieron[f] dos primeros principios, uno bueno y otro malo, cayeron en este error por el mismo motivo por el que surgieron otras extrañas hipótesis de los antiguos. Es decir, porque no tuvieron presente la causa universal de todo ser, sino tan sólo las causas particulares de todos los efectos particulares. De este modo, si encontraron algún ser que, por su naturaleza, era perjudicial para otro ser, opinaron que la naturaleza de aquel ser era mala; es como si alguien dijera que la naturaleza del fuego es mala porque destruye la casa de algún pobre. No se puede juzgar la bondad de la naturaleza de un ser por su relación a algo particular, sino que hay que juzgarla en sí misma y en cuanto que está ordenada a todo el universo, en el que cada cosa ocupa su lugar perfectamente dispuesto, como resulta claro por todo lo dicho (q.47 a.2 ad 1).

Porque observaron la presencia de dos causas particulares contrarias en dos efectos particulares contrarios, tampoco fueron capaces de reducir las causas particulares contrarias a una causa universal general. De este modo, llevaron la contrariedad que hay en las causas hasta los primeros principios. Pero, como todos los contrarios convergen en uno general, es necesario que en ellos, por encima de las causas contrarias propias, se encuentre una causa común[g], del mismo modo

7. ARISTÓTELES, c.5 n.7 (BK 1126a12): S. Th. lect.13, n.808.   8. ARISTÓTELES, c.6 n.10 (BK 198a8): S. Th. lect.10 n.12.   9. Cf. STO. TOMÁS, *Cont. Gentes* 2,41.

---

f. Con este último artículo de la cuestión 49 Sto. Tomás cierra, en alguna medida, una consideración general de la creación y de los grandes aspectos de la distinción y diversidad de las cosas creadas. Y en este artículo vuelve a insistir en que sólo la consideración de la realidad desde el punto de vista de la causalidad universal puede llevarnos al conocimiento de la unidad del primer principio. Las causalidades particulares no permiten ascender al conocimiento de la unidad de lo real si no se supera la contrariedad de lo particular, tal como se advierte en el párrafo siguiente de este mismo artículo.

g. En *De pot.* q.3 a.6, Sto. Tomás expone más detalladamente las posiciones de quienes no llegaban a admitir la unidad del principio creador, a causa de su incapacidad por elevarse a una

que sobre las cualidades contrarias de los elementos se encuentra la facultad del cuerpo celeste. Igualmente, por encima de todo lo que existe de un modo u otro, se encuentra un primer principio de ser, como quedó demostrado anteriormente (q.2 a.3).

Respuesta a las objeciones: 1. *A la primera hay que decir:* Los contrarios convienen en un solo género y en una sola razón de ser [h]. Por eso, aun cuando tengan causas particulares contrarias, sin embargo, es necesario que lleguen a una primera causa común.

2. *A la segunda hay que decir:* La privación y la posesión tienen su lugar natural en lo mismo. El sujeto de la privación es el ser en potencia, como se dijo (q.48 a.3). Por eso, como el mal es la privación del bien, como resulta claro por todo lo dicho (ib.), se opone a aquel bien al que se le añade la potencia, pero no al sumo bien, que es acto puro.

3. *A la tercera hay que decir:* Cada ser se proyecta según su propia razón de ser. Así como la forma es una determinada perfección, así también la privación es una determinada ausencia. Por eso, toda forma, perfección y bien, se proyectan por su acceso al término perfecto. La privación y el mal, por su alejamiento del término. Por eso, no se dice malo y peor por su acceso al sumo mal, como se dice bueno y mejor por su acceso al sumo bien [i].

4. *A la cuarta hay que decir:* Ningún ser es llamado malo por participación, sino por privación de la participación. Por lo tanto, no es necesario que se haga una reducción a algo que sea malo en esencia.

5. *A la quinta hay que decir:* Como quedó demostrado (a.1), el mal no puede tener causa más que accidentalmente. Por eso, es imposible hacer una reducción a algo que sea esencialmente causa del mal. Al decir que el mal está en muchos, se está diciendo algo absolutamente falso. Pues los seres sometidos a generación y corrupción, los únicos en los que se da el mal natural, son la más pequeña parte de todo el universo. Además, en cada una de las especies, el defecto natural se da escasamente. Sólo en el hombre parece que se da el mal a me-

causa universal. Sto. Tomás cita a Empédocles y Pitágoras (cf. *Phys.* A, 4: 188a17; *Metaphys.* A, 4: 984b32; ibid., 5: 985b23ss).

La argumentación de Sto. Tomás para probar la existencia de un principio común de los contrarios, superior a las causas contrarias propias, parte del principio de que todos los contrarios convienen en algo común. En ese caso, lo que se quiere decir es que los predicados contrarios se dan en un mismo sujeto, si bien no simultáneamente. Entonces llegaríamos a un sujeto genérico, supremo y universal. Pero el alcance de esta argumentación no llega hasta un principio real subsistente.

Para llegar a la meta propuesta, Sto. Tomás transpone el principio lógico en un principio real. Pero de todos es sabido el rechazo que siempre muestra al uso real de principios lógicos. La solución estriba en que el principio lógico de la conveniencia de los contrarios en un sujeto es, a su vez, derivación de un principio real. Ya Plotino lo vio así (cf. KREMER, o.c. 60-4) y Sto. Tomás lo ha aceptado (cf. *De divin. nom.*, ed. cit. n.° 113). De este modo resulta que la conveniencia entre los opuestos no es la referencia a un sujeto común de atribución, sino la totalidad originaria de la que participan las diversas formas contrarias. La relación lógica, según eso, es un producto derivado que imita a la realidad.

Sto. Tomás entiende que todas las formas contrarias son participación de la unidad total del ser supremo.

h. Véase como Sto. Tomás, de conformidad con lo indicado en la nota anterior, distingue la conveniencia lógica y la real, con la particularidad de que la realidad aquí aludida es la «ratio essendi». Del «esse» dice Sto. Tomás que es el acto de todas las cosas e incluso de las formas *(Summa Theol.* 1 q.4 a.1 ad 3). Sobre la función del «esse», cf. FABRO, o.c., 348 y ss.; ARTOLA, o.c., 159-168.

i. Tanto esta respuesta como la siguiente están determinadas por la preocupación de Santo Tomás por rechazar la idea de que el mal constituye o posee un poder propio paralelo al bien. En épocas próximas a Sto. Tomás, el maniqueísmo medieval, bajo las más variadas formas, se había desarrollado ampliamente. Sto. Tomás, como puede verse aquí, combate la consecuencia dualista que pudiera seguirse o, mejor dicho, el dualismo que fundamenta al maniqueísmo. El dualismo no quiere admitir que el mal no es un poder propio sino sólo un defecto. Sobre el dualismo medieval, y en concreto, sobre el catarismo, cf. MANSELLI, R., *L'eresia del male* (Napoli 1964).

nudo[j], porque el bien del hombre, centrado en los sentidos, no es un bien del hombre en cuanto hombre, es decir, conforme a la razón. Por otra parte, muchos se guían más por el sentido que por la razón.

6. *A la sexta hay que decir:* En las causas del mal no se puede seguir un proceso indefinidamente, sino que es necesario reducir todos los males a alguna causa buena, de la cual se sigue accidentalmente el mal.

j. Conocido texto de Sto. Tomás que muestra su visión muy poco optimista respecto a la conducta humana. Cierto que esa opinión resulta de la consideración de la naturaleza humana caída sobre la que se ejerce la gracia sobrenatural.

CUESTIÓN   75

**Sobre el hombre compuesto de alma y cuerpo.
Sobre la esencia del alma**

Una vez acabado el estudio de la creación de lo espiritual y de lo corporal, hay que introducirse ahora en el del hombre, ser compuesto de sustancia espiritual y corporal.

Al teólogo le corresponde estudiar la naturaleza humana en lo referente al alma, no en lo referente al cuerpo, a no ser en cuanto que está relacionado con el alma.

Así, nuestro primer análisis será el del alma. Y puesto que, según dice Dionisio en el c.2 *Angel. hier.*[1], en las sustancias espirituales hay *esencia, capacidad y acción,* primero estudiaremos lo referente a la esencia del alma; segundo, lo referente a su capacidad o potencias; tercero, lo referente a su acción.

Con respecto a lo primero, se presenta una doble problemática: 1) El alma en sí misma; 2) el alma en cuanto unida al cuerpo.

La cuestión sobre el alma en sí misma plantea y exige respuesta a siete problemas:

1. El alma, ¿es o no es cuerpo?—2. El alma humana, ¿es o no es algo subsistente?—3. Las almas de los seres irracionales, ¿son o no son subsistentes?—4. El alma, ¿es o no es el hombre? Mejor formulado: El hombre, ¿es

---

1. *De Cael. Hier.* § 2: MG 3,284.

o no es algo compuesto de alma y cuerpo?—5. El alma, ¿está o no está compuesta de materia y forma?—6. El alma humana, ¿es o no es incorruptible?—7. El alma humana, ¿es o no es de la misma especie que el ángel? [a]

ARTÍCULO 1
El alma, ¿es o no es cuerpo?

Cont. Gentes 2,65; De An. 1.2 lect.1.

Objeciones por las que parece que el alma es cuerpo:

1. El alma es el motor del cuerpo. Pero no es un motor inmóvil. Bien porque parece que nada puede mover sin ser movido, porque nada transmite lo que no tiene, como, por ejemplo, lo que no es caliente no calienta; bien porque, si algo es motor inmóvil, causa un movimiento eterno y siempre igual, como se demuestra en VIII *Physic.*[2]; y así no es el que observamos en el movimiento del animal, que es causado por el alma. Por lo tanto, el alma es motor movido. Pero todo motor movido es cuerpo. Luego el alma es cuerpo.

2. Más aún. Todo conocimiento se hace por alguna semejanza. Pero no puede haber semejanza entre el cuerpo y lo incorpóreo. Así, pues, si el alma no fuese cuerpo, no podría conocer lo corpóreo.

3. Todavía más. Es necesario que, entre el motor y lo movido, haya algún contacto. Pero no hay más contacto que el de los cuerpos. Así, pues, como el alma mueve el cuerpo, parece que el alma es cuerpo.

En cambio está lo que dice Agustín en el VI *De Trin.*[3].: *El alma es llamada simple porque su masa no se difunde por el espacio local.*

Solución. *Hay que decir:* Para analizar la naturaleza del alma, es necesario tener presente el presupuesto según el cual se dice que el alma es el primer principio

vital en aquello que vive entre nosotros, pues llamamos *animados* a los vivientes, e *inanimados* a los no vivientes. La vida se manifiesta, sobre todo, en una doble acción: la del conocimiento y la del movimiento. El principio de tales acciones fue colocado por los antiguos filósofos[4], que eran incapaces de ir más allá de la fantasía, en algún cuerpo, ya que decían que sólo los cuerpos eran algo, y lo que no es cuerpo es nada[5]. Así, sostenían que el alma era algún cuerpo[6].

Aun cuando la falsedad de esta opinión puede ser demostrada con muchas razones, sin embargo, tan sólo mencionaremos una por la que, de un modo más general y seguro, resulta evidente que el alma no es cuerpo. Es evidente que el principio de cualquier operación vital no es alma, pues, de ser así, el ojo sería alma, ya que es principio de visión. Lo mismo puede decirse de los otros instrumentos del alma. Pero decimos que el *primer* principio vital es el alma. Aunque algún cuerpo pueda ser un determinado principio vital, como en el animal su principio vital es el corazón. Sin embargo, un determinado cuerpo no puede ser el primer principio vital. Ya que es evidente que ser principio vital, o ser viviente, no le corresponde al cuerpo por ser cuerpo. De ser así, todo cuerpo sería viviente o principio vital. Así, pues, a algún cuerpo le corresponde ser viviente o principio vital en cuanto que es *tal* cuerpo. Pero es tal cuerpo en acto por la presencia de algún principio que constituye su acto. Por lo tanto, el alma, primer principio vital, no es el cuerpo, sino, el acto del cuerpo. Sucede como con el calor, principio de calefacción,

2. ARISTÓTELES, c.10 n.6 (BK 267b3): S. Th. lect.23 n.8.   3. C.6: ML 42,929. 4. Demócrito y Empédocles, según ARISTÓTELES, *De An.* 1 c.2 n.2.6 (BK 404a1b16). 5. Cf. Supra q.50   a.1.   6. Cf. MACROBIO, *In Soma. Scipion.* l.1 c.14 (DD 476); NEMESIO, *De Nat. hom.* c.2: MG 40,536; S. AGUSTÍN, *De Civ. Dei* l.8 c.5: ML 41,230.

a. Dado que el hombre es una creatura intermedia entre los animales y los ángeles, compuesto de materia y espíritu, lógicamente se establece el análisis del alma humana primero por comparación al cuerpo y a los animales (a.1-4), luego se considera en sí misma (a.5-6) y, finalmente, por comparación a los ángeles (a.7). El punto central de la exposición se encuentra en el a.2, donde se demuestra su subsistencia —tener el ser por sí misma— e inmaterialidad.

que no es cuerpo, sino un determinado acto del cuerpo [b].

Respuesta a las objeciones: 1. *A la primera hay que decir:* Como todo lo que se mueve es movido por otro, y este encadenamiento no puede llevarse hasta el infinito, es necesario decir que no todo motor es móvil. Pues, como moverse es pasar de la potencia al acto, el motor da lo que tiene al móvil, en cuanto que hace que el móvil esté en acto. Pero, como queda demostrado en VIII *Physic.*[7], hay algún motor absolutamente inmóvil que no se mueve ni sustancial ni accidentalmente. Y tal motor provoca un movimiento siempre uniforme. Hay otro motor que no se mueve sustancial, sino accidentalmente. Por eso su movimiento no es uniforme. Este tipo de motor es el alma. Y hay otro motor que se mueve sustancialmente: es el cuerpo. Como los antiguos naturalistas[8] creían sólo en la existencia de los cuerpos, sostuvieron que todo motor se mueve, y que el alma es cuerpo y que se mueve sustancialmente.

2. *A la segunda hay que decir:* No es necesario que la semejanza de lo conocido esté en acto en la naturaleza de quien conoce. Pero si alguien primero conoce en potencia y después en acto, es necesario que la semejanza de lo conocido no esté en acto en la naturaleza de quien conoce, sino que esté sólo en potencia. Sucede como con el color, que no está en la pupila en acto, sino sólo en potencia. Por lo tanto, no es necesario que la semejanza de lo corpóreo esté en acto en la naturaleza del alma, pero sí es necesario que el alma esté en potencia hacia tales semejanzas. Como los antiguos naturalistas[9] desconocían la distinción entre acto y potencia, sostenían que el alma era cuerpo por conocer lo corpóreo. Y por conocer todo lo corpóreo, decían que el alma estaba compuesta a partir de los principios de todos los cuerpos.

3. *A la tercera hay que decir:* Hay dos tipos de contacto: *físico* y *espiritual*[10]. El primero no se da más que cuando un cuerpo toca otro cuerpo. El segundo permite que un cuerpo sea tocado por algo incorpóreo que impulsa al cuerpo.

ARTÍCULO 2

El alma humana, ¿es o no es algo subsistente? [c]

De Pot. q.3 a.9.11; *De An.* l.3 lect.7; *De Spir. Creat.* a.2; *De Anima* a.1.14.

Objeciones por las que parece que el alma humana no es algo subsistente:

1. Lo que es subsistente es *algo concreto.* Pues el alma no es *algo concreto,* sino que lo es el compuesto resultante a partir del alma y del cuerpo. Luego el alma no es algo subsistente.

2. Más aún. Todo lo que es subsistente puede decirse que obra. Pero no se

---

7. ARISTÓTELES, c.5 n.11 (BK 258b4); c.65 n.2 (BK 258b15); c.10 n.6 (BK 267b3): S. Th. lect.13 n.7.   8. Cf. ARISTÓTELES, *De An.* 1 c.2 n.2 (BK 403b29).   9. Cf. ARISTÓTELES, *De General.* 1, c.10 n.5 (BK 327b23).   10. Original latino: *Quantitatis et virtutis.* Estas dos palabras en latín tienen una fuerza expresiva que se pierde en la traducción literal: *cuantitativo* y *virtual.* El contacto cuantitativo no va referido a la cantidad ni a la intensidad. Y el virtual no va referido al poder ni a la fuerza. Ambos pueden ser contactos intensos y poderosos por igual. La diferencia está en el modo. Por eso, *físico* y *espiritual* traducen la fuerza expresiva que la literalidad anula. *(N. del T.)*

---

b. No debemos pensar, al modo hoy corriente, en el alma como realidad exclusiva del hombre. En el pensamiento antiguo hasta Descartes, y aun después, todos los vivientes tenían alma y por ella eran vivientes; de ahí la división de los seres naturales en «animados» e «inanimados». La negación de que el alma sea cuerpo no es afirmación de su espiritualidad (lo será, por una razón ulterior, respecto del alma humana [a.2], no con respecto a los animales [a.3] ni a las plantas). Lo que se demuestra aquí es que el alma no es un cuerpo unido a otro cuerpo, ni todo el cuerpo del viviente o una parte de él, sino el principio o acto de «tal» cuerpo que le hace ser vivo, pudiendo ser un principio o acto corpóreo. Es la aplicación a los vivientes del hilemorfismo aristotélico.

c. Subsistencia y subsistente no tienen carácter temporal o atemporal, sino ontológico. *Subsistere,* estar debajo en pie; es decir, tener en sí mismo razón de ser y existencia, y no por o en dependencia de otro (cf. ad 2; a.6). No se trata, por tanto, de probar la inmortalidad del alma (se hará en el a.6), aunque prepara para ello al demostrar su incorporeidad.

dice que el alma obra, porque, como se señala en I *De Anima*[11], *decir que el alma siente o entiende es como decir que teje o construye algo.* Luego el alma no es algo subsistente.

3. Todavía más. Si el alma fuese algo subsistente, alguna de sus operaciones se daría sin el cuerpo. Pero ninguna de sus operaciones se da sin el cuerpo, ni siquiera el entender, porque entender no se da sin imágenes, y éstas no se dan sin el cuerpo. Luego el alma no es algo subsistente.

En cambio está lo que dice Agustín en el X *De Trin.*[12]: *Quien comprenda que la naturaleza de la mente es sustancia incorpórea, comprenderá también que se equivocan quienes dicen que es corpórea, pues éstos le adhieren todo aquello sin lo que no ven posible una naturaleza, es decir, las imágenes de los cuerpos.* Por lo tanto, la naturaleza de la mente humana no sólo es incorpórea, sino que también es sustancia, es decir, algo subsistente.

Solución. *Hay que decir:* Es necesario afirmar que el principio de la operación intelectual, llamado alma humana, es incorpóreo y subsistente. Es evidente que el nombre por el entendimiento puede conocer las naturalezas de todos los cuerpos[d]. Para conocer algo es necesario que en la propia naturaleza no esté contenido nada de aquello que se va a conocer, pues todo aquello que está contenido naturalmente impediría el conocimiento. Ejemplo: la lengua de un enfermo, biliosa y amarga, no percibe lo dulce, ya que todo le parece amargo. Así, pues, si el principio intelectual contuviera la naturaleza de algo corpóreo, no podría conocer todos los cuerpos. Todo cuerpo tiene una naturaleza determinada. Así, pues, es imposible que el principio intelectual sea cuerpo.

De manera similar, es imposible que entienda a través del órgano corporal, porque también la naturaleza de aquel órgano le impediría el conocimiento de todo lo corpóreo. Ejemplo: si un determinado color está no sólo en la pupila, sino también en un vaso de cristal, todo el líquido que contenga se verá del mismo color.

Así, pues, el mismo principio intelectual, llamado mente o entendimiento, tiene una operación sustancial independiente del cuerpo. Y nada obra sustancialmente si no es subsistente. Pues no obra más que el ser en acto; por lo mismo, algo obra tal como es. Así, no decimos que calienta el *calor*, sino lo *caliente.*

Hay que concluir, por tanto, que el alma humana, llamada entendimiento o mente, es algo incorpóreo y subsistente.

Respuesta a las objeciones: 1. *A la primera hay que decir: Algo concreto* puede tener dos sentidos: 1) El de cualquier cosa subsistente; 2) El de algo subsistente con una naturaleza completa de alguna especie. El primero excluye la adhesión del accidente y de la forma material. El segundo excluye la imperfección que implica ser parte. Por eso, la mano puede ser llamada *algo concreto* en el primer sentido, pero no en el segundo. Por lo tanto, el alma humana, al ser parte de la especie humana, puede ser llamada *algo concreto* subsistente en el primer sentido, pero no en el segundo. En el segundo sentido es llamado *algo concreto* el compuesto resultante a partir del alma y del cuerpo.

2. *A la segunda hay que decir:* Con aquellas palabras, Aristóteles no está expresando su opinión, sino la de aquellos que sostenían que entender es mover. El contexto lo aclara[13].

O también puede decirse que obrar

---

11. ARISTÓTELES, c.4 n.12 (BK 408b11): S. Th. lect.10 n.151.   12. C.7: ML 42,979.   13. ARISTÓTELES, *De An.* 1 c.4 n.10 (BK 408a34): S. Th. lect.10 n.146.

d. La aceptación de la doctrina aristotélica de la intelección (abstractiva, a través de las realidades singulares y acompañada de la imagen sensible) planteaba un problema para la incorporeidad (espiritualidad) y para la pervivencia del alma humana después de la muerte, ignorado en las explicaciones innatistas e iluministas del conocimiento, de filiación platónica y neoplatónica. El argumento presente se establece desde dentro de la misma teoría aristotélica del conocimiento. Tiene su origen en Anaxágoras y fue sistematizado por Aristóteles. (Amplia exposición de sus diversas formulaciones en Aristóteles y Sto. Tomás en J. R. ARIAS, *El más antiguo y discutido argumento para probar la incorporeidad del alma humana:* Estudios Filosóficos 1-2 [1952-3] 139-190 y 89-143.)

por sí mismo corresponde al existir por sí mismo. Que existe por sí mismo puede decirse de algo cuando no está adherido como accidente, o como forma material, incluso si es parte. Pero, propiamente, que subsiste por sí mismo se dice de aquello que no está adherido según lo dicho, y que tampoco es parte. En este sentido, el ojo y la mano no pueden ser llamados subsistentes por sí mismos, y, consecuentemente, tampoco puede decirse que obran por sí mismos. De ahí que las operaciones de las partes sean atribuidas al todo a través de las partes. Pues decimos que el hombre ve por el ojo, que palpa por la mano, en un sentido distinto al que implica decir que lo caliente calienta por el calor, porque, propiamente hablando, de ninguna manera el calor calienta. Así, pues, puede decirse que el alma entiende, como se dice que el ojo ve. Pero tiene un mayor sentido y propiedad decir: El hombre entiende por el alma.

3. *A la tercera hay que decir:* El cuerpo es necesario para la acción del entendimiento, pero no como el órgano con el que se realiza tal acción, sino por razón del objeto. Pues la imagen se relaciona con el entendimiento como el color con la vista. Y necesitar el cuerpo no excluye que el entendimiento sea subsistente, de lo contrario el animal no sería algo subsistente, pues necesita de los sentidos externos para sentir.

ARTÍCULO 3

Las almas de los animales irracionales, ¿son o no son subsistentes?[e]

Cont. Gentes l.2 c.82.

Objeciones por las que parece que las almas de los animales irracionales son subsistentes:

1. El hombre y los otros animales convienen en género. Pero, como ha quedado demostrado (a.2), el alma del hombre es algo subsistente. Por lo tanto, las almas de los otros animales son subsistentes.

2. Más aún. La relación entre lo sensitivo y lo sensible es similar a la que se da entre lo intelectivo y lo inteligible. Pero el entendimiento conoce lo inteligible sin el cuerpo. Por lo tanto, el sentido aprehende lo sensible sin el cuerpo. Por otra parte, las almas de los animales irracionales son sensitivas. Por lo tanto, son subsistentes por la misma razón por la que lo es el alma del hombre, que es intelectiva.

3. Todavía más. El alma de los animales irracionales mueve el cuerpo. Y el cuerpo no mueve, sino que es movido. Por lo tanto, el alma del animal irracional realiza alguna operación sin el cuerpo.

En cambio está lo que se dice en el libro *Eccl. Dogmat.*[14]: *Creemos que sólo el alma humana es sustantiva, no así el alma irracional.*

Solución. *Hay que decir:* Los antiguos filósofos no ponían distinción alguna entre el sentido y el entendimiento, y, como se ha dicho (a.1 q.50; a.1), a cada uno le atribuían un principio corpóreo.

Platón, por su parte, distinguió entre entendimiento y sentido; sin embargo, a cada uno le atribuyó un principio incorpóreo, estableciendo que al alma en cuanto tal le corresponde entender y también le corresponde sentir. Por su parte, Aristóteles[15] sostuvo que entre las operaciones del alma sólo el entender se realiza sin órgano corporal. En cambio, el sentir y las operaciones propias del alma sensitiva es claro que se realizan con alguna mutación corporal, como, al ver, la pupila se cambia por la especie del color. Lo mismo sucede con otras operaciones. Resulta evidente, así, que el alma sensitiva no tiene, por sí misma, ninguna operación propia, sino que toda operación del alma sensitiva va unida a lo corporal. De todo esto se concluye que las almas de los animales irracionales, al no obrar por sí mismas, no son subsistentes, pues en cada uno hay semejanza entre ser y obrar.

14. GENADIO, c.16: ML 58,984.   15. ARISTÓTELES, *De An.* 3, c.4 n.4 (BK 429a24): S. Th. lect.7 n.684. Para las otras opiniones, cf. las notas 4.5.6 a esta q.75.

e. El hombre, animal racional, conviene en el género con los otros animales. Por eso nunca se les denominaba al contraponerlos al hombre, simplemente «animales», sino añadiendo la diferencia *«bruta» animalia* (animales irracionales).

Respuesta a las objeciones: 1. *A la primera hay que decir:* El hombre, aun cuando convenga en género con los otros animales, sin embargo se diferencia en la especie. La diferencia de especie se debe a la diferencia de forma. Tampoco es necesario que toda diferencia de forma produzca diversidad de género.

2. *A la segunda hay que decir:* En cierto modo lo sensitivo se relaciona con lo sensible como lo intelectivo con lo inteligible, es decir, en cuanto que ambos están orientados potencialmente hacia sus objetos. Pero también en cierto modo se distinguen, es decir, en cuanto que lo sensitivo recibe la acción de lo sensible por la mutación corporal. Por eso, la excesiva intensidad de lo sensible anula el sentido. Esto no sucede con el entendimiento, pues el entendimiento, entendiendo lo inteligiblemente más sublime, puede entender después mucho mejor lo menos sublime. Si, por lo demás, al entender se cansa el cuerpo, esto es accidentalmente, es decir, en cuanto que el entendimiento necesita la cooperación de las fuerzas sensitivas con las que se le preparan las imágenes.

3. *A la tercera hay que decir:* La fuerza motriz es doble. 1) *Una* ordena el movimiento: Es la fuerza apetitiva. Su operación en el alma sensitiva no se da sin el cuerpo, sino que la ira, la alegría y todas las pasiones de este tipo, se dan con alguna mutación corporal. 2) *Otra* ejecuta el movimiento, por la cual los miembros son aptos para obedecer la orden del apetito. Su acto no es mover, sino ser movido. De ahí que resulte claro que mover no es un acto del alma sensitiva realizado sin el cuerpo.

ARTÍCULO 4

El alma, ¿es o no es el hombre?

De ente et ess. c.2; *In Sent.* l.3 d.5 q.3 a.2; d.22 q.1 a.1; *Cont. Gentes* 2,57; *In Metaphys.* l.7 lect.9.

Objeciones por las que parece que el alma es el hombre:

1. Se dice en 2 Cor 4,16: *Nuestro hombre exterior se corrompe, sin embargo, el interior se renueva constantemente.* Pero en el hombre lo interior es el alma. Luego el alma es el hombre interior.

2. Más aún. El alma humana es una determinada sustancia. Y no una sustancia universal, sino particular. Por lo tanto, es hipóstasis o persona. Y no lo puede ser si no es humana. Luego el alma es el hombre, pues la persona humana es el hombre.

En cambio está el hecho que Agustín, en XIX *De Civ. Dei*[16] alaba a Varrón, quien *defendía que el hombre no es sólo alma ni sólo cuerpo, sino alma y cuerpo a un tiempo.*

Solución. *Hay que decir:* La afirmación: *El alma es el hombre,* puede ser entendida de dos maneras. 1) *Una,* que *el hombre* es el alma, pero *este hombre* no es el alma, sino un compuesto a partir del alma y del cuerpo. Ejemplo: Sócrates. Esto lo digo porque algunos[17] sostuvieron que sólo la forma pertenecía a la especie, mientras que la materia era parte del individuo, no de la especie. Esto no puede ser verdad. Pues a la naturaleza de especie le pertenece lo que expresa la definición. Y en las cosas naturales, la definición no expresa sólo la forma, sino la forma y la materia. De ahí que la materia en las cosas naturales sea parte de la especie, no una materia concreta, que es principio de individuación, sino la materia común. Pues, así como es propio de la razón de *este hombre* que lo sea a partir de esta alma, carne y huesos, así también es propio de la razón de hombre que lo sea a partir del alma, carne y huesos. Ya que es necesario que la sustancia de la especie tenga lo propio y común de la sustancia de todos los individuos contenidos en dicha especie.

2) *Otra* manera de entender aquella afirmación es la expresada diciendo: *Esta alma es este hombre.* Y esto sería válido si la operación del alma sensitiva se realizara sin el cuerpo. Porque, de ser así, todas las operaciones atribuidas al hombre le corresponderían sólo al alma, puesto que cada cosa es aquello por lo que realiza sus operaciones.

Ya se demostró (a.3) que sentir no es una operación exclusiva del alma. Así, pues, como sentir es una determinada operación del hombre, no la única, es evidente que el hombre no es sólo alma, sino algo compuesto a partir del alma y

16. C.3: ML 41,626.   17. Cf. AVERROES, *In Metaphys.* l.7 comm.21 (8,171-I); comm.34 (8,184D).

del cuerpo. Platón, por su parte, diciendo que sentir es propio del alma, pudo decir también que el hombre es *el alma usando del cuerpo* [18].

Respuesta a las objeciones: 1. *A la primera hay que decir:* Según el Filósofo en IX *Ethic.*[19] nos parece que una cosa es, sobre todo, lo que es más importante en ella. Ejemplo: lo que hace el gobernador de una ciudad, decimos que es la ciudad la que lo hace. Así, lo que es más importante en el hombre, decimos que esto es el hombre. Unas veces se considera como más importante la parte intelectiva, lo cual es cierto, y se denomina *el hombre interior.* Otras veces, en cambio, se considera como más importante la parte sensitiva vinculada al cuerpo, lo cual expresa la opinión de aquellos que sólo se detienen en lo sensible, y se denomina *el hombre exterior.*

2. *A la segunda hay que decir:* No toda sustancia particular es hipóstasis o persona, sino aquella que tiene toda la naturaleza de la especie. De ahí que la mano o el pie no puedan ser llamados hipóstasis o persona. De forma parecida, tampoco el alma, ya que es sólo parte de la especie humana.

ARTÍCULO 5

El alma, ¿está o no está compuesta a partir de la materia y de la forma?

In Sent. 1.1 d.8 q.5 a.2; 1.2 d.17 q.1 a.2; Cont. Gentes 2,50; Quodl. 9 q.4 a.1; De Spir. creat. a.1; a.9 ad 9; De Anima a.6; Quodl. 3 q.8.

Objeciones por las que parece que el alma está compuesta a partir de la materia y de la forma:

1. Potencia y acto se contraponen. Pero todo lo que está en acto participa del primer acto, Dios. Por dicha participación, y tal como se deduce de la doctrina de Dionisio en el libro *De Div. Nom.*[20], todo es bueno, ser y viviente. Por lo tanto, todo lo que está en potencia participa de la primera potencia. Pero la primera potencia es la materia prima. Como el alma en cierto modo está en potencia, tal como se prueba por el hecho de que el hombre es inteligente

en potencia, parece que el alma humana participa de la materia prima en cuanto que es parte suya.

2. Más aún. Allí donde hay propiedades de la materia, allí hay materia. Pero en el alma hay propiedades de la materia como son ser sujeto y cambiar, pues sostiene el saber y la virtud, y pasa de la ignorancia al saber, del vicio a la virtud. Por lo tanto, en el alma hay materia[21].

3. Todavía más. Como se dice en VIII *Metaphys.*[22], lo que no tiene materia no tiene causa de su ser. Pero el alma tiene causa de su ser, Dios, que la creó. Luego el alma tiene materia.

4. Por último. Lo que no tiene materia, sino que es sólo forma, es acto puro e infinito. Esto sólo lo es Dios. Luego el alma tiene materia.

En cambio está el hecho, probado por Agustín en VII *Super Gen. ad litt.*[23], que el alma no ha sido hecha ni a partir de la materia corporal ni a partir de la materia espiritual.

Solución. *Hay que decir:* El alma no tiene materia. Esta afirmación puede ser analizada en un doble aspecto. 1) *Primero,* a partir del concepto del alma en general. Propio del alma es ser forma de algún cuerpo. Y lo es o en su totalidad o en parte. Si lo es en su totalidad, es imposible que parte suya sea materia, si se sostiene que la materia es algún ser sólo en potencia. Porque la forma, en cuanto tal, es acto. Lo que está sólo en potencia, no puede ser parte del acto, pues la potencia contradice al acto, ya que se le contrapone. Y si es forma en parte, dicha parte la llamaremos alma, y a aquella materia de la que es acto, la llamaremos *primer animado.* 2) *Segundo,* y en especial, a partir del concepto del alma humana en cuanto que es intelectiva. Es evidente que todo lo que se contiene en algo, está contenido según el modo de ser del continente. Así, todo es conocido según la forma con que se encuentra en quien conoce. El alma intelectiva conoce algo en cuanto tal absolutamente. Ejemplo: conoce absolutamente una piedra en cuanto piedra. Así,

18. Cf. notas 4.5.6 a esta q.75.   19. ARISTÓTELES, c.8 n.6 (BK 11268b31): S. Th. lect.5 n.1762.   20. C.5 § 5: MG 3,820: S. Th. lect.1.   21. Cf. S. BUENAVENTURA, *In Sent.* 1.2 d.3 p.1.ª a.1 q.1 arg.1.2 (QR 2,89).   22. ARISTÓTELES, 7, c.6 n.6 (BK 1045b4): S. Th. lect.5 n.1762.   23. C.7.8.9: ML 34,359-360.

pues, la forma de piedra, en su razón formal propia, está absolutamente en el alma intelectiva. Por lo tanto, el alma intelectiva es forma absoluta, y no algún compuesto a partir de la materia y de la forma.

Pues si el alma intelectiva estuviese compuesta a partir de la materia y de la forma, las formas de las cosas estarían en ella como individuos. De ser así, no se conocería más que lo singular, tal como sucede en las potencias sensitivas que contienen las formas de las cosas en el órgano corporal. Pues la materia es el principio de individuación de las formas. Hay que concluir, por lo tanto, que el alma intelectiva, lo mismo que toda sustancia intelectual que conoce las formas absolutamente, carece de la composición materia-forma.

Respuesta a las objeciones: 1. *A la primera hay que decir:* El primer acto es el principio universal de todos los actos porque es infinito, *conteniéndolo todo en sí mismo* virtualmente, como dice Dionisio[24]. De ahí que sea participado por las cosas, no como parte, sino por difusión. La potencia, por ser receptiva del acto, es necesario que sea proporcionada al acto. Por su parte, los actos recibidos que proceden del primer acto y del que son una participación, son diversos. De ahí que no puede haber una potencia que reciba todos los actos, como hay un acto que impulsa todos los actos que lo participan. En caso contrario, la potencia receptiva se adecuaría a la potencia activa del primer acto. Por lo tanto, la potencia receptiva que hay en el alma intelectiva es distinta de la potencia receptiva de la materia prima, como lo demuestra la diversidad de cosas recibidas. Pues la materia prima recibe formas individuales, mientras que el entendimiento recibe formas absolutas. Por lo tanto, la potencia presente en el alma intelectiva no prueba que el alma esté compuesta a partir de la materia y de la forma.

2. *A la segunda hay que decir:* Sostener y cambiar es propio de la materia en cuanto que está en potencia. Por lo tanto, así como una es la potencia del entendimiento y otra distinta la potencia de la materia prima, así también distinta es la razón de ser sujeto y cambiar. Pues el entendimiento sostiene la ciencia y pasa de la ignorancia al saber en cuanto que está en potencia hacia las especies inteligibles.

3. *A la tercera hay que decir:* La forma es causa de ser de la materia, y su agente. El agente, en cuanto que reduce la materia a acto de la forma cambiando, es su causa de ser. Si algo es forma subsistente, su ser no lo tiene por algún principio formal, como tampoco tiene causa que la pase de potencia a acto. De ahí que, después de lo dicho, el Filósofo[25] concluya: *En lo compuesto a partir de la materia y de la forma no hay otra causa más que la que lo mueve de la potencia al acto. En cambio, en los seres inmateriales todo es ser en sentido absoluto y verdadero.*

4. *A la cuarta hay que decir:* Todo lo que participa se relaciona con aquello de lo que participa como a su acto. Cualquiera que sea la forma creada autosubsistente que se ponga, es necesario que participe del ser, porque también *la misma vida,* o cualquier otra cosa que se llame así, *participa del mismo ser,* como dice Dionisio en el c.5 *De Div. Nom.*[26] Y el ser participado tiene la limitación que tiene la capacidad de aquel del que participa. Y sólo Dios, que es su mismo ser, es acto puro e infinito. En cambio, en las sustancias intelectuales está la composición acto-potencia, no a partir de la materia y de la forma, sino a partir de la forma y del ser participado. Por eso algunos dicen que están compuestos a partir de *lo que es* y de *aquello por lo que es*[f]; pues el mismo ser es por lo que algo es.

---

24. *De Div. Nom.* c.5 § 8: MG 3,825: S. Th. lect.3.   25. ARISTÓTELES, *Metaphys.* 7 c.6 n.8 (BK 1045b21): S. Th. lect.5 n.1767.   26. L.c. nota 24.

---

f. La distinción entre «lo que es» *(quod est)* y «aquello por lo cual es» *(quo est),* de tan amplias repercusiones en la filosofía y teología medievales, tiene su origen en Boecio precisamente en relación con el tema de la participación en el ser de que aquí se trata (cf. *In De Hebdom.* lect.2).

ARTÍCULO 6

El alma humana, ¿es o no es corruptible?

In Sent. 1.2 d.19 a.1; 1.4 d.50 q.1 a.1; *Cont. Gentes* 1.2 c.79-81; *Compend. Theol.* c.84; *Quodl.* 10 q.3 a.2; *De Anima* a.14.

Objeciones por las que parece que el alma humana es corruptible:

1. Las cosas de similar principio y desarrollo, parece que tienen similar fin. Pero el principio de generación del hombre y del asno es similar: ambos provienen de la tierra. Similar es también en ambos su desarrollo vital. Pues, como se dice en Ecl 3,19: *Respiran de forma parecida, y el hombre no es que tenga mucho más que el asno.* Y como ahí se concluye: *Uno es el destino del hombre y del asno. Igual es su condición.* Pero el alma de los animales irracionales es corruptible. Por lo tanto, el alma humana es corruptible.

2. Más aún. Todo lo que viene de la nada, puede volver a la nada, porque el fin debe responder al principio. Pero, como se dice en Sab 2,2: *Hemos salido de la nada.* Y esto es verdadero no sólo en cuanto al cuerpo, sino también en cuanto al alma. Por lo tanto, como ahí se concluye, después de esto seremos como si no hubiéramos sido. En *esto* está incluida el alma.

3. Todavía más. Todo tiene su propia operación. Pero la operación propia del alma, entender con imágenes, no puede realizarse sin el cuerpo, pues el alma nada conoce si no es a través de las imágenes. Y tal como se dice en el libro *De Anima*[27], no hay imágenes sin el cuerpo. Por lo tanto, destruido el cuerpo, desaparece el alma.

En cambio está lo que dice Dionisio en el C.4 *De Div. Nom.*[28]: *Las almas humanas por la bondad divina son intelectuales y tienen una vida substancial inconsumible.*

Solución. *Hay que decir:* Es necesario afirmar que el alma humana, a la que llamamos principio intelectivo, es incorruptible. Algo puede corromperse de dos maneras: una, sustancial; otra, accidental. Es imposible que algo subsistente se genere o se corrompa accidentalmente, esto es, por algo generado o co-

rrompido. Pues a algo le corresponde ser engendrado o corromperse como le corresponde el ser, que se adquiere por generación y se pierde por corrupción. Por eso, lo que sustancialmente tiene ser, no puede generarse o corromperse más que sustancialmente. En cambio, lo que no subsiste, por ejemplo, los accidentes y las formas materiales, se dice que es hecho y que se corrompe por generación o corrupción de los compuestos.

Quedó demostrado anteriormente (a.2 y 3) que sólo el alma humana es subsistente, no las almas de los irracionales. Por eso las almas de los irracionales se corrompen al corromperse los cuerpos. En cambio, el alma humana no puede corromperse a no ser que se corrompiera sustancialmente. Esto es imposible que se dé no sólo con respecto al alma, sino con respecto a cualquier ser subsistente que sea sólo forma. Ya que es evidente que lo que le corresponde a alguien sustancialmente, le es inseparable. El *ser* corresponde sustancialmente a la forma, que es acto. De ahí que la materia adquiera el ser en acto en cuanto adquiere la forma. Se corromperá cuando la forma desaparezca. Pero es imposible que la forma se separe de sí misma. De ahí que sea imposible también que la forma subsistente deje de ser.

Incluso suponiendo, como dicen algunos[29], que el alma estuviese compuesta a partir de la materia y de la forma, habría que decir que es incorruptible. Pues no hay corrupción más que allí donde hay contrariedad, pues las generaciones y corrupciones surgen de contrarios y se dan en contrarios. Por eso, los cuerpos celestes, al no tener materia sometida a contrariedad, son incorruptibles. Por su parte, en el alma intelectiva no puede haber ninguna contrariedad. Pues lo que recibe lo recibe según su modo de ser. Y lo que en ella se recibe no tiene contrariedad, porque incluso las razones de los contrarios en el entendimiento no son contrarios, sino que hay una sola ciencia de los contrarios. Por lo tanto, es imposible que el alma humana sea corruptible.

Puede ser también señal de esto el que cada ser por naturaleza desea ser

---

27. ARISTÓTELES, 1 c.1 n.9 (BK 403a9): S. Th. lect.2 n.17-19.   28. § 2: MG 3,696: S. Th. lect.1.   29. Cf. supra a.5; q.50 a.2.

como debe ser. En los seres que pueden conocer, el deseo sigue al conocimiento. En cambio, el sentido no conoce el ser más que sometido al *aquí* y *ahora,* mientras que el entendimiento aprehende el ser absolutamente y siempre. Por eso, todo lo que tiene entendimiento por naturaleza desea existir siempre. Un deseo propio de la naturaleza no puede ser un deseo vacío. Así, pues, toda sustancia intelectual es incorruptible.

Respuesta a las objeciones: 1. *A la primera hay que decir:* Salomón, tal como queda expresado en Sab 2,1.21, dice aquello pero referido a los necios. El que el hombre y los otros animales tengan un principio similar, es verdad en cuanto al cuerpo, pues todos los animales vienen de la tierra. Pero no es verdad en cuanto al alma, pues el alma de los irracionales es producida a partir de alguna fuerza corpórea, mientras que el alma humana es producida por Dios. Esto es lo que expresa lo dicho en Gén 1,24 en cuanto a los animales: *Produzca la tierra alma viviente.* En cuanto al hombre dice (Gén 2,7): *Le inspiró en su rostro el aliento vital.* De ahí que en Ecl 12,17 concluya: *Vuelva el polvo a la tierra de la que vino, retorne el espíritu al Dios que lo dio.*

Igualmente, un similar desarrollo vital lo tiene en cuanto al cuerpo. A esto corresponde lo dicho: *Respiran de forma parecida* (Ecl 3,19), y en Sab 2,2: *Humo y aliento hay en nuestras narices.* Pero no es similar el desarrollo en cuanto al alma, porque el hombre entiende, no así el irracional. Por eso es falso aquello de: *No tiene mucho más el hombre que el asno.* Así, similar es el destino en cuanto al cuerpo, pero no en cuanto al alma.

2. *A la segunda hay que decir:* Así como al decir que algo puede ser creado se está haciendo referencia no a una potencia pasiva, sino a la potencia activa del Creador, que puede producir algo de la nada, así también al decir que algo puede volver a la nada no se está diciendo que en la criatura está la potencia para no ser, sino que en el Creador está el que deje de infundirle el ser. Se dice que algo es corruptible porque en él está la potencia para no ser.

3. *A la tercera hay que decir:* Entender

con imágenes es la operación propia del alma en cuanto que está unida al cuerpo. Separada del cuerpo, tendrá otro modo de entender semejante al de las otras sustancias separadas del cuerpo. Esto quedará mejor demostrado más adelante (q.89 a.1).

ARTÍCULO 7

El alma y el ángel, ¿son o no son de la misma especie?

In Sent. l.2 d.3 q.1 a.6; *Cont. Gentes* 2,94; *De Anima* a.7.

Objeciones por las que parece que el alma y el ángel son de la misma especie:
1. Cada ser está ordenado por naturaleza al fin propio de su especie por la que tiene inclinación a tal fin. Pero uno es el fin del alma y del ángel: la bienaventuranza eterna. Por lo tanto, son de la misma especie.

2. Más aún. La última diferencia específica es la de más categoría, porque colma la razón de la especie. Pero nada hay de más categoría en el ángel y en el alma que el ser intelectual. Por lo tanto, el ángel y el alma convienen en la última diferencia específica. Luego son de la misma especie.

3. Todavía más. No parece que el alma se diferencie del ángel más que por el hecho de estar unida al cuerpo. Pero el cuerpo, al estar fuera de la esencia del alma, no parece que pertenezca a su especie. Por lo tanto, el alma y el ángel son de la misma especie.

En cambio los seres cuyas operaciones naturales son diversas, son de distinta especie. Pero las operaciones naturales del alma y del ángel son diversas, porque, como dice Dionisio en el C.7 *De Div. Nom.*[30], *las mentes angélicas tienen entendimientos simples y bienaventurados, no necesitando lo visible para conocer lo divino.* Del alma se dice exactamente lo contrario. Así, pues, el alma y el ángel no son de la misma especie.

Solución. *Hay que decir:* Orígenes[31] sostuvo que todas las almas humanas y los ángeles eran de la misma especie. Pensaba así porque sostuvo también que la diversidad de grados que se encuentra en dichas sustancias es accidental prove-

---

30. § 2: MG 3,868: S. Th. lect.2.   31. *Peri Archon* l.3 c.5: MG 11,329.

niente del libre albedrío, como ya indicamos anteriormente (q.47 a.2).

Esto no puede ser, porque en las sustancias incorpóreas no puede haber diversidad en cuanto al número sin diversidad en cuanto a la especie y sin desigualdad natural. Porque si no están compuestas a partir de la materia y de la forma, sino que son formas subsistentes, es evidente que sería necesario que hubiera diferencia en la especie. Pues no puede concebirse que exista alguna forma separada a no ser que haya una sola de cada especie. Ejemplo: si existiese la blancura separada, no podría haber más que una sola, pues esta blancura no se diferencia de aquélla más que por el hecho de ser de éste o de aquél.

Por otra parte, la diversidad en la especie indica siempre diversidad natural. Como en las especies de los colores, uno es más perfecto que otro. Lo mismo ocurre en los demás. Esto es así porque las diferencias existentes entre los géneros son contrarias, y las cosas contrarias se relacionan por lo perfecto y lo imperfecto. Pues, como se dice en X *Metaphys.*[32]: *El principio de contrariedad es la privación y el hábito.*

Lo mismo se concluiría también si esas sustancias estuviesen compuestas a partir de la materia y de la forma. Pues si la materia de éste se distingue de la materia de aquél, es necesario que, o bien la forma sea el principio de diversificación de la materia, siendo las materias distintas por su relación con las distintas formas, y en tal caso habría también diversidad en la especie y desigualdad natural, o bien que la materia sea el principio de diversificación de las formas. De ser así, no podría decirse que esta materia es distinta de aquélla, a no ser por división cuantitativa, la cual no se da en las sustancias incorpóreas como lo son el ángel y el alma. Por eso no puede decirse que el ángel y el alma sean de la misma especie.

En qué sentido hay muchas almas de una misma especie, lo detallaremos más adelante (q.76 a.2 ad 1).

Respuesta a las objeciones: 1. *A la primera hay que decir:* Aquel argumento es válido con respecto al fin próximo y natural. En cambio, la bienaventuranza eterna es el fin último y sobrenatural.

2. *A la segunda hay que decir:* La diferencia específica última es la de más categoría, en cuanto que es la más determinada, al igual que el acto es de más categoría que la potencia. Pero lo intelectual no es lo de más categoría, porque es indeterminado y está sometido a muchos grados de intelectualidad, como lo sensible está sometido a muchos grados en el ser sensible. Por eso, así como no todos los seres sensibles son de la misma especie, tampoco lo son los seres intelectuales.

3. *A la tercera hay que decir:* El cuerpo no pertenece a la esencia del alma, pero el alma por su misma naturaleza puede unirse al cuerpo. Por eso, tampoco el alma está en la especie, sino sólo el compuesto. Y el hecho de que el alma en cierto modo necesite del cuerpo para realizar su operación, pone al descubierto que el alma tiene un grado de intelectualidad inferior al del ángel, que no se une al cuerpo.

CUESTIÓN 76

Sobre la unión alma-cuerpo

Ahora hay que estudiar lo referente a la unión alma-cuerpo[a]. Esta cuestión plantea y exige respuesta a ocho problemas:

32. ARISTÓTELES, 9 c.4 n.6 (BK 1055a33): S. Th. lect.6.

---

a. Dada la subsistencia y espiritualidad del alma humana se plantea la cuestión de su unión al cuerpo, cuál es la causalidad que el alma ejerce como acto de un cuerpo vivo. El eje de la solución tomista —y fundamento de toda su psicología— se encuentra en el a.1. Con la afirmación del alma como acto formal o forma sustancial del cuerpo, Sto. Tomás defiende la espiri-

1. El principio intelectivo, ¿se une o no se une al cuerpo como forma?—2. El principio intelectivo, ¿se multiplica o no se multiplica numéricamente de forma proporcional a la multiplicación de cuerpos, o hay una sola inteligencia para todos los hombres?—3. En el cuerpo cuya forma es el principio intelectivo, ¿hay o no hay alguna otra alma?—4. En él, ¿hay o no hay alguna otra forma sustancial?—5. ¿De qué tipo debe ser el cuerpo cuyo principio intelectivo es la forma?—6. ¿Se une o no se une al cuerpo a través de algún otro cuerpo?—7. ¿Y mediante algún accidente?—8. El alma, ¿está o no está totalmente en cualquier parte del cuerpo?

ARTÍCULO 1

El principio intelectivo [b], ¿se une o no se une al cuerpo como forma?

Cont. Gentes 2,56.57.59.68-70; *De An.* 2 lect.4; 3, lect.7; *De Spir. Creat.* a.2; *De Anima* a.1.2.

Objeciones por las que parece que el principio intelectivo no se une al cuerpo como forma:

1. El Filósofo, en el III *De Anima* [1], dice que el entendimiento está *separado,* y que no es acto de ningún cuerpo. Por lo tanto, no se une al cuerpo como forma.

2. Más aún. Toda forma está determinada por la naturaleza de aquella materia de la que es forma. En caso contrario, no se seguiría la proporción entre la materia y la forma. Por lo tanto, si el entendimiento se uniera al cuerpo como forma, como quiera que todo cuerpo posee una determinada naturaleza, se seguiría que el entendimiento tendría una determinada naturaleza. De este modo, no lo conocería todo, como quedó asentado anteriormente (q.75 a.2); lo cual va contra la razón de entendimiento. Por lo tanto, el entendimiento no se une al cuerpo como forma.

3. Todavía más. Toda potencia receptiva que es acto de algún cuerpo, recibe la forma de modo material e individual, porque lo recibido está en el que lo recibe según el modo de ser del recipiente. Pero la forma de lo conocido no es recibida en el entendimiento de modo material e individual, sino más bien de modo inmaterial y universal; en caso contrario, no conocería lo inmaterial y universal, sino sólo lo singular, como hacen los sentidos. Por lo tanto, el entendimiento no se une al cuerpo como forma.

4. Aún más. La potencia y la acción son de uno mismo, puesto que el que puede obrar y obra es el mismo. Pero la acción del entendimiento no es de ningún cuerpo, según dijimos anteriormente (q.75 a.2). Por lo tanto, tampoco la potencia intelectiva es de ningún cuerpo. Pero una capacidad o potencia no puede ser más abstracta o más simple que la esencia de la que deriva. Por lo tanto,

1. ARISTÓTELES, c.4 n.5 (BK 429b5): S. Th. lect.7 n.684.

tualidad y corporeidad esenciales del hombre y su unidad, enfrentándose a un tiempo a los materialismos, al espiritualismo exagerado, a los dualismos psicológicos y a los paralelismos ocasionalistas o psicofisiológicos. Argumenta de modo directo contra la concepción platónica del alma como motor del cuerpo y de las tres almas en el hombre, contra la posición agustiniana medieval de la multiplicidad de formas sustanciales y contra el monopsiquismo averroísta. El valor teológico de esta explicación tomista —contestada fuertemente en su tiempo e incluso condenada en Oxford por el arzobispo de Canterbury Roberto Kilwardby (no llegó a ser condenada en París debido entre otras cosas a la enérgica intervención de S. Alberto Magno)— sería sancionado por la Iglesia en los concilios de Viena (1311-1312) y Lateranense V (1512-1517).

b. «Principio intelectivo» o simplemente «entendimiento» no se refieren a la facultad intelectiva en cuanto tal, que difiere realmente del alma (cf. q.77 a.1), sino al alma del hombre, a su modo de ser o esencia (alma intelectiva), según se explica en el cuerpo del artículo (cf. también q.79 a.1 ad 1). Recoge el sentido de Aristóteles cuando habla del νοῦς como la realidad esencial del hombre, y la terminología del s. XIII. Ese principio, «llámese entendimiento o alma intelectiva», es la forma única del cuerpo humano, que contiene en sí las virtualidades de los principios vegetativo y sensitivo.

tampoco la sustancia del entendimiento es forma del cuerpo.

5. Más todavía. Lo que posee el ser por sí mismo, no se une al cuerpo como forma; porque la forma es aquello por lo que algo es; de este modo, el mismo ser de la forma no es de la forma en cuanto tal. Pero el principio intelectivo tiene el ser en cuanto tal y es subsistente, como ya dijimos (q.75 a.2). Por lo tanto, no se une al cuerpo como forma.

6. Por último. Lo que por naturaleza pertenece a un ser siempre está con él. Pero a la forma por naturaleza le corresponde estar unida a la materia. Pues no es acto de la materia de forma accidental, sino esencialmente; en caso contrario, la unión a partir de la materia y de la forma no sería sustancial, sino accidental. Por lo tanto, la forma no puede darse sin la materia. Pero el principio intelectivo, al ser incorruptible, como quedó demostrado (q.75 a.6), una vez corrompido el cuerpo permanece no unido a él. Por lo tanto, el principio intelectivo no se une al cuerpo como forma.

En cambio según el Filósofo en VIII *Metaphys.*[2] la diferencia procede de la forma. Pero la diferencia constitutiva del hombre es *racional;* y le corresponde al hombre en virtud del principio intelectivo. Por lo tanto, el principio intelectivo es la forma del hombre.

Solución. *Hay que decir:* Es necesario afirmar que el entendimiento, principio de la operación intelectual, es forma del cuerpo humano. Pues lo primero por lo que obra un ser es la forma del ser al que se le atribuye la acción; así como lo primero por lo que sana un cuerpo es la salud, y lo primero que hace que el alma tenga conocimiento es la ciencia; de ahí que la salud sea forma del cuerpo y la ciencia lo sea del alma. Esto es así porque ningún ser obra sino en cuanto que está en acto; por lo tanto, obra por aquello que hace que esté en acto. Es evidente que lo primero por lo que un cuerpo vive es el alma. Y como en los diversos grados de los seres vivientes la vida se expresa por distintas operaciones, lo primero por lo que ejecutamos cada una de estas operaciones es el alma.

En efecto, el alma es lo primero por lo que nos alimentamos, sentimos y nos movemos localmente; asimismo es lo primero por lo que entendemos. Por lo tanto, este principio por el que primeramente entendemos, tanto si le llamamos entendimiento como alma intelectiva, es forma del cuerpo. Esta es la demostración que ofrece Aristóteles en el II *De Anima*[3].

Si alguien[4] insiste en afirmar que el alma intelectiva no es forma del cuerpo, es necesario que señale cómo el entender es una acción de este hombre concreto; pues quien entiende experimenta que él es el que entiende. Pues la acción se atribuye a alguien de tres maneras, como nos consta por el Filósofo en V *Physic.*[5] De hecho se dice que algo mueve o actúa con todo su ser (ejemplo: el médico que cura), o con parte de su ser (ejemplo: el hombre ve por los ojos), o por medio de algo accidental (ejemplo: lo blanco edifica, por ser blanco el nombre que lo hace). Ahora bien, al decir que Sócrates o Platón conocen, es evidente que no se lo atribuimos accidentalmente, puesto que lo hacemos en cuanto que son hombres, y ser hombre en ellos es esencial. Por lo tanto, hay que decir que Sócrates entiende con todo su ser, que es lo que sostuvo Platón al decir que el hombre es el alma intelectiva; o hay que decir que el entendimiento es alguna parte de Sócrates. Lo primero no es sostenible, como se demostró anteriormente (q.75 a.4), puesto que es el mismo hombre que percibe tanto el entender como el sentir. El sentir no se da sin el cuerpo; de ahí que sea necesario que el cuerpo sea alguna parte del hombre. Por lo tanto, hay que concluir que el entendimiento con el que Sócrates entiende, es alguna parte de Sócrates; así como que el entendimiento de algún modo está unido al cuerpo de Sócrates.

En el III *De Anima*[6], el Comentarista dice que dicha unión se realiza por la especie inteligible. Lo cual tiene un doble sujeto: uno, el entendimiento posible;

2. ARISTÓTELES, 7 c.2 n.7 (BK 1043a19): S. Th. lect.2 n.1696.   3. ARISTÓTELES, c.2 n.12 (BK 414a12): S. Th. lect.4 n.271.   4. Cf. ALBERTO MAGNO, *Summa de Creatur.* p.2.ª q.4 a.1 (BO 35,34); AVICENA, *De An.* p.1.ª c.1 (1rb); p.5.ª c.4 (24va).   5. ARISTÓTELES, c.1 n.2 (BK 224a31): S. Th. lect.1 n.2.   6. AVERROES, Comm.5 (6 n.2, 148C).

otro, las mismas imágenes que están en los órganos corporales. De este modo, la especie inteligible sirve de unión entre el entendimiento posible y el cuerpo de este o aquel hombre. Pero esta continuidad o unión no es suficiente para que la acción del entendimiento sea acción de Sócrates. Esto es evidente si se compara con lo que ocurre en los sentidos, de los cuales parte Aristóteles para analizar lo propio del entendimiento. Pues, como se dice en el III *De Anima*[7], la relación entre las imágenes sensibles y el entendimiento es idéntica a la existente entre los colores y la vista. Por lo tanto, así como las especies de los colores están en la vista, así también las especies de las imágenes sensibles están en el entendimiento posible. Es evidente, asimismo, que por el hecho de que los colores estén en la pared, la acción de ver no se atribuye a la pared; pues no decimos que la pared ve, sino, más bien, que es vista. Y del hecho de que las imágenes sensibles estén en el entendimiento posible, no se sigue que Sócrates, en quien están las imágenes sensibles, entienda; sino que él mismo, o sus imágenes, son entendidas.

Algunos[8] sostuvieron que el entendimiento se une al cuerpo como motor; de este modo, a partir del entendimiento y del cuerpo se hace uno solo, lo cual permite que se atribuya al todo la acción del entendimiento. Pero esto es insostenible por muchas razones. *Primero,* porque el entendimiento no mueve el cuerpo a no ser por el apetito, cuyo movimiento presupone la acción del entendimiento. Sócrates no entiende porque sea movido por el entendimiento, sino que es movido por el entendimiento porque entiende. *Segundo,* porque al ser Sócrates un individuo dentro de una naturaleza cuya esencia es una, compuesta a partir de la materia y de la forma, si el entendimiento no es su forma, hay que concluir que es extraño a su esencia; y de este modo el entendimiento se compararía con todo Sócrates como el motor con el móvil. Pero entender es una acción de las que permanecen en el agente, y no de las que pasan a otro, como el calentar. Por lo tanto, entender

no puede ser atribuido a Sócrates por el hecho de que esté movido por el entendimiento. *Tercero,* porque la acción del motor nunca se atribuye a lo movido a no ser como instrumento, como se atribuye a la sierra la acción del carpintero. Así, pues, si entender se atribuye a Sócrates porque es la acción de su motor, se concluiría que se le atribuye como instrumento. Lo cual va contra la opinión del Filósofo[9], que sostiene que el entender no se debe al instrumento corpóreo. *Cuarto,* porque, aun cuando la acción de la parte se atribuya al todo, como al hombre la acción del ojo, sin embargo, nunca se atribuye a otra parte, a no ser, quizás, accidentalmente. Pues no decimos que la mano vea por el hecho de que sea el ojo el que ve. Por lo tanto, si del entendimiento y de Sócrates se forma un todo según el modo dicho, la acción del entendimiento no puede ser atribuida a Sócrates. Y si Sócrates es un todo formado por la unión de entendimiento con las demás cosas que integran a Sócrates, pero el entendimiento no se une a ellas más que como motor, se concluiría que Sócrates no es una unidad sustancial, ni, por lo tanto, un ser sustancial, puesto que cada cosa es ser en tanto en cuanto es una.

Por todo lo cual, sólo queda como sostenible la opinión de Aristóteles, esto es, que este hombre entiende porque el principio intelectivo es su forma. Así, por la misma operación del entendimiento se demuestra que el principio intelectivo se une al cuerpo como forma. Esto también puede resultar evidente partiendo del análisis de la naturaleza de la especie humana. Pues la naturaleza de cualquier cosa queda manifestada por su operación. Pero la operación propia del hombre en cuanto hombre es la de entender, pues por ella supera a todos los animales. Por eso, Aristóteles, en el libro *Ethic.*[10], en esta operación, la más propia del hombre, coloca la plena felicidad. Por lo tanto, es preciso que el hombre tome su especie de lo que es principio de dicha operación. Ahora bien, a los seres les viene la especie de su propia forma. Por consiguiente, es

7. ARISTÓTELES, c.7 n.3 (BK 431a14): S. Th. lect.12 n.770.   8. En especial, GUILLERMO DE PARÍS, *De An.* c.1 p.7,ª (2,72); c.6 p.35.ª (2,194).   9. ARISTÓTELES, *De An.* 3 c.4 (BK 429a24-27).   10. ARISTÓTELES, 10 c.7 n.1 (BK 1177a12): S. Th. lect.10 n.2080.

necesario que el principio intelectivo sea la forma propia del hombre.

Sin embargo, hay que tener presente que una forma, cuanto más alta es su categoría, tanto más domina la materia corporal y menos inmersa está en ella, y tanto más la impulsa por su operación y su capacidad. Así observamos que la forma de un cuerpo compuesto tiene alguna operación que no es causada por las cualidades fundamentales. Cuanto mayor es la categoría de las formas, tanto más supera su poder al de la materia elemental; y, de este modo, el alma vegetativa supera la forma de un metal; lo mismo hace el alma sensitiva con la vegetativa. Pero de todas las formas, la de más categoría es el alma humana. Por eso, su poder sobrepasa de tal manera al de la materia corporal, que tiene una capacidad y una operación en la que de ninguna manera participa la materia corporal. Esta facultad es llamada entendimiento.

Hay que tener presente que si alguien supone el alma compuesta a partir de la materia y de la forma, de ninguna manera puede afirmar que sea forma del cuerpo. Porque, como quiera que la forma es acto y la materia es un ser en pura potencia, no hay posibilidad de que lo compuesto a partir de la materia y de la forma pueda ser, en cuanto tal, forma de otra cosa. Si lo fuese por alguna de sus partes, lo que es forma sería el alma, y lo informado por ella sería lo *primero animado,* como dijimos anteriormente (q.75 a.5).

Respuesta a las objeciones: 1. *A la primera hay que decir:* Como indica el Filósofo en II *Physic.*[11], de entre las formas naturales la de más categoría, el alma humana, en la que termina la consideración del filósofo naturalista, es algo separado y, sin embargo, está en la materia. Esto lo prueba porque *el hombre a partir de la materia engendra al hombre; también lo hace el sol.* En efecto, está separado por su potencia intelectiva, porque el poder intelectivo no es facultad de ningún órgano corpóreo, tal como la facultad de ver es acto de los ojos; pues entender es un acto que no puede ejercerse mediante algún órgano corporal, como se realiza el acto de ver. Sin embargo, está en la materia por cuanto que la propia alma, a quien pertenece tal facultad, es forma del cuerpo y término de la generación humana. Por eso, el Filósofo, en el III *De anima*[12], dice que el entendimiento está *separado,* porque no es facultad de ningún órgano corporal.

2 y 3. *A la segunda y a la tercera hay que decir:* La respuesta a estas dos objeciones está incluida en lo dicho. Pues, para que el hombre pueda entender con su entendimiento todas las cosas y para que el entendimiento entienda lo inmaterial y universal, es suficiente con que la facultad intelectiva no sea acto del cuerpo.

4. *A la cuarta hay que decir:* El alma humana, por su perfección, no es una forma inmersa en la materia ni totalmente absorbida por ella. Por lo tanto, no hay inconveniente en que alguna de sus facultades no sea acto del cuerpo, aunque por su esencia sea forma del cuerpo.

5. *A la quinta hay que decir:* El alma comunica el mismo ser con que ella subsiste con la materia corporal, y de ésta y del alma intelectiva se forma una sola entidad de suerte que el ser que tiene todo el compuesto es también el ser del alma. Esto no ocurre en las otras formas no subsistentes. Por esto el alma permanece en su ser cuando se corrompe el cuerpo, y no, en cambio, las otras formas.

6. *A la sexta hay que decir:* Al alma le corresponde esencialmente estar unida al cuerpo, como al cuerpo ligero esencialmente le corresponde mantenerse en lo alto. Y así como el cuerpo ligero sigue siendo ligero cuando es alejado de su lugar propio, aunque con aptitud o inclinación a ocuparlo, así también el alma humana permanece en su ser cuando está separada del cuerpo, conservando su aptitud e inclinación natural a unirse al cuerpo.

11. ARISTÓTELES, c.2 n.11 (BK 194b12): S. Th. lect. 4 n.9.   12. ARISTÓTELES c.4 n.5 (BK 429b5): S. Th. lect.7 n.684.

ARTÍCULO 2

El principio intelectivo, ¿se multiplica o no se multiplica conforme se multiplican los cuerpos? *c*

In Sent. 1.1 d.8 q.5 a.2 ad 6; 1.2 d.17 q.2 a.1; *Cont. Gentes* 2,73.75; *De Spir. Creat.* a.9; *De Anima* a.3.

Objeciones por las que parece que el principio intelectivo no se multiplica conforme se multiplican los cuerpos, sino que hay una sola inteligencia para todos los hombres:

1. Ninguna sustancia inmaterial se multiplica numéricamente dentro de la misma especie. Pero el alma humana es sustancia inmaterial, pues no está compuesta a partir de la materia y de la forma, según se demostró anteriormente (q.75 a.5). Por lo tanto, no hay muchas almas de la misma especie. Pero todos los hombres son de la misma especie. Por lo tanto, hay un solo entendimiento para todos los hombres.

2. Más aún. Anulada la causa, anulado el efecto. Por lo tanto, si al multiplicarse los cuerpos se multiplicaran las almas, parece que hay que concluir que, anulados los cuerpos, no se daría la variedad en las almas, puesto que todas ellas quedarían reducidas a un solo ser. Esto es herético; pues, de ser así, desaparecería la diferencia que hay entre premios y penas.

3. Todavía más. Si mi entendimiento es distinto del tuyo, el mío es individual, lo mismo que el tuyo. Pues las realidades particulares se diferencian en el número y coinciden en la especie. Pero

todo lo que es recibido en algo, está en él tal como es el que lo recibe. Por lo tanto, las especies de las realidades son recibidas en mi entendimiento y en el tuyo individualmente. Esto es contrario a la naturaleza del entendimiento, conocedor de los universales.

4. Aún más. Lo que es entendido se encuentra en el entendimiento del que entiende. Por lo tanto, si mi entendimiento es distinto del tuyo, es necesario que lo que yo entiendo sea distinto de lo que entiendes tú. De ser así, tendríamos objetos numéricamente individuales, y el entendimiento sólo estaría en potencia, siendo del todo necesario abstraer el concepto común a ambos, porque de objetos distintos, sean los que sean, se puede abstraer un concepto inteligible común. Lo cual se opone a la naturaleza del entendimiento, ya que no se distinguiría de la facultad de la imaginación. Por lo tanto, parece que todos los hombres tienen un solo entendimiento.

5. Y también. Cuando el discípulo recibe la enseñanza del maestro, no puede decirse que la ciencia del maestro engendre la ciencia en el discípulo, porque, de ser así, la ciencia sería una forma activa como el calor. Esto es evidentemente falso. Por lo tanto, parece que la ciencia que tiene el maestro, la misma numéricamente, debe pasar al discípulo. Esto no es posible a no ser que el entendimiento de ambos sea el mismo. Por lo tanto, parece que sea uno sólo el entendimiento del discípulo y el del maestro. Consecuentemente, también el de todos los hombres.

c. La doctrina aristotélica del **νοῦς** o principio intelectivo, que trasciende la materia y «separado», junto a su condición de forma sustancial de un cuerpo corruptible, es confusa y en ocasiones equívoca (cf. F. NUYENS, *L'évolution de la psychologie d'Aristote* [Louvain 1948] p.266ss). Sobre todo en lo que se refiere al entendimiento agente. La unicidad de éste como entidad espiritual separada, divina y siempre en acto, la establece ya de modo explícito Alejandro de Afrodisias; recogida esta doctrina por Alkindi, pasará a la filosofía árabe y por su medio llegará al aristotelismo medieval. Para Averroes, además — el «comentarista» por excelencia de Aristóteles para los autores medievales —, también el entendimiento posible es único para todos los hombres y separado. Sto. Tomás, creyéndose fiel intérprete del filósofo griego frente a Averroes, y llevando de modo lógico a sus últimas consecuencias los principios fundamentales de la psicología aristotélica, establece la individualidad en cada hombre de su alma y su entendimiento. La trascendencia del tema le llevará a escribir el *De unitate intellectus contra averroistas.* Sus argumentaciones contribuirán a las matizaciones significativas que de su propia doctrina hará Siger de Brabante en los últimos escritos (cf. F. VAN STEENBERGHEN, *Siger de Brabant d'après ses oeuvres inédites* [Louvain 1942]; ID., *Maître Siger de Brabant* [Louvain 1977] p. 132-9, 347-389; A. MARLASCA, *Les Quaestiones super Librum de Causis de Siger de Brabant* [Louvain 1977] p. 18-23; ID., *La antropología sigeriana en las «Quaestiones super Librum de Causis»:* Estudios Filosóficos 20 [1971] 3-37; ID., *De nuevo, Tomás de Aquino y Siger de Brabante:* ib., 23 [1974] 431-9).

6. Por último. En el libro *De quanti-tate Animae* [13], dice Agustín: *Si dijera únicamente que hay muchas almas, me estaría riendo de mí mismo.* Pero parece que el alma es sobre todo una sola en cuanto al entendimiento. Por lo tanto, uno es el entendimiento de todos los hombres.

En cambio está lo que dice el Filósofo en II *Physic.* [14]: Lo que las causas universales son con respecto a lo universal, eso mismo lo son las particulares con respecto a lo particular. Pero es imposible que un alma de una especie esté en animales de distinta especie. Por lo tanto, también es imposible que un alma intelectiva, numéricamente la misma, esté en seres numéricamente diversos.

Solución. *Hay que decir:* Que el entendimiento sea tan sólo uno para todos los hombres, es del todo imposible. Esto resulta evidente si, siguiendo a Platón, el hombre es su mismo entendimiento. Pues habría que concluir que, si el entendimiento de Sócrates y de Platón es sólo un entendimiento, Sócrates y Platón son un solo hombre, y no se distinguirían entre sí más que por elementos ajenos a sus respectivas esencias. La diferencia entre Sócrates y Platón, suponiendo lo dicho, no sería mayor que la existente en un hombre por llevar una túnica o llevar una capa. Esto es totalmente absurdo.

Igualmente resulta imposible si, siguiendo a Aristóteles [15], afirmamos que el entendimiento es parte, o potencia del alma, que es la forma del hombre. Pues es tan imposible que muchas cosas numéricamente distintas tengan la misma forma, como imposible es que tengan el mismo ser, ya que la forma es principio de ser.

Igualmente resulta imposible, se explique como se explique, la unión del entendimiento con este o aquel hombre, por ser evidente que, cuando el agente principal es uno sólo y los instrumentales dos, puede decirse que hay, en el fondo, un solo agente y varias acciones. Pues, en el caso de que un hombre tocase objetos distintos con las dos manos, el que toca es uno, pero los contactos son dos. Por el contrario, si hay un solo instrumento y varios agentes principales, se dice que hay muchos agentes, pero que la acción es sólo una. Ejemplo: Si entre muchos arrastran una embarcación tirando de la misma amarra, los que tiran serán muchos, pero la acción una sola. Si no hubiera más que un solo agente principal y un solo instrumento, se dice que hay un solo agente y una sola acción. Ejemplo: un carpintero golpea con un solo martillo; hay un solo percusor y una sola percusión.

Es evidente que, cualquiera que sea el modo como el entendimiento se une o se funde a este o con aquel hombre, entre todas las cosas propias del hombre, el entendimiento es, sin duda alguna, la principal, puesto que las fuerzas sensitivas obedecen y están sometidas al entendimiento. Por lo tanto, si suponemos que dos hombres tienen distinto entendimiento y un mismo sentido, por ejemplo, un solo ojo para ambos, quienes verían serían dos, pero la visión sólo una. En cambio, si tienen un mismo entendimiento, cualquiera que sea la diversidad de cosas que el entendimiento use como instrumentos, tanto Sócrates como Platón no serían más que un solo sujeto inteligente. Si a todo esto añadimos que el entender, como acción propia del entendimiento, no se lleva a cabo mediante ningún otro órgano, sino sólo por el entendimiento, nos encontramos que uno solo es el agente y una sola la acción. Esto es, todos los hombres son un solo sujeto inteligente y todos tienen la misma acción de entender. Con respecto a esto último se habla de un mismo sujeto inteligible.

Por otra parte, mi acción intelectual podría distinguirse de la tuya por la diversidad de imágenes sensibles, es decir, porque la imagen de la piedra que hay en mí es distinta de la que hay en ti, si la imagen, en cuanto que es algo en mí y algo distinto en ti, fuera la forma del entendimiento posible. Porque un mismo agente, obrando diversamente, produce acciones diversas, al igual que en virtud de las diversas formas de los objetos, son distintas las visiones de la vista. Pero la imagen sensible no es la forma del entendimiento posible, sino la es-

13. C.32: ML 32,1073.   14. ARISTÓTELES, c.3 n.12 (BK 195b26): S. Th. lect.6 n.11.   15. ARISTÓTELES, *De An.* 2 c.2 n.12 (BK 414a13): S. Th. lect.4 n.271; c.3 n.1 (BK 414a32): S. Th. lect.5 n.279.

pecie inteligible abstraída de dichas imágenes. Y en un mismo entendimiento no se abstrae de las distintas imágenes sensibles del mismo orden más que una sola especie inteligible. Esto resulta evidente cuando comprobamos que en un mismo hombre puede haber distintas imágenes de piedras, y, sin embargo, de todas ellas no es abstraída más que una sola especie inteligible de piedra por la cual el entendimiento de cada hombre entiende con una sola operación la naturaleza de la piedra a pesar de la diversidad de imágenes. Por lo tanto, si todos los hombres tuvieran el mismo entendimiento, la diversidad de imágenes en ellos no podría fundamentar la distinción entre la operación intelectual de un hombre y la operación intelectual de otro, como se imaginaba el Comentarista en el III *De Anima*[16]. Hay que concluir, por tanto, que es completamente imposible e incongruente decir que hay un mismo entendimiento para todos los hombres.

Respuesta a las objeciones: 1. *A la primera hay que decir:* Aunque el alma no tenga materia a partir de la cual ha sido hecha, como tampoco el ángel, sin embargo, es forma de alguna materia. Y esto no es propio del ángel. De este modo, y atendiendo a la división de la materia, muchas son las almas dentro de una misma especie. En cambio, no puede haber muchos ángeles de una misma especie[d].

2. *A la segunda hay que decir:* Cada cosa tiene unidad tal como tiene el ser, y, consecuentemente, es idéntico el juicio sobre la multiplicación de algo y sobre la multiplicación de su ser. Es evidente que el alma intelectual se une según su propio ser al cuerpo como forma, y, sin embargo, destruido el cuerpo, el alma intelectual conserva su

ser. Por lo tanto, también la multiplicidad de almas se da según la multiplicidad de cuerpos, y, sin embargo, destruidos los cuerpos, las almas permanecen multiplicadas en su propio ser.

3. *A la tercera hay que decir:* Tanto la individuación del ser que entiende, como la individuación de la especie por la que entiende, no impiden el conocimiento de los universales. De lo contrario, al ser los entendimientos separados substancias subsistentes, y, consecuentemente, particulares, no los conocerían. Pero la materialidad del ser que conoce y la de la especie por la que conoce, impiden el conocimiento del universal. Pues, así como toda acción se realiza según el modo de ser de la forma por la que actúa el agente, como el calentar según el modo del calor, así también el conocimiento se realiza según el modo de ser de la especie en virtud de la que se conoce. Ahora bien, es evidente que la naturaleza común se distingue y multiplica por los principios de individuación que provienen de la materia. Por lo tanto, si la forma por la que se realiza el conocimiento es material, no abstraída de las condiciones de la materia, habrá una representación de la naturaleza específica o genérica en cuanto particularizada y multiplicada por los principios de individuación. De este modo, no podrá ser conocida la naturaleza de algo en su realidad común. En cambio, si la especie está despojada de las condiciones de la materia individual, tendrá la representación de una naturaleza sin aquello que la distingue y multiplica. Así es como se conoce el universal. Con respecto a esto, poco importa que haya un solo entendimiento o muchos. Porque, aunque hubiera uno sólo, sería necesario que tanto el entendimiento como la especie por la que entiende, fuesen algo concreto.

---

16. AVERROES, *Comm.* 5 (6², 152E).

---

d. Según Aristóteles la individuación no viene de la forma —que da la especie común—, sino de la materia. Negada la composición de materia y forma en los ángeles y en el alma humana, no cabe en los primeros otra diversidad que la que da la especie (cf. q.50 a.4); en cambio, cada alma humana, al ser forma de una materia determinada, se diversifica de las otras almas humanas, con las que coincide en la especie, por esa relación esencial que dice a su propio cuerpo (cf. V. RODRÍGUEZ, *Diferencia sustancial y unidad específica entre las almas:* Estudios Filosóficos 6 [1957] 153-7). Esta sentencia tomista, a pesar de su plena ortodoxia católica, sufrió la condena del obispo de París Esteban Tempier en 1277 (cf. R. HISSETTE, *Enquête sur les 219 articles condamnés à Paris le 7 mars 1277* [Louvain 1977] p.82-7).

4. *A la cuarta hay que decir:* Tanto si el entendimiento es uno como si es múltiple, lo entendido es uno. El objeto entendido, por sí mismo no está en el entendimiento, sino que está representativamente. Como se dice en el III *De Anima* [17]: *En el alma no está la piedra, sino la imagen de la piedra.* Sin embargo, lo entendido no es la imagen de la piedra, sino la piedra, a no ser que el entendimiento haga un acto reflejo sobre sí mismo. De no ser así, la ciencia no trataría sobre las cosas, sino sobre las especies inteligibles. Pero ocurre que de una misma cosa se forman diversas imágenes a través de formas distintas. Como quiera que el conocimiento se hace por una asimilación del cognoscente a lo conocido, hay que deducir que una misma cosa puede ser conocida por distintos seres, como resulta evidente en los sentidos, pues son muchos los que ven el mismo color según diversas representaciones. Igualmente, muchos entendimientos conocen una misma realidad. Pero esto último solamente si, siguiendo a Aristóteles [18], entre el entendimiento y el sentido existe la diferencia de que las cosas son sentidas según la disposición individual que poseen fuera del alma. Por su parte, la naturaleza del objeto entendido está fuera del alma, pero fuera de ella no tiene el modo de ser según el que es entendida. Pues lo que se entiende es la naturaleza común, una vez excluidos los principios de individuación, y, fuera del alma, no se tiene este modo de ser. Pero, siguiendo a Platón, los objetos entendidos existen fuera del alma tal como son entendidos, pues sostuvo que las naturalezas de las cosas están separadas de la materia.

5. *A la quinta hay que decir:* La ciencia que hay en el discípulo es distinta de la que hay en el maestro. Sobre cómo se causa, lo demostraremos más adelante (q.117 a.1).

6. *A la sexta hay que decir:* Agustín entiende que no puede haber muchas almas, a no ser, solamente, que pertenezcan todas a una misma especie.

ARTÍCULO 3

En el hombre, además del alma intelectiva, ¿hay o no hay otras almas diferentes esencialmente?

Cont. Gentes 2,58; *De Pot.* q.3 a.9 ad 1; *Quodl.* 11 q.5; *De Spir. Creat.* a.1 ad 9; *De anima* a.9.11.

Objeciones por las que parece que en el hombre, además del alma intelectiva, hay otras almas diferentes esencialmente, esto es, el alma sensitiva y la nutritiva:

1. Una misma sustancia no puede ser corruptible e incorruptible. Pero el alma intelectiva es incorruptible. En cambio, las otras, esto es, la sensitiva y la nutritiva, son corruptibles, como quedó demostrado (q.75 a.6). Por lo tanto, en el hombre no puede tener la misma esencia el alma intelectiva, la sensitiva y la nutritiva.

2. Más aún. Si se dijera que el alma sensitiva del hombre es incorruptible, hay que replicar: *Lo corruptible y la incorruptible difieren en el género,* como se dice en X *Metaphys.* [19] Pero el alma sensitiva en el caballo, en el león y en otros animales irracionales es corruptible. Por lo tanto, si el alma sensitiva en el hombre es incorruptible, no sería del mismo género que la que se encuentra en el animal irracional. Pero se dice que el animal es animal por tener alma sensitiva. Por lo tanto, el género animal no sería idéntico al hombre y a los otros animales. Esto es incongruente.

3. Todavía más. El Filósofo, en el libro *De Generat. Animal.* [20], dice que el embrión es antes animal que hombre. Pero esto sería imposible si el alma sensitiva y la intelectiva tuviesen la misma especie, pues el animal lo es por el alma sensitiva, en cambio, el hombre lo es por la intelectiva. Por lo tanto, en el hombre no puede tener la misma esencia el alma sensitiva y la intelectiva.

4. Por último. El Filósofo en el VIII *Metaphys.* [21] dice que el género se toma de la materia, y la diferencia se toma de la forma. Pero *racional,* diferencia constitutiva del hombre, se toma del alma intelectiva. En cambio, *animal,* se

---

17. ARISTÓTELES, c.8 n.2 (BK 431b29): S. Th. lect.13 n.789.   18. ARISTÓTELES, *De An.* 3 c.8 n.3 (BK 432a2): S. Th. lect.13 n.791.   19. ARISTÓTELES, 9 c.10 n.3 (BK 1059a10): S. Th. lect.12 n.2136.   20. ARISTÓTELES, 2 c.3 (BK 736a35).   21. ARISTÓTELES, 7 c.2 n.6 (BK 1043a5): S. Th. lect.2 n.1696-1698.

toma del hecho de tener un cuerpo animado por el alma sensitiva. Por lo tanto, el alma intelectiva se relaciona con el cuerpo animado por el alma sensitiva como la forma con la materia. Por lo tanto, en el hombre no tiene la misma esencia el alma intelectiva que la sensitiva, sino que la presupone como sujeto material.

En cambio está lo que se dice en el libro *De Eccles. Dogmat.*[22]: *No decimos que en un mismo hombre haya dos almas, como sostuvieron Jacobo y otros autores sirios; una animal, por la que es animado el cuerpo y está mezclada con la sangre; y otra espiritual, al servicio de la razón. Sino que afirmamos que hay una sola y la misma alma en el hombre, la que por su unión con el cuerpo lo vivifica y por la razón se gobierna a sí misma.*

Solución. *Hay que decir:* Platón[23] sostuvo que en un mismo cuerpo, incluso en sus diferentes miembros, había diversas almas a las cuales les atribuía diversas operaciones vitales. Decía que la fuerza nutritiva residía en el hígado; la fuerza concupiscible, en el corazón; la fuerza cognoscitiva, en el cerebro.

En el libro *De Anima*[24], Aristóteles rechaza dicha opinión, en cuanto a las partes del alma que para sus operaciones se valen de órganos corporales, fundamentándose en el hecho de que en los animales que viven después de ser descuartizados, en cada una de las partes pueden observarse distintas operaciones anímicas, como la sensibilidad y el apetito. Esto no sería así si los distintos principios de operación del alma, supuestos como esencialmente diversos, se encontrasen distribuidos por las distintas partes del cuerpo. Sin embargo, en cuanto al alma intelectiva, parece dejarnos en la duda si su separación con respecto a las demás partes del alma es una separación *sólo conceptual o también local.*

Podría sostenerse la opinión de Platón siempre que se supusiera, como hace él, que el alma está unida al cuerpo como motor, no como forma. Pues no hay ningún inconveniente en que un mismo móvil sea movido por distintos motores, de modo especial en sus diversas partes.

Pero, si suponemos que el alma se une al cuerpo como forma, resulta totalmente imposible que en un mismo cuerpo haya muchas almas esencialmente distintas. Esto se puede probar por tres razones.

1. La primera, porque el animal en el que hubiese muchas almas, esencialmente no sería uno. Pues nada es esencialmente uno sino en virtud de la forma única por la que tiene el ser, puesto que del mismo modo se tiene el ser que la unidad. Por eso, las realidades cuya denominación se debe a formas diversas, esencialmente no son una. Ejemplo: hombre blanco. Pues si el hombre, en virtud de una forma, esto es, el alma vegetativa, tuviese el vivir, y en virtud de otra, esto es, el alma sensible, tuviese el ser animal, y de una tercera, esto es, el alma racional, tuviera el ser hombre, habría que concluir que no es esencialmente uno. Así argumenta Aristóteles contra Platón en VIII *Metaphys.*[25] cuando dice que si la idea de animal y la de bípedo fuesen distintas, animal bípedo no constituiría una unidad absoluta. Por eso, en I *De Anima*[26], contra los que sostienen que en un mismo cuerpo hay distintas almas pregunta: *¿Qué es lo que las contiene?*, es decir, qué es lo que las establece en una sola unidad, no puede responderse que se unan por la unidad del cuerpo, pues, más bien, el alma contiene al cuerpo haciéndolo uno, y no al revés.

2. La segunda, por el modo de predicación. Pues los predicados tomados de distintas formas, se predican unos de otros de modo accidental cuando las formas no están relacionadas entre sí. Ejemplo: lo blanco es dulce. Si las formas están relacionadas entre sí, la predicación es necesaria siguiendo el segundo modo de predicación *esencial*, porque el sujeto entra en la definición del predicado. Ejemplo: debido a que el color presupone la superficie, si decimos que la superficie de un cuerpo está pintada, tendremos el segundo modo de predicación esencial. Por lo tanto, si la forma por la que se dice que un ser es animal es distinta de aquella por la que se dice que es hombre, habría que concluir, o

22. GENADIO, c.15: ML 58,984.   23. Cf. *Timeo* (69E). Referido por AVERROES, *In De An.* l.1 comm.90 (6², 45F).   24. ARISTÓTELES, 2 c.2 n.7 (BK 413b13): S. Th. lect.4 n.263-267.   25. ARISTÓTELES, 7 c.6 n.2 (BK 1045a14): S. Th. lect.5 n.1757.   26. ARISTÓTELES, c.5 n.24 (BK 411b6): S. Th. lect.14 n.206.

que uno de estos atributos no se puede predicar del otro, a no ser accidentalmente, esto es, siempre que las dos formas no estén relacionadas entre sí, o se tendrá el segundo modo de predicación *esencial* si una de las almas es presupuesto para la otra. Todo esto es resueltamente falso. Pues *animal* se predica del hombre esencialmente y no de modo accidental. *Hombre* no entra en la definición de animal, sino al revés. Por lo tanto, es necesario que la forma que hace a algo ser animal y la que lo hace ser hombre sea la misma. De lo contrario, el hombre no sería verdaderamente animal como lo es, ya que animal se predica del hombre esencialmente.

3) La tercera, porque cuando una operación del alma es intensa, impide la otra. Esto no sería así si el principio de las operaciones no fuese esencialmente uno.

Por lo tanto, hay que decir: El alma sensitiva, la intelectiva y la nutritiva, en el hombre son numéricamente la misma. Cómo sucede esto, se puede comprobar fácilmente reflexionando sobre las diferencias de las especies y de las formas. Pues observamos que las especies y las formas se distinguen entre sí por su mayor o menor perfección. De este modo, en el orden natural los seres animados son más perfectos que los inanimados, los animales, son más perfectos que las plantas, el hombre más perfecto que los animales, y aun dentro de estos géneros hay diversos grados. Así, Aristóteles, en VIII *Metaphys.*[27], compara las especies de las cosas a los números, que varían de especie por la suma o resta de la unidad. Y en II *De Anima*[28] compara las diversas almas a las especies de las figuras, en las que unas contienen a otras, como el pentágono contiene al cuadrilátero y es mayor que él. Así, pues, el alma intelectiva contiene virtualmente todo lo que hay en el alma sensitiva de los seres irracionales y lo que hay en el alma vegetativa de las plantas. Por lo tanto, así como una superficie pentagonal no tiene figura de cuadrilátero por una parte y de pentágono por otra, ya que la primera es superflua al estar contenida en la segunda, así tampoco Sócrates es hombre en virtud de un alma y animal en virtud de otra, sino que lo es por una y la misma.

Respuesta a las objeciones: 1. *A la primera hay que decir:* El alma sensitiva no es incorruptible por ser sensitiva, sino que por ser intelectiva tiene incorruptibilidad. Por lo tanto, cuando el alma es solamente sensitiva, es corruptible. Pero si, además de sensitiva, es también intelectiva, entonces es incorruptible. Pues, aun cuando lo sensitivo no da incorruptibilidad, tampoco la quita a lo intelectivo.

2. *A la segunda hay que decir:* No son las formas, sino los compuestos, los incluidos en el género y la especie. El hombre es corruptible como los demás animales. Por eso, la diferencia fundamentada en lo corruptible y lo incorruptible, proveniente de la forma, no hace que el hombre se distinga por el género de los demás animales.

3. *A la tercera hay que decir:* Al principio, el embrión tiene un alma sólo sensitiva que es sustituida por otra más perfecta, a la vez sensitiva e intelectiva, como trataremos exhaustivamente más adelante (q.118 a.2 ad 2).

4. *A la cuarta hay que decir:* No es necesario que a los diversos conceptos e intenciones lógicas, propias de nuestro modo de entender, les correspondan en la naturaleza objetos distintos, ya que el entendimiento puede concebir algo de distintos modos. Así, pues, porque, tal como acabamos de decir (sol.), el alma intelectiva virtualmente contiene la sensitiva superándola, la razón puede concebir separadamente lo que es propiamente sensitivo como algo imperfecto y material. Y tal como lo encuentra, común al hombre y a los demás animales, así establece el concepto de género. En cambio, aquello en lo que el alma intelectiva supera a la sensitiva, lo considera como formal y completivo, estableciendo así la diferencia de hombre.

27. ARISTÓTELES, 7 c.3 n.8 (BK 1043b34): S. Th. lect.3 n.1723.   28. ARISTÓTELES c.3 n.6 (BK 414b28): S. Th. lect.5 n.295.

ARTÍCULO 4

En el hombre, además del alma intelectiva, ¿hay o no hay otra forma?

In Sent. l.4 d.44 q.1 a.1 q.ª1 ad 4; *Cont. Gentes* 2,56,58.68-75; 4.81; *Compend. Theol.* c.90; *De Spir. Creat.* a.3; *Quodl.* 11 q.5; *De Anima* a.2,3,9,10; *Quodl.* 1 q.4 a.1.

Objeciones por las que parece que en el hombre, además del alma intelectiva, hay otra forma:

1. El Filósofo en el II *De Anima* [29] dice: *El alma es el acto de un cuerpo físico que tiene la vida en potencia.* Así, pues, el alma se relaciona con el cuerpo como la forma con la materia. Pero el cuerpo tiene alguna forma sustancial por la que es cuerpo. Por lo tanto, en el cuerpo, antes del alma, hay alguna forma sustancial.

2. Más aún. El hombre y cualquier animal se mueve a sí mismo. Todo lo que se mueve a sí mismo se divide en dos partes, la que mueve y la movida, como se demuestra en VIII *Physic.* [30] La parte que mueve es el alma. Por lo tanto, es necesario que la otra sea de tal naturaleza que pueda ser movida. Pero la materia prima no puede ser movida, como se dice en V *Physic.* [31], por estar solamente en potencia, y, además, todo lo movido es cuerpo. Por lo tanto, es necesario que en el hombre y en cualquier animal haya alguna otra forma sustancial por la que queda constituido el cuerpo.

3. Todavía más. En las formas, el orden se establece por su relación con la materia prima, puesto que anterior y posterior se dice por su relación a algún principio. Por lo tanto, si en el hombre no hubiese otra forma sustancial además del alma racional, sino que ésta se unicra directamente a la materia prima, se seguiría que pertenecería al orden de las formas más imperfectas, que son las unidas directamente a la materia.

4. Por último. El cuerpo humano es un cuerpo mixto. En dicha composición no entra sólo la materia ya que sólo habría entonces corrupción. Por lo tanto, es necesario que en un cuerpo compuesto permanezcan las formas de sus elementos, que son formas sustanciales. Por lo tanto, en el cuerpo humano, ade-

más del alma intelectiva, hay otras formas sustanciales.

En cambio está el hecho de que una cosa no tiene más que un solo ser sustancial. Pero la forma sustancial es lo que da el ser sustancial. El alma es forma sustancial del hombre. Por lo tanto, es imposible que en el hombre, además del alma intelectiva, haya otra forma sustancial.

Solución. *Hay que decir:* Si se supone que el alma intelectiva no está unida al cuerpo como forma, sino sólo como motor, como sostuvieron los platónicos, sería necesario que en el hombre hubiera otra forma sustancial por la que el cuerpo, móvil del alma, fuera constituido en su ser. Pero, si el alma intelectiva está unida al cuerpo como forma sustancial, como ya dijimos (a.1), es imposible que, además de ella, se encuentre en el hombre otra forma sustancial.

Para demostrarlo, hay que tener presente que la forma sustancial se distingue de la accidental en que ésta no da el ser en absoluto, sino tal ser. Ejemplo: el calor no hace que su sujeto sea ser en absoluto, sino ser caliente.

De este modo, cuando sobreviene una forma accidental, no se dice que algo es formado o generado absolutamente, sino que se habla de haber recibido tal modalidad. Igualmente, cuando la pierde, no decimos que algo se corrompa totalmente, sino hasta cierto punto. En cambio, la forma sustancial da el ser en absoluto. De este modo, al aparecer, hablamos de generación absoluta de un ser. Al desaparecer, hablamos de total corrupción. Por eso, los antiguos naturalistas, que suponían que la materia prima era ser en acto, como el fuego, el aire o algo parecido, dijeron que nada se engendra ni se destruye totalmente, sino que *se transforma,* como se dice I *Physic.* [32] Si esto fuera así, y si además del alma intelectiva en la materia preexiste alguna otra forma sustancial por la cual el sujeto del alma es un ser en acto, habría que concluir que el alma no comunica en absoluto el ser, ni, consecuentemente, es forma sustancial, y que ni el advenimiento del alma ocasionaría la generación en cuanto tal,

29. ARISTÓTELES, c.1 n.5 (BK 412a27): S. Th. lect.1 n.220.   30. ARISTÓTELES, c.5 n.8 (BK 457b12): S. Th. lect.10 n.4.   31. ARISTÓTELES, c.1 n.8 (BK 225a25): S. Th. lect.2 n.8.   32. ARISTÓTELES, c.4 n.2 (BK 178a30): S. Th. lect.9 n.2.

ni su pérdida la destrucción, sino que sólo se darían de forma accidental. Esto es evidentemente falso.

Por lo tanto, hay que decir que en el hombre no hay ninguna otra forma sustancial a no ser el alma intelectiva, la cual, así como contiene virtualmente la sensitiva y la nutritiva, así también virtualmente contiene todas las formas inferiores y por sí misma hace todo lo que las formas más imperfectas llevan a cabo en los demás seres. Lo mismo puede decirse del alma sensitiva en los animales irracionales, lo mismo de la vegetativa en las plantas, y, hablando en general, lo mismo de todas las formas más perfectas con respecto a las menos perfectas.

Respuesta a las objeciones. 1. *A la primera hay que decir:* Aristóteles[33] no dice que el alma sea sólo *acto del cuerpo,* sino *acto de un cuerpo físico y orgánico que tiene potencialmente vida* y que tal potencia *no excluye al alma.* Por eso resulta evidente que en aquello cuya alma es llamada acto también se incluye el alma. También decimos que el calor es acto del cuerpo caliente, y la luz del luminoso, no porque un cuerpo sea luminoso sin la luz, sino porque lo lúcido lo es por la luz. Es así como se dice que el alma es *acto del cuerpo,* etc., ya que por el alma es cuerpo, es orgánico y tiene vida en potencia. Pero se dice que el acto primero está en potencia con respecto al segundo, que es la operación. Pues tal potencia *no expulsa,* esto es, no excluye al alma.

2. *A la segunda hay que decir:* El alma no mueve al cuerpo por su ser, en cuanto que está unida como forma, sino por su fuerza motriz, cuyo acto presupone el cuerpo constituido en acto por el alma. Así, el alma, por su potencia motriz, es la parte que mueve; y el cuerpo animado, la parte movida.

3. *A la tercera hay que decir:* En la materia hay que distinguir distintos grados de perfección como ser, vivir, sentir y entender. Pero, cuando a un grado se añade otro, la perfección aumenta. Por lo tanto, la forma que solamente da a la materia el primer grado de perfección, es muy imperfecta. Pero la forma que da

el primero, el segundo, el tercero y todos los demás, es muy perfecta a pesar de estar unida directamente a la materia.

4. *A la cuarta hay que decir:* Avicena[34] estableció que las formas sustanciales de los elementos permanecen íntegras en todo compuesto. La composición se lleva a cabo por la neutralización de las cualidades opuestas de los elementos. Pero esto es imposible. Porque las distintas formas de los elementos no pueden existir más que en las diversas partes de la materia, cuya diversidad supone dimensiones sin las que la materia no puede ser divisible. La materia sometida a dimensiones sólo se da en los cuerpos. Diversos cuerpos no pueden ocupar un mismo lugar. Por eso, hay que concluir que los elementos en la composición ocupan lugares distintos. Así no se da una verdadera composición, en sí misma total, sino sólo aparente, resultado de la yuxtaposición de mínimas partículas.

Averroes en III *De Caelo*[35] sostuvo que las formas de los elementos, debido a su imperfección, son formas intermedias entre las sustanciales y las accidentales y, por tanto, están sometidas a aumento y disminución, por lo cual, en el compuesto, llegan a atenuarse hasta el punto de llegar a un nivel medio, componiendo, de esta manera, una forma. Pero esto es todavía más imposible. Pues el ser sustancial de una cosa consiste en algo indivisible, y toda suma o resta hace variar la especie como sucede con los números, tal como se dice en VIII *Metaphys.*[36] Por lo tanto, es imposible que una forma sustancial esté sometida al aumento o a la disminución. Y no es menos imposible que exista algo intermedio entre la sustancia y el accidente.

Por lo tanto, hay que decir, según el Filósofo en I *De Generat.*[37], que las formas de los elementos permanecen en el compuesto no en acto, sino virtualmente. Pues permanecen las cualidades propias de los elementos, aunque atenuadas, en los que reside el poder de las formas elementales. Igualmente, la cualidad de la composición es la disposición propia para la forma sustancial del cuerpo com-

33. ARISTÓTELES, *De An.* 2 c.2 n.5 (BK 412a27): S. Th. lect.2 n.240.   34. Referencia dada por AVERROES, *In De Gener.* 1.1 comm.90 (5,370K).   35. AVERROES, comm.67 (5,227C).   36. ARISTÓTELES, 7 c.3 n.10 (BK 1044a9): S. Th. lect.3 n.1723.   37. ARISTÓTELES, c.10 n.5 (BK 327b22).

puesto, como para la forma de la piedra o del alma de cualquier ser.

ARTÍCULO 5

¿Es o no es conveniente que el alma intelectiva se una al cuerpo correspondiente?

In Sent. 1.2 d.1 q.2 a.5; *De Anima* a.8; *De Malo* q.5 a.5.

Objeciones por las que parece que no es conveniente que el alma intelectiva se una al cuerpo correspondiente:

1. La materia debe ser proporcionada a la forma. Pero el alma intelectiva es una forma incorruptible. Por lo tanto, no se une convenientemente a un cuerpo corruptible.

2. Más aún. El alma intelectiva es una forma sumamente inmaterial, y lo prueba el hecho de que tiene operaciones en las que no participa la materia corpórea. Pero cuanto más sutil es un cuerpo tanta menos materia tiene. Por lo tanto, el alma debería estar unida a un cuerpo sumamente sutil, como el fuego, y no a un cuerpo compuesto y más terrestre.

3. Todavía más. Como quiera que la forma es principio de la especie, de una sola forma no provienen especies distintas. Pero el alma intelectiva es una forma. Por lo tanto, no debe estar unida a un cuerpo compuesto de partes de distintas especies.

4. Por último. Cuanto más perfecta es la forma, más perfecto debe ser el sujeto que la recibe. Pero el alma intelectiva es la más perfecta de las almas. Así, pues, como quiera que los cuerpos de los otros animales tienen naturalmente con que protegerse, como pelo en lugar de vestido y pezuñas en lugar de calzado, y además tienen armas dadas por la naturaleza, como uñas, dientes y cuernos, parece que el alma intelectiva no debería unirse a un cuerpo imperfecto desprovisto de tales ayudas.

En cambio está lo que dice el Filóso-

fo en II *De Anima*[38]: *El alma es acto de un cuerpo físico, orgánico, que potencialmente tiene vida.*

Solución. *Hay que decir:* Como quiera que la forma no lo es por la materia, sino más bien la materia por la forma, a partir de la forma debe fundamentarse la razón de por qué la materia es de tal naturaleza, y no al revés. Pues el alma intelectiva, como dijimos anteriormente (q.55 a.2), en el orden de la naturaleza ocupa el más bajo lugar entre las sustancias intelectuales, debido a que no le es connatural el conocimiento innato de la verdad, como sí lo es en los ángeles, sino que se ve obligada a desgranarla a través de los sentidos tomándola de la multiplicidad de las cosas, como dice Dionisio en el c.7 *De Div. Nom.*[39] Por otra parte, en lo necesario la naturaleza no le falla a ningún ser. Por eso, sería necesario que el alma intelectiva no solamente tuviera la facultad de entender, sino también la de sentir. Pero como quiera que la acción de sentir no se puede llevar a cabo más que por medio de un órgano corporal, por eso se precisa que el alma intelectiva se una a un cuerpo constituido de tal manera que pueda servir convenientemente de órgano a los sentidos.

Todos los sentidos se fundamentan en el tacto[e]. Pero el órgano del tacto es preciso que sea algo intermedio entre los contrarios que puede percibir, como lo frío y lo caliente, lo húmedo y lo seco. Pues, así, se encuentra en potencia con respecto a unos y otros pudiendo recibir la sensación. Por eso, cuanto más se acerque a dicho punto medio la composición del órgano del tacto, más perfecta será la capacidad sensible táctil. Pero el alma intelectiva posee el más alto grado de capacidad de sentir, pues, como dice Dionisio en el libro *De Div. Nom.*[40], las cualidades del ser inferior se encuentran más perfectamente en el superior. Por lo tanto, fue necesario que el cuerpo al que estuviera unida el alma intelectiva, fuera

---

38. ARISTÓTELES, c.1 n.5 (BK 412a27): S. Th. lect.1 n.220.   39. § 2: MG 3,868: S. Th. lect.2.   40. C.5 § 3: MG 3,817: S. Th. lect.1.

---

e. Esta doctrina sobre el sentido del tacto, basada en datos de observación empírica, se encuentra desarrollada en Aristóteles y sus comentaristas y en las obras médicas arabo-judías. A través de ellos llega al pensamiento medieval cristiano (cf. M. BARBADO, *Estudios de Psicología Experimental* t.2 [Madrid 1948] p.346-352).

un cuerpo compuesto y de complexión más equilibrada que los demás.

Por eso, de todos los animales el hombre es el que posee el mejor tacto. Entre los hombres, los de mejor tacto son los de mejor entendimiento. Prueba de ello es que, como se dice en II *De Anima*[41], *los de carne blanda tienen más aptitud mental.*

Respuesta a las objeciones: 1. *A la primera hay que decir:* Probablemente alguien trataría de eludir esta objeción diciendo que, antes del pecado, el cuerpo del hombre era incorruptible. Pero parece que esta respuesta no es suficiente. Porque, antes del pecado, el cuerpo del hombre fue inmortal no por naturaleza, sino por don de la gracia divina. De lo contrario, no habría perdido la inmortalidad por el pecado, como no la perdió el demonio.

Por eso, desde otro planteamiento, sostenemos que en la materia encontramos una doble condición: *Una,* elegida en orden a hacerla proporcionada a la forma; *otra,* que necesariamente se deduce de la primitiva condición de la materia. Ejemplo: un herrero, para hacer una sierra, elige un material de hierro apto para cortar objetos duros. Pero que los dientes de la sierra se partan o se oxiden es una consecuencia necesaria de la condición del mismo material. Igualmente, al alma intelectiva le corresponde tener un cuerpo de equilibrada complexión. Pero de ello se deduce, por condición propia de la materia, que sea corruptible. Si alguien dice que Dios pudo evitar tal necesidad, hay que decir que, en la constitución de los seres naturales, no hay que considerar lo que Dios pudo hacer, sino lo que le corresponde a la naturaleza de las cosas, como dice Agustín en II *Super Gen. ad litt.*[42] Sin embargo, Dios proveyó el remedio contra la muerte concediendo el don de la gracia.

2. *A la segunda hay que decir:* Al alma intelectiva no le compete el cuerpo en razón de la operación intelectual en cuanto tal, sino como una exigencia de la parte sensitiva, que precisa un órgano de adecuada complexión. De este modo fue necesario que el cuerpo se viera unido al alma intelectiva, y no que el alma

se uniera a un elemento simple o a un cuerpo compuesto en el que predominase el fuego, ya que no podría haber equilibrio en su complexión debido a la excesiva potencia del fuego. Por lo demás, este cuerpo de equilibrada complexión posee una determinada dignidad, ya que no está sometido a influencias contrarias, por lo cual, y en cierto modo se asemeja al cuerpo celeste.

3. *A la tercera hay que decir:* Las partes del animal, como el ojo, la mano, la carne, el hueso, etc., no pertenecen a la especie, sino que lo que le pertenece es el todo. De este modo, no puede decirse, propiamente, que estas partes sean de especie distinta, sino que, propiamente hablando, tienen distintas disposiciones. Esto mismo es lo que ocurre con el alma intelectiva, la cual, aun cuando en su esencia sea una, por su perfección es de múltiple virtualidad. De este modo, para sus diversas operaciones requiere diversas disposiciones en las partes del cuerpo al que se une. Por esto vemos que hay mayor diversidad de partes en los animales perfectos que en los imperfectos, y en éstos más que en las plantas.

4. *A la cuarta hay que decir:* El alma intelectiva, porque puede comprender lo universal, tiene capacidad para lo infinito. Por eso la naturaleza no podía imponerle determinadas estimaciones naturales, ni tampoco determinados medios de defensa o de abrigo como a los otros animales cuyas almas tienen capacidad de percepción y otras facultades para cosas particulares. Pero en su lugar, el hombre posee por naturaleza la razón y las manos, que son *órgano de los órganos*[43]; por las que el hombre puede preparar una variedad infinita de instrumentos para infinitos efectos.

ARTÍCULO 6

El alma intelectiva, ¿se une o no se une al cuerpo mediante determinadas disposiciones accidentales?

Cont. Gentes 2,71; *De An.* 1.2 lect.1; *De Spir. Creat.* a.3; *De Anima* a.9; *In Metaphys.* 1.8 lect.5.

Objeciones por las que parece que el alma intelectiva se une al cuerpo me-

---

41. ARISTÓTELES, c.9 n.2 (BK 421a26): S. Th. lect.1.   42. C.1: ML 39,263.
43. ARISTÓTELES, *De An.* 3 c.8 n.2 (BK 431b28): S. Th. lect.13 n.789.

diante algunas determinadas disposiciones accidentales:

1. Toda forma está en una materia que le es propia y convenientemente dispuesta. Pero las disposiciones para la forma son accidentales. Por lo tanto, es necesario presuponer en la materia algunos accidentes previos a la forma sustancial y, consecuentemente, anteriores al alma, ya que el alma es la forma sustancial.

2. Más aún. Las diversas formas de una especie requieren diversas partes de la materia. Pero no es posible concebir diversas partes de la materia a no ser dividiendo sus dimensiones cuantitativas. Por lo tanto, es necesario concebir en la materia las dimensiones antes que las formas sustanciales, muchas de las cuales son de la misma especie.

3. Todavía más. Lo espiritual se une a lo corporal por contacto virtual. Pero la fuerza del alma es su potencia. Por lo tanto, parece que el alma se une al cuerpo mediante su potencia, que es un accidente.

En cambio, el accidente es posterior a la sustancia en el tiempo y en el conocimiento, como se dice en VIII *Metaphys.*[44] Por lo tanto, en la materia no se puede concebir ninguna forma accidental anterior al alma, que es la forma sustancial.

Solución. *Hay que decir:* Si el alma se uniese al cuerpo solamente como motor, no solamente nada lo impediría, sino que sería necesario que entre el alma y el cuerpo mediasen algunas disposiciones. Por parte del alma, la potencia de mover el cuerpo; por parte del cuerpo, una cierta aptitud para ser movido por el alma.

Pero si el alma se une al cuerpo como forma sustancial, como dijimos anteriormente (a.1), es imposible que medie alguna disposición accidental entre el alma y el cuerpo o entre cualquier forma sustancial y su materia. El porqué de esto radica en que, como la materia está en

potencia para todos los actos, en un cierto orden, es necesario que lo primero que concebimos en la materia sea el acto absolutamente primero. Entre todos los actos el primero es el ser. Por eso, resulta imposible concebir que la materia sea caliente o extensa antes de que exista en acto. Pero el ser en acto lo es por la forma sustancial, que da el ser absolutamente, según dijimos (a.4). Por eso, es imposible que en la materia preexistan, anteriormente a la forma sustancial, algunas disposiciones accidentales, ni, consecuentemente, previas a su unión con el alma[f].

Respuesta a las objeciones: 1. *A la primera hay que decir:* De lo dicho anteriormente (a.4) resulta evidente que la forma más perfecta contiene virtualmente lo propio de las formas inferiores, y, por lo tanto, permaneciendo una y la misma, perfecciona a la materia en los diversos grados de perfección. Pues una y la misma es, esencialmente, la forma por la que el hombre es ser en acto, y es cuerpo, viviente, animal y hombre. Es evidente también que cada género tiene sus propios accidentes. Por lo tanto, así como la materia se concibe perfecta en el ser anteriormente a su corporeidad y a otros atributos, así también se conciben los accidentes propios del ser como anteriores a la corporeidad. Igualmente se pueden considerar en la materia las disposiciones anteriores a la forma, no en cuanto a todo efecto suyo, sino sólo en cuanto al de grado inferior.

2. *A la segunda hay que decir:* Las dimensiones cuantitativas son accidentes que acompañan a la corporeidad propia de la materia. Por eso, una vez considerada la materia bajo la corporeidad y las dimensiones, es posible concebirla como dividida en diversas partes, de modo que reciba diversas formas según los distintos grados de perfección. Pues, aun cuando la forma que da a la materia los diversos grados de perfección sea esencialmente la misma, como hemos dicho

---

44. ARISTÓTELES, 6 c.1 n.6 (BK 1028a32): S. Th. lect.1 n.1257.

---

f. El problema aquí tratado se circunscribe a la constitución misma del compuesto almacuerpo y no a su proceso formativo (el problema de la animación retardada lo tratará en q.118). En el proceso formativo —el *fieri*— sí se dan mediaciones catalizadoras, como en general para que se produzcan los cambios sustanciales (cf. el comentario tomista al *De generatione et corruptione*).

(ad 1), sin embargo, difieren conceptualmente.

3. *A la tercera hay que decir:* La sustancia espiritual que está unida al cuerpo sólo como motor lo está por potencia o virtud. Pero el alma intelectiva se une al cuerpo como forma por su ser. Sin embargo, lo mueve y rige por su potencia o virtud.

ARTÍCULO 7

El alma, ¿se une o no se une al cuerpo mediante algún cuerpo? [g]

In Sent. l.2 d.1 q.2 a.4 ad 3; Cont. Gentes 2,71; De An. l.2 lect.1; De Spir. Creat. a.3; De Anima a.9; In Metaphys. l.8 lect.5.

Objeciones por las que parece que el alma se une al cuerpo del animal mediante algún cuerpo:

1. Dice Agustín en VII *Super Gen. ad litt.*[45] que el alma orienta al cuerpo por la luz, esto es, por el fuego, y por el aire, que son los más parecidos al espíritu. Pero el fuego y el aire son cuerpos. Por lo tanto, el alma se une al cuerpo humano mediante algún cuerpo.

2. Más aún. Aquello cuya supresión motiva el que se disuelva una unión, parece ser el medio de unión entre lo unido. Pero, al faltar el espíritu, el alma se separa del cuerpo. Por lo tanto, el espíritu, que es un cierto cuerpo sutil, es el medio de unión entre el cuerpo y el alma.

3. Todavía más. Las cosas que distan mucho entre sí, no se unen más que por un medio. Pero el alma intelectiva dista del cuerpo, no sólo por ser incorpórea, sino por ser incorruptible. Por lo tanto, parece que está unida mediante algo que es cuerpo incorruptible. Este algo parece ser la luz celeste, que concilia los elementos reduciéndolos a la unidad.

En cambio está lo que dice el Filósofo en II *De Anima*[46]: *No es necesario preguntarse si el alma y el cuerpo forman una unidad, como tampoco preguntarse si la forman la cera y la figura en ella grabada.* Pero la figura se une a la cera sin mediación de cuerpo alguno. Por lo tanto, tampoco sin mediación se une el alma al cuerpo.

Solución. *Hay que decir:* Si el alma se uniera al cuerpo solamente como motor, tal como sostienen los platónicos, sería conveniente decir que entre el alma del hombre o de un animal cualquiera y su cuerpo, se encontrarían cuerpos intermedios, ya que propio del motor es mover lo más alejado por medios más próximos.

En cambio, si el alma se une al cuerpo como forma, según dijimos (a.1), es imposible que se una a él mediante algún cuerpo. El porqué de esto radica en que algo es uno del mismo modo que es ser. La forma hace por sí misma que las cosas estén en acto, siendo ella esencialmente acto, y no comunica el ser por mediador alguno. Por eso, la unidad de un ser compuesto a partir de la materia y de la forma proviene de la misma forma, que, por sí misma, se une a la materia como su acto, al no haber otro principio de unión, a no ser el agente, que hace que la materia esté en acto, como se dice en VIII *Metaphys.*[47]

Por eso, resulta claro que son falsas las opiniones de aquellos que sostuvieron que hay algunos cuerpos intermedios entre el alma y el cuerpo del hombre. Algunos platónicos[48] afirmaron que el alma intelectiva posee un cuerpo incorruptible unido a ella por naturaleza, del que nunca se separa y por el que se une al cuerpo corruptible del hombre. Otros[49] afirmaron que se une al cuerpo mediante un espíritu corpóreo. Otros[50] afirmaron que se une al cuerpo mediante

45. C.19: ML 34,364.   46. ARISTÓTELES, c.1 n.7 (BK 412b6): S. Th. lect.1 n.234. 47. ARISTÓTELES, 7 c.6 n.8 (BK 1045b21): S. Th. lect.5 n.1767.   48. Cf. supra q.51 a.1 ad 1. 49. Cf. Ps. AGUSTÍN (Alquero de Claraval), *De Spir. et An.* c.14: ML 40,789; cf. AVICEBRÓN, *Fons Vitae*, tr.3 c.2 (BK 75-24).

g. Los «espíritus» a que se hace referencia en este artículo responden a un elemento explicativo de la fisiología aristotélica. Se concebían como vapores muy sutiles —de ahí el nombre de *espíritus*— a través de los cuales actuaban las facultades del alma. Recibían diversas calificaciones: espíritus vitales, corpóreos, animales... Actuaban en el semen, en la actividad motora, en los movimientos del conocimiento sensitivo externo e interno, en la vida emocional, etc. Constituían con los respectivos órganos corpóreos el elemento material imprescindible que acompañaba a los actos psíquicos en cualquier proceso psicofisiológico.

la luz, pues sostenían que es cuerpo y de naturaleza de una quinta esencia. Y lo hace de tal modo que el alma vegetativa está unida al cuerpo mediante la luz del cielo sideral; la sensitiva, con la del cielo cristalino; y la intelectual, con la del cielo empíreo. Todo esto resulta ficticio e irrisorio, bien porque la luz no es cuerpo, bien porque la quinta esencia, por ser inalterable, materialmente no entra en la composición de un cuerpo, a no ser sólo virtualmente, bien porque el alma está directamente unida al cuerpo como la forma a la materia.

Respuesta a las objeciones: 1. *A la primera hay que decir:* Agustín está hablando del alma en cuanto que mueve al cuerpo. Por eso utiliza la palabra *orientar.* Es cierto que mueve las partes más espesas del cuerpo mediante las más sutiles, y que el primer instrumento de su fuerza motriz es el espíritu, como dice el Filósofo en el libro *De causa motus animalium*[51].

2. A la segunda hay que decir: Anulado el espíritu, desaparece la unión del alma con el cuerpo, no porque sea medio, sino porque el cuerpo pierde su disposición para tal unión. Sin embargo, el espíritu es medio para el movimiento como primer instrumento del movimiento.

3. A la tercera hay que decir: El alma dista mucho del cuerpo si se consideran por separado sus condiciones. Por eso, si tuvieran el ser por separado, entre ellos debería haber muchos seres intermedios. Pero, en cuanto que es forma del cuerpo, no tiene un ser separado de éste, sino que por su propio ser se une directamente al cuerpo. Pues cualquier forma considerada como acto, dista mucho de la materia, que es ser sólo en potencia.

ARTÍCULO 8

El alma, ¿está o no está totalmente en cualquier parte del cuerpo?

In Sent. 1.1 d.8 q.5 a.3; *Cont. Gentes* 2,72; *De Spir. Creat.* a.4; *De Anima* a. 10.

Objeciones por las que parece que el alma no está totalmente en cualquier parte del cuerpo:

1. Dice el Filósofo en el libro *De causa motus animalium*[52]: *No es preciso que el alma esté en cada una de las partes del cuerpo, sino que, existiendo en algún principio del cuerpo, las demás viven, debido a que, por su propia naturaleza, están destinadas a efectuar simultáneamente su propio movimiento.*

2. Más aún. El alma está en el cuerpo del que es acto. Pero es acto de un cuerpo orgánico. Por lo tanto, no está más que en un cuerpo orgánico. Pero no cualquier parte del cuerpo humano es un cuerpo orgánico. Por lo mismo, el alma no está totalmente en cualquier parte del cuerpo.

3. Todavía más. En el II *De Anima*[53] se dice que la misma relación que hay entre una parte del alma y otra del cuerpo, por ejemplo, entre la visión y la pupila, es la misma que hay entre el alma y todo el cuerpo del animal. Así, pues, si el alma está totalmente en cada una de las partes del cuerpo, hay que concluir que cualquier parte del cuerpo es el animal.

4. Y también. Todas las potencias del alma están fundamentadas en la misma esencia del alma. Así, pues, si el alma está totalmente en cualquier parte del cuerpo, hay que concluir que todas las potencias del alma están en cualquier parte del cuerpo, y, así, la vista estará en el oído, y el oído en el ojo. Esto es absurdo.

5. Por último. Si el alma estuviese totalmente en cualquier parte del cuerpo, cualquier parte del cuerpo dependería directamente del alma. Por lo tanto, una parte no dependería de la otra, ni una sería más importante que la otra. Esto es evidentemente falso. Por lo tanto, el alma no está totalmente en cualquier parte del cuerpo.

En cambio está lo que dice Agustín en VI *De Trin.*[54]: *El alma está totalmente en cualquier cuerpo y en cualquiera de sus partes.*

Solución. *Hay que decir:* Si, como hemos dicho ya (a.1), el alma se uniera al cuerpo sólo como motor, se podría decir que no está en cada una de sus partes, sino solamente en una por la que move-

50. Cf. BUENAVENTURA, *In Sent.* 1.2 d.13, divisio Text. (QR 2,310); d.13 a.2 q.2 a.5 (QR 2,321); d.17 a.2 q.2 (QR 2,421). 51. ARISTÓTELES, c.10 (BK 703a9). 52. ARISTÓTELES, c.10 (BK 703a34). 53. ARISTÓTELES, c.1 n.9 (BK 412617): S. Th. lect.2 n 235-238 54. C.6: ML 42,929.

ría las demás. Pero porque el alma se une al cuerpo como forma, es necesario que esté en todo él y en cada una de sus partes. Pues no es forma accidental del cuerpo, sino forma sustancial. La forma sustancial no es solamente perfección del todo, sino de cada una de sus partes. Como quiera que el todo está compuesto a partir de las partes, la forma del todo que no diese el ser a cada una de las partes del cuerpo, sería una forma de composición y orden. Ejemplo: la forma de una casa. Esta es una forma accidental. En cambio, el alma es forma sustancial. Por eso, es necesario que sea forma y acto no solamente del todo, sino de cada una de sus partes. De este modo, así como al separarse el alma no hablamos de hombre o de animal, a no ser equívocamente, como llamamos animal al pintado o al tallado, lo mismo debemos decir con respecto a la mano y al ojo, a la carne y al hueso, como dice el Filósofo[55]. Prueba de ello es que cuando el alma se separa, ninguna parte del cuerpo realiza sus funciones propias, mientras que todo lo que conserva su especie retiene la operación específica. El acto se encuentra en el sujeto del que es acto. Por eso es necesario que el alma esté en todo el cuerpo y en cada una de sus partes.

Que esté totalmente en cada una de sus partes se deduce al considerar las tres clases de totalidad en conformidad con la triple división del todo, pues es el todo lo que se divide en partes. Hay un todo que se divide en partes cuantitativas, como la totalidad de una línea o de un cuerpo. Otros se dividen en partes de razón y de esencia, como lo definido, en las partes de la definición, y lo compuesto, en materia y forma. El tercer modo es el todo potencial, que se divide en partes virtuales[h].

El primer modo de totalidad no le corresponde a las formas, a no ser accidentalmente tal vez. Y sólo a aquellas formas que se ordenan indistintamente al todo cuantitativo y a sus partes. Ejemplo: la blancura, por su naturaleza, lo mismo puede estar en toda la superficie de un cuerpo que en cada parte. Por eso, al dividir la superficie, la blancura se divide accidentalmente. Pero una forma que precisa diversidad de las partes, como el alma, sobre todo el alma de los animales superiores, no se ordena por igual al todo que a las partes. Por eso no se divide accidentalmente por división cuantitativa. De este modo, ni esencial ni accidentalmente se puede atribuir al alma la totalidad cuantitativa. Pero la segunda totalidad, la fundamentada en la perfección de razón y de esencia, les corresponde a las formas en sentido propio y esencial. Igualmente la totalidad virtual, ya que la forma es el principio de la operación.

Por lo tanto, si se preguntase por la blancura, si está toda en la superficie y en cada una de las partes, es necesario hacer una distinción. Si se habla de la totalidad cuantitativa que la blancura tiene accidentalmente, no toda la blancura está en cada una de las partes de la superficie. Lo mismo habría que decir de la totalidad virtual, ya que más puede mover a la vista la blancura de toda una superficie que la de una parte minúscula. Pero si se trata de totalidad específica y esencial, toda la blancura está en cada una de las partes de la superficie.

Pero, porque el alma no tiene ni esencial ni accidentalmente totalidad cuantitativa, como acabamos de decir (sol.), es suficiente con decir que está toda en cada parte del cuerpo según su totalidad de perfección y de esencia, si bien no según su totalidad virtual. Porque no está, en cuanto a cada una de sus potencias, en cada parte del cuerpo, sino que por la potencia visual está en el ojo; y por la auditiva, en el oído; y, así, en lo demás.

Sin embargo, hay que tener presente que, porque el alma exige diversidad de partes, no está referida al todo de la misma forma que lo está a las partes. Al todo se refiere de forma necesaria y esencial como a su propio y proporcio-

55. ARISTÓTELES, *De An.* 2 c.1 n.8 (BK 412b10): S. Th. lect.2 n.235: *Meteor.* 4, c 12 n 3 (BK 389b31).

h. La distinción en partes cuantitativas, esenciales y virtuales, que sirve aquí para armonizar la animación unitaria del viviente y su multiplicidad de órganos y funciones, se aplicará luego en la exposición teológica de las virtudes.

nado perfectible. A las partes, secundariamente, en cuanto que están orientadas al todo.

Respuesta a las objeciones: 1. *A la primera hay que decir:* El Filósofo está hablando de la fuerza motriz del alma.

2. *A la segunda hay que decir:* El alma es acto de un cuerpo orgánico en cuanto que éste es su primero y proporcionado perfectible.

3. *A la tercera hay que decir:* El animal es un ser compuesto a partir del alma y de todo el cuerpo, que es lo inmediatamente perfectible y proporcionado a ella. Pero el alma no está en cada parte del cuerpo de este modo. Por eso, no es necesario que una parte del animal sea el animal.

4. *A la cuarta hay que decir:* Algunas potencias del alma, como el entendimiento y la voluntad, están en ella por exceder la capacidad corporal. Por eso no se encuentran en ninguna parte del cuerpo. En cambio, otras potencias son comunes al alma y al cuerpo. Por eso, no es necesario que cada una esté allá donde esté el alma, sino solamente en aquella parte del cuerpo proporcionada a la operación de dicha potencia.

5. *A la quinta hay que decir:* Se dice que una parte del cuerpo es más importante que otra en razón de las diversas potencias de las que son órganos. Pues la parte que es órgano de la potencia más importante, ésa es la parte más importante del cuerpo. También puede decirse lo mismo de aquella que le sirve de un modo más sobresaliente.

CUESTIÓN 77

Sobre lo referente a las potencias en general

Ahora hay que analizar lo referente a las potencias del alma[a]. Primero, en general. Segundo, en particular. Esta cuestión plantea y exige respuesta a ocho problemas:

1. La esencia del alma, ¿es o no es su potencia?—2. ¿Hay una sola potencia del alma, o, en cambio, hay muchas?—3. ¿Cómo se distinguen las potencias del alma?—4. Sobre su relación entre sí.—5. El alma, ¿es o no es el sujeto de todas las potencias?—6. Las potencias, ¿dimanan o no dimanan de la esencia del alma?—7. Una potencia, ¿surge o no surge de la otra?—8. Todas las potencias del alma, ¿permanecen o no permanecen en ella después de la muerte?

a. Del mismo modo que el hombre tiene conciencia de la unidad de su ser, la experiencia inmediata le muestra la multiplicidad de operaciones psíquicas y vitales. Pero éstas no tienen una unidad específica, ni aun genérica —entender y andar, por ejemplo—, como para reducirlas a un solo principio o fuente inmediata de energía vital de la que provengan. La antigua doctrina de las potencias era la respuesta con la que se conciliaba esa multiplicidad de los hechos psíquicos con la unidad de su principio esencial, o alma. *Vires, virtutes, potentiae, facultates* son la traducción de δυνάμεις con que se las denominaba en la filosofía griega. Forman parte de las potencias activas, y como tales se contraponen a las potencias pasivas, cuyo máximo exponente es la materia prima; aunque coinciden con ellas en ser principios de posibilidad: posibilidad de acción en aquéllas; de recepción pasiva en éstas. En unas y otras su opuesto es la impotencia o imposibilidad (cf. ARISTÓTELES, *Metafísica* 5 c.12 [BK 1019 a 15ss]; S. Th. lect. 14; *ib.,* 9 c.1 [BK 1046 a 5ss]; S. Th. lect.1). La doctrina general de las facultades del alma aquí expuesta supone un desarrollo amplio y personal de presupuestos aristotélicos.

ARTÍCULO 1

La misma esencia del alma, ¿es o no es su potencia?

Supra q.54 a.3; *In Sent.* 1.1 d.3 q.4 a.2; *Quodl.* 10 q.3 a.1; *De Spir. Creat.* a.11; *De Anima* a. 12.

Objeciones por las que parece que la misma esencia del alma es su potencia [b]:

1. Dice Agustín en IX *De Trin.*[1]: *La mente, el conocimiento y el amor, sustancialmente, o, si se quiere, esencialmente, están en el alma.* Y en el X[2] dice: *La memoria, la inteligencia y la voluntad son una vida, una mente, una esencia.*

2. Más aún. El alma es más noble que la materia prima. Pero la materia prima es su propia potencia. Por lo tanto, con mucho mayor motivo lo será el alma.

3. Todavía más. La forma sustancial es más simple que la accidental, signo de esto es que la forma sustancial no aumenta ni disminuye, sino que consiste en lo indivisible. Pero la forma accidental es su misma potencia. Por lo tanto, con mucho mayor motivo la forma sustancial, que es el alma.

4. Aún más. La potencia sensitiva es aquella por la que sentimos. La potencia intelectiva, aquella por la que entendemos. Pero, tal como dice el Filósofo en II *De Anima*[3], *el alma es aquello por lo que primeramente sentimos y entendemos.* Por lo tanto, el alma es su propia potencia.

5. Y también. Todo lo que no forma parte de la esencia de algo, es accidente. Por lo tanto, si la potencia del alma está fuera de su esencia, se conclu-

ye que es accidente. Esto va contra lo que dice Agustín en IX *De Trin.*[4], cuando afirma que dichas facultades *no están en el alma como accidentes en el sujeto, como lo puede estar el color en el cuerpo, lo mismo que la figura u otra cualidad o cantidad, pues lo que es de esa forma no abarca más allá del sujeto en el que está. Pero la mente puede amar y conocer otras cosas.*

6. Una más. *La forma simple no puede estar sin sujeto*[5]. El alma es forma simple, ya que no está compuesta a partir de la materia y de la forma, como dijimos anteriormente (q.75 a.5). Por lo tanto, la potencia del alma no puede estar en ella como en su sujeto.

7. Por último. El accidente no es principio diferencial sustancial. Pero *sensible* y *racional* son diferencias sustanciales, ya que pertenecen a los sentidos y a la razón, que son potencias del alma. Por lo tanto, las potencias del alma no son accidentes. De este modo, parece que la potencia del alma es su esencia.

En cambio está lo que dice Dionisio en el c.11 *Cael. Hier.*[6]: *Los espíritus celestes están divididos en esencia, potencia y operación.* Así, pues, con mayor razón en el alma es distinta la esencia y la virtud o potencia.

Solución. *Hay que decir:* Es imposible afirmar que la esencia del alma sea su potencia, aun cuando algunos lo sostuvieron así. Esto resulta evidente por un doble motivo. 1) *Primero*, porque, como la potencia y el acto dividen el ser y cualquier género de ser, es necesario que tanto la potencia como el acto estén

---

1. C.4: ML 42,963.   2. C.11: ML 42,984.   3. ARISTÓTELES, c.2 n.12 (BK 414a12):
5. Th. lect.4 n.271.   4. C.4: ML 42,963.   5. Cf. BOECIO, *De Trin.* c.2: ML 64,1250.
6. § 2: MG 3,284.

---

b. Sin alcanzar la virulencia de las cuestiones relacionadas con la unidad de la forma, la distinción entre el alma y sus potencias era tema muy discutido en el siglo XIII. Y se encuentran en algún modo interrelacionadas. Si hay diversidad de forma sustancial entre el principio intelectivo y los principios sensitivo y vegetativo, quedaba de alguna manera explicada la diversidad genérica entre la vida superior del hombre y sus actividades vegetativas y sensitivas. De ahí que los agustinianos no tuviesen dificultad por ese lado en afirmar la identidad con el alma de sus facultades superiores. Los textos del Doctor de Hipona que en un sentido inmediato afirmaban esa identidad eran claros (cf. los textos principales en la dif.1), y tal doctrina estaba corroborada por la autoridad del Maestro de las Sentencias.—Sobre esta discusión, cf. O. LOTTIN, *Psychologie et morale aux XIIe et XIIIe siècles* t.1 (Louvain 1942) p.483ss; G. M. MANSER, *La esencia del tomismo* (Madrid 1947) p. 164-166. A. ARÓSTEGUI, *La supuesta identidad agustiniana del alma y sus potencias:* Revista de Filosofía 11 (1952) 43-64, es contrario a la interpretación comúnmente dada entonces y ahora a los textos de S. Agustín, y se inclina como interpretación literal a otra que se aproxima a la que presenta Sto. Tomás en este artículo en la solución a la 1.ª y 5.ª dificultades.

referidos al mismo género. De este modo, si el acto no está en el género de la sustancia, la potencia que está relacionada con dicho acto no puede estar en el género de la sustancia. Y la operación del alma no está en el género de la sustancia, sólo lo está en Dios, cuya operación es su sustancia. Por eso, la potencia de Dios, principio de operación, es la misma esencia de Dios [c]. Esto no puede ser así ni en el alma ni en ninguna criatura, como dijimos anteriormente al tratar de los ángeles (q.54 a.3).

2) *Segundo,* esto resulta imposible también en el alma. Pues el alma, esencialmente, está en acto. Por lo tanto, si la misma esencia del alma fuese el principio inmediato de su operación, todo el que tiene alma estaría siempre realizando en acto las acciones vitales, así como quien tiene alma está vivo. Pues, en cuanto forma, un acto no está ordenado a otro posterior, sino que es el último término de la generación. Por eso, a lo que está en potencia con respecto a otro acto, el estarlo no le compete por su esencia, esto es, en cuanto forma, sino en cuanto potencia. Así, la misma alma, en cuanto subyace a su potencia, es llamada *acto primero* [7] ordenada al acto segundo. Pero el ser dotado de alma no siempre está llevando a cabo acciones vitales. Por eso, en la definición de alma se dice [8] que es *acto del cuerpo que tiene vida en potencia,* y, sin embargo, dicha potencia *no excluye el alma.* Por lo tanto, hay que concluir que la esencia del alma no es su potencia, ya que nada está en potencia con respecto a un acto en cuanto que es acto.

Respuesta a las objeciones: 1. *A la primera hay que decir:* Agustín está hablando de la mente en cuanto que se conoce y se ama a sí misma. Por lo tanto, si el conocimiento y el amor, en cuanto referidos al alma como conocida y amada, están en el alma sustancial o esencialmente, es debido al hecho de que la misma sustancia o esencia del alma se conoce y se ama.

Es así como hay que entender también lo que dice en otro lugar: *Son una vida, una mente, una esencia.* O, como dicen algunos [9], dicha expresión indica el modo como se predica de sus partes el todo potencial, que es punto medio entre el todo universal y el todo integral. Pues el todo universal está presente en todas las partes en toda su esencia y potencia, como *animal* lo está en el hombre y en el caballo. Por eso, propiamente se predica de cada una de las partes. El todo integral no está en todas sus partes según toda su esencia o toda su potencia. Por eso, no se predica en absoluto de cada una de las partes, sino que, de alguna manera, si bien impropiamente, se predica de todas a la vez, como cuando decimos que la pared, el techo y los cimientos son la casa. El todo potencial está presente en cada una de las partes en todo su esencia, pero no en toda su virtud. De este modo, y en cierta manera, puede predicarse de cualquier parte, pero no tan propiamente como el todo universal. Por eso, Agustín dice que la memoria, la inteligencia y la voluntad son una sola esencia del alma.

2. *A la segunda hay que decir:* El acto

7. Cf. ARISTÓTELES, *De An.* 2, c.1 n.5 (BK 412a27): S. Th. lect.1 n.227.   8. Cf. ARISTÓTELES, ib. n.10.   9. Cf. ALBERTO MAGNO, *In Sent.* l.1 d.3 a.34 (BO 25,140).

c. Esta dificultad para admitir la identidad entre el alma y sus potencias —aunque no con la precisa formulación de Sto. Tomás— ya había sido expuesta hacia 1220 por Guillermo de Auxerre, y se había tenido luego en cuenta en las discusiones sobre el tema. Según Boecio, en todo ser creado se distingue el sujeto personal *(id quod est)* del principio por el que tiene el ser *(id quo est);* con mayor razón —se argumentaba— el sujeto o alma se diversificaría de sus potencialidades *(id quo potest).* Así el Canciller Felipe distingue tres clases de potencias: *a)* accidentales, *b)* naturales o propiedades y *c)* esenciales; entre las últimas, que no difieren realmente del alma, se encuentran sus facultades. Odón de Rigaud, Alejandro de Hales y la escuela franciscana establecían diferencia esencial entre el alma y sus potencias, pero con identidad de sustancia.—El principio establecido por Sto. Tomás tiene valor universal para toda sustancia creada, de ahí que lo haya aplicado antes, y con mayor extensión, al tratar de los ángeles (q.54).— Una exposición de todos los argumentos formulados por Sto. Tomás en sus diversas obras tanto para probar la distinción del alma y sus potencias como, en general, entre la sustancia y sus principios inmediatos operativos, en A. ROZWADOWSKI, *Distinctio potentiarum a substantia, secundum doctrinan S. Thomae:* Gregorianum 16 (1935) 272-281.

con respecto al que la materia prima está en potencia, es la forma sustancial. Por eso, la potencia de la materia no es más que su esencia.

3. *A la tercera hay que decir:* La acción, al igual que el ser, pertenece al compuesto, ya que, propio de lo que existe es actuar. Ahora bien, el compuesto existe sustancialmente por su forma sustancial, y obra por la potencia que de ella se deriva. Por eso, la forma accidental activa, con respecto a la forma sustancial del agente (como el calor a la forma del fuego) es lo que la potencia del alma con respecto a la misma alma.

4. *A la cuarta hay que decir:* El mismo hecho de que la forma accidental sea principio de acción, le proviene de la forma sustancial. Por eso, la forma sustancial es el primer principio de acción, pero no el próximo. En este sentido, el Filósofo dice que el alma es aquello por lo que entendemos y sentimos.

5. *A la quinta hay que decir:* Si se toma el accidente como algo opuesto a la sustancia, no hay medio entre la sustancia y el accidente, ya que se oponen como la afirmación y la negación, esto es, uno está en el sujeto y el otro no lo está. De este modo, al no ser la potencia del alma su misma esencia, es necesario que sea accidente, y queda situada en la segunda especie de la cualidad. En cambio, si el accidente se toma como perteneciente a uno de los cinco universales, algo es punto medio entre la sustancia y el accidente. Porque a la sustancia le corresponde lo que es esencial a la cosa. Lo que está fuera de la esencia, no puede ser llamado accidente, sino tan sólo aquello que no es causado por los principios esenciales de la especie. Pues *pro-*

pio no pertenece a la esencia de una cosa, sino que es causado por los principios esenciales de la especie. Por eso, es el medio propiamente dicho entre la esencia y el accidente. Así, se puede decir que las potencias del alma son el punto medio entre la sustancia y el accidente, como propiedades naturales del alma[d].

Lo que dice Agustín, esto es, que el conocimiento y el amor no están en el alma como accidentes en el sujeto, hay que entenderlo en el sentido que acabamos de decir *(ad* 1), en cuanto que se relacionan con el alma no como al sujeto que ama y conoce, sino como a algo amado y conocido. Demostrarlo se hace así: Si el amor estuviese en el alma amada como en su sujeto, se seguiría que el accidente abarcaría más que su sujeto, puesto que otras cosas también son amadas por el alma.

6. *A la sexta hay que decir:* Aun cuando el alma no esté compuesta a partir de la materia y de la forma, sin embargo tiene alguna mezcla de potencialidad, como dijimos anteriormente (q.75 a.5 ad 4). De este modo puede ser sujeto del accidente. La proposición aducida es válida en Dios, acto puro. Es a esto a lo que se refiere Boecio.

7. *A la séptima hay que decir: Racional* y *sensible* como diferencias no se toman en cuanto referidas a las potencias sensitivas y a la razón, sino a la misma alma sensitiva y racional. Sin embargo, porque las formas sustanciales nos son desconocidas en sí mismas, se nos manifiestan por los accidentes. Así, nada impide que los accidentes sean colocados en el lugar de las diferencias sustanciales.

---

d. La dificultad a que aquí responde Sto. Tomás era, además de la autoridad de S. Agustín, el principal argumento de los defensores de la identidad, y la razón de que quienes veían las repercusiones en algún modo panteístas de la identidad no se atreviesen a afirmar de modo claro la distinción real entre el alma y sus potencias. Las potencias no pueden ser accidentes del alma, pues ésta no puede darse sin ellas; luego pertenecen a su misma sustancia y se identifican con ella. Se trataba de una confusión entre accidente «predicamental» y accidente «predicable». Los predicamentos o categorías de Aristóteles eran divisiones del ser, con carácter entitativo, mientras que los «predicables» —establecidos por Porfirio en la *Isagoge*— son modos lógicos de predicación: aquellas nociones universales o modos comunes mediante los cuales podemos enunciar algo de un sujeto (género, diferencia específica, especie, propiedad y accidente). Las potencias del alma son accidentes «predicamentales» que pertenecen al predicamento cualidad en su segunda especie (potencia e impotencia); pero como «predicables» no pertenecen al modo accidente ni se predican como tales, sino como «propiedad»; es decir, una cualidad distinta de la esencia, pero que, una vez constituida ésta, la sigue siempre de modo necesario y se predica, por tanto, necesariamente de ella.

ARTÍCULO 2

¿Hay o no hay muchas potencias del alma?

Objeciones por las que parece que no hay muchas potencias del alma:

1. El alma intelectiva es la más cercana a la semejanza divina. Pero en Dios sólo hay un único y simple poder. Por lo tanto, lo mismo sucederá en el alma intelectiva.

2. Más aún. Cuanto más poderosa es una fuerza, tanto más unificada está. Pero el alma intelectiva sobrepasa en poder todas las otras formas. Por lo tanto, con mayor motivo debe tener una sola virtud o potencia.

3. Todavía más. Actuar es algo propio de lo que existe en acto. Pero, por la misma esencia del alma, el hombre tiene el ser en diversos grados de perfección, como quedó establecido anteriormente (q.76 a.3.4). Por lo tanto, por la misma potencia del alma lleva a cabo las diversas acciones en sus distintos grados.

En cambio está el hecho de que el Filósofo, en II *De Anima*[10], indica *muchas potencias del alma.*

Solución. *Hay que decir:* Es necesario admitir que hay muchas potencias en el alma. Para demostrarlo, hay que tener presente que, como dice el Filósofo en II *De Caelo*[11], los seres más débiles no pueden alcanzar la perfecta bondad, sino tan sólo un estado imperfecto por medio de movimientos muy limitados. Los seres inmediatamente superiores, alcanzan la perfección por medio de muchos movimientos. En cambio, los seres más elevados, la alcanzan con pocos movimientos. El grado supremo está en aquello que lo alcanza sin movimiento. Ejemplo: el menos dispuesto para la salud es aquel que no puede alcanzar una salud perfecta, sino tan sólo un poco de salud con pocos remedios. Está mejor dispuesto aquel que puede alcanzar una perfecta salud, aunque sea con muchos remedios; y aún estará mejor dispuesto aquel que la consigue con pocos remedios. En grado sumo, aquel que sin ningún remedio goza de una perfecta salud.

Por lo tanto, hay que decir: Los seres inferiores al hombre consiguen ciertos bienes particulares, y, por lo mismo, sus operaciones y potencias son pocas y muy concretas. En cambio, el hombre puede alcanzar la perfecta y universal bondad, ya que puede alcanzar la bienaventuranza. Sin embargo, está en el último grado por su misma naturaleza, entre aquellos seres a quienes les corresponde la bienaventuranza. Por eso, el alma humana necesita muchas y variadas operaciones y potencias. Por su parte, los ángeles precisan menos diversidad de potencias. En Dios no hay potencia o acción fuera de su esencia.

Hay aún otra razón que explica por qué el alma humana tiene variedad de potencias. Es la siguiente: Por estar en los límites entre las criaturas espirituales y corporales, en ella concurren tanto las potencias de unas como las de las otras.

Respuesta a las objeciones: 1. *A la primera hay que decir:* El alma intelectiva se acerca a la semejanza con Dios más que las criaturas inferiores, de la misma manera que puede conseguir la perfecta bondad, si bien mediante muchos y variados apoyos. En esto, es menos perfecta que las criaturas más altas.

2. *A la segunda hay que decir:* La potencia unificada es superior a cualquier otra si abarca lo mismo. Pero la potencia múltiple es superior si le están sometidas.

3. *A la tercera hay que decir:* Una misma realidad tiene un solo ser sustancial, pero puede tener múltiples operaciones. De este modo, la esencia del alma es una, pero las potencias muchas.

ARTÍCULO 3

Las potencias, ¿se distinguen o no se distinguen por los actos y objetos?

De An. 1.2 lect.6; *De Anima* a.13.

Objeciones por las que parece que las potencias no se distinguen por los actos y objetos:

1. Nada está determinado a una especie por aquello que le es posterior o extrínseco. Pero el acto es posterior a la potencia, y el objeto le es extrínseco. Por lo tanto, las potencias no se distinguen específicamente por los actos y los objetos.

10. ARISTÓTELES, c.3 n.1 (BK 414a31): S. Th. lect.5 n.279.   11. ARISTÓTELES, c.12 n.3 (BK 292a22): S. Th. lect.18 n.2-5.

2. Más aún. La máxima diferencia se establece entre contrarios. Así, pues, si las potencias se distinguieran por sus objetos, no sería una misma la potencia para los contrarios. Esto es evidentemente falso en casi todas las cosas, pues la potencia de visión es idéntica para lo blanco y para lo negro; lo mismo que la del gusto lo es para lo dulce y lo amargo.

3. Todavía más. Anulada la causa, anulado el efecto. Así, pues, si la diferencia de las potencias surgiera de la diferencia de los objetos, el mismo objeto no pertenecería a diversas potencias. Esto es evidentemente falso, pues una misma cosa es lo que conoce la potencia cognoscitiva y desea la apetitiva.

4. Por último. Lo que en cuanto tal es causa de algo, lo causa en todo. Pero algunos objetos diversos y pertenecientes a distintas potencias pertenecen también a una sola potencia distinta de las otras. Ejemplo: el sonido y el color pertenecen a la vista y al oído, que son potencias diversas. Sin embargo, pertenecen a una sola potencia, el sentido común. Por lo tanto, las potencias no se distinguen por la diferencia de objetos.

En cambio, lo consecuente se distingue por el antecedente. Pero el Filósofo en el II *De Anima* [12] dice: *Los actos y las operaciones conceptualmente son anteriores a las potencias. Y más anteriores todavía lo son los opuestos,* los objetos. Por lo tanto, las potencias se distinguen por los actos y los objetos.

Solución. *Hay que decir:* En cuanto tal, la potencia está ordenada al acto. Por eso, es necesario que esté determinada por el acto al que está ordenada. Consecuentemente, es necesario que la diversidad de naturaleza en las potencias sea establecida en razón de la diversidad de los actos, que a su vez se establece en razón de la diversidad de objetos. Pues toda acción responde o a una potencia activa o a una pasiva. El objeto, con respecto al acto de la potencia pasiva, es como principio y causa motora. Ejemplo: el color, en cuanto que mueve a la facultad de visión, es principio de visión. El objeto, con respecto al acto de la potencia activa, es como término y fin. Ejemplo: el objeto de la facultad de desarrollo es la adquisición del tamaño

perfecto, fin o término del crecimiento. Por lo tanto, la acción se especifica por lo siguiente: por su principio y por su fin o término. Ejemplo: la calefacción y la refrigeración se diferencian en que aquélla procede de un cuerpo activamente caliente para producir calor, y ésta de un cuerpo frío para producir frío. Por eso, es necesario que las potencias se diversifiquen por los actos y los objetos.

Sin embargo, hay que tener presente que lo accidental no diversifica la especie. Pues, porque el color es un accidente en el animal, las especies de animal no se diversifican por la diferencia del color, sino por la diferencia de lo que propiamente le corresponde al animal, esto es, por la diferencia del alma sensitiva, que unas veces está unida a la razón, y otras veces no. Por eso, racional e irracional son diferencias de división del animal constituyendo diversas especies. Así pues, no toda diversidad de objetos constituye diferencia en las potencias del alma, sino solamente la diversidad en aquello a lo que la potencia está ordenada por naturaleza. Y como los sentidos están ordenados por naturaleza a la cualidad pasible, que, a su vez, está dividida en color, sonido y similares; por eso mismo, la potencia sensitiva del color, la vista, es distinta de la del sonido, el oído. Pero a una cualidad pasible, el color, por ejemplo, accidentalmente puede añadírsele el ser músico o gramático, grande o pequeño, hombre o piedra. Pero las potencias del alma no se distinguen por dichas diferencias.

Respuesta a las objeciones: 1. *A la primera hay que decir:* El acto, aun cuando sea posterior a la potencia, sin embargo, intencional y conceptualmente es anterior, como el fin en el que actúa. El objeto, aun cuando sea extrínseco, sin embargo, es principio o término de la acción. Y el principio y el fin están proporcionados a los elementos intrínsecos de la realidad.

2. *A la segunda hay que decir:* Si una potencia estuviera referida a uno de los contrarios como a su objeto propio, el otro contrario pertenecería a una potencia distinta. Pero la potencia del alma en cuanto tal no está referida a la razón propia de contrario, sino a lo que en

12. ARISTÓTELES, c.4 n.1 (BK 415a 18): S. Th. lect.6 n.304.

ambos contrarios es común. Ejemplo: la vista en cuanto tal no está referida a lo blanco, sino al color. Esto es así porque uno de los contrarios es, en cierta medida, la razón del otro, puesto que están relacionados como lo imperfecto y lo perfecto.

3. *A la tercera hay que decir:* Nada impide que lo idéntico en la realidad, conceptualmente sea distinto. De este modo, puede pertenecer a diversas potencias del alma.

4. *A la cuarta hay que decir:* La potencia superior, en cuanto tal, está referida a una razón más universal de objeto que la potencia inferior, porque, cuanto más elevada es una potencia, tantas más realidades abarca. De este modo, son muchas las cosas que tienen de común la razón de objeto al que, en cuanto tal, está referida la potencia superior, y, sin embargo, se distinguen en aspectos que son objeto propio de las potencias inferiores. De aquí que diversos objetos, pertenecientes a diversas potencias inferiores, sin embargo entren bajo el dominio de una sola potencia superior.

ARTÍCULO 4

En las potencias del alma, ¿hay o no hay orden?

De Anima a.13 ad 10.

Objeciones por las que parece que en las potencias del alma no hay orden:

1. En aquellas cosas comprendidas en una división, no se da lo anterior y lo posterior, sino que por naturaleza son simultáneas. Pero las potencias del alma están divididas entre sí. Por lo tanto, entre ellas no hay orden.

2. Más aún. Las potencias del alma se relacionan con los objetos y con la misma alma. Pero por parte del alma no

hay orden entre ellas, ya que el alma es sólo una. Igualmente, tampoco la hay por parte de los objetos, ya que son distintos y totalmente dispares, como el color y el sonido. Por lo tanto, no hay orden entre las potencias del alma.

3. Todavía más. Entre las potencias ordenadas, la operación de una depende de la de la otra. Pero el acto de una potencia del alma no depende del acto de la otra, pues la vista puede realizar su acción de ver sin el concurso del oído, y al revés. Por lo tanto, no hay orden entre las potencias del alma.

En cambio, el Filósofo en II *De Anima* [13] compara las partes o potencias del alma con las figuras. Pero las figuras están ordenadas entre sí. Por lo tanto, también las potencias del alma.

Solución. *Hay que decir:* Como quiera que el alma es una y las potencias muchas, y de lo uno a lo múltiple se pasa con un cierto orden, es necesario que entre las potencias del alma haya orden [e].

Entre ellas hay un triple orden. Dos, proceden de la dependencia de una potencia con respecto a otra. El tercero, del orden de los objetos. La dependencia de una potencia con respecto a otra puede ser doble: 1) *Una,* según el orden de la naturaleza, ya que las cosas perfectas, por naturaleza son anteriores a las imperfectas. 2) *Otra,* según el orden de generación y de tiempo, puesto que se pasa de lo imperfecto a lo perfecto.

Así, pues, según el primer orden de potencias, las potencias intelectivas son anteriores a las sensitivas; por eso, las rigen y dirigen. Igualmente, y según este mismo orden, las potencias sensitivas son anteriores a las potencias del alma nutritiva. Todo lo contrario ocurre según el segundo orden. Porque en el proceso de la generación las potencias del

---

13. ARISTÓTELES, c.3 n.5 (BK 414b20): S. Th. lect.5 n.295-298.

e. La noción de orden es capital en la arquitectura filosófica y teológica tomista. En virtud del orden se explican las relaciones entre Dios y las creaturas y entre la multiplicidad de las creaturas. Todo el esquema de la *Suma Teológica* en su conjunto y en cada una de sus partes quiere reflejar ese orden divino en sí mismo y en cuanto participado. Donde quiera nos encontremos con una multiplicidad en la unidad, allí hay un orden, que se manifiesta en diferentes maneras y dependencias. Especial importancia adquiere el orden de naturaleza, en razón de la finalidad, que establece el orden de jerarquía, pues indica la dependencia y relación de lo más imperfecto a lo más perfecto, y el orden de generación o de prioridad temporal, que suele ser inverso al anterior, por cuanto lo imperfecto prepara para la recepción o el ejercicio de lo más perfecto.

alma nutritiva preceden a las del alma sensitiva, ya que aquéllas preparan al cuerpo para las acciones de éstas. Lo mismo hay que decir de las potencias sensitivas con respecto a las intelectivas[f]. Según el tercer tipo de orden, algunas potencias guardan relación entre sí, como la vista, el oído y el olfato. Pues por naturaleza el primero es la vista, por ser común tanto a los cuerpos superiores como a los inferiores. El sonido es perceptible en el aire, y por naturaleza es anterior a la combinación de elementos de la que se deduce el olor.

Respuesta a las objeciones: 1. *A la primera hay que decir:* En las especies de algunos géneros hay prioridad y posterioridad existencial, como en las especies de los números y las figuras, aun cuando se dice que existen simultáneamente por recibir la atribución de género común.

2. *A la segunda hay que decir:* El orden que se da entre las potencias del alma proviene por parte de la misma alma, la cual, a pesar de ser esencialmente una, está capacitada para realizar actos diversos en un determinado orden. Lo mismo puede decirse por parte de los objetos y también por parte de los actos, como ya indicamos (sol.).

3. *A la tercera hay que decir:* Aquel argumento es válido en aquellas potencias ordenadas según el tercer tipo. Pero las que lo están según los otros dos, se relacionan entre sí de tal manera que el acto de una depende del de la otra.

ARTÍCULO 5

Todas las potencias del alma, ¿están o no están en el alma como en su sujeto?

Compend. Theol. c.89.92; *De Spir. Creat.* a.4 ad 3.

Objeciones por las que parece que todas las potencias del alma están en el alma como en el sujeto.

1. Lo que las potencias corporales son con respecto al cuerpo, lo son las potencias del alma con respecto al alma.

Pero el cuerpo es el sujeto de las potencias corporales. Por lo tanto, el alma es el sujeto de las potencias del alma.

2. Más aún. Las operaciones de las potencias del alma son atribuidas al cuerpo a causa de alma, porque, como se dice en II *De Anima*[14], *el alma es aquello por lo que primeramente sentimos y entendemos.* Pero los principios propios de las operaciones del alma son las potencias. Por lo tanto, las potencias están primariamente en el alma.

3. Todavía más. Agustín en XII *Super Gen. ad litt.*[15] dice que el alma percibe el temor y otros estados parecidos sin que para ello intervenga en absoluto el cuerpo. Pero si la potencia sensitiva no estuviese sólo en el alma como en su sujeto, no podría sentir nada sin el cuerpo. Por lo tanto, el alma es el sujeto de la potencia sensitiva. Por lo mismo, lo es de todas las otras potencias.

En cambio está lo que dice el Filósofo en el libro *De Somno et Vigilia*[16]: *Sentir no es propio del alma ni del cuerpo, sino del compuesto.* Luego la potencia sensitiva está en el compuesto como en su sujeto. Por lo tanto, no sólo el alma es el sujeto de todas sus potencias.

Solución. *Hay que decir:* El sujeto de la potencia operativa es aquello que tiene capacidad para obrar, pues todo accidente da nombre a su sujeto propio. Uno mismo es el que puede obrar y el que obra. Por eso, es necesario que *la potencia* pertenezca *como a sujeto* a quien realiza *la operación,* como también dice el Filósofo al comienzo del *De Somno et Vigilia*[17].

Es evidente, tal como dijimos anteriormente (q.75 a.2.3; q.76 a.1 ad 1), que ciertas operaciones del alma se ejecutan sin intervención del órgano corporal. Ejemplo: entender y querer. De ahí que las potencias que son principio de estas operaciones estén en el alma como en su sujeto propio. En cambio, hay otras operaciones del alma que se llevan a cabo por medio de los órganos corporales. Ejemplo: ver, por los ojos; oír, por los oídos. Lo mismo puede decirse de

---

14. ARISTÓTELES, c.2 n.12 (BK 414a12): S. Th. lect.4 n.271.   15. C.7: ML 34,459.   16. ARISTÓTELES, c.1 (BK 454a7).   17. Ib.

---

f. Este es el principio que esgrimirá más adelante (q.118) para defender la animación retardada.

todas las demás operaciones nutritivas y sensitivas. Por lo tanto, las potencias que son principio de tales operaciones, están en el compuesto como en su propio sujeto, y no sólo en el alma.

Respuesta a las objeciones: 1. *A la primera hay que decir:* Se dice que todas las potencias pertenecen al alma, no como a sujeto, sino como a principio, porque por el alma el compuesto puede llevar a cabo tales operaciones.

2. *A la segunda hay que decir:* Todas las potencias del alma están antes en el alma que en el compuesto, no como en su propio sujeto, sino como en su principio.

3. *A la tercera hay que decir:* Platón sostuvo que sentir es una operación propia del alma, como entender. Agustín muchas veces cita las opiniones de Platón concernientes a la filosofía, pero no haciéndolas suyas, sino simplemente citándolas. Sin embargo, en este caso concreto en el que se dice que el alma unas cosas las siente con el cuerpo y otras sin él, puede ser entendido de dos maneras. 1) *Una*, si la expresión *con el cuerpo* o *sin el cuerpo* determina el acto de sentir en cuanto que procede del que siente. En este sentido, la acción de sentir no la realiza sin el cuerpo, porque no puede proceder del alma si no es a través de un órgano corporal. 2) *Otra*, indicando el acto de sentir por parte del objeto sentido, y, en este caso, unas cosas las siente con el cuerpo, esto es, existentes en el cuerpo, como puede ser una herida o algo parecido; y otras cosas, en cambio, las siente sin el cuerpo, esto es, no existentes en el cuerpo, sino sólo en la aprehensión del alma, como, por ejemplo, cuando se entristece o se alegra por algo que ha oído.

ARTÍCULO 6

Las potencias del alma, ¿dimanan o no dimanan de su esencia?

In Sent. 1.1 d.3 q.4 a.2.

Objeciones por las que parece que las potencias del alma no dimanan de su esencia:

1. De lo uno y lo simple no proceden cosas diversas. La esencia del alma es una y simple. Por lo tanto, como quiera que las potencias del alma son muchas y diversas, no pueden proceder de su esencia.

2. Más aún. Aquello de lo que procede algo, es su causa. Pero no puede decirse que la esencia del alma sea causa de las potencias. Esto resulta evidente analizando cada uno de los géneros de las causas. Por lo tanto, las potencias del alma no dimanan de su esencia.

3. Todavía más. Emanar implica cierto movimiento. Pero, como se demuestra en el VII *Physic.*[18], nada se mueve a sí mismo, a no ser en calidad de parte, como decimos que el animal se mueve a sí mismo porque una parte suya es motriz y la otra movida. Pero, como también se demuestra en I *De Anima*[19], el alma no se mueve de esta manera. Por lo tanto, el alma no causa en sí misma sus potencias.

En cambio, las potencias del alma son unas determinadas propiedades suyas. Pero el sujeto es causa de sus propios accidentes, y por eso entra en la definición de accidente, como nos consta en el VII *Metaphys.*[20] Por lo tanto, las potencias del alma dimanan de su esencia como causa.

Solución. *Hay que decir:* La forma sustancial y la accidental, en parte coinciden y en parte se diferencian. Coinciden en que ambas son acto y en que, en virtud de una y otra, algo está de algún modo en acto. Se diferencian por un doble motivo. 1) *Primero*, porque la forma sustancial da el ser en absoluto y por sujeto tiene el ser solamente en potencia. La forma accidental no hace que una cosa sea absolutamente, sino que sea así, o tanta, o de ésta, o de la otra manera, pues su sujeto es el ser en acto. Por eso, la actualidad se encuentra primero en la forma sustancial antes que en su sujeto. Y porque en todos los géneros lo primero es la causa, la forma sustancial es la causa de que su sujeto esté en acto. Por el contrario, la actualidad se encuentra primero en el sujeto de forma accidental antes que en la forma accidental. A su vez resulta que la actualidad de la forma

18. ARISTÓTELES, c.1 n.1 (BK 241b24): S. Th. lect.1 n.2.   19. ARISTÓTELES, c.4 n.10 (BK 408a34): S. Th. lect.10 n.146.   20. ARISTÓTELES, 6 c.4 n.6 (BK 1029b30): S. Th. lect.3 n.1318.

accidental es causada por la actualidad
del sujeto. De este modo, el sujeto, en
cuanto que está en potencia, recibe la
forma accidental. En cuanto que está en
acto, la produce. Esto lo digo del accidente propio y necesario, pues, con respecto al accidente que no es propio, el
sujeto se limita solamente a recibirlo, y
el que lo produce, es un agente extrínseco. 2) *Segundo,* la forma sustancial y la
accidental se diferencian en que, como
quiera que lo menos principal existe por
lo más principal, la materia existe por
razón de la forma sustancial. Y, al revés,
la forma accidental se da para completar
el sujeto.

De todo lo dicho (a.5), resulta evidente que el sujeto de las potencias del alma
es o el alma sola, que puede ser sujeto
de accidentes por tener alguna potencialidad, como dijimos (a.1 ad 6, q.75 a.5
ad 4), o el compuesto. Pero el compuesto está en acto por el alma. Por eso, es
evidente que todas las potencias del
alma, tanto si su sujeto es el alma sola
como si lo es el compuesto, dimanan de
la esencia del alma como de su principio, porque, ya lo dijimos (a.5), el accidente es causado por el sujeto en cuanto
que está en acto, y es recibido en él en
cuanto que está en potencia.

Respuesta a las objeciones: 1. *A la
primera hay que decir:* Del ser uno y simple pueden proceder por naturaleza muchas cosas en un orden determinado.
También por razón de los diversos sujetos receptores. Así, pues, de la sola esencia del alma proceden muchas y diversas
potencias, tanto por razón del orden de
las potencias como también por la diversidad de los órganos corporales.

2. *A la segunda hay que decir:* El sujeto es causa final del accidente propio y
en cierto modo también causa eficiente,
y también causa material en cuanto que
recibe al accidente. De aquí que pueda
decirse que la esencia del alma es causa
de todas las potencias como fin y como
principio eficiente, y de algunas potencias lo es como sujeto receptivo.

3. *A la tercera hay que decir:* La emanación de los accidentes propios del sujeto no se da por alguna transmutación,
sino por un resultado natural como de
algo resulta naturalmente otra cosa.
Ejemplo: de la luz, el color.

Una potencia del alma, ¿surge o no surge de otra?

In Sent. 1.1 d.3 q.4 a.3; 1.2 d.24 q.1 a.2; *De Anima* a.13 ad.7.8.

Objeciones por las que parece que
una potencia del alma no surge de otra:

1. Las cosas que a un mismo tiempo
empiezan a existir, no proceden unas de
otras. Pero todas las potencias del alma
son simultáneas al alma. Por lo tanto,
unas no proceden de otras.

2. Más aún. Las potencias surgen
del alma como el accidente del sujeto.
Pero una potencia del alma no puede ser
sujeto de la otra, ya que no hay accidente
del accidente. Por lo tanto, una potencia
no surge de la otra.

3. Todavía más. Los contrarios no
surgen uno de otro, sino que cada uno
surge de su semejante en la especie. Las
potencias del alma se oponen entre sí
como especies diversas. Por lo tanto,
una no procede de la otra.

En cambio, las potencias son conocidas por los actos. Pero el acto de una
potencia es causado por otro, como el
acto de la fantasía por el acto del sentido. Por lo tanto, una potencia es causada por otra.

Solución. *Hay que decir:* En aquellas
cosas que, según un orden natural, proceden de una sola, sucede que, así como
la primera es causa de todas las demás,
así también la que está más próxima a la
primera, de algún modo es causa de
las más distantes. Quedó demostrado anteriormente (a.4) que entre las
potencias del alma hay un orden múltiple. De este modo, una potencia del
alma procede de la esencia del alma a
través de otra potencia.

Porque la esencia del alma con respecto a las potencias es como su principio
eficiente y final, y también principio receptivo, bien por sí misma, bien aisladamente o en unión con el cuerpo, y por
ser el agente y el fin mucho más perfectos, y, por su parte, el principio receptivo menos perfecto, hay que concluir:
Aquellas potencias del alma que son las
primeras según el orden de naturaleza y
perfección, también son el origen de las
demás en cuanto fin y principio eficiente. También el sentido existe en razón

del entendimiento, pero no al revés. Por ser el sentido como una participación incompleta del entendimiento, su origen natural ha de tenerlo en el entendimiento como lo imperfecto en lo perfecto. Pero, si consideramos la línea del principio receptivo, sucede todo lo contrario. Pues las potencias más imperfectas son el principio con respecto a las más perfectas. De este modo, el alma, en cuanto dotada de potencia sensitiva, en cierto modo es considerada como sujeto y materia del entendimiento. Por eso, las potencias más imperfectas son anteriores en el proceso de generación, pues antes es engendrado el animal que el hombre.

Respuesta a las objeciones: 1. *A la primera hay que decir:* Así como la potencia del alma dimana de su esencia no por transmutación, sino por un resultado natural, y coexiste con ella, así también ocurre con una potencia respecto de la otra.

2. *A la segunda hay que decir:* El accidente, en cuanto tal, no puede ser sujeto de accidentes. Pero un accidente es recibido en la sustancia antes que otro, como la cantidad antes que la cualidad. Por eso, puede decirse que un accidente es sujeto de otro (como la superficie del color), en cuanto que la sustancia recibe un accidente a través del otro. Lo mismo puede decirse de las potencias del alma.

3. *A la tercera hay que decir:* Las potencias del alma se oponen entre sí como lo perfecto y lo imperfecto. Así también es como se oponen las especie de los números y de las figuras. Pero esta oposición no impide que uno proceda de otro, porque lo imperfecto procede naturalmente de lo perfecto.

ARTÍCULO 8

Todas las potencias del alma, ¿permanecen o no permanecen en el alma una vez separada del cuerpo?

In Sent. 1.4 d.44 q.3 a.3 q.[ac]1,2; d.50 q.1 a.1; *Cont. Gentes* 2,81; *Quodl.* 10 q.4 a.2; *De Anima* a.19.

Objeciones por las que parece que las potencias del alma permanecen en el alma una vez separada del cuerpo:

1. En el libro *De Spiritu et Anima*[21], se dice que *el alma se separa del cuerpo llevándose consigo la sensibilidad y la imaginación, la razón y el entendimiento, la inteligencia, lo concupiscible y lo irascible.*

2. Más aún. Las potencias del alma son sus propiedades naturales. Pero lo que es propio está siempre presente y nunca se separa de su sujeto. Por lo tanto, las potencias del alma están en ella incluso después de la muerte.

3. Todavía más. Las potencias del alma, también las sensitivas, no se debilitan al debilitarse el cuerpo, porque, como se dice en I *De Anima*[22], *si un anciano recibiese los ojos de un joven, vería como el joven.* Pero la debilidad lleva a la destrucción. Por lo tanto, las potencias del alma no se destruyen al corromperse el cuerpo, sino que permanecen en el alma separada.

4. Una más. La memoria es una potencia del alma sensitiva, como demuestra el Filósofo[23]. Pero la memoria permanece en el alma separada, pues se dice en Lc 16,25: Al rico Epulón, cuya alma estaba en el infierno, se le dijo: *Acuérdate que recibiste tus bienes mientras vivías.* Por lo tanto, en el alma separada permanece la memoria, y, consecuentemente, las demás potencias de la parte sensitiva.

5. Y también. La alegría y la tristeza pertenecen al apetito concupiscible, que es una potencia de la parte sensitiva. Es evidente que las almas separadas se alegran o entristecen por las recompensas recibidas o por los castigos sufridos. Por lo tanto, la potencia concupiscible permanece en el alma separada.

6. Por último. Agustín, en XII *Super Gen. ad litt.*[24], dice que, así como el alma, cuando el cuerpo yace sin sentido, pero no muerto aún del todo, ve algunas cosas con visión imaginaria, así sucederá cuando esté totalmente separada del cuerpo por la muerte. Pero la imaginación es una potencia de la parte sensitiva. Por lo tanto, en el alma separada permanece una potencia de la parte sensitiva, y, consecuentemente, todas las demás potencias.

En cambio está lo que se dice en el libro *De Eccles. Dogmat.*[25]: *El hombre está*

21. Ps. AGUSTÍN (Alquero de Claraval), c.15; ML 40,791.   22. ARISTÓTELES, c.4 n.13 (BK 408b21): S. Th. lect.10 n.163.   23. ARISTÓTELES, *De Mem. et Rem.* c.1 (BK 450a12); S. Th. lect.2 n.318.   24. C.32: ML 34,480.   25. GENADIO, c.29: ML 58,985.

constituido *a partir de dos sustancias solamente: Del alma con su razón y de la carne con sus sentidos.* Por lo tanto, muerta la carne, no permanecen las potencias sensitivas.

Solución. *Hay que decir:* Como dijimos anteriormente (a.5.6.7), todas las potencias del alma están referidas al alma como a su principio. Pero algunas potencias, como el entendimiento y la voluntad, están referidas al alma como a su sujeto. Por eso es necesario que estas potencias permanezcan en el alma una vez destruido el cuerpo. Otras potencias, en cambio, tienen por sujeto el compuesto. Estas son las potencias de la parte sensitiva y la vegetativa. Y, destruido el compuesto, no pueden permanecer sus accidentes. Por lo tanto, destruido el compuesto, dichas potencias no permanecen en el alma en acto, sino sólo virtualmente como en su principio o raíz.

Así, es falsa la afirmación que hacen algunos cuando sostienen que dichas potencias permanecen en el alma una vez corrompido el cuerpo. Más falsa todavía es la opinión de que el alma separada realice los actos propios de estas potencias, ya que no puede realizarlas a no ser por medio de órganos corporales[26].

Respuesta a las objeciones: 1. *A la primera hay que decir:* Aquel libro citado no tiene autoridad. Por eso, lo que en él está escrito, con la misma facilidad con que es citado es rechazado. Sin embargo, puede decirse que el alma retiene tales potencias, pero no en acto, sino virtualmente.

2. *A la segunda hay que decir:* Aquellas potencias de las que decimos que permanecen en acto en el alma separada, no son propiedades sólo del alma, sino del compuesto.

3. *A la tercera hay que decir:* Las potencias no se debilitan cuando se debilita el cuerpo, puesto que el alma, su principio virtual, permanece inmutable.

4. *A la cuarta hay que decir:* Aquella memoria hay que entenderla como la presente en el espíritu, como dice Agustín[27], y no como la memoria que es parte del alma sensitiva.

5. *A la quinta hay que decir:* La tristeza y la alegría están en el alma separada, pero no por el apetito sensitivo, sino por el intelectivo. Lo mismo sucede en los ángeles.

6. *A la sexta hay que decir:* En aquel texto, Agustín está investigando, no afirmando. Por eso se retractó de algunas cosas allí dichas[28].

CUESTIÓN 78

Sobre las potencias del alma en especial

Ahora hay que tratar lo referente a las potencias del alma en especial. Al análisis del teólogo le corresponde investigar en especial sólo aquellas potencias intelectivas y sensitivas en las cuales se encuentran las virtudes. Pero, porque el conocimiento de estas potencias en cierto modo depende de las otras, nuestro análisis sobre las potencias del alma en especial será triple. Pues en primer lugar hay que analizar las potencias que preceden al entendimiento. En segundo lugar, las potencias intelectivas. En tercer lugar, las apetitivas.

La cuestión referente al primer aspecto plantea y exige respuesta a cuatro problemas:

1. Sobre los géneros de las potencias del alma.—2. Sobre las especies de la parte vegetativa.—3. Sobre los sentidos exteriores.—4. Sobre los sentidos interiores[a].

26. Ambas opiniones, en Ps. AGUSTÍN (Alquero de Claraval), *De Spir. et An.* c.15.30: ML 40,791.800.   27. *De Trin.* l.10 c.11: ML 42,983.   28. Retract. l.2 c.24: ML 32,640.

a. Sto. Tomás resume en esta cuestión doctrinas más ampliamente expuestas en sus comentarios al *De anima* de Aristóteles, al *De Sensu et sensato* y al *De memoria et reminiscentia*.

ARTÍCULO 1

¿Son o no son cinco los géneros de las potencias del alma que hay que distinguir?

Supra q.18 a.3; *De Verit.* q.10 a.1 ad *2; De An.* 1.1 lect.14; 1.2 lect.3.5; *De Anima* a.13.

Objeciones por las que parece que no son cinco los géneros de las potencias que hay que distinguir, esto es: el vegetativo, el sensitivo, el apetitivo, el motriz y el intelectivo:

1. Las potencias del alma son llamadas partes suyas. Pero comúnmente son asignadas solamente tres partes del alma: alma vegetativa, alma sensitiva y alma racional. Por lo tanto, los géneros de las potencias del alma son tres y no cinco.

2. Más aún. Las potencias del alma son los principios de las acciones vitales. Pero que algo vive, se dice de cuatro maneras. Escribe el Filósofo en II *De Anima*[1]: *Vivir tiene muchas acepciones, aunque una sola basta para que un ser viva: Entendimiento, sentido, movimiento y reposo. Y el movimiento, en cuanto nutrición, crecimiento y decrepitud.* Por lo tanto, los géneros de las potencias del alma son sólo cuatro, excluido el apetito.

3. Todavía más. Lo que es común a todas las potencias, no debe ser tenido como género especial del alma. Pero apetecer es algo propio de todas las potencias. Así, la vista apetece el objeto que se le proporciona. Por eso se dice en Ecl 40,22: *El ojo deseará el encanto, la belleza y, sobre todo, el verdor de los sembrados.* Por lo mismo, cada una de las potencias desea el objeto que le es propio. Por lo tanto, el apetito no debe ser tenido como género especial de las potencias del alma.

4. Por último. En los animales, el principio motor es el sentido, el entendimiento o el apetito, como se dice en III *De Anima*[2]. Por lo tanto, además de los géneros dichos, el principio motor no debe ser tenido como un género especial del alma.

En cambio está lo que dice el Filósofo en II *De Anima*[3]: *Llamamos potencias a las facultades vegetativa, sensitiva, apetitiva, locomotriz e intelectiva.*

Solución. *Hay que decir:* Los géneros de las potencias del alma son los cinco enumerados. Tres son llamados almas. Cuatro, las diversas clases de vida.

Las diversas almas se distinguen por el modo como la operación del alma supera las operaciones de la naturaleza corporal. Pues toda la naturaleza corporal está sometida al alma y, con respecto a ellas, es como su materia e instrumento. Hay una cierta operación del alma que supera de tal manera la naturaleza corporal, que ni siquiera se realiza por medio del órgano corporal. Es la operación del *alma racional.* Por debajo de ésta, hay otra operación del alma que se realiza por medio de un órgano corporal; aunque no en virtud de una cualidad corpórea. Es la operación del *alma sensitiva.*

De este modo, si para el ejercicio de los sentidos son necesarios el calor, el frío, la humedad, la sequedad y otras cualidades corporales, sin embargo, no lo son hasta el punto de que la operación del alma sensitiva se realice en virtud de dichas cualidades, sino que son requeridas tan sólo para la debida disposición del órgano. Entre las operaciones del alma, la más inferior es la que se produce por medio de un órgano corporal y en virtud de alguna cualidad corpórea. No obstante, es superior a la operación de la naturaleza corporal, ya que los cuerpos son movidos por un principio exterior, mientras que dichas operaciones provienen de uno interior, esto es, lo común a todas las operaciones del alma, ya que todo ser animado, de algún modo se mueve a sí mismo. Esta es la operación del *alma vegetativa,* ya que tanto la digestión como las funciones que de ella se derivan, son realizadas instrumentalmente por la acción del calor, como se dice en II *De Anima* [4].

Los géneros de las potencias del alma se distinguen por sus objetos. Pues cuanto más noble es una potencia, tanto más universal es el objeto sobre el que actúa, como dijimos anteriormente (q.77 a.3 y 4). El objeto de las operaciones del alma puede ser analizado en un triple orden. 1) Pues hay potencias del alma

1. ARISTÓTELES, c.2 n.2 (BK 413a22): S. Th. lect.3 n.253. 2. ARISTÓTELES, c.10 n.1 (BK 433a9): S. Th. lect.15 n.818. 3. ARISTÓTELES, c.3 n.1 (BK 414a31): S. Th. lect.5 n.279. 4. ARISTÓTELES, c.4 n.16 (BK 416b25): S. Th. lect.6 n.347.

que tienen por objeto único el cuerpo que está unido al alma. Su género es llamado *vegetativo* en cuanto que la potencia vegetativa no actúa más que sobre el cuerpo al que está unida el alma. 2) Otro género de las potencias del alma está referido a un objeto más universal, esto es, todo cuerpo sensible, y no solamente el cuerpo que está unido al alma. 3) Hay un tercer género de potencias cuyo objeto es todavía más universal, puesto que no acaban sólo en el cuerpo sensible, sino que llegan a todo ser sin excepción. De aquí que resulte evidente que la operación de estos dos últimos géneros de potencias del alma tienen su razón de ser no sólo con respecto a lo unido al alma, sino también a lo extrínseco. Como quiera que es necesario que el sujeto que actúa, de algún modo esté unido al objeto de su acción, también es necesario que la realidad extrínseca objeto de la operación del alma, esté referida a ella de dos maneras. *Una,* en cuanto que es apta para unirse al alma y estar en ella por su semejanza. Con respecto a esto, hay dos géneros de potencias: 1) Las *sensitivas,* referidas al objeto menos común, esto es, el cuerpo sensible; 2) y las *intelectivas,* referidas al objeto más común, esto es, el universal. La *otra* manera, en cuanto que la misma alma tiende hacia el objeto exterior. De este modo, tenemos dos nuevos géneros de potencias del alma: Las *apetitivas,* por las que el alma tiende al objeto extrínseco como a su fin, siendo esto lo primero en el orden de la intención, y las *locomotrices,* por las que el alma tiende a un objeto exterior como al término de su operación y movimiento, ya que todo animal se mueve hacia la consecución de aquello que se propone y que desea.

Los modos de vida se distinguen según los grados de los vivientes. Unos, como las plantas, sólo tienen vida vegetativa. Otros, junto a lo vegetativo poseen lo sensitivo, pero no lo locomotor. Otros tienen, además, el movimiento local. Estos últimos son los animales perfectos, que requieren multitud de cosas para vivir, y por eso mismo necesitan el movimiento que les permita conseguir lo necesario para la vida. Por último, otros vivientes, además, tienen la inteligencia. Son los hombres. En cambio, lo apetitivo no constituye ningún grado de vivientes, porque todos los seres dotados de sentido tienen también el apetito, como se dice en el II *De Anima*[5].

Respuesta a las objeciones: 1 y 2. *A la primera y segunda hay que decir:* Está incluida en lo dicho.

3. *A la tercera hay que decir:* El *apetito natural* es la inclinación natural de todo ser hacia algo. Por eso toda potencia desea con apetito natural lo que le es propio. Pero el *apetito animal* sigue a la aprehensión de la forma. De este modo para dicho apetito se requiere una potencia especial, no siendo suficiente la sola aprehensión. Pues las cosas se apetecen tal como son en su naturaleza, pero en la facultad aprehensiva no están según su naturaleza, sino según su semejanza. Ejemplo: la vista apetece naturalmente el objeto visible solamente en orden a realizar su acto, esto es, ver. Mientras que el animal, por su facultad apetitiva, desea el objeto no sólo por mirarlo, sino también para utilizarlo. Y si el alma no necesitara lo percibido por los sentidos más que para ejercitarlos, esto es, para sentir, no sería necesario que la facultad apetitiva constituyera un género especial de las potencias del alma, ya que sería suficiente con el apetito natural de las potencias.

4. *A la cuarta hay que decir:* Aun cuando el sentido y el apetito sean los principales motores en los animales perfectos, sin embargo, dichas potencias, en cuanto tales, no serían suficientes para mover si no tuvieran añadido alguna otra facultad distinta, ya que los animales sin movimiento tienen sentidos y apetito; sin embargo, no tienen fuerza motriz. La fuerza motriz no reside sólo en el apetito y en el sentido que ordenan el movimiento, sino también en las diferentes partes del cuerpo para hacerlas aptas para obedecer al alma. Lo prueba el que, cuando los miembros están naturalmente dislocados, no obedecen dicho impulso del alma.

---

5. ARISTÓTELES, c.3 n.2 (BK 414b1): S. Th. lect.5 n.279.

ARTÍCULO 2

¿Están o no están asignadas correctamente las partes vegetativas, es decir, nutritiva, aumentativa y generativa?

Cont. Gentes. 4,58; *De An.* 1.2 lect.9; *De Anima* a.13.

Objeciones por las que parece que no son asignadas correctamente las partes vegetativas, es decir, nutritiva, aumentativa y generativa:

1. Estas potencias son llamadas *naturales*. Pero las potencias del alma están por encima de las fuerzas naturales. Por lo tanto, dichas fuerzas no deben ser tenidas como potencias del alma.

2. Más aún. Lo común a los vivientes y no vivientes, no debe ser atribuido a ninguna potencia del alma. Pero la generación es común a todos los seres sometidos a generación y corrupción, tanto vivientes como no vivientes. Por lo tanto, la fuerza generativa no debe ser tenida como potencia del alma.

3. Todavía más. El alma es más potente que la naturaleza corpórea. Pero la naturaleza corpórea, por el mismo poder activo, da a las cosas su especie y su proporción. Por lo tanto, mucho más el alma. De este modo, en el alma no hay una potencia de crecimiento distinta de la generativa.

4. Por último. Cada cosa es conservada en su ser por aquello por lo que tiene ser. Pero la potencia generativa es aquella por la que se adquiere el ser de viviente. Por lo tanto, también por ella se conserva vivo. Pero la fuerza nutritiva está destinada a la conservación de la vida, como se dice en II *De Anima*[6]: *Es la potencia capaz de salvar al que la recibe.* Por lo tanto, no debe hacerse distinción entre la potencia nutritiva y la generativa.

En cambio, el Filósofo, en II *De Anima*[7], dice que las operaciones del alma son: *Engendrar, nutrir* y también *desarrollar*[8].

Solución. *Hay que decir:* Las potencias de la parte vegetativa son tres. Pues, como se dijo (a.1), lo vegetativo tiene por objeto el cuerpo que vive por el alma. Con respecto a esto, son necesarias tres operaciones del alma. 1) *Una,* por la que adquiere el ser; y a esto se orienta la potencia *generativa.* 2) *Otra,* por la que el cuerpo vivo adquiere su debido desarrollo; y a esto se orienta la facultad *aumentativa.* 3) *Otra,* por la que el cuerpo viviente se conserva en su ser y proporción; y a esto se orienta la facultad *nutritiva.*

Sin embargo, hay que tener presente la diferencia entre dichas potencias. Las de nutrición y desarrollo producen su efecto en el mismo sujeto en el que se encuentran, ya que es el mismo cuerpo unido al alma el que crece y se conserva en virtud de las potencias nutritivas y de desarrollo que hay en el alma. Pero la potencia generativa produce su efecto no en su propio cuerpo, sino en el de otro, ya que nadie se engendra a sí mismo. De este modo, la potencia generativa se acerca a la dignidad del alma sensitiva, cuya acción se realiza sobre objetos exteriores, aunque la sensitiva lo hace de un modo más sublime y universal. Lo sublime de una naturaleza inferior toca lo ínfimo de la superior, como resulta claro por lo que dice Dionisio en c.7 *De Div. Nom.*[9] De este modo, de entre estas tres potencias, la que tiene un fin más alto, noble y perfecto es la generativa, como se dice en II *De Anima*[10]; pues, propio de algo perfecto es *hacer algo igual a sí mismo.* Por su parte, las potencias de desarrollo y nutrición sirven a la generativa. Y la nutritiva a la de desarrollo.

Respuesta a las objeciones: 1. *A la primera hay que decir:* Este tipo de potencias son llamadas naturales, bien porque producen un efecto semejante al de la naturaleza, que también da el ser, el desarrollo y la conservación (aun cuando estas potencias lo hacen de un modo más perfecto); ya porque estas potencias ejercen sus acciones sirviéndose instrumentalmente de las cualidades activas y pasivas, que son los principios de las acciones naturales.

2. *A la segunda hay que decir:* La generación de los seres inanimados es ab-

---

6. ARISTÓTELES, c.4 n.13 (BK 416b14): S. Th. lect.9 n.347.   7. ARISTÓTELES, c.4 n.2. (BK 415a25): S. Th. lect.7 n.309   8. ARISTÓTELES, c.2 n.3 (BK 413a25): S. Th. lect.3 n.256.   9. § 3: MG 3,872: S. Th. lect.4.   10. ARISTÓTELES, c.4 n.15 (BK 416b24): S. Th. lect.9 n.347.

solutamente producida por algo externo. La generación de los vivientes se realiza por un modo más noble, parte del mismo viviente, el semen, en el que está el principio formativo del cuerpo. Así, es necesario que en el ser viviente haya una potencia que prepare este semen. Dicha potencia es la generativa.

3. *A la tercera hay que decir:* Porque la generación de los vivientes proviene de una semilla, es necesario que el animal que se genera al principio sea pequeño. Por eso, es necesaria la existencia de una potencia del alma que conduzca a la plenitud del desarrollo. Pero el cuerpo inanimado es generado a partir de una materia determinada por un agente extrínseco. De este modo, a un tiempo recibe la especie y el tamaño según las condiciones propias de la materia.

4. *A la cuarta hay que decir:* Como ya se dijo (a.1), la operación del principio vegetativo se realiza por el calor que seca lo húmedo. De este modo, para recuperar la humedad perdida, es necesaria la existencia de una potencia nutritiva que transforme los alimentos en sustancia corporal. Esto también es necesario para la acción de la potencia de crecimiento y reproducción.

ARTÍCULO 3

¿Es o no es correcta la distinción en cinco sentidos exteriores?

In Sent. 1.2 d.2 q.2 a.2 ad 5; 1.3 d.14 a.1, sol.2; *De An.* 1.2 lect.14; 1.3 lect.1; *De Anima* a. 13.

Objeciones por las que parece que no es correcta la distinción en cinco sentidos exteriores:

1. El sentido conoce los accidentes. Hay muchos géneros de accidentes. Por lo tanto, como quiera que las potencias se distinguen por los objetos, parece que los sentidos se multiplican según el número de los géneros de accidentes.

2. Más aún. La dimensión, la figura y otras cualidades llamadas *sensibles comunes,* no son *sensibles accidentalmente,* sino que se distinguen por oposición, como consta en el II *De Anima*[11]. Pero la diversidad formal de los objetivos diversi-

fica las potencias. Por lo tanto, como la dimensión y la figura se distinguen del color más que el sonido, parece más razonable que haya potencias sensitivas especiales para conocer la dimensión y la figura, que no para conocer el sonido y el color.

3. Todavía más. Un mismo sentido no tiene por objeto más que una sola contrariedad. Ejemplo: la vista tiene la de lo blanco y lo negro. Pero el tacto percibe muchos objetos contrastados: lo caliente y lo frío, lo húmedo y lo seco, y similares. Así, no es un solo sentido, sino muchos. Por lo tanto, los sentidos son más de cinco.

4. Por último. La especie no se divide por su oposición al género. Pero el gusto es un determinado tacto. Por lo tanto, no debe ser considerado como distinto del tacto.

En cambio está lo que dice el Filósofo en III *De Anima*[12]: *Cinco son los sentidos.*

Solución. *Hay que decir:* La razón de la distinción y número de los sentidos externos algunos[13] quisieron encontrarla en los mismos órganos, según que predomine uno u otro de los elementos, bien sea el agua, el aire, o cualquier otro. Otros quisieron encontrarlo en el medio sensible extrínseco o anexo, como el aire, el agua, o cualquier otro. Otros[14] quisieron encontrarlo en la diversa naturaleza de las cualidades sensibles, según se trate de un cuerpo simple o que haya alguna composición.

Ninguna de estas opiniones es admisible. Pues las potencias no existen en razón de los órganos, sino que los órganos existen para las potencias. Por eso, no hay diversas potencias porque haya distintos órganos, sino que la naturaleza proporcionó diversidad de órganos en correspondencia a la diversificación de las potencias. La naturaleza también asignó a los distintos sentidos medios diferentes en correspondencia a la actividad de las potencias. Y conocer las naturalezas de las cualidades sensibles no es algo propio del sentido, sino del entendimiento.

11. ARISTÓTELES, c.6 n.1 (BK 418a8): S. Th. lect.13 n.386.   12. ARISTÓTELES, 6 c.1 n.1 (BK 424b22): S. Th. lect.1 n.566.   13. Cf. ALBERTO MAGNO, *Summa de Creat.* p.2.ª q.34 a.4 (BO 35,304); ALEJANDRO DE HALES, *Summa Theol.* 1-2 n.356 (QR 2,432).   14. Cf. S. BUENAVENTURA, *Itinerarium mentis in Deum* c.2 (QR 5,300).

Por lo tanto, hay que aceptar la razón del número y de la distinción de los sentidos externos según lo que les es propio y esencial a los sentidos. El sentido es una cierta potencia pasiva sometida por naturaleza a la alteración proveniente de los objetos sensibles exteriores [b]. Por lo tanto, lo que por su naturaleza percibe el sentido es el objeto exterior que lo altera, y según la diversidad de objetos, se distinguen las potencias sensitivas.

Hay un doble tipo de alteración: Una física y otra espiritual [c]. *La alteración física* se da cuando la forma de lo que es causa de la alteración es recibida en el objeto alterado según su propio ser natural. Ejemplo: el calor en lo calentado. *La alteración espiritual* se da cuando la forma de lo que provoca la alteración es recibida en el objeto alterado según su ser espiritual. Ejemplo: la forma del color en la pupila, la cual, no por eso queda coloreada. Para la operación del sentido se requiere una alteración espiritual por la que se establezca en el órgano del sentido una representación intencional de la forma sensible. De no ser así, si sólo la alteración física fuera necesaria para sentir, todos los cuerpos físicos, al ser alterados, sentirían.

Pero en algunos sentidos sólo se da la alteración espiritual, como en la *vista*. En otros, junto a la alteración espiritual se da también la física, bien sólo por parte del objeto, bien por parte del órgano. Por parte del objeto se da la transmutación física, por cambio local, en el sonido, que es el objeto del *oído,* pues el sonido es causado por una percusión y vibración del aire. En cambio, en el olor, objeto del *olfato,* hay alteración, ya que es necesaria cierta modificación del cuerpo por la acción del calor para que huela. Por parte del órgano hay alteración física en el *tacto* y en el *gusto,* pues la mano se calienta por contacto con lo caliente, y la lengua se impregna de la humedad de los sabores. En cambio, los órganos del olfato y del oído no sufren alteración física al sentir, a no ser accidentalmente.

La vista, por estar libre de alteración física tanto por parte del órgano como del objeto, de entre todos los sentidos es el más perfecto y el más universal. Después, el oído y el olfato, los cuales sufren alteración física por parte del objeto. Sin embargo, el movimiento local es más perfecto y por naturaleza anterior al movimiento de alteración, como se demuestra en VIII *Physic.*[15] El tacto y el gusto son los más materiales. De ellos y de su distinción hablaremos en seguida (ad 3.4). De ahí que los tres primeros sentidos no actúen por un medio unido a ellos, a fin de evitar que al órgano le llegue alguna transmutación natural, como le llega al tacto y al gusto.

Respuesta a las objeciones: 1. *A la primera hay que decir:* No todos los accidentes tienen, en cuanto tales, el poder de alteración. Sólo lo poseen las cualidades de la tercera especie, por las que se

15. ARISTÓTELES, c.7 n.2 (BK 260a28): S. Th. lect.14 n.3. 16. ARISTÓTELES, c.2 n.4 (BK 244b12): S. Th. lect.4 n.2.

b. Todas las facultades o potencias del alma son activas con respecto a su operación. La distinción en activas y pasivas se establecen en razón del objeto, según actúen sobre él modificándole (caso de las facultades nutritivas, p.e.) o sean por él alteradas, como los sentidos externos por su sensible (cf. q.79 a.3 ad 1). Esta distinción explica la posterior división del entendimiento en agente y posible (q.79 a.2ss).

c. «Espiritual» no tenía en el siglo XIII el sentido restringido de nuestros días; conservaba aún de modo expreso sus connotaciones etimológicas (de *spiro,* respirar); se decía por eso del aire aspirado y espirado en la respiración animal, del aire atmosférico y el viento, de los vapores y, en general, de cualquier naturaleza e impulsos sutiles e invisibles (así los «espíritus animales»). No resultaba, por eso, contradictorio hablar de «espíritus corporales». Sólo por traslación, en virtud de su naturaleza invisible e incorpórea, se decía también de Dios, los ángeles y el alma humana (cf. *In Sent.* 1 d.10 a.4; *Cont. Gentes* 4,23; *Summa Theol.* 1 q.36 a.1; q.41 a.3 ad 4). Para estas realidades espirituales en sentido restringido se preferían los términos «incorpóreo» e «inmaterial».—Al hablar aquí de una inmutación espiritual se refiere al aspecto formalmente intencional o cognoscitivo que en la sensación el estímulo produce en el órgano conjuntamente con su alteración física (o, en algunos casos —según el estado de la ciencia de entonces—, sin alteración física alguna), distinta de ésta y que no se encuentra en las simples realidades físicas.

produce la alteración. De este modo solamente éstas son el objeto de los sentidos, porque, como se dice en VII *Physic.*[16], *los sentidos se alteran en virtud de aquello por lo que se alteran los cuerpos inanimados.*

2. *A la segunda hay que decir:* La dimensión, la figura, y similares, llamadas *sensibles comunes,* son algo intermedio entre las realidades *sensibles* percibidas *accidentalmente* y los *sensibles propios,* objeto de los sentidos. Pues los sensibles propios alteran el sentido de forma directa y natural, porque son cualidades alterantes. Los sensibles comunes se reducen a la cantidad. La dimensión y el número son especies de la cantidad. La figura es una cualidad de la cantidad, ya que consiste en el contorno de la dimensión. El movimiento y el reposo se sienten según sean unas o múltiples las relaciones del sujeto con la dimensión del objeto o la distancia, como en el movimiento de desarrollo y en el movimiento local. O también con respecto a las cualidades sensibles, como en el movimiento de alteración. De este modo, sentir el movimiento y el reposo equivale en cierto modo a sentir lo uno y lo múltiple. La cantidad es el sujeto próximo de la cualidad alterante, como la superficie lo es del color. Por lo tanto, los sensibles comunes no mueven los sentidos de forma directa y natural, sino en razón de la cualidad sensible, como la superficie por razón del color. Sin embargo, no son realidades sensibles percibidas indirectamente, ya que establecen diversidad en la alteración del sentido. El sentido se altera de manera distinta por una superficie grande o por una pequeña, pues incluso de la blancura se dice grande o pequeña, y, por eso, se divide según su propio sujeto.

3. *A la tercera hay que decir:* Como parece afirmar el Filósofo en el II *De Anima*[17], el sentido del tacto genéricamente es uno, pero específicamente múltiple. Por eso es percibido con diversas contrariedades. Sin embargo no están

vinculados a distintos órganos, sino que están mezclados por todo el cuerpo y de este modo no se percibe su diferencia. Por su parte, el gusto, que percibe lo dulce y lo amargo, está unido al tacto en la lengua, pero no en el resto del cuerpo, por lo cual se puede distinguir fácilmente del tacto.

Sin embargo, podría decirse que todas aquellas contrariedades coinciden en un género próximo y en un género común, que es el objeto del tacto en general. Pero dicho género común no tiene nombre, como tampoco tiene nombre el género próximo de la contrariedad de lo caliente y lo frío.

4. *A la cuarta hay que decir:* Según lo dicho por el Filósofo[18], el sentido del gusto es una especie del tacto que está sólo en la lengua. Y no es distinto del tacto en general, sino de sus especies esparcidas por todo el cuerpo.

Si el tacto, en razón de la unidad de su objeto común, fuese un solo sentido, habría que afirmar que el gusto y el tacto son distintos por ser distintas las razones de su alteración. Pues el tacto sufre una alteración natural, y no sólo espiritual, en cuanto a su órgano propio, según la cualidad que actúe directamente sobre él. Por su parte, el órgano del gusto no experimenta necesariamente dicha alteración física por la cualidad que actúa directamente sobre él, esto es, que la lengua se haga dulce o amarga, sino por una cualidad previa en la que se fundamenta el sabor, esto es, la humedad, que sería el objeto del tacto.

ARTÍCULO 4

Los sentidos interiores, ¿están o no están distinguidos correctamente?

De Anima a. 13.

Objeciones por las que parece que los sentidos interiores no se distinguen correctamente[d].

17. ARISTÓTELES, C.11 n.1-12 (BK 422b17): S. Th. lect.22.23 n.517-550.   18. ARISTÓTELES, *De An.* 2 c.9 n.2 (BK 421a18): S. Th. lect.19 n.481.

d. La doctrina aristotélica de los sentidos internos presenta oscuridades e incertidumbres tanto en lo que se refiere a su número como a la naturaleza y función propia de algunos de ellos. Los averroístas y S. Alberto Magno se atenían fundamentalmente a la exposición de Averroes, más cercana a la letra y doctrina del Estagirita y —como casi siempre— enfrentada a la exposición de Avicena. Sto. Tomás, en cambio, toma muy en cuenta las precisiones y los

1. Lo común no se opone a lo propio. Por lo tanto, el sentido común [e] no debe ser enumerado entre las facultades interiores sensitivas, al margen de los sentidos externos propios.

2. Más aún. Para lo que le es suficiente al sentido propio, no es necesario añadir una facultad aprehensiva interior. Pero para juzgar lo sensible, son suficientes los sentidos propiamente tales y externos, ya que cada sentido juzga su objeto propio. Igualmente, también parecen suficientes para percibir sus actos. Pues, al ser la operación del sentido algo intermedio entre la potencia y el objeto, parece que la vista puede percibir mejor su propia visión, por estar cerca, que el color. Lo mismo puede decirse de los otros sentidos. Por lo tanto, no fue necesario establecer una potencia interior llamada sentido común.

3. Todavía más. Según el Filósofo [19], la fantasía y la memoria son pasiones de la raíz sensitiva. Pero una pasión no se opone a su sujeto. Por lo tanto, la memoria y la fantasía no deben ser consideradas como potencias al margen de los sentidos.

4. Una más. El entendimiento depende del sentido menos que cualquier otra potencia de la parte sensitiva. Pero el entendimiento no conoce nada a no ser tomándolo de los sentidos. Por eso se dice en I *Posteriorum* [20] que, *a quienes les falta un sentido les falta una ciencia*. Por lo tanto, mucho menos debe admitirse una potencia de la parte sensitiva destinada a recibir las intenciones que

no percibe el sentido y que suele ser llamada estimativa.

5. Y también. El acto de la potencia cogitativa, consistente en comparar, componer y dividir, y el acto de la reminiscencia, consistente en emplear un determinado silogismo analítico, no dista menos de los actos de la estimativa y de la memoria que lo que dista el acto de la estimativa del de la fantasía. Por lo tanto, o la cogitativa y la reminiscencia deben ser consideradas como potencias distintas de la estimativa y de la memoria, o la estimativa y la memoria no deben ser consideradas como potencias al margen de la fantasía.

6. Por último. Agustín en XII *Super Gen. ad litt.* [21] establece tres géneros de visión: la corporal, realizada por el sentido; la espiritual, realizada por la imaginación o la fantasía; y la intelectual, realizada por el entendimiento. Por lo tanto, no hay ninguna potencia interior intermedia entre el sentido y el entendimiento, a no ser sólo la imaginación.

En cambio está el hecho de que Avicena, en su libro *De Anima* [22], establece cinco potencias sensitivas interiores: *El sentido común, la fantasía, la imaginación, la estimativa y la memoria.*

Solución. *Hay que decir:* Como quiera que la naturaleza no falla en lo necesario, es preciso que el alma sensitiva disponga de tantas operaciones cuantas sean requeridas para la vida del animal perfecto. Y cuantas de entre dichas acciones no puedan ser reducidas a un

---

19. ARISTÓTELES, *De Mem. et Rem.* c.1 (BK 450a10): S. Th. lect.2 n.318.   20. ARISTÓTELES, c.18 (BK 81a38): S. Th. lect.30 n.2.   21. C.6.7.24: ML 34,458.459.474.   22. P.1.ᵃ c.5 (5 rb); p.4.ᵃ c.1 (17va).

---

desarrollos de este último, si bien no acepte su doctrina en todos y cada uno de los puntos, como en la distinción aviceniana de la «imaginación» y la «fantasía», admitida también por San Alberto.—Sobre la influencia de Avicena en Sto. Tomás, y de modo especial en el período de formación del pensamiento tomista, cf. A. LOBATO, *Avicena y Santo Tomás:* Estudios Filosóficos 4 (1955) 45-80; 5 (1956) 83-130 y 511-551.

e. «Sentido común» no tenía el significado hoy habitual en el lenguaje corriente —y a partir sobre todo de Thomas Reid (1710-1796), el fundador de la llamada «escuela escocesa del sentido común»— también en filosofía. No se designaba con ello la inclinación natural de la inteligencia a establecer ciertos juicios universalmente admitidos, sobre todo en el orden de las necesidades vitales. Decía relación a algo común a todos los sentidos externos, bien fuese en razón de su objeto, o en cuanto a su principio o raíz entitativa de la que provienen, o a un efecto en alguna manera común, como pudiera ser la conciencia sensitiva. Así entendido, era un elemento importante en la estructura y en la dinámica aristotélica del conocimiento, como facultad *puente* entre los sentidos externos e internos. S. Agustín hablaba también de un «sentido interior» *(De libero arb.* 1.2 c.3, 8-9: ML 32,1244-5), pero le atribuía funciones que según Aristóteles corresponden a la estimativa animal y a la cogitativa del hombre.

solo principio, requerirán distintas potencias, ya que la potencia del alma no es más que el principio próximo de la operación del alma.

Hay que tener presente que para la vida del animal perfecto se precisa no solamente que perciba la realidad presente sensible, sino también la ausente. De no ser así, como quiera que el movimiento y la acción del animal siguen a una percepción, el animal no se movería para buscar cosas lejanas. Esto va contra lo que podemos observar, de modo especial en los animales de movimiento progresivo, que se mueven para conseguir algo lejano y que han percibido. Por lo tanto, es necesario que el animal, por medio del alma sensitiva, reciba no sólo las especies de los objetos sensibles que le alteran, sino también que los pueda recibir y conservar. Pero recibir y conservar en los seres corporales es algo que se atribuye a principios distintos. Ejemplo: los cuerpos húmedos reciben bien y conservan mal, y los secos al revés. Por lo tanto, como la potencia sensitiva es acto de un órgano corporal, es necesario que sean distintas la potencia que recibe y la potencia que conserva las especies de lo sensible. Por otra parte, hay que tener presente que, si el animal sólo se moviera por lo que deleita o mortifica los sentidos, no sería necesario atribuirle más que la aprehensión de las formas sensibles que le produjeran deleite o repulsa. Pero es necesario que el animal busque unas cosas y huya de otras, no sólo porque le sean convenientes o perjudiciales al sentido, sino también por otras conveniencias, utilidades, o perjuicios. Ejemplo: la oveja, al ver venir el lobo, huye, no porque la figura o el color del lobo sea repulsiva, sino porque el que viene es un enemigo de su propia naturaleza. El pájaro recoge pajas no para tener un placer, sino porque son útiles para la construcción de su nido. Para hacer eso, es necesario que el animal pueda percibir esas intenciones que no percibe el sentido exterior. Además, es preciso que en él exista un principio propio para dicha percepción, ya que la percepción de lo sensible proviene de la alteración del sentido, cosa que

no ocurre con la percepción de las intenciones.

Por lo tanto, para recibir las formas sensibles se tiene el *sentido propio y el común,* de cuya distinción hablaremos inmediatamente (ad 1.2). Para retener y conservar se tiene la *fantasía* o *imaginación,* que son lo mismo, pues la fantasía o imaginación es como un depósito de las formas recibidas por los sentidos. Para percibir las intenciones que no se reciben por los sentidos, se tiene la facultad *estimativa.* Para conservarlas, se tiene la *memoria,* que es como un archivo de dichas intenciones. Por eso, los animales recuerdan lo que es nocivo o conveniente. También la misma razón de pasado, considerada por la memoria, entra dentro de las intenciones.

Hay que tener presente que, en lo que se refiere a las formas sensibles, no hay diferencia entre el hombre y los otros animales, ya que son alterados de la misma manera por los objetos sensibles exteriores. Pero sí hay diferencia en lo que se refiere a las intenciones, ya que los animales las perciben sólo por un instinto natural, mientras que el hombre las percibe por una comparación. De este modo, lo que en los otros animales es llamada facultad estimativa natural, en el hombre es llamada *cogitativa,* porque descubre dichas intenciones por comparación[23]. Por eso, es llamada también *razón particular,* a la que los médicos[24] le asignan un determinado órgano que es la parte media de la cabeza, y, así, compara las intenciones particulares como la facultad intelectiva compara las universales. Por lo que se refiere a la memoria, el hombre no sólo tiene memoria como los demás animales por el recuerdo inmediato de lo pasado, sino que también tiene *reminiscencia,* con la que analiza silogísticamente el recuerdo de lo pasado atendiendo a las intenciones individuales.

Avicena[25] admite una quinta potencia, intermedia entre la estimativa y la imaginación, que une y divide las imágenes. Ejemplo: con la imagen de oro y la imagen de monte, formamos la imagen de un monte de oro que nunca hemos visto. Pero esta operación no es obser-

23. Cf. ALEJANDRO DE HALES, *Summa Theol.* 1-2 n.357 (QR 2,434); ALBERTO MAGNO, *In De An.* l.3 tr.2 c.19 (BO 5,367).   24. Cf. AVICENA, *De An.* p.l.ª c.5 (5rb); AVERROES *Colliget.* l.2 c.20 (10, 30F).   25. *De An.* p.4.ª c.1 (17va).

vable en los animales, y en el hombre, para realizarla, es suficiente la potencia imaginativa. Esto mismo dice Averroes en un libro titulado *De Sensu et Sensibilibus*[26].

Por lo tanto, no hay necesidad de admitir más que cuatro potencias interiores de la parte sensitiva: el sentido común, la imaginación, la estimativa y la memoria.

Respuesta a las objeciones: 1. *A la primera hay que decir:* El sentido interior es llamado común, no por una atribución genérica, sino como la raíz y principio de los sentidos externos.

2. *A la segunda hay que decir:* El sentido propio juzga el objeto sensible que le es propio, distinguiéndolo de otras cualidades que caen también bajo el campo del mismo sentido, discerniendo lo blanco de lo negro o de lo verde. Pero ni la vista ni el gusto pueden distinguir lo blanco de lo dulce, ya que para distinguir entre dos cosas es necesario que se conozcan las dos. Por eso, es necesario que al sentido común le corresponda el juicio de discernimiento, pues a él se dirigen como a su término las aprehensiones de los sentidos. Y también le corresponde percibir las intenciones de los sentidos, como cuando alguien ve que ve. Pues a esto no llega el sentido propio, el cual no conoce más que la forma de lo sensible por la que es alterado y en cuya alteración se consuma la visión, de

la que se sigue otra alteración en el sentido común, que es el que percibe la visión misma[f].

3. *A la tercera hay que decir:* Así como una potencia surge del alma por otra potencia, como dijimos anteriormente (q.77 a.7), así también el alma es sujeto de una potencia por otra. En este sentido, imaginar y recordar son llamadas pasiones de la raíz sensorial.

4. *A la cuarta hay que decir:* Aun cuando la acción del entendimiento se origine en los sentidos, sin embargo, en lo aprehendido por los sentidos, el entendimiento conoce muchas cosas que el sentido no puede percibir. Igualmente ocurre con la potencia estimativa, aunque en menor escala.

5. *A la quinta hay que decir:* Lo sublime que tienen las potencias cogitativa y memorativa en el hombre, no se debe a lo que es propio de la parte sensitiva, sino por cierta afinidad y proximidad a la razón universal que repercute sobre ellas. De este modo, no son facultades distintas, sino la misma, aunque más perfectas de lo que lo son en los otros animales.

6. *A la sexta hay que decir:* Agustín llama visión espiritual a la que se realiza por medio de las imágenes de los cuerpos estando los cuerpos ausentes. Por eso resulta claro que es común a todas las aprehensiones internas.

26. C.6 n.2 (16 I).

---

f. Aristóteles nunca incluye al sentido común en sus enumeraciones de los sentidos internos; más bien lo integra, a modo de un sexto sentido superior, en el conjunto de los sentidos externos. Su objeto propio serían los sensibles comunes, es decir, aquellos aspectos de la realidad sensible que dos o más sentidos externos perciben conjuntamente —aunque por razón distinta— por y en su sensible propio (movimiento y quietud, número, figura, extensión), y sus funciones son las de distinguir entre sí las diferentes cualidades sensibles —el color del sabor, etcétera—, unificarlos en su referencia a un mismo objeto —la manzana, por ejemplo—, fundamentando así lo que podemos llamar conciencia sensitiva (percepción sensorial de que vemos, oímos, gustamos, etc.). Avicena será quien por vez primera, de modo claro y terminante, integre al sentido común entre los sentidos internos, quien afirme que su objeto propio no son los sensibles comunes, sino las sensaciones de los sentidos externos (ver, oír, etc.), de lo que se derivan las funciones correspondientes, que son las ya establecidas por Aristóteles. Averroes, los averroístas medievales y S. Alberto Magno subscribirían la doctrina aristotélica. Tomás de Aquino se moverá en la dirección señalada por Avicena.—Una exposición comparada de la doctrina sobre el sentido común y sus relaciones con los sentidos externos y los otros sentidos internos en Aristóteles, Avicena, Averroes y Alberto Magno, en M. ÚBEDA PURKISS, *El «sensus communis» en la psicología aristotélica:* Salmanticensis 3 (1956) 30-67.

CUESTIÓN 79

Sobre las potencias intelectivas

Ahora hay que analizar lo referente a las potencias intelectivas. Esta cuestión plantea y exige respuesta a trece problemas: 1. El entendimiento, ¿es potencia del alma o es su esencia?—2. Si es potencia, ¿es o no es potencia pasiva?—3. Si es potencia pasiva, ¿hay o no hay que poner algún entendimiento agente?—4. ¿Es o no es algo del alma?—5. El entendimiento agente, ¿es o no es uno solo para todos?—6. La memoria, ¿está o no está en el entendimiento—7. ¿Es o no es una potencia distinta del entendimiento?—8. La razón, ¿es o no es una potencia distinta del entendimiento?—9. La razón superior y la inferior, ¿son o no son potencias distintas?—10. La inteligencia, ¿es o no es una potencia distinta del entendimiento?—11. El entendimiento especulativo y el práctico, ¿son o no son potencias distintas?—12. La sindéresis, ¿es o no es una potencia de la parte intelectiva?—13. La conciencia, ¿es o no es una potencia de la parte intelectiva?[a]

ARTÍCULO 1

El entendimiento, ¿es o no es una potencia del alma?

Supra q.54 a.3; q.77 a.1.

Objeciones por las que parece que el entendimiento no es una potencia del alma, sino que es su misma esencia:

1. Parece que el entendimiento es lo mismo que la mente. Pero la mente no es una potencia del alma, sino la esencia. Dice Agustín en IX *De Trin.*[1]: *Mente y espíritu no indican algo relativo, sino que ponen al descubierto la esencia.* Por lo tanto, el entendimiento es la misma esencia del alma.

2. Más aún. Los diversos géneros de las potencias del alma no se unen en una potencia, sino sólo en la esencia del alma. Lo apetitivo y lo intelectivo son diversos géneros de las potencias del alma, como se dice en II *De Anima*[2]. Ambas coinciden en la mente, porque Agustín, en X *De Trin.*[3], coloca la inteligencia y la voluntad en la mente. Por lo tanto, la mente y el entendimiento son la misma esencia del alma y no una de sus potencias.

3. Todavía más. Dice Gregorio en la homilía de la Ascensión[4]: *El hombre entiende como los ángeles.* Pero los ángeles son llamados *mentes* y *entendimientos.* Por lo tanto, la mente y el entendimiento del hombre no son alguna potencia del alma, sino la misma alma.

4. Por último. A una sustancia le corresponde ser intelectiva por ser inma-

1. C.2: ML 42,962.   2. ARISTÓTELES, c.3 n.1 (414a31): S. Th. lect.5 n.279.   3. C.11: ML 42,983.   4. *In Evang.* l.2 hom.29: ML 76,1214.

a. El orden y número de los artículos de esta cuestión responde tanto o más que al proceso lógico del tema propuesto, a los problemas y dificultades que las posiciones del agustinismo y averroísmo presentaban a la solución tomista. Si contra los averroístas razona la filiación aristotélica de su doctrina del conocimiento intelectual, a los agustinianos les muestra su acatamiento a la autoridad del obispo de Hipona. No le contradice; busca, al contrario, los sentencias de aquél un sentido que las acomode al pensamiento que el propio Sto. Tomás propugna. Aunque su interpretación de los textos agustinianos no es históricamente válida, se mantiene dentro de los modos exegéticos entonces habituales tanto para comentar los testimonios de los Santos Padres como de la misma Sagrada Escritura. No se conceptúen, pues, sus explicaciones como el resultado de una mera postura acomodaticia, sino como una búsqueda sincera de coincidencia en un fondo doctrinal común de interpretación de la fe, más allá de las diferencias verbales y conceptuales.—La mayoría de los temas aquí tratados se encuentran ya expuestos en las cuestiones disputadas *De veritate,* donde se puede percibir mejor la polémica suscitada por las soluciones tomistas.

terial. Pero el alma es inmaterial por su esencia. Por lo tanto, parece que el alma por su esencia es intelectiva.

En cambió, como consta en II *De Anima* [5], el Filósofo establece el principio *intelectivo* como potencia del alma.

Solución. *Hay que decir:* Siguiendo lo dicho (q.54 a.3; q.77 a.1), hay que afirmar que el entendimiento es una potencia del alma y no su misma esencia. Pues la esencia del ser que obra es principio inmediato de la operación solamente cuando su misma operación es su mismo ser, ya que la proporción que hay entre potencia y operación es idéntica a la existente entre esencia y ser. Pero sólo en Dios entender es lo mismo que ser. Por eso, sólo en Dios el entendimiento es su esencia. En las demás criaturas intelectuales, el entendimiento es una potencia del que entiende [b].

Respuesta a las objeciones: 1. *A la primera hay que decir:* A veces, el *sentido* es tomado por la potencia. Otras veces por la misma alma sensitiva. Pues se llama alma sensitiva porque toma el nombre de su potencia principal, que es el sentido. Igualmente, el alma intelectiva es llamada a veces *entendimiento* como la más principal de las potencias. En el I *De Anima* [6] se dice que *el entendimiento es una determinada sustancia.* Igualmente, Agustín dice que la mente es *espíritu* o *esencia.*

2. *A la segunda hay que decir:* Lo apetitivo y lo intelectivo son diversos géneros de las potencias del alma en razón de la diversidad de sus objetos. Pero lo apetitivo, en parte coincide con lo intelectivo y en parte con lo sensitivo, según que obre por medio de un órgano corporal o sin él, pues el apetito es efecto de la aprehensión. En este sentido,

Agustín [7] coloca la voluntad en la mente. El Filósofo [8], en la razón.

3. *A la tercera hay que decir:* En el ángel no hay más facultad que la intelectiva y la voluntad que es consecuencia del entendimiento. Por eso, el ángel es llamado *mente* o *entendimiento,* ya que en esto consiste todo su poder. El alma tiene otras muchas facultades, como las sensitivas y las nutritivas. Por eso no hay paridad.

4. *A la cuarta hay que decir:* La misma inmaterialidad de la sustancia intelectual creada no es su entendimiento. Pero, a partir de dicha inmaterialidad le viene su capacidad para entender. Por eso no es necesario que el entendimiento sea la sustancia del alma, sino sólo una facultad o potencia.

ARTÍCULO   2

El entendimiento, ¿es o no es potencia pasiva?

In Sent. 1.3 a.14 a.1 q.ª2; *De Verit.* q.10 a.6; q.16 a.1 ad 13; *De An.* 1.3 lect.7.9.

Objeciones por las que parece que el entendimiento no es potencia pasiva:

1. Todo ser es pasivo por su materia y activo en razón de su forma. Pero la facultad intelectiva se deriva de la inmaterialidad de la sustancia del que entiende. Por lo tanto, parece que el entendimiento no es una potencia pasiva.

2. Más aún. La potencia intelectiva es incorruptible, como dijimos anteriormente (q.75 a.6). Pero, como se dice en III *De Anima* [9], *si el entendimiento es pasivo, es corruptible.* Por lo tanto, la potencia intelectiva no es pasiva.

3. Todavía más. Como dice Agustín en XII *Super Gen. ad litt.* [10] y Aristóteles en III *De Anima* [11], *el agente es más noble*

5. ARISTÓTELES, l.c. nota 2.   6. ARISTÓTELES, c.4 n.13 (BK 408b18): S. Th. lect.10 n.163.   7. *De Trin.* 1.9 c.2: ML 42,962.   8. ARISTÓTELES, *De An.* 3, c.9 n.3 (BK 432b5): S. Th. lect.14 n.802.   9. ARISTÓTELES, c.5 n.2 (BK 430a24): S. Th. lect.10 n.732. 10. C.16: ML 34,467.

b. Vuelve a la doctrina ya expuesta en q.77 a.1 y, en relación con los ángeles, en q.54 a.3, limitando aquí su argumentación a la prueba, a la vez filosófica y teológica, de la distinción fundamental entre el ser de Dios y el de la criatura: sólo en Dios se identifica el obrar con su ser, que se distinguen realmente en las creaturas. En términos más absolutos, todo en Dios es acto y perfección y unidad, mientras en las creaturas —aun los ángeles y el alma humana— se da composición de potencia y acto. De ahí la dependencia del entendimiento humano con respecto a su objeto, de que tratará en el artículo siguiente; lo que más adelante le sirve para argumentar contra las posiciones panteístas y emanatistas referentes al origen del hombre (q.90

que el paciente. Las potencias de la parte vegetativa son todas activas, y, sin embargo, son las más débiles entre las potencias del alma. Por lo tanto, con mayor razón las potencias intelectivas, que son las supremas, son todas activas.

En cambio está lo que dice el Filósofo en III *De Anima* [12]: *Entender es un cierto padecer* [13].

Solución. *Hay que decir:* Se dice padecer en un triple sentido. 1) Uno, en sentido muy propio, esto es, cuando un sujeto es privado de algo que le compete por naturaleza o por tendencia. Ejemplo: cuando el agua pierde su frialdad por el calor. Cuando un hombre enferma o se entristece. 2) Dos, en sentido menos propio, cuando al sujeto se le quita algo tanto si le es como si no le es debido. Ejemplo: se dice que padece no sólo el que enferma, sino también el que sana; no sólo el que se entristece, sino también el que se alegra o el que experimenta una alteración o cualquier tipo de movimiento. 3) Tres, en sentido más general, por padecer se entiende el simple hecho de que un ser en potencia para algo adquiera aquello para lo que estaba en potencia, sin perder nada propio. En este sentido, todo ser que pasa de la potencia al acto, puede ser llamado paciente, incluso cuando alcanza una perfección. En este sentido es pasivo nuestro entendimiento.

Esto se demuestra de la siguiente manera. Como dijimos anteriormente (q.78 a.1), el entendimiento tiene una operación que recae sobre el ser en general. Por lo tanto, se puede deducir si el entendimiento está en acto o en potencia analizando su actitud con respecto al ser en general. Hay un entendimiento que en relación con el ser universal es como acto de todo el ser. Este es el entendimiento divino, que es la esencia de Dios, en quien preexiste de forma originaria y virtual todo el ser como en su causa primera. Por eso, el entendimiento divino no está en potencia, sino que es puro acto. Por su parte, ningún entendimiento creado puede estar en acto con

respecto a la totalidad del ser universal, ya que se requeriría que fuese infinito. Por eso, todo entendimiento creado, por el hecho de serlo, no está en acto con respecto a todo lo inteligible, sino que se relaciona con ello como la potencia con el acto.

La potencia está referida al acto de una doble manera. Hay una potencia que está siempre perfeccionada por su acto. Se trata de la materia de los cuerpos celestes, como dijimos (q.58 a.1). Hay otra potencia que no siempre está en acto, sino que pasa de la potencia al acto. Se trata de lo sometido a generación y corrupción. Por su parte, el entendimiento angélico está siempre en acto con respecto a lo inteligible, debido a su proximidad al primer entendimiento. Por su parte, el entendimiento humano, el último en el orden de los entendimientos y el más alejado de la perfección del entendimiento divino, está en potencia con respecto a lo inteligible, y, al principio, es *como una tablilla en la que nada hay escrito,* como dice el Filósofo en III *De Anima* [14]. Esto resulta evidente por el hecho de que en un principio estamos sólo en potencia para entender, y luego entendemos en acto. Así, pues, resulta evidente que nuestro entender es *un cierto padecer,* según el tercer sentido de pasión. Consecuentemente, el entendimiento es una potencia pasiva.

Respuesta a las objeciones: 1. *A la primera hay que decir:* Aquella objeción sería válida aplicándola al primer y segundo sentido de padecer, propios de la materia prima. Por su parte, el tercer sentido es propio de todo ser en potencia que pasa al acto.

2. *A la segunda hay que decir:* Algunos [15] llaman *entendimiento pasivo* al apetito sensitivo en el que residen las pasiones del alma. En I *Ethic.* [16] también es llamado *racional por participación,* porque *obedece a la razón.* Otros [17] llaman entendimiento pasivo a la facultad cogitativa, llamada también *razón particular.* En ambos casos, *pasivo* puede ser tomado en los dos sentidos de padecer, por cuanto

11. ARISTÓTELES, l.c. nota 9.   12. ARISTÓTELES, c.4 n.9 (BK 429b24): S. Th. lect.9 n.720.   13. Para esta definición y la traducción, cf. lo anotado en n.2 a la q.56. *(N. del T.)* 14. ARISTÓTELES, l.c. nota 12.   15. Cf. TEMISTIO, *In De An.* 3 c.5 (CG 5 n.3, 101-105). 16. ARISTÓTELES, c.13 n.17 (BK 1102b25): S. Th. lect.20 n.239.   17. Cf. AVERROES, *In De An.* l.3 comm.20 (6.164C).

dicho entendimiento es acto de algún órgano corporal. Pero el entendimiento que está en potencia con respecto a lo inteligible, y que Aristóteles llama *entendimiento posible,* no es pasivo más que en el tercer sentido, ya que no es acto de ningún órgano corporal. Y, así, es incorruptible.

3. *A la tercera hay que decir:* El agente es más noble que el paciente si se refieren a lo mismo, pero no si acción y pasión están referidas a órdenes distintos. El entendimiento es una potencia pasiva con respecto a la totalidad del ser universal. La facultad vegetativa, por su parte, es activa en orden a un ser particular, esto es, al cuerpo que le está unido. Por eso, nada impide que la facultad pasiva sea superior a la activa.

ARTÍCULO 3

¿Hay o no hay que poner un entendimiento agente?

Supra q.54 a.4; *Cont. Gentes* 2,77; *De An.* l.3 lect.10; *De Spir. Creat.* a.9; *De Anima* a.4.

Objeciones por las que parece que no hay que poner un entendimiento agente:

1. La relación que hay entre los sentidos y lo sensible, es idéntica a la existente entre nuestro entendimiento y lo inteligible. Pero cuando el sentido está en potencia con respecto a lo sensible, no es admitido un sentido agente, sino sólo pasivo. Por lo tanto, como quiera que nuestro entendimiento está en potencia con respecto a lo inteligible, parece que no hay que admitir un entendimiento agente, sino sólo posible [19].

2. Más aún. Si se dice [20] que en el sentido hay algo activo, como la luz, se replica: La luz es necesaria para la visión en cuanto que hace que el medio sea luminoso en acto, pues es el color en cuanto tal el que motiva la luminosidad. Pero en la operación del entendimiento no se pone medio alguno que necesariamente esté en acto. Por lo tanto, no es necesario que haya un entendimiento agente.

3. Todavía más. La imagen del agente es recibida en el paciente según el modo de ser de este último. El entendimiento posible es una facultad inmaterial. Por lo tanto, es suficiente su inmaterialidad para que las formas sean recibidas en él de modo inmaterial. Pero una forma es inteligible en acto por el hecho de ser inmaterial. Por lo tanto, no hay necesidad de suponer un entendimiento agente que haga las especies inteligibles en acto [21].

En cambio está lo que dice el Filósofo en III *De Anima* [22]: *Como ocurre en cualquier naturaleza, también en el alma hay algo por lo que ella puede hacerse todas las cosas y algo por lo que puede hacerlas todas.* Por lo tanto, hay que admitir un entendimiento agente.

Solución. *Hay que decir:* Platón opina que no hay necesidad alguna de un entendimiento agente que haga las cosas inteligibles en acto. Sino, quizás, para otorgar luz inteligible a quien entiende, como diremos más adelante (a.4 q.84 a.6). Pues Platón [23] sostenía que las formas de los seres naturales subsisten sin materia, y, consecuentemente, son inteligibles en cuanto tales, puesto que una cosa es inteligible en acto por el simple hecho de ser inmaterial. Así, las llamaba *especies* o *ideas,* de cuya participación afirmaba que se forma la materia corporal, de tal manera que los seres individuales quedan constituidos en sus propios géneros y especies. También nuestros entendimientos, a fin de poder conseguir el conocimiento de los géneros y especies de las cosas.

Pero, porque Aristóteles [24] no admite que las formas de los seres naturales subsistan sin materia, y porque las formas que existen en la materia no son inteligibles en acto, se concluye que las naturalezas o las formas de las cosas sensibles que entendemos, no son inteligibles en acto. Pero nada pasa de la potencia al acto a no ser por medio de algún ser en acto, como el sentido está en acto por lo sensible en acto. Así, pues, era necesario admitir en el entendimiento una facultad

18. ARISTÓTELES, *De An.* 3 c.4 n.3 (BK 429a22): S. Th. lect.7 n.675.   19. Cf. GUILLERMO DE PARÍS, *De An.* c.7 p.4.ª (2,207).   20. Opinión mantenida por los antiaristotélicos. Cf. GUILLERMO DE PARÍS, l.c. nota 19.   21. Ib.   22. ARISTÓTELES, c.4 n.1 (BK 430a10): S. Th. lect.10 n.728.   23. Cf. supra q.6 a.4.   24. Cf. ARISTÓTELES, *Metaphys.* 2, c.4 n.6 (BK 999b18): S. Th. l.3 lect.9 n.443-445.

que hiciera a las cosas inteligibles en acto abstrayendo las especies de sus condiciones materiales. Aquí radica la necesidad de admitir el entendimiento agente.

Respuesta a las objeciones: 1. *A la primera hay que decir:* Lo sensible está en acto fuera del alma, y, por tanto, no fue necesario admitir un sentido agente. Así resulta claro que todas las potencias nutritivas son activas; las sensitivas, pasivas; las intelectivas, en parte activas y en parte pasivas.

2. *A la segunda hay que decir:* Sobre la acción de la luz hay una doble opinión. Unos dicen que para ver es necesaria la luz, a fin de que haga visibles en acto los colores. Y así como se necesita la luz para ver, se necesita el entendimiento agente para entender. Otros, en cambio, dicen que la luz es necesaria para la visión, pero no por el color, para hacerlo visible en acto, sino para que el medio se haga luminoso en acto, como dice el Comentarista en II *De Anima*[25]. Según esto, la semejanza que Aristóteles establece entre el entendimiento agente y la luz, hay que entenderla en el sentido de que, así como la luz es necesaria para ver, así también el entendimiento es necesario para entender, pero no por la misma razón.

3. *A la tercera hay que decir:* Supuesto el agente, bien puede suceder que su imagen sea recibida de distintas maneras en diversos sujetos por su diversa disposición. Pero si no preexiste el agente, es inútil la disposición del receptor. Lo inteligible en acto no es algo que exista en el orden de la realidad natural sensible, que no subsiste sin la materia. De este modo, la inmaterialidad del entendimiento posible no sería suficiente para entender si no actuase el entendimiento

agente para hacerlo inteligible en acto por medio de las abstracciones.

ARTÍCULO 4

El entendimiento agente, ¿es o no es algo del alma?

In Sent. l.2 d.17 q.2 a.1; *Cont. Gentes* 2,76.78; *Compend. Theol.* c.86; *De An.* l.3 lect.10; *De Spir. Creat.* a.10; *De Anima* a.5.

Objeciones, por las que parece que el entendimiento agente no es algo de nuestra alma[c]:

1. El efecto del entendimiento agente es el de iluminar para entender. Pero se hace por algo que es superior al alma, según aquello de Jn 1,9: *Era la luz verdadera que ilumina a todo hombre que viene a este mundo.* Por lo tanto, parece que el entendimiento agente no es algo del alma.

2. Más aún. El Filósofo, en el III *De Anima*[26], atribuye al entendimiento agente *que unas veces entienda y otras no entienda.* Pero nuestra alma no siempre entiende, sino que unas veces entiende y otras no. Por lo tanto, el entendimiento agente no es algo de nuestra alma.

3. Todavía más. El agente y el paciente son suficientes para obrar. Así, pues, si el entendimiento posible es algo de nuestra alma, virtud pasiva, y el entendimiento agente lo mismo, virtud activa, hay que concluir que el hombre podría entender cuando quisiera. Esto es falso. Por lo tanto, el entendimiento agente no es algo de nuestra alma.

4. Y también. El Filósofo, en el III *De Anima*[27], dice que el entendimiento agente es una *sustancia que tiene el ser en acto.* Nada está en acto y en potencia con respecto a lo mismo. Por lo tanto, si el entendimiento posible, que está en potencia con respecto a todo lo inteligi-

---

25. AVERROES, *Comm.* 67 (6², 84E). Véanse ib. las referencias sobre las distintas opiniones indicadas en este ad 2.   26. ARISTÓTELES, c.5 n.2 (BK 430a22): S. Th. lect.10 n.740. 27. ARISTÓTELES, c.5 n.1 (BK 430a13): S. Th. lect.10 n.728.

---

c. El clima teológico en que se desenvuelven todas las doctrinas expuestas en esta cuestión, y la referencia teológica que matiza sus argumentaciones —sin perder por ello nada de su fuerza racional filosófica—, se acentúan en el desarrollo de este artículo. Sto. Tomás se mantiene al mismo tiempo en un diálogo con la tradición filosófica y con la tradición patrística. Las referencias doctrinales inmediatas señalan tanto en dirección a Averroes y el averroísmo latino como a S. Agustín y el agustinismo medieval, tanto al entendimiento separado y único de aquéllos como al iluminismo de éstos y a las divisiones y funciones que atribuían al entendimiento y la razón.

ble, es algo de nuestra alma, parece imposible que el entendimiento agente sea algo de nuestra alma.

5. Por último. Si el entendimiento agente es algo de nuestra alma, es necesario que sea alguna potencia. Pues no es ni pasión ni hábito, ya que los hábitos y las pasiones no tienen razón de agentes con respecto a las pasiones del alma, sino que, más bien, la pasión es la acción misma de la potencia pasiva, y el hábito es resultado de los actos. Toda potencia dimana de la esencia del alma. Por lo tanto, habría que concluir que el entendimiento agente procede de la esencia del alma no estando en ella por participación de un entendimiento superior. Esto es incorrecto. Por lo tanto, el entendimiento agente no es algo de nuestra alma.

En cambio está lo que dice el Filósofo en III *De Anima: Es necesario que en el alma se den estas diferencias,* esto es, el entendimiento posible y el agente.

Solución. *Hay que decir:* El entendimiento agente del que habla el Filósofo es algo propio del alma. Para demostrarlo, hay que tener presente que, por encima del alma intelectiva humana, es necesario colocar un entendimiento superior del que el alma recibe la facultad de entender. Pues todo lo que participa de algo, lo que es móvil y lo imperfecto exige, siempre con anterioridad, algo que tiene por esencia dicha realidad y que es inmóvil y perfecto. El alma humana es llamada intelectiva por participar de la facultad intelectual. Prueba de ello lo tenemos en que no toda ella es intelectiva, sino sólo en parte. Además, llega al conocimiento de la verdad con la argumentación, mediante el discurso y el movimiento. También tiene una inteligencia imperfecta, ya sea porque no llega a entenderlo todo, ya sea porque en lo que entiende pasa de la potencia al acto. Por lo tanto, es necesaria la existencia de un entendimiento más alto que ayude al alma a entender.

Algunos [28] sostuvieron que este entendimiento sustancialmente separado es el entendimiento agente, que, esclareciendo las imágenes, las hace inteligibles en acto. Pero, aun suponiendo que dicho entendimiento agente separado exista, siempre será necesario admitir en la misma alma humana una facultad participada de aquel entendimiento superior por la que haga a las cosas inteligibles en acto. Asimismo decían que en los otros seres naturales perfectos, además de las causas agentes universales, hay energías propias congénitas a cada uno de ellos, derivadas de los agentes universales. Pues no sólo el sol engendra al hombre, sino que en el hombre hay capacidad para engendrar al hombre, y esto mismo sucede en los demás animales perfectos. Entre los seres inferiores nada es más perfecto que el alma humana. Por lo tanto, es necesario decir que en ella hay una energía derivada del entendimiento superior, por la que es posible iluminar las imágenes.

Esto lo sabemos por experiencia, cuando observamos que las formas universales las abstraemos de sus condiciones particulares, y en esto consiste poner en acto lo inteligible. A un ser nunca le corresponde una acción si no es por algún principio formalmente presente en él, tal como dijimos anteriormente al hablar del entendimiento posible (q.76 a.1). Por lo tanto, es necesario que la energía que es principio de esta acción sea algo propio del alma. Así, Aristóteles [29] compara el entendimiento agente a la luz, que es algo que se recibe en el aire. Platón, como dice Temistio en el comentario III *De Anima* [30], comparó con el sol el entendimiento separado, que infunde su luz en nuestra alma.

Según los documentos de nuestra fe, el entendimiento separado es el mismo Dios, creador del alma, y el único en el que está la bienaventuranza, como se demostrará más adelante (q.90 a.3; 1-2 q.3 a.7). Por eso, de Él mismo participa el alma humana su luz intelectual, siguiendo aquello del Sal 4,7: *Señor, marcada está en nosotros la luz de tu rostro* [d].

28. Cf. ALEJANDRO AFRODISIO, *De Intellectu et Intellecto* (TH 76); AVERROES, *In De Anima* l.3 Comm.18 (6² 161E); AVICENA, *De Anima* p.5.ª c.5 (25rb); *Metaphys.* tr.9 c.3 (104rb). 29. ARISTÓTELES, *De An.* 3 c.5 n.1 (BK 430a15): lect.10 n.728. 30. 5 (CG 5³, 103.35).

d. Los Santos Padres, siguiendo una línea de desarrollo doctrinal establecida por el neoplatonismo, habían situado en Dios las ideas arquetípicas de Platón, que adquirían así carácter de

Respuesta a las objeciones: 1. *A la primera hay que decir:* Aquella luz verdadera ilumina como causa universal, de la que la naturaleza humana participa cierta facultad especial, como dijimos (sol.).

2. *A la segunda hay que decir:* En aquel texto, el Filósofo no está hablando del entendimiento agente, sino del entendimiento en acto. Por eso había dicho antes[31]: *El entendimiento en acto es el mismo conocimiento de la realidad.* Y, si sus palabras están referidas al entendimiento agente, significaría que, el que unas veces entendamos y otras no, no proviene del entendimiento agente, sino del entendimiento que está en potencia.

3. *A la tercera hay que decir:* Si con respecto al entendimiento posible, el entendimiento agente fuera lo que es el objeto que actúa con respecto a la potencia sobre la que actúa, como para la vista es el objeto visible en acto, habría que concluir que todo lo entenderíamos inmediatamente, ya que es el entendimiento agente el que lo hace inteligible todo. Pero realmente no se comporta como objeto, sino como lo que pone en acto los objetos, para lo cual, además de la presencia del entendimiento agente, es necesaria la de las imágenes sensibles, juntamente con la buena disposición de las potencias sensitivas y su ejercicio en estas operaciones, porque el conocimiento de algo conduce al conocimiento de algo más, al igual que por medio de los términos se conocen las proposiciones, y por los primeros principios se conocen las conclusiones. Con respecto a todo esto, es indistinto que el entendimiento agente sea algo propio o ajeno del alma.

4. *A la cuarta hay que decir:* El alma intelectiva es inmaterial en acto, pero está en potencia con respecto a determinadas especies de las cosas. Por su parte, las imágenes son representaciones actuales de ciertas naturalezas, pero son inmateriales en potencia. Por eso, nada impide que una y la misma alma, en cuanto inmaterial en acto, posea una facultad por la que hace en acto inmateriales a sus objetos, despojándolos de las condiciones de la materia individual por medio de la abstracción, y que llamamos entendimiento agente. Y también que posea otra facultad receptiva de dichas especies, llamada entendimiento posible, en cuanto que está en potencia con respecto a dichas especies.

5. *A la quinta hay que decir:* Como quiera que la esencia del alma es inmaterial, nada impide que de la facultad participada del entendimiento supremo, y por la que realiza la abstracción de la materia, proceda de su esencia como proceden las demás potencias.

---

31. ARISTÓTELES, l.c. nota 26.

---

ejemplares en su acción creadora. También, aplicando conceptos platónicos y neoplatónicos, situaban en Dios la fuente de donde mana nuestro conocimiento. Para S. Agustín en concreto, la adquisición de la verdad se explica por una iluminación actual y directa de la verdad divina, increada y subsistente. Todas las luces creadas, y entre ellas la inteligencia humana, necesitan de Dios, Luz increada, Sol de los espíritus, para encenderse y brillar, en razón de que ninguna de ellas es en sí misma luz. En Dios «vivimos, nos movemos y existimos», según la expresión de S. Pablo (Act 17,28); también vemos o comprendemos por Él. Aunque en ocasiones su modo de expresarse pueda dar pie para ello, no ha de entenderse en sentido ontologista, al modo de Malebranche. Un cierto innatismo de las ideas, una presencia en nosotros antes de todo juicio de ciertas verdades absolutas y de razones eternas sí están expresas en el iluminismo de S. Agustín; ellas nos permiten juzgar con acierto de las cosas, explican la universalidad del conocer, que alcanza a todos los hombres, y posibilita la comunicación de los contenidos mentales entre los hombres.

Para Sto. Tomás —aparte el concurso ordinario de Dios en toda actividad de la creatura y, por tanto, también en la operación intelectiva—, la participación en la luz increada y en su fuerza iluminadora se encuentra ya inserta en la misma naturaleza racional del hombre en cuanto dotado del entendimiento agente. Es uno de los aspectos de su condición de imagen de Dios. En su doctrina sobre el conocimiento de los ángeles, en el conocimiento que corresponde a la acción de ciertos dones del Espíritu Santo y en la visión beatífica hay, en cambio, una mayor aproximación al iluminismo agustiniano. La discusión más pormenorizada con las teorías platónicas y agustinianas se desarrolla luego en la q.84.

ARTÍCULO 5

El entendimiento agente, ¿es o no es uno en todos?

In Sent. l.2 d.17 q.2 a.1; *Compend. Theol.* c.86; *De Spir. Creat.* a.10; *De Anima* a.5.

Objeciones por las que parece que el entendimiento agente es uno en todos:

1. Nada de lo que está separado del cuerpo se multiplica por la multiplicidad de los cuerpos. Pero, como se dice en el III *De Anima*[32], el entendimiento agente está *separado.* Por lo tanto, no se multiplica en muchos cuerpos humanos, sino que es uno en todos.

2. Más aún. El entendimiento agente hace el universal, que es uno en muchos. Pero lo que es causa de unidad, es mucho más uno. Por lo tanto, el entendimiento agente es uno en todos.

3. Todavía más. Todos los hombres coinciden en los primeros conceptos del entendimiento. Aceptarlos, lo hacen por el entendimiento agente. Por lo tanto, todos coinciden en un entendimiento agente.

En cambio está lo que dice el Filósofo en III *De Anima*[33]: *El entendimiento agente es como la luz.* Pero la luz no es la misma en las diversas cosas iluminadas. Por lo tanto, el entendimiento agente no es el mismo en todos los hombres.

Solución. *Hay que decir:* La solución se desprende de lo dicho (a.4), pues si el entendimiento agente no fuese algo del alma, sino que fuera una sustancia separada, el entendimiento agente sería el mismo en todos los hombres. Así lo entienden los que sostienen la unidad del entendimiento agente. Pero si el entendimiento agente es algo del alma, como una potencia propia suya, es necesario afirmar que hay tantos entendimientos agentes como almas, las cuales se multiplican al ritmo de la multiplicación de los hombres, como dijimos anteriormente (q.76 a.2). Pues no es posible que una potencia, numéricamente la misma, lo sea de diversas sustancias.

Respuesta a las objeciones: 1. *A la primera hay que decir:* El Filósofo demuestra que el entendimiento agente está separado por el hecho de que el posible también está separado, ya que, como él mismo dice, *el agente es más noble que el paciente.* Del entendimiento posible se dice que está separado porque no es acto de ningún órgano corporal. En este sentido se dice que el entendimiento agente está *separado,* no que sea una sustancia separada.

2. *A la segunda hay que decir:* El entendimiento agente causa el universal abstrayendo de la materia. Para eso no se requiere que sea uno en todos los que tienen entendimiento, sino que en todos haya una misma actitud con respecto a todo aquello de lo que se abstrae el universal, y con respecto a lo que el universal es uno. Esto es algo que corresponde al entendimiento agente en cuanto que es inmaterial.

3. *A la tercera hay que decir:* Todos los seres que son de la misma especie, tienen en común la acción que es consecuencia de su naturaleza específica y, por tanto, la potencia que es principio de esta acción, no que ésta sea numéricamente la misma en todos. Conocer los primeros conceptos inteligibles es una acción consecuente de la especie humana. Por eso es necesario que todos los hombres tengan en común la facultad que es principio de dicha acción; esta facultad es el entendimiento agente. Sin embargo, no es necesario que sea el mismo en todos numéricamente. Empero, sí es necesario que a todos se derive de un mismo principio. Así, la común posesión que tienen los hombres de los primeros conceptos inteligibles, demuestra la unidad del entendimiento separado que Platón compara con el sol, pero no la unidad del entendimiento agente, que Aristóteles compara a la luz.

ARTÍCULO 6

La memoria, ¿está o no está en la parte intelectiva del alma?

l.2 q.67 a.2; *In Sent.* l.1 d.3 q.4 a.1; l.3 d.26 q.1 a.5 ad 4; l.4 d.44 q.3 a.3 q.ª2 ad 4; d.50 q.1 a.2; *De Verit.* q.10 a.2; q.19 a.1; *Cont. Gentes* 2,74; *Quodl.* 12 q.9 a.1

Objeciones por las que parece que la memoria no está en la parte intelectiva del alma:

32. Ib.   33. Ib.

1. Agustín, en XII *De Trin.*[34], dice que a la parte superior del alma le corresponde aquello que *no es común a los hombres y a los animales*. Pero la memoria es común a los hombres y a los animales, pues en el mismo lugar dice que los animales *pueden sentir por los sentidos del cuerpo lo corporal y archivarlo en la memoria*. Por lo tanto, la memoria no pertenece a la parte intelectiva del alma.

2. Más aún. La memoria tiene por objeto lo pasado. Pero se llama pasado a algo en relación con un tiempo determinado. Así, pues, la memoria es la facultad cognoscitiva de algo sucedido en un determinado tiempo. Y esto significa conocer algo *aquí y ahora*. Pero esto no es propio del entendimiento, sino del sentido. Por lo tanto, la memoria no reside en la parte intelectiva, sino sólo en la parte sensitiva.

3. Todavía más. En la memoria se archivan las especies de las cosas que no son pensadas en acto. Pero no es posible que esto suceda en el entendimiento, porque el entendimiento se pone en acto al ser informado por la especie inteligible, pues el hecho de estar el entendimiento en acto es su mismo entender en acto. Así, el entendimiento entiende en acto todo aquello cuya representación la contiene en sí mismo. Por lo tanto, la memoria no se encuentra en la parte intelectiva.

En cambio está lo que dice Agustín en X *De Trin.*[35]: *La memoria, la inteligencia y la voluntad son una mente*.

Solución. *Hay que decir:* Como quiera que a la razón de memoria pertenezca el archivar las especies de las cosas que no se perciben en acto, lo primero que hay que analizar es si las especies inteligibles pueden ser archivadas así en el entendimiento. Avicena[36] sostuvo que esto era imposible. Decía que esto se daba en ciertas potencias de la parte sensitiva en cuanto que son actos de los órganos corporales, en los cuales pueden archivarse algunas especies de las cosas sin una percepción en acto. Pero en el entendimiento, que carece de órgano corporal, no existe nada que no ser inteligiblemente. Por eso es necesario que aquello cuya representación está en el entendi-

miento, sea entendido. Según él, tan pronto como alguien cesa de entender en acto algo, la representación de este algo deja de estar en el entendimiento. Si quiere entenderlo nuevamente, es necesario que recurra al entendimiento agente, que él lo tiene por una sustancia separada, para que la especie inteligible pase de él al entendimiento posible. Del habitual ejercicio de dirigirse al entendimiento agente, según él, se produce una cierta facilidad en el entendimiento posible para recurrir al entendimiento agente. Decía que esto era el hábito de la ciencia. Así, pues, según esta postura, nada se archiva en la parte intelectiva que no sea entendido en acto. Por eso no sitúa la memoria en la parte intelectiva.

Pero esta opinión contradice de forma clara lo dicho por Aristóteles. Pues, en III *De Anima*[37], dice: *El entendimiento posible, cuando se hace cada cosa singular según el modo de conocer, es llamado entendimiento en acto, y que esto es así cuando puede obrar por sí mismo. Pero incluso entonces de algún modo está en potencia, pero no como lo estaba antes de que aprendiera o descubriera*. Ahora bien, se dice que el entendimiento posible se hace cada una de las cosas en cuanto que recibe las especies de cada uno de los objetos. Por lo tanto, del hecho de recibir las especies inteligibles surge el que pueda obrar cuando quiera, aunque no obre siempre, porque también entonces de algún modo está en potencia, aunque de distinta manera que antes de entender, esto es, tal como el que tiene conocimiento habitual de algo está en potencia para considerarlo en acto.

Esta opinión contradice también la razón. Pues todo lo que se recibe en algo se recibe según el modo del receptor. El entendimiento es de una naturaleza más estable e inmóvil que la materia corporal. Por lo tanto, si la materia corporal retiene las formas que recibe no sólo mientras obra en acto por ellas, sino también después de cesar en su acción, con mucha mayor razón el entendimiento ha de recibir de modo más estable e inamovible las especies inteligibles, tanto si provienen de los objetos sensibles como si dimanan de un entendimiento supe-

34. C.2: ML 42,999.   35. C.11: ML 42,983.   36. *De An.* p.5.ª c.6 (26rb).   37. ARISTÓTELES, c.4 n.6 (BK 429b5): S. Th. lect.8 n.700.

rior. Así, pues, si por memoria entendemos tan sólo la facultad de archivar las especies, es necesario decir que la memoria está situada en la parte intelectiva.

En cambio, si a la razón de memoria pertenece el que su objeto sea lo pasado en cuanto tal, la memoria no estará situada en la parte intelectiva, sino sólo en la sensitiva, que es la que percibe lo particular. Pues lo pasado, en cuanto tal, por expresar el ser sometido a un tiempo determinado, pertenece a una condición particular.

Respuesta a las objeciones: 1. *A la primera hay que decir:* La memoria, en cuanto archivadora de las especies, no es común a los hombres y a los animales. Pues las especies no se archivan sólo en la parte sensitiva, sino más bien en el conjunto, ya que la facultad de recordar es acto de un órgano. Pero el entendimiento por su misma naturaleza archiva las especies sin la asistencia de ningún órgano corporal. Por eso el Filósofo en III *De Anima*[36] dice: *El alma es el lugar de las especies; no toda, sino el entendimiento.*

2. *A la segunda hay que decir:* La condición de pasado puede estar referida a lo siguiente: lo conocido y el acto de conocer. Los dos se encuentran simultáneamente en la parte sensitiva, capaz de la aprehensión de una realidad, al igual que es alterada por el objeto sensible presente. Por eso, el animal recuerda simultáneamente que ha sentido en el pasado y que ha sentido lo sensible pasado. Pero en lo que se refiere a la parte intelectiva, la condición de pasado le es accidental al objeto del entendimiento y no le afecta necesariamente. Pues el entendimiento entiende al hombre en cuanto hombre. Y al hombre en cuanto hombre le es accidental existir en el tiempo presente, pasado o futuro. En cambio, por parte del acto, la condición

de pasado puede intervenir necesariamente en el entendimiento, al igual que en el sentido, en cuanto que el entender de nuestra alma es un acto particular que se da en este o en aquel tiempo. Así, decimos que el hombre entiende ahora, ayer o mañana. Y esto no contradice su condición intelectual, puesto que entender, aunque sea algo particular, sin embargo, es un acto inmaterial, como dijimos al hablar del entendimiento (q.76 a.1). Y así, del mismo modo que el entendimiento se entiende a sí mismo aunque sea singular, también entiende su propio entender, que es un acto singular, tanto si se da en el presente como en el pasado o en el futuro. Así, pues, el concepto de memoria se salva en el entendimiento en cuanto referido a lo pasado, ya que entiende que entendió anteriormente. Pero no en cuanto que entienda lo pasado tal y como sucedió concretamente.

3. *A la tercera hay que decir:* Unas veces la especie inteligible está en el entendimiento sólo en potencia, y entonces se dice que el entendimiento está en potencia. Otras veces, completa al acto, y entonces se entiende en acto. Otras veces, está en un estado intermedio entre la potencia y el acto, y entonces se dice que el entendimiento está en hábito. Según este último modo es como el entendimiento archiva las especies, aun cuando no entienda en acto.

ARTÍCULO 7

La memoria intelectiva y el entendimiento, ¿son o no son potencias distintas?

Infra q.93 a.7 ad 3; *In Sent.* l.1 d.3 q.4 a.1; *De Verit.* q.10 a.3; *Cont. Gentes* 2,74.

Objeciones por las que parece que la memoria intelectiva y el entendimiento son potencias distintas[e]:

---

38. ARISTÓTELES, c.4 n.4 (BK 429a27): S. Th. lect.7 n.686.

e. S. Agustín distinguía con suficiente claridad la memoria sensible de la intelectiva. A veces se refiere a esta última con una significación universal, como potencia radical del alma, equivaliendo a mente; en ocasiones indicaría la misma naturaleza humana, el alma misma, sobre todo en cuanto empeñada en el conocimiento interior de sí. Cuando habla de la memoria intelectiva como facultad propia —principalmente al establecer la imagen interior de la Trinidad en el hombre— la distingue de la inteligencia y la voluntad. Esta trinidad de facultades superiores en el hombre —memoria, inteligencia y voluntad—, recogida por el Maestro de las Sentencias, pasaría a la tradición agustiniana medieval y se mantendría en épocas posteriores. Las fluctuaciones terminológicas y conceptuales de S. Agustín le dan pie aquí a Sto. Tomás, como tantas otras veces, para buscar una interpretación de los textos que los acomode a la propia sentencia que defiende.

1. Agustín en el X *De Trin.*[39] sitúa en la mente *la memoria, la inteligencia y la voluntad.* Pero es evidente que la memoria es una potencia distinta de la voluntad. Por lo tanto, igualmente es distinta del entendimiento.

2. Más aún. Una misma es la razón de distinción entre las potencias de la parte sensitiva y las de la parte intelectiva. Pero la memoria en la parte sensitiva es una potencia distinta del sentido, como dijimos anteriormente (q.78 a.4). Por lo tanto, la memoria de la parte intelectiva es una potencia distinta del entendimiento.

3. Todavía más. Según Agustín[40], la memoria, la inteligencia y la voluntad son iguales entre sí y surgen una de otra. Pero esto no sería posible si la memoria fuese la misma potencia que el entendimiento. Por lo tanto, no es la misma potencia.

En cambio, por naturaleza, la memoria es el depósito o el lugar archivador de las especies. Y esto mismo, el Filósofo, en III *De Anima*[41], lo atribuye al entendimiento, como se dijo (a.6 ad 1). Por lo tanto, en la parte intelectiva la memoria no es una potencia distinta del entendimiento.

Solución. *Hay que decir:* Como se dijo (q.77 a.3), las potencias del alma se distinguen por razón de la diversa formalidad de sus objetos, ya que la razón de ser de cada potencia consiste en su relación con aquello a lo que se aplica, y que es su objeto. También se dijo (q.59 a.4) que, si una potencia se refiere por naturaleza a un objeto considerado universalmente, dicha potencia no se diversifica por las diferencias particulares del objeto, como la potencia visiva, que considera su objeto atendiendo al color, no se diversifica por la diferencia entre blanco y negro. Ahora bien, el entendimiento considera su objeto bajo la razón universal del ser, ya que el entendimiento posible es *aquello por lo que el alma se hace todas las cosas.* Por eso, ninguna diversidad de los seres constituye la diferencia del entendimiento posible.

Sin embargo, la potencia del entendimiento agente se diversifica de la del entendimiento posible, porque con respecto a un mismo objeto, es necesario que sea distinto el principio que constituye la potencia activa, por la que el objeto está en acto, del principio de la potencia pasiva, que es movida por el objeto que ya está en acto. Así, la potencia activa se relaciona con su objeto como el ser en acto se relaciona con el ser en potencia. Y la potencia pasiva se relaciona con su objeto como el ser en potencia se relaciona con el ser en acto.

Así, pues, no puede haber ninguna diferencia de potencias en el entendimiento, a no ser la del entendimiento posible y el agente. Por eso, es evidente que la memoria no es una potencia distinta del entendimiento, pues propio de la naturaleza de la potencia pasiva es tanto el conservar como el recibir.

Respuesta a las objeciones: 1. *A la primera hay que decir:* Aun cuando en d.31 *Sent.* se diga que la memoria, la inteligencia y la voluntad son tres facultades, sin embargo, no es así lo que pensaba Agustín, el cual dice expresamente, en XIV *De Trin.*[42], que, *si la memoria, la inteligencia y la voluntad se conciben como presentes siempre en el alma, tanto si se piensa en ellas como si no, esto es algo que al parecer pertenece sólo a la memoria. En estos momentos estoy refiriéndome a la inteligencia por la que entendemos cuando pensamos y a la voluntad, amor o dilección que une a los hijos con los padres.* De este texto se desprende que Agustín no las considera como tres potencias del alma, sino que llama memoria a la retención habitual del alma, inteligencia al acto del entendimiento, voluntad al acto de la voluntad.

2. *A la segunda hay que decir:* Lo pasado y lo presente pueden ser diferencias propias que diversifiquen las potencias sensitivas. Pero no las intelectivas por la razón dada (sol. d.7 ad 2).

3. *A la tercera hay que decir:* La inteligencia procede de la memoria como el acto del hábito. Y es en este sentido en el que se le compara, y no como una potencia a otra.

39. C.11: ML 42,983.   40. *De Trin.* l.10 c.11: ML 42,983.   41. ARISTÓTELES c.4 n.4 (BK 429a27): S. Th. lect.7 n.686.   42. C.7: ML 42,1043.

ARTÍCULO 8

La razón, ¿es o no es una potencia distinta del entendimiento?

In Sent. l.3 d.35 q.2 a.2 q.ª1; *De Verit.* q.15 a.1.

Objeciones por las que parece que la razón es una potencia distinta del entendimiento: *De Spiritu et Anima*[43] se dice: *Cuando, partiendo de lo inferior, queremos llegar a lo superior, lo primero con lo que nos encontramos es el sentido, después la imaginación, luego la razón y, por último, el entendimiento.* Por lo tanto, la razón es una potencia distinta del entendimiento, como la imaginación lo es de la razón.

2. Más aún. Boecio, en el libro *De Consol.*[44], dice que el entendimiento se relaciona con la razón como la eternidad con el tiempo. Pero no es propio de una misma facultad estar en el tiempo y en la eternidad. Por lo tanto, la razón y el entendimiento no son la misma potencia.

3. Todavía más. El hombre tiene de común con los ángeles el entendimiento. Con los animales, el sentido. Pero la razón, propia del hombre y por la que es llamado animal racional, es una potencia distinta del sentido. Por lo tanto, y por lo mismo, es distinta del entendimiento, que propiamente les corresponde a los ángeles, por lo que son llamados intelectuales.

En cambio está lo que dice Agustín en III *Super Gen. ad Hit.*[45]: *aquello por lo que el hombre aventaja a los animales irracionales es la razón, o mente, o inteligencia o como cualquiera lo quiera llamar.* Por lo tanto, la razón, el entendimiento y la mente son una sola potencia[f].

Solución. *Hay que decir:* En el hombre la razón y el entendimiento no pueden ser potencias distintas. Esto resulta claro si se analizan sus respectivos actos. Pues entender consiste en la simple aprehensión de la verdad inteligible. En cambio, raciocinar es pasar de un concepto a otro para conocer la verdad inteligible. De este modo, los ángeles, que por naturaleza poseen el perfecto conocimiento de la verdad inteligible, no tienen necesidad de pasar de uno a otro, sino que aprehenden la verdad de las cosas de forma directa y sin proceso analítico, como dice Dionisio en c.7 *De Div. Nom.*[46] Los hombres, en cambio, y como dice él mismo[47], llegan a la verdad inteligible pasando de un concepto a otro. Por eso son llamados racionales. Por lo tanto, es evidente que el raciocinar con respecto al entender es como el

---

43. Ps. AGUSTÍN (Alquero de Claraval), c.11: ML 40,780.   44. L.4, prosa 6: ML 63,818.   45. C.20: ML 34,292.   46. § 2: MG 3,868: S. Th. lect.2.   47. Ib.

---

f. Mens, ratio, intellectus, intelligentia eran términos cuya significación precisa no siempre resultaba clara tanto en la tradición agustiniana como en la tradición filosófica. *Nous* en Aristóteles tanto indica al alma intelectiva como la facultad propia de entender. Igual ocurre con *mens* en S. Agustín: en ocasiones es sinónimo de razón o inteligencia; pero de modo preferente designa la condición intelectiva del alma humana, su propia esencia. *Intelligentia* en S. Agustín indicaría lo más eminente de la *mens,* equivale en ocasiones a *intellectus,* y es distinta de *ratio. Intellectus* señalaría aquella facultad de la mente que de modo directo recibe la iluminación divina; mientras que *ratio* se refiere al movimiento del alma o mente por el que discernimos u ordenamos. No obstante, las fluctuaciones terminológicas y conceptuales a este respecto son frecuentes en S. Agustín. Sin olvidar tampoco la identidad real que parece afirmar siempre entre el alma y las potencias superiores (sobre el sentido de estos términos y, en general, para toda la teoría agustiniana del conocimiento, cf. M. M. CAMPELO, *Conocer y pensar: Introducción a la noética agustiniana* [Valladolid 1981]). En algunas ocasiones llama *intellectus* al acto de la razón u operación de entender. Sentido este último que, por el contrario, tenía *intelligentia* en la tradición filosófica. En relación con ello se denominaban (cf. a.10) inteligencias a las sustancias astrales separadas, por cuanto siempre se hallan en acto de entender. Aunque también se las llamaba entendimientos o mentes. Igual denominación se les daba en ocasiones a los ángeles en la teología católica.—La distinción agustiniana de funciones entre la inteligencia y la razón le sirve a Sto. Tomás aquí para determinar el modo propio y connatural del conocimiento intelectivo humano, que es predominantemente discursivo, contrapuesto al conocimiento intuitivo de los ángeles. Partimos de la inteligencia o aprehensión de los primeros principios, que se produce de inmediato —*intellectus ut intellectus*—, y por vía de juicio y raciocinio —*intellectus ut ratio*— progresamos en nuestro conocimiento. Sin que sea necesario por eso establecer como facultades distintas a la inteligencia y la razón.

moverse con respecto al reposar o como el adquirir con respecto al poseer. Lo primero es propio del ser imperfecto; lo segundo, del perfecto. Y porque el movimiento siempre parte de lo inmóvil y acaba en el reposo, se sigue que el raciocinio humano, por seguir un proceso de investigación o invención, parte de ciertas verdades entendidas directamente, que son los primeros principios, para volver luego, a través de un juicio, a comprobar la adecuación de lo encontrado con los primeros principios.

Es evidente que el reposo y el movimiento no se reducen a potencias diversas, sino a una y la misma, incluso en las cosas naturales, porque por la misma naturaleza algo se mueve hacia un lugar y reposa en él. Por lo tanto, con mucha mayor razón, por una misma potencia entendemos y raciocinamos. Y así resulta evidente que el entendimiento y la razón en el hombre son una misma potencia.

Respuesta a las objeciones: 1. *A la primera hay que decir:* Aquella enumeración se hace atendiendo al orden de los actos y no en razón de la distinción de potencias. Además, aquel libro no goza de una gran autoridad.

2. *A la segunda hay que decir:* Se deduce de lo dicho (sol.), pues la eternidad se relaciona con el tiempo como lo inmóvil con lo móvil. Así, Boecio comparó el entendimiento con la eternidad y la razón con el tiempo.

3. *A la tercera hay que decir:* Los otros animales son de tal manera inferiores al hombre, que no pueden llegar al conocimiento de la verdad que investiga la razón. En cambio, el hombre, si bien imperfectamente, llega al conocimiento de la verdad inteligible, conocida por los ángeles. Por eso, la potencia cognoscitiva de los ángeles no es de un género distinto del de la potencia cognoscitiva

de la razón, sino que se compara con ella como lo perfecto con lo imperfecto.

ARTÍCULO 9

La razón superior y la inferior, ¿son o no son potencias diversas?

In Sent. 1.2 d.24 q.2 a.2; *De Verit.* q.15 a.2.

Objeciones por las que parece que la razón superior y la inferior son potencias diversas[g]:

1. Agustín, en XII *De Trin.*[48], dice que la imagen de la Trinidad está en la parte superior de la razón, no en la inferior. Pero las partes del alma son sus mismas potencias. Por lo tanto, la razón superior y la inferior son dos potencias.

2. Más aún. Nada tiene su origen en sí mismo. Pero la razón inferior surge de la superior, por la que es regulada y dirigida. Por ello, la razón superior es una potencia distinta de la inferior.

3. Todavía más. El Filósofo, en VI *Ethic.*[49], dice: *Lo científico del alma, por lo que el alma conoce lo necesario, es principio y parte del alma distinto de la facultad de opinar y raciocinar,* por la que conoce lo contingente. Esto lo fundamenta en el hecho de que *lo que tiene género diverso está ordenado a partes del alma de género distinto.* Lo contingente y lo necesario son genéricamente distintos, como lo corruptible y lo incorruptible. Como quiera que lo necesario y lo eterno son lo mismo, al igual que lo temporal y lo contingente, parece que el Filósofo llama *científico* a la parte superior de la razón, que, según Agustín, *intenta considerar y consultar lo eterno.* Y lo que el Filósofo llama *facultad de raciocinar o de opinar,* es la razón inferior, que, según Agustín, *intenta orientar lo temporal.* Por lo tanto, la razón superior y la inferior son distintas potencias del alma.

4. Por último. Dice el Damasceno[50]:

---

48. C.4: ML 42,1000.   49. ARISTÓTELES, c.1 n.5 (BK 1139a6): S. Th. lect.1 n.1115. 50. *De Fide Orth.* 1.2 c.22: MG 94,941.

---

g. La distinción que establece S. Agustín en el *De Trinitate* entre *razón superior* y *razón inferior* es equivalente a la que en otros lugares establece entre la inteligencia y la razón. La razón inferior se ocupa de las cosas sensibles y corpóreas, de las verdades temporales; es el sujeto de la *ciencia.* La razón superior se aplica, en cambio, a las realidades superiores, a la verdad intemporal, al mundo inteligible; sobre ella recae inmediatamente la iluminación de Dios y en ella se asienta la *sabiduría.* Sto. Tomás las equipara a los hábitos de ciencia y sabiduría y a sus respectivos procesos inductivo o ascendente —*via inventionis*— y deductivo o descendente —*via iudicii.*

La opinión se forma a partir de la imaginación. De ahí que la mente, al discernir sobre si una opinión es verdadera o falsa, juzga la verdad. Por eso la palabra mente viene de medir. Así, pues, el entendimiento versa sobre lo que ya ha sido juzgado y discernido. De ahí que la facultad de opinar, que es la razón inferior, sea distinta de la mente y del entendimiento, que son identificables con la razón superior.

En cambio está lo que dice Agustín en XII *De Trin.*[51]: *La razón superior y la inferior no se distinguen más que por sus funciones.* Por lo tanto, no son dos potencias.

Solución. *Hay que decir:* La razón superior y la inferior, tal como son entendidas por Agustín, de ninguna manera pueden ser dos potencias del alma. Pues afirma que la razón superior *intenta considerar y consultar lo eterno.* E intenta considerarlo en la medida en que lo contempla en sí misma. Intenta consultarlo en la medida en que de ello toma normas para su obrar. La razón inferior la entiende como la que *intenta considerar y consultar lo temporal.* Pero lo temporal y lo eterno, con respecto a nuestro entendimiento, implican realidades subordinadas entre sí, de modo que unas sirvan de medio para conocer las otras. Pues por un proceso de búsqueda, a través de lo temporal llegamos al conocimiento de lo eterno, según aquello del Apóstol en Rom 1,20: *Lo invisible de Dios se ha hecho perceptible a través del conocimiento de lo creado.* Por un proceso deductivo juzgamos lo temporal por lo eterno ya conocido, disponiéndolo según las normas eternas.

Puede suceder que el medio y aquello a que por él se llega, pertenezcan a diversos hábitos, como los primeros principios indemostrables pertenecen al hábito del entendimiento; y las conclusiones deducidas, al hábito de la ciencia. De este modo, de los principios de la geometría se deducen conclusiones que son aplicables a otra ciencia, como la perspectiva. Pero el medio y el término pertenecen a la misma potencia racional, ya que el acto de la razón es como un movimiento que va de uno a otro, y uno mismo es el móvil que atravesando el medio llega al final. Por eso la razón superior y la infe-

rior son una misma potencia racional. Pero, según Agustín, se distinguen por el ejercicio de sus actos y por los diversos hábitos, pues a la razón superior se le atribuye la sabiduría; en cambio, a la inferior, la ciencia.

Respuesta a las objeciones: 1. *A la primera hay que decir:* Cualquier parte de la división puede ser llamada parte. Por lo tanto, tanto la razón superior como la inferior son llamadas partes en cuanto que se dividen por sus funciones, no porque sean potencias diversas.

2. *A la segunda hay que decir:* Se dice que la razón inferior surge de la superior y que es regulada por ella, en cuanto que los principios de los que se sirve, se deducen y están regidos por los principios de la razón superior.

3. *A la tercera hay que decir:* Lo *científico,* de lo que está hablando el Filósofo, no es lo mismo que la razón superior, pues incluso en las cosas temporales, objeto de las ciencias naturales y de las matemáticas, hay nociones necesarias. La facultad para *opinar* y *raciocinar,* ni tan siquiera llega a ser razón inferior, porque sólo se centra en lo contingente.

Sin embargo, no por eso hay que afirmar absolutamente que la potencia por la que el entendimiento conoce lo necesario, es distinta de aquella por la que se conoce lo contingente, porque tanto lo necesario como lo contingente caen bajo una misma consideración objetiva, esto es, en cuanto ser y verdadero. Por lo tanto, conoce con perfección lo necesario, que existe perfectamente en la verdad, ya que llega hasta su esencia y por ella pone al descubierto sus propios accidentes. En cambio, conoce imperfectamente lo contingente, por el hecho de que posee un ser y una verdad imperfectas. Ahora bien, lo perfecto y lo imperfecto en acto no diversifican la potencia, sino que diversifican los actos en lo que se refiere al modo de obrar; y, consecuentemente, los principios de los actos y los mismos hábitos. Por eso el Filósofo estableció dos partes en el alma, la científica y la de raciocinio, no porque sean dos potencias, sino porque se distinguen por su diversa capacidad para recibir distintos hábitos cuya diversidad intentaba indagar. Pues lo contingente y lo necesa-

51. C.4: ML 42,1000.

rio, aunque difieran por sus propios géneros, sin embargo, coinciden en la noción común de ser, objeto del entendimiento, con la que se relacionan de distinta manera, como lo perfecto y lo imperfecto.

4. *A la cuarta hay que decir:* La distinción del Damasceno va referida a la diversidad de actos, no a la de potencias. Pues *opinión* significa el acto del entendimiento que se inclina por uno de los miembros de la contradicción con temor de que el otro sea verdadero. *Juzgar o medir* es el acto del entendimiento por el que aplica los principios ciertos al análisis de las cuestiones. De ahí se toma el nombre de *mente*. *Entender* es adherirse a lo juzgado aprobándolo.

ARTÍCULO 10

La inteligencia, ¿es o no es una potencia distinta del entendimiento?

Objeciones por las que parece que la inteligencia es una potencia distinta de la del entendimiento:

1. En el libro *De Spiritu et Anima* [52] se dice: *Cuando a partir de lo inferior queremos subir a lo superior, lo primero que encontramos es el sentido, luego la imaginación, después la razón, más tarde el entendimiento, y, por último, la inteligencia.* Pero la imaginación y el sentido son diversas potencias. Por lo tanto, también lo son el entendimiento y la inteligencia.

2. Más aún. Boecio, en el V *De Consol.* [53], dice: *El sentido, la imaginación, la razón y la inteligencia analizan de distinta manera al hombre.* Pero el entendimiento es la misma potencia que la razón. Por lo tanto, parece que la inteligencia sea una potencia distinta del entendimiento, como la razón lo es de la imaginación y del sentido.

3. Todavía más. Como se dice en el II *De anima* [54], *los actos son anteriores a las potencias.* Pero la inteligencia es un acto distinto de los demás actos atribuidos al entendimiento. Dice el Damasceno [55]: *El primer movimiento de conocer se llama inteligencia, que, aplicada a algo, recibe el nombre de intención. Si permanece y configura al alma en conformidad con lo que entiende, se llama pensamiento. Cuando éste permanece en algo examinándose y juzgándose a sí mismo, se llama fronesis (esto es, sabiduría). El ejercicio de la fronesis produce el conocimiento, esto es, el lenguaje interior coordinado, del que procede el lenguaje externo hablado, según dicen.* Por lo tanto, parece que la inteligencia es una potencia especial.

En cambio está lo que dice el Filósofo en III *De Anima* [56]: *La inteligencia tiene por objeto las realidades indivisibles en las que no hay nada falso.* Pero este conocimiento pertenece al entendimiento. Por lo tanto, la inteligencia no es una potencia al margen del entendimiento.

Solución. *Hay que decir:* La palabra *inteligencia* propiamente significa el acto del entendimiento consistente en entender. No obstante, en algunos libros traducidos del árabe [57], se llama *inteligencias* a las sustancias separadas que nosotros llamamos *ángeles.* Tal vez esto es así porque dichas sustancias siempre entienden en acto. En algunas traducciones del griego [58], son llamados *entendimientos* o *mentes* [h]. Por lo tanto, la inteligencia no

---

52. Ps. AGUSTÍN (Alquero de Claraval), c.11: ML 40,780.   53. Prosa 4: ML 63,849. 54. ARISTÓTELES, c.4 n.1 (BK 415a16): S. Th. lect. 6 n.304.   55. *De Fide Orth.* l.2 c.22: MG 94,941.   56. ARISTÓTELES, c.6 n.1 (BK 430a26): S. Th. lect.11 n.746.   57. Cf. AVICENA, *Metaphys.* tr.10 c.1 (107va); AVERROES, *Destruct. Destruct.* disp.16 (9.122F).   58. Cf. q.54 a.3 ad 1. Referido en concreto a Dionisio.

---

h. En la astronomía griega establecida en el s. IV a.C. por Eudoxio de Cnido y Calipo de Cízico, se concebía al mundo celeste como una serie de esferas astrales concéntricas alrededor de la tierra. En el s. II d.C. Tolomeo daría forma definitiva a ese sistema geocéntrico en su *Megale Syntaxis*, que a través de su versión árabe, a la que se denominó *Almagesto*, y posterior versión latina, dominaría hasta el s. XVI. Aristóteles —que depende de Eudoxio y Calipo— consideraba a esas esferas constituidas de una materia sutil e incorruptible, animadas y movidas por formas inteligentes. Unida a elementos neoplatónicos, emanatistas e iluministas, y vinculada a los cálculos astrológicos, esta doctrina seguiría presente en la filosofía posterior, con desarrollos notables en autores como Avicena y Maimónides, de tanta repercusión en el s. XIII. La existencia de tales sustancias o inteligencias astrales, su naturaleza y su función de motores de los

se distingue del entendimiento como una potencia de otra, sino como el acto se distingue de la potencia. Esta misma distinción se puede encontrar en los filósofos[59], los cuales, a veces, mencionan cuatro entendimientos: *El agente, el posible, el habitual y el consumado.* De éstos, el *agente* y el *posible* son potencias distintas, ya que, como en todas las cosas, la potencia activa es distinta de la potencia pasiva. Por su parte, los otros tres, se distinguen en conformidad con el entendimiento posible en sus tres estados: En potencia, y entonces es llamado entendimiento posible; en acto primero, es la ciencia, y entonces es llamado entendimiento habitual; otras, en acto segundo, es el pensar, y por eso es llamado entendimiento en acto o entendimiento consumado.

Respuesta a las objeciones: 1. *A la primera hay que decir:* Si se acepta aquel argumento de autoridad, por inteligencia se entiende el acto del entendimiento. En este sentido se contrapone al entendimiento como el acto a la potencia.

2. *A la segunda hay que decir:* Boecio toma por inteligencia el acto del entendimiento, superior al acto de la razón Por eso, allí mismo dice: *La razón es una propiedad exclusiva del género humano, como la inteligencia lo es solamente del divino.* Pues propio de Dios es entenderlo todo sin análisis.

3. *A la tercera hay que decir:* Todos aquellos actos que enumera el Damasceno, son de una sola potencia, la intelectiva; ésta primeramente se limita a la simple aprehensión de algo. Este acto es llamado *inteligencia.* En segundo lugar, lo que aprehende lo orienta hacia el conocimiento o acción de otra cosa. Este acto es llamado *intención.* Mientras persiste en la investigación de lo propuesto, es llamado *pensamiento.* Al examinar lo pensado relacionándolo con nociones ciertas, es llamado *saber* o *conocer,* esto es,

fronesis o *sabiduría,* pues a la sabiduría le corresponde juzgar, como se dice en I *Metaphys.*[60] Cuando ya posee algo como cierto, esto es, comprobado, piensa cómo puede comunicarlo a los demás. Esto es lo que constituye la disposición del *lenguaje interior,* de la que procede el *lenguaje hablado exterior.* No toda diferencia de actos origina potencias diversas, sino sólo aquellas que no se pueden reducir a un mismo principio, como dijimos anteriormente (q.78 a.4).

ARTÍCULO 11

El entendimiento especulativo y el práctico, ¿son o no son potencias diversas?

In Sent. l.3 d.23 q.2 a.3 q.ª2; *De Verit.* q.3 a.3; *De An.* l.3 lect.15; *In Ethic.* l.6 lect.2.

Objeciones por las que parece que el entendimiento especulativo y el práctico son potencias diversas:

1. Como consta en II *De Anima*[61], la fuerza aprehensiva y la motriz pertenecen a diversos géneros de potencias. Pero el entendimiento especulativo es sólo aprehensivo, mientras que el práctico mueve. Por lo tanto, son potencias diversas.

2. Más aún. La diversa formalidad de objeto, diversifica la potencia. Pero el objeto del entendimiento especulativo es lo verdadero, y el objeto del práctico es lo bueno, que son formalidades distintas. Por lo tanto, el entendimiento especulativo y el práctico son potencias diversas.

3. Todavía más. En la parte intelectiva, el entendimiento práctico con respecto al especulativo, es lo que en la parte sensitiva es la estimativa con respecto a la imaginativa. Pero la estimativa y la imaginativa son potencias distintas, como dijimos anteriormente (q.78 a.4). Por lo tanto, también lo son el entendimiento especulativo y el práctico.

59. Cf. ALBERTO MAGNO, *Summa de Creatur.* p.2.ª q.54 (BO 35,449). 60. ARISTÓTELES, c.2 n.3 (BK 982a18): S. Th. lect.2 n.41. 61. ARISTÓTELES, c.3 n.1 (BK 414a31): S. Th. lect.5 n.279.

cielos fue desde muy pronto problema que preocupó a los pensadores cristianos, tanto en sí mismo como en su vinculación con la cosmogonía bíblica y con la doctrina de los ángeles. En Sto. Tomás el tema se halla presente tanto en sus comentarios a los libros de física, cosmología y metafísica aristotélicos como en las obras teológicas (cf. F. FERNÁNDEZ DE VIANA, *Motores de cuerpos celestes y ángeles en Sto. Tomás de Aquino:* Estudios Filosóficos 8 [1959] 359-382).

En cambio está lo que dice III *De Anima* [62]: *El entendimiento especulativo se hace práctico por extensión.* Pero una potencia no se transforma en otra. Por lo tanto, el entendimiento especulativo y el práctico no son potencias diversas.

Solución. *Hay que decir:* El entendimiento práctico y el especulativo no son potencias diversas. El porqué de esto radica en que, como se dijo (q.77 a.3), lo que es accidental con respecto a la formalidad del objeto a la que está referida una potencia, no diversifica dicha potencia. Ejemplo: es accidental al color el que su sujeto sea un hombre, o grande o pequeño. Pues una misma potencia visiva lo aprehende. Es accidental también en el objeto percibido por el entendimiento, el que esté ordenado a la acción. En esto difieren el entendimiento especulativo y el práctico, ya que el entendimiento especulativo no ordena lo que percibe a la acción, sino a la consideración de la verdad. Por su parte, el práctico ordena lo aprehendido a la acción. Esto es lo que indica el Filósofo en III *De Anima* [63] al decir que *el entendimiento especulativo difiere del práctico en el fin.* Por eso, ambos reciben su nombre del fin: uno, especulativo; otro, práctico, esto es, operativo.

Respuesta a las objeciones: 1. *A la primera hay que decir:* el entendimiento práctico mueve, no porque ejecute el movimiento, sino porque dirige hacia el movimiento. Esto le compete por el modo de su aprehensión.

2. *A la segunda hay que decir:* Lo verdadero y lo bueno se implican mutuamente, pues lo verdadero es un cierto bien. De no ser así, no sería deseable. Y, lo bueno es verdadero, porque, de otro modo, no sería inteligible. Por lo tanto, así como lo verdadero puede ser objeto del apetito bajo el concepto de bueno, como sucede cuando alguien desea conocer la verdad, así también lo bueno es aplicable a la acción bajo el aspecto de verdadero, que es el objeto del entendimiento práctico. Pues el entendimiento práctico conoce la verdad, como la co-

noce también el especulativo, pero ordena a la acción la verdad conocida.

3. *A la tercera hay que decir:* Muchas diferencias diversifican las potencias sensitivas, que no diversifican las potencias intelectivas, como se dijo anteriormente (q.77 a.3 ad 4).

ARTÍCULO 12

La sindéresis, ¿es o no es una potencia especial distinta de las demás?

In Sent. l.2 d.24 q.2 a.3; *De Verit.* q.16 a.1.

Objeciones por las que parece que la sindéresis es una potencia especial distinta de las demás:

1. Los miembros de una división, parecen ser del mismo género. Pero en la Glosa a *Ezequiel* 1,6, Jerónimo [64] distingue la *sindéresis* del apetito irascible, el concupiscible y el racional dentro de la división de las potencias. Por lo tanto, la *sindéresis* es una determinada potencia.

2. Más aún. Los opuestos son del mismo género. Pero la *sindéresis* parece oponerse a la sensualidad, porque la *sindéresis* tiende siempre al bien; la sensualidad, al mal. Por eso es simbolizada por la serpiente, como nos consta por Agustín en XII *De Trin.* [65] Por lo tanto, parece que la *sindéresis* es una potencia, como lo es la sensualidad.

3. Todavía más. Agustín, en el libro *De libero arbitrio* [66], dice que en la facultad natural de juzgar hay ciertas reglas y gérmenes de virtudes verdaderos e invariables, que llamamos *sindéresis.* Por lo tanto, como quiera que las reglas invariables que nos rigen en nuestros juicios son propias de la parte superior de la razón, como dice Agustín en XII *De Trin.* [57], parece que la *sindéresis* es lo mismo que la razón. Por lo tanto, es una determinada potencia.

En cambio, según el Filósofo [68], *las potencias racionales están referidas a objetos opuestos.* La sindéresis no está referida a objetos opuestos, sino que tiende simplemente al bien. Por lo tanto, la *sindére-*

62. ARISTÓTELES, c.10 n.2 (BK 433a14): S. Th. lect.15 n.820.   63. Ib.   64. S. JERÓNIMO, *en Ezech.* 1.1: ML 25,22; cf. *Glossa ordin.* (4,210E).   65. C.12.13: ML 42,1007. 1009.   66. L.2 c.10: ML 32,1256.   67. C.2: ML 42,999.   68. ARISTÓTELES, *Metaphys.* 8 c.2 n.2 (BK 1046b5): S. Th. lect.2 n.1789.

sis no es una potencia. Si fuese potencia, sería necesario que fuera una potencia racional, ya que no la encontramos en los animales.

Solución. *Hay que decir:* La *sindéresis* no es una potencia, sino un hábito. Aunque algunos[69] hayan afirmado que es una potencia superior a la razón, y otros[70] hayan afirmado que es la misma razón, considerándola no como razón, sino como naturaleza. Para demostrarlo, hay que tener presente que, como dijimos anteriormente (a.8), el raciocinio del hombre, al ser una especie de movimiento, parte de la intelección de ciertas verdades evidentes por naturaleza, y, sin necesidad de investigación racional, termina en otro conocimiento, puesto que juzgamos según los principios conocidos en sí mismos y por naturaleza, sobre las verdades que hemos descubierto por medio del razonamiento. Hay que hacer constar también que tal como la razón especulativa analiza lo especulativo, la razón práctica así lo hace sobre lo operativo. Por lo tanto, es necesario que estemos dotados naturalmente de principios tanto especulativos como prácticos.

Los primeros principios especulativos infundidos en nosotros naturalmente, no pertenecen a ninguna potencia especial, sino a cierto hábito especial llamado *entendimiento de los principios,* como aparece claramente en VI *Ethic.*[71] Por lo tanto, tampoco los principios prácticos infundidos en nosotros por naturaleza pertenecen a una potencia especial, sino a un hábito especial natural llamado *sindéresis.* Por eso, se dice que la *sindéresis* impulsa al bien y censura el mal en cuanto que por los primeros principios procedemos a la investigación, y, por ellos, juzgamos lo averiguado. Por lo tanto, resulta evidente que la *sindéresis* no es una potencia, sino un hábito natural.

Respuesta a las objeciones: 1. *A la primera hay que decir:* La división que hace Jerónimo responde a la diversidad de actos y no a la de potencias. Diversos actos suelen ser resultado de una sola potencia.

2. *A la segunda hay que decir:* Igualmente, la oposición entre sensualidad y *sindéresis* responde a la oposición de sus actos, no oponiéndose como especies diversas de un mismo género.

3. *A la tercera hay que decir:* Dichas razones invariables son los primeros principios operativos, en los que no cabe el error. Son atribuidos a la razón como potencia, y a la *sindéresis* como hábito. De ahí que, por ambas, esto es, por la razón y por la *sindéresis,* juzgamos naturalmente.

ARTÍCULO 13

La conciencia, ¿es o no es una determinada potencia?

In Sent. 1.2 d.24 q.2 a.4; *De Verit.* q.17 a.1.

Objeciones por las que parece que la conciencia es una determinada potencia:

1. Orígenes[72] dice que la conciencia es un espíritu corrector y pedagogo asociado al alma por el que se aparta del mal y se adhiere al bien. Pero en el alma, el espíritu designa una potencia, que puede ser la mente, según aquello de Ef 4,23: *Renovaos en el espíritu de vuestra mente;* o puede ser la misma imaginación, y por eso la visión imaginaria es llamada espiritual, como hace Agustín en XII *Super Gen. ad, litt.*[73] Por lo tanto, la conciencia es una determinada potencia.

2. Más aún. Nada es sujeto del pecado, a no ser la potencia del alma. Pero la conciencia es sujeto del pecado, pues se dice en Tit 1,15 de algunos: *Su mente y su conciencia están manchadas.* Por lo tanto, parece que la conciencia es una potencia.

3. Todavía más. Es necesario que la conciencia sea acto, hábito o potencia. Pero no es acto, porque no siempre estaría en el hombre. Tampoco es hábito, porque no se tendría una, sino muchas conciencias, ya que son muchos los hábitos cognoscitivos por los que nos ordenamos a la acción. Por lo tanto, la conciencia es una potencia.

En cambio se puede prescindir de la conciencia, pero no de una potencia. Por

69. Cf. GUILLERMO ALTISIODORO, *Summa Aurea,* 1.2 tr.12 c.1 (fol.65vb). 70. Cf. ALEJANDRO DE HALES, *Summa Theol.* 1-2, n.418 (QR 2,493). 71. ARISTÓTELES, c.6 n.2 (BK 1141a7). 72. *In Rom.* 1.2: MG 14,892. 73. C.7.24: ML 34,459.474.

lo tanto, la conciencia no es una potencia.

Solución. *Hay que decir:* Propiamente hablando, la conciencia no es una potencia, sino un acto. Esto resulta evidente tanto si atendemos a su nombre como a las funciones que, hablando comúnmente, se le atribuyen. Pues la conciencia, originalmente, indica la relación de un conocimiento con una cosa. Ya que conciencia equivale a un *consaber*. Ahora bien, la aplicación de una ciencia a una cosa se efectúa a través de un acto. Por eso, atendiendo a la razón nominal, resulta claro que la conciencia es un acto.

Lo mismo cabe decir examinando las funciones que se le atribuyen. Pues se dice que propio de la conciencia es dar testimonio, ligar o instigar, y, también, acusar, remorder o reprender: cosas todas que siguen a la aplicación de nuestro conocimiento a lo que hacemos. Esta aplicación puede hacerse de tres maneras: 1) Una, cuando reconocemos que hicimos o no una cosa, según aquello de Ecl 7,23: *Tu conciencia sabe que frecuentemente has maldecido a otro.* En este caso, se dice que *testifica.* 2) Otra, cuando por nuestra conciencia juzgamos que algo debe o no debe hacerse. Entonces se dice que la conciencia *incita* o *liga.* 3) Tercera, cuando por la conciencia juzgamos que algo ha estado bien o mal hecho. Entonces, *excusa, acusa* o *remuerde.* Ahora bien, es indudable que todo esto responde a la aplicación del conocimien-

to a lo que hacemos. Por lo tanto, propiamente hablando, la conciencia indica un acto.

Sin embargo, porque el hábito es principio del acto, a veces se da el nombre de conciencia al primer hábito natural, esto es, la *sindéresis,* como hace Jerónimo[74] en la Glosa a Ez 1,6. Basilio[75] lo llama facultad natural de juzgar. Y el Damasceno[76] dice que es la *ley de nuestro entendimiento.* Pues se acostumbra a nombrar indistintamente por las causas o por los efectos.

Respuesta a las objeciones: 1. *A la primera hay que decir:* la conciencia es llamada espíritu en cuanto que el espíritu se identifica con mente, porque es una especie de dictamen de la mente.

2. *A la segunda hay que decir:* Se dice que la mancha está en la conciencia, no como en su sujeto, sino como lo conocido en el conocimiento. Esto es, en cuanto que uno sabe que está manchado.

3. *A la tercera hay que decir:* El acto, aun cuando no siempre, permanezca en sí mismo, sin embargo, siempre permanece en su causa, que es la potencia y el hábito. Los hábitos, a partir de los que la conciencia está informada, aun cuando sean muchos, sin embargo, todos reciben su eficacia de uno primero, esto es, del hábito de los primeros principios, que es llamado *sindéresis.* Por eso y, de modo especial, este hábito toma a veces el nombre de conciencia, como dijimos anteriormente (sol.).

CUESTIÓN 80

Sobre las potencias apetitivas en general

Ahora hay que tratar lo referente a las potencias apetitivas. Esta cuestión implica lo siguiente: Primero, lo concerniente al apetito en general; segundo, la sensualidad; tercero, la voluntad; cuarto, el libre albedrío.

Lo concerniente al apetito en general plantea y exige respuesta a dos problemas:

1. El apetito, ¿debe o no debe situarse en alguna potencia especial del alma?—2. El apetito, ¿se divide o no se divide en apetito sensitivo e intelectivo, como en potencias diversas?

74. L.c. nota 64.   75. Hom.12 *In Princ. Prov.* MG 31,404.   76. *De Fide Orth.* 14 c.22: MG 94, 1089.

ARTÍCULO 1

El apetito, ¿es o no es alguna potencia especial del alma?

1-2 q.26 a.1; q.29 a.1; *In Sent.* 1.3 d.27 q.1 a.2; *De Verit.* q.22 a.3; q.25 a.1.

Objeciones por las que parece que el apetito no es alguna potencia especial del alma:

1. A lo que es común en lo animado e inanimado, no hay que asignarle una potencia especial. Pero apetecer es común en lo animado e inanimado, porque *lo bueno es lo que todos apetecen,* como se dice en I *Ethic.*[1] Por lo tanto, el apetito no es una potencia especial del alma.

2. Más aún. Las potencias se distinguen por los objetos. Pero lo que apetecemos o conocemos es lo mismo. Por lo tanto, la potencia apetitiva no es necesario que sea distinta de la aprehensiva.

3. Todavía más. Lo común no se contrapone a lo propio. Pero cualquiera de las potencias del alma apetece algo en concreto, esto es, el objeto que le conviene. Por lo tanto, con respecto al objeto que es apetecible en común, no es necesario añadir alguna potencia especial llamada apetitiva.

En cambio está el hecho de que el Filósofo, en II *De Anima*[2], distingue el apetito de las otras potencias. También el Damasceno[3], en el libro II, distingue entre potencias apetitivas y cognoscitivas[a].

Solución. *Hay que decir:* Es necesario admitir una potencia apetitiva del alma. Para demostrarlo, hay que tener presente que cada forma lleva inherente una tendencia. Ejemplo: el fuego, por su forma, tiende a elevarse y producir un efecto semejante a él. Ahora bien, la forma se encuentra de un modo superior en los seres dotados de conocimiento que en los desprovistos de él. En éstos, la forma determina a cada uno exclusivamente en lo que le es natural. Así, pues, de esta forma natural se deriva una inclinación natural que es llamada *apetito natural.* En los que tienen conocimiento, cada uno de tal manera está determinado en su propio ser natural por su forma natural, que no le impide recibir las representaciones de otras especies, como el sentido recibe las representaciones de todos los objetos sensibles y el entendimiento las de todos los inteligibles. Así, el alma humana en cierto modo se hace todas las cosas por medio del sentido y del entendimiento. Por eso, los seres dotados de conocimiento se acercan a una cierta semejanza con Dios, *en quien preexiste todo,* como dice Dionisio[4].

Así, pues, al igual que las formas de los seres dotados de conocimiento tienen un modo de ser superior al de las formas naturales, también en ellos debe darse una tendencia superior al de la natural, llamada apetito natural. Esta tendencia le corresponde a la potencia apetitiva del alma, por la que el animal puede apetecer todo aquello que aprehende y no sólo aquello a lo que le impulsa su forma natural. Así, pues, es necesario admitir en el alma una potencia apetitiva.

Respuesta a las objeciones: 1. *A la primera hay que decir:* En los seres dotados de conocimiento, su modo de apetecer es superior al modo común que hay en los seres, tal como se dijo (sol.). Por

---

1. ARISTÓTELES, c.1 n.1 (BK 1094a3): S. Th. lect.1 n.9.   2. ARISTÓTELES, c.3 n.1 (BK 414a31): S. Th. lect.5 n.279.   3. *De Fide Orth.* c.22: MG 94,941.   4. *De Div. Nom* c5 § 5: MG 3,820; S. Th. lect.1.

---

a. Sto. Tomás trata en estas cuestiones sólo de las facultades apetitivas, no de sus actos y hábitos correspondientes, cuyo amplio desarrollo se encuentra en la *Prima Secundae.* En estos temas, además de las doctrinas y sentencias de Aristóteles, S. Agustín y el seudo Dionisio, siempre presentes en su obra, tiene muy en cuenta el *De fide ortodoxa* de S. Juan Damasceno y, en menor medida, el *De natura hominis* de Nemesio de Emesa, que se atribuía entonces a S. Gregorio de Nisa. Traducidos en 1150 y 1159, respectivamente, por Burgundio de Pisa (el *De natura hominis* contaba con otra traducción anterior, del s. XI, debida al médico y arzobispo de Salerno Alfaro), formaban parte desde entonces en Occidente de la herencia cultural recibida del Oriente cristiano. Si bien menos citado el *De natura hominis* por Sto. Tomás, su aportación indirecta también es grande, pues S. Juan Damasceno incorpora en el *De fide ortodoxa* bastantes doctrinas tomadas de aquél.

eso, es necesario que para tal efecto esté determinado por una potencia del alma.

2. *A la segunda hay que decir:* Lo que se aprehende y es apetecido, es lo mismo como sujeto, pero con formalidad distinta. Pues es aprehendido como ser sensible o inteligible. En cambio, es apetecido en cuanto conveniente o bueno. Para que haya diversidad de potencias, se requiere una diversa formalidad en el objeto, no diversidad material.

3. *A la tercera hay que decir:* Cada una de las potencias del alma es una forma o naturaleza con inclinación natural a algo determinado. Por eso, cada una apetece con apetito natural el objeto que le conviene. Por encima está el apetito animal, derivado de la aprehensión, por el que se apetece algo no en cuanto conveniente al acto de esta o de aquella potencia, como la visión para ver o la audición para oír, sino sencillamente porque le conviene al animal.

ARTÍCULO 2

El apetito sensitivo y el intelectivo, ¿son o no son potencias diversas?

De Verit. q.22 a.4; q.25 a.1; *De An.* l.3 lect.15.

Objeciones por las que parece que el apetito sensitivo y el intelectivo no son potencias diversas:

1. Como ya dijimos anteriormente (q.77 a.3), las potencias no se diversifican por las diferencias accidentales. Pero en lo apetecible es accidental ser aprehendido por el sentido o por el entendimiento. Por lo tanto, el apetito sensitivo y el intelectivo no son potencias diversas.

2. Más aún. El conocimiento intelectivo trata de lo universal, y en esto se distingue del sensitivo, que trata de lo singular. Pero tal distinción no se da en la parte apetitiva, pues, como quiera que el apetito es un movimiento que va del alma al objeto, que es singular, parece que todo apetito sea de lo singular. Por lo tanto, no debe hacerse distinción entre el apetito intelectivo y el sensitivo.

3. Todavía más. Lo apetitivo, como potencia inferior, y también la potencia

motriz, está subordinado a lo aprehensivo. Pero no es distinta la potencia motriz, que en el hombre sigue al entendimiento, de la que en los demás animales sigue al sentido. Por lo tanto, y por lo mismo, tampoco lo es lo apetitivo.

En cambio, el Filósofo, en III *De Anima*[5], distingue un doble apetito, y dice[6] que el apetito superior mueve al inferior.

Solución. *Hay que decir:* Hay que afirmar que el apetito intelectivo es una potencia distinta del apetito sensitivo. Pues la potencia apetitiva es una potencia pasiva que, por naturaleza, es movida por lo aprehendido. Por eso lo apetecible conocido es motor no movido, mientras que el apetito es motor movido, como se dice en III *De Anima*[7] y en XII *Metaphys.*[8] Los seres pasivos y mutables se distinguen por los principios activos y motores, porque es necesario establecer una proporción entre el motor y el móvil, y entre lo activo y lo pasivo. También la potencia pasiva recibe su propia naturaleza de su relación con el motivo que la determina. Así, pues, porque lo conocido por el entendimiento es genéricamente distinto a lo conocido por el sentido, hay que concluir que el apetito intelectivo es una potencia distinta del apetito sensitivo.

Respuesta a las objeciones: 1. *A la primera hay que decir:* No es accidental en lo apetecible ser aprehendido por el sentido o por el entendimiento, sino que esto es algo que le corresponde esencialmente, pues lo apetecible no mueve al apetito más que en cuanto aprehendido. Por eso las diferencias entre lo aprehendido son esenciales a lo apetecido. De ahí que las potencias apetitivas se distinguen por las diferencias de los objetos aprehendidos como objetos propios.

2. *A la segunda hay que decir:* El apetito intelectivo, aunque sea transportado a lo singular que está fuera del alma, es movido por una razón universal, como la de apetecer algo porque es bueno. Por eso, el Filósofo, en su *Retórica*[9], dice que se puede odiar algo universal. Ejemplo: cuando *tenemos odio a todo género de ladro-*

---

5. ARISTÓTELES, c.9 n.3 (BK 432b5): S. Th. lect.14 n.802.   6. ARISTÓTELES, c.11 n.3 (BK 434a12): S. Th. lect.16 n.843.   7. ARISTÓTELES, c.10 n.7 (BK 433b16): S. Th. lect.15 n.820.   8. ARISTÓTELES, 11 c.7 n.2 (BK 1072a26): S. Th. lect.7 n.2519.   9. ARISTÓTELES, 2 c.4 n.31 (BK 1382a5).

nes. Igualmente podemos decir que deseamos bienes inmateriales por medio del apetito intelectivo, como puede ser la ciencia, la virtud y otras cosas parecidas que los sentidos no pueden aprehender.

3. *A la tercera hay que decir:* Como se dice en el III *De Anima* [10], una opinión universal no mueve más que a través de una particular. De modo parecido, el apetito superior mueve a través del inferior. De este modo no hay una fuerza motriz distinta para el entendimiento y para el sentido.

CUESTIÓN 81

Sobre la sensualidad

Ahora hay que tratar lo referente a la sensualidad [a]. Esta cuestión plantea y exige respuesta a tres problemas:
1. La sensualidad, ¿es o no es sólo una fuerza apetitiva?—2. La sensualidad, ¿se divide o no se divide en irascible y concupiscible, como en potencias diversas?—3. Lo irascible y lo concupiscible, ¿están o no están sometidos a la razón?

ARTÍCULO 1

La sensualidad, ¿es o no es solamente apetitiva?

In Sent. 1.2 d.24 q.2 a.1; De Verit. q.25 a.1.

Objeciones por las que parece que la sensualidad no es sólo apetitiva, sino también cognitiva:
1. Dice Agustín en XII *De Trin.*[1]: *El movimiento sensual del alma, que se encuentra en los sentidos corporales, no es común con los animales.* Pero los sentidos corporales caen bajo el orden cognoscitivo. Por lo tanto, la sensualidad es una fuerza cognoscitiva.
2. Más aún. Los miembros de una división pertenecen al mismo género. Pero Agustín, en XII *De Trin.*[2], divide la sensualidad en contraposición a la razón superior e inferior, que pertenecen al conocimiento. Por lo tanto, la sensualidad es una fuerza cognoscitiva.
3. Todavía más. En la tentación del hombre, la sensualidad ocupa el lugar de la *serpiente.* Pero la serpiente, en la tentación de los primeros padres, se presenta como quien descubre y propone el pecado, que es algo cognoscitivo. Por lo tanto, la sensualidad es una fuerza cognoscitiva.

En cambio, la sensualidad se define [3] como *el apetito de cosas pertenecientes al cuerpo.*

Solución. *Hay que decir:* La palabra sensualidad parece haber sido tomada del movimiento sensible, del que habla Agustín en XII *De Trin.*, de la misma manera que el nombre de potencia se toma del acto, como la visión, de ver. Pero el movimiento sensual es un apeti-

10. ARISTÓTELES, c.11 n.4 (BK 434a16): S. Th. lect.16 n.845.
1. C.12: ML 42,1007.   2. Ib.   3. Cf. PEDRO LOMBARDO, *Sent.* 1.2 d.24 c.4 (QR 1,421).

---

a. Al hablar de *sensualitas* Sto. Tomás se refiere, según el modo entonces habitual, al apetito sensitivo. Pero el término tenía —y aún hoy tiene— connotaciones morales peyorativas, como inclinación desordenada de la sensibilidad (cf. a.3 dif.1); y designaba, por otra parte, tanto el aspecto cognoscitivo de la sensación externa e interna que precede al movimiento apetitivo sensible, como este mismo apetito. Algo similar a lo que en nuestros días ocurre con *sensibilidad* e incluso *sensación.* El carácter fluctuante del término en S. Agustín favorecía la confusión (cf. a.1). Sto. Tomás distingue claramente ambos fenómenos, por otra parte conexos, y se refiere a *sensualitas* exclusivamente como al apetito sensitivo. Si bien en adelante, para evitar equívocos, empleará de modo casi exclusivo la expresión apetito sensitivo.

to que sigue al conocimiento sensible. El acto de la facultad cognoscitiva no es movimiento en sentido tan propio como lo es el acto del apetito, pues la operación cognoscitiva se consuma con la presencia de lo conocido en quien conoce, mientras que la operación apetitiva consiste en la tendencia del sujeto que desea hacia lo deseado. De este modo, la operación cognoscitiva se parece más al reposo. La operación apetitiva, por su parte, al movimiento. Por eso, el movimiento sensual es entendido como la operación de la potencia apetitiva. Y, así, sensualidad es el nombre del apetito sensitivo.

Respuesta a las objeciones: 1. *A la primera hay que decir:* Cuando Agustín dice que el movimiento sensual del alma tiende hacia los sentidos corporales, no da a entender que los sentidos del cuerpo estén bajo la sensualidad, sino, más bien, que el movimiento de la sensualidad es una cierta inclinación hacia los sentidos corporales, por cuanto deseamos lo que ellos perciben. Así, los sentidos corporales pertenecen a la sensualidad como anticipación.

2. *A la segunda hay que decir:* La sensualidad se divide contra la razón superior e inferior por cuanto convienen en el acto de mover. Pues la facultad cognoscitiva, a la que le pertenece la razón superior y la inferior, es motriz, como también la apetitiva, a la que pertenece la sensualidad.

3. *A la tercera hay que decir:* La serpiente no solamente descubre y propone el pecado, sino que también impulsa a cometerlo. En este sentido, la sensualidad está simbolizada por la serpiente.

ARTÍCULO 2

El apetito sensitivo, ¿se divide o no se divide en irascible y concupiscible, como en potencias diversas?

Infra q.82 a.5; *In Sent.* 1.3 d.26 q.1 a.2; *De verit.* q.25 a.2; *De an.* 1.3 lect.14; *De malo* q.8 a.3.

Objeciones por las que parece que el apetito sensitivo no se divide en irascible y concupiscible, como en potencias diversas:

1. Como se dice en II *De Anima* [4], una misma potencia tiene por objeto cosas contrarias, como la vista tiene lo blanco y lo negro. Pero lo conveniente y lo perjudicial son contrarios. Por lo tanto, como el objeto del apetito concupiscible es lo conveniente, y, en cambio, el del irascible lo perjudicial, parece que una misma potencia del alma es irascible y concupiscible.

2. Más aún. El apetito sensitivo no tiene por objeto más que lo conveniente a los sentidos. Pero lo conveniente a los sentidos es el objeto concupiscible. Por lo tanto, no hay ningún apetito sensitivo diferente del concupiscible.

3. Todavía más. El odio está en el irascible, pues dice Jerónimo [5] en *Super Mt.* 13,33: *En el irascible odiemos los vicios.* Pero el odio, por ser contrario al amor, se encuentra en el concupiscible. Por lo tanto, la potencia concupiscible e irascible es la misma.

En cambio está el hecho de que Gregorio Niseno [6] y el Damasceno [7] sitúan estas dos potencias, la irascible y la concupiscible, como partes del apetito sensitivo.

Solución. *Hay que decir:* El apetito sensitivo es una facultad genérica llamada sensualidad, pero dividida en dos potencias, cuyas especies son la irascible y la concupiscible. Para entender esto, hay que tener presente que es necesario que en los seres naturales corruptibles no sólo debe haber tendencia a procurarse lo conveniente y eludir lo perjudicial, sino que también debe haber tendencia a resistir lo corruptivo y adverso, que son obstáculos para conseguir lo conveniente, y son también fuente de perjuicios. Así, el fuego no sólo tiende por naturaleza a alejarse de un lugar bajo, que le es contrario, y a elevarse, que le es propio también por naturaleza, sino que también tiende a resistir ante todo lo que le altera y obstaculiza. Así, pues, porque el apetito sensitivo es una tendencia que sigue al conocimiento sensitivo, como el apetito natural es una tendencia que sigue a la forma natural, es necesario que en la parte sensitiva del alma haya dos

4. ARISTÓTELES, c.11 n.2 (BK 422b23): S. Th. lect.22 n.519.   5. L.1: ML 26,94.   6. Cf. NEMESIO, *De Nat. Hom.* c.16.17: MG 40.672.676.   7. *De Fide Orth.* 1.2 c.12: MG 94,928.

potencias apetitivas. 1) *Una,* por la que el alma tienda simplemente hacia lo conveniente en el orden sensible, y rehúya lo perjudicial. A ésta la llamamos concupiscible. 2) *Otra,* por la que el animal rechaza todo lo que se le opone en la consecución de lo que le es conveniente y le perjudica. A esta la llamamos irascible, cuyo objeto denominamos *lo difícil,* esto es, porque tiende a superar lo adverso y prevalecer sobre ello.

Estas dos tendencias no se reducen a un solo principio, porque a veces el alma, a pesar de la tendencia de su apetito concupiscible, se ocupa de lo triste con el objetivo de superar los obstáculos, conforme con la tendencia irascible. Por eso, también parece que hay lucha entre las pasiones del irascible y las del concupiscible. Pues, encendida la concupiscencia, disminuye la ira, y encendida la ira, disminuye la concupiscencia. Esto mismo se desprende con claridad del hecho de que el irascible es como campeón y defensor del concupiscible, ya que irrumpe contra los obstáculos que impiden alcanzar lo conveniente que apetece el concupiscible, e irrumpe contra lo perjudicial de lo que huye el concupiscible. Por eso, todas las pasiones del irascible empiezan en las del concupiscible y en ellas terminan. Esto sucede con la ira, que nace de aquella tristeza que afecta al sujeto, y, lograda su venganza, se convierte en alegría. Por lo mismo, las peleas de los animales responden a lo concupiscible, como puede ser el alimento o los apareos, según se dice en VIII *De Animalibus*[8].

Respuesta a las objeciones: 1. *A la primera hay que decir:* El apetito concupiscible tiene por objeto tanto lo conveniente como lo perjudicial. Pero el irascible se centra en la resistencia a lo perjudicial, combatiéndolo.

2. *A la segunda hay que decir:* Así como en las facultades cognoscitivas, en la parte sensitiva hay una facultad estimativa, que, como dijimos anteriormente (q.78 a.2), percibe lo que no impresiona al sentido, así también, en el apetito sensitivo hay una facultad que tiende hacia algo que no es conveniente para el deleite de los sentidos, pero sí

útil al animal para su defensa. Esta es la potencia irascible.

3. *A la tercera hay que decir:* En cuanto tal, el odio pertenece al concupiscible. Pero por razón de la lucha que provoca, puede pertenecer al irascible.

ARTÍCULO 3

Lo irascible y lo concupiscible, ¿están o no están sometidos a la razón?

1-2 q.17 a.7; *De Verit.* q.25 a.4; *De An.* l.3 lect.16; *In Ethic.* l.1 lect.20.

Objeciones por las que parece que lo irascible y lo concupiscible no están sometidos a la razón:

1. El irascible y el concupiscible son partes de la sensualidad. Pero la sensualidad no obedece a la razón. Por eso es simbolizada con la *serpiente,* como dice Agustín en XII *De Trin.*[9] Por lo tanto, el apetito irascible y el concupiscible no están sometidos a la razón.

2. Más aún. Cuando se obedece a alguien, no se le contradice. Pero el irascible y el concupiscible contradicen a la razón, según aquello del Apóstol en Rom 7,23: *Veo otra ley en mis miembros que contradice a la ley de mi espíritu.* Por lo tanto, el irascible y el concupiscible no están sometidos a la razón.

3. Todavía más. Así como la facultad apetitiva es inferior a la parte racional del alma, así también es inferior la potencia sensitiva. Pero la parte sensitiva del alma no está sometida a la razón, pues no oímos ni vemos cuando queremos. Por lo tanto, igualmente las potencias del apetito sensitivo, es decir, el irascible y el concupiscible, tampoco están sometidos a la razón.

En cambio está lo que dice el Damasceno[10]: *Lo que está sometido y se deja persuadir por la razón se divide en concupiscencia e ira.*

Solución. *Hay que decir:* El irascible y el concupiscible están sometidos a la parte superior, en la que reside el entendimiento o razón y la voluntad, de dos maneras: 1) *Una,* con respecto a la razón. 2) *Otra,* con respecto a la voluntad. Están sometidos a la razón en cuanto a

8. ARISTÓTELES, *Hist. Anim.* 8, c.1 n.4 (BK 589a2).   9. C.12: ML 42,1007.   10. *De Fide Orth.* l.2 c.12: MG 94,928.

sus mismos actos. Esto es así porque en los otros animales el apetito sensitivo está ordenado a ser movido por la potencia estimativa. Ejemplo: la oveja teme al lobo porque lo estima enemigo suyo. Como dijimos anteriormente (q.78 a.4), el hombre, en lugar de la potencia estimativa, tiene la cogitativa, llamada por algunos *razón particular,* porque compara las representaciones individuales. Por eso, de ella proviene en el hombre el movimiento del apetito sensitivo. La razón particular es movida y regida naturalmente por la razón universal. Por eso, en la argumentación silogística, de las proposiciones universales se deducen conclusiones particulares. De este modo, resulta evidente que la razón universal gobierna el apetito sensitivo, dividido en concupiscible e irascible, y que este apetito le está sometido. Y porque el resolver los principios universales en conclusiones particulares no es una obra del entendimiento en cuanto tal, sino de la razón, se dice que el apetito concupiscible y el irascible están sometidos a la razón más que al entendimiento. Esto puede experimentarlo cada uno en sí mismo, ya que, recurriendo a ciertas consideraciones generales, se mitigan o intensifican la ira, el temor y otras pasiones similares.

Igualmente, el apetito sensitivo se subordina a la voluntad en orden a la ejecución, que se lleva a cabo por medio de la fuerza motriz. En los animales, a la actividad concupiscible e irascible inmediatamente le sigue el movimiento. Ejemplo: en la oveja, que huye inmediatamente por temor al lobo. Esto es así porque no hay en ellos un apetito superior que le contradiga. En cambio, el hombre no se mueve inmediatamente impulsado por el apetito irascible y concupiscible, sino que espera la orden del apetito superior, que es la voluntad. Pues en todas las potencias motoras, ordenadas entre sí, la segunda no se mueve a no ser por la primera. Por eso, el apetito inferior no es suficiente para mover hasta que no lo consiente el superior. Esto es lo que dice el Filósofo en III *De Anima* [11]: *El apetito superior mueve al inferior como la esfera superior a la inferior.* Por lo

tanto, así es como el apetito irascible y el concupiscible están sometidos a la razón.

Respuesta a las objeciones: 1. *A la primera hay que decir:* La sensualidad está simbolizada por la *serpiente* en lo que se refiere a aquello que le corresponde por razón de la parte sensitiva. En cambio, el irascible y el concupiscible indican, más bien, el apetito sensitivo por parte del acto, al que son instigados por la razón, como dijimos (sol.).

2. *A la segunda hay que decir:* El Filósofo en I *Politicorum* [12] dice: *En el animal es observable tanto el poder despótico como el político. El alma domina al cuerpo con despotismo, y el entendimiento domina al apetito con poder político y regio.* Pues se llama dominio despótico el que se ejerce sobre los siervos, los cuales no disponen de ningún medio para enfrentarse a las órdenes de quien ordena, ya que no tienen nada propio. En cambio, el poder político y regio es el ejercido sobre hombres libres, los cuales, aunque estén sometidos al gobierno de un jefe, sin embargo, poseen cierta autonomía que les permite enfrentarse a los mandatos. Así, se dice que el alma domina al cuerpo con poder despótico, ya que los miembros del cuerpo en nada pueden oponerse al mandato del alma, sino que, conforme a su deseo inmediatamente mueven el pie, la mano o cualquier otro miembro capaz de movimiento voluntario. En cambio, se dice que el entendimiento o la razón ordenan al apetito concupiscible e irascible con poder político, porque el apetito sensitivo tiene cierta autonomía que le permite enfrentarse al mandato de la razón. Pues el apetito sensitivo, por naturaleza, no sólo puede ser movido por la facultad estimativa en los animales y por la cogitativa en el hombre, siendo ésta dirigida por la razón universal, sino también por la imaginación y los sentidos. De ahí que experimentemos la resistencia que el apetito concupiscible e irascible oponen a la razón, al sentir o imaginar algo deleitable que la razón veta o algo triste que la razón ordena. Por eso, la resistencia que el irascible y el concupiscible oponen a la razón no excluye que le estén sometidos.

---

11. ARISTÓTELES, c.11 n.3 (BK 434a12): S. Th. lect.16 n.843.   12. ARISTÓTELES, c.2 n.11 (BK 1254b2): S. Th. lect.3.

3. *A la tercera hay que decir:* Los sentidos externos para obrar necesitan ser estimulados por los objetos sensibles exteriores, cuya presencia no depende de la razón. Pero las facultades interiores, tanto apetitivas como aprehensivas, no necesitan objetos exteriores. De este modo, están sometidas al imperio de la razón, que puede no solamente provocar o calmar los afectos de las potencias apetitivas, sino también formar las representaciones de la potencia imaginativa.

CUESTIÓN 82

Sobre la voluntad

Ahora hay que tratar lo referente a la voluntad[a]. Esta cuestión plantea y exige respuesta a cinco problemas: 1. Lo que la voluntad desea, ¿lo desea o no lo desea por necesidad?— 2. ¿Lo desea todo por necesidad?—3. ¿Es o no es, como potencia, más digna que el entendimiento?—4. La voluntad, ¿impulsa o no impulsa al entendimiento?—5. La voluntad, ¿se divide o no se divide en irascible y concupiscible?

ARTÍCULO 1

Lo que la voluntad desea, ¿lo desea o no lo desea por necesidad?

1-2 q.10 a.1; *In Sent.* 1.2 d.25 a.2; *De Verit.* q.22 a.5; *De Malo* q.6.

Objeciones por las que parece que la voluntad nada desea por necesidad:

1. Dice Agustín en V *De Civ. Dei*[1]: *Si algo es necesario, no es voluntario.* Pero todo lo que la voluntad desea es voluntario. Por lo tanto, nada de lo que desea lo desea necesariamente.

2. Más aún. Según el Filósofo[2], las potencias racionales se orientan a objetos opuestos. Pero la voluntad es una potencia racional, porque, como se dice en III *De Anima*[3], la voluntad está en la razón. Por lo tanto, la voluntad se relaciona a objetos opuestos. Por lo tanto, la voluntad no está determinada a nada necesariamente.

3. Todavía más. Por la voluntad somos dueños de nuestros actos. Pero no somos dueños de lo que sucede necesariamente. Por lo tanto, el acto de la voluntad no puede ser necesario.

En cambio está lo que dice Agustín en XIII *De Trin.*[4]: *Todos desean la felicidad unánimemente.* Si esto no fuese necesario,

1. C.10: ML 41,152. 2. ARISTÓTELES, *Metaphys.* 8 c.2 n.2 (BK 1046b5): S. Th. lect.2 n.1789. 3. ARISTÓTELES, c.9 n.3 (BK 432b5): S. Th. lect.14 n.802. 4. C.4: ML 42,1018.

---

a. Probada la existencia de la voluntad como apetito intelectivo en la q.80, aquí considera su objeto (a.1-2), su relación con el entendimiento (a.3-4) y con el apetito sensitivo (a.5). El carácter finito, creado, del hombre se refleja también en la naturaleza de la voluntad, como antes se había manifestado en su entendimiento, al mismo tiempo que se ensalza su dignidad como partícipe en los atributos de Dios. La voluntad del hombre está en dependencia de su objeto, el bien, no lo crea, como es el caso de la voluntad divina, del mismo modo que la inteligencia depende y no crea la verdad objetiva. Si en el proceso intelectivo se parte de la evidencia de los primeros principios, en las voliciones se presupone la inclinación de la potencia apetitiva al bien y la tendencia implícita en todos los actos de la voluntad al fin último o felicidad en abstracto (a.1). Esta necesidad es la raíz misma de la libertad del hombre, ya que ningún objeto finito —ni el mismo bien infinito limitadamente percibido— puede actualizar por completo a la voluntad, por lo que siempre queda con respecto a ellos en un estado radical de indiferencia (a.2; cf. q.83 a.1). Como apetito que es, sigue y depende de la aprehensión cognoscitiva de la razón y de las fluctuaciones de su juicio estimativo, a la vez que influye y determina a este último.

sino contingente, fallaría al menos en unos pocos casos. Por lo tanto, la voluntad quiere algo necesariamente.

Solución. *Hay que decir: Necesidad* tiene múltiples acepciones. 1) *Necesario es lo que no puede menos de ser.* Esto se puede predicar de un sujeto por razón de su principio intrínseco, bien material, como cuando decimos que todo compuesto de contrarios necesariamente debe corromperse; bien formal, como cuando decimos que todo triángulo necesariamente tiene tres ángulos iguales a dos rectos. Es ésta una necesidad *esencial y absoluta.* 2) Otra acepción está originada en el sujeto por razón de un principio extrínseco, bien final, bien eficiente. Por razón del fin, se da cuando sin algo determinado no puede conseguirse o difícilmente es alcanzable el fin. En este sentido se dice que el alimento es necesario para la vida, y el caballo para viajar. Esta es llamada *necesidad del fin.* También es llamada *utilidad.* 3) Por razón del agente, la necesidad surge cuando un sujeto es obligado por él a algo, sin serle posible obrar de otro modo. Es llamada *necesidad de coacción.*

Esta necesidad de coacción es contraria absolutamente a la voluntad. Pues llamamos violento a todo lo que va contra la inclinación natural de algo. No obstante, el movimiento de la voluntad es también una tendencia hacia algo. De este modo, así como se llama natural lo que es conforme con la tendencia de la naturaleza, así también una cosa es llamada voluntaria en cuanto que es conforme con la tendencia de la voluntad. Por lo tanto, así como es imposible que algo sea a la vez natural y violento, así también es imposible absolutamente que algo sea violento y voluntario al mismo tiempo.

Por su parte, la necesidad de fin no es contraria a la voluntad cuando al fin no se puede llegar más que de una manera. Ejemplo: quien decide voluntariamente atravesar el mar, es necesario que en su voluntad esté el propósito de embarcarse.

De forma semejante, la necesidad natural no es contraria a la voluntad. Por

el contrario, es necesario que, así como el entendimiento asiente por necesidad a los primeros principios, así también es necesario que la voluntad se adhiera al fin último, que es la bienaventuranza. Pues el fin es, en el orden práctico, lo que los principios en el orden especulativo, como se dice en II *Physic.*[5] Ya que es necesario que lo que le compete a una cosa de forma natural e inmutable, sea principio y fundamento de todo lo demás, porque la naturaleza es lo primero en cualquier ser, y todo movimiento deriva de algo inmutable.

Respuesta a las objeciones: 1. *A la primera hay que decir:* Aquella expresión de Agustín ha de ser entendida en el sentido de necesidad de coacción. La necesidad natural *no quita la libertad de la voluntad,* como él mismo dice en dicho libro[6].

2. *A la segunda hay que decir:* La voluntad, en cuanto que naturalmente quiere una cosa, expresa mayor relación al entendimiento de los primeros principios que a la razón, orientada al conocimiento de los contrarios. Por eso es una potencia más intelectual que racional.

3. *A la tercera hay que decir:* Somos dueños de nuestros propios actos en cuanto que podemos elegir esto o aquello. No se elige el fin, sino *lo que lleva al fin,* como se dice en III *Ethicorum*[7]. Por lo tanto, el deseo del último fin no es algo de lo que seamos dueños.

ARTÍCULO 2

Lo que la voluntad quiere, sea lo que sea, ¿lo quiere o no lo quiere por necesidad?

1-2 q.10 a.2; *In Sent.* l.2 d.25 a.2; *De Verit.* q.22 a.6; *De Malo* q.3 a.3; q.6; *Periherm.* l.1 lect.14.

Objeciones por las que parece que la voluntad lo que quiere, sea lo que sea, lo quiere por necesidad:

1. Dice Dionisio en el c.4 *De Div. Nom.*[8]*: El mal es ajeno a la voluntad.* Por lo tanto, la voluntad necesariamente tiende al bien que se le propone.

2. Más aún. El objeto de la voluntad se relaciona con ella como el motor

5: ARISTÓTELES, c.9 n.3 (BK 200a21): S. Th. lect.15 n.5. 6. *De Civ. Dei* l.5 c.10: ML 41,152. 7. ARISTÓTELES, c.2 n.9 (BK 1111b27): S. Th. lect.5 n.446. 8. § 32: MG 3,732: S. Th. lect.22.

con lo móvil. Pero el movimiento de lo móvil necesariamente sigue al impulso del motor. Por lo tanto, parece que el objeto de la voluntad la mueve necesariamente.

3. Todavía más. Así como el apetito sensitivo es lo aprehendido por los sentidos, así también lo aprehendido por el entendimiento es objeto del apetito intelectivo, llamado voluntad. Pero lo aprehendido por los sentidos necesariamente impulsa al apetito sensitivo, pues Agustín, en *Super Gen. ad litt.*[9], dice que *los animales son llevados por lo que ven*. Por lo tanto, parece que lo aprehendido intelectualmente mueve necesariamente a la voluntad.

En cambio está lo que dice Agustín[10]: *Por la voluntad se peca y se vive rectamente*. Así, puede optar entre cosas opuestas. Por lo tanto, no todo lo que quiere lo quiere necesariamente.

Solución. *Hay que decir:* La voluntad no quiere necesariamente todo lo que quiere. Para demostrarlo, hay que tener presente que, así como el entendimiento asiente de manera natural y necesaria a los primeros principios, así también la voluntad asiente al último fin, cómo ya dijimos (a.1). Pero hay realidades inteligibles que no están conectadas necesariamente con los primeros principios, como lo pueden ser las proposiciones contingentes, de cuya negación no se deriva la negación de los primeros principios. A tales proposiciones el entendimiento no asiente necesariamente. Por su parte, hay otras conectadas necesariamente con los primeros principios. Son las conclusiones demostrables, de cuya negación se deriva la negación de los primeros principios. A éstas, el entendimiento asiente necesariamente cuando deductivamente se reconoce su inclusión en los principios. Pero no asiente a ellas necesariamente antes de conocer por demostración dicha inclusión.

Lo mismo ocurre por parte de la voluntad. Pues hay bienes particulares no relacionados necesariamente con la felicidad, puesto que, sin ellos, uno puede ser feliz. A dichos bienes, la voluntad no se adhiere necesariamente. En cambio, hay otros bienes relacionados necesariamente con la felicidad, por los que el hombre se une a Dios, el único en el que se encuentra la verdadera felicidad. Sin embargo, hasta que sea demostrada la necesidad de dicha conexión por la certeza de la visión divina, la voluntad no se adhiere necesariamente a Dios ni a lo que es de Dios. En cambio, la voluntad del que contempla a Dios esencialmente, por necesidad se une a Dios del mismo modo que ahora deseamos necesariamente la felicidad. Por lo tanto, resulta evidente que la voluntad no quiere necesariamente todo lo que quiere.

Respuesta a las objeciones: 1. *A la primera hay que decir:* La voluntad no puede tender hacia algo a no ser bajo la razón de bien. Pero porque el bien es múltiple, por eso mismo no está determinada necesariamente a uno en concreto.

2. *A la segunda hay que decir:* El motor causa necesariamente el movimiento del móvil cuando su potencia supera a la del móvil de tal modo que todas sus posibilidades le estén subordinadas. Pero la posibilidad de la voluntad, por serlo de un bien universal y completo, no puede estar subordinada toda ella a ningún bien particular. De la misma manera, ningún bien particular la mueve necesariamente.

3. *A la tercera hay que decir:* La fuerza sensitiva no tiene el poder de comparar objetos diversos, como hace la razón, sino que simplemente aprehende algo determinado. Así mueve determinándolo al apetito sensitivo con respecto a algo en concreto. Pero la razón compara muchos objetos. De este modo, el apetito intelectivo, esto es, la voluntad, puede ser movido por diversos objetos y no necesariamente por uno solo.

ARTÍCULO 3

La voluntad, ¿es o no es una potencia más digna que el entendimiento?

Infra q.82 a.4 ad 1; 1-2 q.3 a.4 ad 4; 2-2 q.23 a.6 ad 1; *In Sent.* 1.2 d.25 a.2 ad 4; 1.3 d.27 q.1 a.4; *De Verit.* q.22 a.11; *Cont. Gentes* 3.26; *De Caritate* a.3 ad 12.13.

Objeciones por las que parece que la

---

9. L.9 c.14: ML 34,402.   10. *Retract.* 1.1 c.9: ML 32,596; *De Civ. Dei,* 1.5 c.10: ML 41,152.

voluntad es más digna que el entendimiento:

1. El bien y el fin son el objeto de la voluntad. Pero el fin es la primera y la más digna de las causas. Por lo tanto, la voluntad es la primera y la más digna de las potencias.

2. Más aún. Los seres naturales progresan de lo imperfecto a lo perfecto. Esto mismo sucede con las potencias del alma, pues hay un progreso desde los sentidos al entendimiento, que es más digno. Pero hay un proceso natural que va del acto intelectivo al voluntario. Por lo tanto, la voluntad es más perfecta y más digna como potencia que el entendimiento.

3. Todavía más. Hay proporción entre los hábitos y sus potencias como la hay entre la perfección y lo perfectible. Pero el hábito con que se perfecciona la voluntad, esto es, el amor, es más digno que los hábitos perfectibles del entendimiento, pues se dice en 1 Cor 13,2: *Si conociera todos los misterios y tuviera toda la fe, pero no tuviera amor, nada soy.* Por lo tanto, la voluntad es una potencia más digna que el entendimiento.

En cambio está el hecho de que el Filósofo, en X *Ethic.* [11], coloca el entendimiento como la más alta de las potencias del alma.

Solución. *Hay que decir:* La superioridad de una cosa con relación a otra puede ser considerada en dos aspectos: Uno, *absolutamente;* otro, *en cierto modo.* Una cosa es considerada absolutamente cuando se la considera tal como es en sí misma. Es considerada en cierto modo cuando se la considera en comparación con otra. Si el entendimiento y la voluntad son considerados en sí mismos, el entendimiento es más eminente, como se deduce de la mutua comparación de sus objetos. Pues el objeto del entendimiento es más simple y absoluto que el de la voluntad, puesto que el objeto del entendimiento es la razón misma del bien deseable, y el de la voluntad es el bien

deseable, cuyo concepto se encuentra en el entendimiento. Pero cuando una cosa es más simple y abstracta, tanto más digna y eminente es en sí misma. De este modo, el objeto del entendimiento es más eminente que el de la voluntad. Y como quiera que la naturaleza de una potencia depende de su ordenación al objeto, se sigue que el entendimiento, en cuanto tal y absolutamente, es más eminente y digno, que la voluntad.

En cambio, si lo consideramos de manera relativa y comparativa, a veces la voluntad es más eminente que el entendimiento. Esto es, cuando el objeto de la voluntad se encuentra en una realidad más digna que el objeto del entendimiento. De la misma manera que podemos decir que el oído en cierto modo es más digno que la vista en cuanto que el sonido percibido es más perfecto que la realidad en la que se encuentra el color, aun cuando el color es más digno y simple que el sonido. Como se dijo anteriormente (q.16 a.1; q.27 a.4), la acción del entendimiento consiste en que el concepto de lo conocido se encuentre en quien conoce. En cambio, el acto de la voluntad se perfecciona por el movimiento hacia el objeto tal como es en sí mismo. Así, el Filósofo, en VI *Metaphys.* [12], dice: *El bien y el mal,* objetos de la voluntad, *están en las cosas. Lo verdadero y lo falso,* objeto del entendimiento, *están en la mente.* Así, pues, cuando la realidad en la que se encuentra el bien es más digna que la misma alma en la que se encuentra el concepto de dicha realidad, por comparación a esta realidad la voluntad es más digna que el entendimiento. Sin embargo, cuando la realidad en que se encuentra el bien es inferior al alma, entonces, por comparación a tal realidad, el entendimiento es superior a la voluntad. Por eso, es mejor amar a Dios que conocerle, y al revés: es mejor conocer las cosas caducas que amarlas. Sin embargo, y en sentido absoluto, el entendimiento es más digno que la voluntad[b].

11. ARISTÓTELES, c.7 n.2 (BK 1177a20): S. Th. lect.10 n.1230.   12. ARISTÓTELES, 5 c.4 n.1 (BK 1027b25): S. Th. 1.6 lect.4 n.1236.

b. En este artículo se encuentra el fundamento del intelectualismo tomista en oposición al voluntarismo que presidía las concepciones de la escuela franciscana. Un intelectualismo moderado; no sólo porque «relativamente» o *secundum quid* la voluntad es a veces superior al entendimiento, sino también por la interrelación causal que se establece entre la inteligencia y la vo-

Respuesta a las objeciones: 1. *A la primera hay que decir:* El concepto de causa se toma de la comparación de una cosa con otra. En dicha comparación lo más importante es la noción de bien. Pero lo verdadero se entiende en un sentido más absoluto incluyendo la misma noción de bien. Por eso, el bien es una especie de verdad. Pero, a su vez, la verdad es una especie de bien, por cuanto que el entendimiento es una realidad y la verdad es su fin. Y es el más eminente de los fines, de la misma manera que el entendimiento es la más digna de las potencias.

2. *A la segunda hay que decir:* Aquello que es anterior en la generación y en el tiempo, es lo más imperfecto, porque en uno y el mismo sujeto la potencia precede temporalmente al acto, y la imperfección a la perfección. Pero aquello que, por naturaleza y absolutamente, es anterior, es más perfecto. Así, el acto es anterior a la potencia. Es así como el entendimiento es anterior a la voluntad, el motor al móvil y lo activo a lo pasivo, pues el bien conocido mueve a la voluntad.

3. *A la tercera hay que decir:* Aquella objeción considera la voluntad en relación con aquello que es superior al alma. Es por la virtud de la caridad, por la que amamos a Dios.

ARTÍCULO 4

La voluntad, ¿impulsa o no impulsa al entendimiento?

1-2 q.9 a.1; *De Verit.* q.22 a.12; *Cont. Gentes* 3,26; *De Malo* q.6.

Objeciones por las que parece que la voluntad no impulsa al entendimiento:

1. El motor es más digno y anterior a lo movido porque el motor es agente, y *el agente es más digno que el paciente,* como dice Agustín en XII *Super Gen. ad litt.*[13] y el Filósofo en III *De Anima*[14].

Pero el entendimiento es anterior y más perfecto que la voluntad, como se dijo (a.3). Por lo tanto, la voluntad no mueve al entendimiento.

2. Más aún. El motor no es movido por el móvil a no ser, quizás, accidentalmente. Pero el entendimiento mueve a la voluntad, porque lo apetecible conocido por el entendimiento es motor no movido, mientras que el apetito es motor movido. Por lo tanto, el entendimiento no es movido por la voluntad.

3. Todavía más. Nada podemos querer sin conocerlo. Así, pues, si queriendo entender, la voluntad mueve a entender, sería necesario que a dicho acto de la voluntad le precediera otro del entendimiento, y a éste otro de la voluntad, y así indefinidamente. Esto es imposible. Por lo tanto, la voluntad no mueve al entendimiento.

En cambio está lo que dice el Damasceno[15]: *De nosotros depende aprender o no cualquier arte que queramos.* Ahora bien, algo depende de nosotros por la voluntad, y las artes las conocemos por el entendimiento. Por lo tanto, la voluntad mueve al entendimiento.

Solución. *Hay que decir:* De dos maneras se dice que algo mueve. 1) Una, a modo de fin. Así decimos que el fin mueve al agente. Es de esta manera como el entendimiento mueve a la voluntad, porque el bien conocido es su objeto; y la mueve a modo de fin.

2) Otra, a modo de causa eficiente. Así mueve lo que altera a lo alterado y lo que impulsa a lo impulsado. Es de esta manera como la voluntad mueve al entendimiento y a todas las potencias del alma, como dice Anselmo en el libro *De similitudinibus*[16]. Esto es así porque, en toda serie ordenada de potencias activas, la que se orienta al fin universal mueve a las demás, que están referidas a fines particulares. Esto es observable tanto en el orden natural como en el social. Pues

13. C.16: ML 34,467. 14. ARISTÓTELES, c.5 n.2 (BK 430a18): S. Th. lect.10 n.730. 15. *De Fide Orth.* l.2 c.26: MG 94,960. 16. C.2: ML 159,605.

luntad. Las repercusiones de la doctrina aquí expuesta son grandes para la concepción racional de la ley, tanto natural como positiva, y para estructurar el orden moral. Contra el intelectualismo de Sto. Tomás se argumentaba con la autoridad de S. Agustín y por considerarlo contrario a la existencia del orden sobrenatural y a la posibilidad del milagro, relacionándolo con el determinismo cosmológico de Aristóteles —que desconocía el concepto de creación y para quien el mundo es eterno y necesario— y, en general, de todo el pensamiento griego.

el cielo, cuya acción tiende a la conservación universal de cuanto tiene un comienzo y un fin en su existir, mueve todos los cuerpos inferiores cuyas acciones se orientan a la conservación de la propia especie o sólo del individuo. También el rey, que procura el bien común de todo el reino, con su mandato mueve a cada uno de los magistrados a quienes les tiene encomendado el gobierno de las distintas ciudades. El objeto de la voluntad es el bien y el fin en común. En cambio, cada una de las potencias se relaciona con aquel bien particular que le es propio y conveniente, como la vista se orienta a la percepción de los colores, y el entendimiento se orienta al conocimiento de lo verdadero. De este modo, la voluntad mueve a todas las potencias del alma, como causa eficiente, para la ejecución de sus respectivos actos, excepción hecha de las potencias vegetativas, que no están sometidas a nuestro arbitrio.

Respuesta a las objeciones: 1. *A la primera hay que decir:* El entendimiento puede ser considerado bajo dos aspectos: 1) *Uno,* en cuanto que el entendimiento conoce el ser y la verdad universal. 2) *Otro,* en cuanto que es algo concreto o una potencia particular para un acto determinado. También la voluntad puede ser considerada en un doble aspecto: 1) *Uno,* por razón de la universalidad de su objeto, en cuanto que tiende al bien común. 2) *Otro,* en cuanto que es una potencia del alma con una determinada actividad. Por lo tanto, si relacionamos el entendimiento y la voluntad en razón de la universalidad de sus respectivos objetos, tal como dijimos anteriormente (a.3), el entendimiento es absolutamente más eminente y digno que la voluntad. Si se considera el entendimiento con respecto a la universalidad de su objeto y la voluntad en cuanto potencia concreta, nuevamente el entendimiento es superior y más eminente que la voluntad. Esto es así porque, bajo la razón de ser y de verdadero, que el entendimiento aprehende, está contenida la misma voluntad con su acto y su objeto. Por eso, el entendimiento conoce la voluntad, su acto y su objeto del mismo modo que conoce los demás objetos inteligibles particula-

res, como puede ser una piedra o un tronco, incluidos bajo la formalidad común de ser y de verdadero. En cambio, si se considera la voluntad en razón de la universalidad de su objeto, que es el bien, y el entendimiento es considerado en cuanto realidad o potencia concreta, entonces, bajo la formalidad de bien están incluidos, como bienes particulares, tanto el entendimiento como su acto y su objeto, que es lo verdadero, y cada uno de los cuales es como un bien particular. En este sentido, la voluntad es superior al entendimiento y puede moverlo.

De todo lo dicho se desprende por qué estas dos potencias se implican mutuamente en su actividad. Esto es, porque el entendimiento conoce que la voluntad quiere, y la voluntad quiere que el entendimiento conozca. Y, por lo mismo, el bien está contenido en lo verdadero en cuanto que es conocido, y lo verdadero está contenido en el bien, en cuanto que es deseado.

2. *A la segunda hay que decir:* El entendimiento mueve a la voluntad de manera distinta a como la voluntad mueve al entendimiento, como acabamos de decir (sol.).

3. *A la tercera hay que decir:* No es necesario iniciar un proceso indefinido, sino anclarse en el entendimiento como en el punto de partida. Pues a todo movimiento de la voluntad es necesario que le preceda un conocimiento. Pero no al revés, es decir, no a todo conocimiento precede un movimiento de la voluntad. El principio de la deliberación e intelección es un principio intelectivo superior a nuestro entendimiento, y lo es Dios, como también dice Aristóteles en VII *Ethicae Eudemicae*[17], con lo cual demuestra que no hay un proceso indefinido.

ARTÍCULO 5

Lo irascible y lo concupiscible, ¿deben o no deben distinguirse en el apetito superior, que es la voluntad?

Supra q.59 a.4; *In Sent.* l.3 d.27 a.1 q.ª3; *De Verit.* q.25 a.3; *De An.* l.3 lect.14.

Objeciones por las que parece que lo irascible y lo concupiscible deben dis-

---

17. ARISTÓTELES, c.14 n.20 (BK 1248a26).

tinguirse en el apetito superior, que es la voluntad:

1. La potencia concupiscible es llamada así por el acto de concupiscencia. La irascible, por el de ira. Pero hay concupiscencias que no pueden ser apropiadas al apetito sensitivo, sino sólo al intelectivo, que es la voluntad. Ejemplo: la concupiscencia de la sabiduría, de la que se dice en Sab 6,21: *La concupiscencia de la sabiduría conduce al reino perpetuo.* Hay también una cierta clase de ira que no puede pertenecer al apetito sensitivo, sino sólo al intelectivo, como el airarse contra los vicios. Por eso, Jerónimo [18], en el comentario a Mt 13,33 advierte: *Tengamos en el irascible el odio a los vicios.* Por lo tanto, lo irascible y lo concupiscible deben distinguirse en el apetito intelectivo así como en el sensitivo.

2. Más aún. Comúnmente se dice que la caridad reside en el concupiscible, y la esperanza en el irascible. Pero no pueden estar en el apetito sensitivo porque no es su objeto lo sensible, sino lo inteligible. Por lo tanto, lo irascible y lo concupiscible hay que situarlos en la parte intelectiva.

3. Todavía más. En el libro *De spiritu et anima* [19] se dice: *El alma posee, antes de unirse al cuerpo, estas potencias* (es decir, la irascible, la concupiscible y la racional). Pero ninguna potencia de la parte sensitiva es propia del alma sólo, sino del compuesto, como se dijo (q.77 a.5.8). Por lo tanto, lo irascible y lo concupiscible están en la voluntad, que es el apetito intelectivo.

En cambio está lo que dice Gregorio Niseno [20]: *La parte irracional del alma se divide en concupiscible e irascible.* Lo mismo afirma el Damasceno en el libro II [21]. El Filósofo, en III *De Anima* [22], dice: *La voluntad está en la razón. En cambio, la concupiscencia, la ira, el deseo y la animosidad, están en la parte irracional del alma.*

Solución. *Hay que decir:* Lo irascible y lo concupiscible no son partes del apetito intelectivo llamado voluntad. Porque, como dijimos anteriormente (q.59 a.4; q.79 a.7), la potencia que está ordenada a una consideración universal de su objeto no se diversifica por las diferencias especiales contenidas dentro de su consideración común. De igual modo que la vista, ordenada al objeto visible en cuanto sujeto de color, no se multiplica en distintas potencias visivas por razón de las diversas especies de color. En cambio, si hubiese una potencia que tuviera por objeto el color blanco en cuanto blanco y no en cuanto color, sería distinta de la que tuviese por objeto el color negro en cuanto negro.

El apetito sensitivo no tiene por objeto el bien en sentido universal, porque tampoco el sentido conoce lo universal. Así, el apetito sensitivo se diversifica según las formalidades de los bienes particulares. Pues el apetito concupiscible mira la razón propia de bien en cuanto deleitable al sentido y conveniente a la naturaleza, mientras que el irascible mira la razón de bien en cuanto que repele y combate lo perjudicial. Pero la voluntad mira el bien bajo la razón universal de bien. Así, en ella, que es un apetito intelectivo, no hay diversidad de potencias apetitivas hasta el punto de que se encuentre en el apetito intelectivo una potencia irascible y otra concupiscible. Tampoco se multiplican en el entendimiento las potencias aprehensivas, aun cuando se multipliquen por parte del sentido.

Respuesta a las objeciones: 1. *A la primera hay que decir:* El amor, la concupiscencia y similares, tienen una doble acepción. Unas veces son pasiones que provienen de una determinada perturbación anímica. Generalmente son entendidas así, y por eso se encuentran solamente en el apetito sensitivo. Otras veces significan un simple afecto, sin pasión ni perturbación anímica. Así son los actos de la voluntad. En este sentido son atribuidos a los ángeles y a Dios. Pero, bajo esta acepción, no pertenecen a diversas potencias, sino a una sola, llamada voluntad.

2. *A la segunda hay que decir:* La misma voluntad puede ser llamada irascible en cuanto que quiere combatir el mal, no impulsada por la pasión, sino por un dictamen racional. Igualmente, puede ser llamada concupiscible por su deseo de

18. L.1: ML 26,94.   19. Ps. AGUSTÍN (Alquerio de Claraval), c.16: ML 40,791. 20. NEMESIO, *De Nat. Hom.* c.16.17: MG 40,672.676.   21. *De Fide Orth.* c.12: MG 94, 928.   22. ARISTÓTELES, c.9 n.3 (BK 432b5): S. Th. lect.14.

bien. Así es como están la caridad y la esperanza en el apetito concupiscible y en el irascible, esto es, en la voluntad en cuanto ordenada a este tipo de actos. En este mismo sentido puede entenderse lo que se dice en el libro *De Spiritu et Anima: El apetito irascible y el concupiscible es-* *tán en el alma antes de unirse al cuerpo* (entendiéndolo en el orden natural, no temporal). No obstante, no hay que dar mucho crédito a lo escrito en dicho libro.

3. *A la tercera hay que decir:* Por lo dicho resulta evidente la respuesta.

CUESTIÓN 83

Sobre el libre albedrío

Ahora hay que tratar lo referente al libre albedrío[a]. Esta cuestión plantea y exige respuesta a cuatro problemas:
1. El hombre, ¿tiene o no tiene libre albedrío?—2. ¿Qué es el libre albedrío? ¿Una potencia? ¿Un acto? ¿Un hábito?—3. Si es una potencia, ¿es apetitiva o cognitiva?—4. Si es apetitiva, ¿es una potencia con la voluntad o, en cambio, es distinta?

ARTÍCULO 1

El hombre, ¿tiene o no tiene libre albedrío?

Supra q.59 a.3; 1-2 q.13 a.6; *De Verit.* q.24 a.1-2; *De Malo* q.6.

Objeciones por las que parece que el hombre no tiene libre albedrío[b]:

1. Todo el que tiene libre albedrío hace lo que quiere. Pero el hombre no hace lo que quiere, pues se dice en Rom 7,15: *No hago el bien que quiero, sino el mal que no quiero.* Por lo tanto, el hombre no tiene libre albedrío.

2. Más aún. El que tiene libre albedrío quiere o no quiere, actúa o no ac-

---

a. La materia aquí tratada se deriva lógicamente de la doctrina expuesta en los a.1-2 de la cuestión precedente, por lo que parece que debería seguir a continuación de ellos. Pero la trascendencia del tema, por cuanto forma parte de la dignidad esencial del hombre y fundamenta el orden moral, lo hacen merecedor de una consideración aparte y especial. Una razón de índole histórica es aun, si cabe, más determinante. S. Agustín y S. Anselmo ya lo habían tratado como cuestión independiente (en *De libero arbitrio* y *Dialogus de libero arbitrio,* respectivamente), y en el siglo XIII había adquirido en las escuelas universitarias un desarrollo en cierta manera autónomo. Se discutía ampliamente sobre su sujeto propio. Todos estaban acordes en hacer intervenir a la inteligencia y a la voluntad en el acto libre. El problema consistía en establecer los modos y grados de su intervención y determinar cuál de estas potencias era su sujeto formal e inmediato, o si bien constituía una tercera potencia propia y distinta tanto del entendimiento como de la voluntad. Los puntos de partida de la controversia estaban en la definición de Boecio «juicio libre sobre la voluntad» *(liberum de voluntate iudicium)* —asumida en el s. XII por Abelardo, a quien se le atribuía, y aceptada por la mayoría de los maestros en filosofía—, en la sentencia de S. Bernardo donde afirma que el libre albedrío es un «hábito del alma», en la definición que se encuentra en la *Summa Sententiarum* —que se atribuye bien a Hugo de S. Víctor o a Odón de Lucca, entre otros—: *habilitas rationalis voluntatis* (en su doble posible sentido: «habilidad racional de la voluntad» y «habilidad de la voluntad racional»), y en la definición de Pedro Lombardo como «facultad de la razón y de la voluntad» *(facultas rationis et voluntatis);* a los que se incorporan en pleno apogeo de la controversia la autoridad de S. Juan Damasceno, quien afirma del libre albedrío que «libremente delibera, examina, juzga y quiere». Por otro lado, los testimonios de Aristóteles fluctúan en su atribución a la voluntad o al entendimiento, y en el agustinismo se tiene en cuenta la doctrina de la identidad entre el alma y sus potencias.—Sobre todo el proceso de la discusión, cf. O. LOTTIN, *Psychologie et morale aux XIIe et XIIIe siècles* t.1 (Louvain 1942) p.11-389 y 515-519. Sobre los principios fundamentales del pensamiento de Sto. Tomás en torno a la libertad, lugares diversos de sus obras donde los trata y amplia bibliografía, cf. A. FERNÁNDEZ, *La libertad en Sto. Tomás:* Estudios Filosóficos 23 (1974) 409-417.

b. Entre las proposiciones condenadas en París el 7 de marzo de 1277, varias se refieren a la libertad. Aparte la intención que subyace en algunas, de atacar la fundamentación aristotélica

túa, pero esto no es propio del hombre, pues se dice en Rom 9,16: *El querer no es del que quiere, ni el correr es del que corre.* Por lo tanto, el hombre no tiene libre albedrío.
3. Todavía más. Como se dice en I *Metaphys.*[1]*, libre es lo autónomo*[2]. Por lo tanto, lo que es movido por otro no es libre. Pero Dios mueve la voluntad, pues se dice en Prov 21,1: *El corazón del rey está en manos de Dios y Él lo dirige a donde le place.* Y en Flp 2,13: *Dios es el que obra en nosotros el querer y el hacer.* Por lo tanto, el hombre no tiene libre albedrío.
4. Y también. Quien tiene libre albedrío es dueño de sus actos. Pero el hombre no es dueño de sus actos, porque, como se dice en Jer 10,23: *No está en manos del hombre trazarse caminos, ni en sus manos dirigir sus pasos.* Por lo tanto, el hombre no tiene libre albedrío.
5. Por último. Dice el Filósofo en III *Ethic.*[3]: *Tal como es cada uno, así le parece el fin.* Pero no está a nuestro alcance el modo propio de ser, sino que nos es dado por la naturaleza. Por lo tanto, nos es natural el perseguir el fin. Por lo tanto, no proviene del libre albedrío.

En cambio está lo que se dice en Ecl 15,14: *Dios creó desde el principio al hombre y lo dejó en manos de su consejo.* Glosa[4]: *Esto es, en la libertad de su arbitrio.*

Solución. *Hay que decir:* En el hombre hay libre albedrío. De no ser así, inútiles serían los consejos, las exhortaciones, los preceptos, las prohibiciones, los premios y los castigos. Para demostrarlo, hay que tener presente que hay seres que obran

sin juicio previo alguno. Ejemplo: una piedra que cae de arriba; todos los seres carentes de razón. Otros obran con un juicio previo, pero no libre. Ejemplo: los animales; la oveja que ve venir al lobo juzga que debe huir de él, pero lo hace con un juicio natural y no libre, ya que no juzga analíticamente, sino con instinto natural. Así son los juicios de todos los animales. En cambio, el hombre obra con juicio, puesto que, por su facultad cognoscitiva, juzga sobre lo que debe evitar o buscar. Como quiera que este juicio no proviene del instinto natural ante un caso concreto, sino de un análisis racional, se concluye que obra por un juicio libre, pudiendo decidirse por distintas cosas. Cuando se trata de algo contingente, la razón puede tomar direcciones contrarias. Esto es comprobable en los silogismos dialécticos y en las argumentaciones retóricas. Ahora bien, las acciones particulares son contingentes, y, por lo tanto, el juicio de la razón sobre ellas puede seguir diversas direcciones, sin estar determinado a una sola. Por lo tanto, es necesario que el hombre tenga libre albedrío, por lo mismo que es racional.

Respuesta a las objeciones: 1. *A la primera hay que decir:* Como dijimos anteriormente (q.81 a.3 ad 3), el apetito sensitivo, aun cuando esté sometido a la razón, sin embargo, puede oponérsele deseando algo contrario a lo que dicta la razón. Por lo tanto, éste es el bien que rechaza el hombre cuando quiere, esto es, *no desear en contra de la razón,* como explica Agustín[5] en aquel mismo texto.

---

1. ARISTÓTELES, c.2 n.9 (BK 982b26): S. Th. lect.3 n.58.   2. Original latino: *Liberum est quod sui causa est.* Una traducción literal anularía o confundiría el correcto sentido del texto. No se trata de identificar lo libre con lo que es causa de sí mismo. De ser así, se volatizaría toda libertad. El sentido se centra en la autodeterminación, es decir, en la no dependencia de alguien o de algo para actuar, o sea, *autónomo.* Cf. ad 3. *(N. del T.)*   3. ARISTÓTELES, c.5 n.17 (BK 1114a32): S. Th. lect.13 n.515.   4. *Glossa interl.* (3,401v); *Glossa ordin.* (3.401E).   5. *Serm. ad Popul.* serm.154 c.3: ML 38,834; cf. *Glossa interl,* a Rom. 7,19 (6,17r).

---

de doctrinas del averroísmo latino y del tomismo que no niegan la libertad humana, de ellas y de otros escritos de la época se deduce la existencia de una corriente difusa de pensamiento determinista derivada de razones teológicas y cosmológicas. La inmutabilidad del orden de la naturaleza propia del pensamiento griego, el emanatismo neoplatónico, el fatalismo religioso musulmán, junto a la influencia generalmente admitida de las sustancias astrales sobre la actividad humana, estarían indudablemente en la base de tal determinismo. Avicena establecía como axioma: todo efecto se refiere siempre en última instancia a una causa por respecto a la cual tal efecto es necesario; aplicándose con igual extensión y fuerza a los hechos físicos y a los actos de la voluntad. El determinismo astral lo afirmaron directamente Alkindi y Averroes.

2. *A la segunda hay que decir:* Aquella frase del Apóstol no significa que el hombre no quiera ni corra con libre albedrío, sino que el libre albedrío no es suficiente para hacerlo si no es movido y ayudado por Dios.

3. *A la tercera hay que decir:* El libre albedrío es causa de su propio movimiento, ya que el hombre se mueve a sí mismo a obrar por su libre albedrío. Pero la libertad no precisa necesariamente que el sujeto libre sea la primera causa de sí mismo. Para que una cosa sea causa de otra, tampoco se precisa que sea su primera causa. Dios es la primera causa que mueve tanto las causas naturales como las voluntarias. Y así como al mover las causas naturales no impide que sus actos sean naturales, al mover las voluntarias, tampoco impide que sus acciones sean voluntarias. Por el contrario, hace que lo sean ya que en cada uno obra según su propio modo de ser.

4. *A la cuarta hay que decir:* Cuando se dice que no está en manos del hombre trazarse caminos, hay que entenderlo de la ejecución de sus decisiones, que le pueden ser impedidas, lo quiera o no lo quiera. La elección nos pertenece, por supuesto que contando siempre con la ayuda divina.

5. *A la quinta hay que decir:* En el hombre hay dos clases de cualidades: Naturales y adquiridas. Las naturales pueden estar referidas bien a la parte intelectiva, bien al cuerpo o a sus facultades propias. Por el hecho de que el hombre está conformado concretamente por una cualidad natural que afecta a su parte intelectiva, por naturaleza desea el último fin o bienaventuranza. Pues este deseo es natural y no depende del libre albedrío, como se desprende de lo dicho (q.28 a.1.2). En cambio, por lo que se refiere al cuerpo y a sus facultades, el hombre puede ser de una determinada manera por alguna cualidad natural, ya que tiene tal complexión o disposición por el influjo de algunas causas corporales que no pueden influir en la parte intelectiva, porque ésta no es acto de ningún cuerpo. Así, pues, tal como es cada uno en sus cualidades corporales, así le parece el fin, ya que, en conformidad con su disposición, tiende a elegir una cosa o a rechazarla. Pero estas tendencias están sometidas al juicio racional, ya que el apetito inferior está sometido a la razón, como dijimos (q.81 a.3). Por eso no se pierde el libre albedrío.

Las cualidades adquiridas son como hábitos y pasiones por cuyo influjo tendemos a unas cosas más que a otras. Pero estas tendencias también están sometidas al juicio de la razón. Lo mismo cabe decir de las cualidades, ya que adquirirlas o rechazarlas depende de nosotros, bien por causarlo o disponerlo. Así, nada hay incompatible con el libre albedrío.

ARTÍCULO 2

El libre albedrío, ¿es o no es una potencia?

In Sent. 1.2 d.24 q.1 a.1; *De Verit.* q.24 a.4.

Objeciones por las que parece que el libre albedrío no es una potencia [c]:

1. El libre albedrío no es más que el *juicio libre.* Pero el juicio libre no es una potencia, sino un acto. Por lo tanto, el libre albedrío no es una potencia.

2. Más aún. Se dice[6] que el libre albedrío *es una facultad de la voluntad y de la razón.* Facultad quiere decir facilidad en la potencia, que proviene del hábito. Así, el libre albedrío es un hábito. Bernardo dice[7]: El libre albedrío *es un hábito del alma libre.* Por lo tanto, no es una potencia.

3. Todavía más. Ninguna potencia natural es anulada por el pecado. Pero el libre albedrío es anulado por el pecado.

---

6. Cf. PEDRO LOMBARDO, *Sent.* 1.2 d.24 c.3 (QR 1,421).   7. *De Grat. et lib. Arb.* c.1: ML 182,1002.

---

c. Responde aquí Sto. Tomás a la posición de S. Buenaventura, Roberto Kilwardby y, en parte, de Alejandro de Hales. Siguiendo la línea establecida en las afirmaciones de S. Bernardo y del autor de la *Summa Sententiarum,* hacían consistir el libre albedrío en un hábito del entendimiento y la voluntad conjuntamente, dando a la *facultas* de la definición de Pedro Lombardo el significado, lingüísticamente posible, de «facilidad» o *potentia facilis.* Su función sería hacer de modo pronto y fácil, como corresponde a los hábitos, el concurso de ambas potencias para la producción del acto libre.

Dice Agustín[8]: *Al hacer el hombre mal uso del libre albedrío, se pierde y lo pierde.* Por lo tanto, el libre albedrío no es una potencia.

En cambio está el hecho de que, al parecer, sólo la potencia es sujeto del hábito. Pero el libre albedrío es sujeto de la gracia, con cuya presencia elige el bien. Por lo tanto, el libre albedrío es una potencia.

Solución. *Hay que decir:* Aun cuando en su sentido gramatical, libre albedrío significa un acto, sin embargo, en el uso corriente llamamos libre albedrío a lo que es principio de este acto, esto es, aquello en virtud de lo que el hombre juzga libremente. En nosotros el principio de un acto es tanto la potencia como el hábito, pues decimos que conocemos algo por la ciencia y por la potencia intelectiva. Por lo tanto, es necesario que el libre albedrío sea una potencia[9], o un hábito[10], o una potencia juntamente con algún hábito[11].

Que no es un hábito ni una potencia juntamente con un hábito, es evidente por dos razones. 1) La primera, porque, de ser un hábito, necesariamente sería un hábito natural, ya que natural al hombre es tener libre albedrío. Pero en nosotros no hay ningún hábito natural con respecto a lo sometido al libre albedrío, ya que a aquello a lo que se orientan los hábitos naturales tendemos por naturaleza, como asentir a los primeros principios. Aquello a lo que tendemos naturalmente no está sujeto al libre albedrío, como dijimos al hablar del deseo de felicidad (q.82 a.1). Por eso, que sea un hábito natural va contra la esencia misma del libre albedrío. Y ser un hábito no natural sería contrario a su carácter de natural. Hay que concluir por tanto que, de ninguna manera, es hábito.

2) La segunda, porque, como se dice en II *Ethic.*[12], hábito es aquello por lo que nos encontramos bien o mal dispuestos con respecto a las pasiones o a los actos. Pues por la templanza nos encontramos bien dis-

puestos para las concupiscencias, y mal para la intemperancia. Por la ciencia, bien para el acto del entendimiento para conocer lo verdadero y mal para lo contrario.

En cambio, el libre albedrío es indiferente para elegir bien o mal. Consecuentemente, es imposible que sea un hábito. Por lo tanto, hay que concluir que es una potencia.

Respuesta a las objeciones: 1. *A la primera hay que decir:* Es costumbre designar la potencia con el nombre del acto. Así, el juicio libre, que es un acto, da nombre a la potencia que es su principio. De no ser así, si el libre albedrío fuese un acto, no permanecería siempre en el hombre.

2. *A la segunda hay que decir:* Facultad a veces designa la potencia dispuesta para obrar. En este sentido entra en la definición de libre albedrío. Bernardo toma el hábito no en contraposición a la potencia, sino en cuanto que significa una cierta disposición por la que de algún modo alguien se ordena al acto. Y esto le compete tanto a la potencia como al hábito, pues la potencia hace que el hombre pueda obrar, y el hábito hace que sea acto para obrar bien o mal.

3. *A la tercera hay que decir:* Se dice que el hombre al pecar perdió el libre albedrío, no en cuanto a la libertad natural o de coacción, sino en cuanto a estar libre de culpa y de miseria. De esto hablaremos más adelante en el tratado llamado Moral, en la segunda parte de esta obra (1-2 q.85ss).

ARTÍCULO 3

El libre albedrío, ¿es o no es una potencia apetitiva?

1-2 q.13 a.1.

Objeciones por las que parece que el libre albedrío no es una potencia apetitiva sino cognoscitiva[d]:

8. *Enchir.* c.30: ML 40,246.   9. Cf. ALBERTO MAGNO, *Summa de Creatur.* p.2.ª q.70 a.2 (BO 35,575).   10. Cf. S. BUENAVENTURA, *In Sent.* 1.2 d.25 p.1.ª q.4 (QR 2,601).   11. Cf. ALEJANDRO DE HALES, *Summa Theol.* 1-2 n.390 (QR 2,486).   12. ARISTÓTELES, c.5 n.2 (BK 1105b25): S. Th. lect.5 n.290.

d. Para Prepositino de Cremona y Guillermo de Auxerre, el libre albedrío corresponde directamente al entendimiento; su acto propio, la elección o consentimiento, consistiría en el jui-

1. Dice el Damasceno[13]: *El libre albedrío acompaña estrechamente a la razón.* Pero la razón es una potencia cognoscitiva. Por lo tanto, el libre albedrío es una potencia cognoscitiva.

2. Más aún. Decir libre albedrío es casi como decir *juicio libre.* Pero juzgar es un acto de la facultad cognoscitiva. Por lo tanto, el libre albedrío es una potencia cognoscitiva.

3. Todavía más. Propia del libre albedrío es la elección. Pero la elección parece pertenecer al conocimiento, porque la elección implica una cierta comparación de una cosa con otra, lo cual es propio de la facultad cognoscitiva. Por lo tanto, el libre albedrío es una potencia cognoscitiva.

En cambio está lo que dice el Filósofo en III *Ethic.*[14]: *La elección es el deseo de aquello que está en nuestro poder.* Pero el deseo es un acto de la potencia apetitiva. Por lo tanto, también lo es la elección. Ahora bien, el libre albedrío es aquello por lo que elegimos. Por lo tanto, el libre albedrío es una potencia apetitiva.

Solución. *Hay que decir:* La elección es lo propio del libre albedrío, y por eso se dice que tenemos libre albedrío, porque podemos aceptar algo o rehusarlo, y esto es elegir. De este modo, la naturaleza del libre albedrío debe ser analizada a partir de la elección. En la elección coinciden en parte la facultad cognoscitiva y en parte la facultad apetitiva. Por parte de la facultad cognoscitiva, se precisa la deliberación o consejo, por el que se juzga sobre lo que ha de ser preferido. Por parte de la facultad apetitiva se precisa el acto del apetito aceptando lo determinado por el consejo. Así, Aristóteles en VI *Ethic.*[15] en cierto momento

deja en duda si la elección pertenece principalmente a la facultad cognoscitiva o a la apetitiva, pues dice que la elección es *un entendimiento apetitivo o un apetito intelectivo.* Pero en III *Ethic.*[16] se inclina por afirmar que se trata de un apetito intelectivo, llamando elección al *deseo dependiente de un consejo.* El porqué de esto radica en que el objeto de la elección son los medios que llevan a un fin, y el medio en cuanto tal es el bien llamado *útil.* Por lo tanto, como quiera que el bien en cuanto tal es el objeto del apetito, se sigue que la elección es sobre todo un acto de la potencia apetitiva. Consecuentemente, el libre albedrío es una potencia apetitiva.

Respuesta a las objeciones: 1. *A la primera hay que decir:* Las potencias apetitivas acompañan siempre a las aprehensivas. Por eso dice el Damasceno que el libre albedrío *acompaña estrechamente a la razón.*

2. *A la segunda hay que decir:* El juicio es como la conclusión y determinación del consejo. El consejo está determinado primero, por el dictamen de la razón, y segundo, por la aceptación del apetito. Por eso, el Filósofo, en III *Ethic.*[17], dice: *Después de haber formado un juicio por el consejo, deseamos en conformidad con dicho consejo.* De este modo, la misma elección es como una especie de juicio del que toma su nombre el libre albedrío.

3. *A la tercera hay que decir:* La relación implicada en el nombre de elección está referida al consejo precedente, propio de la razón. Pues el apetito, aun cuando no es capaz de relacionar, sin embargo, en cuanto que es movido por una potencia cognoscitiva que sí relaciona, guarda cierta semejanza en cuanto que prefiere una cosa a la otra.

13. *De Fide Orth.* l.2 c.27: MG 94,949.   14. ARISTÓTELES, c.3 n.19 (BK 1113a11): S. Th. lect.9 n.486.   15. ARISTÓTELES, c.2 n.5 (BK 1139b4): S. Th. lect.2 n.1137.   16. ARISTÓTELES, c.3 n.19 (BK 1113a11): S. Th. lect.9 n.486.   17. Ib.

ció práctico de la razón. En apoyo de su tesis, además de las definiciones magistrales de Boecio y de Pedro Lombardo, aducían, por vez primera en el curso de las discusiones, la autoridad de S. Juan Damasceno. Para Felipe el Canciller y Juan de la Rochela, partiendo igualmente de S. Juan Damasceno y las definiciones clásicas, y desde la tradición agustiniana de la identificación del alma con sus potencias, el libre albedrío comprendería, como «un todo universal», múltiples actos de la razón y la voluntad, identificándose con ambas. Se completa también en este artículo la respuesta dada en el anterior a la doctrina de S. Buenaventura y Roberto Kilwardby.

ARTÍCULO 4

El libre albedrío, ¿es o no es una potencia distinta de la voluntad?

3 q.18 a.3.4; *In Sent.* l.2 d.24 q.1 a.3; *De Verit.* q.24 a.6.

Objeciones por las que parece que el libre albedrío es una potencia distinta de la voluntad [e]:

1. El Damasceno en el libro II [18] dice que una cosa es la *thelesis,* y otra distinta la *bulesis. Thelesis* es la voluntad. *Bulesis* parece ser el libre albedrío, porque *bulesis,* según dice, *es la voluntad que quiere algo como resultado de la comparación de una cosa con otra.* Por lo tanto, parece que el libre albedrío es una potencia distinta de la voluntad.

2. Más aún. Las potencias son conocidas por los actos. Pero la elección, acto del libre albedrío, es distinta de la voluntad, como se dice en III *Ethic.* [19] Porque *la voluntad tiene por objeto el fin; y la elección, aquello que se ordena al fin.* Por lo tanto, el libre albedrío es una potencia distinta de la voluntad.

3. Todavía más. La voluntad es un apetito intelectivo. Pero por parte del entendimiento hay dos potencias: La agente y la posible. Por lo tanto, también en el apetito intelectivo debe haber otra potencia además de la voluntad. Parece que ésta no es otra que el libre albedrío. Por lo tanto, el libre albedrío es una potencia distinta de la voluntad.

En cambio está lo que dice el Damasceno en el libro III [20]: *El libre albedrío no es más que la voluntad.*

Solución. *Hay que decir:* Es necesario que las potencias apetitivas sean propor-

cionadas a las aprehensivas, como dijimos anteriormente (q-64 a.2). Ahora bien, lo que en la percepción intelectiva es el entendimiento con respecto a la razón, eso mismo es en el apetito la voluntad con respecto al libre albedrío, que no es otra cosa que la facultad de elección. Esto resulta claro por la correlación de sus actos y de sus objetos. Pues *entender* implica la simple percepción de una cosa. Por eso, y en rigor, sólo entendemos los principios que se conocen por sí mismos sin un proceso comparativo. *Razonar* consiste propiamente en pasar del conocimiento de una cosa al conocimiento de otra. Por eso, el objeto propio del razonamiento son las conclusiones a las que se llega por medio de los principios. Por parte del apetito, *querer* significa el simple deseo de algo. Por eso se dice que la voluntad tiene por objeto el fin, deseado por sí mismo. *Elegir* significa querer una cosa para conseguir otra. Por eso, su objeto propio son los medios que llevan al fin. Ahora bien, lo que en el orden cognoscitivo es el principio con respecto a la conclusión, a la que asentimos por los principios, eso mismo es en el orden apetitivo el fin con respecto a los medios deseados por razón del fin. Es evidente que, así como el entendimiento se relaciona con la razón, así también lo hace la voluntad con la facultad electiva, esto es, el libre albedrío. Se demostró (q.79 a.8) que entender y razonar son actos de una misma potencia, al igual que el reposo y el movimiento. Por eso, una misma potencia es también la que elige y la que quiere. Consecuentemente, la voluntad y el libre albedrío no son dos potencias, sino una [f].

18. *De Fide Orth.* c.22: MG 94,944.   19. ARISTÓTELES, c.2 n.9 (BK 1111b26): S. Th. lect.5 n.446.   20. *De Fide Orth.* c.14: MG 94,1037.

---

e. Era también frecuente en el s. XIII atribuir el libre albedrío a una tercera potencia del alma distinta del entendimiento y la voluntad, con la función propia de garantizar la libertad de elección. Según Pedro de Capua consistiría en el poder de autodeterminación mediante el cual el hombre orienta su voluntad hacia el objeto elegido; para Esteban Langton esta nueva facultad ejerce de «árbitro» entre el apetito concupiscible, que inclina al mal, y la sindéresis, que lo contradice y nos invita al bien; en opinión de Godofredo de Poitiers es superior a la razón y a la voluntad, con la misión de dirigir todas las potencias del alma *(potentia regnitiva et ordenativa omnium potentiarum animae).* En este mismo sentido se expresan Alejandro de Hales *(potentia universaliter imperans)* y S. Alberto Magno, quien destaca su función de «arbitraje» entre lo que aprueba la razón y aquello a que se siente arrastrada la voluntad.

f. El precedente más inmediato de la doctrina de Sto. Tomás sobre el libre albedrío se encuentra en el maestro franciscano de París Odón Rigaud, en quien se hallan prácticamente to-

Respuesta a las objeciones: 1. *A la primera hay que decir:* La *bulesis* y la *thelesis* se distinguen no por la diversidad de potencias sino por la de actos.

2. *A la segunda hay que decir:* La elección y la voluntad, esto es, el mismo querer, son diversos actos, sin embargo, pertenecen a una potencia como el en-

tender y el raciocinar, como acabamos de decir (sol.).

3. *A la tercera hay que decir:* El entendimiento se relaciona con la voluntad como motor. Por eso, no es necesario que en la voluntad se distinga entre el agente y el posible.

CUESTIÓN 84

Sobre cómo el alma, unida al cuerpo, entiende lo corporal, que le es inferior

Siguiendo el plan trazado, hay que tratar ahora sobre los actos del alma vinculados a las potencias intelectivas y apetitivas, pues las otras potencias del alma no caen directamente bajo el análisis del teólogo. Los actos de la parte apetitiva corresponden al estudio de la ciencia moral. Esto será tratado en la segunda parte de esta obra, en la que se analizará la materia moral. Ahora, pues, estudiaremos los actos intelectivos. En dicho estudio seguiremos el siguiente orden: Primero nos centraremos en ver cómo entiende el alma unida al cuerpo. Después, cómo entiende separada de él.

La primera consideración será triple: *Primero,* cómo conoce el alma lo corporal, que le es inferior. *Segundo,* cómo se conoce a sí misma y qué hay en ella. *Tercero,* cómo conoce las sustancias inmateriales superiores a ella".

Por lo que respecta al conocimiento de lo corporal, se nos presentan tres cuestiones: *Primera,* por qué medio las conoce. *Segunda,* cómo y en qué orden. *Tercera,* qué conoce en lo corporal.

La cuestión referente a lo indicado en primer lugar plantea y exige respuesta a ocho problemas:

1. El alma, ¿conoce o no conoce lo corporal por el entendimiento?—
2. ¿Lo conoce por su esencia o por algunas especies?—3. Si lo conoce por algunas especies, ¿las especies de todo lo inteligible le son o no le son inna-

dos los elementos de la solución tomista, aunque sin una elaboración adecuada y convincente, y dudando entre la identificación real de las potencias con el alma (lo que haría de la voluntad y la inteligencia energías diversas de una misma facultad y explicaría la participación del libre albedrío en ambas), o entre su distinción (y entonces sería sólo materialmente a la vez inteligencia y voluntad, con la posibilidad de establecerse como facultad propia y distinta).

a. Esta división tripartita, perfectamente lógica, se encuentra establecida en el *Liber de causis,* de donde seguramente la tomó Sto. Tomás. Esta obra tuvo extensa difusión y enorme influjo en la Edad Media. La estima que el Sto. Doctor tenía de ella fue muy grande y el uso que de ella hizo muy amplio (cf. C. VANSTEENKISTE, *Il «Liber de causis» negli scritti di S. Tommaso:* Angelicum 35 [1938] 325-374), aun considerándola apócrifa y rechazando como herética alguna de sus doctrinas. No sólo estaba convencido de que no se trataba de una obra de Aristóteles, como en un principio se afirmaba, sino que conocía su fuente originaria, el neoplatónico Proclo (h.410-485), de cuya *Elementatio theologica* viene a ser un resumen. No obstante, la alta valoración en que la tenía le llevó a escribir un comentario que es, entre sus obras menores, una de las más importantes: *In librum de causis expositio.* Con el seudo Dionisio, el *Liber de causis* es la fuente neoplatónica que más le ayudó al establecer su síntesis doctrinal, prestándole un impulso arquitectónico, atemperado en sus excesos con el realismo aristotélico y su atención a la naturaleza concreta. Ambas direcciones se manifiestan armonizadas en estas cuestiones de la *Suma.* La procedencia del *Liber de causis* es problemática, posiblemente de un autor árabe del s. X.

tas por naturaleza?—4. ¿Le vienen o no le vienen de ciertas formas inmateriales separadas?—5. Nuestra alma, ¿contempla o no contempla todo lo que entiende en las razones eternas?—6. ¿Adquiere o no adquiere el conocimiento inteligible partiendo de los sentidos?—7. El entendimiento, ¿puede o no puede conocer, de hecho, mediante las especies inteligibles que ya posee sin referirse a las imágenes?—8. Al estar impedidas las potencias sensitivas, ¿queda o no queda anulado el juicio del entendimiento? [b]

ARTÍCULO 1

El alma, ¿conoce o no conoce lo corporal por el entendimiento?

De Verit. q.10 a.4.

Objeciones por las que parece que el alma no conoce lo corporal por el entendimiento:

1. Dice Agustín en II *Soliloq.*[1]: *Los cuerpos no pueden ser comprendidos por el entendimiento. Nada corpóreo puede ser percibido más que por los sentidos.* Y dice también en XII *Super Gen. ad litt.*[2]: *Sólo hay visión intelectual de aquello que está por su esencia en el alma.* Los cuerpos no están así. Por lo tanto, el alma no puede conocer lo corporal por el entendimiento.

2. Más aún. La misma relación que hay entre el sentido y lo inteligible, se da entre el entendimiento y lo sensible. Pero el alma no puede conocer de ninguna manera lo espiritual por los sentidos, pues lo espiritual es inteligible. Por lo tanto, de ninguna manera puede conocer lo corporal, que es sensible, por el entendimiento.

3. Todavía más. El entendimiento tiene por objeto lo necesario e invariable. Pero todos los cuerpos son móviles y variables. Por lo tanto, el alma no

puede conocer lo corporal por el entendimiento.

En cambio está el hecho de que la ciencia se encuentra en el entendimiento. Por lo tanto, si el entendimiento no conoce lo corporal, hay que deducir que no puede haber ciencia de lo corporal. De esta forma, la ciencia natural, que trata del cuerpo móvil, desaparece.

Solución. *Hay que decir:* Para demostrar la solución a este problema, hay que tener presente que los primeros filósofos que investigaron la naturaleza de las cosas, pensaron que en el mundo no existía nada fuera de lo corporal. Y porque veían que todo lo corporal era móvil, y lo consideraban en un continuo fluir, estimaron que no podíamos tener ninguna certeza sobre la verdad de las cosas. Pues lo que fluye constantemente no puede ser aprehendido con certeza, puesto que desaparece antes de ser juzgado por la mente. Así, Heráclito dijo que *no es posible tocar dos veces el agua de la corriente de un río*, como nos refiere el Filósofo en IV *Metaphys.*[3]

Más tarde, Platón, para salvar la certeza de nuestro conocimiento intelectual de la verdad, sostuvo que, además de lo corporal, hay otro género de seres sin

1. C.4: ML 32,888. 2. C.24: ML 34,474. S. Th. 1.4 lect.12 n.683. 3. ARISTÓTELES, 3 c.5 n.12 (BK 1010a14):

b. En estas cuestiones Sto. Tomás se limita a la consideración de la actividad especulativa del entendimiento. El conocimiento práctico, sus actos y hábitos, los tratará, en su inmediata relación con la moral, en la Segunda Parte de la *Suma.* Y atiende aquí de modo primordial al conocimiento de las realidades sensibles, a lo que dedica, con 20 artículos en total, tres de las seis cuestiones que comprende el análisis de la intelección. Le interesa determinar tanto el objeto propio de nuestra inteligencia —la esencia o quididad de las realidades sensibles— como el origen de las ideas, en una discusión y rechazo del empirismo puro, por un lado, y del idealismo por otro, siguiendo un método habitual en Aristóteles. Si, como punto de partida, las alusiones al empirismo se concretan en los filósofos jónicos —«los primeros filósofos»—, en Heráclito y Demócrito, y las correspondientes al idealismo en Platón y Avicena, en el desarrollo de la discusión se implican las diversas posiciones de sus contemporáneos. De ahí la notable atención dedicada a las doctrinas innatistas, infusas y ontologistas y las abundantes referencias a S. Agustín.

materia ni movimiento, que llamó *especies* o *ideas,* de cuya participación cada realidad singular y sensible recibe su nombre, como el de hombre, caballo, o cualquier otro. Afirmaba, consecuentemente, que las ciencias, las definiciones y todo lo referente al acto del entendimiento no se centra en lo sensible, sino en aquello inmaterial y separado, de forma que el alma no entiende lo corporal, sino su especie separada.

Esto resulta falso por un doble motivo. 1) *Primero,* porque, al ser aquellas especies inmateriales e inmóviles, de las ciencias quedaría excluido el conocimiento tanto del movimiento como de la materia, que es lo propio de la ciencia natural, y quedaría también excluida la demostración por las causas agentes y materiales. 2) *Segundo,* porque resulta irrisorio que para llegar al conocimiento de las cosas manifiestas tengamos que poner como medio otras realidades distintas sustancialmente, ya que difieren de ellas en el ser. Así, aun cuando conociéramos estas sustancias separadas, no por eso podríamos emitir un juicio de lo sensible.

Parece ser que en esto Platón se desvió de la verdad, porque, juzgando que todo conocimiento se verifica por una cierta semejanza, estimó que la forma de lo conocido necesariamente está en quien conoce de igual manera que en lo conocido. Consideró que la forma de la realidad entendida está en el entendimiento de un modo universal, inmaterial e inmóvil. Y esto resulta claro por la misma operación del entendimiento, que entiende de manera universal y con una cierta necesidad, pues la acción es algo proporcionado a la forma de ser del agente. De este modo, sostuvo que las cosas entendidas debían subsistir por sí mismas de modo inmaterial e inmóvil.

4. C.29: ML 41,800.

No es necesario que esto sea así. Porque también en las mismas realidades sensibles vemos que la forma se encuentra de modo distinto en unas y en otras. Ejemplo: en un ser la blancura puede ser más intensa que en otro. En un ser la blancura va unida a la dulzura; y en otro, no. De la misma manera, la forma sensible se encuentra diversamente en lo exterior al alma y en el sentido que recibe las formas de lo sensible inmaterialmente. Ejemplo: el color del oro sin el oro. Igualmente, el entendimiento percibe las especies de los cuerpos materiales y móviles, inmaterial e inmóvilmente, según su propia naturaleza, pues lo recibido está en quien lo recibe según el modo de ser de éste [c]. Por lo tanto, hay que concluir que el alma conoce lo corporal por el entendimiento inmaterial, universal, y necesariamente.

Respuesta a las objeciones: 1. *A la primera hay que decir;* Aquella frase de Agustín hay que entenderla en cuanto referida a aquello por lo que el entendimiento conoce, no a lo que conoce. Pues conoce lo corporal entendiéndolo, pero no a través de lo corporal ni de imágenes materiales y corpóreas, sino a través de especies inmateriales e inteligibles que pueden estar en el alma por su propia esencia.

2. *A la segunda hay que decir:* Como indica Agustín en XXII *De Civ. Dei* [4], no hay que afirmar que el entendimiento conoce sólo lo espiritual como el sentido conoce sólo lo corporal. Porque, de ser así, habría que concluir que Dios y los ángeles no conocen lo corporal. El porqué de dicha diversidad radica en que una potencia inferior no llega a lo que es propio de una superior; pero, la superior lleva a cabo de un modo más eminente lo propio de la inferior.

---

c. Este adagio, muchas veces aducido en diferentes formas universales o particulares hasta nuestros días (el más común: *quidquid recipitur ad modum recipientis recipitur),* se atribuía en bastantes ocasiones a Boecio, algunas al seudo Dionisio y otras a Aristóteles —posiblemente por atribuírsele la autoría del *Liber de causis*—. No obstante, sobre todo en su formulación más universal, proviene directamente del *Liber de causis,* y a éste suele remitir Sto. Tomás en sus citas expresas. El conocimiento intelectivo de la realidad material no se produce en virtud de una semejanza física entre el cognoscente y lo conocido; al contrario, se realiza en virtud de la inmaterialidad del sujeto que conoce; pero en su asimilación del objeto hace a éste semejante a sí, al recibirlo no en su entidad física, sino de un modo inmaterial. Las consideraciones posteriores sobre la necesidad del entendimiento agente y su función abstractiva, y sobre las «especies» o representaciones cognoscitivas, tienen su fundamentación en este principio.

3. *A la tercera hay que decir:* Todo movimiento supone algo inmóvil. Pues, cuando es la cualidad lo que cambia, la sustancia queda inmóvil, y cuando lo es la forma sustancial, la materia permanece invariable. En las realidades cambiables hay relaciones inmutables. Ejemplo: aunque Sócrates no esté siempre sentado, es absolutamente cierto que, cuando está sentado, permanece en un lugar concreto. Por eso, nada impide que haya ciencia invariable de lo cambiable.

ARTÍCULO 2

El alma, ¿conoce o no conoce lo corporal por su esencia?

In Sent. 1.2 d.3 p.2.ª q.2 a.1; 1.3 d.14 a.1 q.ª2; *De Verit.* q.8 a.8; *Cont. Gentes* 2,98.

Objeciones por las que parece que el alma conoce lo corporal por su esencia:
1. Agustín, en X *De Trin.*[5], dice: *El alma recoge las imágenes de los cuerpos y se adueña de las imágenes formadas en sí misma de sí misma, ya que para configurarlas les transmite algo de su propia sustancia.* Pero conoce los cuerpos por medio de las imágenes de los cuerpos. Por lo tanto, por su propia esencia conoce los seres corporales, que emplea para configurar tales imágenes a las que transmite su propia esencia.
2. Más aún. El Filósofo, en III *De Anima*[6], dice: *En cierto modo el alma lo es todo.* Por lo tanto, como quiera que lo semejante es conocido por lo semejante, parece que el alma conoce lo corporal por sí misma.
3. Todavía más. El alma es superior a las criaturas corporales. Los seres inferiores están en los superiores de un modo más perfecto que el modo que tienen en sí mismos, como dice Dionisio[7]. Por lo tanto, todas las criaturas corpóreas se encuentran de una manera más digna en la sustancia del alma que en sí mismas. Por lo tanto, por su propia sustancia puede conocer las criaturas corpóreas.

En cambio está lo que dice Agustín en IX *De Trin.*[8]: *La mente llega al conoci-*miento de lo corporal a través de los sentidos corporales. En cambio, el alma no es cognoscible por los sentidos corporales. Por lo tanto, no conoce lo corpóreo por su propia sustancia.

Solución. *Hay que decir:* Los antiguos filósofos sostuvieron que el alma conoce lo corporal por su propia esencia. Pues era de patrimonio común que *lo semejante es conocido por lo semejante*[9]. Estimaban que la forma de lo conocido está en quien conoce del mismo modo que en lo conocido. Los platónicos opinaron de forma contraria. Pues Platón, percatándose de que el alma intelectiva es inmaterial y que conoce inmaterialmente, sostuvo que las formas de lo conocido subsisten también de modo inmaterial. En cambio, los primeros naturalistas, por estimar que lo conocido era corporal y material, sostuvieron que también está materialmente en el alma que lo conoce. Por eso, y para poder atribuir al alma el conocimiento de todo, sostuvieron que el alma era naturaleza común a todo, y, como la naturaleza del ser originado está constituida por sus principios, al alma le atribuyeron la misma naturaleza de su principio. Así, quien sostuvo que el primer principio de las cosas es el fuego, así también sostuvo que el alma es de naturaleza ígnea, lo mismo cabe decir con respecto al aire y al agua. Empédocles, que estableció cuatro elementos materiales y dos agentes, sostuvo que el alma estaba constituida de dichos elementos. De este modo, al determinar que las cosas están en el alma materialmente, sostuvieron que todo conocimiento del alma era material, ya que confundían y no distinguían el entendimiento de los sentidos.

Pero este modo de pensar es inadmisible. 1) *Primero,* porque en el principio material al que hacían referencia, no se encuentran los seres que se originan de él a no ser potencialmente. Y nada es conocido en cuanto que está en potencia, sino sólo en cuanto que está en acto, como consta en IX *Metaphys.*[10] Por eso, ni tan siquiera la misma potencia es conocida a no ser a través del acto. Por lo

5. C.5: ML 42,977.   6. ARISTÓTELES, c.8 n.1 (BK 431b21): S. Th. lect.13 n.878. 7. *De Cael. Hier.* c.12 § 2: MG 3,293.   8. C.3: ML 42,963.   9. Cf. ARISTÓTELES, *De An.* 1 c.5 n.5 (BK 409b24): S. Th. lect.12 n.178.   10. ARISTÓTELES, 8 c.9 n.6 (BK 1051a29): S. Th. lect.10 n.1888.

tanto, para que el alma lo conociera todo, no sería suficiente atribuirle la naturaleza de los principios, a no ser que también poseyera la naturaleza y forma de cada uno de sus efectos, como la de los huesos, la carne, y demás, como argumenta Aristóteles contra Empédocles en I *De Anima*[11]. 2) *Segundo,* porque, si fuera necesario que lo conocido estuviera materialmente en quien conoce, no habría razón para que las realidades materiales exteriores carecieran de conocimiento, puesto que si el alma conociera el fuego por el fuego, también el mismo fuego, que está fuera del alma, lo conocería.

Por lo tanto, hay que concluir que los objetos materiales conocidos están en quien conoce no materialmente, sino, más bien, inmaterialmente. Esto es así porque el acto del entendimiento comprende los objetos que están fuera de quien conoce, ya que es evidente que conocemos lo externo a nosotros. Ahora bien, por la materia la forma está determinada a un ser único y concreto. Por eso es evidente que la razón de la materialidad y del conocimiento son opuestos. De este modo, los seres que reciben sólo materialmente las formas de otros seres, no pueden conocer de ningún modo, como, por ejemplo, las plantas, tal como se dice en el II libro *De Anima*[12]. En cambio, cuanto más inmaterialmente un ser posee la forma de lo conocido, más perfectamente conoce. Por eso el entendimiento, que abstrae la especie inteligible no sólo de la materia, sino también de las condiciones materiales individuantes, conoce más perfectamente que los sentidos, los cuales reciben su forma de lo conocido sin su materia, pero con sus condiciones materiales. De entre los sentidos, el de la vista es el más capacitado para conocer, porque, como dijimos ya (q.78 a.3), es el menos material. Entre los entendimientos, cuanto más inmaterial, más perfecto.

Se concluye claramente que, si hay un entendimiento que conozca todas las cosas por su esencia, es necesario que las posea todas inmaterialmente. De modo semejante a como los antiguos suponían la esencia del alma compuesta en acto por los principios de todas las cosas materiales, para que las pudiera conocer todas. Es exclusivo de Dios poseer una esencia que contenga inmaterialmente todas las cosas, al modo como los efectos preexisten virtualmente en la causa. Así, pues, sólo Dios lo conoce todo en virtud de su propia esencia. No el alma humana ni tampoco el ángel.

Respuesta a las objeciones: 1. *A la primera hay que decir:* Agustín está hablando de la visión imaginaria que se realiza por medio de imágenes corporales. Para formar dichas imágenes el alma pone algo de su sustancia, a la manera como se pone el sujeto para que sea informado por alguna forma. Es así como produce de sí misma las imágenes, no porque el alma o una parte suya se transforme en ésta o en aquella imagen, sino al modo como se dice que un cuerpo se convierte en algo coloreado porque se le da un color. Este sentido del texto se desprende del contexto. Pues dice[13] *que conserva algo,* esto es, lo no informado por tal imagen, *que es aquello por lo que libremente juzga de tales imágenes.* Esto lo llama *mente* o *entendimiento.* En cambio, en lo que se refiere a que es informada por las imágenes, esto es, por la imaginación, dice que *nos es común con los animales.*

2. A la segunda hay que decir: Aristóteles no admitió, como lo hacían los antiguos naturalistas, que el alma estuviera compuesta de todas las cosas, sino que dijo: *En cierto modo el alma lo es todo.* Y esto en cuanto que está en potencia con respecto a todo; por los sentidos, a lo sensible; por el entendimiento, a lo inteligible.

3. A la tercera hay que decir: Toda criatura tiene el ser finito y determinado. Por eso, la esencia de una criatura superior, aunque tenga cierta semejanza con la de una criatura inferior, por coincidir en un mismo género; sin embargo, tal semejanza no es perfecta, ya que está determinada a una especie a la que no pertenece la criatura inferior. Pero la esencia divina es la semejanza perfecta de todo con respecto a todo, como principio universal de todo.

11. ARISTÓTELES, c.5 n.5 (BK 409b23): S. Th. lect.12 n.178.   12. ARISTÓTELES, c.12 n.4 (BK 424a32): S. Th. lect.24 n.556.   13. *De Trin.* l.10 c.5: ML 42,977.

ARTÍCULO 3

El alma, ¿lo conoce o no lo conoce todo por las especies impresas naturalmente en ella?

De Verit. q.10 a.6; q.11 a.1; q.18 a.7; q.19 a.1; *Cont. Gentes* 2,83; *De Anima* q.15.

Objeciones por las que parece que el alma lo conoce todo por las especies impresas naturalmente en ella:

1. Dice Gregorio en la homilía sobre la Ascensión[14]: *Entender es común al hombre y a los ángeles.* Pero los ángeles lo entienden todo por las formas innatas. Por eso, se dice en el libro *De Causis* [15]: *Toda inteligencia está llena de formas.* Por lo tanto, el alma posee especies congénitas de todo por las que conoce lo corporal.

2. Más aún. El alma intelectiva es más digna que la materia prima corporal. Pero la materia prima es creada por Dios con las formas con respecto a las que está en potencia. Por lo tanto, con mayor motivo el alma intelectiva es creada por Dios con las especies inteligibles. De este modo, el alma entiende lo corporal por las especies innatas.

3. Todavía más. Nadie puede responder correctamente más que de lo que conoce. Pero también un idiota, que no tiene ciencia adquirida, responde correctamente sobre cosas concretas, con tal que se le pregunte ordenadamente, como se cuenta de uno en el *Menón* de Platón [16]. Por lo tanto, antes de adquirir su ciencia, se tiene conocimiento de las cosas. Esto no sería posible a no ser que el alma poseyera las especies innatas. Así, pues, el alma conoce lo corpóreo por las especies innatas.

En cambio está lo que dice el Filósofo en III *De Anima* [17] al hablar del entendimiento: *Es como una tablilla en la que no hay nada escrito.*

Solución. *Hay que decir:* Como quiera que la forma es principio de acción, es necesario que la relación de una cosa con la forma que es principio de acción, sea la misma que mantiene con dicha acción. Así, si el elevarse depende de la ingravidez, es necesario que lo que se eleve sólo

en potencia sea ingrávido sólo en potencia; y lo que se leve en acto, sea ingrávido en acto. Pero observamos que el hombre a veces sólo conoce en potencia tanto sensitiva como intelectualmente. Dicha potencia pasa al acto en el conocimiento sensitivo por las acciones de las cualidades sensibles sobre el sentido, y en el intelectivo, por medio del aprendizaje de la inventiva. Por eso es necesario afirmar que el alma intelectiva está en potencia tanto con respecto a las imágenes, principio de sensación, como a las semejanzas, principio de intelección. Por eso, Aristóteles [18] sostuvo que el entendimiento, por el que el alma conoce, no posee especies inteligibles innatas, sino que originariamente está en potencia hacia todas estas especies.

Pero porque, en ocasiones, el que posee en acto una forma no puede obrar conforme a ella por algún impedimento, como el cuerpo ingrávido no puede elevarse, Platón sostuvo que el entendimiento del hombre, por naturaleza, está repleto de todas las especies inteligibles. Pero que, debido a su unión con el cuerpo, no pasan a estar en acto.

No parece que esto sea correcto. 1) Primero, porque, si el alma tiene un conocimiento natural de todo, no parece posible que su olvido sea tan grande y que ni siquiera recuerde que posee dicho conocimiento. De hecho, ningún hombre olvida lo que conoce por naturaleza, como, por ejemplo, que el todo es mayor que la parte y cosas parecidas. Y mucho más incorrecto todavía parece, si tenemos en cuenta que al alma le es natural estar unida al cuerpo, como dijimos anteriormente (q.76 a.1), ya que es inaceptable que la acción natural de un ser quede totalmente impedida por algo que le es natural.

2) Segundo, la falsedad de esta postura aparece manifiestamente porque, cuando falta algún sentido, falta el conocimiento de lo que dicho sentido percibe. Ejemplo: el ciego de nacimiento no conoce los colores. Esto no sucedería si en el alma hubieran sido infundidas por naturaleza las razones de todo lo inteligible. Por lo tanto, hay que afirmar que el alma no conoce lo corporal a través de las especies innatas.

14. L.2 hom.29:ML 76, 1214.   15. § 9 (BA 178).   16. C.15. Cf. CICERÓN, *Tuscul.* l.1 c.24 (DD 635); S. AGUSTÍN, *De Trin.* l.2 c.15: ML 42,1011.   17. ARISTÓTELES, c.4 n.11 (BK 430a1): S. Th. lect.9 n.722.   18. ARISTÓTELES, *De An.* 3 c.4 n.11 (BK 429b30): S. Th. lect.9 n.722.

Respuesta a las objeciones: 1. *A la primera hay que decir:* Ciertamente, común a los ángeles y a los hombres es el entender, pero en éstos no se da la perfección de aquéllos. De la misma forma que los cuerpos inferiores, que se limitan a existir, no tienen una existencia tan perfecta como la de los cuerpos superiores, como dice Gregorio. Pues la materia de los cuerpos inferiores no está totalmente formada, sino que está en potencia para algunas formas que todavía no posee. La materia de los cuerpos superiores está totalmente formada, de manera que, como establecimos (q.66 a.2), no están en potencia para recibir otra forma. Igualmente, el entendimiento del ángel está naturalmente perfeccionado por las especies inteligibles, mientras que el entendimiento humano está en potencia con respecto a ellas.

2. *A la segunda hay que decir:* La materia prima tiene su ser sustancial por la forma. Y, por eso, debió ser creada con alguna forma. De no ser así, no existiría en acto. Sin embargo, existiendo con una sola forma, está en potencia con respecto a otras. En cambio, el entendimiento no recibe su ser sustancial de la especie inteligible. Consecuentemente, no hay paridad.

3. *A la tercera hay que decir:* Un correcto interrogatorio va de los principios generales, comúnmente conocidos, a los casos concretos. Este procedimiento causa el saber en el alma del que aprende. Por eso, cuando uno responde con precisión a algo que se le pregunta, no es porque lo conociera antes, sino porque es entonces cuando lo conoce por primera vez. Por lo demás, da igual que el maestro, al pasar de los principios generales a las conclusiones, lo haga exponiendo o preguntando, porque, en ambos casos, quien le escucha se convence de lo posterior por lo anterior.

ARTÍCULO 4

Las especies inteligibles, ¿pasan o no pasan al alma provenientes de algunas formas separadas?

De Verit. q.10 a.6; q.11 a.1; *De Anima* a.15.

Objeciones por las que parece que las especies inteligibles pasan al alma provenientes de otras formas separadas:

1. Todo lo que uno es por participación ha sido causado por alguien que lo es por esencia. Ejemplo: lo encendido tiene por causa el fuego. Pero el alma intelectiva, entendiendo en acto, participa de las mismas realidades inteligibles, pues el entendimiento en acto es, de algún modo, lo entendido en acto. Por lo tanto, las cosas que en sí mismas y por su propia esencia son entendidas en acto son la causa de que el alma intelectiva entienda en acto. Pero las cosas entendidas en acto por su misma esencia son las formas que existen sin materia. Así, pues, las especies inteligibles por las que el alma entiende, son causadas por ciertas formas separadas.

2. Más aún. La misma relación hay entre lo inteligible y el entendimiento que entre lo sensible y el sentido. Pero los objetos sensibles que están en acto fuera del alma, son la causa de las especies sensibles que hay en el sentido y por las que sentimos. Por lo tanto, las especies inteligibles por las que nuestro entendimiento conoce, son causadas por ciertos objetos inteligibles en acto que existen fuera del alma. Así, pues, las formas inteligibles de nuestro entendimiento dimanan de algunas sustancias separadas.

3. Todavía más. Todo lo que está en potencia se actualiza por lo que está en acto. Por lo tanto, si nuestro entendimiento está primero en potencia y después en acto, es necesario que esto sea causado por algún entendimiento que está siempre en acto. Este es el entendimiento separado. Por lo tanto, las especies inteligibles por las que entendemos en acto, son causadas por algunas sustancias separadas.

En cambio está el hecho de que, de ser así, para entender no necesitaríamos los sentidos. Esto es evidentemente falso, porque quien carece de un sentido, de ninguna manera puede conocer los objetos sensibles correspondientes a dicho sentido.

Solución. *Hay que decir:* Algunos sostuvieron que las especies inteligibles de nuestro entendimiento proceden de algunas formas o sustancias separadas. Esto sucede de dos maneras. Platón, como dijimos (a.1), sostuvo que las formas de las realidades sensibles subsisten por sí mismas sin materia. Ejemplo: la forma del hombre, que él llamaba el *hombre en sí*, y la forma o idea de caballo, que llamaba *caballo en sí*. Consecuentemente, sostenía también que las formas separadas eran participadas tanto por nuestra alma como por la materia corporal. Por nuestra alma, para entender. Por la materia corporal, para existir. Y así como la materia corporal, por el hecho de participar de la idea de piedra, se hace piedra, así también nuestro entendimiento, por el hecho de participar de la idea de piedra, conoce la piedra. La participación de la idea se realiza a través de una semejanza suya en quien participa de ella. A la manera como el ejemplar es participado por la copia. Así, pues, de la misma manera que afirmaba que las formas sensibles presentes en la materia corporal dimanan de las ideas como una especie de imágenes suyas, así también sostenía que las especies inteligibles de nuestro entendimiento son ciertas representaciones de las ideas que de ellas se desprenden. Por eso, como dijimos (a.1), las ciencias y los conceptos los hacía depender de las ideas.

Pero porque contra la razón propia de lo sensible va el que las formas subsistan sin materia, como demuestra Aristóteles[19] sobradamente, Avicena[20], alejándose de dicha opinión, sostuvo que las especies inteligibles de los seres sensibles no subsisten por sí mismas sin la materia, sino que preexisten inmaterialmente en los entendimientos separados. Del primero de estos entendimientos dimana el segundo, y así sucesivamente, hasta llegar al último entendimiento separado, que llamó *entendimiento agente* y del que, como él mismo dice, las especies inteligibles pasan a nuestras almas, y las formas sensibles a la materia corporal. En esta línea, Avicena y Platón concuerdan en que las especies inteligibles de nuestro entendimiento dimanan de ciertas formas separadas. Sin embargo, Platón dice que subsisten por sí mismas, y Avicena dice que están en el entendimiento agente. También difieren en que Avicena sostiene que las especies inteligibles no permanecen en nuestro entendimiento cuando deja de entender en acto, sino

que necesita recibirlas de nuevo. Por eso no admite la ciencia natural innata, como Platón, el cual sostenía que las participaciones de las ideas están invariablemente en el alma.

Pero en esta suposición no es posible encontrar la razón suficiente de por qué nuestra alma se une al cuerpo. Pues no puede decirse que el alma intelectiva se une al cuerpo por el cuerpo, ya que ni la forma existe por razón de la materia, ni el motor por el móvil, sino al contrario. Parece, más bien, que el cuerpo es necesario al alma intelectiva en orden a su propia operación, entender, ya que, por su ser, no depende del cuerpo. Si el alma por su naturaleza estuviera destinada a recibir las especies inteligibles sólo a través del influjo de ciertos principios separados, y no las recibiese por parte de los sentidos, para entender no necesitaría el cuerpo. Consecuentemente, no necesitaría unirse a él.

Tampoco basta decir que nuestra alma necesita los sentidos para entender en cuanto que los sentidos la estimulan a pensar en las cosas cuyas especies inteligibles recibe por parte de los principios separados. Porque no parece que el alma necesite dichos estímulos a no ser en cuanto que, como dicen los platónicos, está como adormecida y olvidada por efecto de su unión con el cuerpo. De ser así, los sentidos no servirían al alma intelectiva más que para alejar el obstáculo que representa su unión con el cuerpo. Consecuentemente, permanece en pie la cuestión de averiguar cuál es la razón por la que el alma se une al cuerpo.

Si, siguiendo a Avicena, se dice que los sentidos son necesarios al alma en cuanto que la impulsan a recurrir al entendimiento agente del que recibe las especies, tampoco esto resulta suficiente. Porque si en la naturaleza del alma está el que entiende a través de las especies procedentes del entendimiento agente, habría que concluir que algunas veces podría volverse a él por su tendencia natural, o también estimulada por uno de los sentidos para recibir del entendimiento agente las especies de los objetos sensibles que pertenecen a un sentido

19. ARISTÓTELES, *Metaphys.* 6 c.14 (BK 1039a24): S. Th. l.7 lect.14 n.1592.   20. *De An.* p.5.ª c.5 (25rb); *Metaphys.* tr.9 c.4 (105ra). También para las referencias de las siguientes afirmaciones.

que no posee. De ser así, un ciego de nacimiento podría tener conocimiento de los colores, lo cual es evidentemente falso. Por lo tanto, hay que afirmar que las especies inteligibles por las que nuestra alma conoce, no provienen de algunas formas separadas.

Respuesta a las objeciones: 1. *A la primera hay que decir:* Las especies inteligibles de las que participa nuestro entendimiento se reducen, como a su primera causa, a un principio inteligible por su propia esencia, esto es, a Dios. Pero proceden de dicho principio a través de las formas de las cosas sensibles y materiales, de las que obtenemos la ciencia, como dice Dionisio[21].

2. *A la segunda hay que decir:* El ser que las cosas materiales poseen fuera del alma, les permite ser sensibles en acto, pero no inteligibles en acto. Por lo tanto, entre el sentido y el entendimiento no hay paridad.

3. *A la tercera hay que decir:* Nuestro entendimiento posible pasa de la potencia al acto por un ser en acto, es decir, por el entendimiento agente, que es una potencia del alma, como dijimos (q.79 a.4), pero no por un entendimiento separado como por causa próxima, sino, en todo caso, como causa remota.

ARTÍCULO 5

El alma intelectiva, ¿conoce o no conoce las cosas materiales en las razones eternas?

De Verit. q.8 a.7 ad 13; q.10 a.6 ad 6; a.8.

Objeciones por las que parece que el alma no conoce las cosas materiales en las razones eternas:

1. Aquello en lo que una cosa es conocida, se conoce antes y mejor. Pero el alma intelectiva del hombre, en el estado de la vida presente, no conoce las razones eternas, ya que no conoce a Dios mismo, en quien están estas razones, sino que *se une a Él como a un ser desconocido,* como dice Dionisio en c.1 *Mysticae Theologiae*[22]. Por lo tanto, el alma no conoce todas las cosas en las razones eternas.

2. Más aún. En Rom 1,20 se dice:

Llegamos a lo invisible de Dios por lo creado. Pero entre lo invisible de Dios se encuentran las razones eternas. Por lo tanto, las razones eternas se conocen por las criaturas materiales, y no al revés.

3. Todavía más. Las razones eternas no son más que las ideas. Pues Agustín, en el libro *Octoginta trium quaest.*[23], dice: *Las ideas son las razones permanentes de las cosas que hay en la mente divina.* Por lo tanto, decir que el alma intelectiva conoce todas las cosas en las razones eternas, es actualizar la postura de Platón, quien sostuvo que toda ciencia deriva de las ideas.

En cambio está lo que dice Agustín en XII *Confes.*[24]: *Si los dos vemos que es verdad lo que tú dices, y los dos vemos que es verdad lo que digo yo, pregunto: ¿Dónde lo vemos? Ni yo en ti ni tú en mí, sino que ambos lo vemos en aquella verdad inmutable que está por encima de nosotros.* Pero la verdad inmutable está contenida en las razones eternas. Por lo tanto, el alma intelectiva conoce todas las cosas verdaderas en las razones eternas.

Solución. *Hay que decir:* Como dice Agustín en II *De Doct. Christ.*[25]: *Los llamados filósofos, si han dicho alguna verdad en consonancia con nuestra fe, debemos reivindicarla para nuestro uso, puesto que ellos son injustos poseedores. Pues en las doctrinas de los paganos hay ciertas fábulas supersticiosas que todo cristiano que proceda del paganismo debe evitar.* Por eso, Agustín, imbuido en las doctrinas de los platónicos, recogió todo lo que en ellas encontró conforme con la fe, corrigiendo todo lo que se oponía. Así, Platón sostuvo, como hemos dicho (a.4), que las formas de las cosas, que llamó *ideas,* subsisten independientemente de la materia, por cuya participación nuestro entendimiento conoce todas las cosas, de modo que, así como la materia corporal se hace piedra por la participación de la idea de piedra, así también nuestro entendimiento conoce la piedra por participación de la misma idea. Pero porque parece contrario a la fe que las formas de las cosas subsistan fuera de éstas por sí mismas y sin materia, como sostuvieron los platónicos, los cuales afirmaban que *la vida en sí misma* y la *sabiduría en sí misma* son sustan-

21. *De Div. Nom.* c.7 §2: MG 3,886.   22. §3: MG 3,1001.   23. Q.46: ML 40,30.
24. C.25: ML 32,840.   25. C.40: ML 34,63.

cias creadoras, como dice Dionisio en c.11 *De Div. Nom.*[26]*;* por eso, Agustín en el libro *Octoginta trium quaest.*[27] admitió, en lugar de las ideas de Platón, la existencia en la mente divina de las razones de todas las cosas, según las cuales han sido hechas todas las cosas y según las cuales el alma lo conoce todo.

Por lo tanto, cuando nos preguntamos si el alma humana conoce todas las cosas en las razones eternas, debemos responder que algo es conocido en otro de dos maneras. 1) Una, como un objeto conocido, al modo como se ven en el espejo las cosas cuyas imágenes refleja. De esta manera el alma no puede en el presente estado de vida ver todas las cosas en las razones eternas; en cambio, así es como conocen los bienaventurados, los cuales ven a Dios y todas las cosas en Dios. 2) Otra, como en su principio de conocimiento. Como si dijéramos que vemos en el sol lo que vemos por su luz. En este sentido es necesario decir que el alma humana conoce las cosas en las razones eternas, por cuya participación lo conocemos todo. Pues la misma luz intelectual que hay en nosotros no es más que una cierta semejanza participada de la luz increada en la que están contenidas las razones eternas. Por eso, en el Sal 4,6-7 se dice: *Muchos dicen: ¿Quién nos muestra los bienes?* El salmista responde a esta pregunta diciendo: *Señor, sobre nosotros está sellada la luz de tu rostro.* Como si dijera: Por el sello de la luz divina en nosotros todo se nos da a conocer.

Sin embargo, porque, además de la luz intelectual para conocer las cosas materiales necesitamos las especies inteligibles que provienen de los mismos objetos, hay que concluir que no conocemos las cosas materiales sólo por la participación de las razones eternas, como decían los platónicos afirmando que la sola participación de las ideas es suficiente para tener ciencia. Por eso, Agustín en IV *De Trin.*[28] dice: *¿Acaso porque los filósofos demuestran con pruebas irrefutables que todo lo temporal fue hecho en virtud de las razones eternas, han podido ver en ellas o deducir de ellas cuántas son las especies de animales y cuántos los principios germinales de cada uno? ¿Acaso no acudieron, más bien,* al análisis de la historia de tiempos y lugares?

Que Agustín no entendió que todas las cosas son conocidas *en las razones eternas o en la verdad inmutable* en el sentido de que contempláramos las mismas razones eternas, resulta evidente por lo que él mismo escribe en el libro *Octoginta trium quaest.*[29]*: No toda ni cualquier alma racional es considerada apta para dicha visión, o sea, en las razones eternas, sino la encontrada santa y pura, como la de los bienaventurados.*

Respuesta a las objeciones: Está incluida en lo dicho.

ARTÍCULO 6

El conocimiento intelectual, ¿parte o no parte de las cosas sensibles?

De Verit. q.10 a.6; q.19 a.1; *Quodl.* 8 q.2 a.1; *Compend. Theol.* c.81.82; *De Anima* a.15.

Objeciones por las que parece que el conocimiento intelectual no parte de las cosas sensibles:

1. Dice Agustín en el libro *Octoginta trium quaest.*[30]*: Ninguna verdad cierta puede esperarse de los sentidos del cuerpo.* Esto lo prueba por dos razones. *Una,* porque *todo cuanto el sentido corporal alcanza, está en continuo cambio; y lo que no permanece, no puede ser percibido. Otra,* porque *conservamos las imágenes de todas las cosas que impresionaron los sentidos corporales, aun cuando no estén presentes en ellos, como ocurre en el sueño y en la locura, sin que podamos discernir por los sentidos sobre si lo que sentimos son los mismos objetos sensibles o falsas imágenes, y no es posible que se perciba nada sin discernirlo de lo falso.* Así, concluye que no hay que esperar la verdad de los sentidos. Pero el conocimiento intelectual percibe la verdad. Por lo tanto, el conocimiento intelectual no proviene de los sentidos.

2. Más aún. Dice Agustín en XII *Super Gen. ad litt.*[31]: *No debe creerse que el cuerpo obre algo en el espíritu como si el espíritu estuviese sometido a su acción en calidad de materia, puesto que es, en todos los conceptos, más digno el sujeto que obra que la realidad en la que se obra.* Por eso concluye: *No es el cuerpo el que produce su imagen en el espíritu, sino éste quien produce dicha ima-*

---

26. § 6: MG 3,956: S. Th. lect.4. 27. L.c. nota 23.   28. C.16: ML 42,902. 29. L.c. nota 23.27.   30. C.9: ML 40,13.   31. C.16: ML 34,467.

gen en sí mismo. Por lo tanto, el conocimiento intelectual no proviene de las cosas sensibles.

3. Todavía más. El efecto no sobrepasa la capacidad de su causa. Pero el conocimiento intelectual llega más allá de los objetos sensibles, pues llegamos a conocer cosas que no perciben los sentidos. Por lo tanto, el conocimiento intelectual no proviene de las cosas sensibles.

En cambio, el Filósofo, en *Metaphys.*[32] y al final del *De Poster.*[33], demuestra que el principio de nuestro conocimiento parte de los sentidos.

Solución. *Hay que decir:* Sobre esta cuestión, entre los filósofos hubo tres opiniones. Demócrito sostuvo que *la única causa de cada uno de nuestros conocimientos consiste en que vengan y entren en nuestras almas las imágenes de los cuerpos en que pensamos,* como nos transmite Agustín en su carta *Ad Dioscorum*[34]. Y Aristóteles, en el libro *De somn. et vigil.*[35], también dice que Demócrito sostuvo que el conocimiento se verifica *por imágenes y emanaciones.* El fundamento de tal opinión está en que tanto Demócrito como los antiguos naturalistas no establecían diferencias entre el entendimiento y el sentido, como delata Aristóteles en el libro *De Anima*[36]. Por eso, como el sentido es alterado por el objeto sensible, estimaron que todos nuestros conocimientos se verificaban sólo por esta alteración producida por lo sensible. Esta alteración Demócrito afirmaba que se realiza por emanaciones de imágenes.

Por su parte, Platón distinguía el entendimiento de los sentidos. Así, el entendimiento era una facultad inmaterial que para su acción no se servía de ningún órgano corporal. Y como lo incorpóreo no puede ser alterado por lo corpóreo, dedujo que el conocimiento intelectual no se verifica por la modificación que los objetos sensibles producen en el entendimiento, sino por la participación de las formas inteligibles separadas. Esto ya se dijo (a.5). También sostuvo que

los sentidos tenían cierta virtualidad propia por la que ni siquiera ellos mismos, a no ser como facultad espiritual, son alterados por objetos sensibles, que sólo afectan a los órganos sensoriales, por cuya alteración de alguna manera es estimulada el alma en orden a configurar en sí misma las especies de los objetos sensibles. Esta opinión parece ser muy cercana a la expresada por Agustín en XII *Super Gen. ad litt.,* cuando dice: *No es el cuerpo el que siente, sino el alma por el cuerpo, del que se sirve como de mensajero para formar en sí misma lo que se le notifica de fuera.* Así, pues, según la opinión de Platón, ni el conocimiento intelectual procede del sensible, ni siquiera el sensible procede totalmente de los objetos sensibles, sino que los objetos sensibles estimulan al alma sensitiva para sentir, y, a su vez, los sentidos estimulan al alma intelectiva para entender.

Aristóteles[37] mantuvo una postura intermedia. Con Platón admite que el entendimiento es distinto del sentido. Pero sostuvo que el sentido no ejerce su operación propia sin que intervenga el cuerpo, de tal manera que el sentir no es un acto exclusivo del alma, sino del compuesto. Lo mismo afirma de todas las operaciones de la parte sensitiva. Y porque no hay inconveniente en que los objetos sensibles que se encuentran fuera del alma produzcan algún efecto en el compuesto, Aristóteles concuerda con Demócrito en decir que las operaciones de la parte sensitiva son causadas por impresiones de los objetos sensibles en el sentido, pero no a modo de emanación, como sostuvo Demócrito, sino por medio de una operación. Pues Demócrito suponía que todas las acciones se deben a la movilidad de los átomos, como aparece en I *De Generat.*[38] Aristóteles, en cambio, sostenía que el entendimiento ejecuta su operación sin la intervención del cuerpo. Nada corpóreo puede influir en algo incorpóreo. De este modo, según Aristóteles, para que se produzca la operación intelectual no basta la simple impresión de los cuerpos sensibles, sino que se precisa algo más

32. ARISTÓTELES, 1 c.1 n.2 (BK 981a2): S. Th. lect.1 n.10-17.   33. ARISTÓTELES, 2 c.15 n.5 (BK 100a3): S. Th. lect.20   n.11.   34. Epist.118 c.4: ML 33,446.   35. *De Divinat.* c.2 (BK 464a5): S. Th. lect.2.   36. C.24: ML 34,475.   37. ARISTÓTELES, *De An.* 3 c.3 n.3 (BK 427b6).   38. ARISTÓTELES, c.8 n.1 (BK 324b25): S. Th. lect.21.

digno, porque, como él mismo dice[39], *el agente es más digno que el paciente.* Sin embargo no en el sentido de que la operación intelectual sea producida en nosotros por el solo influjo de ciertos seres superiores, como sostuvo Platón, sino en cuanto que un agente superior y más digno, llamado entendimiento agente, y del que ya dijimos algo (q.79 a.3.4), por medio de la abstracción hace inteligibles las imágenes recibidas por los sentidos.

Por lo tanto, según esto, la operación intelectual es causada por los sentidos en lo que se refiere a las imágenes. Pero porque las imágenes no son suficientes para alterar el entendimiento posible, sino que necesitan el entendimiento agente para convertirse en inteligibles en acto, no puede decirse que el conocimiento sensible sea la causa total y perfecta del conocimiento intelectual, sino que, en cierto modo, es la materia de la causa.

Respuesta a las objeciones: 1. *A la primera hay que decir:* Aquellas palabras de Agustín dan a entender que no hay que esperar de los sentidos toda la verdad. Pues se precisa la luz del entendimiento agente para que en las cosas mutables conozcamos la verdad inmutable y para discernir entre la realidad objetiva y su imagen.

2. *A la segunda hay que decir:* Agustín no está hablando del conocimiento intelectivo, sino de lo imaginario. Y porque, según la opinión de Platón, la facultad de la imaginación tiene una operación que pertenece exclusivamente al alma, Agustín, para probar que los cuerpos no imprimen sus imágenes en la potencia imaginativa, sino que es el alma misma la que las produce, utilizó la misma razón empleada por Aristóteles para demostrar que el entendimiento agente es separado, esto es, porque *el agente es más digno que el paciente.* Según esta opinión, indudablemente habría que poner en la facultad imaginativa no sólo potencia pasiva, sino también activa. Pero si con Aristóteles admitimos que la acción de la facultad imaginativa pertenece al compuesto, desaparece toda dificultad, pues el cuerpo sensible es más digno que cualquier órgano animal, ya que se relaciona con dicho órgano como el ser en acto se relaciona con el ser en potencia, de igual modo que el cuerpo, que tiene el color en acto, se compara con la pupila, que lo tiene en potencia. Sin embargo, podría decirse que, aun cuando la primera alteración de la potencia imaginativa se debe a la moción de los objetos sensibles, porque, *la fantasía es un movimiento producido por el sentido,* como se dice en el libro *De Anima*[40], en el hombre hay cierta operación del alma que, por medio de la composición y división, forma diversas imágenes de las cosas sin que los sentidos lo perciban. Esto es lo que quiere decir Agustín.

3. *A la tercera hay que decir:* El conocimiento sensitivo no es causa completa del conocimiento intelectual. Por lo tanto, no hay que extrañarse de que el conocimiento intelectual abarque más que el sensitivo.

ARTÍCULO 7

El entendimiento, ¿puede o no puede conocer, de hecho, mediante las especies inteligibles que ya posee sin recurrir a las imágenes?

Infra q.85 a.1 ad 4; a.5 ad 2; q.86 a.1; q.89 a.1; *In Sent.* 1.2 d.20 q.2 a.2 ad 3; 1.3 d.31 q.2 a.4; *De Verit.* q.10 a.2 ad 7; a.8 ad 1; q.19 a.1; *Cont. Gentes* 2,73-81; *De Mem. et Remin.* lect.3; *In 1 Cor.* c.13 lect.3.

Objeciones por las que parece que el entendimiento puede conocer, de hecho, mediante las especies inteligibles que ya posee sin referirse a las imágenes:

1. El entendimiento pasa al acto por la especie inteligible que lo informa. Pero estar el entendimiento en acto es lo mismo que entender. Por lo tanto, las especies inteligibles son suficientes para que el entendimiento entienda en acto sin necesidad de recurrir a las imágenes.

2. Más aún. Más depende la imaginación del sentido que el entendimiento de la imaginación. Pero la imaginación puede ejercer su operación sin la presencia de lo sensible. Por lo tanto, con mayor motivo el entendimiento puede entender sin necesidad de recurrir a las imágenes.

3. Todavía más. No hay imágenes de lo incorporal, porque la imaginación

39. ARISTÓTELES, *De An.* 3 c.5 n.2 (BK 430a18): S. Th. lect.7 n.677.   40. ARISTÓTELES, 3 c.3 n.13 (BK 429a1): S. Th. lect.6.

no trasciende el tiempo y el espacio. Por lo tanto, si nuestro entendimiento no pudiera entender nada en acto sin recurrir a las imágenes, se seguiría que no podría entender nada incorpóreo. Esto es evidentemente falso, pues entendemos la verdad misma, a Dios y a los ángeles.

En cambio está lo que dice el Filósofo en III *De Anima* [41]: *El alma no entiende nada sin imágenes.*

Solución. *Hay que decir:* Es imposible que nuestro entendimiento, en el presente estado de vida, durante el que se encuentra unido a un cuerpo pasible, entienda en acto algo sin recurrir a las imágenes. De que esto es así, tenemos un doble indicio. 1) *Primero,* porque al ser el entendimiento una facultad que no se sirve de ningún órgano corporal, de ninguna manera estaría impedido su acto por la lesión de un órgano corporal si para su ejercicio no necesitase el acto de otra facultad que sí utiliza dichos órganos. Las potencias que sirven de órganos corporales son el sentido, la imaginación y las otras facultades de la parte sensitiva. Por eso resulta evidente que para que el entendimiento entienda en acto, y no sólo cuando por primera vez adquiera un conocimiento, sino también en la posterior utilización del conocimiento adquirido, se precisa el acto de la imaginación y el de las demás facultades. Pues observamos que, impedido el acto de la imaginación por la lesión de un órgano, como sucede en los dementes, o impedida la facultad de la memoria, como sucede en los que se encuentran en estado de letargo, el hombre no puede entender en acto ni siquiera aquellas cosas cuyo conocimiento ya había adquirido. 2) *Segundo,* porque todos pueden experimentar en sí mismos que, al querer entender algo, se forman ciertas imágenes a modo de ejemplares, en las que se puede contemplar, por decirlo de alguna manera, lo que se proponen entender. Por eso, cuando queremos hacer comprender a otro algo, le proponemos ejemplos que le permitan formarse imágenes para entender.

El porqué de todo esto radica en que la potencia cognoscitiva está proporcionada a lo cognoscible. Por eso, el enten-dimiento angélico, sin vinculación alguna con un cuerpo, por objeto propio tiene la sustancia inteligible separada del cuerpo, por la que conoce lo material inteligible. En cambio, el objeto propio del entendimiento humano, que está unido a un cuerpo, es la esencia o naturaleza existente en la materia corporal y, a través de la naturaleza de lo visible, llega al conocimiento de lo invisible. Es esencial a la naturaleza visible existir en un individuo que no es tal individuo sin materia corpórea, como es esencial a la naturaleza de la piedra existir en esta piedra, y a la naturaleza del caballo es esencial existir en este caballo. Por lo tanto, de forma verdadera y completa no se puede conocer la naturaleza de la piedra o la de cualquier otro objeto material si no se la conoce existente de forma concreta. Pero lo concreto lo percibimos por los sentidos y por la imaginación. Consecuentemente, para que el entendimiento entienda en acto su objeto propio, es necesario que recurra a las imágenes para descubrir la naturaleza universal como presente en un objeto particular. En cambio, si el objeto de nuestro entendimiento fuesen las formas separadas, o si las naturalezas de las realidades sensibles subsistiesen independientemente de lo concreto, como dicen los platónicos, no sería necesario que nuestro entendimiento para entender recurriera siempre a las imágenes.

Respuesta a las objeciones: 1. *A la primera hay que decir:* Las especies conservadas en el entendimiento posible están en él habitualmente cuando no las entiende en acto, como se dijo (q.79 a.6). Por eso, para entender en acto no basta conservar así las especies, sino que es necesario que las utilicemos en conformidad con lo que representan, esto es, con las naturalezas existentes en las cosas particulares.

2. *A la segunda hay que decir:* La misma imagen es una semejanza de la realidad concreta. Por eso la imaginación no necesita una nueva representación particular, como la necesita el entendimiento.

3. *A la tercera hay que decir:* Conocemos las realidades incorpóreas, de las que no disponemos de imágenes, por la relación con lo sensible, de lo cual sí po-

41. ARISTÓTELES, c.7 n.3 (BK 431a16): S. Th. lect.12 n.770.

seemos imágenes. De este modo, conocemos la verdad misma reflexionando sobre el objeto cuya verdad investigamos. Como dice Dionisio[42], a Dios le conocemos en cuanto causa y por vía de eminencia y negación. En lo que se refiere a las demás sustancias incorpóreas, no podemos conocerlas en el estado presente de vida más que por vía de remoción o a través de una comparación con lo corporal. Así, para conocer algo de estos seres, aun cuando no dispongamos de sus imágenes, es necesario recurrir a las imágenes de lo corpóreo.

ARTÍCULO 8

El juicio del entendimiento, ¿queda o no queda impedido cuando el sentido está anulado?

2-2 q.154 a.5 ad 3; *In Sent.* l.3 d.15 q.2 a.3 q.ª2 ad 2; *De Verit.* q.12 a.3 ad 1-3; q.28 a.3 ad 6.

Objeciones por las que parece que el juicio del entendimiento no queda impedido cuando el sentido está anulado:
1. Lo superior no depende de lo inferior. Pero el juicio del entendimiento está por encima de los sentidos. Por lo tanto, el juicio del entendimiento no es impedido por el embotamiento de los sentidos.
2. Más aún. Raciocinar es un acto del entendimiento. Durante el sueño, los sentidos están impedidos, como se dice en el libro *De Somn. et Vigil.*[43] Sin embargo, hay quien razona durmiendo. Por lo tanto, estancados los sentidos, no queda impedido el juicio del entendimiento.

En cambio no se consideran actos pecaminosos aquellas acciones contrarias a las rectas costumbres y que se realizan durante el sueño, como dice Agustín en XII *Super Gen. ad litt.*[44] Esto no ocurriría si, estando dormido el hombre, pudiera usar libremente de la razón y del entendimiento. Por lo tanto, el estancamiento de los sentidos impide el uso de la razón.

Solución. *Hay que decir:* Como dijimos (a.7), el objeto propio y proporcionado a nuestro entendimiento es la naturaleza de lo sensible. Pero no puede emi-

tirse un juicio completo de algo si no se conoce todo lo que está referido a este algo, en especial si se desconoce el término y el fin del juicio. Dice el Filósofo en III *De Caelo*[45]: *Así como el fin de la ciencia práctica es la operación, así también el de la ciencia natural es lo que principalmente se percibe por los sentidos.* Pues el herrero no busca conocer lo que es un cuchillo a no ser para su trabajo, es decir, para forjar este cuchillo en concreto. Igualmente, tampoco el naturalista busca conocer la naturaleza de la piedra o del caballo a no ser para conocer las definiciones de lo que le ofrecen los sentidos. Es evidente que ni el juicio del herrero sobre el cuchillo sería perfecto si ignorase su funcionalidad, ni tampoco lo sería el juicio del naturalista sobre los objetos naturales si ignorase lo sensible. Ahora bien, todo lo que en la vida presente entendemos lo entendemos por comparación con lo sensible. Por lo tanto, es imposible que el juicio de nuestro entendimiento sea perfecto cuando están impedidos los sentidos por los que conocemos lo sensible.

Respuesta a las objeciones: 1. *A la primera hay que decir:* Aunque el entendimiento sea superior al sentido, sin embargo, y en cierto modo, depende de él. Y en lo sensible se fundamenta su primer y principal objeto. De este modo, es necesario que el juicio del entendimiento quede impedido al quedar estancados los sentidos.
2. *A la segunda hay que decir:* Los sentidos pierden su actividad en quienes duermen debido a ciertas emanaciones y vaporizaciones, como se dice en el libro *De Somn. et Vigil.*[46] El mayor o menor embotamiento de los sentidos depende de la disposición de estas evaporaciones. Cuando su movimiento es grande, no solamente se paralizan los sentidos, sino también la imaginación, hasta el punto que no se ofrece ninguna imagen, como ocurre sobre todo al dormirse después de haber comido y bebido demasiado. Si el movimiento de los vapores es algo menor, se ofrecen imágenes, pero desfiguradas y desordenadas, como les ocurre a los que tienen fiebre. Si dicho movi-

42, *De Div. Nom.* c.1 § 5: MG 3,593.   43. ARISTÓTELES, c.1 (BK 454b13): S. Th. lect.13.   44. C.15: ML 34,466.   45. ARISTÓTELES, c.8 n.6 (BK 306a16).   46. ARISTÓTELES, c.3 (BK 456b17): S. Th. lect.5.

miento aún es más lento, las imágenes se ofrecen ordenadas, como sucede sobre todo al acabar el sueño y en aquellos hombres sobrios y dotados de una potente imaginación. Si el movimiento de los vapores es mínimo, no sólo queda libre la imaginación, sino también y en parte el sentido común, de tal manera que, incluso durmiendo, a veces el hombre juzga que lo que ve es un sueño como si distinguiera entre realidad e imagen. Sin embargo, en parte está atado al sentido común. Por eso, aunque la realidad la distinga de ciertas imágenes, con otras se engaña siempre. Así, pues, en la medida en que el sentido y la imaginación se van recobrando paulatinamente durante el sueño, también el entendimiento recobra el juicio, aunque no totalmente. Por eso, los que durmiendo razonan, siempre reconocen que se equivocaron en algo.

CUESTIÓN 85

Sobre el conocer: modo y orden

Ahora hay que tratar lo referente al modo y orden en el conocer. Esta cuestión plantea y exige respuesta a ocho problemas: 1. Nuestro entendimiento, ¿conoce o no conoce lo corporal y lo material abstrayendo especies de las imágenes?—2. Las especies inteligibles abstraídas de las imágenes, ¿se relacionan con nuestro entendimiento como lo que se conoce o como el medio por lo que se conoce?—3. Nuestro entendimiento, por naturaleza, ¿conoce o no conoce ante todo lo más universal?—4. Nuestro entendimiento, ¿puede o no puede conocer al mismo tiempo muchas cosas?—5. Nuestro entendimiento, ¿conoce o no conoce a través de la composición y la división?—6. El entendimiento, ¿puede o no puede equivocarse?—7. ¿Puede o no puede alguien conocer mejor que otro una cosa?—8. Nuestro entendimiento, ¿conoce o no conoce antes lo indivisible que lo divisible?

ARTÍCULO 1

Nuestro entendimiento, ¿conoce o no conoce lo corporal y lo material abstrayendo especies de las imágenes?

Supra q.12 a.4; *Cont. Gentes* 2,77; *De Spirit. Creat.* a.10 ad 17; *In Metaphys.* 2 lect.1.

Objeciones por las que parece que nuestro entendimiento no conoce lo corporal y lo material abstrayendo especies de las imágenes:

1. Cualquier entendimiento que entiende una cosa de modo distinto a como ella es, está equivocado. Ahora bien, las formas de las cosas materiales no existen abstraídas de los objetos particulares, cuyas representaciones son las imágenes. Por lo tanto, si conociéramos las realidades materiales abstrayendo sus especies de las imágenes, la falsedad estaría en nuestro entendimiento.

2. Más aún. Las realidades materiales son realidades naturales en cuya definición entra la materia. Pero nada puede ser entendido sin conocer lo que entra en su definición. Por lo tanto, los seres materiales no pueden ser entendidos sin la materia. Pero la materia es principio de individuación. Por lo tanto, las realidades materiales no pueden ser entendidas abstrayendo lo universal de lo particular, que consiste en abstraer las especies inteligibles de las imágenes.

3. Todavía más. En el III *De Anima* [1] se dice que las imágenes se relacionan con el alma intelectiva como los colores con la vista. Pero la visión no se verifica abstrayendo especies de los colores, sino por la impresión de éstos en la vista. Por lo tanto, tampoco el entender se verifica abstrayendo algo de las imágenes,

1. ARISTÓTELES, c.7 n.3 (BK 431a14): S. Th. lect.12 n.770.

sino porque las imágenes se imprimen en el entendimiento.

4. Y también. Como se dice en III *De Anima*[2], en el alma intelectiva se encuentra el entendimiento posible y el agente. Pero extraer las especies inteligibles de las imágenes no le corresponde al entendimiento posible, sino que le corresponde archivar las especies ya abstraídas. Pero tampoco parece que le corresponda al entendimiento agente, que se relaciona con las imágenes como con los colores la luz, la cual no abstrae nada de. ellos, sino que, más bien, influye en ellos. Por lo tanto, de ninguna manera entendemos abstrayendo de las imágenes.

5. Por último. El Filósofo, en el III *De Anima*[3], dice: *El entendimiento conoce las especies en las imágenes.* Por lo tanto, no abstrayéndolas.

En cambio está lo que se dice en III *De Anima*[4]: *En la medida en que las cosas son separables de la materia, se aproximan al entendimiento.* Por lo tanto, es necesario que las cosas materiales sean entendidas por abstracción de la materia y de las representaciones materiales, esto es, de las imágenes.

Solución. *Hay que decir:* Como dijimos (q.84 a.7), el objeto cognoscible está proporcionado a la facultad cognoscitiva. Hay tres grados en la facultad cognoscitiva. 1) Hay una facultad cognoscitiva que es acto de un órgano corporal, y es el *sentido.* Por eso, el objeto de cualquier potencia sensitiva es la forma en cuanto presente en la materia corporal. Como dicha materia es principio de individuación, las potencias de la parte sensitiva sólo conocen realidades concretas. 2) Hay otra facultad cognoscitiva que ni es acto de un órgano corporal ni está unida de ninguna manera a lo corpóreo, y ésta es el *entendimiento angélico.* Así, el objeto de esta facultad cognoscitiva es la forma subsistente sin materia, pues aunque conozca las realidades materiales, sin embargo, no las conoce más que viéndolas en las inmateriales, ya sea en sí mismo, ya en Dios. 3) El entendimiento humano ocupa un lugar intermedio, pues no es acto de ningún órgano

corporal. En cambio, es una facultad del alma que es forma del cuerpo, como quedó demostrado (q.76 a.1). Y por eso, le corresponde como propio el conocimiento de la forma presente en la materia corporal individual, si bien no tal como está en la materia. Pero conocer lo que está en una materia individual y no tal como está en dicha materia, es abstraer la forma de la materia individual representada en las imágenes. De este modo, es necesario afirmar que nuestro entendimiento conoce las realidades materiales abstrayendo de las imágenes. Y por medio de las realidades materiales así entendidas, llegamos al conocimiento de las inmateriales, pero de forma distinta a como lo hacen los ángeles, los cuales por lo inmaterial conocen lo material.

En cambio, Platón, atendiendo sólo a la inmaterialidad del entendimiento humano y no al hecho de que de algún modo está unido al cuerpo, sostuvo que su objeto son las ideas separadas y que nosotros entendemos no abstrayendo, sino, más bien, participando de las realidades abstractas, como se dijo anteriormente (q.84 a.1).

Respuesta a las objeciones: 1. *A la primera hay que decir:* Hay dos maneras de Abstraer. 1) *Una,* por composición y división, como cuando entendemos que una cosa no está en otra o que está separada de ella. 2) *Otra,* por consideración simple y absoluta, como cuando entendemos una cosa sin pensar en ninguna otra. Así, pues, abstraer según la primera manera indicada, esto es, abstraer con el entendimiento cosas que en la realidad no están abstraídas, no puede darse sin error. Pero no hay error en abstraer según la segunda manera, como resulta evidente en el orden sensible, pues si pensamos o decimos que el color de un cuerpo no le es inherente, o que está separado de él, hay falsedad en el juicio o en la expresión. En cambio, si consideramos el color y sus propiedades sin referencia alguna a la manzana en que está el color, o expresamos de palabra lo que así entendemos, no habrá error ni en el juicio ni en la expresión. Pues la manza-

2. ARISTÓTELES, c.5 n.1 (BK 430a14): S. Th. lect.10 n.728.   3. ARISTÓTELES, c.7 n.5 (BK 431b2): S. Th. lect.12 n.777.   4. ARISTÓTELES, c.4 n.8 (BK 429b21): S. Th. lect.8 n.714.

na no pertenece a la esencia del color, y, consecuentemente, no hay inconveniente en que consideremos el color sin referirnos para nada a la manzana. Igualmente, lo que pertenece a la esencia específica de cualquier objeto material, una piedra, un hombre o un caballo, puede ser considerado sin sus principios individuales, que no entran en el concepto de esencia. En esto consiste precisamente abstraer lo universal de lo particular por la especie inteligible de las imágenes, esto es, considerar la naturaleza específica independientemente de los principios individuales representados por las imágenes.

Por lo tanto, cuando se dice que está errado quien entiende algo de modo distinto a como es, se está diciendo algo verdadero si la expresión *de modo distinto* se refiere a lo entendido. Pues es falso el entendimiento que entiende algo de modo distinto a como es en realidad. Por eso, sería falso el entendimiento que abstrajera de la materia la especie de piedra de manera que entendiese que no está en la materia, como sostuvo Platón. Pero no es verdadero si la expresión *de modo distinto* está referida a quien entiende. Pues no hay falsedad en que su modo de ser cuando entiende sea distinto del modo de ser de la realidad existente, puesto que lo entendido está inmaterialmente en quien lo entiende, según el modo de ser del entendimiento, y no materialmente, según el modo de ser de la realidad material.

2. *A la segunda hay que decir:* Algunos[5] pensaron que la especie del objeto natural es sólo la forma, y que la materia no es parte de la especie. Pero, según esto, la materia no entraría en la definición de las cosas naturales. Hay que tener presente dos tipos de materia, esto es, la común y la concreta o individual. Común, como la carne y los huesos; individual, como esta carne y estos huesos. El entendimiento abstrae la especie de la materia sensible individual, no de la materia sensible común. De este modo, abstrae la especie de hombre de esta carne y de estos huesos, que no pertenecen al concepto de la especie, sino que son partes del individuo, como se ice en VII *Metaphys.*[6] Pero la especie

de hombre no puede ser abstraída por el entendimiento de la carne y de los huesos.

Las especies matemáticas pueden ser abstraídas por el entendimiento, no sólo de la materia sensible individual, sino también de la común. Sin embargo, no de la materia inteligible común, sino sólo de la individual. Pues se llama materia sensible a la materia corporal en cuanto que es sujeto de cualidades sensibles, como el calor, el frío, la dureza o la blandura. Y se llama materia inteligible a la sustancia en cuanto que es sujeto de la cantidad. Es evidente que la cantidad está presente en la sustancia antes que las cualidades sensibles. Por eso, las cantidades, como números, dimensiones y figuras, que son límites de la cantidad, pueden ser consideradas sin las cualidades sensibles, y esto es abstraer de la materia sensible. Sin embargo, no pueden ser concebidas sin referirlas a la sustancia en cuanto sujeto de la cantidad, ya que esto sería abstraerías de la materia inteligible común. Sin embargo, no es necesario referirlas a esta o a aquella sustancia. Esto equivaldría a abstraerlas de la materia inteligible individual.

Hay esencias que pueden ser abstraídas incluso de la materia inteligible común, como son el ser, la unidad, la potencia y el acto, los cuales también pueden existir sin materia alguna, como es el caso de las sustancias inmateriales. Y porque Platón no tuvo presente este doble modo de abstracción, sostuvo que era abstracto realmente todo lo que, tal como dijimos (ad 1), es abstraído por el entendimiento.

3. *A la tercera hay que decir:* Los colores existen del mismo modo en la materia corporal que en la potencia visiva, y, así, pueden imprimir su representación en la vista. Pero las imágenes, por ser representaciones de individuos y existir en órganos corporales, no tienen el mismo modo de existencia en el entendimiento humano, como resulta claro por lo dicho (sol.), y, por lo tanto, por sí mismas no pueden imprimirse en el entendimiento posible. Pero en virtud del entendimiento agente, que actúa sobre las imágenes, en el entendimiento

5. Cf. AVERROES, *In Metaphys.* l.7 comm.21 (8,171 I); comm.34 (184D).   6. ARISTÓTELES, 6 c.10 n.11 (BK 1035b28): S. Th. lect.10 n.1492.

posible se produce una cierta impresión o representación de los mismos objetos a los que se refieren las imágenes, pero exclusivamente en lo que respecta a su naturaleza específica. En este sentido, se habla de abstraer las especies inteligibles de las imágenes, no en el sentido de que una forma numéricamente la misma, y que antes estaba en la imaginación, pase al entendimiento posible, tal como un cuerpo pasa de un lugar a otro.

4. *A la cuarta hay que decir:* El entendimiento agente no sólo ilumina las imágenes, sino que también abstrae de ellas las especies inteligibles. Las ilumina porque, así como el sentido se perfecciona en su capacidad por su unión a la facultad intelectiva, así también las imágenes, en virtud del entendimiento agente, se hacen aptas para que de ellas puedan ser abstraídas las especies inteligibles. Y abstrae estas especies inteligibles de las imágenes en cuanto que, en virtud del entendimiento agente, podemos considerar las naturalezas específicas de las cosas sin sus determinaciones individuales, en cuanto que el entendimiento posible es informado por las representaciones de dichas naturalezas.

5. *A la quinta hay que decir:* Nuestro entendimiento abstrae las especies inteligibles de las imágenes en cuanto que considera de modo universal la naturaleza de las cosas. Sin embargo, las entiende en las imágenes, porque no puede entender nada, ni siquiera lo abstraído, a no ser recurriendo a las imágenes, como dijimos anteriormente (q.84 a.7).

ARTÍCULO 2

Las especies inteligibles abstraídas de las imágenes, ¿se relacionan o no se relacionan con nuestro entendimiento como objeto?

De Verit. q.10 a.9; q.18 a.1 ad 1; *Cont. Gentes* 2,75; 4,11; *De An.* 3 lect.8; *Quodl.* 7 a.1; *Compend. Theol.* c.85; *De Spirit. Creat.* a.9 ad 6.

Objeciones por las que parece que las especies inteligibles abstraídas de las imágenes se relacionan con nuestro entendimiento como el objeto:

1. Lo entendido en acto está en quien entiende, porque lo entendido en acto es el mismo entendimiento en acto. Pero nada de lo entendido está en el entendimiento de quien entiende en acto, a no ser la especie inteligible abstraída. Por lo tanto, esta misma especie es lo entendido en acto.

2. Más aún. Es necesario que lo entendido en acto esté en algún ser. De no ser así, nada sería. Pero no está en la realidad exterior al alma, porque, por ser ésta una realidad material, nada de lo que hay en ella puede ser entendido en acto. Por lo tanto, lo entendido en acto está en el entendimiento. Consecuentemente, no es más que la especie inteligible anteriormente mencionada.

3. Todavía más. Dice el Filósofo en I *Periherm.*[7]: *Las palabras son signos de las impresiones que hay en el alma.* Pero las palabras significan las cosas entendidas, pues por ellas expresamos lo que entendemos. Por lo tanto, lo entendido en acto son las mismas impresiones del alma, esto es, las especies inteligibles.

En cambio, la especie inteligible es con respecto al entendimiento lo que lo sensible con respecto al sentido. Pero la especie sensible no es lo que se siente, sino, más bien, aquello por lo que el sentido siente. Por lo tanto, la especie inteligible no es lo que se entiende en acto, sino aquello por lo que el entendimiento entiende.

Solución. *Hay que decir:* Algunos[8] sostuvieron que nuestras facultades cognoscitivas no conocen más que las propias pasiones. Por ejemplo, que el sentido no conoce más que la alteración de su órgano. En este supuesto, el entendimiento no entendería más que su propia alteración, es decir, la especie inteligible recibida en él. Según esto, estas especies son lo que el entendimiento conoce.

Pero esta opinión es evidentemente falsa por dos razones. 1) *Primera,* porque los objetos que entendemos son los mismos que constituyen las ciencias. Así, pues, si solamente entendiéramos las especies presentes en el alma, se seguiría que ninguna ciencia trataría sobre las realidades exteriores al alma, sino sólo sobre las especies inteligibles que hay en ella. Así, los platónicos sostenían que todas las ciencias tratan sobre las

---

7. ARISTÓTELES, c.1 n.2 (BK 16a3): S. Th. lect.2 n.3.   8. Cf. S. TOMÁS, *In Metaphys.* l.9 lect.3.

ideas, entendidas en acto. 2) *Segunda,* porque se repetiría el error de los antiguos, los cuales sostenían que *es verdadero todo lo aparente.* Así, lo contradictorio sería simultáneamente verdadero. Pues si una potencia no conoce más que su propia impresión, sólo juzga de ella. Pero lo que algo parece, depende del modo como es alterada la potencia cognoscitiva. Por lo tanto, si el juicio de la potencia cognoscitiva siempre tendría por objeto aquello que juzga, es decir, su propia alteración tal y como es. Consecuentemente, todos sus juicios serían verdaderos. Por ejemplo, si el gusto no siente más que su propia impresión, cuando alguien tiene el gusto sano y juzga que la miel es dulce, hará un juicio verdadero. Igualmente emitiría un juicio verdadero quien, por tener el gusto afectado, afirmara que la miel es amarga. Pues ambos juzgan según les indica su gusto. De ser así, se deduciría que todas las opiniones son igualmente verdaderas. Lo mismo cabría decir de cualquier percepción.

Por lo tanto, hay que afirmar que la especie inteligible con respecto al entendimiento es como el medio por el que entiende. Se demuestra de la siguiente manera. Como se dice en IX *Metaphys.*[9], la acción es doble. 1) *Una,* que permanece en el agente, como ver o entender. 2) *Otra,* que pasa a una realidad externa, como calentar o cortar. Ambas se realizan de una forma determinada. Así como la forma según la cual se realiza la acción que tiende a una realidad exterior es imagen del objeto de dicha acción, como el calor de lo que calienta es imagen de lo calentado, así también la forma según la que se produce la acción que permanece en el agente, es una representación del objeto. Por eso, en conformidad con la imagen del objeto visible ve la vista, y la representación de lo entendido o la especie inteligible, es la forma según la que el entendimiento conoce.

Pero porque el entendimiento vuelve sobre sí mismo, por un único acto reflexivo conoce tanto su propio entender como la especie por la que entiende, y, así, secundariamente, la especie inteligible es lo entendido. Pues lo primero que se entiende es la realidad representada en la especie inteligible.

Esto se comprueba partiendo de la opinión de los antiguos, quienes sostenían que *lo semejante se conoce por lo semejante.* Pues también afirmaban que el alma conoce la tierra exterior a ella por la tierra presente en ella, y lo mismo las demás cosas. Por lo tanto, si en lugar de la tierra ponemos su especie inteligible, según la doctrina de Aristóteles[10], para quien *en el alma no está la piedra, sino la especie de la piedra,* tendremos que el alma conoce por medio de las especies inteligibles la realidad exterior a ella.

Respuesta a las objeciones: 1. *A la primera hay que decir:* Lo entendido está en quien entiende por medio de una representación. Y así se dice que lo entendido en acto significa que la representación de lo entendido es la forma del entendimiento, como la imagen del objeto sensible es la forma del sentido en acto. Por eso, no se sigue de aquí que la especie inteligible abstraída sea lo entendido en acto, sino que es su imagen.

2. *A la segunda hay que decir:* Cuando se dice *lo entendido en acto* se implica tanto lo entendido como el acto de entender. Igualmente, cuando se dice *el universal abstraído,* se implica tanto la naturaleza misma del objeto como su abstracción o universalidad. Así, pues, la naturaleza que puede ser abstraída, entendida o concebida de modo universal, no existe más que en los singulares, mientras que su abstracción, intelección y universalización conceptual es propia del entendimiento. Algo parecido podemos observar en los sentidos. Pues la vista ve el color de la manzana sin su olor. Por lo tanto, si se pregunta dónde está el color que se ve sin el olor, la respuesta tiene que ser: en la manzana misma. El que se perciba sin el olor depende de la vista, en cuanto que posee la imagen del color y no la del olor. Igualmente, la humanidad conocida no existe más que en este o en aquel hombre. El que sea percibida sin las condiciones individuantes, en lo cual consiste su abstracción y de lo que se sigue su universalidad conceptual, le viene del hecho de ser percibida por el entendimiento, en el que se encuentra la

9. ARISTÓTELES, 8 c.8 n.9 (BK 1050a23): S. Th. 1.9 lect.8 n.1862.   10. ARISTÓTELES, *De An.* 3 c.8 n.2 (BK 431b29): S. Th. lect.13 n.789.

representación de su naturaleza específica y no la de sus principios individuales.

3. *A la tercera hay que decir:* En la parte sensitiva hay una doble operación. *Una,* consistente en la alteración. Es la operación del sentido, que se realiza por la alteración que en los sentidos produce lo sensible. *Otra,* formativa, que se da cuando la potencia imaginativa forma la imagen de algún objeto ausente o nunca visto. Esta doble operación se encuentra en el entendimiento.

Pues, en primer lugar, el entendimiento posible sufre una modificación al ser informado por la especie inteligible, y luego, una vez informado, establece una definición, división o composición, que expresa por medio de la palabra. La razón significada por el nombre es la definición. La proposición indica la composición o división hecha por el entendimiento. Por lo tanto, las palabras no indican las especies inteligibles, sino lo que el entendimiento forma para juzgar las realidades exteriores.

ARTÍCULO 3

Nuestro entendimiento, por naturaleza, ¿conoce o no conoce antes lo más universal?

In Phys. 1 lect.1; *Post. Analyt.* 1 lect.4; *In Metaphys.* 1 lect.2.

Objeciones por las que parece que lo más universal no es lo primero en nuestro conocimiento intelectual:

1. Lo que por naturaleza es primero y más conocido, es para nosotros posterior y menos conocido. Pero lo universal es por naturaleza lo primero, porque es anterior *aquello que en su existencia no lleva consigo reciprocidad con sus derivados* [11]. Por lo tanto, lo más universal es posterior en nuestro conocimiento intelectivo.

2. Más aún. Lo compuesto es anterior para nosotros a lo simple. Pero lo universal es lo más simple. Por lo tanto, lo conocemos con posterioridad.

3. Todavía más. El Filósofo en I *Physic.* [12] dice que antes conocemos lo definido que las partes de la definición. Pero lo más universal es parte de la definición de lo menos universal, como animal es parte de la definición de hombre. Por lo tanto, conocemos con posterioridad lo más universal.

4. Por último. Por los efectos llegamos a las causas y a los principios. Pero los universales son ciertos principios. Por lo tanto, los conocemos con posterioridad.

En cambio está lo que se dice en I *Physic.* [13]: *Es necesario pasar de lo universal a lo particular.*

Solución. *Hay que decir:* En nuestro conocimiento intelectual es necesario tener presentes dos aspectos. 1) *Uno,* que el conocimiento intelectual se origina de algún modo en el sensitivo. Y porque los sentidos perciben lo particular y el entendimiento percibe lo universal, es necesario que el conocimiento de las cosas particulares en nosotros preceda al conocimiento de las universales. 2) *Dos,* que nuestro entendimiento pasa de la potencia al acto. Todo lo que pasa de la potencia al acto, antes que al acto perfecto llega a un acto imperfecto, intermedio entre la potencia y el acto. El acto perfecto al que llega nuestro entendimiento es la ciencia completa, por la que conocemos las cosas de forma clara y determinante. El acto incompleto constituye la ciencia imperfecta, por la que conocemos las cosas de un modo indeterminado y confuso, ya que lo que así conocemos, en un cierto grado, lo conocemos en acto, y de alguna manera, en potencia. Por eso, el Filósofo en I *Physic.* [14] dice que *primero nos es evidente y claro lo más indeterminado, y, después, conocemos distinguiendo con precisión los principios y los elementos.* Es evidente que conocer algo en lo que estén contenidas otras muchas cosas sin un conocimiento particular de cada una, es conocerlas confusamente. De este modo pueden ser conocidos tanto el todo universal, en el que las partes están en potencia, como el todo integral, puesto que de uno y otro cabe un conocimiento confuso sin tenerlo cla-

11. Cf. ARISTÓTELES, *Categor.* c.12 (BK 14a29).   12. ARISTÓTELES, c.1 n.5 (BK 184b11): S. Th. lect.1 n.10.   13. ARISTÓTELES, c.1 n.4 (BK 184a23): S. Th. lect.1 n.10.   14. ARISTÓTELES, c.1 n.3 (BK 184a21): S. Th. lect.1 n.10.

ro de sus partes. En cambio, conocer distintamente lo que contiene un todo universal es tener conocimiento de algo menos común. Así, conocer indistintamente al animal significa conocerlo únicamente en cuanto animal, mientras que conocerlo distintamente significa conocerlo en cuanto racional o irracional, lo cual significa conocer al hombre o al león. Así, pues, nuestro entendimiento conoce antes al animal que al hombre. Y la misma razón es aplicable a lo más universal respecto de lo menos universal.

Y porque el sentido pasa de la potencia al acto, como el entendimiento, en el sentido encontramos el mismo orden de conocimiento. Pues por los sentidos formamos un juicio de lo más común antes que de lo menos común, tanto con respecto al espacio como al tiempo. Ejemplo: con respecto al espacio, al ver un objeto lejano nos damos cuenta antes de que es cuerpo que de que es animal; y antes nos damos cuenta de que es animal que de que es hombre; y antes nos damos cuenta de que es hombre que de que sea Sócrates o Platón. Con respecto al tiempo, porque el niño empieza por distinguir al hombre de lo que no es hombre antes que a este hombre de aquél. Como se dice en I *Physic.*[15], *los niños al principio llaman padre a todos los varones, hasta que más tarde distinguen quién es cada uno.*

El porqué de esto es evidente. Porque quien conoce algo indistintamente aún está en potencia para conocer el principio de su distinción, como quien conoce el género está en potencia para conocer la diferencia. Resulta claro que el conocimiento confuso es algo intermedio entre la potencia y el acto.

Por lo tanto, hay que decir: El conocimiento de los singulares nos es anterior al de los universales, de igual modo que el conocimiento sensitivo es anterior al intelectivo. Pero tanto en el sensitivo como en el intelectivo, el conocimiento de lo más común es anterior al de lo menos común.

Respuesta a las objeciones: 1. *A la primera hay que decir:* El universal puede ser considerado bajo dos aspectos. 1) *Uno,* en cuanto que la naturaleza del universal implica la intención de universalidad. Como la intención de universalidad, esto es, que una y la misma cosa se refiera a muchas, proviene de la abstracción del entendimiento, es necesario que lo universal, bajo este aspecto, sea lo posterior. Por eso, en I *De Anima*[16] se dice que *el animal universal o no es nada o es algo posterior.* En cambio, según Platón, que admitió los universales subsistentes, el universal considerado así sería anterior a los singulares, los cuales, según él, no son más que participaciones de los universales subsistentes llamados ideas. 2) En un *segundo aspecto,* el universal puede ser considerado en cuanto a su misma naturaleza, esto es, su animalidad o humanidad, tal como existe en los individuos. Y entonces debemos distinguir un doble orden de naturaleza. 1) *Primero,* el de la generación y el tiempo en conformidad con el que son anteriores las cosas más imperfectas y las potenciales. Desde este punto de vista, lo más común por naturaleza es anterior, como resulta evidente en la generación del animal y del hombre, *ya que antes se genera el animal que el hombre,* como se dice en el libro *De Generat. Animal.*[17] 2) *Segundo,* el orden de perfección o finalidad de la naturaleza, a la manera como el acto por naturaleza es anterior a la potencia y lo perfecto es anterior a lo imperfecto. En este sentido, lo menos general por naturaleza es anterior a lo más general, como lo es el hombre con respecto al animal, pues la finalidad de la naturaleza en la generación humana no se alcanza con la generación del animal, sino con la del hombre.

2. *A la segunda hay que decir:* Lo universal más común es con respecto a lo menos común como el todo a la parte. Como un todo, en cuanto que en lo más universal no solamente se incluye en potencia lo menos universal, sino, además, otras cosas, al modo que en *animal* no sólo está incluido el hombre, sino también el caballo. Como parte, en cuanto que lo menos común en su concepto contiene no sólo lo más común, sino también otras cosas, al modo como en *hombre* está incluido no sólo el ser animal, sino también racional. Así, pues, animal, considerado en sí mismo, en nuestro conocimiento precede a hombre,

---

15. Ib.   16. ARISTÓTELES, c.1 n.5 (BK 402b7): S. Th. lect.1 n.9.   17. ARISTÓTELES, 2 c.3 (BK 736b2).

pero conocemos al hombre antes de conocer que animal es parte de su definición.

3. *A la tercera hay que decir:* La parte puede ser conocida de dos maneras. 1) *Una,* en absoluto, según es en sí misma, y, así, nada impide conocer las partes antes que el todo. Ejemplo: Las piedras antes que el edificio. 2) *Otra,* en cuanto partes de este todo, es necesario que conozcamos el todo antes que las partes, puesto que primero tenemos un cierto y confuso conocimiento del edificio antes de distinguir cada una de sus partes. Así, pues, debemos decir que los elementos de la definición, considerados en sí mismos, nos son conocidos antes que lo definido. De no ser así, no darían a conocer lo que definen. Pero, en cuanto a las partes de la definición, nos son conocidos con posterioridad, pues primero tenemos una noción confusa del hombre antes de saber distinguir todo lo que pertenece a su esencia.

4. *A la cuarta hay que decir:* El universal, en cuanto que implica la intención de universalidad, de algún modo es principio de conocimiento, puesto que el conocimiento intelectivo, que se realiza por medio de la abstracción, lleva consigo dicha intención de universalidad. Pero no es necesario que todo principio de conocimiento sea principio de ser, como pretendía Platón. Pues a veces conocemos la causa por el efecto y la sustancia por los accidentes. Por eso, según Aristóteles, en VII *Metaphys.*[18], el universal así considerado no es ni principio de ser ni sustancia. Si consideramos la naturaleza misma del género y de la especie tal como se encuentra en los singulares, en cierto modo y con respecto a ellos tiene razón de principio formal, ya que lo singular se constituye en tal por la materia, y la razón de especie se toma de la forma. Pero la naturaleza genérica se relaciona con la específica como principio material, ya que la razón de género se toma de lo que hay de material en el objeto, y la de especie, de lo que hay de formal, como la razón de animal se toma del elemento sensitivo, y la de hombre, del intelectivo. De ahí que la tendencia última de la naturaleza vaya dirigida a la especie y no al individuo ni al género, pues el fin de la generación es la forma, y la materia existe por la forma. No es necesario que el conocimiento de la causa o del principio para nosotros sea lo posterior, ya que, a veces, conocemos por causas sensibles efectos desconocidos, y, a veces, sucede todo lo contrario.

ARTÍCULO 4

Nuestro entendimiento, ¿puede o no puede entender simultáneamente muchas cosas?

Supra q.12 a.10; q.58 a.2; *In Sent.* l.2 d.3 q.3 a.4; l.3 d.14 a.2 q.ª4; *De Verit.* q.8 a.14; *Cont. Gentes* 1,55; *De Anima* a.18 ad 5; *Quodl.* 7 q.1 a.2.

Objeciones por las que parece que podemos entender muchas cosas simultáneamente:

1. El entendimiento está sobre el tiempo. Pero el antes y el después pertenecen al tiempo. Por lo tanto, el entendimiento no conoce las cosas distintas unas antes y otras después, sino simultáneamente.

2. Más aún. Nada impide la coexistencia de formas diversas no opuestas en un mismo sujeto. Ejemplo: el olor y el color en la misma manzana. Pero las especies inteligibles no son opuestas. Por lo tanto, nada impide que un mismo entendimiento sea actualizado a la vez por diversas especies inteligibles y que de este modo pueda entender muchas cosas simultáneamente.

3. Todavía más. El entendimiento puede entender simultáneamente algún todo. Ejemplo: un hombre o una casa. Pero en cada todo se contienen muchas partes. Por lo tanto, el entendimiento conoce muchas cosas simultáneamente.

4. Por último. Como se dice en el libro *De Anima*[19], no se puede conocer la diferencia entre dos cosas si ambas no se perciben simultáneamente. Lo mismo sucede en cualquier comparación. Pero nuestro entendimiento conoce las diferencias y establece comparaciones entre los seres. Por lo tanto, conoce muchas cosas simultáneamente.

En cambio está lo que se dice en el

---

18. ARISTÓTELES, c.13 n.2 (BK 1038b8): S. Th. lect.13 n.1570.   19. ARISTÓTELES, 3 c.2 n.12 (BK 426b22): S. Th. lect.3 n.605.

libro *Topic.*[20]; *El entender es único, el saber es múltiple.*

Solución. *Hay que decir:* Ciertamente, el entendimiento puede conocer muchas cosas en cuanto constituyen una unidad, no en cuanto son muchas. Al hablar de unidad o multiplicidad, nos referimos a una sola o a varias especies inteligibles. Pues el modo de cada acción proviene de la forma que es su principio. Por lo tanto, todo lo que el entendimiento puede conocer por una sola especie, puede entenderlo simultáneamente. Por eso Dios lo ve todo simultáneamente, ya que lo ve todo en una sola realidad: Su esencia. Las cosas, en cambio, que el entendimiento conoce por especies distintas, no las conoce simultáneamente. El porqué de esto radica en que es imposible que un mismo sujeto a la vez sea perfeccionado por distintas formas del mismo género y de distinta especie, como es imposible que un mismo cuerpo tenga simultáneamente y desde un mismo punto de vista diversos colores y figuras. Todas las especies inteligibles pertenecen a un mismo género, ya que son perfecciones de una misma potencia intelectiva, aun cuando pertenezcan a distinto género los objetos que representan. Por lo tanto, es imposible que un mismo entendimiento sea perfeccionado simultáneamente por especies inteligibles diversas de modo que entienda en acto objetos diversos.

Respuesta a las objeciones: 1. *A la primera hay que decir:* El entendimiento está por encima del tiempo, que mide el movimiento de los cuerpos. Pero la pluralidad de las especies inteligibles origina una cierta sucesión en las operaciones intelectivas, según la cual una es anterior a otra. A esta sucesión Agustín, en VIII *Super Gen. ad litt.*[21] la llama *tiempo* cuando dice que *Dios mueve a la criatura espiritual en el tiempo.*

2. A la segunda hay que decir: Es imposible que coexistan simultáneamente en un mismo sujeto no sólo formas opuestas, sino cualquier tipo de formas de un mismo género aunque no sean opuestas, como resulta evidente en el ejemplo de los colores y las figuras.

3. A la tercera hay que decir: Las par-

tes pueden ser conocidas de dos maneras. 1) *Una,* con cierta confusión, en cuanto incluidas en el todo, y de este modo se las conoce por la única forma del todo y, por lo tanto, simultáneamente. 2) *Otra,* con un conocimiento claro y distinto, en cuanto que cada una es conocida por su especie respectiva, y entonces no se conocen simultáneamente.

4. A la cuarta hay que decir: Cuando el entendimiento conoce la diferencia o la relación de un ser con respecto a otro, conoce los seres que divide o compara en razón de la misma diferencia o comparación, tal como dijimos que conoce las partes incluidas en el todo.

ARTÍCULO 5

Nuestro entendimiento, ¿conoce o no conoce componiendo y dividiendo?

Supra q.58 a.4.

Objeciones por las que parece que nuestro entendimiento no conoce componiendo y dividiendo:

1. La composición y la división requieren pluralidad de elementos. Pero el entendimiento no puede entender muchas cosas simultáneamente. Por lo tanto, no puede entender componiendo y dividiendo.

2. Más aún. En toda composición intervienen el tiempo presente, el pasado y el futuro. Pero el entendimiento abstrae del tiempo, así como de las demás condiciones particulares. Por lo tanto, el entendimiento no conoce componiendo y dividiendo.

3. Todavía más. El entendimiento conoce por cuanto se asemeja a las cosas. Pero en éstas no se da ni composición ni división, ya que en las cosas no se encuentra más que la realidad significada por el predicado y el sujeto, que es una y la misma si la composición es verdadera, pues el hombre es la realidad misma que es animal. Por lo tanto, el entendimiento no compone ni divide.

En cambio, como dice el Filósofo en I *Periherm.*[22], las palabras expresan los conceptos del entendimiento. Pero en las palabras hay composición y división, como resulta evidente en las proposicio-

20. ARISTÓTELES, 2 c.10 n.1 (BK 114b34).   21. C.20.22: ML 34,388.389.   22. ARISTÓTELES, c.1 n.2 (BK 16a3): S. Th. lect.2 n.3.

nes afirmativas y negativas. Por lo tanto, el entendimiento compone y divide.

Solución. *Hay que decir:* El entendimiento humano necesita entender componiendo y dividiendo. Pues el conocimiento humano, al pasar de la potencia al acto, guarda una cierta semejanza con los seres susceptibles de generación, los cuales no poseen inmediatamente toda su perfección, sino que la adquieren gradualmente. Tampoco el entendimiento humano adquiere de repente el conocimiento perfecto de una cosa al percibirla por primera vez, sino que empieza por conocer algo de ella, esto es, su esencia, que es el objeto primero y propio del entendimiento. Después conoce las propiedades, accidentes y relaciones que acompañan a la esencia. Esto exige unir o separar unos con otros los objetos percibidos y pasar de una composición o división a otra, y esto es raciocinar.

En cambio, el entendimiento angélico y el divino se asemejan a las realidades incorruptibles, las cuales, inmediatamente y desde un principio, poseen ya toda su perfección. Por eso, el entendimiento angélico y el divino adquieren un conocimiento instantáneo y perfecto del objeto en su totalidad. De ahí que, al conocer su esencia, conozcan simultáneamente cuanto nosotros podemos alcanzar a través de la composición, división y razonamiento. El entendimiento humano conoce componiendo, dividiendo y razonando. El divino y el angélico conocen ciertamente la composición, la división y el raciocinio, pero no componiendo, dividiendo ni razonando, sino por intelección simple de la esencia.

Respuesta a las objeciones: 1. *A la primera hay que decir:* La composición y división intelectual implican cierta diferencia y comparación. Por eso, el entendimiento conoce muchas cosas componiendo y dividiendo, del mismo modo que conoce la diferencia y relación entre ellas.

2. *A la segunda hay que decir:* El entendimiento abstrae de las imágenes, y, sin embargo, no conoce en acto más que refiriéndose a ellas, como dijimos anteriormente (a.1 q.84 a.7). Por esta referencia a las imágenes, la composición y división intelectual se dan en el tiempo.

3. *A la tercera hay que decir:* La imagen del objeto es recibida en el entendimiento según el modo de ser del entendimiento y no según el modo del objeto. Por eso, hay algo en el objeto que corresponde a la composición y división del entendimiento, aunque no está en el objeto del mismo modo que en el entendimiento. El objeto propio del entendimiento es la esencia de la realidad material que cae bajo el dominio de los sentidos y la imaginación. Ahora bien, en el objeto material encontramos dos tipos de composición. 1) *El primero* es la de la forma con la materia. A este tipo corresponde la composición intelectiva, según la cual el todo universal se predica de sus partes, ya que el género se toma de la materia común; en cambio, la diferencia, que completa la especie, se toma de la forma. La singularidad se toma de la materia individual. 2) *El segundo* es el del accidente con el sujeto. A este tipo corresponde por parte del entendimiento la composición por la que el accidente es atribuido al sujeto, como cuando se dice *el hombre es blanco.* Sin embargo, hay diferencia entre la composición intelectiva y la del objeto, pues los componentes objetivos son diversos, mientras que la composición establecida por el entendimiento es signo de la identidad de los elementos que se agrupan o componen. El entendimiento no compone de manera que se afirme que el hombre sea la blancura, sino que el hombre es blanco, esto es, que tiene blancura, ya que uno mismo es el hombre y el sujeto de la blancura. Lo mismo puede decirse de la composición de forma y materia, ya que animal significa el ser de naturaleza sensitiva. Racional, el de naturaleza intelectiva. Hombre, el que las posee a ambas. Sócrates, el que a todo ello añade la materia individual. Según esta razón de identidad, nuestro entendimiento compone una atribuyéndola a la otra.

ARTÍCULO 6

El entendimiento, ¿puede o no puede ser falso?

Supra q.17 a.3; q.58 a.5; *In Sent.,* 1.1 d.19 q.5 a.1 ad 7; *De Verit.* q.1 a.12; *Cont. Gentes* 1,59; 3,108; *De An.* 1.3 lect.11; *In Periherm.* 1.1 lect.3; *In Metaphys.* 1.6 lect.4; 1.9 lect.11.

Objeciones por las que parece que el entendimiento puede ser falso:

1. Dice el Filósofo en VI *Me-taphys.*[23]: *Lo verdadero y lo falso están en la mente.* Pero la mente y el entendimiento son lo mismo, como dijimos (q-79). Por lo tanto, la falsedad está en el entendimiento.

2. Más aún. La opinión y el raciocinio son propios del entendimiento. Pero en ambos hay falsedad. Por lo tanto, puede haber falsedad en el entendimiento.

3. Todavía más. El pecado está en la parte intelectiva. Pero el pecado implica falsedad, pues, como se dice en Prov 14,22: *Yerran quienes practican el mal.* Por lo tanto, la falsedad puede estar en el entendimiento.

En cambio está lo que dice Agustín en el libro *Octoginta trium quaest.*[24]: *El que yerra no entiende aquello en lo que yerra.* Y el Filósofo en el libro *De Anima*[25] dice: *El entendimiento es siempre recto.*

Solución. *Hay que decir:* Sobre este punto, el Filósofo en III *De Anima*[26] compara el entendimiento con los sentidos. El sentido no se engaña con respecto a su propio objeto, por ejemplo, la vista acerca del color, a no ser accidentalmente, debido a algún impedimento en el órgano, como sucede cuando el paladar de un enfermo juzga como dulce lo amargo, debido a que su lengua está biliosa. En cambio, se engaña con respecto a lo sensible común, como al formar un juicio de la magnitud o de la figura. Ejemplo: cuando juzga que la dimensión del sol es de un pie a pesar de que sea mayor que toda la tierra. Y mucho más se engaña con respecto a lo accidentalmente sensible, al juzgar que la miel es hiel por semejanza del color. El porqué de esto es evidente. Pues toda potencia, en cuanto tal, está ordenada a su objeto. Y lo que está ordenado siempre obra de la misma manera. Por eso, mientras subsiste la potencia no yerra en su juicio sobre el propio objeto.

El objeto propio del entendimiento es la esencia de las cosas. Sobre la esencia, y en términos absolutos, el entendimiento no yerra. En cambio, sí puede equivocarse sobre aquello que envuelve la

esencia, al establecer relaciones, o al juzgarlo, o al diversificar, o al razonar sobre ello. Por lo mismo tampoco puede errar acerca de las proposiciones que se conocen directamente, una vez conocida la esencia de los términos, como sucede con los primeros principios, de los cuales se desprende la infalibilidad de la verdad de las conclusiones en lo que se refiere a su certeza científica. Sin embargo, puede suceder que accidentalmente el entendimiento se engañe acerca de la esencia de las cosas compuestas, no por razón del órgano, ya que el entendimiento no es una facultad que use órgano, sino por la composición que interviene en la definición, bien porque la definición de una cosa es falsa cuando se la aplica a otra, como si la del círculo se aplicase al triángulo, o bien porque una definición es en sí misma falsa, al implicar la unión de elementos incompatibles, como si se define un ser diciendo que es *animal racional alado.* Por eso, acerca de las realidades simples, en cuya definición no puede intervenir la composición, no podemos engañarnos, pero nos engañamos al no poder concebir la realidad en su totalidad, como se dice en IX *Me-taphys.*[27]

Respuesta a las objeciones[28]: La falsedad que, según el Filósofo, está en la mente, se refiere a la composición y división. Lo mismo hay que responder en lo referente a la opinión y al raciocinio. Y lo mismo también sobre el error de los que pecan, que consiste en la adhesión a lo deseable. Pero en la absoluta consideración de la esencia de una cosa y de lo que por ella es conocido, el entendimiento nunca se engaña. En este sentido hay que entender las autoridades que hemos ofrecido como réplica a las objeciones.

ARTÍCULO 7

¿Puede o no puede alguien entender mejor que otro una cosa?

Supra q.76 a.5; *In Sent.* l.4 d.49 q.2 a.4 ad 1; *De Verit.* q.2 a.2 ad 11; *De Anima* a.8.

Objeciones por las que parece que

23. ARISTÓTELES, 5 c.4 n.1 (BK 1027b27): S. Th. lect.4 n.1230.   24. Q.32: ML 40,22.   25. ARISTÓTELES, 3 c.10 n.4 (BK 433a26): S. Th. lect.15 n.828.   26. ARISTÓTELES, c.6 n.7 (BK 430b29): S. Th. lect.11 n.760.   27. ARISTÓTELES, 8 c.10 n.5 (BK 1052a21): S. Th. lect.11 n.1904.   28. Respuesta que se da globalmente a las 3 objeciones planteadas.

uno no puede entender mejor que otro una cosa:

1. Dice Agustín en el libro *Octoginta trium qaest.* [29]: *Quien conoce una cosa de modo distinto a como es, no la conoce. Por lo cual, no cabe duda de que hay un conocimiento perfecto que no puede ser superado. Consecuentemente, tampoco puede progresar hasta lo infinito en el conocimiento de algo, ni puede uno entender mejor que otro una cosa.*

2. Más aún. El entendimiento es verdadero en su acción de entender. Pero como la verdad es una cierta igualdad entre el entendimiento y- el objeto, no admite más ni menos. Pues propiamente no puede hablarse de algo más o menos igual. Por lo tanto, tampoco puede decirse que algo sea más o menos conocido.

3. Todavía más. El entendimiento es lo más formal que hay en el hombre. Pero la diferencia de forma implica diferencia de especie. Así, pues, si un hombre entiende algo mejor que otro, parece que no son de la misma especie.

En cambio está el hecho de que por la experiencia encontramos que hay quienes entienden más profundamente que otros, como entiende con mayor profundidad quien puede reducir una conclusión a sus primeros principios y primeras causas que el que sólo puede llegar a sus causas próximas.

Solución. *Hay que decir:* Que alguien entienda algo más que otro, puede entenderse de dos maneras. 1) *Una,* cuando con la partícula *más* se expresa el acto de entender en relación con lo conocido. En este sentido, nadie puede entender una cosa más que otro, porque, si la entendiese distinta a como es, o entendiese que es mejor o peor, se engañaría y no la entendería, como argumenta Agustín. 2) *Otra,* cuando expresa el acto de entender por parte del que entiende. En este sentido, uno puede entender la misma cosa mejor que otro por cuanto es superior su vigor intelectual, como en la visión corporal ve mejor un objeto quien posee una facultad más perfecta y con mejor capacidad de visión.

En el entendimiento esto se da de dos maneras. 1) *Una,* por parte del mismo entendimiento, que es más perfecto. Ya

que es evidente que cuanto mejor dispuesto está el cuerpo, tanto mejor es el alma que le corresponde. Esto aparece claramente en los seres de distinta especie. El porqué de esto radica en que el acto y la forma son recibidos en la materia según la capacidad de la materia. Por eso, ya que incluso entre los hombres los hay que tienen un cuerpo mejor dispuesto que otros, tienen un alma de mayor capacidad intelectual. Por eso, se dice en II *De Anima* [30]: *Vemos que los de carnes blandas tienen buenas aptitudes mentales.* 2) *Otra,* por parte de las facultades inferiores, que el entendimiento necesita para el ejercicio de su operación, pues aquellos que están mejor dispuestos en sus potencias imaginativa, cogitativa y memorativa, están mejor dispuestos para entender.

Respuesta a las objeciones: 1. *A la primera hay que decir:* La respuesta está incluida en lo dicho.

2. *A la segunda hay que decir:* Ocurre lo mismo que con la primera objeción, pues la verdad del entendimiento consiste en que la cosa sea entendida tal como es.

3. *A la tercera hay que decir:* La diferencia de forma, que no proviene más que de la distinta disposición de la materia, no origina diversidad específica, sino sólo numérica, ya que la diversidad de forma en los individuos viene dada por la diversificación de la materia.

ARTÍCULO 8

Nuestro entendimiento, ¿conoce o no conoce antes lo indivisible que lo divisible?

Supra q.11 a.2 ad 4; *De An.* l.3 lect.11.

Objeciones por las que parece que nuestro entendimiento conoce antes lo indivisible que lo divisible:

1. Dice el Filósofo en I *Physic.* [31]: *Entendemos y sabemos por el conocimiento de los principios y de los elementos.* Pero los principios y los elementos de las realidades divisibles son indivisibles. Por lo tanto, conocemos lo indivisible antes que lo divisible.

2. Más aún. Lo que entra en la defi-

29. Q.32: ML 40,22.   30. ARISTÓTELES, c.9 n.2 (BK 421a25): S. Th. lect.19 n.481.   31. ARISTÓTELES, c.1 n.1 (BK 184a12): S. Th. lect.1 n.5.

nición de una cosa nos es conocido con anterioridad, porque, como se dice en VI *Topic.* [32], la definición se establece *a partir de lo anterior y más conocido.* Pero lo indivisible entra en la definición de lo divisible, como el punto entra en la definición de línea; pues, según Euclides, *la línea es una longitud sin anchura, cuyos extremos son dos puntos.* La unidad entra en la definición de número, porque, como se dice en X *Metaphys.* [33], *el número es una multitud medida por la unidad.* Por lo tanto, nuestro entendimiento conoce lo indivisible antes que lo divisible.

3, Todavía más. Lo semejante se conoce por lo semejante. Pero lo indivisible se asemeja al entendimiento más que lo divisible, porque, como se dice en III *De Anima* [34], *el entendimiento es simple.* Por lo tanto, nuestro entendimiento conoce primero lo indivisible.

En cambio está lo que se dice en III *De Anima* [35]: *Lo indivisible se nos presenta como privación.* Pero la privación es conocida con posterioridad. Por lo tanto, también lo indivisible.

Solución. *Hay que decir:* De lo dicho (a.1 q.84 a.7), se desprende que el objeto del entendimiento en el presente estado es la esencia del objeto material que se abstrae de las imágenes. Y porque lo primario y necesariamente conocido por una facultad cognoscitiva es su objeto propio, puede deducirse el orden con que conocemos lo indivisible partiendo de su relación con la esencia. Pues, como se dice en III *De Anima* [36], lo indivisible puede serlo de tres maneras. 1) *Una,* como es indivisible lo continuo, que no está dividido en acto, aunque sea divisible en potencia. Este indivisible nos es conocido antes que las partes en que se divide, porque el conocimiento confuso es anterior al distinto, como dijimos (a.3). 2) *Otra,* como lo es la especie. Ejemplo: el concepto de hombre, que es algo indivisible. Lo que es indivi-

sible así, es conocido antes que su división en partes lógicas, e incluso antes que el entendimiento componga o divida afirmando o negando, como también dijimos (a.3). Esto es así porque el entendimiento, en cuanto tal, entiende estas dos clases de indivisibles como su objeto propio. 3) *Tercera,* la de lo absolutamente indivisible como el punto o la unidad, que ni en acto ni en potencia se dividen. Este tipo de indivisibles, por carecer de división, son conocidos con posterioridad. Por eso, el punto se define privativamente diciendo: *El punto es lo que no tiene partes* [37]. E igualmente para el concepto de unidad se precisa *que sea indivisible,* como se dice en X *Metaphys.* [38] El porqué de todo esto radica en que lo indivisible mantiene cierta oposición con lo corporal, cuya esencia es conocida por el entendimiento de manera primaria y directa.

En cambio, si nuestro entendimiento conociese por participación de las sustancias indivisibles separadas, como sostuvieron los platónicos, se seguiría que lo primero que deberíamos entender era este indivisible, porque, según los platónicos, las realidades primeras son las primeras participadas por las cosas.

Respuesta a las objeciones: 1. *A la primera hay que decir:* En el proceso de adquisición de la ciencia, no siempre los principios y los elementos son los primeros; pues, a veces, llegamos al conocimiento de los principios y de las causas inteligibles por los efectos sensibles. Pero, adquirida la ciencia, el conocimiento de los efectos siempre depende del conocimiento de los principios y de los elementos, porque, como dice el Filósofo en el mismo libro [39], *cuando podemos reducir los efectos a sus causas, entonces opinamos que sabemos.*

2. *A la segunda hay que decir:* El punto no entra en la definición general de línea, pues es evidente que ni en la línea

32. ARISTÓTELES, c.4 n.2 (BK 141a32). 33. ARISTÓTELES, 9 c.6 n.8 (BK 1057a3): S. Th. l.10 lect.8 n.2089. 34. ARISTÓTELES, c.4 n.3 (BK 429a18): S. Th. lect.7 n.677. 35. ARISTÓTELES, c.6 n.5 (BK 430b21): S. Th. lect.11 n.757. 36. ARISTÓTELES, c.6 n.3 (BK 430b6): S. Th. lect.11 n.752. 37. Cf. *Geometria* interp. de BOECIO: ML 63,1307. 38. ARISTÓTELES, 9 c.1 n.7 (BK 1052b16): S. Th. lect.1 n.1932. 39. ARISTÓTELES, *Phys.* 1 c.1 n.1 (BK 184a12). Esta definición en el texto latino dice: *Tunc opinamur nos scire, cum principia possumus in causas resolvere.* La palabra *principia* ha sido fijada en vez de *principiata.* Consideramos que debe fijarse *principiata* en el sentido de algo derivado del principio-causa. El texto que se ofrece es para fundamentar la segunda parte de este ad 1. Y exige la traducción dada. *(N. del T.)*

infinita ni en la circular existe el punto más que en potencia. Pero Euclides definió la línea recta limitada, y, así, introduje el punto en su definición como el límite entra en la definición de lo limitado. En cambio, la unidad es la medida del número, y, por eso, entra en la definición del número medido por ella. Pero no en la definición de lo divisible, sino, más bien, al contrario.

3. *A la tercera hay que decir:* La semejanza por la que conocemos es la especie de lo conocido en quien conoce. Así, el que una cosa sea conocida antes, no proviene de su semejanza con la naturaleza de la potencia cognoscitiva, sino de su conformidad con el objeto. De no ser así, la vista conocería mejor el sonido que el color.

CUESTIÓN 86

Sobre lo que nuestro entendimiento conoce en las cosas materiales

Ahora hay que tratar sobre lo que nuestro entendimiento conoce en las cosas materiales. Esta cuestión plantea y exige respuesta a cuatro problemas: 1. ¿Conoce o no conoce lo singular?—2. ¿Conoce o no conoce lo infinito?—3. ¿Conoce o no conoce lo contingente?—4. ¿Conoce o no conoce lo futuro?

ARTÍCULO 1

Nuestro entendimiento, ¿conoce o no conoce lo singular?

In Sent. 1.2 d.3 q.3 a.3 ad 1; 1.4 d.50 q.1 a.3; *De Verit.* q.2 a.5.6; q.10 a.5; *Cont. Gentes* 1,65; *De An.* 3, lect.8; *Quodl.* 7 q.1 a.3; 12 q.8.

Objeciones por las que parece que nuestro entendimiento conoce lo singular:

1. Quien conoce una proposición también conoce sus términos. Pero nuestro entendimiento conoce la siguiente proposición: *Sócrates es hombre,* ya que al entendimiento le corresponde formular la proposición. Por lo tanto, nuestro entendimiento conoce lo singular que es Sócrates.

2. Más aún. El entendimiento práctico orienta a la acción. Pero los actos se centran en lo singular. Por lo tanto, conoce lo singular.

3. Todavía más. Nuestro entendimiento se conoce a sí mismo. Él mismo es algo singular; de no ser así, no realizaría ninguna acción, ya que las acciones son propias de los singulares. Por lo tanto, nuestro entendimiento conoce lo singular.

4. Por último. Lo que puede una facultad inferior, lo puede la superior. Pero el sentido conoce lo singular. Por lo tanto, con mayor motivo el entendimiento.

En cambio está lo que dice el Filósofo en I *Physic.*[1]: *Lo universal es conocido por la razón. Lo singular, por los sentidos.*

Solución. *Hay que decir:* Nuestro entendimiento no puede conocer primaria y directamente lo singular de las cosas materiales. El porqué de esto radica en que el principio de singularización en las cosas materiales es la materia individual, y nuestro entendimiento, tal como dijimos (q.85 a.1), conoce abstrayendo la especie inteligible de la materia individual. Lo abstraído de la materia individual es universal. Por eso, nuestro entendimiento directamente no conoce más que lo universal.

Indirectamente, y como por cierta reflexión, puede conocer lo singular, porque, como se dijo (q.84 a.7), incluso después de haber abstraído las especies inteligibles, no puede entender en acto por ellas a no ser volviendo a las representaciones imaginarias en las que entiende las especies inteligibles, como se

1. ARISTÓTELES, c.5 n.9 (BK 189a5): S. Th. lect.10 n.7.

dice en III *De Anima*[2]. Así, pues, directamente conoce por las especies inteligibles lo universal. Indirectamente, lo singular representado en las imágenes. Así es como construye la proposición *Sócrates es hombre.*

Respuesta a las objeciones: 1. *A la primera hay que decir:* Es evidente por lo dicho.

2. *A la segunda hay que decir:* La elección de lo concreto es casi la conclusión de un silogismo del entendimiento práctico, como se dice en VII *Ethic.*[3] De una proposición universal directamente no puede deducirse una conclusión singular a no ser interponiendo una proposición singular. Por eso, el concepto universal del entendimiento práctico no mueve, a no ser por una percepción sensitiva particular, como se dice en III *De Anima*[4].

3. *A la tercera hay que decir:* Lo singular es ininteligible no en cuanto singular, sino en cuanto que es material, ya que nada es entendido más que inmaterialmente. Por lo tanto, si hay algún ser inmaterial singular, como el entendimiento, no se opone a su inteligibilidad.

4. *A la cuarta hay que decir:* Una facultad superior tiene toda la capacidad de la inferior, pero de un modo más sublime. Por eso, lo que el sentido conoce de forma material y concreta, y en esto consiste el conocimiento directo de lo singular, el entendimiento lo conoce de forma inmaterial y abstracta, y en esto consiste el conocimiento de lo universal.

ARTÍCULO 2

Nuestro entendimiento, ¿puede o no puede conocer lo infinito?

Supra q.14 a.12; *De Verit.* q.2 a.9; q.20 a.4 ad 1; *Compend. Theol.* c.133.

Objeciones por las que parece que nuestro entendimiento puede conocer lo infinito:

1. Dios sobrepasa todas las realidades infinitas. Pero nuestro entendimiento puede conocer a Dios, como dijimos (q.12 a.1). Por lo tanto, con mayor mo-

tivo puede conocer todas las demás realidades infinitas.

2. Más aún. Nuestro entendimiento está capacitado para conocer los géneros y las especies. Pero las especies de algunos géneros son infinitas, como la de los números, las proposiciones y las figuras. Por lo tanto, nuestro entendimiento puede conocer las realidades infinitas.

3. Todavía más. Si un cuerpo no impidiese que otro ocupase su mismo sitio, nada se opondría a que hubiese infinitos cuerpos en el mismo lugar. Pero una especie inteligible no impide que simultáneamente haya otra en el mismo entendimiento, ya que se tiene conocimiento habitual de muchas cosas. Por lo tanto, nada impide que nuestro entendimiento tenga ciencia habitual de realidades infinitas.

4. Por último. El entendimiento, al no ser, como dijimos (q.76 a.1), una facultad de la materia corporal, parece que es una potencia infinita. Pero una potencia infinita puede llegar a lo infinito. Por lo tanto, nuestro entendimiento puede conocer lo infinito.

En cambio está lo que se dice en I *Physic.*[5]: *Lo infinito, en cuanto infinito, es desconocido.*

Solución. *Hay que decir:* Como la potencia es proporcionada a su objeto, es necesario que el entendimiento guarde con lo infinito la misma proporción que guarda con su objeto, que es la esencia de lo material. En las cosas materiales no se encuentra lo infinito en acto, sino sólo en potencia, en cuanto que una sucede a la otra, como se dice en III *Physic.*[6] De este modo, en nuestro entendimiento se encuentra lo infinito también en potencia, en cuanto que percibe una realidad después de otra sin que nunca llegue a entender tantas que no pueda entender más.

Pero nuestro entendimiento no puede entender lo infinito ni actual ni habitualmente. No actualmente, porque su intelección actual no llega más que a lo que puede ser conocido por una sola especie. Pero lo infinito no tiene una sola especie, ya que, de ser así, tendría razón de

2. ARISTÓTELES, c.8 n.5 (BK 431b2): S. Th. lect.12 n.777.   3. ARISTÓTELES, c.3 n.9 (BK 1147a28): S. Th. lect.3 n.1345.   4. ARISTÓTELES, c.11 n.4 (BK 434a16): S. Th. lect.16 n.845.   5. ARISTÓTELES, c.4 n.4 (BK 187b7): S. Th. lect.9 n.7.   6. ARISTÓTELES, c.6 n.3 (BK 204a20): S. Th. lect.10 n.4-6.

todo y de perfecto. Por lo tanto, no puede ser entendido más que sucesivamente, esto es, una parte después de otra, como se deduce de la definición dada en III *Physic.*[7] *Infinito: Aquello que, por mucho que se le quite, siempre tiene para ser quitado.* Por eso, no se le podría conocer en acto a no ser contando todas sus partes, y esto es imposible.

Por la misma razón, tampoco podemos tener un conocimiento habitual de lo infinito. Pues en nosotros el conocimiento habitual proviene de la consideración actual, ya que, como se dice en II *Ethic.*[8], entendiendo llegamos a ser sabios. Por eso, no podemos tener un conocimiento habitual distinto de lo infinito sin haber considerado todas las realidades infinitas enumerándolas conforme se van sucediendo en nuestro conocimiento. Y esto es imposible.

De este modo, nuestro entendimiento no puede conocer lo infinito ni actual ni habitualmente, sino sólo en potencia, como acabamos de decir (sol.).

Respuesta a las objeciones: 1. *A la primera hay que decir:* Como se dijo (q.7 a.1), Dios es llamado infinito en cuanto que es forma que no está limitada por ninguna materia, mientras que en las cosas materiales se llama infinito a lo que no tiene límites provenientes de una forma. Como la forma es conocida por sí misma, mientras que la materia sin forma es incognoscible, hay que deducir que lo infinito material en sí mismo es desconocido. En cambio, el infinito formal, Dios, es conocido por sí mismo aunque para nosotros nos sea desconocido por la incapacidad de nuestro entendimiento, cuya aptitud natural, en la vida terrena, se ordena al conocimiento de las realidades materiales. Por eso, en la vida presente no podemos conocer a Dios más que a través de sus efectos materiales. Pero en la vida futura, al desaparecer la incapacidad de nuestro entendimiento a causa de la glorificación, podremos ver al mismo Dios en su esencia, aunque sin una comprensión perfecta.

2. *A la segunda hay que decir:* Nuestro entendimiento, por naturaleza, está ordenado al conocimiento de las especies abstrayéndolas de las imágenes. Por lo tanto, ni actual ni habitualmente puede conocer las especies de los números o las figuras que no haya imaginado, a no ser en general y en los principios universales, y en esto consiste conocer en potencia y confusamente.

3. *A la tercera hay que decir:* Si dos o más cuerpos ocupasen un mismo lugar, no sería necesario que entraran en él sucesivamente, de modo que la misma sucesión con que entraran sirviera para enumerar lo allí situado. Pero las especies inteligibles entran sucesivamente en nuestro entendimiento, ya que no entiende en acto y simultáneamente muchas cosas. De este modo, es necesario que las especies presentes en él sean limitadas y no infinitas.

4. *A la cuarta hay que decir:* Así como nuestro entendimiento, virtualmente, es infinito, así también conoce lo infinito. Pues su capacidad es infinita en cuanto que no está limitada por la materia corporal. Y conoce lo universal, que, por ser abstraído de la materia individual, no se limita a ningún individuo, sino que, en cuanto tal, se extiende a infinitos individuos.

ARTÍCULO 3

El entendimiento, ¿conoce o no conoce lo contingente?

De Verit. q.15 a.2 ad 3; *Ethic.* l.6 lect.1.

Objeciones por las que parece que nuestro entendimiento no conoce lo contingente:

1. Como se dice en VI *Ethic.*[9], el entendimiento, la sabiduría y la ciencia no tratan de lo contingente, sino de lo necesario.

2. Más aún. Como se dice en IV *Physic.*[10], *lo que a veces es y a veces no, es medido por el tiempo.* Nuestro entendimiento abstrae del tiempo como de las demás condiciones materiales. Como lo propio de las realidades contingentes consiste en que a veces son y a veces no

7. ARISTÓTELES, c.6 n.8 (BK 207a7): S. Th. lect.11 n.2.   8. ARISTÓTELES, c.1 n.4 (BK 1103a33): S. Th. lect.J n.250.   9. ARISTÓTELES, c.6 n.1 (BK 1140b31): S. Th. lect.5 n.1175.   10. ARISTÓTELES, c.12 n.13 (BK 221b29): S. Th. lect.20 n.12.

son, parece que lo contingente no sea conocido por el entendimiento.

En cambio, toda ciencia está en el entendimiento. Pero hay ciencias que tratan lo contingente, como las ciencias morales, que se centran en los actos humanos sometidos al libre albedrío; y también las ciencias naturales, en cuanto que una de sus partes trata de los seres sometidos a generación y corrupción. Por lo tanto, el entendimiento conoce lo contingente.

Solución. *Hay que decir:* Lo contingente puede ser considerado de dos maneras. Una, en cuanto contingente. Otra, en cuanto que en lo contingente hay cierta necesidad, ya que no hay ser tan contingente que en sí mismo no tenga algo de necesario. Ejemplo: el hecho de que Sócrates corra, en sí mismo es contingente. Pero la relación de la carrera con el movimiento es necesaria, ya que, si Sócrates corre, es necesario que se mueva.

Las realidades contingentes lo son por parte de la materia, ya que contingente es lo que puede ser y no ser, y la potencia está en la materia. En cambio, la necesidad está en el concepto mismo de forma, por cuanto lo que es consecuencia de la forma se posee necesariamente. Pero la materia es el principio de individuación, mientras que la universalidad se obtiene abstrayendo la forma de la materia particular. Dijimos (a.1) que el objeto directo y necesario del entendimiento es lo universal, y el de los sentidos es lo singular, que indirectamente es también de algún modo objeto del entendimiento, como dijimos anteriormente (a.1). Así, pues, las realidades contingentes, en cuanto contingentes, son conocidas directamente por los sentidos e indirectamente por el entendimiento. En cambio, las nociones universales y necesarias de dichas realidades contingentes son conocidas por el entendimiento.

Por eso, si se consideran las razones universales de lo cognoscible, todas las ciencias tienen por objeto lo necesario. Si se consideran las cosas en sí mismas, una ciencia tiene por objeto lo necesario, y otra lo contingente.

Respuesta a las objeciones: Está incluida en lo dicho.

ARTÍCULO 4

Nuestro entendimiento, ¿conoce o no conoce lo futuro?

Supra q.57 a.3; 2-2 q.95 a.1; q.172 a.1; *In Sent.* l.1 d.38 a.5 ad 2; 1.2 d.7 q.2 a.2; *De Verit.* q.8 a.12; *Cont. Gentes* 3,154; *Compend. Theol.* c.133.134.

Objeciones por las que parece que nuestro entendimiento conoce lo futuro:

1. Nuestro entendimiento conoce por especies inteligibles, que, por abstraer del tiempo y del espacio, pertenecen indistintamente a todo tiempo. Pero puede conocer lo presente. Por lo tanto, puede conocer lo futuro.

2. Más aún. Cuando el hombre no controla los sentidos, puede conocer algunas cosas futuras. Es el caso de los que sueñan y los que deliran. Pero cuando se está privado de los sentidos, es cuando el entendimiento desarrolla más actividad. Por lo tanto, en lo que depende de él, el entendimiento puede conocer lo futuro.

3. Todavía más. El conocimiento intelectivo del hombre es más eficaz que el conocimiento de cualquier animal. Pero hay animales que conocen algunas cosas futuras, como las cornejas, que anuncian, con intermitentes graznidos, que va a llover. Por lo tanto, con mayor motivo el entendimiento humano puede conocer lo futuro.

En cambio está lo que se dice en Ecl 8,6-7: *Grande es la aflicción del hombre que ignora lo pasado y por ningún mensajero puede conocer lo futuro.*

Solución. *Hay que decir:* Con respecto al conocimiento de lo futuro debemos establecer la misma distinción hecha sobre el conocimiento de lo contingente. Pues lo futuro, considerado con relación al tiempo, es singular, lo cual no es conocido por el entendimiento humano más que por reflexión, como dijimos anteriormente (a.1). Las razones de lo futuro pueden ser universales y perceptibles por el entendimiento y también pueden ser objeto de ciencia.

Sin embargo, al hablar en general del conocimiento de lo futuro, hay que tener presente que puede ser conocido de dos maneras. Una, en sí mismo. Otra, en sus causas. En sí mismo lo futuro no puede ser conocido más que por Dios, ante quien está presente todo lo futuro, si bien todavía no se ha dado en el tiempo, ya que su eterna mirada abarca simultáneamente todo el transcurso del tiempo, tal como dijimos anteriormente al estudiar lo referente a la ciencia de Dios (q.14 a.13). En sus causas, nosotros también podemos conocer lo futuro, y si está de modo que haya de producirse necesariamente, lo conoceremos con certeza científica, como el astrónomo conoce con anticipación la llegada de un eclipse. Y si en la mayoría de los casos ha de producirse, podemos conocerlo por conjeturas, más o menos ciertas, según la mayor o menor tendencia de la causa a producir sus efectos.

Respuesta a las objeciones: 1. *A la primera hay que decir:* El argumento aquel se refiere al conocimiento que se fundamenta en las razones universales de las causas por medio de las cuales es posible conocer lo futuro según el modo de relación que el efecto tiene con su causa.

2. *A la segunda hay que decir:* Como dice Agustín en XII *Confes.*[11], el alma tiene un cierto poder de adivinación que le hace naturalmente capaz de conocer lo futuro. Por eso, cuando se sustrae a la acción de los sentidos corporales y de algún modo se concentra en sí misma, participa del conocimiento de lo futuro. Esta opinión sería razonable si aceptáramos que el alma conoce las cosas por participación de las ideas eternas, como sostuvieron los platónicos[12]. Pues en este caso el alma conocería en virtud de su naturaleza las causas universales de todos los efectos y sería el cuerpo quien se lo impidiese.

Pero, porque no es éste el modo natural de conocer nuestro entendimiento, que, más bien, inicia su intelección en los sentidos, no es propio del alma que conozca lo futuro cuando está privada de los sentidos, sino que se debe al influjo de ciertas causas superiores espirituales o corporales. A causas espirituales se debe el que Dios, por ministerio de los ángeles, ilumine el entendimiento humano y asocie las imágenes para el conocimiento de cualquier cosa futura. También a causas espirituales se debe la conmoción que por influjo del demonio se opera en

la fantasía encaminada a presagiar ciertos hechos futuros que los demonios conocen, como dijimos anteriormente (q.57 a.3). Ocurre que el alma humana está mejor dispuesta para recibir ese tipo de influencias de las causas espirituales cuando está desligada de los sentidos, por aproximarse más, en este estado, a las sustancias espirituales, y encontrarse más libre de las inquietudes exteriores. Esto mismo sucede por influjo de causas corporales superiores. Ya que es evidente que los cuerpos superiores influyen en los inferiores. Por eso, cuando las facultades sensitivas ejercen su actividad por órganos corporales, es natural que la fantasía se vea afectada de alguna manera por la acción de los cuerpos celestes. De ahí que, como los cuerpos celestes son causa de muchos sucesos futuros, se formen en la imaginación ciertos indicios de futuros acontecimientos. Tales indicios son percibidos mejor de noche y por los que duermen que de día y por los que están despiertos, porque, como se dice en el libro *De Somn. et Vigil.*[13], *las impresiones que nos llegan de día, fácilmente se desvanecen, mientras que de noche el aire está menos agitado, ya que las noches son más silenciosas. Estas impresiones se sienten en el cuerpo por el sueño, ya que los pequeños movimientos interiores son percibidos mejor por los que duermen que por los que están despiertos. Estos son los movimientos que producen las representaciones imaginarias por las que se prevé lo futuro.*

3. *A la tercera hay que decir:* Los animales no poseen ninguna facultad superior a la fantasía que ordene sus representaciones imaginarias, como sucede en los hombres, que tienen razón. Así, la fantasía de los animales responde totalmente al influjo celeste. De este modo, por los movimientos de los animales pueden conocerse mejor que por los de los hombres, regidos por la razón, ciertos acontecimientos futuros, como la lluvia y cosas parecidas. Por eso, el Filósofo, en el libro *De Somn. et Vigil.*[14] dice: *Algunos seres muy ignorantes son los que mejor prevén, pues su inteligencia no está afectada por ningún cuidado, sino que está como desierta y vacía de todo, dejándose llevar por el que la guía.*

11. Cf. S. AGUSTÍN, *De Gen. ad litt.* l.12 c.13: ML 34,464.   12. Cf. supra q.84 a.1.4; infra q.87 a.1.   13. ARISTÓTELES, *De Divinat.* 2 (BK 464a12): S. Th. lect.2.   14. Ib.

CUESTIÓN 87

Sobre cómo el alma se conoce a sí misma y cómo conoce lo que hay en ella

Ahora hay que tratar lo referente a cómo el alma se conoce a sí misma y cómo conoce lo que hay en ella. Esta cuestión plantea y exige respuesta a cuatro problemas:

1. ¿Se conoce o no se conoce a sí misma por su esencia?—2. ¿Cómo conoce los hábitos que hay en ella?—3. ¿Cómo el entendimiento conoce su propio acto?—4. ¿Cómo conoce el acto de la voluntad?

ARTÍCULO 1

El alma intelectiva, ¿se conoce o no se conoce a sí misma por su esencia?

Supra q.14 a.2 ad 3; *In Sent.* 1.1 d.10 q.1 a.5 ad 2; *De Verit.* q.8 a.6; q.10 a.8; *Cont. Gentes* 2,75; 3,46; *De An.* 2 lect.6; 3 lect.9.

Objeciones por las que parece que el alma intelectiva se conoce a sí misma por su esencia:

1. Dice Agustín en IX *De Trin.*[1]: *La mente se conoce a sí misma por sí misma, puesto que es incorpórea.*

2. Más aún. El ángel y el alma humana pertenecen al género común de la sustancia intelectual. Pero el ángel se entiende a sí mismo por su esencia. Por lo tanto, también el alma.

3. Todavía más. Se dice en III *De Anima*[2]: *En los seres inmateriales, el entendimiento y lo entendido es lo mismo.* Pero la mente humana es inmaterial, pues no es acto de ningún cuerpo, como dijimos ya (q.76 a.1). Luego, en la mente humana, el entendimiento y lo entendido es lo mismo. Por lo tanto, se conoce por su esencia.

En cambio está lo que se dice en III *De Anima*[3]: *El entendimiento se conoce a sí mismo igual que a lo demás.* Pero lo demás no lo conoce por su esencia, sino por sus imágenes. Por lo tanto, tampoco a sí mismo se conoce por su esencia.

Solución. *Hay que decir:* Cada cosa es cognoscible en cuanto que está en acto y no en cuanto que está en potencia, como se dice en IX *Metaphys.*[4] Pues algo es

ser y verdadero, objeto del conocimiento, en cuanto que está en acto. Esto resulta evidente en las cosas sensibles: Pues la vista no capta lo coloreado en potencia, sino lo que lo está en acto. Igualmente resulta claro con respecto al entendimiento en cuanto que está ordenado al conocimiento de las cosas materiales conocidas sólo en cuanto que están en acto; por lo cual la materia prima no es cognoscible a no ser por su relación con la forma, como se dice en I *Physic.*[5] Por eso, las sustancias inmateriales son inteligibles por su propia esencia en la medida en que les compete esencialmente existir en acto.

Así, pues, la esencia de Dios, acto puro y perfecto, es absoluta y perfectamente inteligible en sí misma. Por eso Dios se entiende por su propia esencia no sólo a sí mismo, sino también todo lo demás. En cambio, la esencia del ángel, aun cuando pertenezca al género de los seres inteligibles, sin embargo, no es acto puro y perfecto. Por eso su capacidad de entender no se actualiza toda mediante la propia esencia. Pues, aunque se entiende por su esencia, por ella no conoce todas las cosas, sino que lo distinto a él lo conoce por sus imágenes. El entendimiento humano, con respecto a los seres inteligibles, está en pura potencia, como la materia prima en relación a lo sensible. Por eso es llamada *posible*[6]. Así, pues, considerado en su esencia, es sólo capacidad de entender. Por eso tiene, en cuanto tal, el poder de entender, pero no el de ser entendido hasta que no esté

---

1. C.3:. ML 42,963.　2. ARISTÓTELES, c.4 n.12 (BK 430a3): S. Th. lect.9 n.724.　3. Ib. 4. ARISTÓTELES, 8 c.9 n.6 (BK 1051a29): S. Th. 1.9 lect.10 n.1888.　5. ARISTÓTELES, c.7 n.16 (BK 191a8): S. Th. lect.13 n.9　6. Cf. ARISTÓTELES, *De Anima* 3 c.4 n.3 (BK 428a22): S. Th. lect.7 n.677.

en acto. Así, los platónicos colocaron el orden de los seres inteligibles por encima del de los entendimientos, porque el entendimiento no entiende más que por participación de lo inteligible, y lo que participa, según ellos, es inferior a lo participado. Así, pues, si el entendimiento humano se actualizara por participación de las formas inteligibles separadas, como suponían los platónicos [7], por dicha participación de las cosas incorpóreas el entendimiento humano se entendería a sí mismo. Pero porque, en la vida terrena, a nuestro entendimiento le es connatural conocer lo material y sensible, como dijimos (q.84 a.7), se sigue que nuestro entendimiento se conoce a sí mismo en cuanto se actualiza por las especies abstraídas de lo sensible, sirviéndose de la luz del entendimiento agente, que es el acto de las especies inteligibles y, por ellas, del entendimiento posible. Por lo tanto, nuestro entendimiento se conoce a sí mismo no por su esencia, sino por su acto. Esto es así de una doble manera. 1) *Una,* particular. Ejemplo: Sócrates o Platón saben que tienen un alma intelectiva por el hecho de percibir que entienden. 2) *Otra,* universal. Ejemplo: cuando investigamos la naturaleza de la mente humana partiendo de los actos del entendimiento. Pero es verdad que el juicio y la eficacia de este conocimiento por el que conocemos la naturaleza del alma, se debe a la iluminación de nuestro entendimiento por la verdad divina, en la que están contenidas las razones de todas las cosas, como ya dijimos (q.84 a.5). Por eso Agustín en IX *De Trin.* [8] dice: *Por la incorruptible verdad que contemplamos, sabemos con toda la perfección de que somos capaces, no lo que es la mente de cada hombre, sino lo que debe ser según las razones eternas.*

Entre estos dos tipos de conocimiento hay diferencia. Para tener el primero, basta la misma presencia del alma, que es principio del acto por el cual se conoce a sí misma. Por eso se dice que se conoce a sí misma por su sola presencia. En cambio, para tener el segundo tipo de conocimiento, no es suficiente su presencia, sino que se precisa una laboriosa

y minuciosa investigación. Esto explica que muchos ignoren la naturaleza del alma y que también muchos se hayan engañado sobre este problema. Por eso, y refiriéndose a dicha investigación, Agustín en X *De Trin.* [9] dice: *No se busque el alma a sí misma como a algo ausente, sino que se discierna como algo presente, esto es, conocer su diferencia de las demás cosas, y esto es conocer su esencia y su naturaleza.*

Respuesta a las objeciones: 1. *A la primera hay que decir:* La mente se conoce por sí misma puesto que al final llega a conocerse, aunque sea por sus actos. Es ella misma la que se conoce porque se ama a sí misma, como se dice en el contexto. Pero una cosa puede ser conocida por sí misma de dos maneras: o porque no se llegue a ella a través del conocimiento de ninguna otra, como ocurre en los primeros principios; o porque su conocimiento no es indirecto, como el color es visible por sí mismo mientras que la sustancia sólo lo es indirectamente.

2. *A la segunda hay que decir:* La esencia del ángel, así como sus actos, pertenecen al género de lo inteligible; por eso es, a la vez, entendimiento y objeto entendido. De aquí que el ángel puede conocerse por su propia esencia. No ocurre lo mismo con el entendimiento humano, ya que, o bien está en pura potencia con respecto a lo inteligible, como el entendimiento posible, o bien es el acto de las especies inteligibles abstraídas de las imágenes, como el entendimiento agente.

3. *A la tercera hay que decir:* Aquel texto del Filósofo es universalmente válido para todo entendimiento. Pues así como lo sentido en acto es lo sensible por la semejanza del objeto que es forma del sentido en acto, así el entendimiento en acto es lo actualmente entendido por la semejanza del objeto conocido que es la forma del entendimiento actualizado. Por eso, el entendimiento humano, que se actualiza por la especie inteligible del objeto entendido, es entendido por esa misma especie como forma suya. Decir: *En los seres inmateriales el entendimiento y lo*

7. Cf. DIONISIO, *De Div. Nom.* c.4 § 1: MG 3,693; Lib. *De Causis.* § 9 (BA 173). PROCLO, *Inst. Theol.* prop. 163.164 (DD 103).   8. C.6: ML 42,966.   9. C.9: ML 42,980.

entendido es lo mismo, es igual que decir: *En los objetos entendidos en acto, el entendimiento y lo entendido son lo mismo,* ya que una cosa es entendida en acto por existir sin materia. Pero hay que distinguir entre las esencias que existen sin materia, como las sustancias separadas que llamamos ángeles, cada una de las cuales a la vez conoce y es conocida, y algunas cosas en las que no existen sin materia las esencias, sino sólo las semejanzas abstraídas de ellas. Por eso, el Comentarista en III *De Anima* [10] dice que el texto aducido sólo es aplicable a las sustancias separadas, porque en ellas se cumple de alguna manera lo que no se cumple en las demás, como acabamos de decir (ad 2).

ARTÍCULO 2

Nuestro entendimiento, ¿conoce o no conoce los hábitos del alma por la esencia propia de ellos?

In Sent. 1.3 d.23 q.1 a.2; *De Verit.* q.10 a.9; *Quodl.* 8 q.2 a.2.

Objeciones por las que parece que nuestro entendimiento conoce los hábitos del alma por la propia esencia de ellos:

1. Dice Agustín en XIII *De Trin.* [11]: *No vemos la fe en el corazón del creyente como vemos el alma de otro hombre por los movimientos del cuerpo. Sin embargo, la manifiesta una ciencia del todo cierta, y la proclama la conciencia.* Lo mismo es aplicable a los demás hábitos del alma. Por lo tanto, los hábitos del alma no son conocidos por sus actos, sino por sí mismos.

2. Más aún. Conocemos las cosas materiales que están fuera del alma por la presencia de sus imágenes en ella. Y así se dice que son conocidas por sus representaciones. Pero los hábitos del alma están presentes en ella por su esencia. Por lo tanto, son conocidos por su esencia.

3. Todavía más. *Lo que una cosa es por causa de otra, esa otra lo es con mayor razón* [12]. Pero las demás cosas son conocidas por el alma por medio de hábitos y especies inteligibles. Por lo tanto, con mayor motivo las conocerá el alma por sí mismas.

En cambio, los hábitos, como las potencias, son principios de los actos. Pero se dice en II *De Anima* [13]: *En nuestro conocimiento los actos y las operaciones son anteriores a las potencias.* Por lo mismo, también a los hábitos. Y así los hábitos son conocidos por los actos lo mismo que las potencias.

Solución. *Hay que decir:* El hábito es, en cierto modo, un término medio entre la pura potencia y el puro acto. Ya dijimos (a.1) que nada es conocido más que en cuanto está en acto. Por lo tanto, el hábito, al carecer de la actualidad perfecta, tampoco posee la perfecta cognoscibilidad por sí mismo, necesitando ser conocido por medio de su acto, bien porque uno se dé cuenta de que posee un determinado hábito por el hecho de advertir en sí mismo acciones propias de dicho hábito, bien porque, partiendo del estudio de los actos, investigue la naturaleza y la esencia del hábito. El primero de estos conocimientos se adquiere por la misma presencia del hábito, ya que su sola presencia produce el acto que inmediatamente lo percibe. El segundo conocimiento se obtiene por medio de una laboriosa investigación, como se dijo con respecto a la mente (a.1).

Respuesta a las objeciones: 1. *A la primera hay que decir:* Aun cuando la fe no sea conocida por los movimientos del cuerpo, sin embargo, es percibida por el acto interno de la mente. Pues nadie sabe que tiene fe más que por darse cuenta de que cree.

2. *A la segunda hay que decir:* Los hábitos están presentes en nuestro entendimiento, no como objetos del entendimiento (porque el objeto de nuestro entendimiento en el estado de la vida presente es la naturaleza de lo material, como se dijo, q.84 a.7, q.85 a.8, q.86 a.2), sino que están presentes en el entendimiento como medios por los que el entendimiento entiende.

3. *A la tercera hay que decir:* Cuando se dice: *Lo que una cosa es por causa de otra, esta otra lo es con mayor razón,* se dice algo verdadero si se refiere a las cosas que pertenecen al mismo orden, por ejemplo, al causal. Así, al decir que la

10. AVERROES, *Comm.* 15 (6,2, 160A). *Poster.* 1 c.2 n.15 (BK 72a29): S. Th. lect.6. lect.6 n.304.

11. C.1: ML 42,1014.   12. ARISTÓTELES,
13. ARISTÓTELES, c.4 n.1 (BK 415a16): S. Th.

salud es deseable por la vida, se está diciendo que ésta lo es más que aquélla. En cambio, si se aplica a cosas de distinto orden, no se está diciendo algo verdadero. Por ejemplo, si se dice que la salud es de desear por razón de la medicina, no se deduce que ésta sea más deseable, ya que la salud pertenece al orden de los fines, y la medicina, al orden de las causas eficientes. Así, pues, si nos detenemos en dos objetos cognoscibles por sí mismos, será más conocido aquel por el que se conozca el otro, como los principios son más conocidos que las conclusiones. Pero el hábito en cuanto tal no pertenece al orden de los objetos, ni es causa del conocimiento de algo, como objeto conocido, sino como una disposición o forma por la que quien conoce conoce. Por lo tanto, aquel argumento no es válido.

ARTÍCULO 3

El entendimiento, ¿conoce o no conoce su propio acto?

In Sent. 1.3 d.23 q.1 a.2 ad 3; *De Verit.* q.10 a.9; *Cont. Gentes* 2,75; *De An.* 1.2 lect.6.

Objeciones por las que parece que el entendimiento no conoce su propio acto:

1. Lo que propiamente conoce una facultad cognoscitiva es su objeto. Pero el acto es distinto del objeto. Por lo tanto, el entendimiento no conoce su acto.

2. Más aún. Lo que es conocido lo es por algún acto. Así, pues, si el entendimiento conoce su acto, será en virtud de otro acto, y éste por otro. Por lo tanto, se iniciará un proceso indefinido. Esto parece imposible.

3. Todavía más. La proporción entre los sentidos y sus actos es igual a la existente entre el entendimiento y los suyos. Pero el sentido propio no siente su acto, sino que esto es algo que corresponde al sentido común, como se dice en el libro *De Anima* [14]. Por lo tanto, tampoco el entendimiento entiende su acto.

En cambio está lo que dice Agustín en X *De Trin.*[15]: *Entiendo que entiendo.*

Solución. *Hay que decir:* Como ya dijimos (a. 1.2), cada cosa se conoce en cuanto que está en acto. La última perfección del entendimiento es su operación, que no es una acción que pase a otro, perfeccionando al efecto, como la construcción a lo construido, sino que permanece en quien actúa como perfección y acto propios, tal como se dice en IX *Metaphys.*[15] Así, pues, lo primero que el entendimiento conoce de sí mismo es su mismo entender.

Con respecto a esto se diversifican los distintos entendimientos. Pues hay algún entendimiento, el divino, que es su mismo entender. Y puesto que en Dios la esencia se identifica con el acto de entender, entender que entiende y entender su esencia son lo mismo. Hay otro entendimiento, el angélico, que no es su mismo entender, pero que tiene como primer objeto de su intelección la propia esencia, como ya dijimos (q.79 a.1). Por lo tanto, aunque en el ángel haya que distinguir lógicamente la intelección de su acto y la de su esencia, sin embargo, simultáneamente y en un solo acto conoce ambas cosas, porque la perfección propia de su esencia es entenderla, y en un solo y único acto se conoce una cosa y su perfección. Hay otro entendimiento, el humano, que ni es su mismo entender ni el primer objeto de su intelección es su propia esencia, sino algo extrínseco, esto es, la naturaleza de lo material. Esto es lo primero conocido por el entendimiento humano. Lo segundo es el mismo acto por el que es conocido el objeto. Y por el acto conoce el propio entendimiento cuya perfección es el mismo entender. Así, el Filósofo dice[17] que *los objetos se conocen antes que los actos, y los actos antes que las potencias.*

Respuesta a las objeciones: 1. *A la primera hay que decir:* El objeto del entendimiento es algo universal, esto es, el ser y lo verdadero, bajo lo cual se incluye el mismo acto de entender. Por eso el entendimiento puede conocer su acto. Pero no como lo primero, porque el objeto primero de nuestro entendimiento en la vida presente no es cualquier ser o verdad, sino el ser y lo verdadero consi-

---

14. ARISTÓTELES, 1.3 c.2 (BK 425b12): S. Th. lect.2 n.584. 15. C.11: ML 42,983. 16. ARISTÓTELES, 8 c.8 n.9 (BK 1050a36): S. Th. lect.8 n.1862. 17. ARISTÓTELES, *De anima* 2 c.4 n.1 (BK 415a16): S. Th. lect.6 n.304.

derados en las cosas materiales, como dijimos (q.84 a.7), por las cuales llega al conocimiento de todo lo demás.

2. *A la segunda hay que decir:* El mismo entender humano no es el acto y perfección de lo entendido de modo que por un solo acto pueda conocerse la naturaleza material y el propio entender, como por uno sólo se conoce la realidad y su perfección. Por eso es distinto el acto por el que el entendimiento conoce la piedra del acto por el que entiende que la conoce; y así sucesivamente. Por lo demás, no hay inconveniente en admitir que el entendimiento potencialmente sea infinito, como ya se dijo (q.86 a.2).

3. *A la tercera hay que decir:* El sentido propio siente con la alteración de un órgano material producida por un objeto externo. No es posible que algo material se altere a sí mismo, sino que una cosa es alterada por la otra. Así, el sentido propio es percibido por el acto del sentido común. Pero el entendimiento no conoce por alteración material de un órgano. Por lo tanto, no hay paridad.

ARTÍCULO 4

El entendimiento, ¿conoce o no conoce el acto de la voluntad?

Supra q.82 a.4 ad 1; *In Sent.* l.3 d.23 q.1 a.2 ad 3.

Objeciones por las que parece que el entendimiento no conoce el acto de la voluntad:

1. El entendimiento conoce sólo lo que de alguna manera está presente en él. Pero el acto de la voluntad no está presente en el entendimiento, pues son potencias diversas. Por lo tanto, el acto de la voluntad no es conocido por el entendimiento.

2. Más aún. El acto se especifica por su objeto. Pero el objeto de la voluntad es distinto del objeto del entendimiento. Por lo tanto, el acto de la voluntad específicamente es distinto del objeto del entendimiento. Por lo tanto, no es conocido por el entendimiento.

3. Todavía más. Agustín en el libro X *Confess.*[18] considera que *los afectos del alma no son conocidos ni por imágenes, como*

los cuerpos; ni por su presencia, como las artes, sino por ciertas nociones. No parece que en el alma pueda haber otras nociones que no sean las esencias de las cosas conocidas, o de sus imágenes. Por lo tanto, parece imposible que el entendimiento conozca los afectos del alma, que son actos de la voluntad.

En cambio está lo que dice Agustín en X *De Trin.*[19]: *Entiendo que quiero.*

Solución. *Hay que decir:* Como dijimos (q.59 a.1), el acto de la voluntad no es más que una tendencia consecuencia de la forma conocida, como el apetito natural es una tendencia de la forma natural. La tendencia de cualquier cosa es algo íntimo a ella y a su modo de ser. Por eso la tendencia natural existe naturalmente en las cosas naturales. La sensible, sensiblemente en quien siente. La inteligible, que es acto de la voluntad, está inteligiblemente en quien entiende, como en su principio y en su propio sujeto. Por eso el Filósofo, hablando en este sentido, en III *De Anima*[20] dice: *La voluntad está en la razón.* Es lógico que lo que está inteligiblemente en un sujeto inteligente sea entendido por él. Por eso el entendimiento conocerá el acto de la voluntad tanto al percibir su acto de querer como al conocer la naturaleza de dicho acto, y, consecuentemente, la naturaleza de su principio, que es un hábito o una potencia.

Respuesta a las objeciones: 1. *A la primera hay que decir:* Aquel argumento sería válido si la voluntad y el entendimiento, así como son potencias diversas, también tuvieran distintos sujetos, ya que entonces no estaría en la voluntad lo que estuviera en el entendimiento. No obstante, colocando a ambas en la misma sustancia del alma, y siendo uno, en cierto modo, principio del otro, hay que concluir que lo que está en la voluntad, de alguna manera debe estar también en el entendimiento.

2. *A la segunda hay que decir:* El bien y la verdad, que son objetos de la voluntad y del entendimiento, conceptualmente se distinguen. No obstante se implican mutuamente, como dijimos ya (q.16 a.4 ad 1; q.82 a.4 ad 1); pues la

18. C.17: ML 32,790.   19. C.11: ML 42,983.   20. ARISTÓTELES, c.9 n.3 (BK 432b5): S. Th. lect.14 n.802.

verdad es un bien y el bien es una verdad. Así, las cosas que pertenecen a la voluntad caen bajo la acción del entendimiento, y las propias del entendimiento pueden caer bajo el dominio de la voluntad.

3. *A la tercera hay que decir:* Los afectos del alma no están en el entendimiento ni por sus imágenes solamente, como los cuerpos, ni por su presencia en él a modo de sujeto, como las artes, sino como lo derivado está en el principio en el que está contenida la noción de derivado. Así, Agustín dice que los afectos del alma están en la memoria por determinadas nociones.

CUESTIÓN 88

Sobre cómo el alma conoce lo que está por encima de ella

Ahora hay que tratar lo referente a cómo el alma conoce lo que hay por encima de ella, esto es, las sustancias inmateriales. Esta cuestión plantea y exige respuesta a tres problemas:

1. El alma humana, en la vida terrena, ¿puede o no puede conocer las sustancias inmateriales, que llamamos ángeles, por sí mismas?—2. ¿Puede o no puede llegar a su conocimiento a través del conocimiento de las cosas materiales?—3. Dios, ¿es o no es lo primero que nosotros conocemos?

ARTÍCULO 1

El alma humana, en el estado de la vida presente, ¿puede o no puede conocer las sustancias inmateriales, que llamamos ángeles, por sí mismas?

De Verit. q.10 a.11; q.18 a.5 ad 7.8; *In Boet. De Trin.* q.6 lect.3; *Cont. Gentes* 2,60; 3,42-44.46; *De Anima* a. 16; *In Metaphys.* 2 lect.1.

Objeciones por las que parece que el alma, en el estado de la vida presente, puede conocer las sustancias inmateriales, que llamamos ángeles, por sí mismas:

1. Dice Agustín en IX *De Trin.*[1]: *La misma mente, así como adquiere el conocimiento de lo corpóreo por medio de los sentidos del cuerpo, así también adquiere por sí misma el conocimiento de lo incorpóreo.* Incorpóreas lo son las sustancias inmateriales. Por lo tanto, la mente conoce las sustancias inmateriales.

2. Más aún. Lo semejante se conoce por lo semejante. Pero la mente humana, por ser inmaterial, como dijimos (q.76 a.1), se asemeja más a lo inmaterial que a lo material. Por lo tanto, como nuestra mente conoce lo material, mucho más conocerá lo inmaterial.

3. Todavía más. El hecho de que aquellas cosas que son sumamente sensibles no sean sentidas así por nosotros se debe a que lo excesivamente sensible corrompe el sentido. Pero lo excesivamente inteligible no corrompe el entendimiento, como se dice en III *De Anima*[2]. Por lo tanto, aquellas cosas que en cuanto tales son más inteligibles, también lo son para nosotros. Pero como quiera que las cosas materiales no son inteligibles más que en cuanto que nosotros, por abstracción, hacemos que lo sean de hecho, es evidente que serán más inteligibles aquellas sustancias que por naturaleza son inmateriales. Por lo tanto, son más conocidas por nosotros que las cosas materiales.

4. Y también. El Comentarista, en II *Metaphys.*[3], dice: Si las sustancias abstractas no pudieran ser entendidas por nosotros, *entonces la naturaleza habría obrado inútilmente, porque hizo algo que, siendo inteligible en cuanto tal, no es entendido por nadie.* Pero en la naturaleza nada es inútil ni superfluo. Por lo tanto, las sustancias inmateriales pueden ser conocidas por nosotros.

5. Por último. La relación que hay

1. C.3: ML 42,963.   2. ARISTÓTELES, c.4 n.5 (BK 429b2): S. Th. lect.7 n.687.
3. AVERROES, *Comm.* 1 (8,29C).

entre el sentido y lo sensible, es la misma que hay entre el entendimiento y lo inteligible. Pero nuestra vista puede ver todos los cuerpos, tanto si son superiores e incorruptibles como si son inferiores y corruptibles. Por lo tanto, nuestro entendimiento puede conocer todas las sustancias inteligibles, incluso las superiores e inmateriales.

En cambio está lo que se dice en Sab 9,16: *Lo que hay en el cielo, ¿quién lo investigará?* En los cielos están las sustancias inmateriales, según aquello de Mt 18,10: *Sus ángeles en el cielo.* Por lo tanto, las sustancias inmateriales no pueden ser conocidas por la investigación humana.

Solución. *Hay que decir:* Según Platón, no sólo conocemos las sustancias inmateriales, sino que éstas son lo primero que conocemos. Pues Platón sostuvo que las formas inmateriales subsistentes, que llamaba *ideas,* eran el objeto propio de nuestro entendimiento. Por serlo, son conocidas por nosotros de forma directa. Sin embargo, el alma llega al conocimiento de las cosas materiales en cuanto que al entendimiento se une la sensación y la imaginación[4]. Por lo tanto, cuanto más puro sea el entendimiento, tanto mejor percibe la verdad inteligible de lo inmaterial[5].

Pero según la opinión de Aristóteles[6], más conforme con la experiencia, en la vida terrena nuestro entendimiento, por naturaleza, se centra en las esencias de las cosas materiales. Por eso no entiende nada a no ser recurriendo a las imágenes, como ya dijimos (q.84 a.7). Así, resulta evidente que las sustancias inmateriales, que no caen bajo el control de los sentidos y la imaginación, nosotros, según nuestro modo propio de conocer, no podemos entenderlas de forma directa.

Sin embargo, Averroes, en el comentario III *De Anima*[7], sostiene que el hombre, al final de esta vida, puede llegar a entender las sustancias separadas por la continuidad o unión de alguna sustancia separada con nosotros, y que llama *entendimiento agente,* el cual, por ser

sustancia separada, conoce naturalmente las sustancias separadas. Por eso, cuando esté tan unido a nosotros que, por él, conozcamos perfectamente, conoceremos las sustancias separadas, como ahora, por la unión al entendimiento posible, conocemos las cosas materiales. Nos explica cómo se une a nosotros el entendimiento agente[8]. Dice: Puesto que entendemos por el entendimiento agente y por los objetos inteligibles especulados, como lo confirma el conocimiento que, por los principios, tenemos de las conclusiones, es necesario que el entendimiento agente se relacione con lo entendido como el agente principal con el instrumento, o como la forma con la materia. Pues en ambos casos una acción es atribuida a dos principios distintos: 1) Al agente principal y a su instrumento. Ejemplo: la acción de serrar se atribuye al carpintero y a la sierra. 2) A la forma y a su sujeto. Ejemplo: la acción de calentar se atribuye al calor y al fuego. En cualquiera de los dos casos, el entendimiento agente con respecto a lo especulado es lo que la perfección con respecto a lo perfectible, y lo que el acto con respecto a la potencia. Por ser simultáneamente se recibe lo perfecto y la perfección, como simultáneamente lo visible y la luz se reciben en la pupila. Así, pues, simultáneamente se reciben en el entendimiento posible lo especulado y el entendimiento agente. Cuanto más numeroso sea lo especulado, tanto más perfectamente se unirá a nosotros el entendimiento agente. Esto es así de tal manera que, si conociéramos todo lo posible, la unión sería perfectísima, pudiendo llegar a conocerlo todo, tanto lo material como lo inmaterial. En esto coloca la última felicidad del hombre[9]. No viene al caso si en dicho estado de felicidad, el entendimiento posible conoce las sustancias separadas por medio del entendimiento agente, como él piensa; o, como atribuye a Alejandro, el entendimiento posible nunca llega a conocerlas (debido a que sostiene que el entendimiento posible es corruptible), sino que el hombre conoce las sustancias separadas por medio del entendimiento agente.

4. Cf. MACROBIO, *In Somn. Scipion.* l.1 c.12 (DD 41b); c.14 (DD 46b).   5. Cf. id., c.8 (DD 33b).   6. *De an.* 3 c.7 n.3 (BK 431a16): S. Th. lect.12 n.770.   7. *Comm.* 36, digressio, p.5.ᵃ (6,2,183C).   8. Ib.   9. *De An. Beatitud,* c.1 (9,148B); también, AVICENA, *De An.* p.5.ᵃ (26va).

Pero esto es insostenible. 1) *Primero,* porque si el entendimiento agente es sustancia separada, es imposible que conozcamos formalmente por él. Porque aquello por lo que formalmente obra un agente es su forma y su acto, pues todo agente actúa en cuanto que está en acto. Anteriormente (q.12 a.1), ya hablamos de esto al tratar lo referente al entendimiento posible.

2) *Segundo,* porque si, siguiendo dicha explicación, el entendimiento agente fuera sustancia separada, no se uniría a nosotros sustancialmente, sino sólo por su luz, en cuanto que es participada por los entendimientos especulativos. Pero no en cuanto a sus restantes operaciones, que serían lo que a nosotros nos permitiría entender lo inmaterial. Así, cuando vemos los colores iluminados por el sol, no se une a nosotros la sustancia del sol de forma que podamos hacer lo que él hace, sino que sólo se nos une la luz del sol, que nos permite ver los colores.

3) *Tercero,* porque aun admitiendo que la sustancia del entendimiento agente se uniera a nosotros tal como nos dice, sin embargo, ellos afirman que no lo haría totalmente según uno o dos inteligibles, sino según todo lo especulado. Pero todos los inteligibles conocidos no colman la capacidad del entendimiento agente, porque mucho más es entender las sustancias separadas que entender todo lo material. Por eso resulta evidente que, incluso conocido todo lo material, el entendimiento agente no se uniría a nosotros de manera que por él pudiéramos conocer las sustancias separadas.

4) *Cuarto,* porque apenas se hallaría alguien en este mundo que conociera todo lo inteligible material, llegando, por eso, pocos o ninguno a ser felices. Esto va contra el Filósofo cuando, en I *Ethic.*[10], dice: La felicidad *es un cierto bien común que puede llegar a todos los que no estén desprovistos de virtud.* Además, es absurdo que sólo consigan el fin de una especie muy pocos de los individuos que la constituyen.

5) *Quinto,* porque el Filósofo en I

Ethic.[11] dice expresamente: La felicidad *es una operación de la virtud perfecta.* Enumeradas muchas virtudes, en el libro X[12] concluye que la felicidad última, consistente en el conocimiento de los supremos objetos inteligibles, corresponde a la virtud de la sabiduría, a la que en el libro VI había colocado a la cabeza de las ciencias especulativas. Por eso resulta evidente que Aristóteles puso la última felicidad del hombre en el conocimiento de las sustancias separadas, tal como puede obtenerse por las ciencias especulativas; y no por la prolongación del entendimiento agente que algunos imaginaron.

6) *Sexto,* quedó demostrado anteriormente (q.79 a.4) que el entendimiento agente no es sustancia separada, sino una determinada facultad del alma que se extiende activamente a todo lo que pasivamente se extiende el entendimiento posible. Porque, como se dice en III *De Anima*[13], *el entendimiento posible es aquello que permite al alma hacerse todas las cosas;* el entendimiento agente es aquello por lo que *puede hacerlo todo.* Por lo tanto, ninguno de los dos alcanza, durante la vida terrena, más que lo material, que el entendimiento agente lo convierte en inteligible en acto y es recibido en el entendimiento posible. En definitiva, durante la vida terrena, ni el entendimiento posible ni el agente pueden conocer lo inmaterial en sí mismo.

Respuesta a las objeciones: 1. *A la primera hay que decir:* De aquella autoridad de Agustín se deduce que lo que nuestra mente puede conocer de las cosas incorpóreas puede conocerlo por sí misma. Esto es tan cierto, que los mismos filósofos[14] dicen que la ciencia del alma es un principio para conocer las sustancias separadas. En efecto, por conocerse a sí misma, el alma llega a tener algún conocimiento de las sustancias incorpóreas tal como es capaz de tenerlo; pero no las conoce absoluta y perfectamente conociéndose a sí misma.

2. *A la segunda hay que decir:* La semejanza de naturaleza no basta para que

10. ARISTÓTELES, c.9 n.4 (BK 1099b18): s. Th. lect.14 n.170.   11. ARISTÓTELES, c.10 n.15 (BK 1101a14): S. Th. lect.16 n.200.   12. ARISTÓTELES, c.7 n.2 (BK 1177a21); c.8 n.13 (BK 1179a30): S. Th. lect.12 n.2124.   13. ARISTÓTELES, c.7 n.3 (BK 1141a20): S. Th. lect.6 n.1190; c.5 n.1 (BK 430a14): S. Th. lect.10 n.728.   14. Cf. AVERROES, *In De An.* l.1 *comm.* 2 (6,2, IF); l.3 *comm.* 5 (6,2,151E).

se dé conocimiento; de lo contrario, habría que admitir la opinión de Empédocles[15] cuando dijo que el alma es de la naturaleza de todas las cosas, puesto que las conoce todas. Para conocer se requiere que la semejanza del objeto conocido esté en quien conoce casi como forma suya. Durante la vida terrena, nuestro entendimiento posible es apto para recibir la semejanza de las cosas materiales abstraídas de las imágenes. Por eso conoce mejor las sustancias materiales que las inmateriales.

3. *A la tercera hay que decir:* Entre el objeto y la potencia cognoscitiva debe haber alguna proporción como entre lo activo y lo pasivo, o entre la perfección y lo perfectible. Por eso, el motivo de que los sentidos no perciban lo sensible demasiado intenso, no se debe sólo a que se corrompan los órganos sensoriales, sino también a que no es proporcionado a las potencias sensitivas. Asimismo, las sustancias inmateriales son desproporcionadas a nuestro entendimiento, hasta el punto de que durante la vida terrena no puede conocerlas.

4. *A la cuarta hay que decir:* El argumento del Comentarista tiene muchos fallos. Primero, porque del hecho de que nuestro entendimiento no conozca las sustancias separadas no se sigue que ningún otro entendimiento las conozca; pues se conocen a sí mismas y entre sí. Segundo, porque el fin de las sustancias separadas no es el que nosotros las conozcamos. Sólo se puede llamar inútil y superfluo a lo que no consigue el fin para el que existe. Por eso no se sigue que las sustancias inmateriales sean inútiles, incluso si no fueran conocidas de ninguna manera por nosotros.

5. *A la quinta hay que decir:* Los sentidos conocen los cuerpos superiores e inferiores de la misma manera, esto es, por alteración del órgano por lo sensible. En cambio, no conocemos de la misma manera las sustancias materiales, que conocemos por abstracción, y las inmateriales, que no podemos entender de esta manera, porque de ellas no hay ninguna imagen.

ARTÍCULO 2

¿Puede o no puede llegar a su conocimiento a través del conocimiento de las cosas materiales?

In Sent. l.4 d.49 q.2 a.7 ad 2; *De Verit.* q.18 a.5 ad 6; *In Boet. de Trin.* q.6 lect.3.4; *Cont. Gentes* 3,41; *De Anima* a.16; *Post. Analyt.* 1 lect.41; *De causis* c.7.

Objeciones por las que parece que nuestro entendimiento puede llegar al conocimiento de las sustancias inmateriales a través del conocimiento de las cosas materiales:

1. Dionisio, en c.1 *Cael. hier.*[16], dice: *Al alma humana no le es posible elevarse hasta la contemplación inmaterial de las jerarquías celestes, a no ser que haga uso de un guía material.* Por lo tanto hay que concluir que podemos ser conducidos por las sustancias materiales al conocimiento de las inmateriales.

2. Más aún. La ciencia está en el entendimiento. Pero las ciencias y las definiciones se centran en las sustancias inmateriales. El Damasceno[17] define al ángel; y de los ángeles tenemos algunas referencias tanto en las ciencias teológicas como filosóficas. Por lo tanto, las sustancias inmateriales pueden ser conocidas por nosotros.

3. Todavía más. El alma humana pertenece al género de las sustancias inmateriales. Pero ella misma puede ser entendida por nosotros mediante el acto por el que ella entiende lo material. Por lo tanto, también podemos conocer otras sustancias inmateriales por sus efectos en las materiales.

4. Por último. Sólo es incomprensible por sus efectos aquella causa que está infinitamente distante de ellos. Esto sólo es propio de Dios. Por lo tanto, las demás sustancias inmateriales creadas pueden ser conocidas por nosotros por medio de las materiales.

En cambio está lo que dice Dionisio en c.1 *De Div. Nom.*[18]: *No puede entenderse lo inteligible por lo sensible, lo simple por lo compuesto, lo incorpóreo por lo corpóreo.*

Solución. *Hay que decir:* Averroes cuenta, en III *De Anima*[19], que un tal

---

15. Cf. ARISTÓTELES, *De An.* 1 c.2 n.6 (BK 404b11): S. Th. lect.4 n.45.   16. § 3: MG 3,124.   17. *De Fide Orth.* l.2 c.3: MG 94,865.   18. § 1: MG 3,588: S. Th. lect.1   19. *Comm.* 36, digressio, p.3.ᵃ (6,2,180E).

Avempace sostuvo que, por el conocimiento de las sustancias materiales, y según los principios de la verdadera filosofía, podemos llegar a conocer las sustancias inmateriales. Pues como nuestro entendimiento es capaz de abstraer de la materia sensible su esencia, si en ésta quedase aún algo de materia, podría nuevamente abstraería. Y siendo imposible prolongar este proceso indefinidamente, debería llegar a entender alguna esencia totalmente inmaterial. En esto consiste entender la sustancia inmaterial.

Esto sería cierto si tales sustancias inmateriales fueran las formas y especies de las materiales, como sostenían los platónicos [20]. Pero si no se admite esto y, en cambio, se supone que las sustancias inmateriales son de naturaleza completamente distinta a las esencias de las materiales, por mucho que nuestro entendimiento abstraiga de la materia la esencia de un objeto material, nunca llegará a algo semejante a la sustancia espiritual. Por lo tanto, por las cosas materiales no podemos conocer perfectamente las sustancias inmateriales.

Respuesta a las objeciones: 1. *A la primera hay que decir:* A partir de las cosas materiales podemos llegar a conocer en cierta manera las inmateriales, pero no perfectamente, porque no hay proporción adecuada entre ambos órdenes; y, aunque pueden obtenerse algunas imágenes materiales para conocer lo inmaterial, éstas son muy desproporcionadas, como dice Dionisio en c.2 *Cael. hier.* [21]

2. *A la segunda hay que decir:* De las cosas superiores se trata en las ciencias sobre todo por vía de negación. Así, Aristóteles [22] describe los cuerpos celestes negándoles las propiedades de los inferiores. Por eso, con mayor motivo nos es imposible conocer las sustancias inmateriales aprehendiendo sus esencias. Lo que de ellas nos dicen las ciencias es por vía de negación y por ciertas relaciones con las cosas materiales.

3. *A la tercera hay que decir:* El alma humana se entiende a sí misma por su propio acto de entender, que revela perfectamente su poder y naturaleza. Pero ni esto ni otra cosa que se encuentre en

las sustancias materiales nos da a conocer el poder y la naturaleza de las inmateriales, porque no hay adecuación entre unas y otras.

4. *A la cuarta hay que decir:* Las sustancias inmateriales creadas no pertenecen al mismo género natural que las materiales, porque la naturaleza de su potencia y materia no es idéntica. No obstante, pertenecen al mismo género lógico, porque también las sustancias inmateriales están incluidas en el predicamento de la sustancia, ya que su esencia no es su existencia. Pero Dios no coincide con las cosas materiales ni en el género natural ni en el lógico, pues Dios no está incluido en género alguno. Por eso por las imágenes y las cosas materiales podemos conocer algo positivamente de los ángeles, aunque de modo genérico y no específico, como ya dijimos (q.3 a.5). De Dios, en cambio, en ninguno de los dos aspectos.

ARTÍCULO 3

Dios, ¿es o no es lo primero que nosotros conocemos?

In Boet. de Trin. q.1 lect.3.

Objeciones por las que parece que Dios es lo primero conocido por la mente humana:

1. Aquello en lo que conocemos todo lo demás, y por lo que juzgamos de lo demás, es lo primero que conocemos. Ejemplo: la luz por el ojo, los primeros principios por el entendimiento. Pero, como dice Agustín en el libro *De Trin.* [23] y en el libro *De Vera Relig.* [24], lo conocemos todo en la luz de la verdad suprema y por ella juzgamos lo demás. Por lo tanto, Dios es lo primero conocido por nosotros.

2. Más aún. *Lo que hace que algo sea lo que es, lo es mucho más.* Pero Dios es la causa de todo nuestro conocimiento; pues *Él mismo es la luz verdadera que ilumina a todo hombre que viene a este mundo,* como se dice en Jn 1,9. Por lo tanto, Dios es lo primero y mejor que conocemos.

3. Todavía más. Lo primero que se conoce en una imagen es el ejemplar en

20. Cf. supra q.84 a.1. 21. § 2: MG 3,137. 22. *De Caelo* 1 c.3 (BK 269b18): S. Th. lect.5-7. 23. L.12 c.2: ML 42,999. 24. C.31: ML 34,147.

el que se ha formado la imagen. Pero en nuestra mente está la imagen de Dios, como dice Agustín[25]. Por lo tanto, lo primero que se conoce en nuestra mente es Dios.

En cambio está lo que se dice en Jn 1,18: *A Dios nunca nadie le vio.*

Solución. *Hay que decir:* Como nuestro entendimiento, durante la vida terrena, no puede conocer las sustancias inmateriales creadas, como dijimos (a.1), mucho menos podrá conocer la esencia de la sustancia increada. Por eso hay que afirmar: Dios no es lo primero que conocemos, sino que llegamos a su conocimiento por medio de las criaturas, según aquello del Apóstol en Rom 1,20: *Conocemos lo invisible de Dios por medio de aquello que ha sido hecho.* Lo primero que nosotros entendemos en el estado terreno de nuestra vida es la esencia de lo material, que es el objeto de nuestro entendimiento, como hemos repetido tantas veces (q.84 a.7; q.85 a.8; q.87 a.2 ad 2).

Respuesta a las objeciones: 1. *A la*

primera hay que decir:* Entendemos y juzgamos todas las cosas a la luz de la primera verdad, en cuanto que la propia luz de nuestro entendimiento, poseída naturalmente o por gracia, no es más que una impresión de la primera verdad, como ya dijimos (q.12 a.2 ad 3; q.84 a.5). Por eso, al no ser la misma luz intelectual objeto, sino medio de nuestro conocimiento, mucho menos será Dios lo primero conocido por nosotros.

2. *A la segunda hay que decir:* Lo que hace que algo sea lo que es, lo es mucho más ha de entenderse referido a lo que es del mismo orden, como dijimos (q.87 a.2 ad 3). Conocemos todas las cosas por Dios, no en cuanto que Él sea lo primero conocido, sino en cuanto que es la primera causa de la facultad cognoscitiva.

3. *A la tercera hay que decir:* Si en nuestra mente existiera una imagen perfecta de Dios, como el Hijo es la perfecta imagen del Padre, inmediatamente nuestra mente conocería a Dios. Pero es imagen imperfecta. Por lo tanto, aquel argumento no es válido.

CUESTIÓN 89

Sobre el conocimiento del alma separada

Ahora hay que tratar lo referente al conocimiento del alma separada. Esta cuestión plantea y exige respuesta a ocho problemas:

1. El alma separada del cuerpo, ¿puede o no puede conocer?—2. ¿Conoce o no conoce las sustancias separadas?—3. ¿Conoce o no conoce todo lo natural?—4. ¿Conoce o no conoce lo singular?—5. El hábito científico adquirido aquí, ¿permanece o no permanece en el alma separada?— 6. ¿Puede o no puede utilizar el hábito científico adquirido aquí?—7. La distancia local, ¿impide o no impide el conocimiento del alma separada?— 8. Las almas separadas de los cuerpos, ¿conocen o no conocen lo que sucede aquí?

ARTÍCULO 1

El alma separada, ¿puede o no puede conocer algo?

1-2 q.67 a.2; *In Sent.* l.3 d.31 q.2 a.4; 1.4 d.50 q.1 a.1; *De Verit.* q.19 a.1; *Cont. Gentes* 2,81; *De Anima* z.15; *Quodl.* 3 q.9 a.1.

Objeciones por las que parece que el

alma separada no puede conocer nada en absoluto:

1. El Filósofo, en I *De Anima*[1], dice: *El entendimiento cesa en su actividad cuando algo interior se corrompe.* La muerte destruye todo lo que hay en el hombre. Por lo tanto, también su entender.

2. Más aún. El impedimento de los

25. *De Trin.* l.12 c.4: ML 42,1000.

1. ARISTÓTELES, c.4 n.14 (BK 408b24): S. Th. lect.10 n.163.

sentidos y la perturbación de la imaginación imposibilitan al alma para conocer, como ya dijimos (q.84 a.7.8); y con la muerte desaparecen totalmente la imaginación y los sentidos, como acabamos de demostrar (q.77 a.3). Por lo tanto, después de la muerte el alma no conoce nada.

3. Todavía más. Si el alma separada entiende, deberá servirse de algunas especies. Pero no entiende por especies innatas, porque al principio *es como una tablilla en la que nada hay escrito*. Tampoco por las especies abstraídas de las cosas, porque no tiene órganos sensoriales ni imaginación por medio de los cuales se abstraen de las cosas las especies inteligibles. Tampoco por las especies anteriormente abstraídas y conservadas en el alma, porque, en ese caso, el alma del niño no entendería nada después de la muerte. Tampoco por las especies infundidas divinamente, porque tal conocimiento no sería el natural, que es del que estamos tratando ahora, sino el sobrenatural. Por lo tanto, el alma separada del cuerpo no conoce nada.

En cambio, está lo que el Filósofo, en I *De Anima*[2], dice: *Si el alma no tuviera alguna operación que le fuera exclusiva, no se separaría*. Pero se separa. Luego debe tener alguna operación propia; y la mayor: entender. Por lo tanto, entiende aunque esté separada del cuerpo.

Solución. *Hay que decir:* Esta cuestión entraña cierta dificultad, porque el alma, mientras está unida al cuerpo, no puede conocer nada si no es recurriendo a las imágenes, como lo confirma la experiencia. Si esto le correspondiera no por naturaleza, sino accidentalmente, por el hecho de estar unida al cuerpo, como creían los platónicos[3], la cuestión sería solucionada con facilidad. Pues, suprimido el impedimento del cuerpo[4], el alma volvería a su estado natural, conociendo entonces lo inteligible sin tener que acudir a las imágenes, que es lo que hacen las demás sustancias separadas. Pero, según esto, si el alma comprendiese peor unida al cuerpo que separada de él, su unión con el cuerpo no sería mejor para el alma, sino mejor para el cuerpo. Esto

es absurdo, porque la materia existe para la forma, y no al revés. Por el contrario, si admitimos que el alma para entender necesita naturalmente acudir a las imágenes, como su naturaleza no cambia por la muerte del cuerpo, parece que el alma nada puede entender naturalmente por no disponer de imágenes a las que referirse.

Para apartar esta dificultad, hay que tener presente que todo ser obra en cuanto está en acto; y el modo de obrar corresponde a su modo de ser. El alma tiene un diferente modo de ser cuando está unida al cuerpo y cuando está separada de él. Conserva, sin embargo, la misma naturaleza. No es que la unión con el cuerpo sea para ella algo accidental, pues se realiza por exigencia de su misma naturaleza. Tampoco cambia la naturaleza de un cuerpo ligero cuando pasa de un lugar apropiado que por naturaleza le corresponde a otro que no es el suyo propio, sino ajeno a su naturaleza. Así, pues, conforme a su modo de ser, cuando está unida al cuerpo, al alma le corresponde un modo de entender que consiste en referirse a las imágenes de los cuerpos que se encuentran en los órganos corpóreos. En cambio, separada del cuerpo, le compete un modo de entender semejante al de las demás sustancias separadas, consistente en una conversión hacia lo inteligible. Por lo tanto, el modo de entender volviéndose a las imágenes es natural al alma, como lo es su unión al cuerpo. En cambio, estar separada de él y entender sin recurrir a las imágenes es algo que está fuera de su naturaleza. Por eso se une al cuerpo: para existir y obrar conforme a su naturaleza.

Pero esto plantea una nueva duda. Como la naturaleza se ordena siempre a lo mejor y es más perfecto conocer volviéndose directamente a lo inteligible que recurriendo a las imágenes, la naturaleza del alma debió de ser formada de tal forma por Dios, que la manera más perfecta de conocer le fuese connatural, sin que para ello necesitara unirse al cuerpo.

Así, pues, hay que tener presente que,

---

2. ARISTÓTELES, c.1 n.10 (BK 403a11): S. Th. lect.2 n.21.   3. Cf. *Fedón* (92A): *Timeo* (44A); CICERÓN, *Tuscul.* l.1 c.31 (DD 3,640); MACROBIO, *In Somn. Scipion.* l.1 c.14 (DD 45b).   4. Cf. CICERÓN, ibid.; AVICENA, *De An.* p.5.ª c.5 (25va).

aun cuando el entender refiriéndose a lo superior, en cuanto tal, es más digno que el hacerlo recurriendo a las imágenes, sin embargo, dada la capacidad del alma, tal manera de conocer era más imperfecta. Se demuestra de la siguiente manera: En todas las sustancias intelectuales, la facultad cognoscitiva proviene de un influjo de la luz divina. En su primer principio es una y simple. Pero cuanto más van alejándose de él las criaturas intelectuales, tanto más se divide y diluye aquella luz, como ocurre con las líneas que parten del centro. De aquí que Dios entienda todas las cosas por su sola esencia, y que las sustancias intelectuales superiores, aunque conozcan por medio de diversas formas, sin embargo se sirvan de pocas, las más universales y eficaces para la comprehensión de las cosas, debido al poder de la energía intelectiva que en ellas reside. En cambio, las sustancias inferiores necesitan muchas más formas, menos universales y menos eficaces para penetrar la realidad, debido a que carecen del poder intelectual de las superiores. Si las sustancias inferiores poseyeran las formas tan universales como las superiores, no poseyendo la virtualidad de intelección de aquéllas, no obtendrían por ellas un conocimiento perfecto de las cosas, sino uno genérico y confuso. Esto se comprueba también, en parte, entre los hombres, pues los menos capacitados intelectualmente no adquieren un conocimiento perfecto mediante conceptos universales de los más inteligentes, a no ser que se les explique cada cosa en particular. Pues bien, es evidente que, en el orden natural, las almas humanas son las ínfimas entre las sustancias espirituales. La perfección del universo exigía que hubiera grados diversos en las cosas. Así pues, si Dios hubiera dotado a las almas humanas de la intelección propia de las sustancias separadas, su conocimiento no sería perfecto, sino general y confuso. Para que pudieran conocer con propiedad y perfección las cosas, han sido ordenadas naturalmente a unirse a los cuerpos, para que puedan tener un conocimiento adecuado de lo sensible. Algo parecido a lo que sucede con los hombres torpes, que no pueden llegar a la ciencia si no es por medio de ejemplos sensibles.

Por lo tanto, resulta claro que el estar unida con el cuerpo y entender por medio de imágenes es mejor para el alma. Si bien puede existir separada y tener otro modo distinto de conocer.

Respuesta a las objeciones: 1. *A la primera hay que decir:* Si se examinan con atención las palabras del Filósofo, se advertirá que su expresión depende de una previa hipótesis[5], según la cual tanto el entender como el sentir son acciones del compuesto humano; aún no había establecido la distinción entre entendimiento y sentido.

O puede decirse que está hablando del modo de entender por medio de las imágenes.

Y sobre este modo de entender se fundamenta la objeción segunda.

3. *A la tercera hay que decir:* El alma separada no entiende por medio de especies innatas, ni por las que abstrae entonces, ni únicamente por las que haya conservado, como pretende tal objeción; sino por medio de las especies recibidas en virtud del influjo de la luz divina, de las que el alma participa como las demás sustancias separadas, aunque en menor grado. Por eso inmediatamente que cesa su relación con el cuerpo se relaciona con las realidades superiores. Sin embargo, no por eso su conocimiento no es natural, porque Dios es autor no sólo del influjo de la luz de la gracia, sino también de la luz natural.

ARTÍCULO 2

El alma separada, ¿conoce o no conoce las sustancias separadas?

Cont. Gentes 3,45; *De Anima* a.17; *Quodl.* 3 q.9 a.1.

Objeciones por las que parece que el alma separada no conoce las sustancias separadas:

1. El alma es más perfecta unida al cuerpo que separada de él, puesto que es esencialmente una parte de la naturaleza humana; y toda parte es más perfecta cuando está en un todo. Pero el alma

---

5. ARISTÓTELES, l.c. nota 1.

unida al cuerpo no entiende las sustancias separadas. Por lo tanto, mucho menos las entiende separada del cuerpo.

2. Más aún. Todo lo que se conoce, o se conoce por su presencia o por su especie. El alma no puede conocer las sustancias separadas por su presencia, porque nada penetra en ella, sino sólo Dios. Tampoco por especies que puede abstraer del ángel, porque el ángel es más simple que el alma. Por lo tanto, de ningún modo el alma puede conocer las sustancias separadas.

3. Todavía más. Algunos filósofos [6] colocaron la última felicidad del hombre en el conocimiento de las sustancias separadas. Por lo tanto, si el alma separada puede conocer las sustancias separadas consigue su felicidad con sólo separarse del cuerpo. Esto es inadmisible.

En cambio está el hecho de que las almas separadas conocen otras almas separadas; como el rico que estaba en el infierno vio a Lázaro y a Abraham (Lc 16,23). Por tanto, las almas separadas ven también a los ángeles y los demonios.

Solución. *Hay que decir:* Agustín, en IX *De Trin.* [7], dice: *Nuestra mente adquiere el conocimiento de las cosas corpóreas por sí misma;* es decir, conociéndose a sí misma, como dijimos (q.88 a.1 ad 1). Por lo tanto, por el modo de conocerse el alma separada a sí misma podemos intuir cómo conocerá a las demás sustancias separadas. Pero también dijimos (a.1; q.84 a.7) que, mientras el alma está unida al cuerpo, conoce recurriendo a las imágenes. Por eso, ni a sí misma puede conocerse, a no ser en cuanto que entiende en acto por medio de la especie abstraída de las imágenes. Es decir, se conoce a sí misma a través de su acto, como ya quedó demostrado (q.87 a.1). Pero, una vez separada del cuerpo, entiende no recurriendo a las imágenes, sino a lo que en cuanto tal es inteligible. Por eso se conoce a sí misma por sí misma. *Es común a toda sustancia separada entender lo superior y lo inferior a ella según el modo de ser de su sustancia,* pues una cosa es conocida según el modo como está en el sujeto que conoce. Algo está en otro según el modo de ser de aquel en quien está. El modo de la sustancia del alma separada es inferior al de la angélica, pero conforme al modo

de ser de las demás almas. Por eso, de éstas tiene un conocimiento perfecto; de los ángeles, imperfecto y deficiente, hablando en un plano natural. Todo es distinto al tratarse del conocimiento de gloria.

Respuesta a las objeciones: 1. *A la primera hay que decir:* El alma separada es más imperfecta desde el punto de vista de la naturaleza con la que se comunica con el cuerpo. Sin embargo, está más libre para conocer, pues la pureza de su intelección estaba impedida por la pesadez y cadena del cuerpo.

2. *A la segunda hay que decir:* El alma separada conoce a los ángeles por medio de imágenes infundidas por Dios, las cuales, sin embargo, no los representan de un modo perfecto, porque la naturaleza del alma es inferior a la del ángel.

3. *A la tercera hay que decir:* La suprema felicidad del hombre no consiste en el conocimiento de cualquiera de las sustancias separadas, sino sólo en el de la sustancia divina, que únicamente puede ser contemplada mediante la gracia. El conocimiento de las demás sustancias separadas, si es perfecto, constituye una gran felicidad, aunque no la suprema. Pero el alma separada no las conoce perfectamente con conocimiento natural, como ya se dijo.

ARTÍCULO 3

El alma separada, ¿conoce o no conoce todo lo natural?

De Anima a.18.

Objeciones por las que parece que el alma separada conoce todo lo natural:

1. En las sustancias separadas están los conceptos de todas las cosas naturales. Pero las almas separadas conocen las sustancias separadas. Por lo tanto, conocen todo lo natural.

2. Más aún. Quien entiende lo más inteligible, mucho más puede entender lo menos inteligible. Pero el alma separada entiende las sustancias separadas, que son lo más inteligible. Por lo tanto, mucho más puede entender todo lo natural, que es menos inteligible.

En cambio, el conocimiento natural en los demonios es mayor que el de las-

6. Cf. supra q.88 a.1. 7. C.3: ML 42,963.

almas separadas. Pero los demonios no conocen todo lo natural, sino que, como dice Isidoro[8], conocen muchas tras una larga experiencia. Por lo tanto, tampoco las almas conocen todo lo natural.

Más aún. Si inmediatamente después de su separación el alma conociera todo lo natural, sería vano el esfuerzo de los hombres por adquirir ciencia. Esto es inadmisible. Por lo tanto, el alma separada no conoce todo lo natural.

Solución. *Hay que decir:* Ya indicamos (a.1 ad 3) que el alma separada entiende por medio de especies recibidas por influjo divino, al igual que los ángeles. Sin embargo, porque la naturaleza del alma es inferior a la del ángel, al que le es connatural este modo de conocer, el conocimiento que el alma separada consiga por medio de estas especies no es perfecto, sino general y confuso. Así, pues, en la misma medida en que los ángeles por dichas especies tienen un conocimiento perfecto de lo natural, lo tienen las almas separadas imperfecto y confuso. Tal modo de conocer es perfecto en el ángel, porque, como dice Agustín en *Super Gen. ad litt.*[9], Dios creó en la inteligencia angélica todo lo que creó en las propias naturalezas reales. Por eso, las almas separadas tienen de todo lo natural un conocimiento general y confuso, no propio y cierto.

Respuesta a las objeciones: 1. *A la primera hay que decir:* Como dijimos anteriormente (q.55 a.1; q.87 a.4 ad 2), ni el mismo ángel conoce todo lo natural por su sustancia, sino por medio de ciertas especies. Por eso, del hecho de que el alma conozca de algún modo las sustancias separadas no se sigue que conozca todo lo natural.

2. *A la segunda hay que decir:* Así como el alma no conoce perfectamente las demás sustancias separadas, tampoco entiende todo lo natural con perfección, sino con cierta confusión, como acabamos de decir (sol.).

3. *A la tercera hay que decir:* Isidoro habla del conocimiento de los sucesos futuros, que ni los ángeles, ni los demonios, ni las almas separadas poseen, a no ser en sus causas o por revelación divina. En cambio, nosotros hablamos del conocimiento de lo natural.

4. *A la cuarta hay que decir:* El conocimiento que se adquiere en este mundo mediante el estudio, es propio y perfecto; aquél, en cambio, es confuso. No se sigue, pues, que entregarse al estudio sea en vano.

ARTÍCULO 4

El alma separada, ¿conoce o no conoce lo singular?

In Sent. l.4 d.50 q.1 a.3; *De Verit.* q.19 a.2; *De Anima* a.20.

Objeciones por las que parece que el alma separada no conoce lo singular:

1. El entendimiento es la única potencia cognoscitiva que permanece en el alma separada, como quedó demostrado (q.77 a.8). Pero el entendimiento no conoce lo singular, como también dejamos asentado (q.86 a.1). Por lo tanto, tampoco el alma separada.

2. Más aún. Es más concreto el conocimiento por el que se conoce algo en particular que aquel por el que sólo se conoce algo en general. Pero el alma separada no tiene un conocimiento concreto de las especies de las cosas naturales. Por lo tanto, mucho menos conoce lo singular.

3. Todavía más. Si conociera lo singular, y no por los sentidos, por lo mismo conocería todo lo singular. Esto no es correcto. Por lo tanto, no conoce ninguna realidad singular.

En cambio está el hecho de que el rico, puesto en el infierno, dijo: *Tengo cinco hermanos* (Lc 1,28).

Solución. *Hay que decir:* Las almas separadas conocen algunos seres singulares, pero no todos, ni siquiera los que existen en el presente. Para demostrarlo hay que tener presente que hay dos maneras de entender: 1) *Una* por abstracción de las imágenes. De este modo no puede entenderse lo singular de forma directa, sino indirecta, como dijimos anteriormente (q.86 a.1). 2) *Otra,* por medio de las especies infundidas por Dios; y es así como el entendimiento puede conocer lo singular. Pues así como el mismo Dios, en cuanto causa de los principios universales e individuales, lo conoce todo por su propia esencia, tanto lo universal

---

8. *Sent.* l.1 c.10: ML 83,556.   9. L.2 c.8: ML 34,269.

como lo singular, como quedó establecido (q.14 a.11; q.57 a.2), así también las sustancias separadas pueden conocer lo singular por medio de las especies, que son ciertas semejanzas participadas de aquella ciencia divina.

Sin embargo, hay diferencia entre los ángeles y las almas separadas, porque los ángeles por las especies tienen un conocimiento perfecto y propio de las cosas; en cambio, las almas separadas, confuso. Por eso los ángeles, debido a la eficacia de su entendimiento, no sólo pueden conocer por medio de tales especies la naturaleza de las cosas de modo específico, sino también lo singular comprendido en las especies. En cambio, las almas separadas no pueden conocer por dichas especies más que aquellas cosas singulares con las que tengan alguna relación: por un conocimiento anterior, por algún sentimiento, por una tendencia natural o por disposición divina; porque todo lo que se recibe en algún sujeto está determinado en él por el modo de ser del que lo recibe.

Respuesta a las objeciones: 1. *A la primera hay que decir:* El entendimiento no conoce lo singular por abstracción. No es así, pues, como el alma separada entiende, sino del modo que acabamos de concretar (sol.).

2. *A la segunda hay que decir:* Como acabamos de decir (sol.), el conocimiento del alma separada está ordenado a aquellas especies o individuos con los que tiene alguna relación concreta.

3. *A la tercera hay que decir:* El alma separada no está igualmente ordenada a todas las cosas singulares, sino que su relación con una o con otra es distinta. Por eso no hay que aplicar el mismo criterio siempre.

ARTÍCULO 5

El hábito científico adquirido aquí, ¿permanece o no permanece en el alma separada?

1-2 q.53 a.1; q.67 a.2; *In Sent.* l.4 d.50 q.1 a.2; *Quodl.* 12 q.9 a.1; *In 1 Cor.* c.13 lect.3.

Objeciones por las que parece que el

hábito científico adquirido aquí no permanece en el alma separada:

1. Dice el Apóstol en 1 Cor 13,8: *La ciencia desaparecerá.*

2. Más aún. Algunos menos buenos en este mundo poseen la ciencia, mientras que otros mejores no la tienen. Por lo tanto, si los hábitos científicos perseveran en el alma después de la muerte, se seguiría que, incluso en la vida futura, algunos menos virtuosos serían superiores a los mejores. Esto parece inaceptable.

3. Todavía más. Las almas separadas poseerán la ciencia por influjo de la luz divina. Así, pues, si la ciencia adquirida aquí permaneciera en el alma separada, habría dos formas de una misma especie en un mismo sujeto. Esto es imposible.

4. Por último. El Filósofo, en el libro *Praedicament.*[10], dice: *El hábito es una cualidad que difícilmente cambia, pero, a veces, por una enfermedad o algo parecido, la ciencia desaparece.* Pero ningún cambio es tan grande como el que conlleva la muerte. Por lo tanto, parece que por la muerte se destruye el hábito científico.

En cambio está lo que dice Jerónimo en la carta *Ad Paulinum*[11]: *Aprendamos en la tierra aquellas cosas cuya ciencia permanecerá en nosotros en el cielo.*

Solución. *Hay que decir:* Algunos[12] supusieron que el hábito científico no reside en el entendimiento mismo, sino en las facultades sensitivas; esto es, la imaginativa, la cogitativa o la memorativa. También supusieron que las especies inteligibles no se conservan en el entendimiento posible. Si esta opinión fuera cierta, se seguiría que, destruido el cuerpo, desaparecería totalmente el hábito científico adquirido en este mundo[13].

Pero porque la ciencia está en el entendimiento, que es *el lugar de las especies*, como se dice en III *De Anima*[14], el hábito científico adquirido en esta vida reside en parte en dichas facultades y en parte en el entendimiento mismo. Esto puede constatarse a partir de los mismos actos por los que se adquiere el hábito científico, porque *los hábitos son semejantes a los actos a partir de los que se adquieren,*

10. ARISTÓTELES, c.6 n.4 (BK 8b28). 11. Epist.53: ML 22,549. 12. Cf. AVICENA, *De An.* p.5,ª c.6 (26va). 13. Cf. DOMINGO GUNDISALVO, *De An.* c.10 (MK 97.12). 14. ARISTÓTELES, c.4 n.4 (BK 429a27); S. Th. lect.7 n.686.

como se dice en II *Ethic.*[15] Pero los actos intelectuales, a partir de los que se adquiere la ciencia durante la vida terrena, se realizan recurriendo a las imágenes que residen en dichas potencias sensitivas. Por eso, en virtud de tales actos se produce en el mismo entendimiento posible una actitud para comprender por medio de las especies recibidas. Incluso las mismas facultades inferiores adquieren cierta idoneidad para que el entendimiento, al volverse hacia ellas, pueda especular más fácilmente lo inteligible. Pues, así como el acto intelectivo está principal y formalmente en el entendimiento mismo, y material y dispositivamente en las facultades intelectivas, así también sucede con el hábito.

Por lo tanto, en el alma separada no permanecerá aquella parte del hábito científico adquirido que reside en las facultades inferiores, pero sí la que existe en el entendimiento mismo. Porque, como se dice en el libro *De longitudine et brevitate vitae* [16], una forma puede destruirse de dos modos: por sí misma, cuando es sustituida por su contrario, como el calor por el frío; o accidentalmente, por corrupción del sujeto en el que está. Por corrupción del sujeto no puede desaparecer la ciencia que existe en el entendimiento, ya que éste es incorruptible, como quedó demostrado (q.79 a.2 ad 2). Tampoco pueden las especies inteligibles existentes en el entendimiento posible ser destruidas por su contrario, porque nada hay contrario a la intención inteligible, sobre todo tratándose de la simple aprehensión, por medio de la cual conocemos *lo que algo es.* Sin embargo, en cuanto a aquella operación por la que el entendimiento compone o divide o raciocina, hay contrariedad en el entendimiento, puesto que la falsedad en la proposición o en la argumentación es contraria a lo verdadero. En este sentido, a veces, la ciencia es destruida por su contrario, como ocurre cuando alguien, por un argumento falso, se desvía de la ciencia de la verdad. Así, el Filósofo, en el libro mencionado, admite que la ciencia se destruía por dos motivos: *el olvido,* por parte de la memoria; y *el engaño,* por una argumentación falsa. Ningu-

no de ellos puede caber en el alma separada. Por lo tanto, hay que concluir que el hábito científico, en cuanto que está en el entendimiento, permanece en el alma separada.

Respuesta a las objeciones: 1. *A la primera hay que decir:* El Apóstol no está hablando de la ciencia como hábito, sino del acto del conocimiento. Así, para aclararlo, añade (v.12): *Ahora conozco parcialmente.*

2. *A la segunda hay que decir:* Así como alguien de baja estatura corporal puede aventajar al que es mayor que él, así también, nada impide que aquél posea en la vida futura un hábito científico que no posea éste. Esto, sin embargo, apenas significará nada en comparación con otras prerrogativas que los más virtuosos tendrán.

3. *A la tercera hay que decir:* Las dos ciencias son conceptualmente distintas. Por lo tanto, nada puede concluirse.

4. *A la cuarta hay que decir:* Aquella objeción es válida siempre que se trate de la ciencia en cuanto a lo que en ella hay proveniente de las potencias sensitivas.

ARTÍCULO 6

El acto científico adquirido aquí, ¿permanece o no permanece en el alma separada?

1-2 q.67 a.2; *In Sent.* 1.3 d.31 q.2 a.4; 1.4 d.50 q.1 a.2.

Objeciones por las que parece que el acto científico aquí adquirido no permanece en el alma separada:

1. El Filósofo, en I *De anima*[17], dice: Una vez corrompido el cuerpo, *el alma ni recuerda ni ama.* Pero recordar es pensar en aquellas cosas que uno conoció anteriormente. Por lo tanto, el alma separada no puede usar la ciencia adquirida en esta vida.

2. Más aún. Las especies inteligibles no serán más eficaces en el alma separada de lo que lo son en el alma unida al cuerpo. Pero por ellas no podemos ahora entender a no ser volviéndonos hacia las imágenes, como ya dijimos (q.84

15. ARISTÓTELES, c.1 n.7 (BK 1103b21): S. Th. lect.1 n.252.   16. ARISTÓTELES, c.2 (BK 465a19).   17. ARISTÓTELES, c.4 n.14 (BK 408b27): S. Th. lect.10 n.103.

a.7). Por lo tanto, tampoco podrá hacerlo el alma separada. Así, de ninguna forma podrá conocer por medio de las especies inteligibles adquiridas aquí.

3. Todavía más. El Filósofo, en II *Ethic.*[18], dice: *Los hábitos producen actos semejantes a los actos por los que son adquiridos.* Pero el hábito científico se adquiere aquí por los actos del entendimiento que se vuelve sobre las imágenes. Por lo tanto, el hábito no puede producir otros actos. Como tales actos no competen al alma separada, ésta no podrá usar la ciencia adquirida en esta vida.

En cambio está lo que en Lc 16,25 se dice al rico puesto en el infierno: *Recuerda que recibiste bienes en tu vida.*

Solución. *Hay que decir:* En el acto hay que considerar dos aspectos: su especie y su modo. La especie del acto se toma del objeto hacia el que el acto de la potencia cognoscitiva se encamina por medio de la especie que es su imagen. En cambio, el modo del acto se aprecia por el poder del agente. Así, el que uno vea la piedra depende de la especie sensible que existe en el ojo; pero el que la vea con claridad depende de la potencia visual del ojo. Permaneciendo en el alma separada las especies inteligibles, como acabamos de decir (a.5), y no siendo su estado igual al que tiene en el presente, se sigue que el alma separada puede entender por medio de las especies inteligibles aquí adquiridas lo que antes conocía. Sin embargo, no del mismo modo, es decir, recurriendo a las imágenes, sino del modo adecuado al alma separada. Así, pues, permanece en el alma separada el acto de la ciencia adquirida en este mundo, pero de distinto modo.

Respuesta a las objeciones: 1. *A la primera hay que decir:* El Filósofo está hablando del recuerdo refiriéndose a la memoria sensitiva, no a la que es, de alguna manera, intelectual, como ya dijimos (q.79 a.6).

2. *A la segunda hay que decir:* El diverso modo de entender no proviene de la distinta eficacia de las especies, sino del diferente estado del alma que conoce.

3. *A la tercera hay que decir:* Los actos por medio de los que se adquieren

los hábitos son semejantes a los causados por éstos sólo en cuanto a la especie, no en cuanto al modo de obrar. Pues hacer obras justas, pero no con espíritu de justicia, esto es, con agrado, causa el hábito de la justicia política, por el que obramos gustosamente.

ARTÍCULO 7

La distancia local, ¿impide o no impide el conocimiento del alma separada?

In Sent. l.4 d.50 q.1 a.4.

Objeciones por las que parece que la distancia local impide el conocimiento del alma separada:

1. Agustín, en el libro *De cura pro mortuis agenda*[19], dice: *Las almas de los difuntos están donde no pueden saber lo que ocurre en este mundo.* En cambio, conocen lo que sucede cerca de ellas. Por lo tanto, la distancia local impide el conocimiento del alma separada.

2. Más aún. Agustín, en el libro *De divinatione daemonum*[20], dice: *Los demonios, debido a la rapidez de sus movimientos, nos anuncian cosas que nosotros desconocemos.* Pero la rapidez de movimiento nada influiría en esto si la distancia local no impidiera el conocimiento de los demonios. Así, pues, con mayor motivo impedirá el del alma separada, que es de naturaleza inferior a la del demonio.

3. Todavía más. La distancia local es semejante a la temporal. Esta impide el conocimiento del alma separada, pues no conoce lo futuro. Por lo tanto, parece que también lo impedirá la distancia local.

En cambio está lo que se dice en Lc 16,23: *Cuando el rico estaba en el lugar del tormento, levantando sus ojos, vio desde lejos a Abraham.* Por lo tanto, la distancia local no impide el conocimiento del alma separada.

Solución. *Hay que decir:* Algunos[21] supusieron que el alma separada conoce lo singular por abstracción de las cosas sensibles. Si esto fuera así, podría decirse que la distancia local impediría el conocimiento del alma separada, pues sería

18. ARISTÓTELES, l.c. nota 15.   19. C.13: ML 40,605.   20. C.3: ML 40,584.   21. Cf. CASIODORO, *De An.* c.2: ML 70,1286; Ps. AGUSTÍN (Alquero de Claraval), *De Spir. et An.* c.30: ML 40,800. Citados por S. BUENAVENTURA, *In Sent.* l.5 d.50 p.2.ª a.1 q.1 (QR 4,1046).

preciso o que lo sensible obrara sobre ella, o ella sobre lo sensible; en ambos casos se exigiría una determinada distancia. Sin embargo, tal hipótesis es imposible; porque abstraer especies de las cosas sensibles se realiza por medio de los sentidos y demás potencias sensitivas, de las que carece el alma separada. Esta conoce lo singular por medio de las especies que provienen del influjo de la luz divina, que se extiende por igual a lo cercano y a lo lejano. Por lo tanto, la distancia local de ningún modo impide el conocimiento del alma separada.

Respuesta a las objeciones: 1. *A la primera hay que decir:* Agustín no afirma que las almas de los difuntos estén imposibilitadas para ver lo que sucede en este mundo por el hecho de que estén en el otro, de modo que se atribuya a la distancia local dicha ignorancia. Esto puede suceder por otros motivos, como veremos más adelante (a.8).

2. *A la segunda hay que decir:* Agustín allí está refiriéndose a la opinión de algunos, que creían que los demonios estaban naturalmente unidos a un cuerpo. Según dicha opinión, podrían tener también potencias sensitivas, para cuyo ejercicio se requiere una determinada distancia. A esa hipótesis alude expresamente en el mismo libro [22] Agustín, si bien más exponiéndola que asintiéndola, como resulta claro por lo que dice en XXI *De Civ. Dei* [23].

3. *A la tercera hay que decir:* Lo futuro, que dista en el tiempo, no es algo en acto; por eso no es cognoscible en sí mismo, porque, en la medida en que algo carece de entidad, carece también de inteligibilidad. En cambio, lo distante localmente es algo en acto, y, por lo tanto, en cuanto tal, cognoscible. Por eso, la distancia local y temporal son conceptualmente distintas.

ARTÍCULO 8

Las almas separadas, ¿conocen o no conocen lo que aquí sucede?

2-2 q.83 a.4 ad 2; *In Sent.* I.4 d.45 q.3 a.1 ad 1.2; d.50 q.1 a.4 ad 1; *De Verit.* q.8 a.11 ad 12; q.9 a.6 ad 5; *De Anima* a.20 ad 3.

Objeciones por las que parece que las almas separadas conocen lo que aquí sucede:

1. Si las almas separadas no conocieran lo que sucede aquí, no se cuidarían de ello. Sin embargo, sí se preocupan de lo que sucede aquí, como lo confirma aquello que se dice en Lc 16,18: *Tengo cinco hermanos, para que les avise y que no vengan también ellos a este lugar de tormento.* Por lo tanto, conocen lo que sucede aquí.

2. Más aún. Los difuntos se aparecen frecuentemente a los vivos, ya durante el sueño, o estando despiertos, avisándoles de cosas que ocurren en el mundo. Es el caso de Samuel a Saúl referido en 1 Re 28,11. Esto no ocurriría si ignorasen lo que sucede aquí. Por lo tanto, lo conocen.

3. Todavía más. Las almas separadas saben lo que sucede junto a ellas. Si no conocieran lo que sucede entre nosotros, sería la distancia local lo que lo impidiese. Esto último lo hemos negado (a.7).

En cambio está lo que se dice en Job 14,21: *Si sus hijos son honrados o son despreciados, él no lo sabrá.*

Solución. *Hay que decir:* Por conocimiento natural, al que nos estamos refiriendo ahora, las almas de los difuntos no saben lo que sucede en este mundo. El porqué de esto radica en lo que ya hemos dicho (a.4): el alma separada conoce lo singular en cuanto que de alguna manera está determinada a ello, o bien por un vestigio de conocimiento o afecto anterior, o bien por disposición divina. Las almas de los difuntos, por prescripción divina y en conformidad con su modo de existir, están separadas de toda comunicación con los vivos y en convivencia con las sustancias espirituales, separadas de los cuerpos. Por eso ignoran lo que sucede entre nosotros. Gregorio, en XII *Moralium* [24] da el siguiente porqué: *Los muertos ignoran cómo se desarrolla la vida corporal de los que viven después de ellos; porque la vida del espíritu es muy diferente de la del cuerpo, y así como lo corpóreo y lo incorpóreo pertenecen a distinto género, así también difieren en su conocimiento.* Esto parece ser también lo que sostiene Agustín en el libro *De cura pro*

---

22. *De Divinat. Daemon.* c.3: ML 40,584.   23. C.10: ML 41,724.   24. C.21: ML 75,999.

mortuis agenda [25] cuando dice: *Las almas de los muertos no intervienen en las cosas de los vivos.*

En cuanto a las almas de los bienaventurados, parece que hay diferencia entre Gregorio y Agustín. Pues a lo dicho, Gregorio añade[26]: *Lo cual no ha de pensarse de las almas santas, porque de quienes interiormente ven la claridad de Dios omnipotente no puede creerse en modo alguno que ignoren algo exterior.* Agustín, en el libro *De cura pro mortuis agenda,* afirma expresamente[27]: *Los muertos, incluso los santos, ignoran lo que hacen los vivos y sus hijos.* Esto aparece en la *Glossa*[28] a Is 63,16: *Abraham no supo de nosotros.* Para confirmarlo, alude al hecho de que su madre no lo visitaba ni consolaba en su tristeza, como hacía mientras vivió, no siendo probable que en una vida más feliz se hubiera hecho menos piadosa. Como asimismo Dios prometió al rey Josías que moriría antes de ver los males que habían de sobrevenir a su pueblo (4 Re 22,20). No obstante, Agustín duda sobre esto mismo. Por eso había señalado anteriormente: *Que cada uno piense lo que quiera de lo que voy a decir.* En cambio, Gregorio habla afirmativamente, como lo demuestra su expresión: *En modo alguno ha de creerse.*

Sin embargo, parece más probable, siguiendo la opinión de Gregorio, que las almas de los bienaventurados, que ven a Dios, conocen todo lo que aquí sucede, porque son iguales a los ángeles. De éstos el mismo Agustín afirma[29] que no ignoran lo que sucede entre los vivos. Pero como las almas de los santos están unidas de un modo perfectísimo a la justicia divina, no se entristecen, como tampoco intervienen en las cosas de los vivos, a no ser que lo exija una disposición de la justicia divina.

Respuesta a las objeciones: 1. *A la primera hay que decir:* Las almas de los difuntos pueden ocuparse de las cosas de los vivos aun cuando ignoren el estado en que se encuentran, como nosotros nos ocupamos de ellos ofreciendo sufragios en su favor, aunque ignoramos su estado. Pueden también conocer los hechos de los vivos no por sí mismos, sino, bien por las almas de los que de aquí van a ellos, bien por medio de los ángeles o demonios, o bien *porque se lo revele el Espíritu Santo,* como dice Agustín en el mismo libro[30].

2. *A la segunda hay que decir:* Que los muertos se aparezcan a los vivos de una u otra manera, sucede o por una especial providencia divina, que dispone que las almas de los difuntos intervengan en las cosas de los vivos, lo que constituye un milagro de Dios; o porque estas apariciones se realizan por acciones de los ángeles, buenos o malos, aun ignorándolo los muertos, como también los vivos se aparecen sin saberlo a otros vivos mientras duermen, como señala Agustín en el libro mencionado[31]. Así, en el caso de Samuel, podría decirse, atendiendo a la revelación divina, que él mismo se apareció, porque Ecl 46,23 dice: *Se durmió y anunció al rey el fin de su vida.* O bien, si no se admite esta autoridad del Eclesiástico, ya que los hebreos no lo admiten entre los libros canónicos, aquella aparición fue dispuesta por los demonios.

3. *A la tercera hay que decir:* Tal ignorancia no se debe a la distancia local, sino a la causa mencionada (sol.).

CUESTIÓN 90

Sobre el origen del hombre: el alma

Después de lo establecido, ahora hay que analizar el origen del hombre. Este asunto implica cuatro aspectos: 1) el origen del mismo hombre; 2) el objetivo; 3) del primer estado y condición del hombre; 4) su lugar [a].

25. C.13: ML 40,604. 26. *Moral.* 1,12 c.21: ML 75,999. 27. C.13: ML 40,604. 28. *Glossa interl.* (4,102v). 29. *De cura pro mort.* c.15: ML 40,605. 30. Ib. 31. Ib. c.12: ML 40,600.

---

a. Se vuelve aquí al relato bíblico de la creación expuesto en las cuestiones 65-74, que se interrumpía precisamente al llegar a la formación del hombre. Cambia Sto. Tomás el orden de

Sobre el origen del hombre hay que analizar: 1) Lo referente al alma; 2) lo referente al cuerpo del hombre; 3) lo referente al cuerpo de la mujer. La primera cuestión plantea y exige respuesta a cuatro problemas: 1. El alma humana, ¿es algo hecho o es de la sustancia del mismo Dios?—2. Supuesto que haya sido hecha, el alma, ¿es o no es creada?—3. ¿Es o no es hecha por medio de los ángeles?—4. ¿Es o no es hecha antes que el cuerpo?

ARTÍCULO 1

El alma, ¿es algo hecho o es de la sustancia del mismo Dios?

In Sent. 1.2 d.17 q.1 a.1; *Cont. Gentes* 2,85; *Compend. Theol.* c.94.

Objeciones por las que parece que el alma no es algo hecho, sino que es de la sustancia del mismo Dios [b]:

1. Se dice en Gén 2,7: *Formó Dios al hombre del barro y sopló en su rostro el aliento de la vida. Así fue el hombre ser animado.* Pero quien sopla hace salir algo de sí mismo. Por lo tanto, el alma, que da vida al hombre, es algo de la sustancia divina.

2. Más aún. Como dijimos anteriormente (q.75 a.5), el alma es una forma simple. La forma es acto. Luego el alma

desarrollo tradicional de los temas, que había seguido en sus comentarios a las *Sentencias*. Allí, subordinándose al lugar en que se mencionan en el texto sagrado, trataba primero de la imagen de Dios en el hombre («hagamos al hombre a nuestra imagen y semejanza» [Gén 1,26]). Lo que, por otra parte, respondía al orden aristotélico de las causas, en que el fin ocupa el primer lugar. Pero si en cuanto a la intención que mueve al agente el fin es lo primero, es en cambio lo último en el proceso de producción, que aquí se considera *(primum in intentione, ultimum in executione)*. Y, por las razones que ya señalamos en la Introducción a este tratado, no se considera a continuación el pecado original. Nótese la aplicación constante de la doctrina expuesta sobre la naturaleza del nombre, que indica la valoración teológica de la misma en la mente del Doctor Angélico.

b. La doctrina panteísta, de viejísima raigambre filosófica, y el emanatismo que de ella se deriva, estaba en el centro de la filosofía estoica y había encontrado en los neoplatónicos una formulación brillante que hallaría un eco nunca perdido del todo en la filosofía y teología cristianas. Ya en los primeros siglos de la Iglesia, los movimientos gnósticos y maniqueos sucumbirían a su influjo; aunque con modificaciones esenciales que salvaguardaban el dogma católico, también las grandes figuras de la Patrística se mantendrían dentro de la órbita neoplatónica y, rompiendo con el dogma, corrientes heterodoxas, como el priscilianismo. Aun con cambios profundos, alimentada además por la filosofía árabe, la situación se mantendría en la Edad Media. En 1210 fueron condenadas en un sínodo de París doctrinas de filiación más o menos próximas al emanatismo y panteísmo, de Escoto Eriúgena, Amalrico de Benes y David de Dinand, a las que Sto. Tomás hace referencia en diversos lugares de sus obras. Por otro lado, los albigenses y cataros mantenían vivas en el s. XIII las posiciones maniqueas. En la *Summa contra gentiles* (2,75), Sto. Tomás recoge tres direcciones o «fuentes» en las explicaciones panteístas sobre el origen del alma humana: Una materialista, que niega la existencia de cualquier sustancia espiritual y concibe a Dios como el más noble de los cuerpos, proviniendo las almas de Él como partículas desprendidas de su ser; incluyendo en este grupo a los maniqueos. Otra formada por quienes sostenían la unidad para todos los hombres de un entendimiento separado, bien fuese solamente el entendimiento agente o también el posible; los cuales, al concebir toda sustancia separada como Dios, afirmaban que el alma humana, es decir, su principio intelectivo, era de naturaleza divina. Y por último, los que interpretaban la semejanza del hombre con Dios en el sentido de poseer una misma naturaleza. Anteriormente, en su comentario a las *Sentencias* (2 d.17 q.1 a.1), situaba en el grupo primero a Parménides entre los filósofos antiguos y a David de Dinand —que identificaba a Dios con la materia prima— entre los filósofos modernos; y en el grupo tercero a Anaxágoras. No habla allí del grupo segundo; en cambio señala como fuente posible de estos y otros errores al respecto *(plurium huiusmodi)* la predicación unívoca del ser, confundiendo la identidad de predicación lógica (Dios es ser, el hombre es ser) con una unidad entitativa, lo que a Parménides y Meliso de Samos les condujo al monismo; o adecuando la predicación unívoca de los géneros a una identidad real, como en el caso de Avicebrón (Ibn Gabirol) al afirmar la humanidad entre los hombres y la naturaleza intelectiva en Dios y las almas humanas; o la consideración del número matemático como la esencia de todas las cosas, lo que sostenían Pitágoras y Platón.

es acto puro. Como ser acto puro es exclusivo de Dios, el alma es algo de la sustancia divina.

3. Todavía más. Las cosas existentes que en nada difieren, son idénticas. Pero Dios y la mente existen, y en nada difieren; porque deberían distinguirse por alguna diferencia. De ser así, serían compuestos. Por lo tanto, Dios y la mente humana son lo mismo.

En cambio está el hecho que Agustín, en *De origine animae* [1], enumera ciertas cosas que, dice, *son del todo perversas y opuestas a la fe católica.* La primera es lo que algunos sostuvieron: *Dios no creó el alma a partir de la nada, sino de sí mismo.*

Solución. *Hay que decir:* Sostener que el alma es algo de la sustancia divina, carece de toda probabilidad. Como dijimos (q.77 a.2; q.79 a.2; q.86 a.6), el alma humana a veces está en pura potencia para entender; además, la ciencia le viene en cierto modo de las cosas; y posee diversas potencias. Todo esto de ningún modo le compete a la naturaleza de Dios, que es acto puro, que nada recibe de otro y en él no hay diversidad, como ya quedó demostrado (q.3 a.17; q.9 a.1).

Este error parece tener su fundamento en dos antiguas teorías. Pues los primeros que empezaron a investigar la naturaleza de las cosas, no pudiendo ir más allá de la fantasía, sostuvieron que sólo existían los cuerpos. Por lo cual, Dios sería un cierto cuerpo, principio de todos los demás. Y porque decían que el alma era de la naturaleza de ese cuerpo principio de los demás, como se dice en I *De Anima* [2], deducían que el alma era algo de la naturaleza de Dios. Siguiendo esta opinión, incluso los maniqueos sostuvieron [3] que Dios era una cierta luz corpórea y que el alma era una parte de esta luz unida al cuerpo. La segunda teoría es la de algunos [4] que llegaron a darse cuenta de que había alguna sustancia incorpórea, pero no estaba separada del cuerpo, sino que era su forma. Por eso, Varrón dijo: *Dios es un alma que rige el mundo por medio del movimiento y de la razón,* como nos cuenta Agustín en VIII *De Civ. Dei* [5].

Así, pues, algunos [6] dijeron que el alma humana es una parte de esa alma total, del mismo modo que el hombre es una parte del universo; pues no eran capaces de distinguir los grados de las sustancias espirituales más que las distinciones de los cuerpos.

Pero todas estas teorías son inadmisibles, como ya hemos demostrado (q.3 a.18; q.50 a.2 ad 4; q.75 a.1). Por eso, y de forma evidente, resulta falso que el alma sea algo de la sustancia de Dios.

Respuesta a las objeciones: 1. *A la primera hay que decir:* Soplar no debe entenderse sólo en sentido físico, sino que en Dios equivale a *producir un espíritu.* Si bien tampoco el hombre, cuando sopla físicamente, hace salir algo de su sustancia, sino de una naturaleza exterior a él.

2. *A la segunda hay que decir:* El alma, aunque en su esencia sea forma simple, sin embargo, no es su mismo ser, sino un ser por participación, como ya hemos dicho (q.75 a.5 ad 4). Por lo tanto, no es acto puro como Dios.

3. *A la tercera hay que decir:* Lo *diferente,* en sentido propio, difiere por algo. Por eso se busca la diferencia allí donde hay coincidencia. Así, los objetos diferentes deben ser, en cierto modo, compuestos, ya que en algo convienen y en algo difieren. Según esto, aunque todo lo diferente es diverso, no todo lo *diverso* es diferente, como se dice en X *Metaphys.* [7] Pues los objetos simples son diversos en cuanto tales; y no por las diferencias a partir de las cuales estén compuestos. Así, el hombre y el asno difieren entre sí por las respectivas diferencias de racional e irracional, no siendo necesario asignarles otras diferencias.

ARTÍCULO 2

¿El alma es o no es creada?

Infra q.118 a.2; *In Sent.* 1.2 d.1 q.1 a.4; *De Verit.* q.27 a.3 ad 9; *Cont. Gentes* 2,87; *De Pot.* q.3 a.9; *Quodl.* 9 q.5 a.1; *Compend. Theol.* c.93.

Objeciones por las que parece que el alma no es creada:

1. L.3 c.15: ML 44,522. 2. ARISTÓTELES, c.2 n.10 (BK 405b10): S. Th. lect.5 n.65-67. 3. Cf. S. AGUSTÍN, *De Haeres.* §46: ML 42,35; *De Gen. ad litt.* 1.7 c.11: ML 34,361. 4. Cf. supra q.44 a.2. 5. C.6: ML 41,199. 6. Cf. MACROBIO, *In Somn. Scipion.* 1.1 c.14 (DD 45b); cf. ALBERTO MAGNO, *De Motibus An.* 1.1 tr.1 c.1 (BO 9,258). 7. ARISTÓTELES, 1.4 c.9 n.4 (BK 1018a11): S. Th. 1.5 lect.12 n.913.

1. Aquello que posee algo material está hecho a partir de la materia. Ahora bien, el alma humana tiene algo material, ya que no es acto puro. Luego el alma ha sido hecha a partir de la materia. Por lo tanto, no fue creada.

2. Más aún. Todo acto propio de una materia parece ser sacado de la potencialidad de la materia, ya que, estando ésta en potencia con respecto del acto, todo acto existe previamente en la materia en potencia. Pero el alma es acto de una materia corporal, según su misma definición[8]. Por lo tanto, el alma es sacada de la potencialidad de la materia.

3. Todavía más. El alma es una cierta forma. Así, pues, si es producida por creación, también lo serán todas las demás formas. Por lo tanto, ninguna de ellas es producida por generación. Esto es inadmisible[c].

En cambio está lo que se dice en Gén 1,27: *Dios creó al hombre a su imagen.* El hombre es imagen de Dios en cuanto al alma. Por lo tanto, el alma irrumpió en la existencia por creación.

Solución. *Hay que decir:* El alma humana no puede ser producida más que por creación; esto no le compete a las demás formas. El porqué de esto radica en que siendo la producción el camino hacia la existencia, a cada cosa le convendrá ser producida de la misma manera que es. Se dice que existe propiamente aquello que tiene en sí mismo la existencia, como subsistiendo en su ser. Por eso, sólo las sustancias son llamadas seres en sentido propio y verdadero. El accidente, en cambio, no existe, sino que por él algo existe; y por eso se dice que es ser. Ejemplo: la blancura es ser en cuanto que por ella una cosa es blanca. Por eso se dice en VII *Metaphys.*[9] que *el accidente más que ser es algo del ser.* Lo mismo puede decirse de todas las demás formas no subsistentes. Y, en este sentido, a ninguna forma no subsistente le compete propiamente ser hecha, sino que se dice que son hechas porque son

hechos los compuestos subsistentes. El alma racional, en cambio, es forma subsistente, como dijimos ya (q.75 a.2). Por eso, en sentido propio le corresponde existir y ser hecha. Y porque no puede ser hecha a partir de una materia preexistente corporal, porque sería de naturaleza corpórea; ni espiritual, porque las sustancias espirituales serían intercambiables, hay que decir que el alma humana no es hecha más que por creación.

Respuesta a las objeciones: 1. *A la primera hay que decir:* En el alma hay un elemento como material, la misma esencia simple; y uno formal, el ser participado, que va junto a su esencia, porque el ser, en cuanto tal, sigue a la forma. Lo mismo podría decirse sosteniendo, como hacen algunos[10], que está compuesta a partir de una cierta materia espiritual. Porque tal materia no está en potencia con respecto a otra forma, como tampoco lo está la materia del cuerpo celeste. De no ser así, el alma sería corruptible. Por eso, de ninguna manera el alma puede ser hecha a partir de una materia preexistente.

2. *A la segunda hay que decir:* Que el acto se extrae de la potencialidad de la materia no significa más que pasa a acto lo que antes estaba en potencia. Pero porque el alma racional no tiene su ser dependiente de la materia corporal, sino que es subsistente y supera la capacidad de la materia corporal, como dijimos (q.75 a.2), no es sacada de la potencialidad de la materia.

3. *A la tercera hay que decir:* No hay paridad entre el alma racional y las demás formas, como acabamos de afirmar (sol.).

ARTÍCULO 3

El alma racional, ¿es o no es creada directamente por Dios?

In Sent. 1.2 d.18 q.2 a.2; *De Subst. Separat.* c.10; *De Causis* lect.3.5; *Quodl.* 3 q.3 a.1.

Objeciones por las que parece que el

---

8. Cf. ARISTÓTELES, *De anima 2* c.1 n.5 (BK 412a15): S. Th. lect.1 n.220. 9. ARISTÓTELES, 6 c.1 n.3 (BK 1028a25): S. Th. 1.7 lect.1 n.1248. 10. Cf. Supra q.50 a.2; q.75 a.6.

---

c. Eran éstas —aparte las de índole más estrictamente teológica derivadas de la transmisión del pecado original— las razones de base en que fundamentaban su argumentación los traducianistas para afirmar la producción del alma humana por virtud de la fuerza germinativa del semen. De ello tratará Sto. Tomás en q.118 a.2.

alma humana no es creada directamente por Dios [d]:

1. Hay un orden más perfecto entre los seres espirituales que entre los corporales. Pero los *cuerpos inferiores son hechos por medio de los superiores,* como dice Dionisio en c.4 *De Div. Nom.* [11] Por lo tanto, también los espíritus inferiores, las almas racionales, son hechos por medio de los superiores, los ángeles.

2. Más aún. El fin de las cosas responde a su principio; Dios es principio y fin de las cosas. Por lo tanto, también su procedencia del principio responde a la ordenación de las cosas al fin. Pero como dice Dionisio [12]: Lo último es ordenado por lo primero. Por lo tanto, lo último irrumpe en la existencia por medio de lo primero; esto es, las almas por medio de los ángeles.

3. Todavía más. Como se dice en IV *Meteor.* [13], *es perfecto aquello que puede realizar algo semejante a sí mismo.* Pero las sustancias espirituales son muchos más perfectas que las corporales. Por lo tanto, como los cuerpos producen algo semejante a sí mismos según la especie, mucho más los ángeles podrán producir algo inferior según la especie, es decir, el alma racional.

En cambio está lo que se dice en Gén 2,7: *Dios sopló en el rostro del hombre el aliento de vida.*

Solución. *Hay que decir:* Algunos dijeron que los ángeles, puesto que obran por virtud de Dios, causan las almas racionales. Esto es completamente imposi-

ble y contrario a la fe. Quedó demostrado (a.2) que el alma racional no puede ser hecha más que por creación. Sólo Dios puede crear. Porque sólo el primer agente puede obrar sin presuponer nada, mientras que el agente segundo presupone algo que le viene del primero, como se dijo (q.65 a.3). Pero aquello que hace algo a partir de lo presupuesto, hace una transmutación. Por eso, sólo Dios hace creando; los demás agentes, cambiando. Por lo tanto, porque el alma humana no puede ser hecha por transmutación de alguna materia, no puede ser hecha más que por Dios directamente.

Respuesta a las objeciones: Está incluida en lo dicho, pues el hecho de que los cuerpos produzcan efectos semejantes a sí mismos o inferiores y el que los superiores ordenen a los inferiores, todo esto se hace por transmutación.

ARTÍCULO 4

El alma humana, ¿fue o no fue creada antes del cuerpo?

Infra q.91 a.4 ad 3.5; *In Sent.* l.2 d.17 q.2 a.2; *Cont. Gentes* 2.83-84; *De Pot.* q.3 a.10.

Objeciones por las que parece que el alma humana fue creada antes que el cuerpo:

1. La obra de creación precedió a la de diversificación y ornamentación, como ya quedó asentado (q.66 a.1; q.70 a.1). Pero el alma fue hecha por creación, mientras que el cuerpo fue hecho al final

---

11. § 4: MG 3,700: S. Th. lect.3.   12. Cf. *De eccl. hier.* c.5 § 4: MG 3,504.   13. ARISTÓTELES, c.3 n.1 (BK 380a14): S. Th. lect.4.

---

d. La doctrina de agentes intermediarios en la creación del mundo se inspiraba en el emanatismo neoplatónico. El gnosticismo, en su conglomerado confuso de doctrinas neoplatónicas y cristianas, había subscrito esta doctrina, también aceptada por el maniqueísmo. A la Edad Media llega reforzada por la filosofía árabe, que identifica las inteligencias o almas celestes con los ángeles; para Avicena —según la exposición de Sto. Tomás en *De potentia* q.3 a.4— de Dios, uno y simple, no pueden provenir muchos seres, ya que, según el principio aristotélico sobre la generación, lo nacido debe ser semejante al que lo engendra. Por eso de Dios sólo procede la inteligencia primera separada; de ésta la segunda, etc., cada vez con un grado menor de actualidad, hasta llegar a la última de estas inteligencias separadas, que es el entendimiento agente, del que fluyen las almas humanas y todas las formas sustanciales de este mundo inferior. Una acción creadora meramente instrumental por parte de las creaturas superiores, la consideraban posible el seudo Dionisio y —desprovista de carácter emanatista— Pedro Lombardo y Domingo Gundisalvo. En *In Sent.* 2 d.18 q.2 y en *De pot.* l.c., Sto. Tomás desarrolla más ampliamente y responde a todos los puntos de la cuestión. En este artículo de la *Suma* se limita nominalmente a la acción creadora instrumental por parte de los ángeles, aunque su argumentación tiene valor universal.

de la obra de ornamentación. Por lo tanto, el alma fue hecha antes que el cuerpo.

2. Más aún. El alma racional se asemeja más a los ángeles que a los animales. Pero los ángeles fueron creados antes que los cuerpos, o inmediatamente al principio juntamente con la materia corporal; mientras que el cuerpo humano fue formado el sexto día, cuando fueron hechos los animales. Por lo tanto, el alma del hombre fue creada antes que el cuerpo.

3. Todavía más. El fin es proporcionado al principio. Pero el alma permanece al final después de desaparecer el cuerpo. Por lo tanto, en el principio fue creada antes que el cuerpo.

En cambio está el hecho de que el acto propio es hecho en su propia potencia. Por lo tanto, como el alma es el acto propio del cuerpo, fue hecha en el cuerpo.

Solución. *Hay que decir:* Orígenes[14] sostuvo que no sólo el alma del primer hombre, sino la de todos los hombres fue creada antes que los cuerpos y a la vez que los ángeles; por eso creyó que todas las sustancias espirituales, tanto las almas como los ángeles, eran idénticas en su condición natural, distinguiéndose sólo por el mérito. Así, unas se unieron a los cuerpos; son las almas de los hombres o de los cuerpos celestes mientras que otras permanecieron en su pureza y en diversos órdenes. Pero de todo este asunto ya hemos hablado (q.47 a.2) y no vamos a insistir ahora.

En cambio, Agustín, en VII *Super Gen. ad litt.*[15], dice que el alma del primer hombre fue creada antes que el cuerpo y junto con los ángeles; pero por otra razón. La siguiente: porque el cuerpo humano, en la obra de los seis días, no fue hecho en acto, sino sólo en sus razones causales. Esto no puede decirse del alma, que no fue hecha a partir de alguna materia corporal o espiritual preexistente, ni pudo ser hecha a partir de alguna virtud creada. Parece, pues, que el alma fue creada junto con los ángeles en la obra de los seis días, en los que fueron hechas todas las cosas; y que, posteriormente, por propia voluntad se orientó a regir el cuerpo. Esto, no obstante, no lo da como seguro, como parece deducirse de sus mismas palabras. Pues dice[16]: *Puede creerse, mientras la autoridad de la Sagrada Escritura o la verdad objetiva no digan lo contrario, que el hombre fue hecho en el sexto día, de modo que el cuerpo humano fue creado en cuanto a su razón causal entre los elementos del mundo; el alma, en cambio, lo fue en sí misma.*

Podría admitirse esto suponiendo, como hacen algunos[17], que el alma posee en cuanto tal especie y naturaleza completa, y que no se une al cuerpo como forma, sino sólo para regirlo. Si se admite que se une como forma y es naturalmente parte de la naturaleza humana, aquella postura es insostenible. Pues resulta evidente que Dios estableció las primeras cosas en el estado perfecto de su naturaleza, tal como lo exigía la especie de cada una. Ahora bien, el alma, al ser parte de la naturaleza humana, no tiene su perfección natural más que en cuanto unida al cuerpo. Por eso, no sería congruente que fuera creada antes que el cuerpo.

Por lo tanto, admitiendo la opinión de Agustín sobre la obra de los seis días[18], podría decirse que el alma humana precedió a la obra de los seis días en cuanto a cierta semejanza de género, pues coincide con los ángeles en la naturaleza intelectual; en cambio fue creada a la vez que el cuerpo. Según otros santos[19], tanto el alma como el cuerpo del primer hombre fueron hechos en la obra de los seis días[e].

14. *Peri Archon*, l.1 c.6: MG 11,166. c.24: ML 34,368. 17. Cf. supra q.76 34,314. 19. Cf. supra q.74 a.2.   15. C.24: ML 34,368.   16. *De Gen. ad litt.* l.7 a.1.   18. Cf. *De Gen. ad litt.* l.4 c.26: ML

e. La preexistencia de las almas tuvo su formulación más brillante en el *Fedro* platónico, con el mito del auriga; allí se describe la caída del alma desde el mundo celeste que le es propio —como castigo posiblemente de una defección o culpa— y su encierro en el cuerpo; concepción que en su esencia está explícita o en el transfondo de muchos dualismos alma-cuerpo. No extraña en el ambiente alejandrino la posición de Orígenes. El origenismo fue condenado en el s. VI por los papas Vigilio y Pelagio I. Contra el preexistencialismo volverá a argumentar Sto. Tomás en q.118 a.3; su exposición más amplia se encuentra en *De pot.* q.3 a.10.—El pre-

Respuesta a las objeciones: 1. *A la primera hay que decir:* Si la naturaleza del alma poseyera la especie completa de tal modo que hubiera sido creada en cuanto tal, aquel argumento sería válido, y podría admitirse que fue creada en un principio. Pero, porque naturalmente es la forma del cuerpo, no debió ser creada separadamente, sino en él.

2. *A la segunda hay que decir:* Lo mismo que a la primera, pues si el alma poseyera la especie por sí misma, se asemejaría más a los ángeles. Pero, al ser forma del cuerpo, pertenece al género de los animales como principio formal.

3. *A la tercera hay que decir:* El que el alma perdure después del cuerpo se debe a un defecto del cuerpo, la muerte. Este defecto no debió existir en el principio de la creación del alma.

existencialismo de S. Agustín se refiere únicamente al alma del primer hombre, y el motivo que le lleva a él, aun dentro de un contexto platónico, es diferente: compaginar el texto del Eclesiástico (18,1), «el que vive eternamente creó todas las cosas al mismo tiempo», con el relato de la obra de los seis días. Dios crearía en un principio todas las cosas a la vez: los ángeles y el alma del primer hombre, simples y espirituales, en su ser completo y perfecto; el cuerpo de Adán y los demás seres materiales en sus potencialidades germinativas —*rationes seminales*—, que se actualizarían después en su especie y número el día correspondiente que en el *Génesis* se nos dice. El cuerpo de Adán recibiría así su alma ya creada anteriormente. (Sto. Tomás se ocupará de esto último al tratar de la formación del cuerpo del primer hombre [q.91 a.2].) La idea de las *rationes seminales* se encontraba ya en Plotino y en los λόγοι σπερματιχοί de los estoicos.

ARTÍCULO 3

El primer hombre, ¿lo conoció o no lo conoció todo?

In Sent. 1.2 d.23 q.2 a.2; *De Verit.* q.18 a.4.

Objeciones por las que parece que el primer hombre no lo conoció todo:

1. Esta ciencia tenía que poseerla o por especies adquiridas o connaturales o infusas. Pero no pudo poseerla por especies adquiridas, pues tal conocimiento procede de la experiencia, como se dice en I *Metaphys.*[12]; y no era experto en todo. Tampoco por especies connaturales, pues era de la misma naturaleza que nosotros, y nuestra alma es, como dice el Filósofo en III *De Anima*[13], como *una tablilla en la que nada hay escrito*. Si la tuvo por especies infusas, su ciencia de las cosas no fue idéntica a la nuestra, que adquirimos de las cosas mismas.

2. Más aún. En todos los individuos de una misma especie se da el mismo modo de conseguir la perfección. Pero los hombres no adquieren la ciencia de todo en el instante en que empiezan a existir, sino que la adquieren con el tiempo de manera adecuada a su modo propio. Por lo tanto, tampoco Adán poseyó la ciencia de todo en el instante de su formación.

3. Todavía más. El estado de la vida terrena se le concede al hombre para que el alma progrese en conocimiento y en mérito; pues para esto parece estar unida el alma al cuerpo. Pero el hombre en aquel estado habría progresado en méritos. Por lo tanto, progresaría también en el conocimiento de las cosas y, por consiguiente, no poseyó la ciencia de todas.

En cambio, como se dice en Gén 2,20, el primer hombre puso nombres a los animales. Como éstos deben acomodarse a la naturaleza, se sigue que Adán conoció las naturalezas de todos los animales y, por lo tanto, la ciencia de todas las demás cosas.

Solución. *Hay que decir:* Por el orden natural, lo perfecto es anterior a lo imperfecto, como, por ejemplo, el acto es anterior a la potencia, pues lo que está en potencia no pasa al acto sino por un ser en acto. Como las cosas en un prin-

---

11. *Dial.* 1.4 c.1: ML 77,317.   12. ARISTÓTELES, c.1 n.4 (BK 980b28): S. Th. lect.1 n.17-19.   13. ARISTÓTELES, c.4 n.1 (BK 430a1): S. Th. lect.9 n.722.

cipio fueron producidas por Dios, no sólo para que existieran, sino también para que fuesen principios de otras, por eso fueron producidas en estado perfecto, conforme al que pudieran ser principio de otras. Pero el hombre puede ser principio de los demás, no sólo por la generación corporal, sino también por la instrucción y el gobierno. De ahí que el primer hombre, así como fue producido en estado perfecto en su cuerpo para poder engendrar, también fue hecho perfecto en cuanto a su alma para que pudiera instruir y gobernar a los demás.

Pero nadie puede instruir sin poseer ciencia. Por lo mismo, el primer hombre fue creado por Dios en tal estado que tuviera ciencia de todo aquello en que el hombre puede ser instruido. Esto es, todo lo que existe virtualmente en los principios evidentes por sí mismos; esto es, todo lo que el hombre puede conocer naturalmente. Y para el gobierno propio y el de los demás, no sólo es necesario el conocimiento de lo que puede saberse naturalmente, sino de lo que supera el conocimiento natural, pues la vida humana se ordena a un fin sobrenatural, del mismo modo que a nosotros, para gobernar nuestra vida, nos es necesario conocer los contenidos de la fe. Por eso, el primer hombre recibió conocimiento de lo sobrenatural tanto cuanto le era necesario para el gobierno de la vida humana en aquel estado.

Las demás cosas que ni por investigación pueden conocerse ni son necesarias para el gobierno de la vida humana, el primer hombre no las conoció; como los pensamientos de los hombres, lo futuro contingente y algunas cosas muy concretas, como, por ejemplo, cuántas piedrecitas hay en el lecho de un río.

Respuesta a las objeciones: 1. *A la primera hay que decir:* El primer hombre poseyó la ciencia de todas las cosas por medio de especies infundidas por Dios. No obstante, esta ciencia no fue distinta de la nuestra, como tampoco los ojos que Cristo dio a un ciego de nacimiento son distintos de los ojos naturales.

2. *A la segunda hay que decir:* Adán, como primer hombre, debía poseer alguna perfección que no poseen los demás, como se ve por lo dicho *(sol.).*

3. *A la tercera hay que decir:* Adán no hubiera progresado en la ciencia de lo natural en cuanto al número de cosas sabidas, sino en cuanto al modo de saber; lo que sabía intelectualmente, lo hubiera sabido después por experiencia. En cuanto a lo sobrenatural, hubiera progresado también en su número por medio de nuevas revelaciones, al igual que los ángeles progresan por nuevas iluminaciones. Pero no son idénticos el progreso de mérito y de ciencia, porque un hombre para otro no es principio de mérito como sí lo es de ciencia.

ARTÍCULO 4

El hombre en su primer estado, ¿pudo o no pudo ser engañado?

In Sent. l.2 d.33 q.2 a.3; *De Verit.* q.18 a.6.

Objeciones por las que parece que el hombre en su primer estado pudo ser engañado:

1. Dice el Apóstol en 1 Tim 2,14: *La mujer, seducida, incurrió en la transgresión.*

2. Más aún. Dice el Maestro en II *Sent.* d.21 [14]: *La mujer no se horrorizó de que hablara la serpiente, porque creyó que había recibido de Dios la función de hablar.* Pero esto era falso. Por lo tanto, la mujer fue engañada antes de pecar:

3. Todavía más. Lo natural es que, cuanto más lejos está una cosa, menos se vea. Pero la naturaleza del ojo no fue reducida por el pecado. Luego esto mismo debió suceder en el estado de inocencia. Por lo tanto, el hombre se engañaría, como ahora, respecto de la cantidad de lo visto.

4. Y también. Dice Agustín en XII *Super Gen. ad litt.* [15]: *En el sueño el alma toma las imágenes por los objetos.* Pero el hombre en estado de inocencia comería y, por lo tanto, dormiría y soñaría; con lo cual tomaría las imágenes por las cosas.

5. Por último. El hombre no conocería, como acabamos de decir (a.3), los pensamientos de los hombres ni lo futuro contingente. Por lo tanto, si alguien le mintiera, sería engañado.

En cambio está lo que dice Agus-

---

14. PEDRO LOMBARDO, *Sent.* l.2 d.21 c.4 (QR 1,405).   15. C.2: ML 34,455.

tín [16]: *Aprobar lo verdadero por falso no se debe a la naturaleza del hombre creado, sino a la pena del hombre condenado.*

Solución. *Hay que decir:* Algunos [17] dijeron que en la palabra *engaño* pueden distinguirse dos aspectos: cualquier estimación por la que se toma lo falso por verdadero sin asentimiento firme; y la firme credulidad. Con respecto a lo que Adán conocía por su ciencia, antes de pecar no podía engañarse por ninguno de estos dos conceptos. Pero, con respecto a aquellas cosas de las que no tenía ciencia, podía engañarse, tomando el engaño en sentido amplio, como una estimación cualquiera sin asentimiento de credulidad. Esto lo dicen porque creer algo falso en tales casos no es perjudicial para el hombre; y porque, no asintiéndolo temerariamente, no es algo culpable.

Pero esto no puede decirse de la integridad del primer estado, pues, como dice Agustín en XIV *De Civit. Dei* [18], en dicho estado *se evitaba fácilmente el pecado y, mientras duraba dicho estado, no podía existir ningún pecado.* Es claro, por otra parte, que, así como la verdad es un bien para el entendimiento, la falsedad es un mal, como se dice en VI *Ethic.* [19]. Por lo mismo, no era posible que, mientras permaneciera la inocencia, el entendimiento humano asintiera a algo falso tomándolo por verdadero. Así como en los miembros del cuerpo del primer hombre faltaba alguna perfección, por ejemplo, el resplandor de la gloria, sin que por ello pudiera darse en ellos mal alguno, así también en su entendimiento podía faltar algún conocimiento, pero no podía darse alguna apreciación de lo falso como verdadero.

Esto es claro, además, si consideramos la rectitud del estado primitivo, según el cual, siempre que el alma permaneciera fiel a Dios, sus potencias inferiores se someterían a las superiores sin obstaculizarlas. Es evidente, por lo dicho (q.17 a.3; q.85 a.6), que el entendimiento nunca se equivoca sobre su objeto propio. De ahí que nunca se engaña por sí mismo, sino que todo engaño le viene de alguna facultad inferior, como la imaginación o facultades sensibles. Por eso, cuando no está impedida la facultad natural del juicio, no nos engañan tales apariencias, sino sólo cuando está impedida, como sucede en el que duerme. De todo lo cual se deduce que la rectitud del estado primitivo no era compatible con engaño intelectual alguno.

Respuesta a las objeciones: 1. *A la primera hay que decir:* La seducción de la mujer, aunque precedió al pecado de obra, fue posterior al pecado de presunción interna. Pues dice Agustín en XI *Super Gen. ad litt.* [20]: *La mujer no hubiera dado crédito a las palabras de la serpiente si en su mente no hubiera existido, ya antes, el amor a la propia potestad y cierta estimación presuntuosa de sí misma.*

2. *A la segunda hay que decir:* La mujer creyó que la serpiente había recibido la misión de hablar, no de un modo natural, sino sobrenatural. Pero tampoco es necesario aceptar en esto la autoridad del Maestro de las Sentencias [21].

3. *A la tercera hay que decir:* Si a los sentidos o a la imaginación del primer hombre se les hubiera representado algo de manera distinta a como está en la naturaleza, no por ello hubiera sido engañado, puesto que su razón hubiera descubierto la verdad.

4. *A la cuarta hay que decir:* Lo que sucede en el sueño no se le imputa al hombre, ya que en ese estado no hace uso de su razón, que es el acto propio suyo.

5. *A la quinta hay que decir:* Si alguien hubiera dicho algo falso sobre lo futuro contingente o sobre los entresijos de los corazones, el hombre en estado de inocencia no hubiera creído que era así en efecto, sino que lo hubiera creído como posible. Esto no es creer lo falso.

O puede decirse también que Dios le asistiría para que no fuera engañado en aquello de lo que no tenía ciencia. Y no puede alegarse, como hacen algunos [22], que en la tentación no recibió ayuda para no caer en ella, a pesar de ser cuando más la necesitaba. Porque ya se había albergado el pecado en su interior y no había recurrido al auxilio divino.

16. *De lib. Arb.* l.3 c.18: ML 32,1296. 17. Cf. S. BUENAVENTURA, *In Sent.* l.2 d.23 a.2 q.2 (QR 11,540); ALEJANDRO DE HALES, *Summa Theol.* 1-2 n.520 (QR 11,773). 18. C.10: ML 41,417. 19. ARISTÓTELES, c.2 n.3 (BK 1139a28); S. Th. lect.2 n.1130. 20. C.30: ML 34,445. 21. Cf. PEDRO LOMBARDO, *Sent.* l.2 d.23 c.1 (QR 1,417), citando a S. AGUSTÍN, *De Gen. ad litt.* l.11 c.10: ML 34,434. 22. Ib.

CUESTIÓN 95

Sobre el estado y condición del primer hombre.
Lo referente a la voluntad: gracia y justicia

Ahora hay que tratar lo referente a la voluntad del primer hombre. Hay dos aspectos: 1) la gracia y la justicia del primer hombre; 2) el uso justo con respecto al dominio sobre las otras cosas.

La cuestión referente al primer aspecto indicado plantea y exige respuesta a cuatro problemas.

1. El primer hombre, ¿fue o no fue creado en estado de gracia?—2. En el estado de inocencia, el alma, ¿tenía o no tenía pasiones?—3. ¿Poseyó o no poseyó todas las virtudes?—4. Sus obras, ¿eran o no eran dignas de mérito como lo son ahora?

ARTÍCULO 1

El primer hombre, ¿fue o no fue creado en estado de gracia?

In Sent. l.2 d.20 q.2 a.3; d.29 a.2; *De Malo* q.4 a.2 ad22.

Objeciones por las que parece que el primer hombre no fue creado en estado de gracia[a]:

1. Distinguiendo entre Adán y Cristo, dice el Apóstol en 1 Cor 15,45: *El primer hombre, Adán, fue hecho alma viviente; el último Adán, espíritu vivificante.* Pero la vivificación del espíritu se hace por la gracia. Por lo tanto, es propio de Cristo el haber sido hecho en gracia.

2. Más aún. Dice Agustín en el libro *De quaest. Vet. et Nov. Test.*[1]: *Adán no poseyó el Espíritu Santo.* Pero todo el que está en gracia posee el Espíritu Santo. Por lo tanto, Adán no fue creado en gracia.

3. Todavía más. Agustín, en el libro *De correptione et gratia,* dice[2]: *Dios ordenó la vida de los ángeles y la de los hombres de tal manera que en ellos se manifestase primero el poder de su libertad, y luego el beneficio de la gracia y el juicio de la justicia.* Por lo tanto, primero creó al hombre y al ángel en la sola natural libertad; después les dio la gracia.

4. Aún más. Dice el Maestro en II *Sent.* d.24[3]: *Al hombre en la creación le fue dado el auxilio con el cual podía perseverar,*

---

1. Cf. AMBROSIASTER, p.l.[a] q.123: ML 35,2371.   2. C.10: ML 44,932.   3. PEDRO LOMBARDO, *Sent.* l.2 d.24 c.1 (QR 1,419).

---

a. Gilberto Porretano establecía que Adán en el paraíso sólo poseyó los dones *naturales,* pues los *gratuitos* —no debidos a la condición de su naturaleza humana— estaban subordinados al mérito consecuente a vencer en la tentación. Pedro Lombardo y, siguiéndolo, Alejandro de Hales, S. Buenaventura y S. Alberto Magno, afirmaban igualmente que con su creación sólo recibió Adán los *naturales,* pero en un momento posterior, antes de la caída, también fue dotado de los *gratuitos;* pues para la recepción de éstos se precisa en el adulto un acto de consentimiento (cf. obj.5 y ad 3). La justicia original consistiría en los dones gratuitos y, de suyo, no comprendería la gracia santificante, que se les añade. Esta era la sentencia considerada y afirmada como «más común y probable». Era una consecuencia derivada en parte de entremezclar en el mismo estudio las consideraciones sobre la justicia original con las del pecado original. Santo Tomás sigue en otra línea, ya levemente esbozada por Prepositino de Cremona: el primer hombre y la primera mujer fueron creados en naturaleza y gracia, respondiendo a ésta desde el primer instante de su formación; y es la gracia santificante la raíz última de la justicia original, que en su elemento más formal consiste en la subordinación del alma a Dios, a la que se unen los demás elementos gratuitos (subordinación del cuerpo al alma, del apetito inferior al superior, junto con la inmortalidad). Le favorece para la nueva visión el estudiar el primer estado de Adán en sí mismo, antes y no en subordinación a los efectos de la caída, su concepción unitaria del hombre, la armonía superior que establece entre naturaleza y gracia sobrenatural —perfeccionando ésta, sin destruirla, a la primera—, y su doctrina sobre el sujeto donde radica la gracia santificante, que es la sustancia misma del alma y no la voluntad.

pero no progresar. Pero todo el que posee la gracia puede progresar por el mérito. Por lo tanto, el primer hombre no fue creado en gracia.

5. Y también. Para recibir la gracia es necesario el consentimiento del sujeto que la recibe; pues por medio de ella se realiza cierto matrimonio espiritual entre Dios y el alma. Pero el consentimiento a la gracia no puede darse sino en un sujeto previamente existente. Por lo tanto, el hombre no recibió la gracia en el instante de su creación.

6. Por último. Hay mayor distancia entre la naturaleza y la gracia que entre ésta y la gloria, que no es más que la plenitud de la gracia. Pero en el hombre la gracia precede a la gloria. Por lo tanto, con mayor motivo la naturaleza precedió a la gracia.

En cambio, el hombre y el ángel están ordenados por igual a la gracia. Pero el ángel ha sido creado en gracia, pues dice Agustín en XII *De Civ. Dei* [4]: *Dios en ellos estaba a la vez como creador de la naturaleza y dador de la gracia.* Por lo tanto, el hombre fue creado en gracia.

Solución. *Hay que decir:* Algunos [5] dicen que el primer hombre no fue creado en gracia, pero que ésta le fue dada antes de pecar; pues muchos santos [6] sostienen que el hombre en estado de inocencia tuvo la gracia. Pero que fue creado también en gracia, como sostienen otros [7], parece exigirlo la rectitud del estado primitivo, en el que, según Ecl 7,30, *Dios hizo al hombre recto.* Esta rectitud consistía en que la razón estaba sometida a Dios; las facultades inferiores, a la razón; el cuerpo, al alma. El primer sometimiento era causa de los otros dos; pues, en cuanto que la razón permanecía sometida a Dios, se le sometían a ella las facultades inferiores, como dice Agustín [8]. Pero es evidente que este sometimiento del cuerpo al alma y de las facultades inferiores a la razón no era natural. De serlo hubiera permanecido después

de haber pecado, pues los dones naturales, como dice Dionisio en c.4 *De Div. Nom.* [9], permanecieron en los demonios. Por eso es evidente que el primer sometimiento, por el que la razón se subordinaba a Dios, no era sólo natural, sino un don sobrenatural de la gracia, pues el efecto no puede ser superior a la causa. Por eso dice Agustín en XII *De Civ. Dei.* [10]: *Una vez dada la transgresión del precepto, al instante, destituida el alma de la gracia divina, se avergonzaron de la desnudez de su cuerpo, pues sintieron en su carne un movimiento de desobediencia, como castigo por su desobediencia.* Con lo cual se da a entender que si, al abandonar la gracia el alma, desapareció la obediencia de la carne al alma, por la gracia que se daba en el alma se le sometían las facultades inferiores.

Respuesta a las objeciones. 1. *A la primera hay que decir:* El Apóstol quiere expresar que si hay cuerpo animal hay cuerpo espiritual; porque la vida del cuerpo espiritual empezó en Cristo, *primogénito entre los muertos* (Col 1,18) como la vida del cuerpo animal empezó con Adán. Por lo tanto, de las palabras del Apóstol no se deduce que Adán no fue espiritual en cuanto al alma; sino que no fue espiritual en cuanto al cuerpo.

2. *A la segunda hay que decir:* Como dice Agustín en el mismo sitio [11], no se niega que en Adán estuviera, como en los demás justos, el Espíritu Santo; sino *que no estuvo en él como ahora en los fieles* que son admitidos a recibir la herencia eterna nada más morir.

3. *A la tercera hay que decir:* De la autoridad de Agustín no se deduce que el ángel o el hombre fueran creados en la libertad natural de albedrío antes de poseer la gracia, sino que pone al descubierto primero lo que podía en ellos el libre albedrío antes de la confirmación y que consiguieron después por medio del auxilio de la gracia.

4. *A la cuarta hay que decir:* El Maestro [12] habla según la opinión de aquellos

4. C.9: ML 41,357.   5. Cf. GUILLERMO ALTISIODORO, *Summa Aurea* p.2.ª tr.1 c.1 (fol.35 rb); ALEJANDRO DE HALES, *Summa Theol.* 1-2 n.505 (QR II, 729); S. BUENAVENTURA, *In Sent.* 1.2 d.29 a.2 q.2 (QR II, 703); PREPOSITINO, *Summa* (Fol.72 vb).   6. Cf. S. JERÓNIMO, *In Ephes.* 1.3.a.4,30: ML 26,546; S. AGUSTÍN, *De Civ. Dei* 1.13 c.13: ML 41,386; S. BASILIO, *Contra Eunom.* 1.5: MG 29,728.   7. Cf. PREPOSITINO, *Summa* (fol.77rb); ALBERTO MAGNO, *In Sent.* 1.2 d.3 a.12 (BO 27,85).   8. *De Civ. Dei* 1.13 c.13: ML 41,386.   9. § 23: MG 3,725: S. Th. lect.19.   10. C.13: ML 41,386.   11. Cf. AMBROSIASTER, *Quaest. Vet. et Nov. Test.* p.1.ª q.123: ML 35,2371.   12. Cf. supra nota 3.

que sostuvieron que el hombre no fue creado en gracia, sino en estado natural sólo. O puede decirse también que, aunque el hombre fuera creado en gracia, no tuvo de la creación natural el poder progresar por medio del mérito, sino que esto le fue añadido por gracia.

5. *A la quinta hay que decir:* Al no ser continuo el movimiento de la voluntad, no hay inconveniente en que el primer hombre hubiera dado su consentimiento a la gracia incluso en el primer instante de su creación.

6. *A la sexta hay que decir:* Merecemos la gloria por medio de un acto de gracia, pero no la gracia por medio de un acto natural. Por lo tanto, no hay paridad.

ARTÍCULO 2

El primer hombre, ¿tuvo o no tuvo pasiones?

De Verit. q.26 a.8.

Objeciones por las que parece que el primer hombre no tuvo pasiones:

1. Por las pasiones del alma, *la carne tiene tendencias contrarias al espíritu* (Gál 5,17). Pero esto no se daba en el estado de inocencia. Por lo tanto, en él no había pasiones del alma.

2. Más aún. El alma de Adán era más digna que su cuerpo. Pero el cuerpo era impasible. Por lo tanto, tampoco el alma tenía pasiones.

3. Todavía más. Por medio de las virtudes morales se moderan las pasiones del alma. Pero en Adán había una virtud moral perfecta. Por lo tanto, las pasiones estaban excluidas totalmente de él.

En cambio está lo que dice Agustín en XIV *De Civ. Dei* [13]: *Había en ellos un amor imperturbable hacia Dios y otras pasiones del alma.*

Solución. *Hay que decir:* Las pasiones del alma residen en el apetito sensitivo, cuyo objeto es el bien y el mal. Por eso unas pasiones del alma, como el amor y el gozo, se ordenan al bien; y otras, como el temor y el dolor, al mal. Como en el estado primitivo no había ni amenazaba ningún mal ni faltaba ningún bien cuya posesión pudiera desear en-

tonces la voluntad recta, según dice Agustín en XIV *De Civ. Dei,* las pasiones que se centran en el mal, como el temor, el dolor y otras semejantes, no se dieron en Adán; ni tampoco las que se centran en el bien no poseído y que se va a poseer, como un deseo ardiente. Pero las pasiones que pueden referirse al bien presente, como el gozo y el amor, y las que se refieren a un bien futuro, como el deseo y la esperanza, que no causan aflicción, se dieron en el estado de inocencia. Sin embargo, se dieron en él de modo distinto a como se dan en nosotros. En nosotros, el apetito sensitivo, en el que residen todas las pasiones, no está totalmente sometido a la razón, por lo cual, a veces, las pasiones previenen el juicio de la razón o lo impiden, y, otras veces, le siguen, en cuanto que el apetito sensitivo obedece, en cierto modo, a la razón. En el estado de inocencia, en cambio, el apetito inferior estaba totalmente sometido a la razón; por eso no se daban más pasiones del alma que las procedentes a partir del juicio racional.

Respuesta a las objeciones: 1. *A la primera hay que decir:* La carne tiene tendencias contrarias al espíritu, en cuanto que las pasiones se oponen a la razón. Esto no se daba en el estado de inocencia.

2. *A la segunda hay que decir:* El cuerpo humano en estado de inocencia era impasible en cuanto a las pasiones que destruyen la disposición natural, como veremos más adelante (q.97 a.2). Igualmente, el alma era impasible en cuanto a las pasiones que impiden el ejercicio de la razón.

3. *A la tercera hay que decir:* La virtud moral perfecta no suprime, sino que ordena las pasiones; pues, como se dice en III *Ethic.* [14], es propio del moderado *desear como conviene y lo que conviene.*

ARTÍCULO 3

Adán, ¿tuvo o no tuvo todas las virtudes?

In Sent. 1.2 d.29 a.3.

Objeciones por las que parece que Adán no tuvo todas las virtudes:

13. C.10: ML 41,417.   14. ARISTÓTELES, c.12 n.9 (BK 1119b16): S. Th. lect.22 n.547.

1. Algunas virtudes están ordenadas a frenar la inmoderación de las pasiones. Así, la templanza refrena la concupiscencia inmoderada; la fortaleza, el temor inmoderado. Pero en el estado de inocencia no había inmoderación en las pasiones. Por lo tanto, tampoco dichas virtudes.

2. Más aún. Algunas virtudes se refieren a las pasiones cuyo objeto es el mal; así, la mansedumbre se refiere a la ira; la fortaleza, al temor. Pero tales pasiones no existían en el estado de inocencia, como dijimos (a.2). Por lo tanto, tampoco se daban estas virtudes.

3. Todavía más. La penitencia es una virtud cuyo objeto es el pecado ya cometido. La misericordia, por su parte, tiene por objeto la miseria. Ambas cosas no se daban en el estado de inocencia. Por lo tanto, tampoco las virtudes correspondientes.

4. Y también. La perseverancia, que es una virtud, no la poseyó Adán, como lo demuestra el pecado que cometió. Por lo tanto, no poseyó todas las virtudes.

5. Por último. La virtud de la fe no existió en el estado de inocencia, pues implica un conocimiento oscuro, que no parece compaginarse con la perfección del estado primitivo.

En cambio está lo que dice Agustín en una homilía[15]: *El Príncipe del vicio venció a Adán, hecho del barro a imagen de Dios, armado con la honestidad, compuesto con la templanza, resplandeciente de gloria.*

Solución. *Hay que decir:* El hombre en estado de inocencia poseyó en cierto sentido todas las virtudes, como es evidente por lo dicho hasta ahora (a.1). En el estado primitivo había una rectitud tal, que la razón estaba sometida a Dios; y las potencias inferiores, a la razón. Por otra parte, las virtudes no son sino ciertas perfecciones por las que la razón se ordena a Dios y las potencias inferiores se ajustan a las reglas de la razón, como se verá mejor cuando tratemos las virtudes (1-2 q.56 a.4.6; q.63 a.2). De ahí que la rectitud del estado primitivo exigía que el hombre poseyera en algún modo todas las virtudes.

Pero hay que tener en cuenta que hay virtudes que en su esencia no implican nada de imperfección, como son la can-

dad y la justicia. Dichas virtudes existieron en el estado de inocencia de un modo absoluto, habitual y actualmente. Hay otras que implican imperfección, bien por parte del acto, bien por parte de la materia. Si tal imperfección no se opone a la perfección del estado primitivo, estas virtudes podían darse en él, como son la fe, que se centra en lo que no se ve; y la esperanza, cuyo objeto es lo que no se posee, ya que la perfección del estado primitivo no se extendía a la visión de Dios en su esencia ni a poseerlo con el disfrute de la bienaventuranza final. Por eso la fe y la esperanza podían darse en el estado primitivo, en su hábito y en acto. En cambio, si la imperfección esencial de una virtud se opone a la perfección del estado primitivo, tal virtud podía darse en cuanto al hábito, pero no en cuanto al acto; así son la penitencia, que es el dolor por un pecado cometido, y la misericordia, que es dolor de la miseria ajena; porque tanto el dolor como la culpa y la miseria son incompatibles con la perfección del estado primitivo. Por lo tanto, estas virtudes existían en el primer hombre en su hábito, pero no en acto, porque su disposición habitual era tal, que, si hubiera habido un pecado, se dolería de él, y si viera en algún otro miseria, la remediaría en lo posible. Como dice el Filósofo en IV *Ethic.*[16], la vergüenza, cuyo objeto es algo torpemente hecho, le sobreviene al virtuoso sólo condicionalmente, por estar dispuesto de tal modo que se avergonzaría si hiciera algo torpemente.

Respuesta a las objeciones: 1. *A la primera hay que decir:* El que la templanza y la fortaleza refrenen el exceso de las pasiones, les es accidental a las mismas, porque en el sujeto encuentran sobradas pasiones. Pero, en cuanto tales, sólo les es propio moderar las pasiones.

2. *A la segunda hay que decir:* Se oponen a la perfección del estado primitivo las pasiones ordenadas al mal que se refieren a un mal en el sujeto afectado por la pasión, como son el temor y el dolor. Pero las pasiones que se refieren al mal en otro no se oponen a la perfección de dicho estado, ya que el hombre en el estado primitivo podía odiar la malicia del

---

15. Cf. *Serm. contra Iudaeos,* c.2: ML 42,1117; cf. PEDRO LOMBARDO, *Sent.* l.2 d.29 c.2 (QR 1,457).   16. ARISTÓTELES, c.9 n.7 (BK 1128b29): S. Th. lect.17 n.877.

demonio, como también amar la bondad de Dios. De ahí que las virtudes que se refieren a estos objetos podían darse en el estado primitivo en cuanto al hábito y en cuanto al acto. Pero las que se refieren a las pasiones del mal en el mismo sujeto, si afectan sólo a estas pasiones, no podían darse en el estado primitivo en acto, sino sólo en hábito, como hemos dicho con respecto a la penitencia y a la misericordia (sol.). En cambio, hay otras virtudes que no versan sólo sobre estas pasiones, sino sobre otras, como la templanza, que se ocupa no sólo de las tristezas, sino también de los placeres; y la fortaleza, que se ocupa no sólo de los temores, sino también de la audacia y la esperanza. Por lo tanto, podían darse en el estado primitivo los actos de la templanza que moderan los placeres, y los de la fortaleza, que moderan la audacia y la esperanza; pero no en cuanto que moderan la tristeza y el temor.

3. *A la tercera hay que decir:* Está incluida en lo dicho (sol.).

4. *A la cuarta hay que decir:* La perseverancia puede tomarse en dos sentidos. Primero, como virtud, y significa el hábito por el que se elige perseverar en el bien. En este sentido, Adán poseyó la perseverancia. Segundo, como circunstancia de la virtud, y, así, significa una continuación de la virtud sin interrupción. En este sentido no la poseyó Adán.

5. *A la quinta hay que decir:* Está incluida en lo dicho (sol.).

ARTÍCULO 4

Las obras del primer hombre, ¿fueron o no fueron menos dignas de mérito que nuestras obras?

In Sent. 1.2 d.29 a.4.

Objeciones por las que parece que las obras del primer hombre fueron menos dignas de mérito que nuestras obras:

1. La gracia de Dios se da por misericordia, que ayuda más a los necesitados. Pero nosotros necesitamos la gracia más que el primer hombre en estado de inocencia. Por lo tanto, se nos infunde más abundantemente la gracia. Al ser

ésta la raíz del mérito, nuestras obras se hacen más meritorias.

2. Más aún. Para el mérito se requiere cierta lucha y dificultad, pues se dice en 2 Tim 2,5: *No es coronado sino quien compite legítimamente.* Y el Filósofo, en II *Ethic.* [17] dice: *La virtud tiene por objeto lo difícil y lo bueno.* Pero ahora, en nuestro estado, hay mayor lucha y dificultad. Por lo tanto, también mayor eficacia para merecer.

3. Todavía más. El Maestro en II *Sent.* d.24 dice [18]: *El hombre no hubiera merecido resistiendo a la tentación, mientras que ahora merece el que resiste a ella.* Por lo tanto, nuestras obras son más meritorias que las del estado primitivo.

En cambio, de ser así, el hombre estaría en mejor condición después de haber pecado.

Solución. *Hay que decir:* La cantidad de mérito puede medirse por dos principios. 1) *Primero,* por la raíz de la caridad y de la gracia. Tal cantidad de mérito responde al premio esencial, que consiste en el goce de Dios, pues el que hace una obra por una caridad más grande gozará más perfectamente de Dios. 2) *Segundo,* puede medirse el mérito por la cantidad de la obra. Esta puede ser doble: absoluta y proporcional. Ejemplo: la viuda que echó dos chavos en el cepillo del templo (Mc 12,41) hizo una obra más pequeña que los que depositaron grandes limosnas; pero en cantidad proporcional hizo más, según la sentencia del Señor, porque lo dado superaba sus posibilidades. Ambos géneros de cantidad responden, sin embargo, al premio accidental, que es el gozo del bien creado.

Así, pues, hay que decir: Hubieran sido más meritorias las obras realizadas en el estado de inocencia que después del pecado, si consideramos la cantidad de mérito por parte de la gracia, que sería entonces más abundante por no oponérsele ningún obstáculo de la naturaleza humana. También serían más meritorias considerando la cantidad absoluta de las obras, puesto que, al ser el hombre más virtuoso, realizaría obras más grandes. Pero si se considera la cantidad proporcional, hay mayor razón de mérito después del pecado por la debilidad hu-

17. ARISTÓTELES, c.3 n.10 (BK 1105a9): S. Th. lect.3 n.278.   18. PEDRO LOMBARDO, *Sent.* 1.2 d.24 c.1 (QR 1,420).

mana, ya que supera más las propias fuerzas una obra pequeña costosa que una obra grande ligera.

Respuesta a las objeciones: 1. *A la primera hay que decir:* El hombre después del pecado necesita la gracia para más cosas, pero no necesita más de ella, porque antes de pecar el hombre necesitaba la gracia para conseguir la vida eterna; y ésta es la necesidad principal de la gracia. Pero, después del pecado, el hombre la necesita, además, para la remisión del pecado y remedio de sus flaquezas.

2. *A la segunda hay que decir:* La dificultad y la lucha pertenecen a la cantidad de mérito correspondiente a la cantidad proporcional de la obra, como se dijo (sol.). Y es un signo de la disponibilidad de la voluntad, que intenta lo que le es difícil. Esta disponibilidad es causada por la grandeza de la caridad. Sin embargo, puede suceder que se haga con voluntad tan dispuesta una obra fácil como otra difícil, por estar dispuesto el sujeto a hacer también lo difícil. Pero la dificultad actual, que es penal, tiene también valor satisfactorio por el pecado.

3. *A la tercera hay que decir:* La resistencia a la tentación en el primer hombre no sería meritoria, según la opinión de los que dicen que no poseía la gracia, como ahora no es meritorio para el que no está en gracia. Pero la diferencia está en que en el estado primitivo no había interiormente nada que impulsara al pecado, como lo hay ahora. Por lo tanto, podía resistir a la tentación mejor que ahora.

CUESTIÓN 96

Sobre el dominio que le correspondía al hombre por su estado de inocencia

Ahora hay que tratar lo referente al dominio que le correspondía al hombre por su estado de inocencia. Esta cuestión plantea y exige respuesta a cuatro problemas:

1. En el estado de inocencia, el hombre, ¿dominaba o no dominaba a los animales?—2. ¿Y a toda criatura?—3. En tal estado, ¿serían o no serían iguales todos los hombres?—4. En aquel estado, ¿dominaba o no dominaba el hombre al hombre?

ARTÍCULO 1

Adán, en el estado de inocencia, ¿dominaba o no dominaba a los animales?

In Sent. 1.2 d.44 q.1 a.3.

Objeciones por las que parece que Adán, en el estado de inocencia, no dominaba a los animales:

1. Agustín, en. IX *Super Gen. ad litt.*[1], dice: Por el ministerio de los ángeles, los animales fueron llevados hasta Adán para que les diera nombre. No hubiera sido necesario el ministerio de los ángeles si el hombre por sí mismo dominara a los animales. Por lo tanto, en el estado de inocencia el hombre no dominaba a los animales.

2. Más aún. No es fácil unir bajo un único dominio cosas discordantes. Son muchos los animales discordantes entre sí. Ejemplo: el lobo y la oveja. Por lo tanto, no todos los animales estaban bajo el dominio del hombre.

3. Todavía más. Dice Jerónimo[2]: *Dios dio al hombre el dominio de los animales antes del pecado, cuando no necesitaba de ellos; pues sabía que le serían útiles después de la caída.* Por lo tanto, al menos el uso de ese dominio sobre los animales no le competía al hombre antes del pecado.

4. Por último. Propio del señor es dar normas y preceptos. Pero el precep-

1. C.14: ML 34,402.   2. Cf. BEDA, *Hexaëm.* l.1 a Gén. 1,26: ML 91,200.

to sólo se da al ser racional. Por lo tanto, el hombre no tenía dominio sobre los animales irracionales.

En cambio está lo que se dice del hombre en Gén 1,26: *Domine sobre los peces del mar, sobre las aves del cielo y las bestias de la tierra.*

Solución. *Hay que decir:* Dijimos anteriormente (q.95 a.1) que el hombre, como pena por su desobediencia a Dios, se encontró con la desobediencia de todo lo que le estaba sometido. En el estado de inocencia, anterior a esta desobediencia, nada se oponía al sometimiento natural. Todo animal está por naturaleza sometido al hombre. Esto lo manifiestan tres hechos. 1) *El primero,* el proceso de toda la naturaleza. Pues, así como en la generación de las cosas se detecta un orden que va de lo imperfecto a lo perfecto, la materia se ordena a la forma, y la forma inferior a la superior, así también sucede en el uso de las cosas naturales, en el que las imperfectas están al servicio de las perfectas: las plantas viven de la tierra; los animales, de las plantas; los hombres, de las plantas y animales. De donde se deduce que este dominio de los animales es natural al hombre. Por eso dijo el Filósofo en I *Politic.*[3], que la caza de animales salvajes es justa y natural, pues por ella el hombre reivindica lo que por naturaleza es suyo. 2) *El segundo,* el orden de la divina Providencia, que gobierna lo inferior por lo superior. Como el hombre ha sido creado a imagen de Dios, está por encima de los restantes animales, que le están sometidos. 3) *El tercero,* algo que es natural al hombre y a los animales. En éstos se advierte, por una estimación que les es natural, una cierta participación de la prudencia en hechos concretos; mientras que en el hombre se encuentra la prudencia universal, razón de toda acción. Por otra parte, todo lo que es por participación está por debajo de lo que es esencial y universal. Por todo esto, el sometimiento de los animales al hombre es natural.

Respuesta a las objeciones: 1. *A la*

primera hay que decir: Sobre una misma cosa, la potestad superior tiene mayor dominio que la inferior. El ángel es naturalmente superior al hombre. Por eso, sobre los animales, por virtud angélica, se pueden producir efectos que no puede hacer el hombre. Ejemplo: la reunión inmediata de los animales dispersos.

2. *A la segunda hay que decir:* Algunos[4] sostienen que los animales salvajes y carnívoros, en el estado de inocencia, eran mansos con el hombre y con los otros animales. Pero esto se opone a la razón, porque el pecado no cambió la naturaleza de los animales haciendo que los que ahora son carnívoros, como los leones y halcones, hasta entonces fueran herbívoros. La Glosa[5] de Beda a Gén 1,30 no dice que la hierba y los troncos fueron dados como alimento a todos los animales y aves, sino sólo a algunos. Por lo tanto, había discordia entre los animales. Pero esto no limitaba el dominio del hombre, como tampoco limita ahora el dominio de Dios, cuya Providencia dirige todo esto. De esta providencia el hombre era el ejecutor, como ahora sucede con algunos animales domésticos, como los halcones, a los que alimenta de gallinas.

3. *A la tercera hay que decir:* En el estado de inocencia, los hombres no necesitaban animales para cubrir las necesidades corporales; ni para sus vestidos, pues estaban desnudos y no se avergonzaban, porque en ellos no había ningún movimiento desordenado de la concupiscencia; ni para alimento, pues comían de los árboles del paraíso; ni como vehículo, pues su cuerpo era robusto. Sin embargo, los necesitaban para un conocimiento experimental tomado de su comportamiento natural. Lo prueba el hecho que Dios le presentó a Adán los animales para que les diera nombre, que designa su naturaleza.

4. *A la cuarta hay que decir:* También los animales tienen en su natural instinto una cierta participación de prudencia y razón. Ejemplo: las grullas siguen a su guía y las abejas obedecen a su reina. Así obedecerían al hombre todos los

3. ARISTÓTELES, c.3 n.8 (BK 1256b24): S. Th. lect.6.   4. Cf. ALEJANDRO DE HALES, *Summa Theol.* 1-2 n.522 (QR 11,781); PEDRO LOMBARDO, *Sent.* l.2 d.15 c.3 (QR 1,374); S. BUENAVENTURA, *In Sent.* l.2 d.15 a.2 q.1 (QR 11,383).   5. *Glossa ordin.* a Gén. 1,30 (I.28F); BEDA, *In Pentat.* ML 91,202.

animales como ahora lo hacen los domesticados.

El primer hombre, ¿dominaba o no dominaba sobre todas las demás criaturas?

Objeciones por las que parece que el hombre no tenía dominio sobre todas las demás criaturas:

1. El ángel, por naturaleza, es superior en potestad al hombre. Dice Agustín en III *De Trin.*[6]: *La materia corporal no obedecería incondicionalmente ni siquiera a los santos ángeles.* Por lo tanto, mucho menos al hombre en el estado de inocencia.

2. Más aún. En las plantas no hay más facultades del alma que la nutritiva, la de desarrollo y la generativa. Pero éstas no están bajo el dominio de la razón, como se ve en el hombre. Por lo tanto, porque el dominio lo tiene el hombre por la razón, parece deducirse que en el estado de inocencia el hombre no dominaba sobre las plantas.

3. Todavía más. El dominio de una cosa implica poder cambiarla. El hombre no podría cambiar el curso de los cuerpos celestes, algo exclusivo de Dios, como afirma Dionisio en la carta *Ad Polycarpum*[7]. Por lo tanto, no tenía dominio sobre ellos.

En cambio está lo que se dice del hombre en Gén 1,26: *Domine sobre toda criatura.*

Solución. *Hay que decir:* En el hombre, en cierto modo, se encuentra todo. Así, pues, el modo de su dominio sobre lo que hay en él es una imagen del dominio sobre lo demás. En el hombre hay que tener presente lo siguiente: *La razón,* común con los ángeles; *las potencias sensitivas,* comunes con los animales; *las naturales,* comunes con las plantas; y *el cuerpo,* que le iguala a los seres inanimados. La razón en el hombre es la que contribuye a hacerle dominador y no sujeto a dominio. El hombre en el primer estado no dominaba sobre los ángeles; y lo de *a toda criatura* ha de entenderse *de la que no es a imagen de Dios.* En lo que se refiere a las potencias sensitivas, como la

irascible y la concupiscible, que obedecen de algún modo a la razón, el alma las domina rigiéndolas. Así, pues, también en el estado de inocencia con su imperio dominaba a los animales. Las potencias naturales y el mismo cuerpo no están sometidos a su imperio, sino a su uso. Por ello el hombre, en estado de inocencia, no tenía sobre las plantas y seres inanimados un dominio imperativo y transmutante, sino que, libremente, se servía de ellos.

Respuesta a las objeciones: 1. Está incluida en lo dicho.

En el estado de inocencia, ¿los hombres serían o no serían iguales?

Objeciones por las que parece que en el estado de inocencia todos los hombres serían iguales:

1. Dice Gregorio[8]: *Donde no delinquimos, somos todos iguales.* Pero en el estado de inocencia no había delito. Por lo tanto, todos eran iguales.

2. Más aún. El mutuo amor brota de la semejanza y la igualdad, según aquello de Ecl 13,19: *Todo animal ama a su semejante, y el hombre a su prójimo.* En aquel estado abundaba el amor, que es el vínculo de la paz. Por lo tanto, en aquel estado todos eran iguales.

3. Todavía más. Anulada la causa, anulado el efecto. Pero la causa de la actual desigualdad entre los hombres deriva, por parte de Dios, de que a unos premia por los méritos y a otros castiga; por parte de la naturaleza, de que ésta hace a unos débiles e incapaces y a otros fuertes y perfectos. Esto no debió ser así en aquel primer estado.

En cambio está lo que se dice en Rom 13,1: *Lo que existe, por Dios está ordenado.* El orden se establece entre lo dispar. Dice Agustín en XIX *De Civ. Dei*[9]: *El orden es una disposición de lo igual y desigual, cada uno en su lugar propio.* Por lo tanto, en aquel estado, tan armonioso, habría disparidad.

Solución. *Hay que decir:* Debe afirmarse que alguna disparidad debió de

6. C.8: ML 42,875.   7. § 2: ML 3,1080.   8. *Moral.* 1.21 c.15: ML 76,203.
9. C.13: ML 41,640.

haber en aquel estado, al menos la de sexos, pues sin ésta no se da la generación.
E igualmente la de edad, pues unos nacían de otros, y en las uniones no había
estériles.

Pero incluso con respecto del alma
habría disparidad en lo referente a la justicia y a la ciencia. El hombre no obraba
por necesidad, sino libremente; por eso
podía dedicarse más o menos a hacer
algo, a querer o a conocer, progresando
así más o menos en la justicia y en la
ciencia.

Incluso por parte del cuerpo podía
haber disparidad, pues el cuerpo no era
ajeno a las leyes naturales. Por eso, los
agentes exteriores podían servir de mayor o menor ayuda o utilidad, ya que se
alimentaban comiendo. Así, nada impide
decir que unos fueran más fuertes, más
altos, más guapos o de mejor complexión que otros, debido a las influencias
del clima o de los astros. Sin embargo,
en los que eran superados por otros, no
había ningún defecto ni pecado en el
alma ni en el cuerpo.

Respuesta a las objeciones: 1. *A la
primera hay que decir:* El intento de Gregorio es excluir la disparidad originada
por la diferencia según la justicia y según el pecado, que hace que algunos
tengan que ser corregidos penalmente
por otros con castigos.

2. *A la segunda hay que decir:* La
igualdad hace que el amor mutuo sea
igual. Sin embargo, entre desiguales
puede haber mayor amor que entre iguales, aunque no sea igual por ambas partes. Ejemplo: el padre ama naturalmente
más al hijo que los hermanos entre sí,
aunque el hijo no le corresponda con
idéntico amor.

3. *A la tercera hay que decir:* La causa
de la desigualdad podría venir de parte
de Dios, no porque a unos castigase y a
otros premiase, sino porque a unos los
haría más sublimes que a otros, para que
así resplandeciera más la belleza del orden entre los hombres. O también podría venir de parte de la naturaleza en el
sentido ya dicho (sol.), sin que esto signifique imperfección natural alguna.

ARTÍCULO 4

En el estado de inocencia, ¿dominaba el hombre al hombre?

Objeciones por las que parece que en
el estado de inocencia el hombre no era
dominado por el hombre:

1. Dice Agustín en XIX *De Civ.
Dei*[10]: *Dios quiso que el ser racional, hecho a
su imagen, fuese señor sólo de los seres irracionales; no quiso que fuese señor del hombre,
sino sólo de las bestias.*

2. Más aún. Lo impuesto como pena
del pecado no existía en el estado de
inocencia. El sometimiento de unos
hombres a otros, como el de la mujer al
hombre, fue impuesto por el pecado,
pues se dice a la mujer en Gen 3,16: *Se-
rás dominada por tu marido.* Por lo tanto,
en el estado de inocencia no estaba el
hombre sometido al hombre.

3. Todavía más. Sometimiento y libertad se oponen. Pero la libertad es
uno de los más altos bienes, que en el
estado de inocencia no faltó, *pues en aquel
estado no faltaba nada que pudiese desear la
buena voluntad,* como dice Agustín en
XIV *De Civ. Dei*[11]. Por lo tanto, el
hombre no dominaba al hombre en el
estado de inocencia.

En cambio, la condición de los hombres en aquel estado no era más digna
que la de los ángeles. Pero entre éstos se
da el dominio; incluso hay un orden de
ángeles llamado *Dominaciones.* Por lo tanto, no se opone a la dignidad de aquel
estado que el hombre dominara al hombre.

Solución. *Hay que decir:* El dominio
tiene doble acepción. 1) *Una,* como
opuesto a la servidumbre; y en este sentido domina quien tiene un siervo.
2) *Otra,* referida a cualquier modo de
tener a alguien sometido; y en este sentido domina quien tiene el gobierno o dirección de personas libres. El dominio
en el primer sentido no se daba en el estado de inocencia; mientras que el segundo ciertamente era posible.

El porqué de esto radica en que el
siervo y el libre difieren en que *el libre es
dueño de sí,* como dice el Filósofo al comienzo de *Metaphys.*[12]; mientras que el

10. C.15: ML 41,643.   11. C.10: ML 41,417.   12. ARISTÓTELES, l.9 c.10 n.1 (BK 1058b28): S. Th. lect.3 n.58.

siervo depende de otros. Hay, por tanto, servidumbre cuando se retiene a alguien para utilidad propia. Porque todos desean el bien propio y se entristecen cuando lo propio debe ser cedido en favor de otro, este dominio conlleva la aflicción en los sometidos. Por eso no podía darse en el estado de inocencia.

Por el contrario, el dominio libre coopera al bien del sometido o del bien común. Este dominio es el que existía en el estado de inocencia por un doble motivo. 1) *El primero,* porque el hombre es por naturaleza animal social, y en el estado de inocencia vivieron en sociedad. Ahora bien, la vida social entre muchos no se da si no hay al frente alguien que los oriente al bien común, pues la multitud de por sí tiende a mu-

chas cosas; y uno sólo a una. Por esto dice el Filósofo en *Politic.* [13] que, cuando muchos se ordenan a algo único, siempre se encuentra uno que es primero y dirige. 2) *El segundo,* porque si un hombre tuviera mayor ciencia y justicia, surgiría el problema si no lo pusiera al servicio de los demás, según aquello de 1 Pe 4,10: *El don que cada uno ha recibido, póngalo al servicio de los otros.* Y Agustín, en XIX *De Civ. Dei* [14], dice: *Los justos no mandan por el deseo de mandar, sino por el deber de aconsejar. Así es el orden natural y así creó Dios al hombre.*

Respuesta a las objeciones: Está incluida en lo dicho, pues parten del dominio según el primer sentido expuesto (sol.).

CUESTIÓN 97

Sobre el estado del primer hombre. La conservación del individuo

Ahora hay que tratar lo referente al estado del primer hombre en su aspecto corporal. Primero, en cuanto a la conservación del individuo; segundo, en cuanto a la conservación de la especie.

La cuestión referente a la conservación del individuo plantea y exige respuesta a cuatro problemas.

1. El hombre, en estado de inocencia, ¿sería o no sería inmortal?— 2. ¿E impasible?—3. ¿Necesitaría o no necesitaría alimentos?—4. Por el árbol de la vida, ¿se alcanzaba o no se alcanzaba la inmortalidad?

ARTÍCULO 1

El hombre en estado de inocencia, ¿sería o no sería inmortal?

Supra q.76 a.5 ad 1; *In Sent.* 1.2 d.19 a.2.4; 1.4 d.44 q.3 a.1 q.ª2; *De Verit.* q.24 a.9; *De Malo* q.5 a.5; *In Rom.* c.5 lect.3; *Compend. Theol.* c.152.

Objeciones por las que parece que el hombre en estado de inocencia no era inmortal:

1. Mortal entra en la definición de hombre. Anulada la definición, anulado lo definido. Por lo tanto, si existía el hombre, no podía ser inmortal.

2. Más aún. *Lo corruptible y lo incorruptible difieren en género,* como se dice

en X *Metaphys.* [1] Entre lo que difiere genéricamente no cabe el intercambio. Por tanto, si el primer hombre era incorruptible, no podía ser ahora corruptible.

3. Todavía más. La inmortalidad en aquel estado lo sería por naturaleza o por gracia. No podía serlo por naturaleza, pues permaneciendo ésta específicamente idéntica, también ahora sería inmortal. Tampoco por gracia, pues ésta la recuperó el primer hombre por el arrepentimiento, según aquello de Sab 10,2: *Le salvó de su caída.* Con la gracia habría recuperado también la inmortalidad. Por lo tanto, el primer hombre no era inmortal en el estado de inocencia.

13. ARISTÓTELES, c.2 n.9 (BK 125a28): S. Th. lect.3.   14. C.14: ML 41,643.

1. ARISTÓTELES, 1.9 c.10 n.1 (BK 1058b28): S. Th. 1.10 lect.12 n.2136.

4. Por último. La inmortalidad nos es prometida como premio, según aquello del Apoc 21,4: *La muerte no existirá más*. Ahora bien, el hombre no fue creado en estado de premio, sino para merecer el premio. Por lo tanto, el hombre no era inmortal en el estado de inocencia.

En cambio está lo que se dice en Rom 5,12: *Por el pecado entró la muerte en el mundo*. Por lo tanto, antes el hombre era inmortal.

Solución. *Hay que decir:* La incorruptibilidad tiene un triple sentido. 1) *Uno*, referido a la materia, y entonces es incorruptible aquello que, o no tiene materia, como el ángel, o la tiene como potencia para una sola forma, como los cuerpos celestes. Ambos son por naturaleza incorruptibles. 2) *Otro*, referido a la forma, y entonces es una disposición que impide la corrupción en algo por naturaleza corruptible. Esto se llama incorruptible según la gloria; porque, como dice Agustín en su carta *Ad Dioscorum*[2]: *Dios hizo al alma de tal vigor natural, que su bienaventuranza se vierte en el cuerpo como plenitud de salud o don de incorrupción*. 3) *El tercer* sentido se toma de la causa eficiente. Este, es el modo como el hombre era incorruptible e inmortal en el estado de inocencia, pues, como dice Agustín en el libro *De quaest. Vet. et Nov.. Test.*[3]: *Dios dotó al hombre de inmortalidad mientras no pecase, para que él mismo se diese la vida o la muerte*. En efecto, su cuerpo no era incorruptible por virtud propia, sino por una fuerza sobrenatural impresa en el alma que preservaba el cuerpo de corrupción mientras estuviese unida a Dios. Esto fue razonablemente otorgado. Pues, porque el alma racional supera la proporción de la materia corporal, como dijimos (q.76 a.1), era necesario que desde el principio le fuese dada una virtud por la que pudiese conservar el cuerpo por encima de la naturaleza material corporal.

Respuesta a las objeciones: 1 y 2. *A la primera y segunda hay que decir:* Son válidas en cuanto a lo que es incorruptible e inmortal por naturaleza.

3. *A la tercera hay que decir:* La virtud de preservar el cuerpo de corrup-

ción no era natural al alma, sino un don de la gracia. Aun cuando recuperara la gracia por la remisión de la culpa y para el merecimiento de la gloria, no así para el efecto de la inmortalidad. Esto se reservaba a Cristo, quien repararía sobreabundantemente los defectos de la naturaleza, como veremos más adelante (3 q.14 a.4 ad 1).

4. *A la cuarta hay que decir:* No es lo mismo la inmortalidad de la gloria prometida como premio y la inmortalidad conferida al hombre en estado de inocencia.

ARTÍCULO 2

El hombre en estado de inocencia, ¿fue o no fue pasible?

In Sent. 1.2 d.19 a.3; 1.4 d.44 q.2 a.1 q.a4 ad 1.

Objeciones por las que parece que el hombre en estado de inocencia no era pasible:

1. *Sentir es un cierto recibir.* El hombre en el estado de inocencia era sensible. Por lo tanto, también era pasible.

2. Más aún. El sueño es un cierto recibir. Pero en el estado de inocencia, el hombre dormía, como se dice en Gén 2,21: *Dios infundió en Adán un profundo sueño*. Por lo tanto, era pasible.

3. Todavía más. En el mismo texto se añade: *Cogió una de sus costillas*. Por tanto, al menos en lo extirpado, fue pasible.

4. Por último. El cuerpo del hombre era blando. Por lo tanto, pasivo con respecto a lo duro, que, al chocar con su cuerpo, lo alteraría. Por lo tanto, el primer hombre fue pasible.

En cambio está el hecho de que, de ser pasible, sería también corruptible, ya que la pasión excesivamente intensa destruye la sustancia.

Solución. *Hay que decir:* La pasión se toma en un doble sentido. 1) *Uno*, propio, cuando algo es sacado de su disposición natural. La pasión es efecto de una acción, y los seres naturales contrarios actúan y son actuados recíprocamente, pues unos sacan a los otros de su disposición natural. 2) Otro, más corriente. Así, pasión es cualquier muta-

---

2. *Epist.* 118 c.3: ML 33,439.   3. Cf. AMBROSIASTER, p.1.ª q.19: ML 35,2227.

ción, incluso la que perfecciona la naturaleza. En este sentido, sentir y entender son un *cierto padecer*[4].

En este segundo sentido, el hombre, en el primer estado, era pasible en su alma y en su cuerpo; mientras que en el primer sentido de pasión era impasible en el alma y en cuerpo, como también era inmortal; por lo cual hubiera podido librarse de toda pasión, incluso de la muerte, si se hubiera mantenido sin pecado.

Respuesta a las objeciones: 1 y 2. *A la primera y segunda hay que decir:* Está incluida en lo dicho, pues el sentir y el dormir no cambian una disposición natural del hombre, sino que se ordenan al bien de la naturaleza.

3. *A la tercera hay que decir:* La costilla de Adán, como dijimos anteriormente (q.92 a.3 ad 2), le fue dada como principio del género humano; al igual que el semen lo tiene el hombre por ser principio generativo. Y así como la pérdida del semen no es una alteración que destruya una disposición natural, así tampoco la separación de aquella costilla.

4. *A la cuarta hay que decir:* En parte la propia razón, dictando qué es perjudicial; y en parte la divina Providencia, que lo defendía de todo lo imprevisto que le pudiera sobrevenir, preservaban al cuerpo del hombre en el estado de inocencia de toda lesión que le pudiera producir algo duro.

ARTÍCULO 3

El hombre en estado de inocencia, ¿necesitaba o no necesitaba alimentos?

In Sent. 1.2 d.19 a.2 ad 2.3; *Cont. Gentes* 4,83; *De Malo* q.5 a.5 ad 8; *Compend. Theol.* c.156.

Objeciones por las que parece que el hombre en estado de inocencia no necesitaba alimentos:

1. El alimento se necesita para reparar lo perdido. Pero, al parecer, en el cuerpo de Adán no había desgaste, pues era incorruptible. Por lo tanto, no necesitaba alimentos.

2. Más aún. La comida es necesaria para nutrirse. Pero la nutrición implica alteración. Por lo tanto, como el cuerpo del hombre era impasible, no parece que tuviese necesidad de alimento.

3. Todavía más. Se dice que el alimento nos es necesario para la conservación de la vida. Pero a Adán le bastaba no pecar para conservar la vida. Por lo tanto, no necesitaba alimentos.

4. Por último. Alimentarse conlleva la evacuación de residuos, cosa incompatible con la dignidad de aquel primer estado. Por lo tanto, el hombre en el primer estado no se alimentaba.

En cambio está lo que se dice en Gén 2,16: *Puedes comer de todo árbol del paraíso.*

Solución. *Hay que decir:* El hombre en el estado de inocencia tenía vida vegetativa, que requeriría alimentos. Sin embargo, después de la resurrección su vida será espiritual y no los necesitará. Para demostrarlo, hay que tener presente que el alma racional es alma y espíritu. Se dice que es alma por lo que tiene de común con la de los animales: dar vida al cuerpo. Por eso se dice en Gén 2,7: *Así fue el hombre ser animado.* Esto es, con cuerpo dotado de vida. Pero es también espíritu por lo que tiene de propio y no común con los demás animales, esto es, su potencia intelectiva inmaterial.

Así, pues, en el primer estado, el alma racional comunicaba al cuerpo lo que le era común; así, el cuerpo es llamado *animal,* esto es, en cuanto que tiene la vida por el alma. El primer principio de vida en los seres inferiores es el alma vegetativa, como se dice en el libro *De anima*[5], a la que le compete alimentarse, engendrar y desarrollarse. Por lo tanto, estas cosas se daban en el hombre en el primer estado. Pero en el último estado, después de la resurrección, el alma hará que redunde en el cuerpo lo que le es peculiar como espíritu: la inmortalidad en todos; la impasibilidad, la gloria y la virtud en los buenos, cuyos cuerpos serán llamados *espirituales* (cf. 1 Cor 15,44). Después de la resurrección, por lo tanto, los hombres no necesitarán alimentarse; pero en el estado de inocencia, sí lo necesitaban.

Respuesta a las objeciones: 1. *A la*

4. Cf. ARISTÓTELES, *De An.* 1.3 c.4 n.2 (BK 429a13): S. Th. lect.7 n.675.   5. ARISTÓTELES, 1.2 c.4 n.2 (BK 415a23): S. Th. lect.7 n.309.

primera hay que decir: Dice Agustín en *De quaest. Vet. et Nov. Test.*[6]: *¿Cómo podía ser inmortal lo que necesitaba alimentarse? Pues lo inmortal no come ni bebe.* Ya dijimos (a.1) que la inmortalidad del primer hombre en aquel primer estado estaba sobreañadida como fuerza sobrenatural, y no como disposición inherente al cuerpo. Así, el calor podría consumir parte de la humedad de aquel cuerpo; y para que no se consumiera totalmente era necesario suplirla alimentándose.

2. *A la segunda hay que decir:* En la nutrición hay una cierta pasión o alteración por parte del alimento al convertirse en sustancia del que lo toma. Pero de aquí no se deduce que el cuerpo del hombre fuera pasible, sino que lo era el alimento. Aun cuando tal pasión fuera para perfección de la naturaleza.

3. *A la tercera hay que decir:* Si el hombre no se alimentara, pecaría, como pecó tomando el alimento prohibido. Pues en un mismo mandato recibió la orden de alimentarse de todo árbol del Paraíso y de abstenerse del de la ciencia del bien y del mal.

4. *A la cuarta hay que decir:* Algunos opinan que el hombre en el estado de inocencia sólo tomaba el alimento necesario, por lo cual no le sobraba nada. Pero parece poco razonable que en la comida no hubiera nada, ni siquiera algún poso indigerible. Era necesario echar los residuos. Pero incluso esto estaba divinamente dispuesto, de forma que no resultaba indecente.

ARTÍCULO 4

El hombre en estado de inocencia, ¿hubiera o no hubiera alcanzado la inmortalidad por el árbol de la vida?

In Sent. 1.2 d.19 a.4; *De Malo* q.5 a.5 ad 9.

Objeciones por las que parece que el árbol de la vida no podía ser causa de inmortalidad:

1. Nada puede producir un efecto que exceda su causa. Ahora bien, el árbol de la vida era corruptible, como lo muestra su virtud de alimentar, que es una mutación sustancial, como dijimos

(a.3 ad 2). Por lo tanto, no podía causar la incorruptibilidad.

2. Más aún. Los efectos causados por las potencias vegetativas o de cualquier otro ser natural, son naturales. Por lo tanto, si el árbol de la vida causase la inmortalidad, ésta sería natural.

3. Todavía más. Esto renueva las antiguas fábulas, ridiculizadas por el Filósofo en III *Metaphys.*[7], que atribuían la inmortalidad de los dioses a que comían cierto alimento.

En cambio está lo que se dice en Gén 3,22: *No vaya ahora a poner su mano en el árbol de la vida y, comiendo de él, viva para siempre.*

Más aún. Agustín, en *Quaest. Vet. et Nov. Test.*[8], dice: *El comer del árbol de la vida apartaba la corrupción del cuerpo. Incluso después del pecado hubiera podido ser incorruptible, si se le hubiera permitido volver a comer de él.*

Solución. *Hay que decir:* El árbol de la vida causaba tan sólo la inmortalidad en una cierta manera, no absolutamente. Para demostrarlo hay que tener presente que el hombre tenía dos remedios contra los dos siguientes defectos. El primero, la pérdida de humedad por efecto del calor natural, instrumento del alma. Esto lo remediaba el hombre comiendo de los otros árboles del Paraíso, del mismo modo que ahora nosotros nos alimentamos comiendo.

El segundo se debe a que, como dice el Filósofo en I *De generat.*[9], cuando se añade algo extraño a una cosa húmeda, ésta pierde parte de su virtud activa. Ejemplo: el agua añadida al vino toma el sabor de éste. Pero si la cantidad aumenta, disminuye la fuerza del vino y acaba por aguarse. Así, pues, vemos que, en un principio, la fuerza activa de la especie es tan vigorosa, que no sólo transforma el alimento necesario para restaurar las fuerzas perdidas, sino también para el crecimiento. Después, el alimento sumido sólo da para restaurar las fuerzas perdidas; finalmente, en la vejez, ni siquiera para esto, llegando así la decrepitud y la disolución natural del cuerpo. Contra este defecto se fortalecía el hombre con el árbol de la vida, que ro-

6. Cf. AMBROSIASTER, p.1.ª q.19: ML 35,2227.   7. ARISTÓTELES, 1.2 c.4 n.12 (BK 1000a12): S. Th. 1.3 lect.11 n.468.   8. Cf. AMBROSIASTER, l.c. n.6.   9. ARISTÓTELES, c.5 n.18 (BK 322a28): S. Th. lect.17 n.6.

bustecía el vigor de la especie contra el desgaste originado por mezcla de cosas extrañas. Por eso, Agustín, en XIV *De Civ. Dei* [10], dice: *Tenía a mano la comida, para que no tuviese hambre; la bebida, para que no tuviese sed; y el árbol de la vida para que no le aniquilara la vejez.* Y en el libro *De quaest. Vet. et Nov. Test.* [11] dice: *El árbol de la vida infundía la incorrupción a los hombres como una medicina.*

Pero esta inmortalidad no era absoluta, pues la virtud que redundaba del alma en el cuerpo no provenía del árbol de la vida, ni éste podía dar al cuerpo una inmortalidad perpetua. La virtud de cualquier cuerpo es finita; por eso, la virtud del árbol de la vida no podía hacer durar al cuerpo infinitamente en el tiempo, sino sólo determinado tiempo. Es evidente que, cuanto mayor es la virtud de algo, más perdurable es su efecto. Por lo tanto, si la virtud del árbol de la vida era finita, su gusto preservaba de la corrupción por un cierto tiempo. Acabado este tiempo, o el hombre hubiera sido trasladado a una vida espiritual, o de nuevo hubiese necesitado comer del árbol de la vida.

Respuesta a las objeciones: Está incluida en lo dicho, pues de las primeras objeciones se concluye que no causaba la absoluta incorruptibilidad; y de las otras, que la causaba impidiendo la corrupción del modo como acabamos de explicar (sol.).

CUESTIÓN 98

Sobre el estado del primer hombre. La conservación de la especie

Ahora hay que tratar lo referente a la conservación de la especie. Primero, la misma generación; segundo, la condición de la prole. La cuestión sobre el primer aspecto indicado, plantea y exige respuesta a dos problemas:

1. En el estado de inocencia, ¿habría habido, o no, generación?—
2. ¿Habría habido, o no, generación por coito?

ARTÍCULO 1

En el estado de inocencia, ¿habría habido, o no, generación?

In Sent. 1.2 d.20 q.1 a.1.

Objeciones por las que parece que en el estado de inocencia no habría habido generación:

1. Se dice en V *Physic.* [1]: *La generación es contraria a la corrupción.* Lo contrario lo es sobre lo mismo. En el estado de inocencia no habría habido corrupción. Por lo tanto, tampoco generación.

2. Más aún. La generación está ordenada a conservar en la especie lo que individualmente no puede conservarse. Así, en los seres eternos no hay generación. Pero en el estado de inocencia el hombre hubiese vivido perpetuamente. Por lo tanto, en el estado de inocencia no hacía falta generación.

3. Todavía más. Por la generación se multiplican los hombres. Multiplicados los dueños, es necesario dividir las posesiones para distinguir lo que es propio de cada uno. Por lo tanto, habiendo sido constituido el hombre como señor de los animales, una vez multiplicados los hombres, se seguiría la división del dominio. Pero esto parece ir en contra del derecho natural por el que todas las cosas son comunes, como dice Isidoro [2]. Por lo tanto, en el estado de inocencia no habría generación.

En cambio está lo que se dice en Gén 1,28: *Creced, multiplicaos, llenad la tierra.* Esta multiplicación no puede hacerse más que por generación, supuesto que en un principio sólo fueran creados

---

10. C.16: ML 41,434.   11. Cf. AMBROSIASTER, l.c. n.6 y 8.

1. ARISTÓTELES, c.5 n.6 (BK 229b12): S. Th. lect.8   n.11.   2. *Etymol.* l.5 c.4: ML 82,199.

dos. Por lo tanto, en el primer estado habría generación.

Solución. *Hay que decir:* En el estado de inocencia habría generación que multiplicase los hombres. De no ser así, el pecado del hombre hubiera sido muy necesario como medio para alcanzar un gran bien. Hay que tener en cuenta que el hombre, por naturaleza, es algo intermedio entre lo corruptible y lo incorruptible, ya que su alma, por naturaleza, es incorruptible, y el cuerpo corruptible. La naturaleza tiende siempre a lo que continuamente es algo esencial a ella. Pero a lo que sólo tiende durante cierto tiempo no es algo primario en la naturaleza sino subordinado a otro. En caso contrario, su desaparición supondría la desaparición de la intención de la naturaleza. Y porque en los seres corruptibles sólo la especie perdura siempre y continuamente, en éstos el bien de la especie, a cuya conservación se ordena la generación, es el fin principal de la naturaleza. Por el contrario, las sustancias incorruptibles permanecen siempre específica e individualmente. Por lo cual, en ellas, la conservación de los individuos constituye también el fin principal de la naturaleza.

Así, pues, al hombre le corresponde la generación en su parte corporal, que, en cuanto tal, es corruptible. Por parte del alma, que es incorruptible, corresponde a su naturaleza —o mejor, al Autor de la naturaleza, único creador de las almas— el intento de multiplicar los individuos. Así, estableció la generación, incluso en el estado de inocencia, para multiplicar el género humano.

Respuesta a las objeciones: 1. *A la primera hay que decir:* El cuerpo del hombre en el estado de inocencia era corruptible. El alma lo preservaba de la corrupción. Por lo tanto, al hombre no había por qué quitarle la generación, propia de lo que es corruptible.

2. *A la segunda hay que decir:* Aun cuando la generación en el estado de inocencia no tuviera por fin la conservación de la especie, tendría la multiplicación del individuo.

3. *A la tercera hay que decir:* En nuestro estado, al aumentar los dueños se di-

viden las posesiones, pues la comunidad de posesión origina la discordia, como dice el Filósofo en II *Politic.*[3] Pero en el estado de inocencia estaban de tal modo armonizadas las voluntades de los hombres, que cada uno hubiese tomado del bien común lo que le correspondía sin peligro alguno de discordia. Y esto también se puede ver ahora entre hombres honestos.

ARTÍCULO 2
En el estado de inocencia, ¿habría habido, o no, generación por coito?

In Sent. 1.2 d.20 q.1 a.2; *Cont. Gentes* 3,126.

Objeciones por las que parece que en el estado de inocencia no habría habido generación por coito:

1. El Damasceno[4] pinta al primer hombre en el Paraíso *como otro ángel.* Pero en el estado futuro de la resurrección, cuando los hombres serán semejantes a los ángeles, *ni se casarán ni se darán en casamiento,* como se dice en Mt 22,30. Por lo tanto, tampoco en el Paraíso habría habido generación por coito.

2. Más aún. Los primeros padres fueron creados en edad adulta. Así, pues, si la generación antes del pecado hubiera sido por coito, hubiesen estado unidos carnalmente en el Paraíso. Esto es falso, por la misma Escritura (Gén 4,1).

3. Todavía más. Debido al alto grado de placer que hay en este acto, el hombre es comparado a los animales; por eso se alaba la continencia. Pero el hombre es comparado a los animales por el pecado, según aquello del Sal 48,21: *El hombre, aun puesto en suma dignidad, no entiende. Es semejante a los animales.* Por lo tanto, antes del pecado no habría habido unión carnal del hombre y la mujer.

4. Por último. En el estado de inocencia no había corrupción. Por el coito se corrompe la integridad virginal. Por lo tanto, el coito no habría existido en el estado de inocencia.

En cambio está el hecho de que Dios antes del pecado hizo al hombre y a la mujer, como se dice en Gén 1,27 y 2,22. Dios no hace nada en vano. Por lo tan-

---

3. ARISTÓTELES, c.2 n.3 (BK 1263a21): S. Th. lect.4.   4. *De Fide Orth.* 1.2 c.11: MG 94,916.

to, si el hombre no hubiese pecado, también habría habido coito al que se ordena la diferencia de sexos,

Más aún. En Gén 2,18-20 se dice que la mujer ha sido creada para ayuda del varón, Y no podría serlo más que para la generación, porque para cualquier otra cosa le sería más útil la ayuda de un hombre que la de la mujer. Por lo tanto, también en el estado de inocencia hubo generación por coito.

Solución. *Hay que decir:* Algunos antiguos doctores[5], atendiendo a la fealdad de concupiscencia que conlleva este acto en la vida terrena, dijeron que en el estado de inocencia no habría generación por coito. Por eso Gregorio de Nisa, en el libro titulado *De Homine*[6], dice que en el Paraíso el género humano se hubiese multiplicado sin unión carnal, como los ángeles se multiplicaron por obra del poder divino. Añade que Dios creó macho y hembra en el primer estado previendo el modo de generación que habría de darse después del pecado.

Pero esto no es razonable. Lo que es natural en el hombre ni se le añade ni se le retira por el pecado. Como dijimos anteriormente (q.97 a.3), es evidente que el engendrar por coito es propio de la naturaleza animal del hombre, como lo es de los demás animales perfectos. Esto lo dejan al descubierto los miembros naturales destinados para tal efecto, que no hay por qué afirmar que no tuviesen su función propia antes del pecado, como la tenían los demás miembros.

En el coito en el estado actual terreno hay dos aspectos. 1) *Uno,* propio, que es la unión del hombre y de la mujer para engendrar. En toda generación se requiere un principio activo y otro pasivo. Ya que en todos los seres con distinción de sexos el principio activo está en el macho y el pasivo en la hembra, la mis-

ma naturaleza exige la unión de ambos para engendrar. 2) El *otro* aspecto que se puede considerar es la deformidad de una concupiscencia desenfrenada, que no existiría en el estado de inocencia, por estar allí sometidas, las facultades inferiores a las superiores. Por eso Agustín, en XIV *De Civ. Dei*[7], dice: *Lejos de nosotros sospechar que no pudieran engendrar sus hijos sin intervención libidinosa. Pero esos miembros, como los demás, se movían sometidos en todo a la voluntad: sin ardor, sin provocación, con el espíritu sosegado, con el cuerpo relajado*[a].

Respuesta a las objeciones: 1. *A la primera hay que decir:* El hombre en el Paraíso se asemejaba a los ángeles en su inteligencia espiritual, pero tenía además un cuerpo material con vida animal. Sólo después de la resurrección el hombre será semejante al ángel en alma y en cuerpo. Por lo tanto, no hay paridad.

2. *A la segunda hay que decir:* Como dice Agustín en IX *Super Gen. ad litt.*[8], los primeros padres en el Paraíso no tuvieron unión sexual, porque después de ser formada la mujer fueron arrojados del Paraíso por su pecado; o también porque esperaban la fijación del tiempo para la unión, cuyo mandato general ya tenían.

3. *A la tercera hay que decir:* Los animales carecen de razón. Y el hombre en el coito se compara a los animales en que no puede moderar el deleite del acto ni el impulso de la concupiscencia. Pero en el estado de inocencia no habría nada que no estuviese moderado según la recta razón, lo cual no quiere decir, como afirman algunos[9], que no hubiese deleite sensible, pues la intensidad de éste es tanto mayor cuanto lo es la condición natural y la sensibilidad corporal; sino que el apetito no produciría de un modo

5. Cf. GREGORIO DE NISA, *De Hom. Opif.* c.17: MG 44,189; JUAN CRISÓSTOMO, *In Gen.* hom.16: MG 53,126. 6. *De Hom, Opif.* c.17: MG 44,189. 7. C.26: ML 41,434 8. C.4: ML 34,395. 9. Cf. S. BUENAVENTURA, *In Sent.* l.2 d.20 q.3 (QR II,481).

a. Según S. Agustín el cuerpo le servía a Adán en el paraíso de puro ornato y como instrumento para comunicarse con el mundo exterior. En su opinión, la «concupiscencia» del hombre, su libido, procede del pecado; de ahí que ahora no se encuentre sujeta a los impulsos de la voluntad, y su exclusión en el paraíso. Si el cuerpo de Adán en el paraíso era, a semejanza de los ángeles, un cuerpo «espiritual», también la copulación, según S. Agustín, habría de tener un carácter «espiritual» (cf. D. COVI, *Valor y finalidad del sexo según S. Agustín. La ética sexual en el paraíso según S. Agustín:* Augustinus 18 [1973] 4-21).

tan desordenado el deleite. Esto estaría regulado por la razón, la cual no lo disminuye, pero sí impide que el deleite esté sólo a merced de un inmoderado apetito. Entiendo por *inmoderado* lo que se escapa al control de la razón. Ejemplo: el sobrio no percibe un deleite menor que el goloso al comer moderadamente; pero su concupiscencia no se detiene en este deleite. Esto es lo que indican las palabras de Agustín[10], quien no excluye los placeres en el estado de inocencia, pero sí el ardor de la sensualidad y el desasosiego de ánimo. Por eso la continencia en el estado de inocencia no sería virtud, pues, si ahora se la alaba, no es

como abstinencia, sino como liberación de una libido desordenada. Pero entonces la fecundación se hacía sin libido.

4. *A la cuarta hay que decir:* Dice Agustín en XIV *De Civ. Dei*[11]*:* En aquel estado, *la unión sexual no corrompería la integridad corporal. La introducción del semen en el útero podría hacerse sin romper el himen de la mujer, como también ahora la mujer, durante la menstruación, echa sangre sin corromper su integridad genital. Así, el parto no iría acompañado de gemidos dolorosos, sino por una relajación de las vísceras femeninas. Tampoco impulsaría a concebir el apetito libidinoso, sino el uso voluntario de unir ambas naturalezas.*

CUESTIÓN 99

Sobre la condición de la prole. El cuerpo

Ahora hay que tratar lo referente a la condición de la prole. 1) El cuerpo; 2) la justicia; 3) la ciencia.

La cuestión referente al cuerpo plantea y exige respuesta a dos problemas:

1. En el estado de inocencia, los niños, nada más ser engendrados, ¿tenían o no tenían toda la perfección corporal en uso?—2. Todos los nacidos, ¿eran o no eran varones?

ARTÍCULO 1

En el estado de inocencia, los niños, al nacer, ¿tenían o no tenían toda la perfección corporal en uso?

In Sent. l.2 d.20 q.2 a.1; *De Verit.* q.18 a.8.

Objeciones por las que parece que en el estado de inocencia los niños nada más nacer disponían ya del uso de todos sus miembros:

1. Dice Agustín en el libro *De Bapt. Parvul.*[1]*: La debilidad corporal que vemos en los niños, es fiel reflejo de su debilidad mental.* Pero en el estado de inocencia no habría debilidad mental. Por lo tanto, tampoco habría debilidad corporal en los niños.

2. Más aún. Algunos animales, desde el momento que nacen, tienen el per-

fecto uso de sus miembros. Siendo el hombre superior a los animales, con mayor razón debe tener este dominio de sus miembros desde que nace. El no ser así parece consecuencia del pecado.

3. Todavía más. La imposibilidad de lograr algo que uno desea, aflige. Si los niños no tuvieran el poder de mover los miembros, con frecuencia se encontrarían en tal situación. No pudiendo existir la aflicción antes del pecado, se sigue que entonces los niños moverían los miembros a su voluntad.

4. Por último. Hay proporción entre los defectos de la vejez y los de la niñez. Como en el estado de inocencia no existían los defectos de la vejez, tampoco los de la niñez.

En cambio está el hecho de que todo lo engendrado, antes de perfeccionarse,

10. *De Civ. Dei.* l.14 c.26: ML 41,434.   11. C.26: ML 41,434.
1. L.1 c.38: ML 44,150.

es imperfecto. Como los niños en el estado de inocencia venían a la existencia por generación, se sigue que comenzaban siendo imperfectos en la talla y en fuerzas.

Solución. *Hay que decir:* Lo que sobrepasa la naturaleza sólo la fe lo alcanza; lo que creemos, a la autoridad lo debemos. Por eso, en todas nuestras afirmaciones debemos atender a la naturaleza de las cosas, menos en lo que ha sido transmitido por autoridad divina, que es lo que sobrepasa la naturaleza. Evidentemente, es natural, por radicar en los principios de la naturaleza humana, que los niños al nacer no tengan pleno dominio de sus miembros, pues los hombres tienen un cerebro mayor que los demás animales, proporcionado a su cuerpo. Por eso es natural que, debido a la alta humedad del cerebro infantil, los nervios, instrumentos del movimiento, no muevan con flexibilidad los miembros. Por otra parte, ningún católico duda de que Dios puede hacer que los niños desde su nacimiento tengan pleno dominio de sus miembros. Pero consta por la autoridad de la Escritura (Ecl 7,30) que *Dios hizo al hombre recto.* Esta rectitud consiste, como dice Agustín[2], en la perfecta sujeción del cuerpo al alma. Por lo tanto, así como en el primer estado no podría haber en los miembros del hombre algo que fuera incompatible con la voluntad del hombre, tampoco de sus miembros podían venir impedimentos a la voluntad. La voluntad es ordenada cuando tiende a actos proporcionados a ella, que van cambiando según la edad. Por lo tanto, los niños al nacer no tenían poder para toda clase de movimientos, sino sólo para los proporcionados a su edad, como con el mamar.

Respuesta a las objeciones: 1. *A la primera hay que decir:* Agustín habla de la debilidad actual de los niños, incluso en lo que se refiere a actos proporcionados a su edad, como se ve por las palabras que antepone[3]: *Aun delante del pecho de la madre les es más fácil llorar que mamar.*

2. *A la segunda, hay que decir:* El que ciertos animales desde el momento que nacen dominen sus miembros, no se debe a su dignidad, pues animales más

perfectos no tienen esto; sino que se debe a la sequedad de su cerebro o a que sus actos son tan imperfectos que les basta con una pequeña virtualidad,

3. *A la tercera hay que decir:* Resulta evidente por lo dicho sobre el cuerpo. También puede decirse que no desearían nada que no fuera conforme a su estado.

4. *A la cuarta hay que decir:* El hombre en el estado de inocencia nacería, pero no moriría. Y así, en aquel estado podrían darse las imperfecciones anejas a la generación, pero no las de la vejez, que acercan a la muerte.

ARTÍCULO 2

En el primer estado, ¿hubo o no hubo mujeres?

In Sent. 1.2 d.20 q.2 a.1 ad.1.2.

Objeciones por las que parece que en el primer estado no hubo mujeres:

1. El Filósofo, en II *De Generat. Animal.* [4] dice: *La mujer es un varón frustrado,* como indicando que su aparición se debe a un defecto de la naturaleza. Pero en aquel estado nada antinatural habría en la generación del hombre. Por lo tanto, no habrían nacido mujeres.

2. Más aún. Todo agente engendra algo semejante a sí mismo a no ser que esté impedido por falta de capacidad, o por indisposición en la materia. Ejemplo: una pequeña llama no hace arder madera verde. En la generación, la virtud activa es del varón. Así, pues, como en estado de inocencia no cabía imperfección en la virtud activa del varón ni indisposición de la materia femenina, parece que siempre nacerían varones.

3. Todavía más. En el estado de inocencia, la generación era para multiplicar los hombres. Pero para esta multiplicación bastaban los primeros padres, que no habían de morir. Por lo tanto, no fue necesario que hubiera mujeres.

En cambio está el hecho de que la naturaleza engendraría del modo como la había creado Dios. Pero Dios instituyó en la naturaleza humana al hombre y a la mujer, como se dice en Gén 1,27 y 2,22. Por lo tanto, también así habrían sido engendrados los nuevos seres.

2. *De Civ. Dei* 1.13 c.13: ML 41,386. 737a27).

3. L.c. nota 1.   4. ARISTÓTELES, c.3 (BK

Solución. *Hay que decir:* Nada de lo que se refiere a la perfección humana faltaba en aquel estado de inocencia. Así, como a la perfección del universo contribuyen los diversos grados de cosas, así también la diversidad de sexos acrecienta la perfección de la naturaleza humana. Por lo tanto, en el estado de inocencia nacerían ambos sexos.

Respuesta a las objeciones: 1. *A la primera hay que decir:* La mujer es *varón frustrado* porque no está dentro del proyecto de la naturaleza particular, pero sí de la universal, como dijimos anteriormente (q.92 a.1 ad 1).

2. *A la segunda hay que decir:* La generación de la mujer no proviene sólo del defecto de capacidad activa ni de indisposición de la materia, como se obje-

ta. Sino también de algo extrínseco. Pues, como dice el Filósofo en el libro *De animalibus*[5]: *El viento septentrional favorece la generación masculina y el austral la femenina.* A veces también por los pensamientos del alma, a los que fácilmente se adapta el cuerpo. Esto tenía gran probabilidad de ser así en el estado de inocencia, en el que el cuerpo estaba más sometido al alma; esto es, el sexo en la prole lo establecería la voluntad del progenitor.

3. *A la tercera hay que decir:* La prole sería engendrada con vida animal y por consiguiente, con posibilidad de alimentarse y de engendrar. Por eso convenía que todos engendrasen y no sólo los primeros padres. Para ello parece que habrían sido engendrados tantos hombres como mujeres.

CUESTIÓN 100

Sobre la condición de la prole. La justicia

Ahora hay que tratar lo referente a la prole en lo que respecta a la justicia. Esta cuestión plantea y exige respuesta a dos problemas:

1. Los hombres, ¿nacieron o no nacieron justos?—2. ¿Iban o no iban a nacer confirmados en justicia?

ARTÍCULO 1

Los hombres, ¿nacerían o no nacerían justos?

1-2 q.81 a.2; *In Sent.* l.2 d.20 q.2 a.3; *De Verit.* q.18 a.7; *De Modo* q.4 a.8.

Objeciones por las que parece que los hombres no nacerían justos:

1. Dice Hugo de San Víctor[1]: *El primer hombre, antes del pecado, engendraría hijos libres de pecado, pero no herederos de la justicia paterna.*

2. Más aún. La justicia lo es por la gracia, como dice el Apóstol en Rom 5,16.21. Pero la gracia no se traspasa, porque sería natural; sino que es infundida sólo por Dios. Por lo tanto, los niños no habrían nacido en justicia.

3. Todavía más. La justicia está en

el alma. Pero el alma no se traspasa. Por lo tanto, tampoco la justicia pasó de los padres a los hijos.

En cambio está lo que dice Anselmo en el libro *De Conceptu Virg.*[2]: *Si el hombre no pecara, junto con el alma racional sus hijos recibirían la justicia.*

Solución. *Hay que decir:* Por naturaleza, el hombre engendra un ser semejante según la especie. Por lo tanto, en todos los accidentes que derivan de la naturaleza de la especie, es necesario que los hijos se asemejen a los padres, si no hay defecto en la acción natural, defecto que no se daría en aquel estado de inocencia. Sólo en los accidentes individuales no es necesario que los hijos se asemejen a los padres. La justicia original, en la que fue creado el primer hombre, era un accidente de la

5. ARISTÓTELES, *Hist. Anim.* l.6 c.19 n.2 (BK 574a1).

1. *De Sacram.* l.1 p.6.ª c.24: ML 176,278.   2. C.10: ML 158,444.

naturaleza de la especie, no causado por los principios de la especie, sino por un don infundido por Dios a toda la naturaleza. Esto es evidente, porque las cosas opuestas están en un mismo género, y se dice que el pecado original, como opuesto a la justicia original, es un pecado de naturaleza. Por eso pasa de padres a hijos. Por lo mismo, también se transmitiría la justicia original.

Respuesta a las objeciones: 1. *A la primera hay que decir:* Lo dicho por Hugo hay que entenderlo no en cuanto referido al hábito de la justicia, sino a la acción.

2. *A la segunda hay que decir:* Algunos[3] sostienen que los niños no habrían nacido con la justicia gratuita, que es principio del mérito, sino con la original. Como la raíz de la justicia original en la que fue creado el hombre consiste en el sometimiento sobrenatural de la razón a Dios, que se tiene por la gracia santificante, hay que decir: Los niños habrían nacido en justicia y en gracia igual a la del primer hombre, que, como dijimos (q.95 a.1), fue creado en gracia. Sin embargo, no puede deducirse que la gracia fuese natural, ya que no era producida por la generación, sino infundida al hombre junto con el alma racional. Al igual que, cuando el cuerpo está dispuesto, por creación Dios infunde directamente el alma.

3. *A la tercera hay que decir:* Está incluida, en lo dicho.

ARTÍCULO 2

En el estado de inocencia, los niños, ¿hubieran o no hubieran nacido confirmados en justicia?

In Sent. 1.2 d.20 q.2 a.3 ad 5.7; *De Malo* q.5 a.4 ad 8; *Quodl* 5 q.5 a.1.

Objeciones por las que parece que en el estado de inocencia los niños hubieran nacido confirmados en justicia:

1. Dice Gregorio en IV *Moral.*[4] comentando Job 3,13: *(Descansaría con mi sueño):* Si la caída del hombre no hubiera degradado a los primeros padres, no engendrarían hijos para el infierno, sino que sólo engendrarían a los que ahora han de ser salvados por

el Redentor. Por lo tanto, todos nacerían confirmados en justicia.

2. Más aún. Anselmo, en el libro *Cur Deus Homo*[5], dice: *Si los primeros padres no hubieran sucumbido a la tentación, serían confirmados, junto con su descendencia, para nunca poder pecar.* Por lo tanto, los niños nacerían confirmados en justicia.

3. Todavía más. El bien es más poderoso que el mal. Pero en el pecado del primer hombre había fuerza para arrastrar al pecado a todos sus descendientes. Por lo tanto, si el primer hombre se hubiera mantenido en la justicia, todos sus descendientes hubieran sido confirmados en justicia.

4. Por último. El ángel que vence la tentación, mientras otros caen, inmediatamente es confirmado en justicia para que ya no pudiese pecar. Por lo tanto, de modo semejante, el hombre, si hubiese vencido la tentación, sería confirmado. Pero tal como él era así engendraría a los demás. Por lo tanto, sus hijos nacerían confirmados en justicia.

En cambio está lo que dice Agustín en XIV *De Civ. Dei*[6]: *Cuán dichosa sería la sociedad humana si ni ellos,* esto es, los primeros padres, *hubieran cometido el mal que transmitieron a sus descendientes, ni tampoco descendiente alguno cometiera pecado por el que mereciera ser condenado.* Con eso se da a entender que, si los primeros hombres no hubieran pecado, alguno de sus descendientes hubiera podido pecar. Por lo tanto, no debieron nacer confirmados en gracia.

Solución. *Hay que decir:* No parece posible que los niños en estado de inocencia nacieran confirmados en justicia. Es evidente que los niños al nacer no poseerían una perfección superior a la de sus padres en el momento de engendrarlos. Y los padres, mientras engendrasen, no estarían confirmados en justicia, pues la criatura racional se dice que está confirmada en justicia cuando alcanza la bienaventuranza en la visión clara de Dios, a quien, al ser bondad por esencia, no puede rechazarse, ya que todo cuanto se desea y se ama es en orden a esta suma verdad. Pero estamos hablando según la ley general, porque, por un privilegio

3. Cf. ALEJANDRO DE HALES, *Summa Theol.* 1-2 n.499 (QR 11,712).   4. C.31: ML 75,671.   5. L.1 c.18: ML 158,387.   6. C.10: ML 41,47.

especial, como la fe enseña de la Virgen María, puede suceder lo contrario, y tan pronto como Adán alcanzase la bienaventuranza en la visión de Dios, vendría a ser espiritual en inteligencia y cuerpo, acabando así su vida animal y, con ella, la generación. Por eso, es evidente que los niños no nacerían confirmados en justicia.

Respuesta a las objeciones: 1. *A la primera hay que decir:* Si Adán no hubiera pecado no habría engendrado hijos para el infierno, es decir, nadie contraería su pecado, causa del infierno. Pero podrían llegar allí si usasen mal su libertad. Puede también contestarse que, aun cuando no fuesen condenados al infierno por el pecado, no se debería a estar confirmados en gracia, sino a una especial providencia que los guardaría inmunes de pecado.

2. *A la segunda hay que decir:* Lo que dice Anselmo no es una afirmación, sino una opinión. Esto lo prueba su mismo modo de hablar cuando dice[7]: *Parece que, si no hubieran sucumbido,* etc.

3. *A la tercera hay que decir:* Este argumento no es resolutivo, aun cuando moviera a Anselmo a afirmar tal cosa, como aparece en sus palabras. Los descendientes de los primeros padres no son arrastrados de tal modo al pecado que no puedan volver a la justicia. Esto es propio de los condenados. Por eso tampoco transmitirían una tal necesidad de no pecar que les hiciera absolutamente impecables. Esto es propio de los bienaventurados.

4. *A la cuarta hay que decir:* No vale el símil del hombre y del ángel. El hombre tiene libre albedrío, mutable antes de la elección y después de ella. Pero no es el caso de los ángeles, como dijimos anteriormente al estudiarlos (q.64 a.2).

CUESTIÓN 101

Sobre la condición de la prole. La ciencia

Ahora hay que tratar lo referente a la condición de la prole en lo que respecta a la ciencia. Esta cuestión plantea y exige respuesta a dos problemas:

1. Los niños, ¿nacían o no nacían perfectos en ciencia?—2. Inmediatamente después de nacer, ¿tenían o no tenían uso de razón?

ARTÍCULO 1

Los niños, ¿nacían o no nacían perfectos en ciencia?

In Sent. l.2 d.23 q.2 a.2; *De Verit.* q.18 a.7.

Objeciones por las que parece que en el estado de inocencia los niños nacían en estado perfecto de ciencia:

1. Tal como fue Adán, así habría engendrado a los hijos. Pero Adán tuvo la plenitud de la ciencia, como dijimos anteriormente (q.94 a.3). Por lo tanto, sus hijos nacerían en plenitud de ciencia.

2. Más aún. La ignorancia está causada por el pecado, como dice Beda[1]. Pero la ignorancia es una privación de la ciencia. Por lo tanto, antes del pecado los niños al nacer tendrían la plenitud de la ciencia.

3. Todavía más. Los niños nada más nacer poseían la justicia. Pero para la justicia se precisa la ciencia que regula la acción. Por lo tanto, tendrían la ciencia.

En cambio está el hecho de que nuestra alma, por naturaleza, es como *una tablilla en la que no hay nada escrito,* como se dice en III *De Anima*[2]. Pero la naturaleza del alma es la misma ahora que entonces. Por lo tanto, las almas de

7. L.c. nota 5.

1. BEDA, *In Luc.* 10,30: ML 92,469; cf. *Glossa ordin.* a Lc 10,30 (V,153A). Cf. 1-2 q.85 a.1.3. 2. ARISTÓTELES, c.4 n.11 (BK 430a1): S. Th. lect.9 n.722.

los niños al principio carecerían de ciencia.

Solución. *Hay que decir:* Como dijimos anteriormente (q.99 a.1), lo que sobrepasa la naturaleza es creído por razón de autoridad. Donde falta la autoridad debemos seguir el orden natural. En el orden natural del hombre está el que adquiera la ciencia por medio de los sentidos, como ya dijimos (q.55 a.2; q.84 a.7). Por eso el alma se une al cuerpo, porque lo necesita para su propia operación. No lo necesitaría si, desde el principio, tuviera ciencia infusa. Por lo tanto, hay que decir: En el estado de inocencia, los niños no habrían nacido con la plenitud de ciencia, sino que la iban aprendiendo con la propia experiencia o con la ajena a lo largo del tiempo y sin dificultad, preguntando y averiguando.

Respuesta a las objeciones: 1. *A la primera hay que decir:* Ser perfecto en ciencia fue algo peculiar del primer padre, en cuanto que había sido instituido como padre e instructor de todo el género humano. En este sentido, no engendraba hijos semejantes a sí mismo, sino sólo semejantes en aquello natural o gratuito propio de toda naturaleza.

2. *A la segunda hay que decir:* La ignorancia es una privación de la ciencia que se debe tener en un determinado tiempo. En este sentido no había ignorancia en los niños al nacer, pues conocían todo lo que correspondía a su estado. Por eso en ellos no hubo ignorancia, sino sólo desconocimiento de algunas cosas. Este desconocimiento, Dionisio en c.7 *Cael. hier.*[3], lo pone también en los ángeles.

3. *A la tercera hay que decir:* Los niños tendrían la suficiente ciencia para obrar conforme a la justicia en aquello que los hombres hacen conforme con los principios universales del derecho. Y la tendrían más plenamente que nosotros ahora. Lo mismo cabe decir de otros principios universales.

ARTÍCULO 2

Nada más nacer, los niños, ¿tenían o no tenían uso de razón?

In Sent. 1.2 d.20 q.2 a.2; *De Verit.* q.18 a.8.

Objeciones por las que parece que en el estado de inocencia los niños, nada más nacer, ya tenían uso de razón:

1. El que ahora los niños no nazcan con este perfecto uso de razón, se debe a que el alma está sobrecargada por el cuerpo. Esto no sucedería entonces, porque, como se dice en Sab 9,15: *El cuerpo corruptible sobrecarga el alma.* Por lo tanto, antes del pecado y de la corrupción que de él se derivó, los niños, al nacer, tendrían el perfecto uso de la razón.

2. Más aún. Hay animales que desde el momento en que nacen realizan actos que requieren cierta destreza. Ejemplo: el cordero huye del lobo. Por lo tanto, con mayor razón, en el estado de inocencia los hombres tendrían al nacer perfecto uso de razón.

En cambio está el hecho de que en todo lo producido, la naturaleza pasa de lo imperfecto a lo perfecto. Por lo tanto, los niños, al principio, no tendrían perfecto uso de razón.

Solución. *Hay que decir:* Partiendo de lo ya dicho (q.84 a.7), el uso de la razón depende en cierto modo de las potencias sensitivas. Si el sentido está impedido, e impedidas también las potencias sensitivas internas, el hombre no tiene perfecto uso de razón. Es el caso de los que duermen o de los locos. Las potencias sensitivas son orgánicas. Por eso, los actos y también el uso de la razón quedan impedidos si los órganos están imposibilitados. En los niños este impedimento se da por la excesiva humedad cerebral. Por lo tanto, en ellos no se da el perfecto uso de razón, como tampoco de los demás miembros. Esto mismo sucedería en el estado de inocencia, en el que los niños no tendrían igual uso de razón que los maduros. Pero lo tendrían más perfecto que ahora en lo que era propio de aquel estado, como dijimos con respecto al dominio de los miembros (q.99 a.1).

Respuesta a las objeciones: 1. *A la primera hay que decir:* Ese gravamen que ejerce el cuerpo corruptible afecta al uso de la razón, propio de cada edad.

2. *A la segunda hay que decir:* También otros animales adquieren con el tiempo sus propias habilidades naturales.

3. § 3: MG 3,209.

Ejemplo: las aves enseñan a volar a sus polluelos. Esto mismo puede decirse de otro género de animales. Sin embargo, en el hombre hay un especial impedimento debido a su excesiva humedad cerebral, como acabamos de indicar (sol.).

CUESTIÓN 102

Sobre el Paraíso, lugar del hombre

Ahora hay que tratar lo referente al Paraíso como lugar del hombre. Esta cuestión plantea y exige respuesta a cuatro problemas:
1. El Paraíso, ¿es o no es un lugar corpóreo?—2. ¿Es o no es un lugar adecuado para ser habitado por el hombre?—3. ¿Para qué fue puesto el hombre en el Paraíso?—4. ¿Debió o no debió ser hecho en el Paraíso?

ARTÍCULO 1

El Paraíso, ¿es o no es un lugar corpóreo?

In Sent. 1.2 d.17 q.3 a.2.

Objeciones por las que parece que el Paraíso no es un lugar corpóreo:
1. Dice Beda[1]: *El Paraíso llega hasta el círculo lunar.* Pero ningún lugar terreno puede ser así; ya porque iría contra la naturaleza de la tierra el que se elevase tanto, ya porque bajo la esfera lunar está la región de fuego, que consumiría la tierra. Por lo tanto, el Paraíso no es un lugar corpóreo.
2. Más aún. La Escritura, en Gén 2,10ss., menciona los cuatro ríos que nacen en el Paraíso. Los ríos que allí se mencionan, tienen su origen en otras regiones, como aparece también indicado por el Filósofo en el libro *Meteor.*[2]. Por lo tanto, el Paraíso no es un lugar corpóreo.
3. Todavía más. Algunos[3] exploraron minuciosamente todos los lugares de la tierra habitable, y, sin embargo, no mencionan para nada un lugar llamado *Paraíso.* Por lo tanto, no parece que sea un lugar corpóreo.
4. Y también. En Gén 2,9 se nos describe cómo en el Paraíso estaba el árbol de la vida. Pero el árbol de la vida es algo espiritual. Pues se dice en Prov 3,18, a propósito de la Sabiduría: *Es ár-*

bol de vida para quien la alcanza. Por lo tanto, el Paraíso no es un lugar corpóreo, sino espiritual.
5. Por último. Si el Paraíso es un lugar corporal, es necesario que los árboles del Paraíso también lo sean. Pero parece que no es así, ya que los árboles corpóreos fueron producidos el tercer día, y, tal como se lee en Gén 2,8-9, los árboles del Paraíso fueron plantados después de la obra de los seis días. Por lo tanto, el Paraíso no es un lugar corpóreo.

En cambio está lo que dice Agustín en VIII *Super Gen. ad litt.*[4]: *Hay tres opiniones bastante extendidas sobre el Paraíso: Una, sostenida por aquellos que sólo quieren entender el Paraíso como algo corporal. Otra, por aquellos que sólo lo quieren entender como algo espiritual. La tercera, y es la que más me agrada, la sostienen aquellos que lo toman en ambos sentidos.*

Solución. *Hay que decir:* Escribe Agustín en XIII *De Civ. Dei*[5]: *Las cosas que pueden ayudar a un conocimiento espiritual del Paraíso, sean bienvenidas, pero siempre que creamos que es cierta aquella historia que nos cuenta fielmente lo que pasó en realidad.* Lo que la Escritura cuenta del Paraíso, lo hace como narración histórica. Aquellas cosas que la Escritura nos transmite de esta forma, hay que admitir un fundamento histórico real, al que se le pueden añadir comentarios espiritua-

1. Cf. *Glossa ordin.* a Gen. 2,8 (I,36F); PEDRO LOMBARDO, *Sent.* 1.2 d.17 c.5 (QR 1,386).   2. ARISTÓTELES, 1.1 c.13 n.23 (BK 350b18): S. Th. lect.16 n.8.   3. Cf. referencias dadas por ALBERTO MAGNO, *De Nat. Locorum* tr.1 c.6 (BO 9,527).   4. C.1: ML 34,371.   5. C.21: ML 41,395.

les. Por lo tanto, el Paraíso, tal como escribe Isidoro en el libro *Etymol.*[6], *es un lugar situado en las regiones del Oriente y cuya palabra griega equivale en latín a Huerto.* Correctamente es colocado en el oriente, ya que hay que asignarle el lugar más digno de la tierra. Pues, según el Filósofo en II *De Caelo*[7], el oriente está a la derecha del cielo, y la derecha tiene más dignidad que la izquierda. Por lo tanto, fue conveniente que el Paraíso terrenal fuera situado por Dios en oriente.

Respuesta a las objeciones: 1. *A la primera hay que decir:* Si lo dicho por Beda se toma tal como suena, no es verdadero. Sin embargo, puede decirse que llega hasta la esfera lunar por cierta semejanza con lo agradable de aquel lugar, porque allí, como dice Isidoro[8], hay *equilibrio permanente del aire,* pareciéndose, de este modo, a los cuerpos celestes, en los que no hay altibajos. Sin embargo, si se hace una mención especial de la esfera lunar, se debe a que es el extremo del mundo celeste más cercano a nosotros, y, también, a que la luna es el cuerpo celeste más parecido a la tierra, puesto que tiene ciertas tinieblas nebulosas, que recuerdan la oscuridad. Algunos[9] dicen que el Paraíso llegaba hasta la esfera lunar, esto es, hasta la capa divisoria del aire, en donde se producen los vientos y las lluvias, porque a la luna se le asigna el poder de la evaporación. De ser así, aquel lugar no sería adecuado ni habitable, bien por su intemperie, bien por no ser idóneo para el hombre, como lo es el aire más cercano a nosotros.

2. A la segunda hay que decir: Como dice Agustín en VIII *Super Gen. ad litt.*[10]: *Puesto que el lugar del Paraíso es ya tan distante al conocimiento humano, hay que admitir que los ríos, cuyas fuentes desconocemos, se filtran bajo la tierra y, recorriendo largas distancias, surgen en otros lugares lejanos. Que esto sucede con algunas aguas, ¿quién lo ignora?*

3. A la tercera hay que decir: Aquel lugar nos es inaccesible debido quizás a los montes, o mares, o regiones muy ca-

lurosas que no pueden ser atravesadas. Por eso, los geógrafos no mencionaron este lugar.

4. A la cuarta hay que decir: El árbol de la vida es un árbol material, llamado así por su virtud de conservar la vida, como dijimos (q.97 a.4). Sin embargo, también tenía un sentido espiritual, como la piedra del desierto fue algo material, y, sin embargo, significó a Cristo (1 Cor 10,4). Igualmente, el árbol de la ciencia del bien y del mal fue un árbol material, llamado así por algo que iba a suceder. Pues el hombre, después de comer de aquel árbol, en el castigo que se le impuso aprendió a distinguir entre el bien de la obediencia y el mal de la infidelidad. Sin embargo, y como dicen algunos[11], también podía significar el libre albedrío.

5. A la quinta hay que decir: Según Agustín[12], en el tercer día fueron producidas las plantas, no en acto, sino seminalmente. Pero después de la obra de los seis días, fueron producidas en acto, tanto las del Paraíso como las demás. Siguiendo a otros santos[13], es necesario decir que todas las plantas fueron producidas en acto en el tercer día (q.69 a.2). También hay que incluir ahí los árboles del Paraíso. El hecho de que se vuelva a hablar de la plantación de los árboles del Paraíso más tarde, hay que entenderlo como una recapitulación de todo lo dicho. Por eso, nuestro texto dice (v.8): *Desde el principio, el Señor Dios había plantado el Paraíso del gozo.*

ARTÍCULO 2

El Paraíso, ¿fue o no fue un lugar adecuado para ser habitado por el hombre?

In Sent. 1.2 d.29 a.5; *Compend, theol.* c.187.

Objeciones por las que parece que el Paraíso no fue un lugar adecuado para ser habitado por el hombre:

1. El hombre y el ángel están ordenados a la bienaventuranza de manera semejante. Pero el ángel, desde el mismo

6. L.14 c.3: ML 82,496.   7. ARISTÓTELES, c.2 n.9 (BK 285b16): S. Th. lect.3 n.12.   8. L.c. nota 6.   9. Cf. PEDRO LOMBARDO, *Sent.* 1.2 d.17 c.5 (QR 1,386); PEDRO COMESTOR, *Hist. Scholast.* 1. *Génesis* c.13: ML 198,1067.   10. C.7: ML 34,378.   11. Cf. S. AGUSTÍN, *De Civ. Dei* l.13 c.21: ML 41,395; BEDA, *In Pentat.* l.1: ML 91,208.   12. *De Gen. ad litt.* l.5 c.4: ML 34,324.   13. Cf. supra q.69 a.2.

instante de su creación, fue colocado en el lugar de los bienaventurados, esto es, en el cielo empíreo. Por lo tanto, también allí debió situarse el lugar para la vida del hombre.

2. Más aún. Si al hombre hay que darle algún lugar, o será en razón del alma o en razón del cuerpo. Si del alma, se le debe el cielo, pues allí parece tener su morada natural, ya que todos lo desean. Si del cuerpo, no se le debe un lugar distinto del de los animales. Por lo tanto, de ninguna manera el Paraíso fue el lugar adecuado para la vida del hombre.

3. Todavía más. Un lugar en el que nada hay, es inútil. Pero después del pecado, el Paraíso ya no es el lugar para la vida del hombre. Por lo tanto, si fuera un lugar apto para vivir los hombres, parece que Dios lo estableció inútilmente.

4. Por último. El hombre, por tener una complexión templada, necesita un lugar templado. Pero el Paraíso no era un lugar templado, pues se dice que se encontraba bajo el círculo del equinoccio [14], lugar muy cálido, ya que dos veces al año el sol pasa sobre las cabezas de sus habitantes [15]. Por lo tanto, el Paraíso no es un lugar apto para la vida humana.

En cambio está lo que dice el Damasceno sobre el Paraíso: *Es una región divina, y digna morada de aquel que fue creado a imagen de Dios.*

Solución. *Hay que decir:* Como dijimos anteriormente (q.97 a.1), el hombre era incorruptible e inmortal, no porque su cuerpo tuviera la incorruptibilidad como algo connatural, sino como una cierta fuerza infundida en el alma para preservar el cuerpo de la corrupción. En el cuerpo, la corrupción puede deberse a algo interior y a algo exterior. Interiormente, porque se va secando, o por vejez, como dijimos anteriormente (q.97 a.4). A este tipo de corrupción el primer hombre podía hacer frente alimentándose. Entre lo que corrompe externamente, el primer lugar lo ocupa un ambiente destemplado. A esta corrupción se le hace frente con un buen clima. En el Pa-

raíso se encontraban ambas cosas, porque, como dice el Damasceno [16], *se trata de un lugar cuyo clima es templado y suave, el aire es puro; además, repleto siempre de plantas y cubierto de flores.* Por lo tanto, es evidente que el Paraíso es un lugar apto para la vida del hombre en el primer estado de inmortalidad.

Respuesta a las objeciones: 1. *A la primera hay que decir:* El cielo empíreo es el supremo lugar corpóreo, fuera de todo cambio. Con respecto a lo primero, es un lugar conveniente a los ángeles, porque, como dice Agustín en III *De Trin.* [17], *Dios gobierna las criaturas corporales por las espirituales.* Por eso era conveniente que la naturaleza espiritual fuera colocada, como presidiéndola, sobre la corporal. Con respecto a lo segundo, le conviene también al estado de bienaventuranza, que tiene suma estabilidad. Así pues, el lugar de la bienaventuranza se adapta a la naturaleza angélica. Por eso fue creada allí. Sin embargo, no se adapta al hombre en su naturaleza, ya que no le corresponde gobernar todo lo creado, sino que sólo le correspondería en razón de la bienaventuranza. Por eso no fue colocado desde el principio en el cielo empíreo, sino que aquél era el lugar donde iba a concedérsele la bienaventuranza final.

2. *A la segunda hay que decir:* Es irrisorio asignar un lugar corpóreo al alma, aunque, por cierta congruencia, a los seres incorpóreos se les asignan unos determinados lugares. Por lo tanto, el Paraíso terrenal era el lugar apropiado para el hombre en lo que se refiere a su alma y a su cuerpo, ya que en el alma estaba la fuerza de la incorrupción corporal. Esto no se aplicaba a los demás animales. Así, el Damasceno dice [18]: *En el Paraíso no habitaba ningún animal irracional. Si bien, y por cierta concesión divina, fueron llevados los animales ante Adán, y la serpiente también llegó por las artimañas del diablo.*

3. *A la tercera hay que decir:* Que allí no haya hombres viviendo después del pecado, no permite hablar de la inutilidad de su creación, como tampoco fue

14. Cf. ALBERTO MAGNO, *Summa de Creatur.* p.2.ª q.79 a.1 (BO 35,640): *In Sent.* l.2 d.17 a.4 (BO 27,304); S. BUENAVENTURA, *In Sent.* l.2 d.17 dub.3 (QR 11,427).   15. Cf. ALBERTO MAGNO, *De Nat. Locorum* tr.1 c.6 (BO 9,539).   16. *De Fide Orth.* l.2 c.11: MG 4,913.   17. C.4: ML 42,873.   18. *De Fide Orth.* l.2 c.11: MG 94,913.

superfluo el atributo de la inmortalidad que no se iba a conservar. Más bien lo que queda al descubierto es la bondad de Dios para con el hombre y cuánto el hombre perdió pecando. No obstante, se dice[19] que ahora Enoc y Elías habitan en el Paraíso.

4. *A la cuarta hay que decir:* Quienes sostienen que el Paraíso se encuentra bajo el círculo equinoccial, piensan que se trata de un lugar muy templado, debido a la constante igualdad de los días y de las noches. Además, porque el sol nunca se aleja demasiado de allí como para dejar paso al frío, ni tampoco hay un excesivo calor, como dicen, ya que, aunque el sol pasa sobre sus cabezas, empero, no dura mucho tiempo. Sin embargo, Aristóteles, en el libro *Meteor.*[20], dice expresamente que aquella región no es habitable a causa del calor. Esto parece lo más probable, porque aquellas tierras sobre las que nunca pasa el sol perpendicularmente, son excesivamente calurosas por la simple proximidad del sol. Sea como sea, es cierto que el Paraíso debió de estar situado en un lugar muy templado, bien sea en el equinoccio, bien sea en cualquier otra parte.

ARTÍCULO 3

El hombre, ¿fue o no fue puesto en el Paraíso para que lo trabajara y custodiara?

Objeciones por las que parece que el hombre no fue puesto en el Paraíso para que lo trabajara y lo custodiara:

1. Lo que fue impuesto como pena del pecado, en el Paraíso y en estado de inocencia no existía. Pero el trabajar la tierra fue algo que se introdujo como pena por el pecado, según se dice en Gén 3,17. Por lo tanto, el hombre no fue puesto en el Paraíso para trabajar.

2. Más aún. No hay necesidad de guardar aquello donde no hay temor a invasor violento. Pero en el Paraíso no había ningún temor a invasor violento. Por lo tanto, no era necesario vigilar el Paraíso.

3. Todavía más. Si el hombre fue puesto en el Paraíso para que lo trabajara y lo custodiara, parece que hay que deducir que el hombre fue creado para el Paraíso, y no al revés. Parece que esto último es falso. Por lo tanto, el hombre no fue puesto en el Paraíso para que lo trabajara y lo custodiara.

En cambio está lo que se dice en Gén 2,15: *Tomó el Señor Dios al hombre y lo puso en el Paraíso del gozo para que lo trabajara y lo custodiara.*

Solución. *Hay que decir:* Como dice Agustín en VIII *Super Gen. ad litt.*[21], este texto del Génesis puede ser entendido de dos maneras. La primera, que Dios puso al hombre para que Dios mismo trabajara y guardara al hombre: trabajarle para la justificación, de la que, si se aparta, queda a oscuras como se oscurece el aire cuando desaparece la luz. Guardarle significaría preservarle de toda corrupción y de todo mal. La segunda, que el hombre trabajara y custodiara el Paraíso. Pero esto no sería penoso como lo es después de aquel pecado, sino que sería agradable para ejercitar una capacidad natural. La custodia no sería contra invasores violentos, sino contra la tentación al pecado, que le robaría el Paraíso. Todo esto redundaba en bien del hombre. Así, el Paraíso estaba ordenado al bien del hombre. No al revés.

Respuesta a las objeciones: Está incluida en lo dicho.

ARTÍCULO 4

El hombre, ¿fue o no fue hecho en el Paraíso?

Objeciones por las que parece que el hombre fue hecho en el Paraíso:

1. El ángel fue creado en su lugar propio, esto es, el cielo empíreo. Pero el Paraíso fue un lugar apto para la vida humana antes del pecado. Por lo tanto, parece que el hombre debió ser creado en el Paraíso.

2. Más aún. Los animales viven en el ambiente en el que son producidos, como los peces en el agua, y los herbívoros en la tierra. El hombre hubiera perdurado en el Paraíso, como se dijo

19. Cf. S. AGUSTÍN, *De Gen. ad litt.* l.9 c.6: ML 34,396. Opinión común entre los Santos Padres.   20. ARISTÓTELES, l.2 c.5 n.15 (BK 362b25): S. Th. lect.10 n.3.   21. C.10: ML 34,380.

(q.97 a.4). Por lo tanto, debió ser creado en el Paraíso.

3. Todavía más. La mujer fue hecha en el Paraíso. Pero el hombre es superior a la mujer. Por lo tanto, con mayor motivo el hombre debió ser hecho en el Paraíso.

En cambio está lo que se dice en Gén 2,15: *Tomó Dios al hombre y lo puso en el Paraíso.*

Solución. *Hay que decir:* El Paraíso fue un lugar apto para la vida humana en aquel primer estado de incorruptibilidad. La incorruptibilidad no era algo natural al hombre, sino un don sobrenatural de Dios. Por lo tanto, para que no se atribuyera a la naturaleza humana, sino a la gracia de Dios, Dios hizo al hombre fuera del Paraíso; después lo puso en el Paraíso para que habitara allí todo el tiempo de la vida física; y luego, cuando alcanzara la vida espiritual, trasladarlo al cielo.

Respuesta a las objeciones: 1. *A la primera hay que decir:* El cielo empíreo es el lugar apto para los ángeles, incluso en lo que se refiere a su naturaleza. Por eso fueron creados allí.

2. *A la segunda hay que decir:* Puede responderse lo mismo. Pues aquellos lugares son aptos para los animales en cuanto a su naturaleza.

3. *A la tercera hay que decir:* La mujer fue hecha en el Paraíso no por su dignidad, sino por la dignidad del principio del que había de ser formado su cuerpo. Porque de modo semejante también los hijos habrían nacido en el Paraíso en el que habían sido puestos los padres.

Made in United States
Orlando, FL
20 September 2023

37114093R00182